Il RUP e i responsabili di fase

Competenze giuridico-amministrative, conoscenze digitali, abilità organizzative-manageriali e comunicative nelle fasi del ciclo di vita digitale degli appalti

IUSTITIAM COLIMUS

A. Berta, P. Della Ventura, A. Galli, G. Lezzi, F. Lombardo,
G. Negro, G. Panassidi, M. Rossi, P. Salvaterra

Il RUP e i responsabili di fase

Competenze giuridico-amministrative, conoscenze digitali, abilità organizzative-manageriali e comunicative nelle fasi del ciclo di vita digitale degli appalti

Aggiornato al d.lgs. 31 dicembre 2024, n. 209

a cura di Giuseppe Panassidi

Prefazione di Giovanni Pitruzzella

Giappichelli

VIA PO, 21 - TEL. 011-81.53.111
http://www.giappichelli.it

ISBN/EAN 978-88-7524-636-5
ISBN/EAN 979-12-211-8109-8 (ebook)

G. Giappichelli Editore

MARCHIO STORICO

Questo libro è stato stampato su carta certificata, riciclabile al 100%

Stampa: Stampatre s.r.l. - Torino

La nostra vita si svolge in un mondo di norme. ... Possiamo paragonare il nostro procedere nella vita al cammino di un pedone in una grande città: qua la direzione è proibita, là la direzione è obbligatoria; e anche là dove è libera, la parte della strada su cui ... tenersi è in genere rigorosamente segnata. Tutta la nostra vita è cosparsa di cartelli indicatori, dei quali gli uni comandano di tenere un certo contegno, altri proibiscono di tenere un altro contegno. Molti di questi cartelli indicatori sono costituiti dalle regole del diritto.

Norberto Bobbio, *Teoria generale del diritto*,
Giappichelli, Torino, 1993, pp. 3-5.

Indice

pag.

Capitolo II

Il RUP: ruolo, funzioni e attività, vecchie e nuove

Giuseppe Panassidi

pag.

Capitolo III

Programmazione e progettazione di lavori, beni e servizi e competenze del RUP

Giorgio Lezzi

Capitolo IV

Ruolo e compiti del RUP e dei collaboratori nelle attività preliminari all'affidamento e nella fase di affidamento

Alessandro Berta e *Giuseppe Panassidi*

pag.

Capitolo V

Gli istituti pro-concorrenziali

Alessandro Berta

Capitolo VI

La nuova disciplina del *project finance*

Giorgio Lezzi

Capitolo VII

Fase dell'esecuzione del contratto: ruolo, compiti del RUP, e relazioni con il dirigente, il responsabile di fase e i direttori tecnici

Francesco Lombardo

Capitolo VIII

Digitalizzazione dei contratti e trasparenza delle procedure

Giuseppe Panassidi

Capitolo IX

I riferimenti organizzativi e manageriali del RUP

Giuseppe Negro

pag.

Capitolo X

La comunicazione scritta efficace nella pubblica amministrazione

Patrizia F. Salvaterra

Capitolo XI

Competenze relazionali del RUP Manager

Andrea Galli

pag.

Capitolo XII

Motivazione delle persone e leve motivazionali

Andrea Galli

Capitolo XIII

Il raccordo della programmazione degli interventi pubblici con il bilancio degli enti locali. La gestione contabile degli incentivi tecnici

Marco Rossi

Capitolo XIV

Profili di responsabilità amministrativa nell'attività contrattuale della PA

Piergiorgio Della Ventura

Si ringrazia per la collaborazione la dott.ssa Sara Riolfo per l'attività di editing. Grazie anche a AI per aver facilitato le ricerche bibliografiche e giurisprudenziali.

Prefazione

Il libro che si presenta si impone nella vasta letteratura sugli appalti pubblici per profondità, chiarezza e completezza. Pertanto, è probabilmente destinato a diventare un "*must have*" per gli operatori del settore, funzionari pubblici, magistrati, avvocati, studiosi.

Il problema della competitività europea e la questione di come sia possibile riprendere un sentiero di crescita economica in Europa e nei suoi Stati membri, come l'Italia, è da tempo al centro della discussione pubblica ed ha avuto un nuovo impulso dopo la pubblicazione del rapporto di Mario Draghi, *The future of European competitiveness*, che l'ha definita una sfida esistenziale per l'Unione europea.

Per far fronte all'esigenza di recuperare il *gap* con l'economia statunitense in termini di competitività saranno necessari massicci investimenti e se una parte di essi sarà costituita da investimenti pubblici; inoltre, per affrontare le transizioni gemelle – energetica e digitale – abbiamo sicuramente bisogno di estesi e profondi interventi nelle infrastrutture in Europa e in Italia. In questo contesto, le procedure riguardanti i contratti e le concessioni avranno un'importanza cruciale per poter affrontare, con speranze di successo, la sfida.

A tal fine si è proceduto ad un'importante opera di semplificazione e riordino normativo, con il nuovo codice dei contratti pubblici e i suoi correttivi. Perché una parte del *gap* in termini di competitività che affligge l'economia europea è sicuramente imputabile al sovraccarico regolatorio e all'incertezza del diritto. Non si tratta, però, soltanto di semplificare il quadro normativo, ma di cambiare alcuni dei principi che ne definiscono la logica funzionale e la struttura. Principi, come quelli del risultato e della fiducia, se correttamente applicati segnano una vera e propria rivoluzione copernicana nell'amministrazione pubblica italiana. Essi hanno, tra l'altro, una conseguenza immediata sulla valorizzazione del ruolo del RUP e del responsabile di fase, cui è dedicato principalmente il volume.

Non basta, però, cambiare le leggi. Il Codice segna una profonda trasformazione culturale, che, per realizzarsi pienamente, ha bisogno di essere metabolizzata e assimilata da tutti gli operatori pubblici. Non è sufficiente cambiare le norme se, parimenti, non si incide sulla cultura amministrativa del Paese. Un libro come quello che si presenta – che si avvale del contributo di alcuni tra i massimi esperti del settore – serve anche a realizzare questa trasformazione, contribuendo alla costruzione del futuro dell'amministrazione e dell'economia del nostro Paese.

Giovanni Pitruzzella

Elenco degli Autori

ALESSANDRO BERTA, avvocato, direttore Associazione Industriali di Savona. Esperto in contrattualistica pubblica.

PIERGIORGIO DELLA VENTURA, Presidente di sezione della Corte dei conti, con funzioni di Presidente di coordinamento delle Sezioni Riunite.

ANDREA GALLI, co-fondatore e amministratore di Empatheia, formatore esperto nell'area comportamentale e delle soft skills.

GIORGIO LEZZI, avvocato, socio di Osborne Clarke Italia presso la sede di Milano, esperto in contrattualistica pubblica.

FRANCESCO LOMBARDO, già Magistrato della Corte dei conti, membro esperto del Consiglio Superiore dei Lavori Pubblici.

GIUSEPPE NEGRO, ingegnere, formatore senior ed esperto di management pubblico.

GIUSEPPE PANASSIDI, avvocato; giornalista pubblicista, revisore legale e di enti locali, già segretario e direttore generale di enti locali.

MARCO ROSSI, dottore commercialista, revisore legale e di enti locali, giornalista pubblicista, componente di nuclei di valutazione/OIV e consulente di enti locali.

PATRIZIA F. SALVATERRA, esperta senior di comunicazione, consulente e componente uffici stampa di imprese private multinazionali, aziende pubbliche e enti locali e centrali.

Capitolo I

Il Codice del 2023 e le modifiche del decreto correttivo del 2024. I principi generali

Giuseppe Panassidi

Premessa

La terza edizione del Codice dei contratti [1] trova la sua genesi nel Piano Nazionale di Ripresa e Resilienza (PNRR) [2], che, fra i diversi obiettivi, ha incluso anche

[1] La prima edizione del Codice è contenuta nel d.lgs. 12.4.2006, n. 163, recante "*Codice dei contratti pubblici relativi a lavori, servizi e forniture in attuazione delle direttive 2004/17/CE e 2004/18/C*", cui è seguito il Regolamento di attuazione ed esecuzione approvato con d.P.R. 5.10.2010, n. 207. La seconda versione è stata approvata con il d.lgs. 18.4.2016, n. 50, recante "*Codice dei contratti pubblici*", che ha assegnato all'ANAC il compito di definire le norme di attuazione ed esecuzione, salvo la previsione di alcuni decreti ministeriali per la regolamentazione di determinate materie. Il Codice n. 163/2006 è stato modificato con diversi interventi normativi, adottati dal 2006 fino al 2016, mentre quello del 2016 è stato pressoché riscritto dal d.lgs. n. 56/2017, e poi modificato con diversi provvedimenti successivi fino al 2021 (per i testi integrali con annotate per ciascun articolo o comma le modifiche v. il sito *bosett&gatti* o *normattiva.it*).

[2] Il PNRR è il programma per gestire i fondi del *Next generation Eu*. È strutturato in sei missioni, a sua volta suddivise in complessive 358 misure e sub-misure, che prevedono riforme normative o investimenti economici. L'impianto originario della sua governance o (d.l. n. 77/2021) è stato modificato (d.l. n. 173/2022), così come in parte il suo contenuto.

la semplificazione della disciplina degli appalti pubblici, programmandola in due tappe:

1° in via di urgenza, una normativa speciale per rafforzare le semplificazioni già avviate nel 2019 e proseguiti nel 2020[3];

2° con misure a regime, una normativa di recepimento delle tre direttive UE 2024/23, 2024/24 e 2024/25, integrandole esclusivamente nelle parti non *self executing* e ordinandole in una nuova disciplina più snella rispetto a quella vigente.

In attuazione del secondo *step*, con la legge 21.6.2022, n. 78, è stato delegato il Governo a adottare, entro sei mesi dalla data di entrata in vigore della stessa legge, uno o più decreti legislativi recanti la disciplina dei contratti pubblici, con interventi volti a garantire l'adeguamento al diritto europeo e ai principi giuridici stabiliti dalla Corte costituzionale e dalle giurisdizioni superiori, sia nazionali che sovranazionali, e nel rispetto di trentuno principi e criteri direttivi. L'obiettivo della riscrittura del Codice è "*ridurre drasticamente e razionalizzare le norme in materia di contratti pubblici, armonizzando ulteriormente la disciplina interna con il diritto comunitario*", con misure quali la semplificazione delle procedure, la certezza dei tempi, la chiarezza delle clausole; la razionalizzazione, l'informatizzazione e la digitalizzazione, nonché il ricorso a procedure flessibili e la riduzione degli oneri amministrativi a carico delle imprese.

Il Governo, avvalendosi della facoltà di cui all'art. 1, comma 4, della legge delega n. 78, ha affidato al Consiglio di Stato la redazione dello schema del nuovo Codice; la Commissione speciale, all'uopo costituta, ha consegnato al Governo lo schema preliminare del testo nel termine previsto del 20 ottobre 2022, completandolo poi con una corposa relazione illustrativa del testo[4].

Acquisiti i pareri della Conferenza unificata Stato-regioni-città e delle commissioni parlamentari, il Governo ha approvato il d.lgs. 31marzo 2023, n. 36, in vigore dal 1° aprile 2023, ma efficace per le nuove procedure avviate dal 1° luglio 2024 (art. 229), restando in vigore per quelle in corso al 30 giugno 2023 le disposizioni del precedente Codice del 2016 (art. 226, comma 2).

Alla vigilia del nuovo anno è stato pubblicato in *Gazzetta Ufficiale*[5] il decreto correttivo al Codice d.lgs. 31.12.2024, n. 209, in vigore dal 31 dicembre 2024.

1. Il Codice del 2023

Il Codice si articola in cinque Libri, ciascuno a sua volta suddiviso in Parti, e presenta una disciplina dettagliata di principi, regole e procedure. Tra i suoi ele-

---

[3] In attuazione della previsione del PNRR è stato emanato il d.l. 1.6.2021, n. 177, convertito, con modificazioni, dalla l. 31.7.2021, n. 108.

[4] Relazione illustrativa 7 dicembre 2022 dello schema definitivo di Codice dei contatti pubblici, predisposto dal Consiglio di Stato.

[5] In *Gazzetta Ufficiale*, S.G., n. 305 del 31.12.2024 è stato pubblicato, per l'urgenza, il testo senza note.

menti centrali, come si legge nella "Relazione illustrativa" del Consiglio di Stato del 7.12.2022 sullo schema definitivo (di seguito Relazione illustrativa), figurano:

– "*la semplificazione, ottenuta aumentando la discrezionalità delle amministrazioni e rimuovendo il gold plating ovunque possibile. Il rischio di fenomeni corruttivi è prevenuto da un più ampio ricorso a digitalizzazione, trasparenza e qualificazione;*

– *l'accelerazione, intesa come massima velocizzazione delle procedure [...];*

– *la digitalizzazione, completa, delle procedure e la interoperabilità delle piattaforme, secondo il principio [...] dell'unicità dell'invio di dati, documenti e informazioni alle stazioni appaltanti;*

– *la tutela, dando piena attuazione alla delega a protezione dei lavoratori (tramite clausole sociali, valorizzazione dei CCNL e lotta ai "contratti pirata") e delle imprese (per esempio, in tema di rinegoziazione e revisione prezzi, o di suddivisione in lotti)*".

Il Codice, composto da 229 articoli, garantisce, come noto, un'applicazione auto-esecutiva delle norme, essendo stato approvato completo della normativa di attuazione ed esecuzione, organizzata in 38 allegati allo stesso testo normativo, per i quali è stato previsto un originale meccanismo di delegificazione. I trentotto allegati sostituiscono i venticinque allegati al precedente Codice del 2016, le diciassette Linee guida emanate dall'ANAC di attuazione del d.lgs. n. 50/2016 e i quindici regolamenti vigenti al 31 marzo 2023.

Con il nuovo codice l'ANAC perde la competenza a regolare, con linee guida, la normativa di attuazione del Codice, assegnatale nel precedente ordinamento regolato dal d.lgs. n. 50/2026, in base al principio della soft-low , ma rafforza il suo ruolo di Autorità garante della legalità, trasparenza e correttezza del sistema dei contratti pubblici. Tra i suoi compiti figurano la vigilanza sulle procedure di gara, la gestione della banca dati nazionale dei contratti pubblici (BDNCP) e la prevenzione della corruzione attraverso piani e strategie mirate, con il monitoraggio del rispetto della normativa e la promozione di comportamenti virtuosi nel settore.

Le disposizioni finali e transitorie disciplinano: il passaggio dal precedente regime normativo al nuovo Codice, stabilendo le regole per la gestione delle procedure avviate e dei contratti stipulati al 30 giugno 2023; lasciano, quindi, uno spazio di tempo più ampio per l'adeguamento delle stazioni appaltanti all'introduzione del sistema di e-procurement, costituito dalle piattaforme e dai servizi digitali infrastrutturali abilitanti la gestione del ciclo di vita dei contratti pubblici, il cui utilizzo obbligatorio viene fissato al 1° gennaio 2024, con la finalità di garantire una transizione ordinata e priva di discontinuità; prevedono misure temporanee per assicurare la piena operatività del sistema durante la fase di adeguamento.

La normativa sui contratti pubblici, come è noto, non si esaurisce nella normativa codicistica. Lo stesso Codice, infatti, all'art. 12 rinvia , per gli aspetti non espressamente disciplinati dal Codice, alle disposizioni della legge 7 agosto 1990, n. 241, che regola il procedimento amministrativo e garantisce principi fondamentali, quali trasparenza, imparzialità e partecipazione, per quanto attiene alle procedure di affidamento e alle attività amministrative connesse; e alle norme del Codice civile per ciò che riguarda la stipula del contratto e la fase di esecuzione.

Non solo. Occorre considerare anche il rinvio, richiamato in diverse disposizioni del Codice (es. art. 48, comma 3; art. 62, comma 1), alle disposizioni sugli obblighi di utilizzo degli strumenti di acquisto di negoziazione, previste dalle disposizioni in materia di contenimento della spesa [6].

Giova annotare, inoltre, che nel settore dei contratti pubblici, trovano applicazione le disposizioni in materia di tracciabilità dei flussi finanziari (art. 3, l. 13.8.2010, n. 136; v. anche determina ANAC n. 556/2017 e successive modificazioni).

Questi rinvii consentono di integrare il Codice con normative già esistenti, assicurando un approccio completo e coerente nella gestione dei contratti pubblici, sia nella fase amministrativa che in quella esecutiva.

Fino al 30 dicembre 2024, il Codice è stato interessato da poche modifiche, a differenza dei previgenti Codici del 2016 e del 2006. Si ricordano:

– il d.l. 19.9.2023, n. 124, che ha disposto, con l'art. 17, comma 6, la modifica dell'all. V.3, art. 1, comma 1, prevedendo nella Cabina di regia la partecipazione di tre rappresentanti della Conferenza unificata;

– il d.l. 29.9.2023, n. 132, convertito con modificazioni dalla legge 27.11.2023, n. 170, che ha disposto, con l'art. 15-*quater*, comma 1, lett. a), la modifica dell'art. 16, comma 1, sul conflitto di interessi, dove è sono state eliminate le parole "concreta ed effettiva", che prima qualificano la minaccia dell'interesse finanziario, economico o di altro genere alla imparzialità e indipendenza nel contesto della procedura aggiudicazione o nella fase di esecuzione;

– la legge 27.11.2023, n. 170, che, con l'art. 15-*quater*, comma 1, lett. b), ha modificato l'art. 73, comma 4, stabilendo in trenta giorni il termine minimo per la presentazione delle domande di partecipazione alle procedure comparative con negoziazione (prima fissato in 25 gg);

– il d.l. 2.3.2024, n. 19, che ha disposto, con l'art. 36, comma 1, la modifica dell'art. 225, comma 8, con una norma di interpretazione della normativa applicabile alle procedure di affidamento, relative agli interventi di cui all'art. 22, comma 1, del d.l. 6.11.2021, n. 152, convertito, con modificazioni, dalla l. 29 dicembre 2021, n. 233, indette successivamente al 1° luglio 2023; e, con l'art. 40, comma 1), la

---

[6] Il riferimento è, fra l'altro: *i*) alle leggi finanziarie sull'obbligo di acquisto di beni e servizi oltre a 5.000 euro sul mercato elettronico della pubblica amministrazione (MEPA) o su mercato elettronico della Regione di riferimento (art. 1, comma 450, legge n 296/2006; d.lgs. n. 300/1999); *ii*) alle leggi finanziarie sugli acquisiti da CONSIP a mezzo convenzioni (legge 23.12.1999, n. 488), accordi quadro (legge 23.12.2000, n. 388), obbligatorie per le amministrazioni statali (legge 27.12.2006, n. 296) e facoltative per gli enti del sistema delle autonomie locali, su cui grava, però, l'obbligo di porre a base i prezzi delle convenzioni; nonché sugli acquisti centralizzati per certi beni di un determinato importo (art. 9, comma 9, d.l. n. 66/2014 e d.m. 24.12.2015 e altri) e sugli acquisti centralizzati di gas, energia, carburanti, combustibili a rete e da riscaldamento, telefonia mobile e fissa, mensa, salvo autorizzazione dallo stesso capo dell'amministrazione a ricorrere a procedure aperte, ma solo a prezzi percentualmente inferiori a quelli praticati nelle convenzioni CONSIP (art. 1, commi 7-13, d.l. 6.7.2012, n. 95, convertito dalla legge 7.8.2012, n. 135).

modifica dell'art. 6, comma 2 dell'all. II.14 (riduzione da 45 a 30 gg del termine per comunicare il rifiuto delle stazioni appaltanti-amministrazioni pubbliche della cessione di crediti da corrispettivo di appalto, concessione e concorso di progettazione, che diventano così efficaci e opponibili alle parti).

2. Il Correttivo del 2024

La legge delega prevede che il Governo, entro il primo aprile 2025, possa apportare al Codice le correzioni e integrazioni evidenziate dall'applicazione pratica della nuova normativa, nel rispetto della stessa procedura e dei medesimi principi e criteri direttivi.

Il Governo – in applicazione della suddetta facoltà – ha approvato il d.lgs. 31.12.2024, n. 209, recante "*Disposizioni integrative e correttive al codice dei contratti pubblici, di cui al decreto legislativo 31 marzo 2023, n. 36*", in vigore dal 31.12.2024, cioè dallo stesso giorno di pubblicazione, senza note, in *Gazzetta Ufficiale* (art. 97).

Il testo con le note è stato ripubblicato nella *Gazzetta Ufficiale*, S.G., n. 17 del 22 gennaio 2025, S.O. n. 3.

Il decreto n. 209/2024, dall'art. 1 all'art. 71, corregge e integra ben sessantanove articoli del Codice, abroga l'art. 109 sui requisiti reputazionali dell'impresa (*rating di legalità*), oltre a vari commi di diversi articoli; inoltre aggiunge al testo i seguenti tre articoli:

– l'*art. 82-bis*, che prevede la possibilità di inserire nei documenti di gara un "accordo di collaborazione", già ampiamente utilizzato da molte stazioni appaltanti, specialmente in relazione a opere complesse, e riconosciuto per i suoi esiti positivi in termini di prevenzione dei rischi e risoluzione dei conflitti; si tratta di un accordo plurilaterale, da redigere in conformità allo schema di cui al nuovo all. II. 6-*bis*;

– l'*art. 225-bis*, che introduce ulteriori disposizioni transitorie, oltre quelle previste dall'art. 225, che consentono di non applicare le nuove regole del correttivo per: *i*) i nuovi metodi e strumenti di gestione informativa digitale delle costruzioni ai procedimenti di programmazione superiori alle soglie di rilevanza europea, già avviati alla data del 31 dicembre 2024 e per i quali è stato redatto il documento di fattibilità delle alternative progettuali; *ii*) i requisiti di capacità tecnica e finanziaria per l'ammissione alle procedure di affidamento dei consorzi non necessari, relative a procedure e contratti per i quali bandi o avvisi di scelta del contraente erano stati pubblicati prima 31 dicembre 2024, o, in caso di contratti senza pubblicazione di bandi o avvisi, inerenti a procedure e contratti in relazione ai quali, alla stessa data, erano stati inviati gli avvisi a presentare offerte; *iii*) i procedimenti di finanza di progetto in corso al 31 dicembre 2024, per i quali alla stessa data era stata presentata da un soggetto promotore una proposta di fattibilità oppure l'ente concedente aveva pubblicato avvisi di sollecitazione ai privati a farsi promotori di iniziative volte alla realizzazione di progetti inclusi negli strumenti di programmazione.

– l'*art. 226-bis*, che modifica le modalità di delegificazione della normativa di attuazione previste nel testo originario.

Si segnala, inoltre, l'abrogazione dell'art. 12 del d.l. 28 marzo 2014, n. 47, convertito, con modificazioni, dalla l. 23 maggio 2014, n. 80, sulle categorie di opere scorporabili (SIOS). L'abrogazione, rompendo la continuità del sistema di qualificazione, induce a optare per l'interpretazione che tutte le categorie di opere scorporabili, generali e specializzate, siano da considerarsi a qualificazione obbligatoria, per cui l'aggiudicatario, per eseguirle, deve essere in possesso della relativa qualificazione, oppure deve necessariamente ricorrere al subappalto ("necessario") [7].

Le restanti disposizioni del d.lgs. n. 209, dall'art. 73 all'art. 95, introducono integrazioni e correzioni agli allegati allo stesso Codice, relativi alla normativa di attuazione ed esecuzione.

In particolare, il decreto correttivo inserisce i seguenti tre nuovi allegati:

– con l'*art. 73*, l'all. I.01 all'art. 11, commi 2 e 4, sui criteri per l'individuazione, nei bandi, negli inviti e nella decisione di contrarre, del contratto collettivo nazionale e territoriale applicabile al personale impiegato nei lavori, servizi e forniture degli appalti pubblici e concessioni, riferito ai contratti vigenti per il settore e la zona di esecuzione, stipulati dalle associazioni più rappresentative a livello nazionale e strettamente connessi all'attività oggetto dell'appalto, nonché sui criteri e modalità per la presentazione e verifica della dichiarazione di equivalenza delle tutele ai sensi dell'art. 11, comma 4;

– con l'*art. 89*, l'all. II.6-*bis* all'art. 82-*bis*, dove è riportato lo schema di accordo di collaborazione che le parti coinvolte in misura significativa nella fase di esecuzione di un contratto di lavori, servizi o forniture possono stipulare per disciplinare le forme, le modalità e gli obiettivi della reciproca collaborazione, al fine di perseguire il principio del risultato di cui all'art. 1 dello stesso Codice, mediante la definizione di meccanismi di esame contestuale degli interessi pubblici e privati coinvolti finalizzati alla prevenzione e riduzione dei rischi e alla risoluzione delle controversie che possono insorgere nell'esecuzione dell'accordo;

– con l'*art. 86*, l'all. II.2-*bis all'art. 60, comma 4-ter*, sulle modalità e criteri di applicazione delle clausole di revisione prezzi, sia per i contratti di lavori che per quelli di beni e servizi.

Inoltre, il decreto correttivo sostituisce, con l'art. 94, l'intero all. V.2 sulla disciplina del Collegio consultivo tecnico. E modifica diversi altri allegati, per eliminare refusi, ottenere una maggiore chiarezza normativa, per eliminare discrasie con il testo codicistico, o anche solo per inserire una nuova denominazione (es. l'art. 87 modifica la sola intestazione dell'all. II.3).

---

[7] Parere MIT 8.3.2024, n. 2336 "*Pertanto, nel nuovo Codice D. Lgs n. 36/2023 si deve ritenere che non sussista più alcuna disciplina specifica in materia di SIOS e, non ricorrendo alcuna distinzione tra categorie a qualificazione obbligatorie e no, ad oggi tutte le categorie sono a qualificazione obbligatoria*". R. DONATI, *Nuovo Codice: tutte le scorporabili sono a qualificazione obbligatoria*, in rivista on line *giurisprudenzappalti*, posted 4 gennaio 2025.

A seguito dell'entrata in vigore del d.lgs. n. 209/2024, complessivamente, il Codice risulta composto da 231 articoli (tenendo conto di due articoli aggiunti e uno abrogato) e da 41 allegati, che restano in attesa di essere sostituiti con regolamenti, da adottare con le nuove modalità indicate all'art. 72 dello stesso decreto (con modificazioni soppressive, di conseguenza, dei commi degli articoli del Codice sulle precedenti modalità di delegificazione).

In breve, le molte modifiche introdotte non stravolgano l'impostazione di fondo e non intaccano i principi cardine del testo originario, ma migliorano l'omogeneità e l'efficacia del testo, perfezionando il coordinamento interno su aspetti tecnici e procedurali ed eliminando errori materiali, refusi e disallineamenti testuali, che, nella prima fase di applicazione, hanno sollevato criticità applicative, spesso risolte anche con interventi interpretativi dell'ANAC [8].

Tuttavia, il decreto correttivo procede ad un restyling significativo di alcuni istituti fondamentali per risolvere le difficoltà emerse nella fase iniziale di applicazione della nuova disciplina.

Mentre si rinvia ai successivi capitoli per le modifiche introdotte dal decreto correttivo a istituti specifici, di seguito si analizzano quelle più rilevanti.

2.1. Equo compenso per i servizi tecnici

Come noto, con l'applicazione del Codice è apparso, da subito, necessario chiarire l'ambito di applicazione della legge 20.5.2023, n. 49, in materia di equo compenso per i contratti pubblici che coinvolgono le prestazioni intellettuali e, nello specifico, per quelle relativi a servizi di ingegneria e architettura.

In particolare, la giurisprudenza, l'ANAC [9], le associazioni di categoria, la dottrina e gli stessi operatori pubblici si sono posti la domanda di come conciliare, specie in materia di gare di progettazione, i principi di concorrenza, di cui all'art., comma 2, e all'art. 8, comma 2, sul divieto di contratti a titolo gratuito per le prestazioni d'opera intellettuale (salvo casi eccezionali da motivare), con le disposizioni della legge n. 49 sull'equo compenso, emanata successivamente al Codice. Questo in quanto, da una parte, la legge n. 49/2023 attribuisce un carattere inderogabile agli importi calcolati ai sensi del d.m. 17.6.2016, riportato dal Codice nell'all. I.13, ragione per cui non sarebbero ammesse riduzioni dell'importo a base di gara né ribassi in sede di gara inferiori al minimo tariffario, tranne per quanto attie-

---

[8] Si ricorda, ad esempio, il comunicato del Presidente dell'ANAC del 17.5.2023 per risolvere la discrasia fra gli artt. 62 e 63 del Codice e quelle dell'all. II.14 sulla qualificazione delle stazioni appaltanti e delle centrali di committenza: "*[...]si rammenta a tutte le stazioni appaltanti e centrali di committenza che, in base al combinato disposto dell'art. 62, comma 1, e dell'art. 2, comma 1, dell'all. II.4 del Codice dei contratti pubblici, la qualificazione è necessaria per gli affidamenti di contratti di lavori di importo superiore a 500 mila euro e di servizi e forniture d'importo superiore alle soglie previste per gli affidamenti diretti*".

[9] ANAC segnalazione con deliberazione n. 101/2024 e atto del Presidente del 19.4.2024; v. anche relazione annuale 2024 e parere funzione consultiva 30.7.2024, n. 40.

ne alla componente spese e oneri accessori [10]; dall'altra, la previsione di tariffe minime non soggette a ribasso potrebbe porsi in contrasto con il diritto euro-unitario, che impone di tutelare la concorrenza [11].

Sulla questione, nello specifico, si sono formati due diversi orientamenti giurisprudenziali. Secondo un primo orientamento, la legge sull'equo compenso sarebbe applicabile anche ai contratti pubblici, in quanto, da un lato, l'art. 8, comma 2 del Codice, vieta in modo esplicito le prestazioni intellettuali gratuite nei contratti pubblici, richiedendo che la pubblica amministrazione garantisca compensi equi per i professionisti coinvolti; dall'altro, il principio dell'offerta economicamente più vantaggiosa, basata sul rapporto qualità/prezzo, non contrasta con l'applicazione della legge n. 49/2023. In conseguenza, per i servizi di architettura e ingegneria, si sarebbe dovuto strutturare le gare prevedendo un "prezzo fisso" non soggetto a ribasso, includendo al suo interno il compenso del professionista, insieme a spese e oneri accessori, e lasciando la competizione tra le offerte limitata esclusivamente alla componente tecnica. Mentre, secondo altro orientamento, la legge n. 49/2023 sull'equo compenso non sarebbe applicabile ai contratti pubblici, ragione per cui i compensi professionali potrebbero essere oggetto di ribasso all'interno delle procedure di gara, a condizione che la congruità dei prezzi offerti venga verificata attraverso un controllo sull'anomalia delle offerte [12].

---

[10] TAR Trento sent. 17.12.2024, n. 194, secondo cui "*un ribasso del 100% sulla voce 'spese e oneri accessori', sconta in particolare l'illegittimità derivante dalla violazione, quanto all'offerta economica presentata, della normativa che riguarda la valutazione della congruità, serietà, sostenibilità e realizzabilità dell'offerta. Infatti, a prescindere dall'eventuale infrazione della legge 21 aprile 2023, n. 49 [...] che, nella prospettazione di parte ricorrente, conseguirebbe all'inosservanza del procedimento di verifica dell'anomalia, è essenzialmente quest'ultimo, terminato con l'accertamento che 'l'offerta economica presentata non pregiudica la corretta esecuzione dell'appalto', a non risultare condotto e concluso in conformità alle regole che lo disciplinano*". Di contrario avviso il TAR Lazio, sez. III-*quater*, 14.11.2024, n. 20274, secondo cui è legittimo il ribasso pari al 100% delle spese e oneri accessori, in quanto "*l'offerta in questione si è attenuta alle indicazioni della stazione appaltante sulle somme ribassabili, avendo operato il ribasso sulle c.d. voci accessorie e non sul compenso, mentre, la stazione appaltante non ha dimostrato che questo ribasso intaccasse l'equo compenso*".

[11] Corte giust., sent. 4.7.2019, causa 377/2017, secondo cui "*in materia di compensi professionali, l'indicazione delle tariffe minime e massime è vietata in quanto incompatibile con il diritto dell'Unione Europea, ma sono comunque ammesse deroghe per motivi di interesse pubblico, come la a tutela dei consumatori, la qualità dei servizi e la trasparenza dei prezzi (in senso conforme, CGUE sent. del 25/1/2024, causa C-438/2022, secondo cui le tariffe minime relative al compenso professionale degli avvocati devono essere disapplicate in quanto contrastanti con il principio di concorrenza)*".

[12] TAR Campania, Salerno, sent. 16.7.2024, n. 1494, ritiene "*il regime dell'equo compenso non deroghi, bensì integri il sistema dei contratti pubblici, senza frustrarne la sostanza pro-concorrenziale di derivazione euro-unitaria (artt. 49, 56, 101 TFUE, 15 della dir. 2006/123/CE), e, quindi, senza elidere in radice la praticabilità del ribasso sui corrispettivi professionali, la cui determinazione non è da intendersi rigidamente vincolata a immodificabili parametri tabellari, ma la cui congruità (in termini di equilibrio sinallagmatico) rimane, in ogni caso, adeguatamente assicurata dal modulo procedimentale di verifica all'uopo codificato, quale, appunto, esperito nei confronti della G.I., esclusa per acclarata anomalia anche del ribasso praticato sul corrispettivo dei servizi di progettazione*"; in senso conforme, e TAR Calabria, Reggio Calabria, sent. 25.7.2024, n. 483; TAR Veneto, sent. 3.4.2024, n. 632 e TAR Lazio, sent. 30.4.2024, n. 8580.

L'invito a risolvere la questione è stato accolto dal legislatore con il decreto correttivo, che, all'art. 14, aggiunge nuove disposizioni all'art. 41 del Codice per disciplinare l'affidamento dei contratti relativi ai servizi di ingegneria e architettura pari o superiore a 140.000 euro e anche di quelli d'importo inferiore a 140.000 euro, creando una disciplina speciale per gli affidamenti di questi servizi.

In particolare, l'art. 14 del correttivo introduce, con l'inserimento all'art. 41 dei commi 15-*bis*, 15-*ter* e 15-*quater*, una disciplina particolare che contempera le esigenze di equa remunerazione con quelle di concorrenza e, come tale, si ritiene che prevalga sulla legge relativa all'equo compenso [13]. Dopo avere precisato che i corrispettivi, determinati secondo le modalità di cui all'all. I.13, devono essere utilizzati dalle stazioni appaltanti e dagli enti concedenti ai fini dell'individuazione dell'importo da porre a base di gara, comprensivo dei compensi, nonché degli oneri e delle spese accessorie, fisse e variabili, prevede, per gli affidamenti d'importo pari o superiore a 140.000, che le stazioni appaltanti e gli enti concedenti procedano all'aggiudicazione sulla base del criterio dell'offerta economicamente più vantaggiosa, individuata sulla base del miglior rapporto qualità-prezzo, nel rispetto dei seguenti limiti: a) il 65% dell'importo da porre a base di gara come componente non ribassabile dell'importo complessivo, in coerenza con il principio dell'equo compenso; b) il restante 35% dell'importo a base di gara, per garantire un equilibrio tra la componente tecnica e quella economica, oggetto di offerte al ribasso entro il limite del 30% (come avviene per i contratti ad alta intensità di manodopera). Stabilisce, invece, per i servizi di ingegneria e di architettura di importo inferiore a 140.000 euro, oggetto di affidamento diretto, che i corrispettivi, da determinare sempre secondo le modalità previste nel relativo all. I.13, possano essere ridotti in percentuale non superiore al 20%. In pratica, il RUP deve definire nella richiesta di preventivo all'operatore economico il corrispettivo secondo i parametri dell'all. I.13 e chiedergli il ribasso che intende praticare entro il limite legale del 20%.

2.2. Le modifiche relative alle responsabilità del progettista esterno

Per ciò che riguarda gli incarichi esterni di progettazione, il testo originario del Codice, come noto, prevede alcune cautele dirette a rafforzare la responsabilità dei progettisti esterni e a garantire una maggiore tutela per la committenza pubblica. Infatti, prescrive una tendenziale unitarietà degli incarichi per ambedue i livelli di progettazione, progetto di fattibilità tecnico-economica e progetto esecutivo, derogabile solo nel caso di motivate ragioni che giustifichino l'affidamento disgiunto e a condizione che il nuovo progettista accetti senza riserva l'attività progettuale di primo livello (art. 41, comma 8, lett. d); dispone, poi, in caso di affidamento esterno di entrambi i livelli di progettazione, che l'avvio della progettazione esecutiva sia condizionato alla preventiva approvazione del progetto di fattibilità tecnico-economica (comma 9); precisa, ancora, che, in caso di appalto integrato, la verifica del progetto

[13] Cons. Stato, parere 27.11.2024, n. 01427/2024.

di fattibilità debba essere completata prima della procedura di affidamento, e, per i contratti di partenariato pubblico, che la verifica del progetto esecutivo, redatto dall'aggiudicatario, sia conclusa prima dell'inizio dei lavori (art. 42, comma 1).

Alle suddette cautele, che riguardano la fase di progettazione, il decreto correttivo, con l'art. 14, aggiunge all'art. 41 un'ulteriore garanzia per rimediare ad errori o omissioni che possano emergere in fase esecutiva. Nello specifico, prevede che la stazione appaltante o l'ente concedente inserisca, nei contratti di affidamento esterno della progettazione, clausole espresse per disciplinare le prestazioni reintegrative cui è tenuto, a titolo transattivo, il progettista per rimediare agli errori ed omissioni che pregiudichino, in tutto o in parte, la realizzazione dell'opera o la sua futura utilizzazione, con conseguente nullità di ogni patto che escluda o limiti la sua responsabilità (comma 8-*bis*) [14].

2.3. Le modifiche alla progettazione

Il decreto correttivo introduce, con l'art. 14, numerose modifiche che riguardano la fase della "progettazione" dell'intervento, fra cui, al comma 1, una relativa alla progettazione dei lavori di manutenzione ordinaria e straordinaria e l'altra attinente agli incarichi di progettazione esterna; con l'art. 78 aggiunge all'art. 6 dell'all. I.7 il comma 8-*bis*, che modifica gli elaborati minimi del PFTE e con l'art. 79 l'all. I.9.

Nello specifico, prevede che gli *interventi di manutenzione ordinaria e quelli di manutenzione straordinari*a senza rinnovo o sostituzione di parti strutturali delle opere o di impianti possano essere affidati, nel rispetto delle procedure di scelta del contraente, sulla base del progetto di fattibilità tecnico-economica, costituito almeno dagli elaborati previsti all'art. 6, comma 8-*bis*, dell'all. I.7 per questo livello di progettazione e che l'esecuzione dei predetti lavori possa prescindere dall'avvenuta redazione e approvazione del progetto esecutivo (art. 41, comma 5-*bis*) [15].

Questa semplificazione è alternativa a quella già prevista dal Codice per gli interventi di manutenzione ordinaria o per tutti quelli di manutenzione straordinaria, a prescindere dalla tipologia delle lavorazioni, per i quali è possibile omettere la progettazione di fattibilità tecnico-economica a condizione che il progetto esecutivo contenga tutti gli elementi previsti per il livello omesso (art. 41, comma 5).

---

[14] La formulazione del comma 8-*bis* dell'art. 41 è stata suggerita dal Consiglio di Stato con il parere 27.11.2024, n. 01427/2024, che ha evidenziato come la norma rappresenti una sorta di risarcimento in forma specifica per prestazioni professionali; nonché ha sottolineato che l'obbligo assunto dal progettista deve inserirsi in un accordo di natura transattiva, nel rispetto del divieto di prestazioni personali coattive sancito dalla Costituzione e dell'impossibilità di imporre forzatamente l'esecuzione di attività professionali, e ha posto in rilievo la coerenza della riformulazione con le norme sulle varianti in corso d'opera previste dall'art. 120 del Codice, le quali, con il nuovo comma 15-*quater*, impongono alle stazioni appaltanti di verificare, insieme al progettista e all'appaltatore, eventuali errori nella progettazione esecutiva che possano compromettere l'opera e di individuare soluzioni coerenti con il principio del risultato.

[15] Questa misura di semplificazione riprende, in buona sostanza, quella transitoria contenuta all'art. 1, comma 6, della legge n. 55/2019, di conversione, con modificazioni, del d.l. 18.4.2019, n. 32, come modificato dall'art. 52, comma 1, lett. a), legge n. 108/2021.

In sintesi, dopo il decreto correttivo, per gli interventi di manutenzione ordinaria o straordinaria sono previste due misure alternative di semplificazione: l'una consente di omettere il progetto di fattibilità tecnico-economica ed affidare i lavori sulla base del progetto esecutivo, comprensivo, però, degli elementi del livello omesso, e l'altra, riservata agli interventi di manutenzione ordinaria e (solo) a quelli di manutenzione straordinaria senza lavori di rinnovo o sostituzione di parti strutturali delle opere o di impianti, di affidare i lavori sulla base del progetto di fattibilità tecnico-economica completo degli elementi previsti per questo livello, senza necessità di elaborare e approvare il progetto esecutivo.

Per quanto riguarda gli elaborati del PFTE, viene precisato che questo livello di progettazione deve recepire i requisiti informativi sviluppati per il perseguimento degli obiettivi progettuali, come definiti nel capitolato informativo allegato al documento di indirizzo della progettazione.

Altre modifiche relative alla fase di progettazione riguardano il *documento di indirizzo della progettazione (art. 14 e all. I.7)*. Il DIP deve contenere un capitolato informativo, redatto dal coordinatore dei flussi informativi, figura che, come da definizione introdotta con il correttivo all'all. I.1, deve operare a livello del singolo intervento, di concerto con i vertici dell'organizzazione e su indicazione del gestore dei processi digitali (all. I.1, art. 3, comma 1, lett. q-*ter* e q-*quater* introdotte dall'art. 74, lett. c, p. 2) e far parte della struttura di supporto del RUP.

Inoltre, il contenuto del progetto di fattibilità, nei casi di adozione di metodi e strumenti di gestione informativa digitale, deve recepire i requisiti definiti nel capitolato informativo allegato al DIP, ai sensi all'art. 1, comma 3, dell'all. I.9, relativo a metodi e strumenti di gestione informativa digitale delle costruzioni (art. 14, comma 1, lett. f).

Sempre con riferimento ai documenti di progettazione, il decreto correttivo, all'art. 78, apporta modifiche all'all. I.7, con riferimento ai contenuti minimi del quadro esigenziale (art. 1, comma 2), al documento di fattibilità delle alternative progettuali (DOCFAP) (art. 2), e all'indicazione per la redazione del DIP (art. 3), inserendo il supporto di modelli informativi e GIS e altre prescrizioni tecniche.

E, ancora, lo stesso art. 78 introduce nell'all. I.7: l'art. 13-*bis*, che disciplina il contenuto dei modelli informativi; l'art. 13-*ter* relativo al capitolato informativo del PFTE, nel caso in cui quest'ultimo sia posto a base di un appalto integrato, ai fini della gestione informativa digitale dello sviluppo della progettazione esecutiva; l'art 32-*bis* e l'art. 32-*ter*, che disciplinano, rispettivamente, la relazione specialistica, sulla modellazione informativa del progetto esecutivo, e il capitolato informativo allegato al progetto esecutivo.

Inoltre, per quanto attiene alla progettazione di beni e servizi, aggiunge, con l'art. 78, l'art. 4-*bis* all. I.7, per definire il contenuto minimo dell'unico livello di progettazione di servizi e forniture, che deve essere costituito almeno da: relazione generale illustrativa, capitolato tecnico e documento di stima economica, secondo le previsioni di cui all'art. 41, commi 13 e 14, del Codice, sopperendo così ad una mancanza del testo originario di detto allegato, cui rinvia il comma 12 dell'art. 41.

Sarebbe opportuno, inoltre, ancorché non previsto, predisporre con la progettazione anche uno schema di contratto, specie per gli appalti più complessi.

2.4. Modifiche alla verifica del progetto

Con riferimento alla *verifica del progetto,* sono state introdotte al comma 4 dell'art. 37 dell'all. I.7, alcune modificazioni per precisare che il soggetto verificatore deve accertare la conformità del progetto agli adempimenti e requisiti di cui al capitolato informativo allegato al DIP, e all'art. 40, ove sono stati inseriti, tra i documenti sottoposti a verifica, i modelli informativi e la relazione specialistica sulla modellazione informativa.

Inoltre, il decreto correttive introduce, con l'art. 79, ulteriori modifiche all'all. I.8, sulla verifica preventiva dell'interesse archeologico, che viene suddivisa in due fasi, la prima dedicata alla verifica di assoggettabilità alla procedura e la seconda relativa alle modalità della verifica preventiva stessa (esecuzione di carotaggi, prospezioni geofisiche e geochimiche, saggi archeologici e, se necessario, esecuzione di sondaggi e di scavi) e alla redazione di documenti integrativi.

Infine, occorre considerare che, a seguito alla novella dell'art. 43 ad opera dell'art. 15 del decreto correttivo, è obbligatorio, dal primo gennaio 2025, l'utilizzo del *Building Information Modeling* (*BIM*), consistente in metodi e strumenti di gestione informativa delle costruzioni (opere di nuova costruzione e interventi su costruzioni esistenti d'importo superiore a 2 milioni di euro), come definiti dall'all. I.9. (v. cap. VIII, par. 1.1 e cap. III, par. 9).

2.5. Le modifiche alle tutele lavoristiche

Altro tema di particolare importanza riguarda *le tutele lavoristiche (art. 2 di modifica art. 11 e art. 73 che inserisce l'all. I.1).* In attuazione dei principi e criteri direttivi di cui all'art. 1, comma 2, lett. h), n. 2, della legge delega finalizzati a garantire "*l'applicazione dei contratti collettivi nazionale e territoriali di settore, tenendo conto, in relazione all'oggetto dell'appalto e alle prestazioni da eseguire anche in maniera prevalente, di quelli stipulati dalle associazioni dei datori di lavoro e dei prestatori di lavoro comparativamente più rappresentative sul piano nazionale, nonché ... le stesse tutele economiche e normative per i lavoratori in subappalto rispetto ai dipendenti dell'appaltatore e contro il lavoro irregolare*", il novellato art. 11 e il nuovo all. I.01 prevedono disposizioni puntuali che regolano l'applicazione dei contratti collettivi nazionali e territoriali (CCNL) ai lavoratori impiegati in appalti pubblici e concessioni, con l'obiettivo di garantire condizioni normative ed economiche adeguate.

In particolare, prescrivono, come previsione generale, l'obbligo di applicare il contratto collettivo nazionale di lavoro in vigore per il settore e per la zona nella quale si eseguono le prestazioni oggetto del contratto, stipulato dalle organizzazioni datoriali e sindacali comparativamente più rappresentative a livello nazionale, e strettamente connesso all'attività prevalente oggetto dell'appalto o della concessione.

A tal fine, le stazioni appaltanti e gli enti concedenti, nei documenti di gara e nella decisione di contrarre, sono tenuti a specificare il contratto collettivo applicabile al personale coinvolto, e a indicare ulteriori CCNL pertinenti in presenza di prestazioni accessorie o scorporabili che rappresentino almeno il 30% dell'appalto e che appartengano a una diversa categoria omogenea.

Tuttavia, gli operatori economici possono proporre, nella propria offerta, un contratto collettivo diverso da quello indicato, a condizione che assicuri tutele normative ed economiche equivalenti a quelle del CCNL prescritto dalla stazione appaltante. In questo caso, prima dell'aggiudicazione, l'operatore è obbligato a fornire una dichiarazione di impegno all'applicazione del contratto previsto o una dichiarazione di equivalenza delle tutele da verificare da parte del committente pubblico ai sensi dell'all. I.01. Tale allegato contiene disposizioni che guidano le stazioni appaltanti nella scelta del contratto collettivo da indicare nei bandi di gara e nei criteri per la verifica dell'equipollenza, con la previsione di meccanismi di confronto dei contratti collettivi sottoscritti dalle organizzazioni sindacali più rappresentative, sulla base di indici normativi ed economici per valutare l'equipollenza.

In dettaglio, l'all. I.01 prevede l'obbligo delle stazioni appaltanti e degli enti concedenti di individuare il contratto collettivo nazionale e territoriale di lavoro applicabile al personale impiegato nell'esecuzione di un appalto o di una concessione, sulla base dei seguenti due criteri di valutazione: *i*) connessione con le prestazioni oggetto del contratto, che esige che il contratto collettivo sia strettamente correlato all'attività da svolgere, anche se in maniera prevalente, rispetto all'appalto o alla concessione; *ii*) maggiore rappresentatività delle parti sociali, che impone di considerare i contratti sottoscritti dalle associazioni di datori e lavoratori comparativamente più rappresentative a livello nazionale.

Per garantire la coerenza con il criterio della connessione all'attività, le stazioni appaltanti devono: *i*) identificare le attività previste nell'appalto; *ii*) indicare nel bando o nelle decisioni di contrarre il Codice ATECO corrispondente, eventualmente confrontandolo con il Codice CPV per gli appalti pubblici; *iii*) determinare il contratto collettivo applicabile, utilizzando i sottosettori di classificazione presenti nell'Archivio nazionale dei contratti e degli accordi collettivi, istituito presso il CNEL; *iv*) fra i contratti individuati, fare riferimento a quelli utilizzati dal Ministero del lavoro e delle politiche sociali nella redazione delle tabelle per la determinazione del costo medio del lavoro, e, in mancanza, richiedere al Ministero di identificare il contratto più rappresentativo per le specifiche prestazioni oggetto dell'appalto.

Viene espressamente precisato che le stazioni appaltanti non possono, a pena di esclusione, imporre nei bandi o negli inviti l'applicazione di un contratto collettivo specifico come requisito di partecipazione, a garanzia di maggiore libertà contrattuale e conformità con le norme di legge (art. 1, comma 4, all. I.01), come indicato dalla prevalente giurisprudenza [16].

---

[16] "*L'applicazione di un determinato collettivo rientra nella libertà negoziale delle parti di modo che la legge di gara non può certamente vincolare con obbligo presidiato da sanzione espulsiva i concorrenti all'applicazione di un determinato contratto collettivo in luogo di un altro (Cons. Stato,*

I criteri sopra descritti si applicano, ove compatibili, anche all'individuazione dei contratti collettivi per attività accessorie, scorporabili o secondarie, ai sensi dell'art. 11, comma 2-*bis*.

Per garantire un'equivalenza nelle tutele lavorative offerte, le stazioni appaltanti valutano i contratti collettivi proposti dagli operatori economici in alternativa a quelli indicati nei documenti di gara. I contratti considerati equivalenti devono essere sottoscritti congiuntamente dalle stesse organizzazioni sindacali comparativamente più rappresentative, ma con associazioni datoriali diverse, a patto che rientrino nello stesso sottosettore e siano adeguati alla natura o alla dimensione dell'impresa. Per il settore dell'edilizia, l'equivalenza è riconosciuta limitatamente ai contratti con Codice unico CNEL/INPES F012, F015 e F018.

Quando un operatore economico propone un contratto collettivo diverso da quello indicato, la stazione appaltante deve effettuare una valutazione basata su: *i*) *equivalenza economica*, analizzando le componenti fisse della retribuzione globale annua, come retribuzione tabellare, indennità di contingenza, EDR, mensilità aggiuntive ed eventuali altre indennità; *ii*) *equivalenza normativa*, valutando la conformità rispetto a specifici parametri, tra cui regolamentazione di lavoro straordinario, permessi retribuiti, maternità, malattia, bilateralità e previdenza integrativa, oltre alla sicurezza sul lavoro e alla formazione obbligatoria.

Su tali basi, un contratto collettivo è considerato equivalente se il valore economico complessivo delle componenti fisse della retribuzione è almeno pari a quello previsto dal contratto indicato nel bando e gli scostamenti rispetto ai parametri normativi sono marginali, in base a criteri definiti con linee guida ministeriali.

Sotto l'aspetto procedurale è previsto che gli operatori economici presentino una *dichiarazione di equivalenza* al momento dell'offerta e che, prima dell'aggiudicazione, la stazione appaltante verifichi la validità della dichiarazione, assicurandosi che l'offerta rispetti i parametri normativi ed economici indicati, in conformità con l'art. 110 del Codice "Offerte anormalmente basse".

Nell'ambito delle tutele lavorative, è confermata la ritenuta dello 0,50% sull'importo netto progressivo delle prestazioni, che può essere svincolata solo al termine del contratto, previa approvazione del collaudo o della verifica di conformità. In caso di inadempienze salariali, le stazioni appaltanti sono obbligate a sollecitare il pagamento entro 15 giorni e, in mancanza di contestazioni formali, a intervenire direttamente per sanare le spettanze arretrate.

Riassumendo, le modifiche introdotte dal decreto correttivo puntano a definire criteri chiari e uniformi per valutare e calcolare l'equipollenza tra contratti collettivi, garantendo parità di tutela per i lavoratori e permettendo la partecipazione di operatori economici che non applicano il contratto indicato dalla stazione appaltante.

Sotto l'aspetto pratico, resta irrisolto il problema dei contratti che prevedono trattamenti economici in palese contrasto con l'art. 36 Cost. sul diritto del lavoratore ad una retribuzione proporzionata alla quantità e qualità del suo lavoro e, in ogni

---

sez. V, 6 agosto 2019, n. 5575) [...], ma tale libertà negoziale non è però assoluta, in quanto incontra il limite logico, prima ancora che giuridico, della necessaria coerenza tra il contratto che si intende applicare e l'oggetto dell'appalto [...]" (così Cons. Stato, sez. V, 18.12.2023, n. 10886).

caso, sufficiente ad assicurare a sé e alla famiglia un'esistenza libera e dignitosa. Il problema potrebbe essere risolto, medio tempore, dalle stesse stazioni appaltanti (specie Regioni [17] e Comuni), prescrivendo nei capitolati e nei bandi di gara una retribuzione minima tabellare, sulla base di quanto dispone l'art. 67 della direttiva 2014/24/UE, che, nella valutazione dell'offerta economicamente più vantaggiosa punta anche su considerazioni sociali [18].

2.6. La disciplina della revisione dei prezzi

Una delle aree di intervento più rilevanti del decreto correttivo riguarda la revisione prezzi, istituto centrale per garantire l'equilibrio economico del contratto (art. 9) e, al contempo, assicurare la sostenibilità delle prestazioni richieste agli operatori economici. In particolare, il decreto correttivo, all'art. 23 introduce modifiche alla disciplina regolata dall'art. 60 del Codice e, all'art. 86 inserisce il nuovo all. II.2-*bis* sulle relative modalità attuative [19].

Più in dettaglio, il novellato art. 60 prevede che le clausole di revisione dei prezzi riferite alle prestazioni oggetto del contratto, da includere obbligatoriamente nei documenti di gara iniziali, non possano apportare modifiche tali da alterare la natura generale del contratto o dell'accordo quadro; modifica, in parte, le modalità di definizione degli indici sintetici e prescrive che, con un provvedimento del MIT, sentito l'ISTAT, siano stabiliti:

– con riguardo ai contratti di lavori, indici sintetici individuati sulla base delle tipologie omogenee di cui alla Tabella A dell'all. II.2-*bis*;

– con riguardo ai servizi e forniture indici, anche disaggregati, dei prezzi al consumo, dei prezzi della produzione dell'industria e dei servizi e quelli delle retribuzioni contrattuali orarie, da pubblicare, unitamente alla relativa metodologia di calcolo, sul portale istituzionale dell'ISTAT.

---

[17] V. l. regionale Puglia 21.11.2024, n. 30, recante "*Tutela della retribuzione minima salariale nei contratti della Regione Puglia*", che obbliga l'ente regione, le aziende sanitarie locali, le aziende ospedaliere, le agenzie regionali e tutti gli enti strumentali regionali ad accertare, in tutte le procedure di gara, in coerenza con quanto previsto all'art. 11 del d.lgs. 31.3.2023, n. 36, che il diverso contratto collettivo indicato dagli operatori economici in sede di offerta preveda una retribuzione minima inderogabile pari a nove euro l'ora.

[18] Corte giust. UE, sez. IV, sent. 17.11.2015, causa C-115/14, secondo cui non osta all'art. 26 della direttiva 2004/18 una normativa di un ente regionale di uno Stato membro che impone agli offerenti e ai loro subappaltatori di impegnarsi, mediante una dichiarazione scritta, da allegare alla loro offerta, di versare un salario minimo fissato da tale legislazione al personale che sarà assegnato all'esecuzione delle prestazioni oggetto dell'appalto pubblico, se la norma è prescritta nei documenti di gara come "*condizione particolare in merito all'esecuzione dell'appalto*" basata su "*considerazioni sociali*" ai sensi dell'art. 26 di tale direttiva.

[19] La complessità delle modalità applicative ha reso necessario un approfondito confronto con gli operatori del settore, organizzato attraverso un Tavolo tecnico istituito presso il Ministero delle Infrastrutture e dei Trasporti, o suddiviso in due sottogruppi distinti: uno dedicato agli appalti di lavori e l'altro focalizzato sugli appalti di servizi e forniture, in modo da affrontare le specifiche peculiarità di ciascun ambito contrattuale.

Prevede, ancora, condizioni oggettive, diverse per lavori, da una parte, e forniture e servizi, dall'altra, per determinare le clausole revisionali da attivare:

– per i lavori: al verificarsi di una variazione del costo, sia in aumento che in diminuzione, superiore al 3% (prima era 5%) dell'importo complessivo, da applicare nella misura del 90% (prima era 80%) del valore eccedente tale variazione alle prestazioni da eseguire;
– per i beni e servizi: a seguito di una variazione del costo, sia in aumento che in diminuzione, superiore al 5% (come prima) dell'importo complessivo, da applicare nella misura dell'80% (come prima) del valore eccedente tale variazione alle prestazioni da eseguire.

Il nuovo all. II.2-*bis* disciplina in dettaglio le modalità di attuazione delle clausole di revisione dei prezzi sulla base di tre parametri: natura, settore merceologico dell'appalto e indici disponibili, specificandone le modalità di corresponsione.

Per gli appalti di servizi e forniture, il novellato art. 60 prevede, inoltre, la possibilità di inserire nel contratto, oltre alle suddette clausole revisionali, meccanismi ordinari di adeguamento del prezzo del contratto all'indice inflattivo individuato convenzionalmente tra le parti; in tale ipotesi, l'incremento di prezzo riconosciuto in virtù di questi meccanismi ordinari non è considerato nel calcolo della variazione del costo del servizio o della fornitura rilevante ai fini dell'attivazione delle clausole revisionali. Stabilisce, poi, se tali appalti dispongono di specifici indici di determinazione della variazione del prezzo, la possibilità di fare riferimento a tali indici anche in sostituzione di quelli previsti, precisando che le disposizioni relative alle clausole di revisione dei prezzi non si applicano agli appalti di servizi e forniture il cui prezzo è determinato sulla base di un'indicizzazione. Affida, infine, al nuovo all. II.2-*bis*, introdotto dall'art. 86 del decreto correttivo, di definire le modalità per l'applicazione delle clausole di revisione dei prezzi, considerando la natura e il settore merceologico dell'appalto, nonché gli indici disponibili; e di specificare le modalità di corresponsione, tenendo conto anche dell'eventuale ricorso al subappalto.

Il nuovo all. II.2-*bis*, in 15 articoli, suddivisi nelle seguenti cinque sezioni, prevede le norme di dettaglio su questo istituto.

• *Sezione I – Disposizioni generali.* – Questa parte disciplina l'applicazione delle clausole di revisione dei prezzi negli appalti pubblici, in conformità all'art. 60 del Codice, per garantire meccanismi automatici di riequilibrio contrattuale al verificarsi delle condizioni previste dal comma 2 dello stesso articolo. Precisa che la revisione si applica: agli appalti di lavori relativi a nuove costruzioni e a lavori di manutenzione ordinaria e straordinaria, agli appalti di servizi o forniture di durata, escludendo quelli con prestazioni a esecuzione istantanea, senza però una definizione precisa di contratto di durata, per cui ci si chiede come deve essere considerato, ad esempio, un contratto che preveda la consegna di una quantità di beni in diversi periodi o al verificarsi di determinate condizioni; ai contratti misti, a cui si applicano le disposizioni della sezione II per la componente lavori e quelle della sezione III per forniture e servizi.

Nel caso in cui l'applicazione della revisione prezzi non riesca a garantire l'equilibrio contrattuale, e non sia possibile raggiungerlo mediante rinegoziazione secondo buona fede, l'allegato prevede la facoltà per la stazione appaltante o per l'appaltatore di invocare la risoluzione per eccessiva onerosità sopravvenuta del contratto, con applicazione dell'art. 122, comma 5, del Codice, che stabilisce, in generale, che con risoluzione l'appaltatore abbia diritto al pagamento delle sole prestazioni eseguite.

• *Sezione II – Adeguamento dei costi nei contratti di lavori.* – Questa sezione prevede per i lavori l'utilizzo di un indice sintetico revisionale, determinato dal progettista durante la fase di elaborazione del progetto come media ponderata degli indici ISTAT relativi alle TOL indicate nella Tabella A dell'allegato e come valore di riferimento quello del mese del provvedimento di aggiudicazione. In caso di sospensione o proroga dei termini di aggiudicazione, è considerato l'indice del mese di scadenza del termine massimo per l'aggiudicazione (v. all. I.3).

Per elaborare l'indice sintetico, il progettista deve suddividere il progetto in tipologie omogenee di lavorazioni (TOL) e determinare il peso percentuale di ciascuna come rapporto tra l'importo delle lavorazioni associate e l'importo totale dei lavori, valutando, per ragioni di semplificazione, se escludere dal calcolo quelle con un peso inferiore al 4%.

L'indice sintetico del progetto è la somma dei prodotti tra i pesi percentuali di ciascuna TOL e i relativi indici. Nel caso in cui la variazione del costo del contratto, riferito all'indice sintetico del mese di aggiudicazione, sia superiore all'indice, rilevato al momento della rilevazione, del 3%, il direttore dei lavori accerta tale variazione e ne informa il RUP e l'appaltatore.

Le somme dovute per revisione dei prezzi vengono determinate negli stati di avanzamento dei lavori (SAL) successivi all'accertamento e regolate con la cadenza contrattuale prevista. Prima del pagamento del saldo finale, il RUP deve verificare che gli importi dovuti siano stati correttamente regolati, compensando eventuali differenze. È possibile prevedere modalità semplificate di pagamento, come l'adozione di un unico SAL che riporti separatamente l'importo contrattuale e quello revisionale.

Per gli *accordi quadro*, l'indice sintetico viene individuato al momento della stipula di ciascun contratto attuativo in base alle lavorazioni previste, ai relativi importi e agli indici dei TOL associati.

In caso di *varianti*, la stazione appaltante ridefinisce l'indice sintetico: per varianti quantitative si ricalcolano i pesi percentuali delle TOL già individuate, mentre per varianti qualitative si aggiungono nuove TOL. Il nuovo indice sintetico si applica solo ai SAL successivi all'approvazione della variante, senza modificare le somme già regolate nei SAL precedenti. I contratti di subappalto e quelli da comunicare alla stazione appaltante devono includere clausole di revisione prezzi coerenti con quelle previste per il contratto principale.

• *Sezione III – Revisione dei prezzi per i contratti di servizi e forniture.* – Per questi contratti, le variazioni dei prezzi si calcolano utilizzando specifici indici pubblicati dall'ISTAT, tra cui: i) indici dei prezzi al consumo per l'intera collettività (NIC), secondo la classificazione ECOICOP; ii) indici dei prezzi alla produzione dell'industria e dei servizi, privilegiando i valori "business to business" (BtoB); iii) indici delle retribuzioni contrattuali orarie per tipo di contratto e settore economico ATECO.

Nei documenti di gara, la stazione appaltante deve identificare l'attività oggetto dell'appalto, individuando il Codice CPV corrispondente e associandolo agli indici ISTAT indicati nelle tabelle dell'allegato. Per appalti con prestazioni riconducibili a diversi codici CPV, si calcola una media ponderata delle variazioni degli indici associati. Le clausole di revisione si attivano solo se la variazione complessiva supera il 5%. Per i contratti di subappalto relativi a servizi e forniture, si applicano le stesse disposizioni previste per i contratti principali, garantendo la coerenza tra le clausole di revisione.

• *Sezione IV – Disposizioni finanziarie e finali* – Le stazioni appaltanti possono coprire gli oneri derivanti dalla revisione dei prezzi con le seguenti modalità:
– risorse accantonate per imprevisti, nel limite del 50% del loro ammontare;
– ribassi d'asta, non destinati ad altri scopi;
– fondi disponibili da interventi già collaudati, nel rispetto delle procedure contabili.

In caso di riduzioni dei costi, ipotesi poco probabile nell'attuale dinamica dei prezzi, le somme risparmiate vengono reintegrate negli accantonamenti.

Per gli appalti di servizi e forniture si applicano le risorse indicate nell'art. 60, comma 5, del Codice. Se l'80% delle risorse per la revisione prezzi è già utilizzato o impegnato, la stazione appaltante deve attivare procedure per il reintegro dei fondi, anche rimodulando la programmazione triennale o l'elenco annuale dei lavori.

L'art. 16 introduce un regime transitorio, secondo cui le disposizioni dell'all. II.2-*bis* si applicano ai contratti di lavori avviati dalla pubblicazione dal decreto ministeriale previsto dall'art. 60, comma 4, mentre per i contratti avviati prima continuano ad applicarsi le precedenti disposizioni dello stesso art. 60 nel testo vigente al 1° luglio 2023. Gli indici di costo pubblicati dall'ISTAT secondo le precedenti disposizioni, quindi, potranno essere utilizzati solo a fini statistici.

2.7. Le modifiche al sistema di qualificazione

Come noto, il Codice riprende, nella Parte III, Titolo I, del Libro II, con alcune modifiche, il sistema di qualificazione delle stazioni appaltanti introdotto dal d.lgs. n. 50/2016, ma non attuato, e recepisce nell'all. II.4 le Linee guida ANAC per la sua applicazione [20]. Il servizio "qualificazione", inserito dall'Autorità nella piattaforma dell'anagrafe unica delle stazioni appaltanti (ASA), consente l'invio della domanda di iscrizione nell'elenco delle stazioni appaltanti qualificate da parte del

[20] ANAC, deliberazione n. 441/2022.

soggetto nominato dalla stazione appaltante responsabile per l'Anagrafe unica (RASA)[21].

Il decreto correttivo modifica, in parte, il sistema di qualificazione, previsto agli artt. 62 e 63 del Codice, e il relativo all. II.4.

Innanzitutto, prevede che le stazioni appaltanti e gli enti concedenti possano procedere direttamente e autonomamente all'acquisizione di: lavori fino all'importo pari a 500.000 euro e di servizi e forniture fino all'importo inferiore alla soglia per gli affidamenti diretti, ossia inferiore a 140.000 euro (art. 25, comma 1, lett. a) di modifica del comma 1, dell'art. 62, comma 1), mantenendo la possibilità di effettuare ordini a valere su strumenti di acquisto messi a disposizione dalle centrali di committenza qualificate e dai soggetti aggregatori. Il decreto correttivo supera così la discrasia, prevista nel testo originario, fra l'art. 62 del Codice e l'art. 2 dell'all. II.4.

Rafforza, poi, i requisiti richiesti per la qualificazione delle stazioni appaltanti e gli enti concedenti, con particolare attenzione alla progettazione, all'affidamento e all'esecuzione di contratti di concessione e partenariato pubblico-privato, richiedendo almeno una qualificazione di livello L2 (art. 88, comma 1, lett. a) di modifica all'art. 3 dell'all. II.4; proroga al 31 dicembre 2026 il termine, originariamente fissato al 30 giugno 2024, entro il quale gli Uffici giudiziari non in possesso dei requisiti di qualificazione, possono progettare e affidare i lavori di manutenzione straordinaria o finalizzati a garantire la sicurezza dei luoghi di lavoro avvalendosi di un RUP dotato di competenze tecniche in materia di ingegneria o architettura, e, in mancanza di tale figura professionale, per i soli interventi di manutenzione straordinaria e di sicurezza obbligatori, del RUP responsabile del servizio al quale attiene il lavoro da realizzare (art. 88, comma 1, lett. a), punto 2) di modifica del comma 6, art. 3, dell'all. II.4.).

Dal 1° gennaio 2025, il decreto correttivo stabilisce, ancora, ai fini dei requisiti di qualificazione per la progettazione e l'affidamento dei lavori, che, per la valutazione del requisito relativo al numero di gare svolte, si considerano, per le gare di importo superiore ai 2.000.000 di euro, solo quelle i cui bandi e gli avvisi rispettano le disposizioni sull'utilizzo dei metodi e degli strumenti elettronici di modellazione per l'edilizia e le infrastrutture di cui all'all. I.9 al Codice (art. 88, comma 1, lett. b), di modifica dell'art. 4, comma 4, dell'all. II.4).

Per la progettazione e l'affidamento dei contratti di concessione e di partenariato pubblico – privato di servizi e forniture, di importo a base di gara pari o superiore a 140 mila euro, gli enti concedenti devono possedere almeno una qualificazione di livello SF2 e la presenza di un soggetto con esperienza di tre anni nella gestione di piani economici e finanziari e dei rischi (art. 88, comma 1, lett. c) di modifica dell'art. 5, comma 5, dell'all. II.4).

Stabilisce, sempre dal 1° gennaio 2025, che le stazioni appaltanti e le centrali di committenza qualificate per la progettazione e l'affidamento di lavori, servizi e for-

---

[21] V. circolare MIT 18.11.2024, n. 279 (v. comunicato pubblicato in *Gazzetta Ufficiale*, S.G. n. 273 del 21.11.2024, che individua gli orientamenti e le indicazioni operative per la qualificazione delle stazioni appaltanti ai sensi del Codice (il testo è disponibile all'indirizzo *www.mit.gov.it*).

niture sono automaticamente abilitate anche per l'esecuzione degli stessi contratti, secondo i livelli di qualifica corrispondenti. Le stazioni appaltanti non qualificate per la progettazione e l'affidamento, fino al 31 dicembre 2024, continuano a eseguire contratti a condizione che siano iscritte all'AUSA e che dispongano di una figura tecnica in grado di svolgere le funzioni di RUP. Sempre, dal 1° gennaio 2025, per eseguire contratti sopra le soglie stabilite dall'art. 62, comma 1, del Codice, le stazioni appaltanti non qualificate devono soddisfare i requisiti previsti dal comma 3 e dal comma 2, secondo i diversi livelli di qualificazione definiti nella Tabella C-*bis* per i lavori e nella Tabella C-*ter* per servizi e forniture (art. 88, comma, 1, lett. d), che sostituisce l'art. 8 dell'all. II.4).

Dal 2025, la possibilità per le stazioni appaltanti e le centrali di committenza qualificate per la progettazione e per l'affidamento di lavori, di servizi e forniture o di entrambe le tipologie contrattuali di eseguire il contratto per i livelli superiori a quelli di qualifica è valutata sulla base del soddisfacimento dei seguenti requisiti, come definiti per i diversi livelli di qualificazione nella Tabella C-*bis*, per l'esecuzione di lavori, e nella Tabella C-*ter*, per l'esecuzione di servizi e forniture:

a) rispetto dei tempi previsti per i pagamenti di imprese e fornitori;
b) assolvimento degli obblighi di comunicazione dei dati sui contratti pubblici che alimentano le banche dati detenute o gestite dall'ANAC;
c) partecipazione al sistema di formazione e aggiornamento del personale.

Ne consegue che le stazioni appaltanti qualificate, dal 1° gennaio 2025, devono monitorare con cadenza semestrale la propria efficienza decisionale nello svolgimento delle procedure di affidamento attraverso una verifica del tempo medio intercorrente fra la data di presentazione delle offerte, come risultante nei bandi di gara, e la data di stipula del contratto. E se rilevano che il tempo medio risulta superiore a centosessanta giorni, devono comunicare tempestivamente all'ANAC un piano di riorganizzazione, recante le misure necessarie al superamento delle principali cause che hanno determinato il ritardo negli affidamenti, il potenziamento della formazione specialistica, anche rispetto all'utilizzo degli strumenti digitali e gli obiettivi temporali di riduzione del tempo medio di svolgimento delle procedure di affidamento (art. 88, comma 1, lett. e), con il quale, fra l'altro, sono inseriti i commi 4-*bis*, 4-*ter* e 4-*quater* all'art. 11 dell'all. II.4).

A partire dal 1° gennaio 2025, il decreto correttivo prevede standard più rigorosi definiti nelle nuove tabelle di qualificazione approvate, che introducono criteri per valutare capacità organizzative, economiche e tecniche.

Inoltre, a seguito delle modifiche introdotte al sistema di qualificazione:

– solo i subappaltatori possono utilizzare i certificati di esecuzione lavori (CEL) relativi alle prestazioni eseguite in sede di qualificazione, mentre gli appaltatori possono utilizzare i lavori eseguiti in subappalto nelle categorie scorporabili solo per dimostrare la cifra d'affari complessiva, ma non per la qualificazione (art. 23, all. II.12), per cui prima di esporsi al rischio di perdere la qualificazione posseduta nelle categorie scorporabili/subappalti, le imprese dovranno attentamente valutare se e in quale misura ricorrere al subappalto per tali categorie;

– ai fini della qualificazione dell'operatore economico attraverso i "lavori privati", sarà sufficiente allegare una copia semplice del progetto approvato.

È prevista, inoltre, l'istituzione, presso l'ANAC, di un "*Tavolo dei soggetti aggregatori e delle centrali di committenza qualificate*", composto da rappresentanti di vari enti istituzionali, con il compito di monitorare le attività delle stazioni appaltanti qualificate, identificare squilibri tra domanda e offerta, promuovere la specializzazione delle centrali di committenza, supportare l'uso di tecnologie digitali e incentivare il ricorso a strumenti di partenariato pubblico-privato. Compito del Tavolo è anche il favorire la cooperazione interistituzionale e coordinare i processi di digitalizzazione, sotto la supervisione del MEF.

2.8. Le modifiche dei requisiti dei consorzi non necessari

L'art. 67 del Codice, come novellato dall'art. 27 del decreto correttivo, stabilisce che i requisiti di capacità tecnica e finanziaria per l'ammissione alle procedure di affidamento riferiti ai consorzi tra società di cooperative di produzione e lavoro, ai consorzi tra imprese artigiane, ai consorzi stabili e ai consorzi stabili di società di professionisti e di ingegneria (anche in forma mista e composti da almeno tre consorziati operanti nei settori dell'ingegneria e dell'architettura), siano disciplinati dall'all. II.12 (come modificato dall'art. 91 del decreto correttivo), che regola il sistema di qualificazione per i lavori di importo pari o superiore a 150.000 euro, articolati in base alle categorie e agli importi.

In particolare, il novellato art. 67 conferma per i consorzi stabili:

– per servizi e forniture, che i requisiti siano calcolati cumulativamente a favore del consorzio, anche se detenuti dalle singole imprese consorziate;
– per i lavori eseguiti direttamente dal consorzio, che i requisiti propri siano cumulabili con quelli delle imprese consorziate;
– per i lavori eseguiti da consorziate indicate in gara, che i requisiti siano posseduti e dimostrati dalle consorziate, oppure anche mediante avvalimento ai sensi dell'art. 104 dello stesso Codice.

Estende ai consorzi tra società di cooperative di produzione e lavoro e ai consorzi tra imprese artigiane, la regola già prevista per i consorzi stabili e ai consorzi stabili di società di professionisti e di ingegneria, secondo cui i requisiti generali devono essere posseduti sia dalle consorziate esecutrici che dalle consorziate che prestano i requisiti; mentre le altre autorizzazioni e i titoli abilitativi per la partecipazione alle procedure di aggiudicazione, devono essere posseduti, in caso di lavori e servizi, dalla consorziata esecutrice.

I consorzi stabili e i consorzi stabili di società di professionisti e di ingegneria devono eseguire le prestazioni o con la loro struttura o tramite le consorziate indicate in sede di gara, senza che questa modalità costituisca subappalto, fermo restando la responsabilità solidale nei confronti della stazione appaltante. Allo stesso modo, non costituisce subappalto l'affidamento delle prestazioni alle proprie consorziate da parte dei consorzi fra società di cooperative di produzione e lavoro e i consorzi fra imprese artigiane.

I consorzi tra società cooperative di produzione e lavoro, quelli tra imprese artigiane, i consorzi stabili e i consorzi stabili di società di professionisti e di ingegneria devono indicare in sede di offerta per quali consorziate il consorzio concorre. Quando la consorziata designata è, a sua volta, un consorzio tra società cooperative di produzione e lavoro o tra imprese artigiane è tenuto a indicare, in sede di offerta, le consorziate per le quali concorre.

Prevede, ancora, che la partecipazione alla gara, in qualsiasi forma, delle consorziate designate dal consorzio offerente determini l'esclusione della gara, solo se sussistono fondati indizi tali da fare ritenere che le offerte siano imputabili ad un unico centro decisionale a causa di accordi intercorsi, a meno che non venga dimostrato che la circostanza non ha influito sulla gara né è idonea ad incidere sulla capacità di rispettare gli obblighi contrattuali (art. 95, comma 1, lett. d).

Stabilisce, poi, che i consorzi di cooperative e i consorzi tra imprese artigiane possono partecipare alla procedura di gara, fermo restando il disposto degli artt. 94 e 95 e del comma 3 del Codice, utilizzando requisiti propri e, nel novero di questi, facendo valere i mezzi d'opera, le attrezzature e l'organico medio nella disponibilità delle consorziate che li costituiscono.

Precisa, infine, che possano essere oggetto di avvalimento solo i requisiti maturati dallo stesso consorzio in proprio, di cui deve essere fornita specifica indicazione nell'attestazione di qualificazione SOA.

Con le modifiche normative introdotte si tenta di risolvere alcune criticità, recependo sia la giurisprudenza prevalente sia le indicazioni formulate dall'ANAC. Seguendo l'orientamento giurisprudenziale[22], i consorzi stabili possono avvalersi dei requisiti acquisiti dalle consorziate, siano esse designate o meno per l'esecuzione dei lavori, al fine di partecipare alle procedure di affidamento e ottenere le relative attestazioni di qualificazione. Tuttavia, per garantire una maggiore tutela delle stazioni appaltanti, si è precisato che l'utilizzo dei requisiti di un'impresa non designata per l'esecuzione debba essere formalizzato attraverso il ricorso all'istituto dell'avvalimento, regolato dall'art. 104 del Codice.

Un'ulteriore modifica significativa riguarda l'obbligo per i consorzi di indicare i consorziati per conto dei quali intendono concorrere. Tale obbligo, già previsto per i consorzi stabili, è stato esteso ai consorzi di cooperative di produzione e lavoro e ai consorzi di imprese artigiane, conformemente alle indicazioni contenute nel "Bando tipo n. 1/2023" dell'ANAC. Inoltre, nel caso in cui il consorziato designato sia esso stesso un consorzio di cooperative o di artigiani, anche quest'ultimo è tenuto a specificare per quali consorziati concorre, al fine di garantire una piena trasparenza nel processo di aggiudicazione.

---

[22] Cons. Stato, sez. V, 29.9.2023, n. 8592, secondo cui il consorzio stabile può bene integrare i requisiti per il tramite del "*cumulo alla rinfusa*", nei termini indicati, nella specie attuati a mezzo del richiamo dei requisiti posseduti dalle consorziate non designate quale esecutrici, come risulta dal tenore letterale dell'art. 225, comma 13, del nuovo Codice dei contratti.

Per assicurare l'effettività dell'utilizzo dei requisiti dichiarati in gara, si è sottolineata la necessità che tali requisiti corrispondano a una concreta disponibilità di mezzi, attrezzature e personale, così da evitare situazioni in cui le risorse dichiarate non siano realmente utilizzabili per l'esecuzione dei contratti. Inoltre, in linea con il comunicato dell'ANAC del 31 gennaio 2024, si è ribadito il divieto per una stessa impresa di partecipare a più di un consorzio stabile. Tale divieto trova fondamento nell'intento di preservare la funzione dei consorzi stabili, che consiste nell'operare congiuntamente per un periodo minimo di cinque anni, istituendo una struttura d'impresa comune e funzionale. La partecipazione a più consorzi da parte di una singola impresa, infatti, comprometterebbe l'effettività di questo vincolo e potrebbe portare a una moltiplicazione artificiosa delle risorse, con il rischio di dichiarazioni non veritiere sull'effettiva capacità esecutiva. Infine, si è chiarito che le risorse messe a disposizione di un consorzio possono essere utilizzate anche per partecipare a gare in modo autonomo, ma questa facoltà deve essere esercitata nel rispetto della normativa. La possibilità di aderire a più consorzi aumenterebbe il rischio di un utilizzo contemporaneo e sovrapposto degli stessi requisiti, a discapito della trasparenza e della competitività del sistema degli appalti pubblici. Le modifiche proposte rafforzano, dunque, la chiarezza e l'efficienza delle norme, garantendo un quadro regolatorio più equilibrato e conforme alle esigenze di trasparenza e tutela della capacità operativa nel settore dei contratti pubblici.

È da ricordare che l'art. 225-*bis*, aggiunto dall'art. 70 del decreto correttivo, prevede che le disposizioni dell'art. 67, nel testo vigente alla data del 1° luglio 2023, (art. 229, comma 2) continuano ad applicarsi ai procedimenti in corso. A tal fine, per procedimenti in corso si intendono le procedure e i contratti per i quali bandi o avvisi con cui si indice la procedura di scelta del contraente siano stati pubblicati prima della data di entrata in vigore della presente disposizione ovvero, in caso di contratti senza pubblicazione di bandi o avvisi, le procedure e i contratti in relazione ai quali, alla data di entrata del 31 dicembre 2024, siano già stati inviati gli avvisi a presentare offerte.

2.9. Il rafforzamento del *favor* per le piccole e medie imprese

Il Codice, ancor più a seguito delle modifiche introdotte con il d.lgs. n. 209/2024, prevede diversi strumenti per tutelare e promuovere l'accesso delle piccole e medie imprese al mercato degli appalti pubblici[23]; queste imprese, infatti, stante il loro potenziale per la creazione di posti di lavoro, aiutano la crescita e l'innovazione, obiettivo di politica economica e sociale[24], peraltro, previsto dalla direttiva 2014/24/UE,

---

[23] Per la definizione di micro, piccole e medie imprese v. raccomandazione n. 2003/361/CE della Commissione europea, 6.5.2003, che basa la distinzione sul numero di dipendenti e sull'importo del fatturato o bilancio annuo.

[24] Uno studio commissionato dalla Commissione europea tra il 2006 ed il 2008 stima il valore complessivo degli appalti aggiudicati alle PMI tra il 31% ed il 38%, sensibilmente inferiore alla loro

che reca appunto, tra i suoi principi essenziali, il facilitare la partecipazione delle piccole e medie imprese agli appalti pubblici [25].

Fra gli strumenti e gli istituti finalizzati a tale scopo, è da ricordare: i) l'art. 100, comma 2, che impone alle stazioni appaltanti di richiedere requisiti di partecipazione di ordine speciale proporzionati ed attinenti all'oggetto dell'appalto; ii) l'art. 108, comma 7, sui criteri premiali per favorire le PMI, valorizzando la "territorialità" nei contratti in cui la prossimità territoriale rappresenta un elemento essenziale per l'esecuzione delle prestazioni; la suddivisione dell'appalto in lotti. A questi si aggiungono quelli introdotti dalle recenti modifiche del d.lgs. n. 209/2024: le tutele lavoristiche, che possono già contribuire a migliorare la condizione delle PMI, offrendo strumenti trasversali che favoriscono una maggiore inclusione e competitività; il potenziamento dell'incentivo alla suddivisione in lotti, con una precisazione normativa che chiarisce la definizione del lotto quantitativo; e, ancora, l'introduzione di una riserva di partecipazione esclusiva a queste imprese nei contratti riservati al di sotto delle soglie europee; e, infine, sempre a loro favore, la riserva del 20% delle prestazioni oggetto di subappalto, derogabile esclusivamente nei casi in cui viene accertato, con adeguata motivazione, che tale riserva è impossibile da attuare nella percentuale legale a causa dell'oggetto o delle caratteristiche delle prestazioni, oppure per specifiche condizioni di mercato (deroga da formalizzare, per ragioni di trasparenza, nella decisione di contrarre).

2.10. Le modifiche ai contratti in fase di esecuzione del contratto

Il decreto correttivo, con l'art. 42 di modifica dell'art. 120, introduce alcune integrazioni e precisazioni alla disciplina delle modifiche e varianti ai contratti in corso di esecuzione. In particolare, il decreto opera su tre ambiti principali:

a) *varianti in corso d'opera* – Come noto, l'art. 25 della legge quadro dei lavori pubblici, n. 109/1994 individuava i seguenti (soli) motivi che avrebbero potuto giustificare varianti in corso d'opera: *a*) esigenze derivanti da sopravvenute disposizioni legislative e regolamentari; *b*) cause impreviste e imprevedibili accertate nei modi stabiliti dal regolamento di cui all'art. 3, o per l'intervenuta possibilità di utilizzare materiali, componenti e tecnologie non esistenti al momento della progettazione che possono determinare, senza aumento di costo, significativi miglioramenti nella qualità dell'opera o di sue parti e sempre che non alterino l'impostazione progettuale; *b-bis*) per la presenza di eventi inerenti la natura e specificità dei beni sui quali si interviene verificatisi in corso d'opera, o di rinvenimenti imprevisti o non prevedibili nella fase progettuale; *c*) nei casi previsti dall'art. 1664, comma 2, c.c. (scoperta geologica, difficoltà idriche e simili); *d*) per il manifestarsi di errori o di

---

quota di mercato pari a circa il 52% (CONSIP, Divisione in lotti, partecipazione e competizione nelle gare d'appalto, Quaderno n. 2 del 30.3.2016).

[25] Vedi, in particolare, i considerando nn. 2, 59, 78 e 129, che enunciano ragioni e obiettivi alla base della scelta di favorire la partecipazione delle piccole e medie imprese (PMI) agli appalti pubblici.

omissioni del progetto esecutivo che pregiudicano, in tutto o in parte, la realizzazione dell'opera ovvero la sua utilizzazione.

Il Codice del 2006 ha mantenuto la tipizzazione delle circostanze giustificatrici di varianti in corso d'opera riprendendo le casistiche indicate dalla legge-quadro del 1994, a cui ha aggiunto, riprendendoli *dall'art. 34, comma 5, legge n. 164/2014*, i casi di bonifica e/o messa in sicurezza di siti contaminati ai sensi della Parte IV, Titolo V, del d.lgs. 3.4.2006, n. 152.

Il Codice del 2016 e quello del 2023, invece, hanno abbandonato la tipizzazione delle varianti; infatti, l'art. 106 del d.lgs. n. 50/2016 si limita ad ammetterle nel caso che si verifichino ambedue le seguenti condizioni: 1) circostanze impreviste e imprevedibili per l'amministrazione aggiudicatrice o per l'ente aggiudicatore, quali, a titolo non esaustivo, la sopravvenienza di nuove disposizioni legislative o regolamentari o provvedimenti di autorità od enti preposti alla tutela di interessi rilevanti; 2) la non alterazione della natura generale del contratto. E nello stesso senso si è orientato il comma 1, lett. c) dell'art. 120 nel testo originario del Codice, a mente del quale "*le varianti in corso d'opera, da intendersi come modifiche resesi necessarie in corso di esecuzione dell'appalto per effetto di circostanze imprevedibili da parte della stazione appaltante. Rientrano in tali circostanze nuove disposizioni legislative o regolamentari o provvedimenti sopravvenuti di autorità o enti preposti alla tutela di interessi rilevanti*".

La novellata lett. c) del comma 1 dell'art. 120 ritorna al passato e tipizza le seguenti circostanze imprevedibili: i) esigenze derivanti da nuove disposizioni legislative o regolamentari o da provvedimenti sopravvenuti di autorità o enti preposti alla tutela di interessi rilevanti; ii) eventi naturali straordinari e imprevedibili e i casi di forza maggiore che incidono sui beni oggetto dell'intervento; iii) rinvenimenti, imprevisti o non prevedibili con la dovuta diligenza nella fase di progettazione; iv) le difficoltà di esecuzione derivanti da cause geologiche, idriche e simili, non prevedibili dalle parti in base alle conoscenze tecnico-scientifiche consolidate al momento della progettazione.

b) *modifiche non sostanziali.* – Il decreto correttivo introduce, poi, una più ampia previsione di fattispecie di modifiche non sostanziali al progetto o al contratto su proposta della stazione appaltante ovvero dell'appaltatore (comma 7). Con la riscrittura del comma 7 dell'art. 120, la normativa prevede che, nel rispetto della funzionalità dell'opera e fermi restando i limiti derivanti dalle somme a disposizione del quadro economico, non sono da considerare modifiche gli interventi:

– che assicurino risparmi, rispetto alle previsioni iniziali, da utilizzare in compensazione per far fronte alle variazioni in aumento dei costi delle lavorazioni (lett. a);

– che realizzino soluzioni equivalenti o migliorative in termini economici, tecnici o di tempi di ultimazione dell'opera, ivi compresa la sopravvenuta possibilità di utilizzo di materiali, componenti o tecnologie non esistenti al momento della progettazione che possono determinare, senza incremento dei costi, significativi miglioramenti nella qualità dell'opera o di parte di essa, o riduzione dei tempi di ultimazione (lett. b);

– quelli imposti dal direttore dei lavori per la soluzione di questioni tecniche emerse nell'esecuzione dei lavori (lett. c).

c) *modalità di verifica di errori e omissioni nella progettazione esecutiva* – L'art. 42, comma 1, lett. c) del correttivo inserisce, inoltre, all'art. 120 una modifica coerente con il nuovo comma 8-*bis* all'art. 41, a sua volta introdotto dall'art. 14, comma 1, lett. f), dello stesso correttivo, relativo all'obbligo di prevedere, negli incarichi esterni di progettazione, clausole da contrattare con il progettista per risolvere, in via transattiva, eventuali errori o omissioni che dovessero emergere in fase esecutiva (un risarcimento in forma specifica). Sul punto, si rimanda al par. 2.2.

2.11. Le modifiche ai collegi consultivi tecnici

Un'altra importante area di intervento riguarda il Collegio Consultivo Tecnico (CCT), istituto di fondamentale rilevanza per la prevenzione e la riduzione del contenzioso nell'ambito dei contratti pubblici.

Con le modifiche introdotte, con gli artt. 62, 63 e 64, agli artt. 215-217 del Codice e la sostituzione, con l'art. 92 dell'all. V.2, sono state introdotte importanti novità che mirano a rafforzare l'efficacia del CCT, come organo per la gestione preventiva delle controversie e a fornire alle stazioni appaltanti e agli operatori economici regole certe e facilmente applicabili.

Più nel dettaglio, per rafforzare il ruolo del CCT e definire meglio i suoi compiti, è ora stabilito che: i) il collegio deve operare garantendo indipendenza di giudizio e valutazione (art. 215, primo periodo); ii) la costituzione è obbligatoria per gli appalti, concessioni o partenariato pubblico-privato relativi a lavori pubblici sopra le soglie di rilevanza europea, mentre è facoltativa al di fuori di dette ipotesi e, in particolare, per le forniture e servizi sopra il milione di euro (art. 215, comma 1, terzo periodo); iii) è obbligatorio acquisire, nei contratti diretti all'esecuzione di opere pubbliche sopra le soglie europee, il parere del collegio per iscrizioni di riserve, proposte di varianti e per dispute o controversie tecniche o di altro genere, nonché nei casi di risoluzione contrattuale; iv) se le parti concordano che i suoi pareri o le sue determinazioni hanno valore di lodo contrattuale ai sensi dell'art. 808-*ter* c.p.c. (arbitrato irrituale o libero), non è ammesso l'accordo bonario (art. 215, comma 2, e art. 216, comma 1, ultimo periodo); v) le determinazioni del collegio, nei casi non obbligatori, assumono valore di lodo contrattuale salvo diversa decisione delle parti prima dell'insediamento; vi) è escluso che abbiano tale valore le pronunce su risoluzioni, sospensioni coattive o prosecuzione dei lavori; vii) in assenza di valore di lodo, le determinazioni producono comunque gli effetti previsti dall'art. 215 (art. 217), per cui l'inosservanza dei pareri o delle determinazioni costituisce responsabilità del soggetto agente per danno erariale, e, al contraria, l'osservanza è causa di esclusione della responsabilità, salvo l'ipotesi di condotta dolosa. (art. 215, commi 3 e 4).

Giova ricordare che il decreto correttivo introduce uno specifico regime transitorio, in base al quale le nuove disposizioni, compreso l'all. V.2, non si applicano ai collegi già costituiti al 31 dicembre 2024, entrata in vigore del correttivo, "*in assenza di una espressa volontà contraria delle parti*", tranne che per i collegi di servizi e forniture (art. 225-*bis*, comma 5, inserito dall'art. 70 del decreto correttivo).

Inoltre, come previsto dall'art. 1, comma 6, ultimo periodo dell'all. V.2, finché non sarà adottato il previsto nuovo decreto del MIT, per la determinazione dei compensi continueranno ad applicarsi le linee guida di cui al decreto del MITMS del 17 gennaio 2022[26].

2.12. Le modifiche alla disciplina dei contratti sottosoglia

Il decreto correttivo introduce tre modifiche alla disciplina del sottosoglia contenuta nella Parte I del Libro II (artt. 48-55), che, in breve, si riassumono, rinviando per un maggiore approfondimento dell'istituto della rotazione al cap. IV.

La prima riguarda una delle deroghe al principio di rotazione, principio generale applicato ai contratti sottosoglia come contrappeso alla discrezionalità della stazione appaltante nella scelta degli operatori con cui negoziare, per evitare asimmetrie informative e il consolidarsi di rendite. In particolare, l'art. 49 stabilisce il divieto di affidamento o aggiudicazione al contraente uscente. Tuttavia, come già ammesso dall'ANAC (L.G. 4) e dalla giurisprudenza in vigenza del precedente Codice, la regola non preclude a deroghe, adeguatamente motivate con la puntuale indicazione delle ragioni che le giustifichino[27]. Orbene, l'art. 49 del Codice, a differenza del previgente codice del 2016, ha specificato i casi in cui le stazioni appaltanti possono derogare a tale principio.

Il testo originale del Codice, prima della novella introdotta dal correttivo, prevedeva, al comma 4, che il contraente uscente potesse essere reinvitato o essere individuato quale affidatario diretto in casi motivati con riferimento alla struttura del mercato e alla effettiva assenza di alternative, nonché di "accurata esecuzione del precedente contratto". Il decreto correttivo, con l'art. 17, comma 1, del decreto correttivo modifica, in parte, le condizioni di applicazione di tale deroga e prevede che il precedente contraente possa essere nuovamente invitato o direttamente designato come affidatario "*in casi motivati e in relazione alla struttura del mercato e alla reale assenza di alternative, previa verifica della 'corretta esecuzione del contratto precedente e della qualità della prestazione fornita'*"; la finalità è di rafforzare la precedente più debole formulazione "corretta esecuzione del contratto precedente" correggendola in "I" e di chiarire l'esatto perimetro della deroga.

È stato introdotto, inoltre, con l'art. 18 del decreto correttivo, all'art. 50, il comma 2-*bis*, l'obbligo per le stazioni appaltanti di pubblicare, in via preventiva, anche sul proprio sito l'avvio di una consultazione per le procedure negoziate senza ban-

---

[26] Il decreto è pubblicato nella *Gazzetta Ufficiale* n. 55 del 7.3.2022.

[27] Fra le molte, Cons. Stato, sez. V, 5.4.2022, n. 2525.

do; resta fuori da questo obbligo solo l'affidamento diretto, che, per definizione normativa, si svolge "senza procedura di gara" (all. I.1. art. 3, comma 1, lett. d).

Infine, il decreto correttivo, con l'art. 19, prevede l'introduzione della precisazione che alla garanzia provvisoria e definitiva, nel sottosoglia, non si applicano le riduzioni previste dall'art. 106, comma 8, e gli aumenti indicati nell'art. 117, comma 2 (art. 53, comma 4-*bis*).

3. La codificazione dei principi generali

Il Codice, come anticipato, è fondato su una serie di principi generali che: ne orientano l'applicazione e ne ispirano le disposizioni (artt. da 1 a 11); rappresentano i pilastri sui quali si regge l'intero sistema del nuovo e-procurement nel nostro Paese; trovano applicazione trasversale in tutte le fasi del ciclo di vita dei contratti, dalla programmazione fino all'esecuzione.

La codificazione dei principi generali rappresenta uno degli aspetti innovativi maggiormente qualificanti del nuovo Codice, che sul punto si differenzia dal previgente del 2016, il quale non contemplava una parte generale destinata a tracciare le coordinate di riferimento ermeneutiche del settore, finendo per ridurne la rilevanza a favore di norme puntuali e di dettaglio e *per erodere gli ambiti di discrezionalità delle amministrazioni pubbliche indotte a considerare tali principi come valori astratti* (Relazione illustrativa).

Il Codice, inoltre, introduce un criterio interpretativo e applicativo (art. 4), stabilendo che tutte le sue disposizioni devono essere interpretate e applicate seguendo i principi fondamentali enunciati negli artt. 1, 2 e 3, i quali costituiscono la guida per garantire coerenza, nell'attuazione delle norme, ed assicurare che ogni decisione sia orientata a tali obiettivi e valori fondamentali.

I suddetti principi di risultato, fiducia e ricorso al mercato si applicano anche agli affidamenti di contratti attivi che offrano opportunità di guadagno economico, come precisato all'art. 13, comma 5, del Codice[28].

Di seguito, l'esame dei singoli principi (artt. 1-11).

Il principio del risultato (art. 1) tende all'obiettivo di garantire il miglior esito possibile sia nella fase di affidamento che in quella di esecuzione dei contratti pubblici, sulla base di criteri di massima tempestività, qualità e convenienza economica (miglior rapporto qualità-prezzo) e nel rispetto dei principi di legalità, trasparenza e concorrenza, funzionali a raggiungere il miglior risultato possibile, favorendo l'efficienza e la qualità delle prestazioni contrattuali e la semplicità e celerità nell'applicazione delle regole.

Il principio di risultato rappresenta una traduzione operativa dei principi costitu-

[28] È stato ritenuto, ad esempio, che i principi di cui agli artt. 1, 2 e 3, devono applicarsi ad un contratto attivo di locazione che garantisce un guadagno economico, costituito dal canone pagato dal conduttore dell'immobile, e che deve essere preceduto, ai sensi dell'art. 37 del r.d. n. 827/1929 da "pubblici incanti" (TAR Lombardia, sez. II, 10.10.2024, n. 2628).

zionali di buon andamento e imparzialità della pubblica amministrazione, di efficienza, efficacia ed economicità e del sistema di amministrazione per risultati, introdotto a partire dalle riforme degli anni Novanta e rinforzato dalle successive riforme degli anni duemila (v. cap. II, par. 2).

Questo principio, letto unitamente ai valori primari della fiducia e dell'accesso al mercato, diventa criterio prioritario, nelle scelte discrezionali delle stazioni appaltanti e degli enti concedenti, per l'individuazione della regola del caso concreto, deve guidare la valutazione della responsabilità dei funzionari pubblici coinvolti e costituisce parametro per l'attribuzione degli incentivi al personale (art. 45 e all. I.10).

Sotto l'aspetto pratico, il principio di risultato impone alle stazioni appaltanti e agli enti concedenti, ad esempio, di privilegiare, nelle scelte discrezionali, un approccio sostanziale rispetto a una applicazione formale della *lex specialis*[29] di valutare le offerte in base alla qualità attesa[30] e al risultato da raggiungere preventivamente individuato nei documenti di gara[31].

Il principio della fiducia (art. 2) rappresenta un altro pilastro, su cui il Codice ha costruito il sistema dei contratti pubblici; questo principio si ispira all'idea che l'interazione tra amministrazioni pubbliche, funzionari e operatori economici debba essere guidata da un rapporto di reciproca fiducia nell'azione legittima, trasparente e corretta dell'amministrazione e dei suoi funzionali e degli operatori economici. Il principio, valorizzando l'autonomia decisionale dei funzionari pubblici nelle scelte, è costruito come un principio collegato a quello di risultato e diventa criterio per l'esercizio del potere discrezionale e l'individuazione della regola del caso concreto.

La fiducia è attuazione del principio fondamentale di solidarietà politica, economica e sociale enunciato dall'art. 2 Cost. e si traduce nella creazione di un contesto decisionale chiaro e sereno, in cui i funzionari pubblici possano operare con autonomia e responsabilità, sostenuti da strumenti di tutela e formazione. A tal fine, il Codice prevede che le stazioni appaltanti e gli enti concedenti adottino azioni per la copertura assicurativa dei rischi per il personale e rafforzino le capacità professio-

---

[29] Cons. Stato, sez. V, 27.11. 2024, n. 9510, secondo cui "*Il principio del risultato e quello della fiducia sono avvinti inestricabilmente con un nesso di reciproca implementazione e correlazione*", per cui ne consegue che "*la gara è funzionale a portare a compimento l'intervento pubblico nel modo più rispondente agli interessi della collettività nel pieno rispetto delle regole che governano il ciclo di vita dell'intervento medesimo (Cons. Stato, n. 1924 del 2024)*".

[30] Cons. Stato, sez. VI, 11.11.2024, n. 8972, secondo cui il pubblico interesse non coincide solo nella celere esecuzione di un'opera pubblica, ma anche nella qualità della stessa, assicurata dai meccanismi della gara pubblica attraverso la quale si seleziona il miglior offerente, con la conseguenza che il risultato non può essere disgiunto dal principio di concorrenza, essendo entrambi in funzione di un risultato che sia "*il miglior risultato possibile*".

[31] Cons. Stato, sez. III, 26.3.2024, n. 2866, secondo cui l'applicazione del principio comporta la necessità di individuare l'effettivo risultato cui mira la stazione appaltante, che come riportato nei documenti di gara è una "fornitura in opera perfettamente funzionante delle apparecchiature, con la conseguenza che non soddisfa di certo tale obiettivo la fornitura che a fronte dell'apparente minor costo di acquisto implica il necessario svolgimento di attività materiali e giuridiche aggiuntive.

nali dei dipendenti, con i piani di formazione (v. cap. II, par. 7).

Sotto il profilo della responsabilità, per incoraggiare il buon uso della discrezionalità, è stato reso più chiaro il confine tra colpa lieve e colpa grave, quest'ultima sanzionabile dalla Corte dei conti in sede di accertamento della responsabilità per danno erariale. In particolare, il principio della fiducia prevede la necessità di una più marcata tipizzazione della *colpa grave* ai fini della responsabilità amministrativa, che si verifica in caso di violazione di norme, auto-vincoli e palese violazione delle regole di prudenza e diligenza; mentre non si verifica per violazioni o omissioni determinate dal riferimento a indirizzi giurisprudenziali prevalenti e a pareri delle autorità competenti[32] (v. cap. XIV).

Questo principio inoltre orienta la rivisitazione di alcuni istituti, quali il conflitto di interessi, richiedendo che chi lo invoca alleghi i presupposti e adeguata documentazione; il soccorso istruttorio, che vuole sanabile ogni omissione, inesattezza o irregolarità degli atti di gara, con la sola eccezione di quelle relative all'offerta tecnica ed economica; il *self cleaning*, che può attivarsi anche dopo la presentazione dell'offerta.

Sono collegati al su richiamato principio di fiducia i *principi di buona fede e di tutela dell'affidamento (art. 5*). Questi principi costituiscono importanti criteri di comportamento per le stazioni appaltanti, gli enti concedenti e gli operatori economici, garantendo correttezza reciproca tra stazione appaltante e operatore economico e trasparenza nelle procedure di gara.

Durante l'intero procedimento di gara, incluso il periodo antecedente all'aggiudicazione, l'operatore economico ha diritto a riporre un legittimo affidamento nell'esercizio corretto e conforme del potere amministrativo, in linea con il principio di buona fede; in base a questo principio, infatti, il suo affidamento alla legittima aggiudicazione è tutelato solo se l'illegittimità determinata dal comportamento scorretto della pubblica amministrazione non è rilevabile in base alla diligenza professionale richiesta ai concorrenti.

Ne consegue l'obbligo, per le stazioni appaltanti e gli enti concedenti, di agire in modo chiaro, prevedibile e coerente, evitando condotte che possano ingenerare confusione o incertezza. In caso di annullamento dell'aggiudicazione, sia per ricorso di terzi che in autotutela, la tutela dell'affidamento dell'operatore economico si limita ai casi in cui l'illegittimità non sia facilmente individuabile attraverso la normale diligenza professionale. Mentre, se l'operatore economico non ha titolo per l'aggiudicazione, il risarcimento è circoscritto ai danni economici effettivi e comprovati, derivanti dal comportamento scorretto dell'amministrazione e dal conseguente impatto sulle sue scelte contrattuali. Infine, nel caso di condanna della stazione appaltante o dell'ente concedente al risarcimento del danno a favore di un terzo pretermesso, il principio di buona fede prevede che possa essere esercitata un'azione di rivalsa nei confronti dell'operatore economico che abbia ottenuto l'ag-

[32] L'art. 69, comma 2, e l'art. 95, comma 4, escludono la colpa grave se la pubblica amministrazione si conforma ai pareri della Corte dei conti, resi nell'esercizio della funzione consultiva.

giudicazione illegittima con un comportamento illecito [33].

La giurisprudenza ha sottolineato che questo principio amplia i poteri valutativi e la discrezionalità della PA, in chiave di funzionalizzazione verso il miglior risultato possibile, ma "*non può tradursi nella legittimazione di scelte discrezionali che, in ossequio ad un'interpretazione formalistica delle disposizioni di gara, tradiscono l'interesse pubblico sotteso ad una gara, le quali, per contro, dovrebbero in ogni caso tendere al suo miglior soddisfacimento*", stante che la gara "*è funzionale a portare a compimento l'intervento pubblico nel modo più rispondente agli interessi della collettività nel pieno rispetto delle regole che governano il ciclo di vita dell'intervento medesimo*" [34].

Ha anche precisato, in ipotesi di gara svolta su piattaforma informatica, che "*l'eccessiva 'rigidità' della piattaforma ... approntata per la presentazione delle offerte, unita all'eccessivo 'formalismo' con cui la stazione appaltante aveva gestito la gara, arrestata sul nascere, avessero nella sostanza frustrato i riportati principi che, sebbene codificati soltanto con il d.lgs. n. 36 del 2023, non applicabile ratione temporis alla fattispecie, rappresentano comunque principi già immanenti dell'ordinamento*" [35].

Riassumendo, secondo la costante giurisprudenza, le parti devono tenere una condotta conforme ai princìpi di collaborazione e di buona fede, di cui comma 2-*bis* della legge n. 241/1990, confermato anche dal sopravvenuto art. 5 del d.lgs. 31.3.2023, n. 36, che "*fornisce ulteriori elementi esegetici in tal senso*" [36].

Principio dell'accesso al mercato (art. 3). Esso persegue l'obiettivo di promuovere la concorrenza e di facilitare l'ingresso nel mercato di una pluralità di soggetti, contribuendo a rendere più aperto e competitivo il sistema degli appalti pubblici, con l'obbligo per le stazioni appaltanti e gli enti concedenti di garantire condizioni paritarie e non discriminatorie.

L'accesso al mercato, in particolare, deve avvenire nel rispetto:

– delle condizioni di parità e di non discriminatorie di partecipazione degli operatori economici alle procedure di affidamento dei contratti pubblici, che, da un lato, non possono essere limitate dalla richiesta di requisiti non strettamente necessari per l'esecuzione del contratto e, dall'altro, esigono l'eliminazione di barriere ingiustificate fondate sulla nazionalità, la forma giuridica o altri fattori non pertinenti;

– del principio di concorrenza, che impone l'obbligo per le stazioni appaltanti di

---

[33] I principi di fiducia e leale collaborazione sono una chiara e diretta riproposizione, nell'ambito delle procedure di affidamento dei contratti pubblici, della regola per cui le parti del procedimento amministrativo devono tenere una condotta conforme ai principi di collaborazione e di buona fede, come previsto dall'art. 1, comma 2-*bis*, della legge 7.8.1990, n. 241, aggiunto dall'art. 12, comma 1, lett. a), d.l. 16.7.2020, n. 76, convertito, con modificazioni, dalla legge 11.9.2020, n. 120.

[34] Cons. Stato, sez. V, 13.9.2024, n. 7571.

[35] Cons. Stato, sez. III, 15.11.2023, n. 9812; Cons. Stato, sez. V, 27.2.2024, n. 1294; Cons. Stato, sez. VII, 1.7.2024, n. 5789.

[36] Cons. Stato, sez. III, 13.12.2023, n. 10744. In senso conforme, TAR Abruzzo, L'Aquila, sez. I, 2.1.2025, n. 2.

garantire un confronto aperto tra gli operatori economici, *favor partecipationis* ampio e la tutela e crescita delle piccole e medie imprese, anche di prossimità, attraverso strumenti e istituti specificamente individuali dallo stesso Codice;

– del principio di imparzialità, secondo cui le decisioni assunte durante il procedimento di affidamento non devono favorire nessun operatore economico specifico, garantendo la *par condicio* per tutti i partecipanti;

– del principio di proporzionalità, di origine comunitaria, alla stregua del quale le condizioni di partecipazione, i requisiti di qualificazione e le misure adottate devono essere adeguate e commisurate all'oggetto e al valore dell'appalto, evitando di imporre oneri eccessivi o non giustificati agli operatori economici;

– del principio di pubblicità e trasparenza, che obbliga le stazioni appaltanti e gli enti concedenti alla pubblicazione delle informazioni essenziali relative agli appalti in modo chiaro e accessibile, consentendo a tutti gli operatori economici di essere informati con sufficiente anticipo e di presentare la propria candidatura o offerta.

Principi di solidarietà sociale e di sussidiarietà orizzontale (art. 6). I principi trovano applicazione nel rapporto tra la pubblica amministrazione e gli enti del Terzo settore, offrendo un modello alternativo di gestione delle attività di interesse collettivo, soprattutto quando queste abbiano una marcata valenza sociale. Secondo questi principi, la pubblica amministrazione può adottare modelli organizzativi di amministrazione condivisa, caratterizzati dall'assenza di un rapporto sinallagmatico tradizionale (ovvero di uno scambio economico diretto tra le parti). Questi modelli si basano sulla collaborazione e sulla condivisione della funzione amministrativa con gli enti del Terzo settore, regolati dal Codice del Terzo settore (d.lgs. 3.7.2017, n. 117 e ss.mm).

Le disposizioni del Codice non si applicano agli istituti regolati dal Titolo VII del Codice del Terzo settore, che disciplinano specifiche forme di collaborazione con gli enti del Terzo settore, quali convenzioni, co-progettazioni e altre modalità esclusive previste dal d.lgs. n. 117/2017. Questa distinzione garantisce il rispetto delle peculiarità proprie del Terzo settore e valorizza il ruolo di questi enti nel promuovere il benessere sociale attraverso modelli di gestione inclusivi e partecipativi.

Principio di auto-organizzazione amministrativa (art. 7). In base a tale principio è riconosciuto alle pubbliche amministrazioni la facoltà di gestire in autonomia l'organizzazione e l'esecuzione di lavori, la prestazione di beni e servizi, scegliendo tra modalità di auto-produzione, esternalizzazione o cooperazione. Tale autonomia deve essere esercitata nel rispetto delle disposizioni del Codice e della normativa dell'Unione europea.

Le stazioni appaltanti e gli enti concedenti possono ricorrere all'affidamento diretto a società in house per lavori, servizi o forniture, purché ciò avvenga nel rispetto dei principi di legalità, trasparenza e concorrenza sanciti dagli artt. 1, 2 e 3 del Codice. Ogni affidamento deve essere accompagnato da un provvedimento motivato che dimostri i vantaggi per la collettività, l'efficienza economica e le esternalità positive generate. In particolare, il provvedimento deve indicare come l'affidamento contribuisca al raggiungimento di obiettivi quali universalità, socialità, efficienza, economicità, qualità del servizio, nonché alla razionalizzazione delle risorse pubbliche. Nel caso di servizi strumentali, la motivazione si ritiene sufficiente se evidenzia vantaggi economici, celerità o il perseguimento di interessi strategici. A supporto della valutazione di congruità economica, è possibile effettuare confronti con gli standard di riferimento della società CONSIP S.p.A., delle centrali di committenza regionali o nazionali, o, in assenza di tali parametri, con gli standard di mercato.

Gli affidamenti in house relativi a servizi di interesse economico generale a livello locale sono regolati dal d.lgs. 23.12.2022, n. 201, che disciplina specificatamente questa tipologia di servizi, e dal testo unico delle società a partecipazione pubblica, approvato con d.lgs. 9.8.2016, n. 175 e successive modificazioni.

Il principio di auto-organizzazione prevede, inoltre, la possibilità di realizzare forme di cooperazione tra stazioni appaltanti o enti concedenti per perseguire obiettivi di interesse comune. Tale cooperazione è esclusa dall'ambito di applicazione del Codice a condizione che siano rispettati i seguenti requisiti:

– la cooperazione deve coinvolgere esclusivamente due o più stazioni appaltanti o enti concedenti, anche con competenze diverse;
– tutte le parti devono partecipare effettivamente allo svolgimento delle attività finalizzate all'interesse comune, in un contesto di collaborazione privo di rapporti sinallagmatici;
– l'accordo deve mirare a una convergenza sinergica su attività di interesse comune, senza che venga perseguita esclusivamente la missione istituzionale di una sola delle amministrazioni partecipanti;
– le stazioni appaltanti o gli enti concedenti coinvolti devono svolgere sul mercato aperto meno del 20% delle attività interessate dalla cooperazione.

Questo principio fornisce alle amministrazioni pubbliche una cornice normativa per organizzare le attività in modo flessibile, efficace e in linea con gli interessi collettivi, promuovendo al contempo la razionalità e l'efficienza nella gestione delle risorse. Invero, si tratta di un'autonomia attenuata, in quanto per il ricorso al mercato non è richiesta alcuna motivazione mentre le forme di auto-organizzazione la scelta deve essere sorretta da un solido impianto argomentativo.

Principio di autonomia contrattuale (art. 8). Il principio riconosce alle pubbliche amministrazioni la facoltà di concludere contratti in modo autonomo, anche a titolo gratuito, purché ciò sia compatibile con le finalità istituzionali e nel rispetto delle disposizioni del Codice e di altre norme di legge. Tuttavia, questa autonomia non è assoluta e si conforma ai limiti e ai divieti espressamente previsti dall'ordinamento.

In particolare, le prestazioni d'opera intellettuale fornite dai professionisti non possono essere offerte gratuitamente, salvo in circostanze eccezionali che devono essere adeguatamente motivate. In tutti gli altri casi, le pubbliche amministrazioni sono tenute a garantire l'applicazione del principio dell'equo compenso, secondo le regole dettate dallo stesso Codice (v. par. 2.2).

Le pubbliche amministrazioni possono, inoltre, accettare beni o prestazioni a titolo di donazione qualora queste rispondano a un interesse pubblico, senza necessità di procedere tramite gara. Tali donazioni sono soggette alle norme del Codice civile, in particolare per quanto riguarda la forma, la revocazione e l'eventuale azione di riduzione. Questo consente alle amministrazioni di acquisire risorse utili al perseguimento dei propri obiettivi istituzionali, garantendo al contempo la trasparenza e l'efficacia dell'azione amministrativa.

Principio di conservazione dell'equilibrio contrattuale (art. 9). Il principio garantisce, in caso di circostanze straordinarie e imprevedibili che alterino significativamente l'equilibrio originario di un contratto pubblico, la possibilità di adottare misure per ristabilire l'equità tra le parti. Il principio tutela il contraente svantaggiato da eventi esterni che vadano oltre la normale alea contrattuale, le fluttuazioni economiche ordinarie e i rischi di mercato. In presenza di tali circostanze, infatti, la parte svantaggiata che non abbia volontariamente accettato il rischio associato, ha diritto a una rinegoziazione delle condizioni contrattuali, condotta secondo i criteri di buona fede. Gli eventuali costi legati alla rinegoziazione possono essere coperti utilizzando le risorse disponibili nel quadro economico del progetto, come gli accantonamenti per imprevisti, e, se necessario, le economie derivanti dai ribassi d'asta. La rinegoziazione deve limitarsi al ripristino dell'equilibrio originario del contratto, mantenendo inalterata la sostanza economica dell'accordo, così come stabilita nel bando e nel provvedimento di aggiudicazione. Nel caso in cui le circostanze sopravvenute rendano una parte della prestazione inutilizzabile, anche temporaneamente, per uno dei contraenti, il contratto deve prevedere il diritto a una riduzione proporzionale del corrispettivo, in applicazione delle regole dell'impossibilità parziale.

Le stazioni appaltanti e gli enti concedenti sono inoltre tenute a inserire nei contratti clausole di rinegoziazione, la cui presenza deve essere chiaramente indicata nei bandi di gara o negli avvisi pubblici. Tali clausole sono particolarmente rilevanti per contratti di lunga durata o soggetti a significative incertezze economiche, ambientali o sociali, per prevenire i rischi connessi a eventi straordinari.

Infine, il principio di conservazione dell'equilibrio contrattuale trova concreta applicazione attraverso le disposizioni previste dagli artt. 60 (revisione prezzi) e 120 del Codice dei contratti pubblici, che regolano le modalità di gestione delle sopravvenienze contrattuali e i criteri per garantire la stabilità e l'equità nei rapporti contrattuali pubblici.

Principi di tassatività delle cause di esclusione e di massima partecipazione (art. 10). Questi principi impongono che i contratti pubblici possano essere affidati solo agli operatori economici che rispettino i requisiti previsti dalla legge, garantendo al contempo un ampio accesso al mercato e promuovendo la concorrenza. In base a tali principi, le cause di esclusione degli operatori economici sono tassativamente definite dal Codice, in particolare dagli artt. 94, 95, 97 e 98. Queste cause sono vincolanti e si applicano automaticamente ai bandi di gara e alle lettere di invito, ancorché non inseriti nei documenti di gara. Mentre eventuali clausole che introducano ulteriori motivi di esclusione, non espressamente previsti dal Codice, sono considerate nulle e prive di effetti giuridici, con l'obiettivo di garantire uniformità e trasparenza nelle procedure di gara, prevenendo discriminazioni arbitrarie.

Le stazioni appaltanti e gli enti concedenti possono stabilire requisiti speciali di partecipazione, di natura economico-finanziaria o tecnico-professionale, a condizione che tali requisiti siano pertinenti e proporzionati rispetto all'oggetto del contratto. L'introduzione di requisiti deve sempre tenere conto dell'esigenza di favorire il più ampio accesso al mercato, promuovendo la partecipazione di un elevato numero di operatori economici, incluse le micro, piccole e medie imprese. Questa attenzione alla massima partecipazione deve essere bilanciata con l'obiettivo di garantire l'efficienza e l'economicità dell'azione amministrativa, incentivando economie di scala che possano contribuire alla riduzione della spesa pubblica, senza compromettere la qualità e la funzionalità delle prestazioni richieste. In questo modo, il principio di tassatività delle cause di esclusione si integra con quello di massima partecipazione, favorendo una competizione aperta, equa e trasparente.

Principio di applicazione dei contratti collettivi nazionali di settore (art. 11). Il principio garantisce che il personale impiegato in lavori, servizi e forniture relativi a appalti pubblici e concessioni sia tutelato attraverso l'applicazione del contratto collettivo nazionale e territoriale in vigore per quel determinato settore di attività, ossia strettamente connesso con l'attività oggetto dell'appalto o della concessione, anche se svolta dall'impresa in modo prevalente. Si rinvia sul punto al par. 2.

Il criterio interpretativo ed applicativo del Codice è stabilito dall'art. 4, in forza del quale, fuori dai formalismi, le disposizioni del Codice devono essere interpretate e applicate in base ai principi di risultato, fiducia e del ricorso al mercato [37].

Conclusioni

La terza edizione del Codice dei contratti pubblici del 2023, come corretto ed integrato dal d.lgs. n. 209/2024, segna una non trascurabile evoluzione nel sistema degli appalti pubblici.

I principi generali che lo ispirano rappresentano le fondamenta di un approccio più moderno e dinamico alla gestione delle risorse pubbliche, finalizzato a garantire, sotto l'aspetto pratico, tempi certi e una riduzione delle complessità e a favorire il dialogo e la collaborazione tra stazioni appaltanti o enti concedenti e operatori economici e altre autorità. Si tratta di un passo concreto verso un sistema che non solo rispetta i vincoli normativi, ma che valorizza al massimo il potenziale delle risorse a beneficio del territorio e della collettività.

L'applicazione, in attesa delle nuove direttive europee, confermerà le attese? Quello che è probabile che non mancheranno nuove modifiche, specie alla normativa di attuazione, con l'auspico che, come in passato, non siano disorganiche.

---

[37] La relazione illustrativa dello schema di Codice, predisposta dal Consiglio di Stato, pone in rilievo che l'art. 4 evidenzia "*la natura fondante di questi tre principi che devono essere utilizzati per sciogliere le questioni interpretative che le singole disposizioni del codice possono sollevare. In caso di dubbi, quindi, la soluzione ermeneutica da privilegiare è quella che sia funzionale a realizzare i risultati amministrativi, che sia coerente con la fiducia sull'amministrazione, sui suoi funzionari e sugli operatori economici, e che permetta di favorire il più ampio accesso al mercato degli operatori economici*".

Capitolo II

Il RUP: ruolo, funzioni e attività, vecchie e nuove

Giuseppe Panassidi

Premessa

Questo capitolo tratta la disciplina del responsabile unico di progetto (RUP), attraverso l'esame non solo delle norme del Codice, ma anche degli orientamenti giurisprudenziali e dei pareri di Autorità (ANAC, MIT, Corte dei conti).

Come noto, questa figura, nata con la legge-quadro sui lavori pubblici n. 104/1994 (c.d. legge Merloni), confluita, dopo una serie di modifiche, nel Codice degli appalti del 2006 [1], poi rafforzata nella seconda edizione del Codice del 2016 [2], è stata

---

[1] Art. 10, d.lgs. 12.4.2006, n. 163, come completato, per gli aspetti di maggior dettaglio, dalle disposizioni degli artt. 9 e 10 del regolamento di esecuzione ed attuazione n. 207/2010.

[2] D.lgs. 18.4.2016, n. 50, artt. 31, 25, 26, 30, 89, 101, 11, comma 2, 113, 205 e 206.

oggetto di un ampio restyling con il Codice del 2023 attraverso una rivisitazione significativa del ruolo, dei compiti e delle responsabilità [3].

Il Codice tenta di attribuire al RUP un ruolo sempre più strategico nella gestione della progettazione, delle relative verifiche e delle procedure di affidamento e nella fase di esecuzione degli interventi. Allo stesso tempo, introduce criteri e requisiti più stringenti per la sua nomina, richiedendo, in proporzione alla complessità dell'intervento, competenze adeguate ai livelli di difficoltà tecnica, giuridica e gestionale degli interventi, al fine di evitare inefficienze e criticità operative.

1. La disciplina e l'ambito soggettivo di applicazione

Le fonti della disciplina del RUP sono costituite, in particolare, da nove commi dell'art. 15 del d.lgs. 31.3.2023, n. 36 e da nove articoli della normativa di attuazione (all. I.2.), come novellati dal decreto correttivo del 2024; a queste disposizioni occorre aggiungere l'art. 45 e l'all. I.10 per quanto attiene all'istituto degli incentivi alle funzioni tecniche, e altre disposizioni sparse dello stesso Codice e dei suoi allegati che fanno riferimento a questa figura o ai suoi compiti.

La normativa prevede nomina, requisiti, incompatibilità, compiti del RUP e possibili opzioni organizzative dell'Ufficio, dettagliati nella normativa di attuazione (all. I.2, modificato dall'art. 75 del decreto correttivo).

La disciplina, però, trova piena e completa applicazione per le sole stazioni appaltanti o enti concedenti che sono amministrazioni pubbliche o enti pubblici (art. 15, comma 2, primo periodo), il cui spazio di autonomia riguarda solo gli aspetti organizzativi, da adattare, in generale, alle peculiarità di ogni stazione appaltante o ente concedente e, nello specifico, alla natura e all'oggetto di ogni contratto, e la definizione dei criteri di riparto degli incentivi alle funzioni tecniche per il personale coinvolto nelle attività elencate nell'all. I.10 (modificato dall'art. 81 del decreto correttivo; v. par. 10).

Il Codice riconosce, invece, un più ampio spazio di autonomia alle stazioni appaltanti ed enti concedenti che non sono pubbliche amministrazioni o enti pubblici (imprese pubbliche, titolari di diritti speciali o esclusivi nei cc.dd. settori speciali; società pubbliche partecipate, ecc.), che possono dotarsi di una propria regolamentazione per modellare quella del Codice alla loro natura e organizzazione, con la possibilità di individuare anche più soggetti cui affidare i compiti di RUP limitatamente al rispetto delle norme del Codice cui sono tenute in base allo stesso Codice (art. 15, comma 2).

Un ragionamento diverso deve essere riservato con riguardo agli enti in possesso dei requisiti prescritti dall'art. 16 del d.lgs. 19.8.2016, n. 175, sulle società a partecipazione pubblica; infatti, le in house, se imprese pubbliche titolari di diritti esclusivi, hanno uguale autonomia di disciplina delle stazioni appaltanti ed enti con-

---

[3] G. PANASSIDI, "*Il rafforzamento del ruolo del RUP nel nuovo Codice dei contratti*", in rivista online *Moltocomuni*, 2016 (*https://www.moltocomuni.it/*).

cedenti che non sono amministrazione pubbliche, *ex* art. 15, comma 21, mentre devono applicare la disciplina codicistica per gli acquisti che servono all'esecuzione di appalti o concessioni affidati dai soci pubblici. Tale conclusione si ricava, fra l'altro, dal contenuto dell'art. 28 della direttiva 2014/25/UE, che non assimila, in modo automatico, i soggetti in house alle "amministrazioni aggiudicatrici", differenziando chiaramente la posizione di queste ultime da quella propria delle imprese pubbliche e assoggettandole alla relativa disciplina in termini qualificatori fra loro ben distinti.

Si condivide l'avviso che, in ogni caso, per tutte le stazioni appaltanti debbano ritenersi "*valide le prescrizioni riguardanti il possesso di un "titolo di studio e competenze professionali adeguati per il ruolo nominato, nonché i requisiti specifici per i lavori e i servizi tecnici di ingegneria e architettura*" [4].

Da ricordare, poi, che anche questo Codice, come il previgente, prevede il divieto di attribuire i compiti di RUP, responsabile dei lavori, direttore del contratto o collaudatore al contraente generale o all'aggiudicatario di contratti di partenariato pubblico-privato (PPP) e ai soggetti ad essi collegati (art. 15, comma 8).

2. Da responsabile unico di procedimento a responsabile unico del progetto

Giova evidenziare che, nella nuova disciplina, il RUP assume una più marcata peculiarità nei confronti alla figura prevista dalla legge generale sul procedimento n. 241 del 1990 [5] e rispetto al previgente Codice (art. 31, d.lgs. n. 50/2016).

Infatti, cambia, in primis, il concetto di "unicità della funzione", da riferire non più, come nella legge n. 241/1990, al singolo procedimento, ma ai diversi procedimenti del processo contrattuale, ciascuno autonomo e indipendente dagli altri, e, come tale, produttivo di un proprio provvedimento.

In secondo luogo, con il termine responsabile del progetto, la normativa codicistica intende caratterizzare la figura in termini più aderenti al principio di risultato, principio fondamentale e prioritario, collocato al primo posto nella gerarchica dei principi enunciati nel Libro I, Parte I (v. cap. I, par. 3) [6].

La giurisprudenza, da subito, ha chiarito che il "risultato" non è un valore da porre in chiave antagonista rispetto al principio di legalità, ma, al contrario, un principio che *concorre ad integrare il paradigma normativo del provvedimento e dunque*

---

[4] G. Lezzi, *Nuovo codice appalti, sulla qualificazione delle stazioni appaltanti la posizione peculiare (e non chiarissima) delle società in house*, in *NT+Enti Locali & Edilizia*, 28 giugno 2023.

[5] La legge 7.8.1990, n. 241, e successive modificazioni, tratta dell'unità organizzativa responsabile del procedimento e della figura del responsabile del procedimento agli artt. dal 4 al 10-*bis*.

[6] Come ricorda la relazione illustrativa del Consiglio di Stato di presentazione del Codice del 7.12.2022, il principio di risultato consiste nell'obbligo prioritario delle stazioni appaltanti e enti concedenti, e, quindi, innanzitutto, del RUP, di conseguire l'obiettivo di "realizzare al meglio l'obiettivo di un appalto aggiudicato ed eseguito in funzione del preminente interesse della stazione appaltante e della collettività".

ad "ampliare il perimetro del sindacato giurisdizionale piuttosto che diminuirlo", facendo "transitare nell'area della legittimità, e quindi della giustiziabilità, opzioni e scelte che sinora si pensava attenessero al merito e fossero come tali insindacabili[7]. E ha precisato che il pubblico interesse non coincide solo nella celere esecuzione di un'opera pubblica, ma anche nella sua qualità, assicurata dai meccanismi della gara pubblica attraverso la quale si seleziona il miglior offerente, con la conseguenza che il risultato non può essere disgiunto dal principio di concorrenza, essendo entrambi in funzione di un obiettivo che sia "*il miglior risultato possibile*", di cui si fa espressa menzione all'art. 1, comma 2, del Codice[8]. E, ancora, che il principio del risultato e quello della fiducia sono "*avvinti inestricabilmente*"; infatti, la gara è funzionale a portare a compimento l'intervento pubblico nel modo più rispondente agli interessi della collettività e nel pieno rispetto delle regole che governano il ciclo di vita dell'intervento[9].

Il RUP, quindi, nel governare il processo contrattuale, deve operare in senso "*goals oriented*", ossia con azioni indirizzate al conseguimento del "miglior risultato possibile", non disgiunte dai principi di legalità, concorrenza e trasparenza.

In sintesi, il Codice descrive la figura del RUP come un vero "*project manager*", che necessita come tale di competenze trasversali (*soft skills*): conoscenze giuridico-amministrative, indispensabili in un settore come quello dei contratti zeppo di regole; abilità comunicative per dialogare e ricercare le giuste sinergie con i collaboratori di supporto e con gli interlocutori esterni; competenze organizzative e manageriali, per dirigere, coordinare e controllare tutte le fasi del processo contrattuale, e, ancora, di una certa familiarità con gli strumenti di digitalizzazione per guidare e controllare: la pubblicazione elettronica dei bandi di gara; l'accesso elettronico ai documenti di gara; la presentazione elettronica delle offerte; il documento di gara unico europeo; il sistema informatico per individuare i certificati e gli attestati richiesti nelle procedure d'appalto, in sede di verifica dei requisiti in capo agli operatori economici nel "Fascicolo virtuale dell'operatore economico" (FVOE).

Il principio di risultato, in buona sostanza, definisce e sintetizza, in questo importante settore dell'economia nazionale, che rappresenta il 15% circa del PIL[10], le molteplici innovazioni degli ultimi 23 anni per "un'amministrazione per risultati", che il legislatore ha cercato, a più riprese, di introdurre fin dagli Novanta[11]. A

---

[7] Cons. Stato, sez. III, 26.3.2024, n. 2866.

[8] Cons. Stato, sez. VI, 11.11.2024, n. 8972.

[9] Cons. Stato, sez. V, 27.2.2024, n. 1924.

[10] ANAC – Relazione annuale 2023 al Parlamento – il Mercato appalti pubblici.

[11] La trasformazione della pubblica amministrazione secondo le logiche aziendalistiche è stata introdotta, per la prima volta, nell'ordinamento degli enti locali con la riforma del 1990 (legge n. 142/1990); estesa, con la riforma Cassese del 1993 (d.lgs. n. 29/2023), a tutte le pubbliche amministrazioni, è stata rafforzata con le riforme Bassanini della fine degli anni Novanta (legge 15.3.1997, n. 59; legge 15.5.1997, n. 127 e legge 16.6.1998, n. 191); e, poi, con il TUEL del 2000 (d.lgs. 18.8.2000, n. 267), la riforma del pubblico impiego contrattualizzato del 2001 (d.lgs. 30.3.2001, n. 165); e, ancora, con il pacchetto di riforme Brunetta del 2009 (legge n. 15/2009 e d.lgs. n. 150/2009), la riforma Madia del lavoro

partire da quegli anni, infatti, il legislatore ha avviato un processo di riforma orientato alla trasformazione della pubblica amministrazione secondo logiche aziendalistiche, al fine di incrementare l'efficacia e l'efficienza dell'azione amministrativa e di garantire un utilizzo più razionale delle risorse pubbliche. A tal fine è stato ideato un modello organizzativo che si fonda sulla distinzione funzionale tra indirizzo politico e gestione amministrativa, sulla programmazione e gestione per obiettivi, sulla responsabilità dirigenziale per il conseguimento dei risultati e sulla implementazione di controlli interni a carattere successivo, attraverso strumenti di monitoraggio e valutazione della spesa, dei rendimenti e delle attività svolte. L'obiettivo ultimo è di garantire una maggiore rispondenza dell'azione amministrativa alle esigenze della collettività, nel rispetto dei principi di efficienza, efficacia ed economicità [12].

2.1. I contratti pubblici nella normativa "anticorruzione"

La qualificazione come "processo" del ciclo di vita del contratto non è una novità del Codice, ma si ritrova, ben otto anni prima, nel Piano nazionale anticorruzione (PNA) del 2015 dell'ANAC.

Nel PNA, l'Autorità chiarisce quali sono le ragioni per le quali ha ritenuto di inserire tutte le fasi, e non solo quella dell'affidamento come prevedeva l'art. 1, comma 16, della normativa anticorruzione (legge n. 190/2012), nelle aree ad elevato rischio corruttivo: privilegiare una visione complessiva del ciclo di acquisti (necessaria, tra l'altro, anche ai fini del controllo di gestione); definire una mappatura corretta delle

---

pubblico del 2017 (d.lgs. 25.5.2017, n. 74) e, infine, con l'ennesima riforma Brunetta del 2021-2022, che ha introdotto il Piano integrato di attività e organizzazione (PIAO), per includere in un unico documento, ai fini di un più efficace coordinamento, i diversi piani di organizzazione e delle attività amministrative, sparse in eterogenee normative stratificatesi nel tempo (art. 6, d.l. 9.6.2021, n. 80 – d.P.R. 24.6.2022, n. 81 e circolare Funzione pubblica n. 2/2022 del 2.10.2022). Da ultimo, è da ricordare la normativa sullo "smart working", che punta su forme di organizzazione per fasi, cicli e obiettivi e senza precisi vincoli di orario o di luogo di lavoro (legge 22.5.2017, n. 81, artt. 18-24, come modificata dalla legge 4.8.2022, n. 122 di conversione, con modificazioni, del d.l. 21.6.2022, n. 73; v. portale PIAO – *https://piao.dfp.gov.it/news*).

[12] Per gli enti locali sono stati previsti il controllo di regolarità amministrativa e contabile, il controllo di gestione, il controllo sugli equilibri di bilancio, il controllo strategico, il controllo sulle società partecipate non quotate ed il controllo sulla qualità dei servizi (artt. dal 147 al 147-*quinquies* TUE). Il riferimento, sotto l'aspetto programmatorio, per gli enti locali è al documento unico di programmazione (DUP); sotto l'aspetto finanziario al Piano esecuto di gestione (PEG) e, sotto il profilo gestionale, al Piano della performance, piano quest'ultimo che va inserito, unitamente ad altri (fabbisogno del personale, parità di genere, ecc.), nel PIAO. È da ricordare, da ultimo, che la Fondazione nazionale dei commercialisti, ai fini dei controlli sulla gestione di competenza dei revisori degli enti locali ha predisposto appositi carte di lavoro per il controllo dei contratti pubblici: schemi di check list aggiornati al d.lgs. n. 36/2023, con quesiti su principi e programmazione, contenuto determinazione a contrarre; verifica della procedura di assegnazione del servizio o fornitura; contributo gara ANAC; verifica della procedura di assegnazione del servizio o fornitura; verifica determinazione affidamento; verifica liquidazione e pagamento; nonché, schemi di verbali per comprovare l'attività svolta dall'organo di revisione.

relative attività, con la scomposizione del processo nelle fasi di programmazione, progettazione della gara, selezione del contraente, verifica dell'aggiudicazione e stipula del contratto, esecuzione e rendicontazione; enucleare all'interno di ciascuna fase i relativi processi, progettare le misure più idonee a prevenire il rischio "corruzione" e valorizzare la trasparenza, anche oltre gli obblighi prescritti dal d.lgs. n. 33/2013 [13].

3. L'organizzazione dell'ufficio del RUP

In alternativa al modello organizzativo, per così dire, "monistico", che comporta il governo esclusivo da parte del RUP della "direzione operativa" e del "coordinamento" e "controllo" delle fasi del processo contrattuale, il Codice, innovando rispetto alla previgente disciplina del 2016, introduce la possibilità di scegliere un'organizzazione per così dire "duale", con la nomina, oltre del RUP, di uno o due responsabili di fase (ossia di responsabile di procedimento), in pratica, di una figura con profilo "tecnico" per la fase di programmazione, progettazione e esecuzione e/o di una figura con profilo "amministrativo" per la fase di affidamento del contratto, oppure di entrambi le due figure.

È da evidenziare che, per espressa previsione del Codice, anche in questo secondo modello, è mantenuta l'unicità della figura del RUP, il quale assume, però, le funzioni di supervisione, indirizzo e coordinamento di tutte le fasi del processo, funzione tipica nelle amministrazioni statali del direttore generale di prima fascia (art. 16, comma 1, lett. e), d.lgs. n. 165/2001) e del dirigente di seconda fascia (art. 17, comma 1, lett. d), d.lgs. n. 165/2001), e negli enti locali del segretario generale o, se nominato, del direttore generale.

Sia nel primo che nell'altro modello si prescinde dalla posizione gerarchica del RUP, il quale è legittimato all'esercizio del ruolo dall'atto di nomina anche nei confronti di personale appartenente a strutture diverse e in posizioni di inquadramento addirittura superiori alla sua.

Le responsabilità fra il RUP e i responsabili di fase sono suddivise in relazione ai compiti svolti da ciascuno, fermo restando che nel nuovo modello il RUP ha poteri decisori oltre che istruttori, mentre i responsabili di fase hanno prerogative solo istruttorie e quelle operative loro delegate dallo stesso RUP (a seguito della precisazione introdotta dal decreto correttivo).

Una questione particolare riguarda l'operatività autonoma dei responsabili di fase nei sistemi informativi ANAC, ossia senza la necessità per loro registrazione al sistema, di dovere ottenere la previa autorizzazione del RUP. Questa situazione, foriera di forti rallentamenti allo svolgimento delle già complesse procedure previste dal nuovo sistema di digitalizzazione dei contratti, è stata risolta, con una soluzione transitoria valida fino a nuove comunicazioni, prevedendo che anche i responsabili di fase possono registrarsi a sistema autonomamente con il profilo di RUP, in modo da

---

[13] Il Codice sostituisce agli obblighi di pubblicazione previsti all'art. 1, comma 32, l. n. 190/2012, ora abrogato, con quelli di trasparenza e pubblicità definiti agli artt. 20 e 28.

operare in tutte le fasi dell'affidamento a prescindere dalle competenze attribuite per le fasi dalla stazione appaltante o dall'ente concedente. La stazione appaltante/ente concedente e gli stessi responsabili di fase devono assicurare che le attività poste in essere da ciascun soggetto siano coerenti con le funzioni effettivamente attribuite, anche al fine della ripartizione, tra i vari soggetti coinvolti nel ciclo di vita dei contratti, delle correlate responsabilità (v. par. 8) [14].

4. La nomina del RUP

Le stazioni appaltanti e gli enti concedenti devono nominare il RUP nel primo atto dell'intervento per le fasi in cui si struttura l'appalto o la concessione, programmazione, progettazione, affidamento ed esecuzione, fasi che sono tra di loro connesse ed integrate, ma in potenza autonome, costituendo ciascuna un singolo procedimento amministrativo che si conclude con uno specifico provvedimento (la programmazione, con l'approvazione da parte dell'organo competente, secondo l'ordinamento della stazione appaltante; la progettazione, con la validazione del RUP e l'approvazione del progetto da parte dell'organo competente della stazione appaltante o ente concedente; l'affidamento con la decisione di aggiudicazione adottata dall'organo competente della stazione appaltante, provvisto di poteri esterni; l'esecuzione con la regolare esecuzione, il collaudo o il visto di conformità, da parte, rispettivamente del direttore dei lavori, del direttore dell'esecuzione o del collaudatore).

La scelta del RUP deve ricadere tra i dipendenti, assunti anche a tempo determinato, della stazione appaltante o dell'ente concedente, preferibilmente in servizio presso l'unità organizzativa titolare del potere di spesa, in possesso dei requisiti di cui all'all. I.2 al Codice e di competenze professionali adeguate in relazione ai compiti affidati, nel rispetto dell'inquadramento contrattuale e delle relative mansioni.

È stato aggiunto, con il decreto correttivo, che il RUP può essere nominato anche fra i dipendenti di altre amministrazioni pubbliche, a condizione, però, che l'organico della stazione appaltante o ente concedente sia carente di personale in possesso dei requisiti richiesti (art. 15, comma 2, come novellato, con l'aggiunta di uno specifico periodo, dall'art. 4 del decreto correttivo).

Nel caso di mancata nomina del RUP, l'incarico deve essere svolto dal responsabile dell'unità organizzativa cui compete l'intervento. La mancata nomina del responsabile non determina illegittimità o invalidità degli atti, ma produce effetti ai fini dell'imputazione delle responsabilità, da ascrivere al dirigente o al responsabile apicale, se non sono presenti unità di personale di livello dirigenziale preposte all'unità organizzativa competente [15].

Quindi, le opzioni per l'individuazione del RUP sono diverse e competono al dirigente/responsabile apicale della struttura competente per l'intervento, il quale:

---

[14] Comunicato del Presidente dell'ANAC del 6.3.2024.

[15] In tal senso, con riferimento agli artt. 4 e 5, legge n. 241/1990, TAR Roma, sez. I, 3.10.2006, n. 9876.

a) può nominare un altro dipendente, preferibilmente appartenente alla stessa struttura organizzativa cui è preposto, che, se sprovvisto dell'idoneità professionale necessaria, deve essere supportato da altro soggetto competente, interno o esterno [16];

b) può nominare un dipendente di altra pubblica amministrazione;

c) può trattenere a sé la funzione, come previsto anche dalla legge n. 241 per il responsabile del procedimento.

Nel primo caso, è necessaria una determinazione organizzativa, ossia un atto di gestione assunto dal dirigente/responsabile apicale con i poteri del datore di lavoro privato, ai sensi degli artt. 4 e 5 del d.lgs. n. 165/2001 sulle competenze gestionali dei dirigenti nell'organizzazione del lavoro (o, per gli enti locali, *ex* artt. 89 e 107 TUEL n. 267/2000). Nel caso di dipendente di altra amministrazione, è necessario acquisire la preventiva autorizzazione dell'amministrazione di appartenenza dell'interessato, con le modalità e i termini previsti dall'art. 53, comma 7, d.lgs. n. 165/2001, oppure stipulare un accordo fra le due amministrazioni ai sensi dell'art. 15 della legge n. 241/1990.

Nell'ultimo caso sub c), che costituisce una specie di valvola di chiusura per far sì che vi sia sempre un RUP, non occorre, come ovvio, alcun atto di nomina ed è sufficiente che il nominativo sia indicato fin dal primo atto di avvio dell'intervento.

Secondo il MIT [17] la nomina del RUP deve essere effettuata con il primo atto di avvio dell'intervento pubblico che non coincide con la determinazione a contrarre, primo atto di avvio della procedura di affidamento ma con la decisione di approvazione del programma, con la pubblicazione del bando o avviso di gara, la trasmissione della lettera d'invito o il provvedimento di affidamento diretto. Per il MIT questa soluzione "*troverebbe conferma nella considerazione per cui, nel Codice, [..], il RUP, esercitando i propri poteri decisionali nelle diverse fasi della realizzazione dell'intervento pubblico (cfr. pag. 34 della Relazione illustrativa del Consiglio di Stato), ai sensi dell'art. 6, comma 2, lett. g), dell'all. I.2, 'decide i sistemi di affidamento dei lavori, servizi e forniture, la tipologia di contratto da stipulare, il criterio di aggiudicazione da adottare*'".

---

[16] TAR Sardegna, Cagliari, sez. I, sent. 27.11.2024, n. 859, secondo cui "*al requisito dell'esperienza pregressa di almeno tre anni nel settore degli appalti pubblici prescritto dall'art. 5, comma 2, lett. b) dell'allegato I.2, risulta applicabile al caso di specie quanto disposto dall'art. 2, terzo comma, quinto periodo dell'Allegato richiamato, nella parte in cui, in particolare, prevede che l'eventuale carenza dei requisiti in capo al RUP possa essere colmata attraverso la nomina di un adeguato gruppo di supporto*", come avvenuto nel caso di specie. La citata disposizione, infatti, risulta applicabile "*anche con riferimento ai requisiti di professionalità stabiliti dall'art. 4 (per quanto concerne gli appalti, concessioni di lavori e servizi attinenti all'ingegneria e all'architettura) e, per quanto qui interessa, dall'art. 5 (disciplinante i requisiti di professionalità del RUP nei contratti di servizi e forniture, anche con riferimento all'anzianità di servizio maturata*)". Contrariamente a quanto sostenuto dalla ricorrente, non "*risulta invece applicabile al caso di specie quanto previsto dall'art. 2 comma 3, terzo periodo, secondo cui 'le competenze sono attribuite al dirigente o al responsabile del servizio nel cui ambito di competenza rientra l'intervento da realizzare', dato che, dalla completa lettura della disposizione in esame emerge chiaramente che la disposizione è riferita soltanto ai lavori e ai servizi attinenti l'ingegneria e l'architettura [...]*".

[17] MIT, Servizio supporto giuridico, parere 26.6.2023, n. 2077.

4.1. Il RUP negli acquisiti aggregati, centralizzati, accordi fra amministrazioni e ricorso alle stazioni appaltanti qualificate

Le centrali di committenza e le aggregazioni delle stazioni appaltanti devono designare, per le attività di propria competenza, un RUP con funzioni e compiti determinati dalla specificità e complessità dei processi gestititi direttamente (art. 15, comma 9, Codice).

Fermo restando quanto sopra, nei casi di acquisti aggregati, le stazioni appaltanti nominano un RUP per ciascun acquisto.

Il RUP indicato dalla stazione appaltante, in coordinamento con il direttore dell'esecuzione, ove nominato, assume i compiti di cura, controllo e vigilanza del processo di acquisizione con particolare riferimento alle seguenti attività:

a) programmazione dei fabbisogni;

b) progettazione, relativamente all'individuazione delle caratteristiche essenziali del fabbisogno o degli elementi tecnici per la redazione del capitolato;

c) esecuzione contrattuale;

d) verifica della conformità delle prestazioni (art. 9, comma 2, all. I.2).

Il RUP del modulo aggregativo, invece, deve svolgere le attività di:

a) programmazione, relativamente alla raccolta e all'aggregazione dei fabbisogni e alla calendarizzazione delle gare da svolgere;

b) progettazione degli interventi con riferimento alla procedura da svolgere;

c) affidamento;

d) esecuzione per quanto di competenza (art. 9, comma 5, all. I.2).

Per gli acquisti non aggregati da parte di unioni, associazioni o consorzi, i comuni nominano il RUP per le fasi di competenza e lo stesso è designato come responsabile della singola gara all'interno del modulo associativo o consortile prescelto, secondo le modalità previste dai rispettivi ordinamenti (art. 9, comma 5, all. I.2).

In caso di acquisiti gestiti integralmente, in ogni fase, dal modulo aggregativo associativo o consortile prescelto, il RUP e i responsabili di fase sono designati unicamente dal modulo associativo o consortile (art. 9, comma 6, all. I.2, come modificato dall'art. 75, comma 1, lett. c) del decreto correttivo).

Nel caso di acquisiti centralizzati, i compiti e le funzioni fra il RUP, designato dalla centrale di committenza, e il RUP designato dalla stazione appaltante sono così ripartiti: al RUP della centrale di committenza spettano le attività relative alla realizzazione e messa a disposizione degli strumenti di acquisto e di negoziazione di competenza della centrale di committenza, mentre al RUP designato dalla stazione appaltante spettano le attività dirette allo specifico acquisto e all'esecuzione contrattuale (art. 9, comma 7, all. I.2).

Nel caso di accordi conclusi tra due o più stazioni appaltanti, ai sensi della legge n. 241/1990, per svolgere congiuntamente una o più fasi della procedura di affidamento o di esecuzione del contratto o di un accordo quadro di lavori servizi o forniture deve essere nominato un unico RUP, in comune fra gli enti convenzionati, in capo alla stazione delegata (art. 62, comma 14, e art. 9, comma 8, all. I.2).

Nel caso di affidamenti in house (società in house o aziende speciali), considerato che l'affidamento da parte di un'amministrazione aggiudicatrice a una persona giuridica di diritto pubblico o di diritto privato dalla stessa controllata, "*non rientra nell'ambito di applicazione del presente Codice*" (art. 7, d.lgs. n. 36/2023), la nomina del RUP ricade nella discrezionalità amministrativa dell'ente controllante, sia ai fini delle valutazioni previste dall'art. 7, sia al fine di governare la fase esecutiva dell'affidamento stesso. Invece, nel caso di aggiudicazione di contratti pubblici da parte di organismi in house, trovando in tal caso applicazione la disciplina del Codice, l'organismo sarà tenuto a nominare un RUP per ciascuna procedura di affidamento, in conformità all'art. 15 del d.lgs. n. 36/2023, applicabile alle procedure avviate a partire dal 1° luglio 2023 [18].

Se una stazione appaltante non qualificata si rivolge per l'affidamento ad altro soggetto qualificato, il comma 13 dell'art. 15 del Codice prevede che ambedue le stazioni appaltanti, non qualificata e qualificata, debbano nominare un RUP: la stazione beneficiaria per la fase di programmazione ed esecuzione e quella qualificata per la fase dell'affidamento (e, dopo il decreto correttivo, anche per l'esecuzione) [19].

5. L'obbligatorietà della funzione e l'inquadramento contrattuale del RUP

L'Ufficio del RUP rimane obbligatorio, come nel previgente Codice del 2016 (art. 31, comma 1, ult. periodo) e, pertanto, l'incarico non può essere rifiutato.

L'obbligatorietà non esclude che l'interessato possa esercitare il c.d. "*diritto di rimostranza*" nei confronti della nomina, previsto dal testo unico sul pubblico impiego del 1953 e, dopo la contrattualizzazione del lavoro pubblico, dai contratti collettivi di lavoro [20], se l'incarico non rispetta l'inquadramento contrattuale e le relative mansioni del designato, o per altri motivi sorretti da elementi oggettivi e verificabili (ad es. assoluta carenza di adeguata professionalità; esistenza di una situazione di conflitto di interesse; oppure una ragione ostativa all'incarico, come, ad esempio, una precedente condanna per uno dei reati previsti nel Capo II, Titolo I, Libro secondo, Codice penale, ai sensi dell'art. 35-*bis*, d.lgs. 30.3.2001, n. 165) [21].

---

[18] ANAC, parere 19.12.2023, n. 65.

[19] ANAC, delibera 24.5.2024, n. 255; MIT, parere 13.9.2023, n. 2286.

[20] D.P.R 10.1.1957, n. 3, recante "*Testo unico delle disposizioni concernenti lo statuto degli impiegati civili dello Stato*". Con i contratti collettivi sottoscritti successivamente al d.lgs. n. 165/2001, si è disapplicata la su richiamata norma che, però, è riprodotta, modificata, all'interno dei contratti collettivi: se ritiene che l'ordine sia palesemente illegittimo, il dipendente deve farne rimostranza a chi lo ha impartito, dichiarandone le ragioni; se l'ordine è rinnovato per iscritto ha il dovere di darvi esecuzione; il dipendente non deve, comunque, eseguire l'ordine quando l'atto sia vietato dalla legge o costituisca illecito amministrativo.

[21] ANAC, parere 11.1.2023, n. 68, con riferimento all'art. 31, d.lgs. n. 50/2016.

Il Codice prescrive che il RUP debba essere individuato nel rispetto dell'inquadramento contrattuale e delle mansioni correttamente ascrivibili a questa funzione. Si pone, quindi, il problema di individuare quale sia l'inquadramento contrattuale e le mansioni correttamente ascrivibili alla sua funzione.

Può aiutare a fornire una risposta a tale problema l'esame degli articoli dell'all. I.2 sui compiti specifici del RUP, il quale, fra l'altro:

– decide i sistemi di affidamento, se provvisto di poteri a valenza esterna;
– esercita in ogni caso funzioni di coordinamento e verifica, finalizzate ad assicurare il corretto svolgimento delle procedure e adotta le decisioni conseguenti alle valutazioni effettuate;
– dispone le esclusioni dalle gare;
– autorizza il direttore dei lavori (DL) ad effettuare la consegna dei lavori;
– autorizza le modifiche dei contratti di appalto in corso di esecuzione, anche su proposta del DL (e sentito, per i soli interventi finanziati in tutto o in parte dal PNRR e dal CNP, il collegio consultivo tecnico (CCT) nei casi in cui il parere dell'organo è obbligatorio;
– verifica ciascuno dei livelli di progettazione, e, se la verifica è affidata all'esterno, ne guida il processo;
– valida il progetto da porre a base di gara;
– approva i prezzi relativi a nuove lavorazioni non previste;
– irroga le penali per il ritardato adempimento degli obblighi contrattuali;
– ordina la sospensione dei lavori per ragioni di pubblico interesse o necessità;
– dispone la ripresa dei lavori e dell'esecuzione del contratto ad avvenuta cessazione delle cause di sospensione e indica il nuovo termine di conclusione del contratto;
– ecc.

Inoltre, il Codice prevede, se sono nominati i responsabili di fase, il dovere del RUP di coordinare direttamente queste figure. E, ancora, che il RUP possa delegare (solo) compiti operativi ai propri collaboratori, che non comprendano però verifiche e valutazione che restano di sua esclusiva competenza (all. I.2, art. 2, comma 1, come novellato dall'art. 75 del decreto correttivo).

Sotto l'aspetto pratico, considerando che le fonti di regolazione del rapporto di lavoro sono costituite dai contratti collettivi, per stabilire il corretto inquadramento contrattuale del RUP occorre indagare l'inquadramento e le mansioni che nei contratti di riferimento si avvicinano di più alle sue funzioni [22].

A titolo meramente esemplificato, nel contratto Funzioni locali (CCNL 16.11.2022) vengono in rilievo le seguenti due aree:

---

[22] Sull'argomento ASMEL, *Rup, profilo o profilo professionale?*, in *https:asmel.eu>oliveri*, 23 luglio 2024.

Area "Funzionari ed elevate qualificazioni"	Area "Istruttori"
Appartengono a quest'area i lavoratori strutturalmente inseriti nei processi amministrativi-contabili e tecnici e nei sistemi di erogazione dei servizi che nel quadro di indirizzi generali, assicurano il presidio di importanti e diversi processi, concorrendo al raggiungimento degli obiettivi stabiliti, assicurando la qualità dei servizi e dei risultati, la circolarità delle comunicazioni, l'integrazione/facilitazione dei processi, la consulenza, il coordinamento" delle eventuali risorse affidate, anche attraverso la responsabilità diretta di moduli e strutture organizzative"	Appartengono a quest'area i lavoratori strutturalmente inseriti nei processi amministrativi-contabili e tecnici e nei sistemi di erogazione dei servizi e che ne svolgono fasi di processo e/o processi, nell'ambito di direttive di massima e di procedure predeterminate, anche attraverso la gestione di strumentazioni tecnologiche. Tale personale è chiamato a valutare nel merito i casi concreti e ad interpretare le istruzioni operative. Risponde, inoltre, dei risultati nel proprio contesto di lavoro"

In generale, spetta a ciascuna stazione appaltante o ente concedente, in relazione alla sua complessità organizzativa, al CCNL applicato e anche all'inquadramento del dipendente interessato, decidere dove collocare il profilo del RUP (nell'esempio nell'area funzionari o istruttori), come consentito dall'art. 12, comma 6, del su richiamato CCNL 16.11.2022, secondo cui "*Gli enti, in relazione al proprio modello organizzativo, identificano i profili professionali e li collocano nelle corrispondenti aree nel rispetto delle relative declaratorie, di cui all'Allegato A*".

6. I requisiti del RUP

Il RUP deve essere in possesso dei requisiti di cui all'all. I.2, come modificato dall'art. 45 del decreto correttivo, e di competenze professionali adeguate in relazione ai compiti da svolgere (art. 45, comma 2, Codice).

A sua volta, l'all. I.2, cui rinvia l'art. 15, ribadisce che il RUP deve essere dotato di competenze professionali adeguate all'incarico da svolgere (art. 2, comma 3) e distingue fra requisiti di professionalità per appalti, concessioni di lavori e per servizi attinenti all'ingegneria e all'architettura (art. 4) e quelli necessari per i contratti di servizi e forniture (art. 5).

6.1. Requisiti nei contratti di lavori e servizi d'ingegneria e architettura

Per questa tipologia di contratti, il RUP deve essere un tecnico, e, in particolare, se è richiesta l'abilitazione, un tecnico abilitato alla professione; invece, se non è prevista l'abilitazione, un tecnico con titolo di studio, esperienza e formazione professionale specifiche. La formazione è soggetta a continuo aggiornamento.

Inoltre, deve avere maturato adeguata esperienza nello svolgimento di attività analoghe a quelle da realizzare in termini di natura, complessità e/o importo, di almeno:

a) un anno per i contratti di importo inferiore a 1 milione di euro;

b) tre anni per i contratti di importo pari o superiore a 1 milione e inferiore alla soglia di rilevanza europea;

c) cinque anni per i contratti di importo di rilevanza europea;

d) cinque anni, anche di anzianità di servizio, nel caso di mancanza di abilitazione.

Per lavori particolarmente complessi, oltre a un'esperienza professionale non inferiore a cinque anni nell'ambito delle attività di programmazione, progettazione, affidamento o esecuzione, il RUP deve essere in possesso di laurea magistrale o specialistica nelle materie oggetto dell'intervento da affidare e di adeguata competenza quale *project manager*, da acquisire mediante la frequenza con profitto a corsi di *project management.*

6.2. Requisiti nei contratti di servizi e forniture

Il RUP in questa tipologia di contratti deve essere in possesso dei seguenti requisiti:

– titolo di studio di livello adeguato e di esperienza professionale soggetta a costante aggiornamento;

– esperienza nel settore dei contratti di servizi e forniture, attestata anche dall'anzianità di servizio maturata: di almeno un anno per contratti d'importo inferiore alle soglie europee e di almeno tre anni per le soglie europee.

Per le forniture o i servizi connotati da particolari caratteristiche tecniche quali dispositivi medici, dispositivi antincendio, sistemi informatici e telematici, ecc. su richiesta della stazione appaltante, il RUP deve essere in possesso di laurea magistrale e specifiche comprovate competenze.

7. La formazione professionale del RUP e dei responsabili di fase

Il precedente Codice del 2016 (art. 31, d.lgs. n. 50) prevedeva *nell'ambito della formazione obbligatoria, il dovere per le amministrazioni di organizzare attività formativa specifica per tutti i dipendenti che hanno i requisiti di inquadramento idonei al conferimento dell'incarico di RUP, anche in materia di metodi e strumenti elettronici specifici quali quelli di modellazione per l'edilizia e le infrastrutture.* E prescriveva, fra i requisiti di base per ottenere la qualificazione della stazione appaltante, un "*sistema di formazione ed aggiornamento del personale* (art. 38).

La legge delega n. 78/2022 prevede, fra i principi e criteri direttivi, il "*potenziamento della qualificazione e della specializzazione del personale operante nelle stazioni appaltanti, anche mediante la previsione di specifici percorsi di formazione, con particolare riferimento alle stazioni uniche appaltanti e alle centrali di committenza che operano a servizio degli enti locali*" (art. 1, lett. c).

In attuazione del suddetto principio-criterio, il Codice rafforza la centralità della formazione come mezzo per garantire che le figure che intervengono nel processo contrattuale siano in possesso di competenze professionali adeguate al processo realizzativo di lavori, servizi o forniture, e prevede, come il precedente, la formazione fra i requisiti per la qualificazione delle stazioni appaltanti e enti concedenti (art. 63).

La scelta del Codice di rafforzare le competenze dei RUP e dei responsabili di fase, con la partecipazione a corsi e seminari di formazione, è confermata dall'obbligo di destinare, in parte, la quota del 20% di risorse previste per gli incentivi alle funzioni tecniche di cui all'art. 45 dello stesso Codice alle attività di formazione per l'incremento delle competenze digitali dei dipendenti nella realizzazione degli interventi e per la specializzazione del personale che svolge funzioni tecniche (art. 45, comma 5, lett. a e b).

In linea generale, quindi, le stazioni appaltanti e gli enti concedenti devono curare e tenere aggiornata la formazione specialistica del RUP e dei responsabili di fasi, per garantire che queste figure siano in possesso di competenze professionali adeguate al processo realizzativo di lavori, servizi o forniture.

Nello specifico, l'art. 15, comma 7, del Codice prescrive che le stazioni appaltanti e gli enti concedenti, in coerenza con il programma degli acquisti di beni e servizi e del programma dei lavori pubblici, devono adottare un piano di formazione per i RUP, i responsabili di fase e gli altri collaboratori, con particolare riferimento agli adempimenti e alle attività che presentano maggiori criticità operative, quali l'utilizzo delle piattaforme telematiche, del mercato elettronico o aspetti particolari della gestione del processo (anomalia delle offerte, utilizzo del FVoe, patologie che possono insorgere nelle fasi del processo, dalla programmazione, alla progettazione, all'affidamento e all'esecuzione degli acquisiti).

Per gli interventi particolarmente complessi il RUP, oltre a cinque anni di esperienza professionale e alla laurea magistrale o specialistica nelle materie oggetto dell'intervento, deve essere in possesso di adeguata competenza di *project manager*, acquisita anche mediante la frequenza di corsi di formazione in materia (si rinvia al cap. IX sulle competenze manageriali).

Il piano di formazione dovrebbe includere, oltre alle attività di aggiornamento periodico, le tematiche relative alle competenze del RUP, che, per guidare e coordinare l'intero processo, deve essere in possesso di un bagaglio di conoscenze e capacità, anche trasversali, che gli permettano di esercitare, con consapevolezza e responsabilità, il ruolo assegnatogli dal Codice, e di soddisfare il preminente interesse pubblico della collettività a disporre di un nuovo sistema di e-procurement, tempestivo, verificabile, con un ottimale rapporto qualità-prezzo, e, nel contempo, rispettoso dei basilari principi di legalità, trasparenza e concorrenza[23].

Nello specifico, il RUP e i collaboratori hanno necessità di accrescere, di continuo, la conoscenza delle regole giuridico-amministrative del Codice, ai fini della loro corretta applicazione negli acquisiti; apprendere metodologie e tecniche orga-

---

[23] Il piano dovrebbe essere contenuto nel Piano integrato di attività e organizzazione (PIAO), per tutte le amministrazioni tenute a adottarlo, ovvero altri specifici, atti di programmazione.

nizzative di *project management*, necessarie per la gestione di progetti e di processi; acquisire abilità comunicative nei rapporti con gli altri attori chiamati, con ruoli, qualifiche e compiti diversi, al conseguimento del risultato finale.

I responsabili di fase devono acquisire conoscenze specialistiche delle regole giuridico-amministrative del Codice, attinenti alle responsabilità assegnate; acquisire abilità comunicative nei rapporti con gli altri attori chiamati, con ruoli, qualifiche e compiti diversi, al conseguimento del risultato finale.

Inoltre, è prescritto che al personale debba essere garantita la formazione e il costante aggiornamento in materia di *sicurezza informatica e protezione dei dati personali*, per gestire le nuove procedure digitali (v. comma 6, art. 19, in base al criterio di delega di cui all'art. 1, comma 2, lett. c), l. n. 78/2022).

Infine, le stazioni appaltanti, prima di integrare nei propri processi i metodi e strumenti di gestione informativa digitale delle costruzioni, devono definire e attuare un piano di formazione specifica del personale, secondo i diversi ruoli ricoperti, con particolare riferimento ai metodi e agli strumenti di gestione informativa digitale delle costruzioni (art. 1, comma 2, all. I.9, come modificato dall'art. 80, comma 1, lett. a) del decreto correttivo).

È propedeutica alla predisposizione del su detto "piano di formazione" un puntale rilevazione, sulla base del programma triennale degli approvvigionamenti di lavori, servizi e forniture *ex* art. 37, degli effettivi fabbisogni formativi di partenza che devono costituire l'elemento di riferimento del processo formativo. La rilevazione non deve essere realizzata "*a tavolino*", ma sul campo con interviste o l'utilizzo di apposite check list, in collaborazione con i dirigenti e, ove esiste, del responsabile della formazione, meglio se supportati da un facilitatore esperto in materia di metodologie e contenuti didattici.

Il percorso formativo deve comprendere le fasi di valutazione dei risultati, in modo di avere un feed-back sull'efficacia degli interventi svolti, da articolarsi in una valutazione immediata dell'apprendimento dei partecipanti, attraverso la somministrazione di test a risposta multipla o aperta, e in un'altra differita nel tempo sulle capacità operative acquisite dai partecipanti rispetto a quelle possedute prima dello svolgimento dell'attività formativa. La relazione finale deve evidenziare le anomalie riscontrate e suggerire azioni positive per superare le criticità. La valutazione finale costituisce, a sua volta, il punto di partenza per il successivo intervento formativo.

Le tecniche e metodologie di formazione, per essere efficaci, dovrebbero essere centrate sui discenti e privilegiare soluzioni non formali. Di fatto, si nota, però, che la formazione, non solo continua ad essere condizionata dalle scarse risorse disponibili, ma risente soprattutto di un approccio non sistemico e non programmato, spesso casuale e, spesso, solo quantitativo (n. ore di formazione erogate), che ne riduce qualità e, quindi, efficacia[24].

---

[24] ASSORUP condivide l'esigenza di un'adeguata formazione del personale amministrativo e tecnico impegnato nelle procedure di appalti e concessioni. Suggerisce, però, di creare un sistema nazionale di certificazione delle competenze dei RUP. Un sistema che dia una sorta di patente professionale secondo i livelli suggeriti dalla Commissione europea nel 2020: base, intermedio, avanzato ed esperto.

L'art. 63, comma 10, del Codice, nel testo novellato dall'art. 26, comma 1, lett. d), del decreto correttivo, prevede che la Scuola nazionale dell'amministrazione (SNA) definisca i requisiti e le modalità per l'accreditamento dei soggetti pubblici o privati che svolgano attività formative, provvedendo alla gestione del relativo sistema (verifica dei requisiti, revoca accreditamento, ecc.). La SNA, in seguito alla modifica introdotta dal correttivo, che ha eliminato il requisito dell'assenza della finalità di lucro per l'accreditamento dei soggetti privati, ha modificato il regolamento già approvato nell'ottobre del 2024[25].

Da ultimo, ma non certo per importanza, si richiama la direttiva del Ministro per la pubblica amministrazione del 14.1.2025, sulla valorizzazione della formazione nel necessario processo di rinnovamento della gestione delle risorse umane, che conferma, in buona sostanza, il tradizionale criterio quantitativo, individuando come obiettivo di performance di ogni dirigente il garantire che "*i dipendenti partecipino attivamente alle iniziative formative, così da assicurare il raggiungimento di almeno 40 ore di formazione pro capite all'anno, equivalenti a una settimana di aggiornamento annuale, a partire dal 2025*"[26].

8. Il sistema di supporto al RUP

Il Codice prevede che il RUP e i responsabili di fase, se nominati, debbano svolgere i compiti con il supporto dei dipendenti della stazione appaltante (all. I.2, art. 2, comma 1, come novellato dall'art. 75 del decreto correttivo); che rientrano, quindi, a pieno titolo, fra i collaboratori beneficiari dell'incentivo alle funzioni tecniche ai sensi dell'all. I.10.

Precisa poi, che il RUP può delegare al personale della stazione appaltante, dell'ente concedente, della centrale di committenza, o del soggetto aggregatore solo lo svolgimento di mere operazioni esecutive, ivi compreso l'accesso alla piattaforma di approvvigionamento digitale e ai servizi messi a disposizione dell'ANAC (vedi *supra*, par. 4). Mentre restano di esclusiva competenza del RUP e non possono essere delegate le attività di verifica e di valutazione (all. I.2, art. 2, comma 1, come novellato dall'art. 75 del decreto correttivo).

8.1. Il supporto al RUP nel codice dei contratti del 2016

Nel Codice del 2016, la disciplina del supporto al responsabile unico del procedimento era contenuta nei commi 7, 8, 11 dell'art. 31[27].

---

[25] Cfr. SNA: decreto 9.10.2024, n. 176, recante il regolamento sugli aspetti operativi del decreto 13.2.2024, n. 22 e il decreto 15.1.2025, n. 3, sui requisiti per l'accreditamento dopo l'emanazione del decreto correttivo (d.lgs. n. 209/2024) – *https://sna.gov.it/wp-content/uploads/2025/01/decreto-sna-3-2025.pdf.*

[26] Direttiva del Ministro per la pubblica amministrazione 14.1.2025, in *https:wwwfunzionepubblica.gov.it.*

[27] Su questo istituto v. ANAC, parere 28.3.2023, n. 11.

Le suddette disposizioni, tuttora applicabili alle procedure avviate prima del 1° luglio 2023 (art. 225, comma 2, Codice), stabilivano, in particolare, che, in caso di appalti di particolare complessità, in relazione all'opera da realizzare ovvero alla specificità della fornitura o del servizio, che richiedevano necessariamente valutazioni e competenze altamente specialistiche, il RUP poteva proporre alla stazione appaltante di conferire appositi incarichi a supporto dell'intera procedura di gara o di parte di essa (comma 7). E che in ipotesi di carenze accertate o di mancanza di soggetti in possesso della specifica professionalità necessaria per lo svolgimento dei compiti propri del RUP, secondo quanto attestato dal dirigente competente, i compiti di supporto potevano essere affidati, in tutto o in parte, ai soggetti aventi le specifiche competenze di carattere tecnico, economico-finanziario, amministrativo, organizzativo e legale, mediante appalto secondo le procedure dello stesso Codice e senza incorrere nel divieto di frazionamento artificioso (comma 11).

L'incarico di supporto esterno era qualificato come "appalto di servizio", consistente "*in un'obbligazione nei confronti del committente avente ad oggetto il compimento di un'opera o di un servizio verso un corrispettivo in denaro, con organizzazione dei mezzi necessari (di tipo imprenditoriale) e con assunzione in proprio del rischio di esecuzione della prestazione ex art. 1655 c.c. (delibera Anac n. 676/2021)*".

Anche gli incarichi esterni per i servizi tecnici, se indispensabili a supporto dell'attività del responsabile unico del procedimento, dovevano essere conferiti secondo le procedure di aggiudicazione stabilite dal Codice. L'appalto di supporto giuridico-legale, però, comportando lo svolgimento di prestazioni ontologicamente differenti rispetto all'incarico di progettazione (in tal senso parere MIMS n. 814/2021) doveva essere affidato separatamente degli incarichi dei servizi tecnici. Infatti, per i servizi di architettura e di ingegneria il Codice dettava una disciplina specifica, rispetto agli appalti di servizi in generale, come risulta nelle Linee guida n. 1 ("*Indirizzi generali sull'affidamento dei servizi attinenti all'architettura e all'ingegneria*") e nel bando tipo n. 3 ("*Disciplinare di gara per l'affidamento con procedura aperta di servizi di architettura e ingegneria di importo pari o superiore a € 100.000 con il criterio dell'offerta economicamente più vantaggiosa sulla base del miglior rapporto qualità/prezzo*").

In ogni caso, il ricorso a soggetti esterni era possibile solo all'esito negativo di *apposita ricognizione interna del personale dell'ente* (parere MIMS n. 814/2021).

Comunque, gli incaricati dovevano essere dotati di adeguata polizza assicurativa a copertura dei rischi professionali e non dovevano trovarsi in alcuna delle condizioni di incompatibilità previste dall'art. 24, comma 7, dello stesso Codice (partecipazione a incarichi di progettazione o ad appalti e concessioni di lavori pubblici, subappalti e cottimi dei lavori pubblici con riferimento ai quali abbiano espletato i propri compiti direttamente o per il tramite di altro soggetto che risulti controllato, controllante o collegato a questi).

8.2. Il supporto al RUP nel Codice del 2023

Nel Codice, la disciplina, suddivisa fra l'art. 15 e l'all. I.2, come modificato dal decreto correttivo, è più complessa e presenta qualche novità interessante.

Infatti, il supporto al RUP è disciplinato da due gruppi di disposizioni che introducono fattispecie autonome e diverse fra loro per finalità e disciplina.

Il primo gruppo di disposizioni è costituito dall'art. 15, comma 6, del d.lgs. n. 36/2023 e, a suo completamento, dall'art. 3 dell'all. I.2 al Codice, che disciplina l'istituzione di una struttura stabile di supporto.

In particolare, le stazioni appaltanti e gli enti concedenti possono istituire una struttura stabile di supporto al RUP, anche in comune fra più stazioni appaltanti, previa sottoscrizione di un accordo ai sensi dell'art. 15 della legge n. 241/1990; possono destinare risorse finanziarie non superiori all'1% dell'importo posto a base di gara per l'affidamento diretto da parte del RUP di incarichi di assistenza al medesimo (art. 15, comma 6), e, in particolare, per conferire, su proposta di quest'ultimo, incarichi per la migliore realizzazione dell'intervento pubblico, nel caso di appalti di particolare complessità che richiedano valutazioni e competenze altamente specifiche.

Il secondo gruppo di disposizioni, costituito dall'art. 2, comma 3, dell'all. I.2, riguarda l'esternalizzazione delle attività di supporto.

Occorre considerare che l'ufficio di responsabile unico del progetto è obbligatorio e non può essere rifiutato (art. 15, comma 2, Codice); che questo soggetto deve essere dotato di competenze professionali adeguate all'incarico da svolgere e che deve essere un tecnico per i lavori e i servizi attinenti all'ingegneria e all'architettura. Tutto questo comporta che, se non è presente tale figura professionale, le competenze sono attribuite al dirigente o al responsabile del servizio nel cui ambito di competenza rientra l'intervento da realizzare, oppure ad un dipendente di un'altra amministrazione; e che, in via residuale, la stazione appaltante può individuare quale RUP un dipendente anche sprovvisto dei requisiti richiesti. In questo caso, la stazione appaltante deve affidare lo svolgimento delle attività di supporto al RUP ad altri dipendenti in possesso dei requisiti carenti in capo al responsabile unico o, in mancanza, a soggetti esterni aventi le specifiche competenze richieste dal Codice e dall'all. I.2.

Gli affidatari delle attività di supporto devono essere muniti di assicurazione di responsabilità civile professionale per i rischi derivanti dallo svolgimento delle attività di propria competenza.

La Corte dei conti ha confermato che la fattispecie relativa all'esternalizzazione di attività di supporto al RUP carente dei requisiti necessari *è connotata da residualità, in quanto alla stessa può farsi ricorso soltanto in caso di verificata assenza in organico di altri dipendenti in possesso dei requisiti carenti in capo al RUP* ed è autonoma rispetto all'ipotesi della "struttura a supporto del RUP". Quest'ultima opzione, invece, è *connotata, nel disegno normativo, dalla stabilità e dalla possibilità di istituzione in comune fra più stazioni appaltanti, previa sottoscrizione di accordi ai sensi dell'articolo 15 della legge 7 agosto 1990, n. 241,* e può essere scelta *nel caso di appalti di particolare complessità che richiedano valutazioni e competenze altamente specialistiche e ove ne venga dimostrata l'indispensabilità per la migliore realizzazione dell'intervento pubblico*[28].

Da ciò consegue che, mentre l'istituzione della "*struttura di supporto del RUP*" *e la correlata conferibilità di incarichi esterni (art. 15, comma 6, e art. 3 dell'Allegato I.2. del d.lgs. n. 36 del 2023) rientrano tra le facoltà rimesse alla discrezionalità delle stazioni appaltanti, a cui poter far ricorso, per una migliore realizzazione dell'intervento pubblico; nel secondo caso la stazione appaltante deve procedere – in caso sia necessitata, in procedure che non riguardano i lavori e i servizi attinenti all'ingegneria e all'architettura, a nominare un RUP carente dei requisiti richiesti e accertata l'assenza di professionalità interne per supportare il RUP – ad affidare a soggetti esterni le attività di supporto al RUP*[29].

Infine, è da ricordare che, in caso di gestione informativa digitale delle costruzioni, deve far parte della struttura di supporto al RUP il coordinatore dei flussi informativi; questa figura, definita all'all. I.1, art. 3, comma 1, lett. q-*ter*) (v. art. 74, comma 1, lett. c), ha il compito di redigere il capitolato informativo da allegare al DIP.

8.3. Le risorse finanziare per il supporto al RUP

Anche per quanto riguarda gli oneri ed eventuali limiti delle risorse finanziarie destinabili alle attività di supporto, occorre distinguere l'ipotesi di struttura stabile da quella di appalto di servizi di supporto.

In caso di struttura stabile, opera il tetto per gli incarichi esterni dell'1%, come previsto dall'art. 15, comma 6, del Codice e dall'art. 3 dell'all. I.2.

Diversa è l'ipotesi di esternalizzazione del supporto al RUP privo dei requisiti necessari. In questo caso, prevedendosi l'esecuzione di un'opera o di un servizio in cambio di un corrispettivo, con organizzazione autonoma dei mezzi e assunzione del rischio d'impresa (art. 1655 c.c.), si configura, come evidenziato dall'ANAC (parere n. 11/2023), un appalto di servizi, ragione per cui questa attività deve essere considerata una prestazione professionale autonoma, richiedendo che il soggetto affidatario possieda competenze specifiche e disponga di un'organizzazione idonea a soddisfare le esigenze dell'ente[30].

Ciò spiega perché, secondo la Corte dei conti per l'Abbruzzo "*l'ammontare dei relativi compensi, a seconda della tipologia di incarico da conferire, dovrà avvenire sulla base dei parametri normativi previsti per le specifiche figure professionali, tra cui l'allegato I.13 ed il d.m. 17 giugno 2016, qualora si tratti dell'affidamento degli incarichi professionali di natura tecnica*"[31].

---

[28] È stata ritenuta del tutto legittima la nomina di una unità posta a supporto tecnico del RUP, al fine di coadiuvarlo nell'esame pertinente alla congruità delle offerte dei concorrenti, TAR Lombardia, sez. IV, 12.2.2024, n. 343.

[29] V. Corte conti, sez. reg. contr. Abruzzo, deliberazione n. 41/2024/PAR, cit.

[30] Atto del Pres. dell'Autorità del 25.10.2022, fasc. n. 4264/2022; in termini delibera ANAC n. 676/2021.

[31] Corte conti, sez. reg. contr. Abruzzo, deliberazione n. 41/2024/PAR.

9. Il catalogo delle attività del RUP

I compiti del RUP sono definiti dall'art. 15 del Codice e dettagliati all'all. I.2. (artt. 6, 7 e 8), come modificato dal decreto correttivo.

In generale, il RUP ha il compito di coordinare il processo realizzativo dell'intervento pubblico nel rispetto dei tempi, dei costi preventivati, della qualità richiesta, della manutenzione programmata, per tutte le fasi in cui si sviluppa il ciclo di vita dei contratti (programmazione, progettazione, affidamento ed esecuzione).

Tuttavia, se la stazione appaltante o l'ente concedente accede allo schema organizzativo che prevede la nomina dei responsabili di fase, il RUP, fermo restano l'unicità della figura, perde la direzione operativa per le fasi cui sono preposti i responsabili, ma assume funzioni di supervisione, indirizzo e coordinamento di tutte le attività (v. *supra*, par. 3), per cui rimane comunque responsabile del risultato finale.

9.1. I compiti del RUP

L'all. I.2. suddivide i compiti del RUP in tre gruppi distinti: comuni a tutte le fasi di affidamento; da svolgere nella fase di affidamento e quelli nella fase di esecuzione dell'appalto.

A) Compiti comuni a tutti i contratti e le fasi (art. 6)

I compiti comuni a tutte le fasi di affidamento, a loro volta possono essere ricondotte alle seguenti tipologie:

a) *Propositivi*

– formula proposte e fornisce dati e informazioni per predisporre il programma triennale dei lavori pubblici e il programma triennale degli acquisti di beni e servizi da adottare;

– propone la conclusione di un accordo di programma quando si rende necessaria l'azione integrata e coordinata di diverse amministrazioni;

– propone l'indizione o, ove competente, indice la conferenza di servizi, quando sia necessaria o utile per l'acquisizione di intese, pareri, concessioni, autorizzazioni, permessi, licenze, nulla osta, assensi, comunque denominati.

b) *Di iniziativa*

– richiede alla stazione appaltante la nomina della commissione giudicatrice nel caso di affidamento con il criterio dell'offerta economicamente più vantaggiosa, ai sensi dell'art. 93 del Codice;

– promuove la nomina del direttore dei lavori e l'istituzione dell'ufficio di direzione dei lavori (art.114).

c) *Accertamento, verifica e valutazione*

– accerta la libera disponibilità di aree e immobili necessari e, in caso di lavori, la regolarità urbanistica dell'intervento pubblico o promuove l'avvio delle procedure di variante urbanistica;

– verifica i progetti per lavori di importo inferiore a un milione di euro e, negli altri casi, assicura il rispetto del procedimento di verifica della progettazione (art. 42);

– valida il progetto posto a base di gara unitamente al responsabile della fase della progettazione, ove nominato ai sensi dell'art. 15, comma 4, del Codice;

– accerta e attesta le condizioni che richiedono di non suddividere l'appalto in lotti ai sensi dell'art. 58, comma 2, del Codice.

d) *Di amministrazione attiva*

– decide i sistemi di affidamento dei lavori, servizi e forniture, la tipologia di contratto da stipulare è il criterio di aggiudicazione da adottare;

– provvede all'acquisizione del CIG, nel caso in cui non sia nominato un responsabile per la fase di affidamento;

B) Compiti relativi alla fase di affidamento (art. 7)

a) *Verifica e valutazione*

– verifica la documentazione amministrativa qualora non sia nominato un responsabile di fase o non sia costituito un apposito ufficio o servizio a ciò deputato, esercitando funzioni di coordinamento e verifica, finalizzate ad assicurare il corretto svolgimento delle procedure;

– valuta, quando il criterio di aggiudicazione è quello del minor prezzo, le offerte economiche;

– verifica la congruità delle offerte in caso di aggiudicazione con il criterio del minor prezzo;

– verifica le offerte anormalmente basse, con il supporto, se richiesto, della commissione giudicatrice.

b) *Decisori*

– dispone le esclusioni dalla procedura di gara dei concorrenti;

– adotta il provvedimento finale (aggiudicazione) della procedura di affidamento quando, in base all'ordinamento della stazione appaltante, ha il potere di manifestare all'esterno la sua volontà;

– adotta le decisioni conseguenti alle valutazioni effettuate con riferimento alla anomalia e alla congruità dell'offerta.

c) *Altri*

– se la procedura prevede l'affidamento con il criterio dell'offerta economicamente più vantaggiosa, può svolgere tutte le attività che non implicano l'esercizio di poteri valutativi, spettanti solo alla commissione giudicatrice [32].

---

[32] Il RUP non può mai sostituire le proprie valutazioni rispetto a quelle della commissione giudicatrice; se del caso, può soltanto chiedere chiarimenti e approfondimenti alla stessa commissione, fatto salvo il suo potere di intervento sostitutivo allorché la commissione abbia espresso una valutazione manifestamente illogica o palesemente erronea (Cons. Stato, sez. V, 17.5.2024, n. 4435).

C) Compiti relativi alla fase di esecuzione (art. 8, come modificato dall'art. 75, comma 1, lett. b)

a) relativamente alla direzione dei lavori (DL) e all'esecuzione del contratto (DEC):

*a.*1) *compiti di direzione operativa*

– dirige l'esecuzione dei contratti (art. 114, comma 1);
– impartisce le istruzioni al DL, con disposizioni di servizio, finalizzate a garantire la regolarità degli stessi autorizza il direttore dei lavori alla consegna degli stessi;

*a.*2) *compiti decisori*
– autorizza le modifiche dei contratti di appalto in corso di esecuzione, anche su proposta del direttore dei lavori;
– approva i prezzi relativi a nuove lavorazioni originariamente non previste, determinati in contraddittorio tra il direttore dei lavori e l'impresa affidataria, rimettendo alla valutazione della stazione appaltante le variazioni di prezzo che comportino maggiori spese rispetto alle somme previste nel quadro economico;
– irroga le penali per il ritardato adempimento degli obblighi contrattuali in contraddittorio con l'appaltatore, anche sulla base delle indicazioni fornite dal direttore dei lavori (*ex* art. 126, comma 1, in misura giornaliera tra lo 0,5‰ e l'1,5‰);
– ordina la sospensione dei lavori per ragioni di pubblico interesse o necessità, nei limiti e con gli effetti previsti dall'art. 121 del Codice;
– dispone la ripresa dei lavori e dell'esecuzione del contratto non appena siano venute a cessare le cause della sospensione e indica il nuovo termine di conclusione del contratto, calcolato tenendo in considerazione la durata della sospensione e gli effetti da questa prodotti;
– adotta gli atti di competenza a seguito delle iniziative e delle segnalazioni del coordinatore per la sicurezza in fase di esecuzione, sentito il direttore dei lavori, laddove tali figure non coincidano;
– adotta gli atti di competenza a seguito delle iniziative e delle segnalazioni del coordinatore per la sicurezza in fase di esecuzione sentito il direttore dei lavori, laddove tali figure non coincidano;
– svolge i compiti previsti dall'art. 26, comma 3, del d.lgs. n. 81/2008, qualora non sia prevista la predisposizione del piano di sicurezza e di coordinamento;
– svolge il ruolo di responsabile dei lavori, per garantire il rispetto delle norme sulla sicurezza e salute dei lavoratori sui luoghi di lavoro;

*a.*3) *compiti accertativi*
– rilascia il certificato di pagamento, previa verifica della regolarità contributiva dell'affidatario e dei subappaltatori, e lo invia alla stazione appaltante ai fini dell'emissione del mandato di pagamento;
– rilascia il certificato di pagamento all'esito positivo del collaudo o della verifica di conformità;

– rilascia all'esecutore copia conforme del certificato di ultimazione dei lavori e, entro 30 giorni, il certificato di esecuzione dei lavori;

– tiene conto di eventuali proposte integrative del piano di sicurezza e coordinamento formulate dagli operatori economici, prima della consegna dei lavori;

– accerta che le prestazioni oggetto di contratto di avvalimento siano svolte direttamente dalle risorse umane e strumentali dell'impresa ausiliaria che il titolare del contratto utilizza in adempimento degli obblighi derivanti dal contratto di avvalimento.

b) *In materia di vigilanza*

– vigila sul rispetto delle prescrizioni contrattuali nelle concessioni;

– vigila sul rispetto degli oneri della sicurezza relativi alle prestazioni affidate in subappalto;

– trasmette (al dirigente o ad altro organo competente della stazione appaltante, sentito il direttore dei lavori) la proposta del coordinatore per l'esecuzione dei lavori relativa alla sospensione, all'allontanamento dell'esecutore o dei subappaltatori o dei lavoratori autonomi dal cantiere o alla risoluzione del contratto.

c) *In materia di contenzioso*

– attiva la definizione, ai sensi dell'art. 210 del Codice, con accordo bonario delle controversie che insorgono in ogni fase di realizzazione dell'intervento ed è sentito sulla proposta di transazione ai sensi dell'art. 212, comma 3, del Codice;

– propone la risoluzione del contratto ogni qualvolta se ne realizzino i presupposti (*ex* art. 122).

Per quanto riguarda la direzione dell'esecuzione del contratto (DEC), è da annotare che la nomina è obbligatoria nei casi di cui all'art. 32 dell'all. II.14 (art. 75, comma 1, lett. b), n. 2, decreto correttivo), ossia:

– *indipendentemente dall'importo, per specifiche tipologie di servizi*: *a*) servizi di telecomunicazione; *b*) servizi finanziari, distinti in servizi assicurativi e servizi bancari e finanziari; *c*) servizi informatici e affini; *d*) servizi di contabilità, revisione dei conti e tenuta dei libri contabili; *e*) servizi di consulenza gestionale e affini; *f*) servizi di pulizia degli edifici e di gestione delle proprietà immobiliari; *g*) eliminazione di scarichi di fogna e di rifiuti; disinfestazione e servizi analoghi; *h*) servizi alberghieri e di ristorazione; *i*) servizi legali; *l*) servizi di collocamento e reperimento di personale; *m*) servizi sanitari e sociali; *n*) servizi ricreativi, culturali e sportivi;

– *per prestazioni di importo superiore a 500.000 euro* per le forniture di particolare complessità, relativamente alla sicurezza.

d) Compiti nelle procedure derogatorie di affidamento di somma urgenza o di protezione civile (art. 140).

Il RUP (in alternativa ad altro soggetto diverso dotato di competenze tecniche) deve provvedere a:

a) redazione di un verbale in cui sono indicati la descrizione della circostanza di somma urgenza, le cause che l'hanno provocata e i lavori, i servizi le forniture da porre in essere per rimuoverla;

b) disporre l'immediata esecuzione dei lavori necessari a mettere in sicurezza i luoghi interessati dall'evento calamitoso, dando avvio all'affidamento in forma diretta di lavori fino ad importi inferiori a 500.000 euro e a forniture d'importo inferiore a 140.000 (salvo successiva verifica di congruità) e individuazione di uno o più operatori economici per la loro esecuzione in deroga alla programmazione e alle regole di progettazione;

c) compilare una perizia giustificativa delle prestazioni richieste entro 10 giorni dall'ordine di esecuzione.

10. Gli incentivi alle funzioni tecniche

La disciplina dell'istituto degli incentivi per le funzioni tecniche è contenuta nell'art. 45 del Codice e nell'all. I.10 allo stesso Codice per le procedure di affidamento avviate dal 1° luglio 2023.

Dal 31 dicembre 2024, occorre tenere conto delle modifiche introdotte dall'art. 16 del decreto correttivo all'art. 45.

Secondo gli stessi estensori dello schema del codice dei contratti, la disciplina dell'istituto, nonostante estesa a profili di dettaglio, risulta semplificata, negli aspetti procedurali, rispetto alle previsioni dell'art 113 del d.lgs. n. 50/2016, nell'ottica di garantire maggiore speditezza nell'ambito di una corretta ed effettiva erogazione di tali compensi incentivanti [33].

Peraltro, non bisogna dimenticare che la disciplina dell'istituto degli incentivi alle funzioni tecniche deroga al principio di onnicomprensività della retribuzione. Ciò spiega, da un lato, perché la normativa preveda i presupposti, i vincoli per il pagamento di questo surplus di retribuzione a favore del personale delle amministrazioni pubbliche, che svolgono specifiche attività nell'ambito degli appalti (e ora anche delle concessioni) di lavori, servizi o forniture, con rinvio alla regolamentazione di ciascuna stazione appaltante, dei criteri di riparto delle somme; dall'altro, giustifica le diverse interpretazioni restrittive che sono state spesso formulate dalla giurisprudenza contabile e dalle diverse Autorità.

La finalità iniziale dell'incentivo era di spostare all'interno degli uffici attività di progettazione e capacità professionali di elevato profilo; nel tempo, però, questa finalità è stata affiancata e poi sostituita dall'obiettivo di aumentare l'efficienza e l'efficacia delle attività amministrative, rendendole economicamente vantaggiose grazie alla riduzione dei tempi e delle varianti in corso d'opera; più di recente, si è evidenziato che la funzione di tali incentivi è di valorizzare le professionalità interne, consentendo un risparmio di spesa rispetto all'affidamento esterno degli incarichi. In questo senso, essi rappresentano un riconoscimento delle competenze e delle responsabilità connesse allo svolgimento di specifiche funzioni tecniche, nell'ambito di procedure definite e in base ai risultati ottenuti [34].

---

[33] Cons. Stato, Relazione illustrativa al Codice dei contratti pubblici del 7.12.2022.

[34] Corte conti, sez. contr. Veneto, deliberazione n. 121/2020/PAR.

10.1. La disciplina dell'istituto

L'art. 45 del Codice, in estrema sintesi, prevede, dopo la novella introdotta dall'art. 16 del decreto correttivo, che le stazioni appaltanti (o gli enti concedenti) debbano incentivare le funzioni tecniche svolte dal proprio personale, elencate nell'all. I.10 allo stesso Codice, utilizzando le risorse specificatamente indicate negli stanziamenti per le singole procedure di affidamento di lavori, servizi e forniture.

La misura delle risorse finanziarie da destinare all'incentivo alle funzioni tecniche non può superare complessivamente il 2% dell'importo posto a base delle procedure di affidamento, ferma restando la facoltà di prevedere una modalità diversa di retribuzione per tali funzioni.

L'80% delle suddette risorse, comprensive degli oneri presidenziali e assistenziali a carico del datore di lavoro, è ripartito fra il RUP e l'altro personale che effettivamente ha svolto le attività indicate nell'all. I.10 (programmazione della spesa, RUP, collaborazioni al RUP, progettazione, direzione dei lavori, collaudo, ecc.).

L'incentivo si applica anche agli appalti relativi a servizi o forniture, ma solo se è nominato il direttore dell'esecuzione (art. 45, comma 2; v. par. 9.1, lett. c) per i casi in cui è obbligatorio nominare il direttore dell'esecuzione dei lavori in un soggetto diverso dal RUP).

Il riconoscimento dell'incentivo è subordinato all'accertamento e attestazione, ad opera del responsabile del servizio della struttura competente o da altro dirigente incaricato, dell'effettivo svolgimento, da parte dell'unità di personale interessata, delle specifiche funzioni tecniche affidategli.

L'incentivo complessivamente maturato dalla singola unità di personale nell'anno di competenza, anche per attività svolte per conto di altre amministrazioni, non può superare il trattamento economico complessivo annuo percepito da ciascuna unità di personale (art. 4, comma 2, come sostituito dall'art. 16, comma 1, lett. b).

Per le amministrazioni che adottano metodi e strumenti di gestione informativa digitale delle costruzioni di cui all'art. 43, tale limite è aumentato del 15% (art. 4, come sostituito dall'art 16, comma 1, lett. b) del decreto correttivo)[35].

L'importo dell'incentivo (80%) da ripartire deve essere ridotto delle quote parti dello stesso incentivo corrispondenti ad attività non svolte in quanto affidate all'esterno.

Il restante 20%, destinato all'acquisto di beni e tecnologie funzionali a progetti di innovazione, non finanziabile con le risorse derivanti da finanziamenti europei, è incrementato dagli importi relativi a prestazioni non svolte o prive dell'attestazione del dirigente e da quelli eccedenti il limite massimo annuo previsto per ciascun dipendente.

---

[35] Per l'aumento del 15%, anche prima dell'intervento correttivo al Codice in vigore dal 31.12.2024, era assodato che non bastasse l'utilizzazione delle PAD, obbligatorie per tutti gli appalti, ma che fosse richiesto l'utilizzo di "*metodi e strumenti elettronici specifici, quali quelli di modellazione per l'edilizia e le infrastrutture nelle varie fasi di realizzazione*" (MIT, servizio supporto giuridico, parere 29.10.2024, n. 2904).

Ciascuna stazione appaltante o ente concedente deve definire, con un atto generale, secondo il proprio ordinamento, i criteri di riparto dell'incentivo fra gli aventi diritto e i criteri di riduzione per incrementi ingiustificati di tempi e costi.

Viene previsto, infine, che una quota degli incentivi, non superiore al 25%, può essere destinata alle funzioni tecniche svolte dal personale delle centrali di committenza, di cui la stazione appaltante non qualificata ha ritenuto di doversi avvalere, stipulando apposita convenzione ai sensi dell'art. 15 della legge n. 241/1990. Alla centrale di committenza spetta anche il 20% del 25% delle risorse di spettanza (equivalente al 5%), che, cumulandosi con il 20% del 75% rimanente in capo all'Ente (pari al 15%) totalizza il 20% *richiamato dal comma 2 dell'art. 45, la cui finalizzazione in ossequio ai successivi commi 6 e 7, permette di non tradire la volontà del legislatore, come indicata al comma 5 dell'art. 45 e meglio esplicitata nei successivi commi 6 e 7*, permettendo il rispetto della finalità posta dal comma 5 anche ad opera della Centrale di committenza [36].

10.2. Le questioni incerte

Diverse le questioni relative all'istituto degli incentivi di dubbia interpretazione.

a) Affidamenti diretti e concessioni. – La prima questione attiene alla possibilità di corrispondere gli incentivi alle funzioni tecniche negli affidamenti diretti, in considerazione anche della definizione data dallo stesso Codice, nel sottosoglia, come "*affidamento del contratto senza procedura di gara, nel quale, anche nel caso di previo interpello di più operatori economici ...*" (art. 3, all. I.1. al Codice).

Sul punto si sono formati due orientamenti contrapposti. Secondo un primo orientamento estensivo, l'incentivo è dovuto anche nel caso di affidamento diretto. Questa interpretazione è confermata dalla Relazione illustrativa 7.12.2022 del Consiglio di Stato di accompagnamento al nuovo Codice, nel commento specifico all'art 45 sugli incentivi.

Secondo altra tesi più restrittiva, invece, l'incentivo non si applicherebbe agli affidamenti diretti, mancando una gara o competizione concorrenziale formale che vincoli la stazione appaltante nei confronti dei concorrenti [37]. In tal senso si è espresso anche il MIT, servizio di supporto giuridico [38].

Una posizione intermedia è stata assunta dalla Sezione regionale di controllo per la Toscana [39], secondo cui dal confronto della diversa formulazione dell'art. 113 del vecchio Codice e dell'art. 45 del nuovo, emergono due differenze sostanziali:

– la prima diversità riguarda le procedure che portano alla conclusione del contratto, che nell'art. 113 erano individuate nelle gare di appalto (in tali termini la giurisprudenza contabile), mentre il vigente art. 45 parla di procedure di affidamento;

---

[36] Corte conti, sez. reg. contr. Lombardia, deliberazione 16.9.2024, n. 196/2024/PA.

[37] Corte conti, sez. reg. contr. Lombardia, delibera 18.11.2022, n. 173/2022/PAR.

[38] MIT, supporto giuridico, parere 3.10.2023, n. 1829, con riferimento all'art. 113, d.lgs. n. 50.

[39] Corte conti, sez. reg. contr. Toscana, deliberazione 29.1.2024, n. 3/2024/PAR. Vedi S. FABRIS, *Incentivi tecnici fa vecchio e nuovo codice*, in rivista online *Moltocomuni*, 11 marzo 2024.

– l'altra differenza concerne i soggetti che affidano i lavori, forniture e servizi individuati non solo nelle stazioni appaltanti ma anche negli enti concedenti.

Questo significa, per il giudice contabile della Toscana, che la volontà del legislatore è stata di estendere la possibilità di erogare incentivi tecnici a tutte le procedure che conducono all'affidamento di lavori, forniture e servizi, anche ampliando il novero dei soggetti che possono affidare contratti sottoposti alla disciplina di cui all'art. 4. Il giudice contabile richiama, a sostegno della tesi, la su richiamata relazione illustrativa del Consiglio di Stato, per concludere che deve considerarsi superato il precedente orientamento negativo, seppure la specificità dell'affidamento diretto richieda una verifica accurata delle attività incentivabili.

Per quanto riguarda la possibilità di erogare gli incentivi tecnici nei contratti mediante concessione, la stessa Sezione Toscana ribadisce quanto osservato per gli affidamenti diretti, aggiungendo che in questo caso è la stessa norma a prevederli [40].

Il MIT ha chiarito che per calcolare la base d'asta nelle ipotesi di affidamento diretto di un PNNR digitale, non essendo previsto un importo a base delle procedure di affidamento, in conformità con quanto previsto dal comma 2 dell'art. 45 del d.lgs. n. 36/2023, si deve fare riferimento all'importo dell'affidamento diretto (IVA esclusa) [41].

b) *Partenariato pubblico-privato*. – Sempre la Sezione Toscana nella stessa deliberazione n. 3/2024, sulla possibilità di erogare incentivi tecnici in caso di partenariato pubblico-privato, sostiene che in tale operazione economica "*può essere prevista l'applicazione degli incentivi per le funzioni tecniche, sempre che le attività svolte siano quelle previste dall'all. I.10 del D.lgs. 36/2023 e gli incentivi siano a carico degli stanziamenti previsti per le singole procedure di affidamento di lavori, servizi e forniture negli stati di previsione della spesa o nei bilanci delle stazioni appaltanti e degli enti concedenti, come prescritto dal comma 1 dell'articolo 45*".

c) *Affidamenti in house*. – In caso di affidamenti diretti alle società in house, per l'ANAC, non è possibile assegnare incentivi alle funzioni tecniche (art. 7, Codice), considerata la natura di tali affidamenti e la natura degli incentivi volti ad incentivare il personale interno alla stazione appaltante, con funzione premiale per l'espletamento di servizi propri dell'ufficio pubblico e di risparmio della spesa pubblica [42].

d) *Opere in amministrazione diretta*. – Le opere in amministrazione diretta sono escluse, di certo, dall'incentivazione in conformità ad un univoco orientamento giurisprudenziale [43].

---

[40] Corte conti Toscana, deliberazione n. 3/2024, cit.; in senso conforme sez. reg. contr. Abruzzo, deliberazione n. 332/2023/PAR; cfr. anche ANAC, parere di funzione consultiva 25.10.2023, n. 54/2023.

[41] MIT, supporto giuridico, parere 6.12.2024, n. 3170.

[42] ANAC, parere di funzione consultiva, 3.7.2024, n. 36.

[43] Fra le molte, Corte conti, sez. contr. Campania, delib. n. 14/2021/PAR; sez. contr. Toscana, delib. n. 186/2017/PAR; sez. contr. Marche, delib. n. 28/2018/PAR; sez. contr. Lazio, delib. n. 60/2020/PAR; sez. contr. Veneto, delib. n. 301/2019/PAR.

e) Destinatari dell'incentivo. – È possibile assegnare l'incentivo al personale non appartenente alla famiglia professionale relativa ai profili professionali "tecnici", in quanto, ai fini dell'attribuzione dell'incentivo tecnico non rileva il profilo professionale "tecnico" (anche se di regola presente), bensì la concreta esplicazione di attività tecniche legate alla procedura contrattuale (anche se esplicata da collaboratori amministrativi). Sia nell'art. 113 del precedente Codice che nell'art. 45 del nuovo, "*il riferimento è sempre ed esclusivamente alle funzioni tecniche, con esclusione, quindi, di tutte quelle attività che non riguardano direttamente le procedure di affidamento ed esecuzione [...] Senza contare che le disposizioni in parola prevedono che la corresponsione dell'incentivo venga effettuata a seguito dell'accertamento delle specifiche attività, o delle specifiche funzioni tecniche svolte dai dipendenti*". Le richiamate disposizioni, inoltre, prevedono espressamente la possibilità di ripartire gli incentivi tecnici anche tra i "collaboratori" del RUP o dei soggetti che svolgono funzioni tecniche, senza specificarne il profilo tecnico o amministrativo [44].

Il personale con qualifica dirigenziale, mentre, prima del 31 dicembre 2024, non poteva essere destinatario degli incentivi, esclusi quelli relativi agli interventi finanziati in tutto o in parte con PNRR e PNC e limitatamente al periodo 2024-2026, come previsto dall'art. 8 del "decreto PNRR" del 2023 (d.l. n. 13/2023) [45], dal 31 dicembre 2024, data di entrata in vigore del decreto correttivo, rientra nel perimetro dei possibili beneficiari, a seguito delle modifiche introdotte all'art. 45, commi 2, 7, lett. a) e comma 8 dall'art. 16 del suddetto decreto correttivo, sempre che svolga una delle attività elencate all'all. I.10.

L'incentivo non può essere riconosciuto, invece, ai componenti degli organi di amministrazione delle stazioni appaltanti (es. Presidente del Consiglio di amministrazione), in quanto la normativa fa riferimento solo ai dipendenti (oggi, diremmo al personale) delle stazioni appaltanti, enti concedenti o centrali committenza [46].

f) Le centrali di committenza. – In caso di affidamento tramite centrale di committenza, l'art. 45 del Codice, al comma 8, prevede che il 25% massimo della quota incentivi debba riconoscersi in favore del personale della stazione appaltante qualificata.

La norma nulla stabilisce sul metodo di calcolo, ossia se la percentuale vada calcolata sul 2% oppure sulla sola quota parte dell'80% destinata al personale. A questa domanda, il giudice contabile ha risposto che l'incentivo deve essere calcolato sul totale della quota incentivi pari al 2%, al lordo quindi del fondo innovazione pari al 20% da destinare all'acquisto di beni e tecnologie funzionali a progetti di innovazione (comma 6), o ad attività di formazione per l'incremento delle competenze digitali dei dipendenti nella realizzazione degli interventi, alla specializzazione del personale che svolge funzioni tecniche e alla copertura degli oneri di assicu-

---

[44] Corte conti, sez. contr. Toscana, delib. n. 3/2024/PAR cit.; sez. contr. Liguria, delib. n. 1/2022/PAR; sez. contr. Lombardia, delib. n. 40/2018/QMIG.

[45] MIT, supporto giuridico, parere 3.6.2024, n. 2436.

[46] ANAC, parere di funzione consultiva n. 16/2024.

razione obbligatoria dei dipendenti in modo che anche la stazione appaltante qualificata possa perseguire le finalità indicate ai commi 5, 6 e 7 dell'art. 45 [47].

Il suddetto limite non si applica se le funzioni di committenza ausiliarie comprendono attività ulteriori attinenti a diverse fasi del ciclo del contratto (progettazione ed esecuzione, gestione del finanziamento). Secondo il supporto giuridico del MIT "*In questo caso sarà la centrale di committenza/stazione appaltante qualificata, con proprio provvedimento organizzativo, a definire le modalità di ripartizione della quota di incentivi di competenza, da suddividere in relazione alle attività incentivabili elencate nell'Allegato I.10 al D.Lgs. 36/2023*" [48].

g) *Inserimento degli incentivi nel fondo delle risorse decentrate.* – Alla domanda se la nuova formulazione dell'art. 45 rispetto all'art. 113 del vecchio Codice, autorizzi a non prevedere più gli incentivi nel fondo delle risorse decentrate, risponde positivamente la Relazione illustrativa al Codice, dove, con riferimento al comma 3 dell'art. 45, è precisato che gli incentivi per funzioni tecniche "*sono erogati direttamente al personale dipendente, senza la confluenza nel fondo per l'incentivazione come previsto dal vigente articolo 113 del d.lgs. n. 50 del 2016, attuando una notevole semplificazione sul piano finanziario, burocratico e contabile*".

Sulla stessa questione, è intervenuta anche l'ANAC [49], che, pur declinando la sua competenza sulle tematiche attinenti alla corretta gestione degli incentivi dal punto di vista contabile, ha ricordato che "*la nuova disposizione del codice elimina la necessità di costituire un apposito fondo per l'incentivazione ai fini del legittimo riparto degli incentivi*" [50]. In senso opposto, si era espresso il Dipartimento della Ragioneria Generale dello Stato, secondo cui gli incentivi per le funzioni tecniche devono essere ricompresi nel fondo delle risorse decentrate ai sensi del combinato disposto dell'art. 2, comma 3, terzo periodo, del d.lgs. n. 165/2001, secondo il quale l'attribuzione di trattamenti economici può avvenire esclusivamente mediante contratti collettivi, e dell'art. 67, comma 3, lett. c), del CCNL, Funzioni locali, 22.5.2018, che si applica tuttora ai sensi dell'art. 79, comma 2, lett. a), del CCNL, Funzioni locali, 16.11.2022 [51].

Anche il 17° decreto correttivo del MEF del 10.10.2024, in materia contabilità armonizzata degli enti locali, prevede la necessità della contrattazione sul provvedimento relativo ai criteri di riparto degli incentivi.

h) *Mancata approvazione dei criteri.* – Un'altra questione riguarda la possibilità di erogare gli incentivi per attività svolte prima dell'adozione dei criteri di riparto

---

[47] Corte conti, sez. reg. contr. Lombardia, deliberazione 11.9.2024, n. 196; in senso conforme MIT, supporto giuridico, parere 3.6.2024, n. 2639. Vedi anche S. FABRIS, *Sul calcolo degli incentivi tecnici a favore della Centrale di committenza*, in rivista online *Moltocomuni*, 17 novembre 2024.

[48] MIT, supporto giuridico, parere n. 2639/2024 cit.

[49] ANAC, deliberazione dell'11.10.2023.

[50] ANAC, parere fasc. n. 3360/2023 – (URCP 54/2023).

[51] RGS, servizio supporto giuridico, parere 12.9.2023, prot. n. 225928.

stabiliti dalla stazione appaltante o dall'ente concedente, secondo i rispettivi ordinamenti, come previsto dall'art. 45, comma 3, del Codice.

La risposta a questo quesito è positiva, sulla base anche di quanto sostenuto dalla giurisprudenza della Corte dei conti, con riferimento alla precedente normativa dell'art. 113 del d.lgs. n. 50/2023: il regolamento è funzionale alla distribuzione degli incentivi alla progettazione, vigente al momento della loro maturazione, per cui può essere adottato anche successivamente, purché nel rispetto dei limiti e dei parametri previsti dalla normativa dell'epoca; tuttavia, ciò è possibile solo se le somme destinate agli incentivi sono state effettivamente accantonate e se le attività progettuali sono state svolte, come attestato dai soggetti responsabili ai fini della liquidazione [52].

Anche l'ANAC ha escluso la necessità di adottare un atto specifico sui criteri di riparto come condizione essenziale per l'erogazione degli incentivi. L'Autorità ha precisato, tuttavia, che, ferma la necessità che la definizione dei criteri sia fatta mediante un atto a valenza generale, tale atto non deve essere necessariamente un regolamento, ma anche un qualsiasi provvedimento sul quale si sia svolta la necessaria contrattazione decentrata, considerato che, ancorché l'art. 45, comma 3, del Codice stabilisca che le amministrazioni devono regolarsi secondo i propri ordinamenti e non riproponga l'obbligo di adottare un regolamento, la disposizione va interpretata in combinato disposto con l'art. 1 del Codice, che riconosce il "principio del risultato" e prevede l'attribuzione degli incentivi secondo le modalità stabilite dalla contrattazione collettiva [53].

10.3. La contabilizzazione degli incentivi (rinvio)

Con il 17° decreto correttivo dei principi contabili (art. 2, lett. d), decreto MEF 10.10.2024), è stato confermato il giro contabile con la doppia contabilizzazione degli incentivi per funzioni tecniche [54].

Sulla contabilizzazione degli incentivi si rinvia al capitolo 13.

10.4. Lo schema di atto generale sui criteri di riparto dell'incentivo

Come ricordato, il comma 3 dell'art. 45 attribuisce alle stazioni appaltanti e agli enti concedenti, secondo i rispettivi ordinamenti, la competenza a definire i criteri di riparto dell'incentivo fra i beneficiari, nonché quelli di corrispondente riduzione delle risorse finanziarie connesse alla singola opera o lavoro, a fronte di eventuali incrementi ingiustificati dei tempi o dei costi previsti dal quadro economico del progetto.

Lo schema di provvedimento proposto (v. in questo capitolo, par. 11.3, punto 2) è ripartito in quattro Capi, per complessivi 16 articoli:

---

[52] Corte conti, delibera n. 16/SEZAUT/2021/QMIG; sez. contr. Toscana, delib. n. 3/29024 cit.

[53] ANAC, parere 11.10.2023, fasc. n. 3360/2023.

[54] Cfr. MIT, supporto giuridico, parere 26.9.2024, n. 2986.

– il *Capo I, "Disposizioni generali"*, tratta, in particolare, le definizioni e l'oggetto del provvedimento, il RUP e i responsabili di fase, l'atto organizzativo per la pianificazione di ogni intervento, le risorse per le funzioni tecniche, i destinatari degli incentivi, il limite soggettivo dell'incentivo, l'esclusione dalla disciplina dell'incentivo e la destinazione della quota del 20%;

– il *Capo II, "Criteri di ripartizione dell'incentivo per lavori"* riguarda i coefficienti di ripartizione dell'incentivo all'interno del gruppo di lavoro;

– il *Capo III, "Incentivo per servizi e forniture"*, disciplina le condizioni per gli incentivi e i coefficienti di ripartizione;

– il *Capo IV, "Norme comuni"*, tratta delle disposizioni che trovano applicazione sia ai lavori che ai servizi e alle forniture su: modifiche dei contratti in corso di esecuzione, principi in materia di valutazione delle attività svolte, ipotesi di cumulo di attività, riduzione dell'incentivo in caso di incrementi dei tempi e dei costi, liquidazione degli importi incentivanti.

11. Le decisioni della stazione appaltante e del RUP

Varie disposizioni del Codice rimettono la decisione da assumere nel caso concreto alla stazione appaltante o, direttamente, al RUP, lasciando irrisolta, come nel precedente Codice del 2016, la questione sui poteri che dispone il RUP non dirigente, come tale sprovvisto di competenze con valenza esterna.

A conferma che la motivazione costituisce il baricentro e l'essenza stessa del legittimo esercizio del potere amministrativo (art. 3, legge n. 241/1990), diverse disposizioni del Codice prescrivono l'obbligo motivazionale della decisione, a volte limitandosi ad affermare che il provvedimento deve essere motivato senza altro aggiungere in merito al suo contenuto; in n altre, completando l'obbligo motivazionale con un aggettivo qualificativo e in altre ancora indicando i parametri da assumere a riferimento per sviluppare un impianto argomentativo rafforzato; in altre ancora, richiedendo la motivazione per ognuna delle condizioni indicate nella stessa norma.

11.1. La competenza all'adozione delle decisioni

Giova ricordare che l'art. 15, comma 5, prevede che il RUP debba svolgere "*tutte le attività indicate nell'allegato I.2, o che siano comunque necessarie, ove non di competenza di altri organi*", previsione confermata dall'all. I.2, nell'elencare, in dettaglio, i compiti di questa figura nelle varie fasi del ciclo di vita digitale del contratto (art. 6, comma 3; art. 7, comma 2, e art. 8, comma 5).

Il RUP ha, quindi, una competenza residuale, normativamente attribuitagli, rispetto a quella degli altri organi della stazione appaltante o enti concedenti.

Orbene, la lettura delle disposizioni sui compiti potrebbe portare a ritenere che, con la nomina, il RUP acquisti una competenza generale, come era già avvenuto in un primo momento nella vigenza del precedente Codice, in conformità all'iniziale orientamento del giudice amministrativo di prime cure [55]; tale orientamento è stato però superato dal massimo organo di giustizia amministrativa [56], che ha negato una riserva di competenza a favore del RUP non dirigente, ritenendo che il dirigente rimanga, comunque, "responsabile" per la gestione delle procedure di appalto.

Occorre, quindi, distinguere, nei casi in cui il Codice attribuisca poteri decisionali direttamente al RUP, se il soggetto investito della funzione è un dirigente, anche solo in senso funzionale e non contrattuale, oppure non lo è. Solo nel primo caso, il RUP è provvisto di poteri con valenza esterna e può adottare la decisione; in caso contrario, la competenza è del dirigente o, negli enti sprovvisti di personale di livello dirigenziale, del responsabile dell'unità organizzativa titolare del potere di spesa.

Il RUP, ad esempio, nel caso disponga di poteri con valenza esterna, è competente, ai sensi della lett. g) del comma 2, dell'art. 6 dell'all. I.2, a decidere il sistema di affidamento dei lavori, servizi e forniture e il criterio di aggiudicazione, elementi della decisione a contrarre, cioè del primo atto di avvio del procedimento di affidamento dell'intervento, ai sensi dell'art. 17, comma 1. Diversamente la decisione deve essere adottata dal dirigente, sulla base della proposta del RUP.

Lo stesso dicasi per la fattispecie di decisione di contrarre, in caso di affidamento diretto *ex* comma 2 dello stesso art. 17.

Altro esempio si trova nell'art. 17, comma 5, del Codice. La disposizione, dopo avere precisato che l'organo preposto alla valutazione delle offerte (quindi, la commissione di gara nel caso del criterio dell'offerta economicamente più vantaggiosa, e il RUP nel caso del criterio del maggior ribasso) predispone la proposta di aggiudicazione alla migliore offerta non anomala, al secondo periodo prevede che l'organo competente a disporre l'aggiudicazione esamina la proposta, e, se la ritiene legittima e conforme all'interesse pubblico, dopo aver verificato il possesso dei requisiti in capo all'offerente, dispone l'aggiudicazione, che è immediatamente efficace. È da intendere che la disposizione si riferisca al RUP munito di poteri a valenza esterna; è anche ipotizzabile un diverso procedimento, alla stregua del quale l'aggiudicazione è proposta dal Responsabile di fase (o dal RUP) al proprio dirigente o responsabile del servizio, unico soggetto autorizzato a esprimere la volontà dell'Ente (v. all. I.2 al d.lgs. n. 36/2023). La principale novità, rispetto alla precedente disciplina dell'art. 32 del d.lgs. n. 50/2016, riguarda la semplificazione della sequenza procedimentale di affidamento, essendo stato eliminato dalla disposizione il doppio passaggio tra aggiudicazione non efficace e successiva conferma dopo la verifica dei requisiti [57].

---

[55] Cfr. TAR Campania, Napoli, sez. VIII, 19 ottobre 2017, n. 4884 sulla competenza "generale" e "residuale" del RUP; cfr. TAR Veneto, 27.6.2018, n. 695 e TAR Friuli-Venezia Giulia, 29.10.2019, n. 450, sulla competenza esclusiva, prevalente anche sulle norme di settore.

[56] Cons. Stato, sez. V, 10.5.2022, n. 3638.

[57] TAR Calabria, sez. staccata Reggio Calabria, sent. 26.10.2023, n. 782; in senso conforme TAR Piemonte, Torino, sez. II, sent. 16.1.2025, n. 130.

11.2. La motivazione

La fonte della forma-contenuto del provvedimento è costituita dall'art. 3 della legge n. 241/1990, secondo cui i provvedimenti amministrativi devono essere motivati, compresi quelli concernenti l'organizzazione amministrativa, lo svolgimento dei pubblici concorsi e il personale, con la sola esclusione degli atti normativi e di quelli generali.

Per espressa previsione della su richiamata disposizione, il contenuto della motivazione consiste nell'enunciazione dei presupposti di fatto a sostegno del provvedimento (precedenti atti amministrativi atti e fatti pregressi all'atto), delle argomentazioni di carattere giuridico, inerenti allo specifico atto, con il quale devono essere collegati (leggi, giurisprudenza e dottrina prevalente) e delle finalità/obiettivo del provvedimento amministrativo, che determinano la decisione dell'amministrazione, necessariamente legate al segmento delle risultanze dell'istruttoria.

La motivazione, come noto, può essere esposta anche con il semplice rinvio alle ragioni argomentate in un altro atto richiamato nella decisione stessa (*per relationem*), che, in questo caso, deve essere indicato e reso disponibile nella comunicazione del provvedimento.

Si ricorda che la motivazione rappresenta, fra i vari elementi della struttura del provvedimento amministrativo (intestazione, identificazione e denominazione, oggetto, motivazione, dispositivo, data e sottoscrizione delle decisioni amministrative), "*il presupposto, il fondamento, il baricentro e l'essenza stessa del legittimo esercizio del potere amministrativo* e costituisce, quindi un *presidio di legalità sostanziale insostituibile*" [58-59].

Il contenuto minimo *ex* art. 3 della legge n. 241/1990 spesso, è soggetto ad un aggravio motivazionale, richiesto, in alcuni casi, dalla disciplina di settore, e, per quanto qui d'interesse, dal Codice contratti pubblici o dalla stessa natura della decisone adottata, idonea ad incidere, in modo più o meno rilevante, sulla posizione di affidamento creatosi in capo al soggetto privato a seguito di altre decisioni assunte dalla stessa amministrazione (es. revoca dell'aggiudicazione).

Anche se non è possibile definire uno schema rigido, fisso e immutabile, con il quale assolvere all'onere argomentativo [60], è consigliabile strutturare la motivazione in una parte descrittiva, con l'indicazione degli interessi coinvolti nello specifico procedimento, e una parte valutativa di ponderazione degli interessi, pubblici e privati, coinvolti nella fattispecie, con le ragioni giustificative della scelta di soddisfare quel determinato interesse, comprimendone o sacrificandone altri.

In ogni caso, ciò che la giurisprudenza richiede perché l'atto sia posto al riparo da censure è che la motivazione sia *sufficiente*, ossia idonea ad eliminare i dubbi di

---

[58] Cons. Stato, sez. VI, 20.12.2021, n. 8449; *ex multis*, v. anche TAR Lazio, sez. II-*ter*, sent. 26.4.2024, n. 8243.

[59] CEDU del 1950, art. 41, comma 2, lett. c) prevede che è "*obbligo per l'amministrazione di motivare le proprie decisioni*".

[60] TAR Lazio n. 8243/2024, cit.

irragionevolezza e di arbitrio dell'*agere* pubblico; *idonea*, cioè corretta e completa nell'indicazione dei percorsi logici e delle ragioni poste a base del provvedimento; *coerente*, vale a dire esente da contraddizioni fra le diverse circostanze indicate nel provvedimento (coerenza interna) e con quelle contenute in regolamenti e atti generali (programmi, piani, atti di indirizzo, ecc.); *chiara e intellegibile*, ossia non oscura, lacunosa o ambigua, ma idonea a realizzare la conoscibilità, e quindi la trasparenza, dell'azione amministrativa[61]. Inoltre, "*il difetto di motivazione nel provvedimento non può essere in alcun modo assimilato alla violazione di norme procedimentali o ai vizi di forma, costituendo la motivazione del provvedimento il presupposto, il fondamento, il baricentro e* l'essenza stessa del legittimo esercizio del potere amministrativo (art. 3 della legge n. 241/1990) *e, per questo, un presidio di legalità sostanziale insostituibile, nemmeno mediante il ragionamento ipotetico che fa salvo, ai sensi dell'art. 21-octies, comma 2, della l. n. 241 del 1990, il provvedimento affetto dai cosiddetti vizi non invalidanti*"[62].

11.2.1. La motivazione nelle decisioni delle stazioni appaltanti e degli enti concedenti

Giova evidenziare che nel Codice, più che nel passato, il comportamento delle stazioni appaltanti deve essere improntato al dovere di rappresentare, in qualunque fase, le motivazioni che ne determinano l'agire, tenendo conto dei principi generali dello stesso Codice (v. cap. I, par. 3) e, in particolare, dei principi di risultato, fiducia, e, per quanto riguarda le procedure di gara, di apertura al mercato, di buona fede e tutela dell'affidamento dell'operatore economico sul legittimo esercizio del potere e sulla conformità del comportamento amministrativo a detto principio.

Diverse disposizioni codicistiche, in modo espresso, prescrivono l'obbligo motivazionale. A volte, il Codice si limita ad affermare che la decisione deve essere motivata senza altro aggiungere in merito al suo contenuto: ad esempio, l'art. 41, comma 8, richiede che sia esplicitate le "motivate ragioni" che giustifichino l'affidamento disgiunto dei due livelli di progettazione dei lavori (fattibilità tecnico-economica e progetto esecutivo; l'art. 17, comma 4, prevede una motivazione per l'atto di richiesta agli offerenti del differimento del termine indicato nel bando o nell'invito o, in caso di mancata indicazione, di quello di legge di centottanta giorni, entro il quale l'offerta presentata è vincolante per il concorrente; in altri casi, la normativa parla di decisione o parere che deve essere motivato in modo "adeguato", "specifico", o "debitamente", aggettivazioni che nulla aggiungono ai requisiti che deve avere, secondo la giurisprudenza, il ragionamento motivazionale (sufficiente, idoneo, coerente e chiaro).

A volte, il Codice specifica che la motivazione deve essere "rafforzata": ad esempio, per motivare, ai sensi dell'art, 7, gli affidamenti in house o la cooperazione fra tra più stazioni appaltanti; altre volte, individua i diversi elementi da argomen-

---

[61] Corte cost., sent. 2.11.2010, n. 310.

[62] *Ex multis*, Cons. Stato, sez. VII, 27.12.2023, n. 11222; Cons. Stato, sez. III, 7.4.2014, n. 1629 e, nello stesso senso, ordinanza Corte cost., 17.3.2017, n. 58.

tare (ad esempio, l'esclusione dell'operatore economico per illecito professionale grave comporta la valutazione di tutte e tre le condizioni di cui all'art, 98, comma 2); oppure, prevede i parametri rispetto ai quali sviluppare l'impianto giustificativo, come l'art, 17, comma 2, con riferimento alla decisione a contrarre per gli affidamenti diretti; l'art. 76, comma 2, lett. c) per la scelta del contraente, nel soprasoglia, a mezzo di procedura negoziata senza pubblicazione del bando; l'art. 182, comma 7, a mente del quale per derogare all'obbligo di pubblicare un bando di concessione, è necessario che ricorrano una delle ragioni indicate dalla stessa disposizione da motivare (creazione o acquisizione di un'opera d'arte; assenza di concorrenza per motivi tecnici; la tutela dei diritti di proprietà intellettuale, ecc.).

È inutile, ai fini dell'adempimento dell'obbligo argomentativo, inserire nella decisione una motivazione che, nonostante sia materialmente esistente, non renda percepibili le ragioni logico-argomentative (c.d. motivazione apparente), in quanto espone giustificazioni obiettivamente inidonei a far riconoscere l'iter logico seguito per la formazione del provvedimento, non permette alcun controllo sull'esattezza e logicità del ragionamento e si limita a mere "*enunciazioni generiche*" o a formule di stile [63]. Ad esempio, sono considerate mere formule di stile (motivazione apparente), negli affidamenti diretti, affermazioni del tipo: "*ritenuta congrua l'offerta presentata*", senza che sia indicato il processo decisionale in base al quale il RUP è giunto alla valutazione di congruità, quale l'acquisizione di più preventivi, la verifica dei prezzi di mercato praticati per quel bene o servizio nella zona, il controllo di cataloghi o di prezziari, la maggiore esperienza maturata, ecc.; "*ritenuto opportuno affidare il servizio professionale di ...*", senza indicare le ragioni del ricorso al professionista, in deroga al principio di auto-organizzazione, e della scelta effettuata, senza neppure fare riferimento al curriculum presentato a dimostrazione della professionalità e dell'idonea esperienza posseduti dal candidato all'incarico, ecc.

Di contro, l'obbligo motivazionale risulta rispettato, secondo una concezione sostanziale/funzionale della motivazione, "*quando l'atto reca l'esternazione del percorso logico-giuridico seguito dall'amministrazione per giungere alla decisione adottata e il destinatario è in grado di comprendere le ragioni di quest'ultimo e, conseguentemente, di utilmente accedere alla tutela giurisdizionale, in conformità ai principi di cui agli artt. 24 e 113 Cost.*" [64].

La profondità dell'impianto giustificativo deve essere valutata caso per caso, in ragione del mutare degli effetti dell'atto, dei suoi destinatari, dell'incidenza dell'interesse pubblico perseguito sugli interessi privati [65], in modo che "*siano palesate le*

---

[63] Cons. Stato., Ad. Plen., nn. 10 e 11/2018; Cons. Stato, sez. III, 16.11.2023, n. 9824.

[64] TAR Venezia, sez. II, 1.10.2020, n. 879; Cons. Stato, sez. V, 5.12.2014, n. 6026; Cons. Stato, sez. III, 23.11. 2015, nn. 5311 e 5312; Cons. Stato, sez. V, 25.5.2017, n. 2457; Cons. Stato, sez. I, 10.5.2019, n. 1431; TAR Lazio, Roma, sez. I-*bis*, 6.2.2020, n. 157.

[65] Per esempio, di recente è stato sostenuto che la revoca dell'aggiudicazione, contrariamente a quanto sinora ritenuto dalla giurisprudenza, debba essere sorretta da una solida motivazione, considerato che, ai sensi dell'art. 5 del Codice, il principio di buona fede e di affidamento comporta che anche prima dell'aggiudicazione sussista un affidamento dell'operatore economico sul legittimo esercizio del potere e sulla conformità del comportamento amministrativo al detto principio, e che su questo

ragioni giustificatrici della decisione racchiusa nel provvedimento impugnato, non potendo la motivazione esaurirsi in mere enunciazioni generiche"[66], descrivendo nell'atto lo sviluppo della funzione amministrativa nel suo complesso, in modo comprensivo di tutti gli atti della sequenza procedimentale.

La giurisprudenza, per esempio, con riferimento alla nomina della commissione di gara (art. 93), ritiene che, ai fini del rispetto del principio di trasparenza sancito dall'art. 93, comma 3, e dell'obbligo motivazionale la "*mera mancata indicazione dei criteri e delle ragioni che hanno condotto alla scelta dei Commissari non determina di per sé l'illegittimità*" del provvedimento di nomina, "*ben potendosi a tal fine ritenere sufficiente il semplice riferimento alle "competenze ed esperienze possedute*"[67].

Anche se non è possibile definire uno schema rigido, fisso e immutabile, con il quale assolvere all'onere motivazionale[68], è necessario *strutturare l'impianto argomentativo* in due parti: una descrittiva, con l'indicazione degli interessi coinvolti nello specifico procedimento e l'altra valutativa degli interessi, con le ragioni giustificative della scelta di soddisfare quel determinato interesse, comprimendone o sacrificandone altri.

Sempre sotto il profilo contenutistico, occorre distinguere fra provvedimenti sorretti da una molteplicità di argomentazioni tra loro del tutto compenetrate e interdipendenti; provvedimenti motivati con una serie di ragioni, ciascuna delle quali dotata di autonomia (provvedimenti "*plurimotivati*"[69]) e provvedimenti a motivazione elementare, cioè, fondati su una sola ragione[70].

Un esempio di motivazione fondata su una sola ragione si trova nella stessa legge n. 241/1990, che prevede – all'art. 2, comma 1, ultimo periodo – il provvedimento semplificato di inammissibilità, improcedibilità o infondatezza della domanda, la cui motivazione può consistere in un sintetico riferimento al punto – di fatto o di diritto – ritenuto risolutivo del rigetto.

Di "motivazione succinta" parla l'art. 4, comma 4, dell'all. V.2 (come sostituito dall'art. 94 del decreto correttivo), in relazione alle decisioni, a maggioranza dei componenti del CCT, da emettere entro quindici giorni dalla comunicazione del quesito, se del caso, integrabile entro i successivi quindici giorni.

La motivazione deve sostenere anche gli atti amministrativi di giudizio, in modo che possano svolgere in modo completo la loro funzione di "illuminare" l'auto-

---

aspetto incidano anche i principi espressi ai primi due articoli del nuovo Codice degli appalti, relativi alla fiducia e al risultato (TAR Sicilia, Catania, sez. I, 7.11.2024, n. 3683).

[66] TAR Lazio Roma, sez. II-*ter*, 26.4.2024, n. 08243.

[67] TAR Sardegna, Cagliari, sez. I, sent. 27.11.2024, n. 859in senso conforme, seppure con riferimento alla disposizione del precedente Codice, Cons. Stato, sez. III, sent. 4.11.2020, n. 6818 e Cons. Stato, sez. III, sent. 10.7.2019, n. 4865.

[68] TAR Lazio, n. 8243/2024, cit. *sub* nota 71.

[69] TAR Napoli, 25.11.2019, n. 5565; Cons. Stato, sez. IV, 22.5.2016, n. 1921; Cons. Stato, sez. VI, 18.5.2012, n. 2894.

[70] Cons. Stato, sez. IV, 17.6.2020, n. 3896.

rità preposta alla decisione, oppure negativi (pareri, osservazioni, DIP, ecc.), mentre non è richiesta per i certificati, attestazioni, ecc. cioè, per gli atti che sono esclusivamente "dichiarazioni di scienza".

Di norma, la motivazione non è richiesta per i verbali. È pacifico che il verbale è un atto giuridico, appartenente alla categoria delle certificazioni, avente lo scopo di descrivere atti o fatti rilevanti per il diritto, compiuti alla presenza di un funzionario verbalizzante cui è stata attribuita detta funzione, muniti di fede privilegiata, cioè di una particolare presunzione di veridicità riguardo ai fatti che il pubblico ufficiale ha constatato personalmente nell'esercizio delle sue funzioni o che assume essere avvenuti in sua presenza. In pratica, ciò che è riportato nel verbale viene considerato vero fino a prova contraria. La verbalizzazione, in sostanza, ha l'obiettivo di assicurare e dare conto della certezza di quanto descritto nel documento [71].

Nondimeno, nel caso di verbale che preveda decisioni, a contenuto tecnico-discrezionale, quale l'attribuzione di un punteggio a ciascun candidato di un concorso o agli offerenti ad una procedura di gara, le valutazioni dell'organo preposto devono essere motivate con riferimento al giudizio attribuito.

Il giudizio può essere anche espresso numericamente sui singoli elementi di valutazione, ma in questo caso è necessario che siano stati predeterminati criteri idonei ad indirizzare il percorso valutativo della commissione in modo chiaro, analitico ed articolato; in particolare, nei contratti pubblici devono essere previsti nei documenti di gara criteri, differenziati, se del caso, in sub-criteri e sub-pesi o sub-punteggi, in modo da delimitare, ragionevolmente, il giudizio della commissione e rendere comprensibile l'iter logico che ha condotto la commissione e i singoli commissari all'attribuzione dei punteggi. Di contro, una motivazione, non solo numerica, è richiesta in caso di genericità dei criteri valutativi "qualitativi" [72], in quanto, in questo caso, l'esplicitazione preventiva del percorso motivazionale per l'attribuzione dei punteggi risponde a logiche di trasparenza valutativa "*a presidio dei principi generali di tutela della par condicio, dell'imparzialità e della massima concorrenza e trasparenza che devono governare le procedure di evidenza pubblica*" [73].

Il Codice prevede che i "*documenti di gara oppure, in caso di dialogo competitivo, il bando o il documento descrittivo indicano i singoli criteri di valutazione e la relativa ponderazione, anche prevedendo una forcella in cui lo scarto tra il minimo e il massimo deve essere adeguato. Per ciascun criterio di valutazione prescelto possono essere previsti sub-criteri e sub-pesi o sub-punteggi ...*" (art. 108, d.lgs. n. 36/2023). In applicazione della suddetta disposizione, nel bando-tipo ANAC n. 1/2023 [74] è scritto che "*La commissione giudicatrice procede all'esame e valuta-*

---

[71] Cons. Stato, sez. II, 4.6.2020, n. 3544.

[72] Cons. Stato, sez. V, 29.7.2019, n. 5308.

[73] Cons. Stato, sent. n. 2148/2023; Cons. Stato, sez. V, 29.7.2019, n. 5308.

[74] Con comunicato del Presidente del 14.1.2025, l'ANAC ha reso noto come comportarsi in attesa del bando-tipo n. 1/2023 rivisto in base alle modifiche al Codice introdotte dal decreto correttivo (d.lgs. n. 209/2024).

zione delle offerte presentate dai concorrenti e all'assegnazione dei relativi punteggi applicando i criteri e le formule indicati nel bando e nel presente disciplinare". Secondo la giurisprudenza comunitaria, è precluso all'amministrazione "*applicare regole di ponderazione o sotto criteri di aggiudicazione che non abbia preventivamente portato a conoscenza degli offerenti*", in quanto "*tutti gli elementi presi in considerazione dall'Autorità aggiudicatrice per identificare l'offerta economicamente più vantaggiosa, e la loro importanza relativa, devono essere noti ai potenziali offerenti sin dal momento della presentazione delle offerte*" [75]. Tuttavia, la commissione giudicatrice potrebbe specificare le modalità applicative di tale operazione, ad ulteriore garanzia della trasparenza del percorso motivazionale che presiede all'attribuzione dei punteggi per le offerte, sempre che ciò non avvenga a buste già aperte e che non si modifichino, in ogni caso, i criteri di valutazione e i fattori di ponderazione fissati nel bando di gara, che avverrebbe se l'organo di valutazione indicasse sub-criteri di valutazione non previsti dal bando o alterasse il peso di quelli contemplati dai documenti di gara [76].

La motivazione riveste un ruolo fondamentale nei provvedimenti caratterizzati da discrezionalità o adottati per ragioni di urgenza e contingenza, come nel caso delle ordinanze d'urgenza per motivi di salute pubblica, ordine o sicurezza pubblica (ad es. art. 50, comma 5, TUEL), e nelle procedure di appalto in situazioni di somma urgenza e protezione civile (art. 140).

Essa è cruciale anche nei provvedimenti adottati in base a disposizioni derogatorie rispetto alle regole che disciplinano un determinato istituto o ai principi generali dell'ordinamento, sia comunitario che nazionale. Infatti, se la normativa di riferimento è una norma derogatoria rispetto alla regola generale o ai principi generali, l'accertamento della sussistenza dei presupposti normativi per la deroga deve essere effettuato con particolare rigore [77]. Ad esempio, nel contesto dei contratti pubblici, le procedure ordinarie (aperta, ristretta, ecc.) sono la regola, posta a garanzia del corretto dispiegarsi della libertà di concorrenza e della trasparenza dell'operato delle amministrazioni, dalla quale si può prescindere solo eccezionalmente, optando per gli affidamenti diretti, se trattasi di contratti entro un certo limite di valore (art. 50, lett. a) e b), Codice), oppure per la procedura negoziata senza bando per contratti sottosoglia (art. 50, lett. c), d), e), Codice); o, ancora, per le procedure negoziate senza bando, se l'estrema urgenza, risultante da eventi imprevedibili per le stazioni appaltanti, non è compatibile con i termini imposti dalle procedure aperte, ristrette o negoziate previa pubblicazione di un bando di gara e sempre che tali cir-

---

[75] Corte giust. CE, sez. I, 24.1.2008, n. 532.

[76] TAR Roma, sez. II-*ter*, 1.9.2023, n. 13529; Cons. Stato, sez. V, 18.6.2018, n. 3737; Cons. Stato, sez. V, 2.8.2016, n. 3481.

[77] In caso d'urgenza, il ricorso alla procedura derogatoria è illegittima non solo per mancanza urgenza, ma anche per la sua mancata motivazione (TAR Lazio, sent. 30.10.2012, n. 989). Tuttavia, fanno eccezioni i casi in cui l'urgenza è stata già valutata *ex ante* dal legislatore che prevede la deroga (cfr. d.l. n. 76/2020 e d.l. n. 77/2021 per il periodo emergenziale), ragione per cui è sufficiente richiamare la norma che consente la procedura derogatoria.

costanze invocate a giustificazione dell'estrema urgenza non debbano essere imputabili a comportamenti delle stesse amministrazioni appaltanti (art. 76, comma 2, lett. c), Codice).

Altro esempio riguarda la deroga al principio di rotazione (art. 49, Codice) nelle procedure di affidamento diretto o di aggiudicazione mediante procedura negoziata senza bando. Come noto, in applicazione di tale principio, è vietato alle stazioni appaltanti e enti concedenti di affidare un appalto al contraente uscente nei casi in cui due consecutivi affidamenti abbiano a oggetto una commessa rientrante nello stesso settore merceologico, oppure nella stessa categoria di opere, oppure nello stesso settore di servizio, e questo per "*favorire la distribuzione temporale delle opportunità di aggiudicazione tra tutti gli operatori potenzialmente idonei evitando il consolidarsi di rapporti esclusivi con alcune imprese*" [78]. Tuttavia tale principio non è assoluto e può essere derogato nei casi stabiliti dalla stessa disposizione, fra cui, se vengono dimostrate, cumulativamente, le specifiche peculiarità legate all'oggetto dell'appalto o alle caratteristiche degli operatori economici (struttura del mercato di riferimento); il numero di operatori non sufficiente a garantire una reale alternativa competitiva (assenza di alternative valide), e un elevato grado di soddisfazione nell'esecuzione delle prestazioni del precedente contratto, difficilmente replicabile da altri operatori (*accurata esecuzione del precedente contratto e qualità della prestazione resa*, *ex* art. 49, comma 4).

Negli atti vincolati, la motivazione può essere "leggera", cioè, limitata a giustificare il potere esercitato con l'indicazione dei presupposti di fatto e di diritto da applicare nella specie. È importante notare che, nel caso di atti vincolati (art. 21-*octies*, legge n. 241/1990), è possibile l'integrazione giudiziale della motivazione, normalmente vietata in quelli discrezionali, con l'effettiva dimostrazione in giudizio dell'impossibilità di un diverso contenuto della decisione assunta qualora si dimostri in giudizio l'impossibilità di un diverso contenuto della decisione assunta [79].

Il difetto assoluto di motivazione, l'insufficienza di motivazione, la mancata indicazione degli atti ai quali il provvedimento rinvia nei casi di motivazione *per relationem*, e la mancata comunicazione dei motivi ostativi dell'accoglimento della domanda comportano il vizio di violazione di legge. Invece, costituiscono sintomi del vizio di eccesso di potere l'insufficienza, la contraddittorietà, l'incoerenza della motivazione.

---

[78] ANAC, atto del Presidente 13.3.2024, in *https://www.anticorruzione.it/en/-/news.12.04.2024.obbligo.rotazione.*

[79] TAR Abruzzo, 23.2.2019, n. 116; in senso conforme, Cons. Stato, sez. V, 20.8.2013, n. 4194; Cons. Stato, sez. IV, 9.10.2012, n. 5257.

11.3. Tabelle e schemi

1. Tabella "Elementi della struttura di un provvedimento"

Intestazione	– stazione appaltante o ente concedenti, cui è attribuita la decisione – organo competente ad adottare la decisione.
Denominazione atto	– determina, decreto, ordinanza, delibera, ecc.
Numero identificativo	– classificazione secondo il sistema adottato da stazione appaltante o ente concedente
Data	– data di adozione dell'atto
Oggetto	– sintesi contenuto atto
Motivazione	– "perché" della decisione
Dispositivo	– decisione assunta
Elementi formali	– autorità e termine cui è possibile ricorrere (nei provvedimenti recettizi ad istanza di parte negativi) – termine previsto dalla legge o dai regolamenti e quello effettivamente impiegato (nei provvedimenti ad istanza di parte adottati in ritardo)
Sottoscrizione	– firma, di norma, digitale del soggetto competente alla sua adozione, che assume la "paternità" della decisione (se atto collegiale, i componenti del collegio o il presidente e il segretario)

2. Schema verbale per operazioni di gara

«Oggetto. Procedura di gara per l'affidamento di < > mediante < *tipologia procedura* > e con il criterio < *minor prezzo/offerta economicamente più vantaggiosa*> (CIG < >). Verbale n. < > / 2023 di < *indicare le operazioni di gara oggetto del verbale*>. Seduta □ pubblica □ riservata

L'anno < > il giorno < > del mese di < >, alle ore < >, in seduta □ pubblica □ riservata, si è riunito/a <*indicare seggio di gara collegiale o commissione giudicatrice*> incaricato/nominato/a con < > n. < > del < > per procedere alle seguenti operazioni < *indicare le attività previste per la seduta* >.

Sono presenti i signori:
<*indicare nominativi e ruolo di ciascun componente l'organo*>
[eventuale] Intervengo in qualità di testimoni, < > e < >
Le funzioni di segretario verbalizzante della seduta sono svolte da < >.
Dato atto che questo Organo:
– è riunito con modalità telematiche, che salvaguardano la riservatezza delle comunicazioni, in particolare, a mezzo di < *indicare la piattaforma* >
– opera attraverso la piattaforma di approvvigionamento digitale < *indicare la piattaforma* > per le operazioni di competenza attinenti la procedura in oggetto.

Preso atto che sono collegati da remoto i seguenti concorrenti, preventivamente identificati: < > per il concorrente < >; < > per il concorrente < >, ecc.

[solo per la prima seduta]. Dichiarata aperta la seduta, si dà atto che sono state acquisi-

te, agli atti della procedura, le auto-dichiarazioni dei componenti di questo Organo, da cui non risultano cause ostative alla partecipazione.

Richiamati:
– [eventuale] *programma,*
– [*se è il primo verbale* le seguenti informazioni < >
– Tipo di appalto: < >; CPV: < >
– Tipo di procedura: <negoziata senza bando, aperta, ristretta, ecc. >;
– CPV: < >
– Codice CIG: < >;
– *[Eventuale]* Codice CUP: < >;
– Validazione progetto RUP < > in data < >
– Importo complessivo a base di gara, inclusi oneri della sicurezza < > euro (IVA esclusa)
– Decisione a contrarre n. < > del < >
[Eventuale]
a) Lotto 1: < > euro
b) Lotto 2: < > euro
c) …
– disciplinare di gara, capitolato speciale e schema di contratto:
– criterio di aggiudicazione: < >;
– Modalità di pubblicazione del bando-avviso di gara
[*oppure* numero/i e data del/i precedente/i verbale/i]
< >

Dato atto e fatto constatare che:
[*indicare: le operazioni/attività svolte durante la seduta, in modo sintetico ma allo stesso tempo completo; nonché, le eventuali dichiarazioni o osservazioni, di cui è stato richiesto l'inserimento a verbale*];
Considerato quanto segue:
< >
Conclusi i lavori, si dà atto che la prossima seduta pubblica/riservata avrà luogo il < >, con modalità telematiche presso < > [*oppure, se pubblica* in data che sarà comunicare almeno < > giorni prima ai concorrenti.
La seduta ha termine alle ore < >.
Seguono firme digitali

3. Schema di «provvedimento generale» su criteri di riparto degli incentivi alle funzioni tecniche

"CAPO I – Disposizioni generali

Art. 1 – Definizioni e oggetto
1. Nel presente Atto generale si intende per:

a) "Ente", la stazione appaltante/ente concedente (<Comune/Provincia, Città metropolitana, Regione, IPAB, o Camera di commercio, ecc. di < >);
b) "Codice", il d.lgs. 31 marzo 2016, n. 36 e successive modificazioni;

c) "incentivo", l'incentivo alle funzioni tecniche di cui all'art. 45 del Codice;

d) "RUP", il responsabile unico di progetto, ai sensi dell'art. 15 del Codice;

e) "funzioni tecniche", le attività previste per le singole procedure elencate dall'Allegato I.10 al Codice.

2. Il presente atto generale prevede le modalità organizzative di individuazione del RUP e della struttura organizzativa di supporto e i criteri di riparto degli incentivi alle funzioni tecniche e gli altri aspetti rimessi dall'art. 45, comma 3, del Codice alla competenza delle stazioni appaltante e enti concedenti.

Art. 2 – Responsabile unico del progetto (RUP) e responsabili di fase

1. Il RUP è indicato nel primo atto dell'intervento pubblico da realizzare, come previsto dall'art. 15, comma 2, del Codice dei contratti pubblici, fra i dipendenti, a tempo indeterminato o determinato, anche sprovvisti di qualifica dirigenziale, in possesso dei requisiti di professionalità e di competenze adeguate. I requisiti richiesti per lo svolgimento della funzione sono indicati agli articoli 4 e 5 dell'Allegato I.2 dello stesso Codice.

2. In mancanza di soggetti in possesso delle competenze e dei i requisiti di cui al comma 1, l'incarico di RUP è svolto del responsabile della unità organizzativa competente per l'intervento.

3. Il RUP svolge i compiti e le funzioni di cui all'art. 15 e all'Allegato I.2. del Codice dei contratti pubblici per le fasi di programmazione, progettazione, affidamento ed esecuzione di ogni procedura o di concessione.

4. Il nominativo del RUP deve essere indicato nel bando o nell'avviso di indizione della gara, o, in mancanza, nell'invito a presentare l'offerta o nel provvedimento di affidamento diretto.

5. La decisione di utilizzare il modello organizzativo di cui all'art. 15, comma 4, del Codice, della nomina del RUP e dei responsabili di fase, è assunta con l'atto organizzativo di cui all'art. 3.

Art. 3 – Atto organizzativo

1. Il responsabile della unità organizzativa competente per l'intervento, con atto organizzativo, assume le decisioni per la pianificazione di ogni intervento pubblico di lavori, servizi e forniture da acquisire, con l'obiettivo di assicurarne la realizzazione corretta, tempestiva e di qualità, nel rispetto dei principi e della disciplina del Codice.

2. Con l'atto organizzativo di cui al comma 1, il responsabile della unità organizzativa competente per ogni intervento pubblico di cui al comma 1:

– nomina il RUP dell'intervento, ai sensi dell'art. 2, comma 1, se non ritiene di dovere assumere l'incarico nei casi di cui all'art. 2, comma 2;

– nomina il dipendente chiamato a sostituire il RUP in caso di impedimento temporaneo;

– nomina, ove opportuno, tenuto conto della complessità della procedura da svolgere e della complessità dell'appalto o della concessione, i responsabili di fase di cui all'art. 15, comma 4, del Codice;

– individua i dipendenti chiamati a far parte della "struttura di supporto" alle attività del RUP e definisce le funzioni tecniche affidate a ciascuno e la relativa tempistica in apposito cronoprogramma;

– decide, nel rispetto della disciplina del Codice, l'eventuale ricorso ad incarichi ad altri dipendenti in possesso di adeguata professionalità, o, in mancanza ad esterni delle attività di supporto al RUP, nei casi ed entro i limiti fissati dal Codice all'art. 15, comma 6, e all'art. dell'Allegato I.2. del Codice;

– assume le altre decisioni organizzative necessarie per la tempestiva realizzazione dell'intervento pubblico.

3. Il RUP e gli altri dipendenti inclusi nell'atto organizzativo di cui al comma 1 attestano, con dichiarazione sostitutiva di atto di notorietà, l'assenza di cause ostative all'assunzione degli incarichi ricevuti, per mancanza di condanne anche non definitive per i reati previsti nel capo I del titolo II del libro secondo del Codice penale, ai sensi dell'art. 35 bis del D.Lgs. 30 marzo 2001, n. 165, nonché l'insussistenza di cause di conflitto di interesse relative allo specifico intervento ai sensi dell'art. 16 del Codice. Le dichiarazioni sostitutive costituiscono parte integrante dell'atto organizzativo anche se non materialmente allegati.

4. Il responsabile della unità organizzativa competente può modificare l'atto organizzativo di cui al comma 1, al fine di trasferire ad altri componenti del gruppo alcune attività o attribuirne nuove, individuare altri dipendenti da inserire nel gruppo di lavoro, o definire termini diversi per lo svolgimento di alcune funzioni tecniche. E precisa lo stato di avanzamento delle attività al momento della sua adozione e quelle da svolgere, procedendo all'eventuale aggiornamento del cronoprogramma dell'intervento.

5. I dipendenti indicati nell'atto organizzativo, diversi dal RUP, assumono la responsabilità diretta e personale limitatamente alle attività loro assegnate e con decorrenza dalla data della loro attribuzione.

6. Gli incarichi di RUP e di sostituto temporaneo del RUP non possono essere rifiutati, salvo il diritto rimostranza nei confronti della nomina ai sensi e con le modalità del TU sul pubblico impiego 10.1.1957, n. 3, se l'incarico non rispetta del tutto l'inquadramento contrattuale e le relative mansioni del designato, o per altri motivi sorretti da elementi oggettivi e verificabili. Se la nomina è confermata, il nominando non può rifiutare l'incarico

Art. 4 – Risorse per le funzioni tecniche

1. L'Ente destina risorse finanziarie per l'incentivo delle attività tecniche svolte dai dipendenti per le finalità indicate all'art. 45, comma 5, del Codice in misura complessiva non superiore a due (2) per cento dell'importo, al netto dell'IVA, posto a base di ciascuna procedura di affidamento di lavori, servizi e forniture.

2. Ai fini del presente articolo, il quadro economico dell'intervento comprende anche gli oneri per l'incentivo, cui l'Ente fa fronte con le risorse destinate a finanziare il singolo intervento.

3. Una percentuale non superiore al 25 per cento delle risorse di cui al comma 1 è destinata, al lordo della quota del 20% >, ai sensi dell'art. 45, comma 8, del Codice, alla Stazione appaltante qualificata o Centrale di committenza qualificata, ai sensi dell'art. 63 del medesimo Codice, cui eventualmente l'Ente deve fare ricorso per lo svolgimento delle procedure di cui al comma 1, alle condizioni, patti e modalità indicati nel relativo accordo (*ndr. solo se l'Ente è tenuto ai sensi degli artt. 62 e 63 del codice a servirsi di una stazione appaltante qualificata).*

4. Le risorse di cui al comma 1, decurtata l'eventuale percentuale di cui al comma 3, sono destinate:

a) nella misura dell'80 per cento, al lordo delle ritenute previdenziali e assistenziali di legge, ai dipendenti che svolgono le funzioni tecniche e ai loro collaboratori, come previsto dall'art. 5;

b) per una quota del 20 per cento alle finalità di cui al successivo art. 8.

5. In caso di interventi finanziati, anche parzialmente, con fondi europei o altri finanziamenti a destinazione vincolata, l'Ente può finanziare con risorse proprie la quota del 20 per cento dell'incentivo.

Art. 5 – Destinatari degli incentivi

1. Sono destinatari della quota dell'80 per cento dell'incentivo di cui all'art. 4, comma 4, lett. a), i dipendenti che svolgono le seguenti attività, indipendentemente dal profilo tecnico o amministrativo rivestito:

a) responsabile unico del progetto (RUP);
b) soggetti incaricati della programmazione della spesa per investimenti;
c) collaboratori all'attività del RUP, quali responsabili addetti alla gestione tecnico-amministrativa dell'intervento;
d) redazione del documento di fattibilità delle alternative progettuali;
e) redazione del progetto di fattibilità tecnica ed economica;
f) redazione del progetto esecutivo;
g) coordinamento per la sicurezza in fase di progettazione;
h) verifica del progetto ai fini della sua validazione;
i) predisposizione dei documenti di gara;
j) direzione dei lavori;
k) ufficio di direzione dei lavori (direttore/i operativo/i, ispettore/i di cantiere);
l) coordinamento per la sicurezza in fase di esecuzione;
m) direzione dell'esecuzione;
n) collaboratori del direttore dell'esecuzione;
o) coordinamento della sicurezza in fase di esecuzione;
p) collaudo tecnico-amministrativo;
q) regolare esecuzione;
r) verifica di conformità;
s) collaudo statico;
t) collaboratori dei suddetti soggetti.
v) coordinamento dei flussi informativi

Art. 6 – Limite soggettivo dell'incentivo

1. L'incentivo complessivamente maturato da ciascuna unità di personale nel corso dell'anno di competenza, a prescindere dalla data di pagamento, anche per attività svolte per conto di altre Società e/o Amministrazioni pubbliche o altri committenti, non può superare il trattamento economico complessivo annuo lordo percepito dallo stesso dipendente. Se la l'Ente adotta i metodi e gli strumenti digitali, diversi dalle piattaforme digitali certificate obbligatorie per la gestione del ciclo di vita del contratto, per la gestione informativa dell'appalto previsti dal Codice, detto limite è aumentato del 15 per cento.

2. L'incentivo eccedente il limite di cui al comma 1 incrementa le risorse della quota del 20 per cento dell'incentivo, di cui all'art. 4, comma 4, lett. b).

Art. 7 – Esclusione dalla disciplina dell'incentivo
1. Sono esclusi dall'incentivo:

a) i contratti esclusi dall'applicazione del Codice, ai sensi dell'art. 13 e dell'art. 56 dello stesso Codice;
b) i lavori in amministrazione diretta;
c) gli affidamenti e le concessioni alle società in house;

Art. 8 – Quota del 20 per cento
1. La quota del 20 per cento di cui all'art. 4, comma 4, lett. b), è incrementata con la quota parte dell'incentivo:

a) eccedente il limite soggettivo del dipendente di cui all'art. 6, comma 1;
b) corrispondente ad attività non svolte in quanto affidate a soggetti esterni alla Società;
c) relative ad attività prive dell'attestazione del RUP di cui all'art. 17, comma 2.

2. Le risorse di cui al comma 1 sono destinate all'acquisto di beni e tecnologie funzionali a progetti di innovazione. Rientrano in questo ambito:

a) la modellazione elettronica informativa per l'edilizia e le infrastrutture;
b) l'implementazione delle banche dati per il controllo e il miglioramento della capacità di spesa;
c) l'efficientamento informatico, con particolare riferimento alle metodologie e strumentazioni elettroniche per i controlli.

3. Le risorse di cui al comma 1, in ogni caso, devono essere utilizzate per:

a) attività di formazione per l'incremento delle competenze digitali dei dipendenti nella realizzazione degli interventi;
b) specializzazione del personale che svolge funzioni tecniche;
c) copertura degli oneri di assicurazione obbligatoria del personale.

4. Nel caso di risorse derivanti da finanziamenti europei o da altri finanziamenti a destinazione vincolata, la quota del 20% è finanziata ai sensi dell'art. 4, comma 6.

CAPO II – Criteri di ripartizione dell'incentivo per lavori

Art. 9 – Coefficienti di ripartizione dell'incentivo all'interno del gruppo di lavoro
1. I coefficienti di ripartizione dell'incentivo per attività tecniche svolte dai dipendenti relative a lavori, sono attribuiti fra i diversi componenti del gruppo di lavoro individuati nell'atto organizzativo di cui all'art. 3, nelle percentuali indicate nella seguente Tabella A, definite in relazione alle specifiche attività da svolgere.

Tabella A

Attività tecnica	Percentuale (%)
Responsabile unico del progetto (RUP)	< >
Programmazione della spesa per investimenti	< >

Collaborazione all'attività del RUP, quali responsabili e addetti alla gestione tecnico-amministrativa dell'intervento	< >
Redazione del progetto di fattibilità tecnica ed economica	< >
Redazione del progetto esecutivo	< >
Coordinamento per la sicurezza in fase di progettazione	< >
Verifica del progetto	< >
Predisposizione dei documenti di gara	< >
Direzione dei lavori	< >
Coordinamento per la sicurezza in fase di esecuzione	< >
Collaudo tecnico-amministrativo o regolare esecuzione	< >
Collaudo statico	< >
Totale	100%

CAPO III – Incentivo per servizi e forniture

Art. 10 – Condizioni per il riconoscimento degli incentivi

1. Gli incentivi per gli appalti di forniture e servizi sono attribuiti a condizione che sia nominato il Direttore dell'esecuzione del contratto nella persona di un soggetto diverso dal RUP, come previsto dall'art. 45, comma 2, secondo periodo.

Art. 11 – Coefficienti di ripartizione dell'incentivo all'interno del gruppo di lavoro

1. I coefficienti di ripartizione dell'incentivo per attività tecniche svolte dai dipendenti dell'Ente relative a servizi e forniture sono attribuiti fra i diversi componenti del gruppo di lavoro individuati nell'atto organizzativo di cui all'art. 3, nelle percentuali indicate nella seguente Tabella B, definite in relazione alle specifiche attività da svolgere.

Tabella B

Attività tecnica	Percentuale (%)
Responsabile unico del progetto (RUP)	< >
Programmazione della spesa per investimenti	< >
Collaborazione all'attività del RUP, quali responsabili e addetti alla gestione tecnico-amministrativa dell'intervento	< >
Redazione del progetto (livello unico)	< >
Coordinamento per la sicurezza in fase di progettazione	< >
Predisposizione dei documenti di gara	< >

Direzione esecuzione (DEC)	< >
Coordinamento per la sicurezza in fase di esecuzione	< >
Regolare esecuzione o verifica di conformità	< >
Totale	100

CAPO IV – Norme comuni a lavori, servizi e forniture

Art. 12 – Incentivo in caso di modifiche dei contratti in corso di esecuzione.

1. Le modifiche dei contratti in corso di esecuzione, autorizzate dal RUP e approvate dall'Ente ai sensi all'art. 120 del Codice, contribuiscono a determinare l'incentivo secondo la percentuale stabilita per il corrispondente intervento, sempre che comportino, oltre a prestazioni aggiuntive, anche uno stanziamento di maggiori risorse rispetto all'importo a base della procedura.

2. L'incentivo è calcolato sull'importo delle maggiori somme stanziate rispetto a quelle originarie. Il relativo importo è quantificato nel provvedimento di approvazione della variante ai sensi dell'art. 120, comma 13, del Codice.

Art. 13 – Principi in materia di valutazione

1. L'incentivo è attribuito ad ogni soggetto destinatario secondo le quote indicate agli articoli 9 e 10. Ai fini dell'attribuzione, il soggetto di cui all'art. 15, comma 1, tiene conto dei parametri indicati nella seguente Tabella C:

Tabella C

Parametro	Peso
a) completezza e conformità dell'attività svolta	< >
b) competenza e professionalità dimostrate	< >
c) propensione alla risoluzione dei problemi al fine di assicurare la celerità (tempi) e l'economicità (costi) delle varie fasi del processo, rispetto a quanto preventivato.	< >
Totale	100

2. L'incentivo è corrisposto per le attività effettivamente svolte, anche in caso di mancata realizzazione dell'opera o di mancata acquisizione del servizio o della fornitura.

3. I dipendenti responsabili delle attività incentivate che violino obblighi posti a loro carico dalla legge e dai relativi provvedimenti attuativi o che non svolgano quanto assegnato con la dovuta diligenza, sono esclusi, in ogni caso, dall'incentivazione.

Art. 14 – Ipotesi di cumulo di attività

1. Se un'attività è svolta da più destinatari dell'incentivo, compete alla figura principale attestare il ruolo ed il livello di partecipazione svolto dagli altri soggetti assegnati alla medesima attività ed indicare, all'interno della percentuale assegnata, le quote da attribuire a ciascuno.

2. In assenza di collaboratori, l'intera quota dell'incentivo è corrisposta, ricorrendone i presupposti, al responsabile dell'attività specifica.

3. Se allo stesso soggetto sono assegnate attività separatamente considerate dall'Allegato I.10 ai fini dell'incentivo, si sommano le relative percentuali.

Art. 15 – Riduzione dell'incentivo in caso ritardi e aumento dei costi

1. Se nello svolgimento delle procedure per l'affidamento di lavori, servizi e forniture si verificano ritardi o aumenti di costo dovuti alla fase di predisposizione e controllo degli atti di gara, rispetto a quelli fissati dall'Allegato I.3 al RUP e al restante personale incaricato di tale attività non è corrisposto alcun incentivo. Come previsto dall'art. 17, comma 3, del Codice, il termine inizia a decorrere dalla data di pubblicazione del bando o dall'invio degli inviti a offrire e va calcolato fino all'assunzione del provvedimento di aggiudicazione. I termini sono prorogati fino al massimo un mese, se deve essere svolta la procedura di verifica dell'anomalia. Il RUP, con atto motivato, può prorogare i termini nei limiti fissati dall'Allegato I.3.

2 Per gli appalti di lavori, il comma 1 si applica anche nel caso in cui è superato il termine di tre mesi fra l'approvazione del progetto e la pubblicazione degli atti di gara, come previsto dall'art. 17, comma 3-bis, con rinvio all'allegato I.3 (art. 5, lett. b) e art. 76, lett. b del d.lgs. 209/2024).

3. Se si verificano dei ritardi in sede di esecuzione, con esclusione di quelli motivati dall'approvazione di varianti approvate ai sensi dell'art. 120 del Codice, da sospensioni legittime disposte dal direttore dei lavori o dell'esecuzione, e da altre cause imputabili ad altre Autorità, l'incentivo liquidabile è ridotto di una quota percentuale indicata nella seguente Tabella D:

Tabella D

Tipologia di incremento	Ritardo rispetto ai tempi previsti nel cronoprogramma	Riduzione incentivo %
Tempi di esecuzione	– entro il 20%	< >
	– dal 21% al 40 %	< >
	– dal 41% al 70%	< >
	– dal 71% al 100%	< >
	– oltre il 100%	< >

4. L'incentivo è ridotto se si verifichino aumenti dei costi dell'intervento in fase di esecuzione, non dovuti a modifiche debitamente autorizzate o a revisione dei prezzi, come indicato nella seguente Tabella E.

Tabella E

Tipologia di incremento	Misura dell'incremento rispetto all'importo contrattuale	Riduzione incentivo %
Costi di realizzazione	– entro il 20%	< >
	– dal 21% al 40 %	< >
	– dal 41% al 50%	< >
	– oltre il 50%	< >

Art. 16 – Liquidazione dell'incentivo

1. Il provvedimento di liquidazione dell'incentivo è adottato dal responsabile della unità organizzativa competente, se non interessato al provvedimento. Se interessato deve essere sostituito dal responsabile di altra struttura, o, in mancanza, da < >.

2. La decisione di cui al comma 1 è assunta su proposta del RUP, il quale attesta l'effettività delle specifiche attività svolte da ciascun dipendente e i tempi impiegati, evidenziando gli eventuali ritardi e l'incremento dei costi, di cui, rispettivamente, ai commi 2 e 3, dell'art. 15. La decisione è adottata sulla base degli elementi valutativi di cui all'art. 13, comma 1.

3. Ai fini della liquidazione il soggetto di cui al comma 1, in collaborazione con il RUP e la struttura per gli affari del personale, predispone una scheda per ciascun dipendente assegnatario delle singole attività, con i seguenti elementi:

a. tipo di attività assegnata e quella svolta;

b. per l'incentivo collegate alle attività antecedenti al contratto, percentuale realizzata nell'anno di competenza, se l'attività è stata conclusa, nel rispetto dei costi e dei tempi prestabiliti, oppure con e le decurtazioni di cui all'art. 15;

c. per l'incentivo collegato alla fase esecutiva dell'intervento, l'avvenuto completamento dell'opera o l'esecuzione della fornitura o del servizio oggetto dell'appalto, nel rispetto dei costi e dei tempi prestabiliti, oppure con evidenziate le decurtazioni di cui all'art. 15.

d. l'indicazione dell'importo dell'incentivo lordo da liquidare, di cui in evidenza gli oneri (previdenziali e assistenziali) a carico dell'Ente, già ricompresi nel calcolo dell'80 per cento del 2 per cento e l'IRAP che resta a carico dell'Ente.

4. La scheda di cui al comma 3 è controfirmata dal dipendente interessato, anche ai fini della dichiarazione di compensi percepiti allo stesso titolo per conto di altre amministrazioni e il conseguente rispetto del limite del trattamento economico complessivo lordo annuo dallo stesso percepito".

Conclusioni

Il Codice del 2023pone il RUP al centro del sistema di governance degli appalti e delle concessioni: rafforza le sue competenze e le responsabilità per garantire la conformità normativa e il conseguimento di risultati concreti che rispondano ai bisogni della collettività; lo chiama a svolgere una funzione di raccordo tra gli aspetti giuridici, amministrativi, tecnici ed economici del progetto, a garanzia della corretta e tempestiva esecuzione di tutte le fasi del ciclo di vita dei contratti (programmazione, progettazione, affidamento, esecuzione e collaudo), richiedendo un approccio orientato al "miglior risultato possibile, nel rispetto della legalità, trasparenza e concorrenza, principi che completano il paradigma normativo di riferimento, e dei principi e nuove regole di digitalizzazione.

La normativa assegna alla stazione appaltante o all'ente concedente scelte importanti sullo schema di organizzazione dell'Ufficio del RUP cui aderire fra i due previsti dalla norma; sul modello di supporto da garantire; sul piano di formazione da progettare ed attuare per la sua crescita professionale e sui criteri di riparto del bonus retributivo previsto per incentivare le funzioni dello stesso RUP e degli altri dipendenti che svolgono le attività tecniche e amministrative, individuate da uno specifico allegato al Codice.

In breve, il Codice del 2023 rafforza il ruolo strategico del RUP, che, in possesso di determinati requisiti e, ove occorra, adeguatamente supportato, assume un'obbligazione di risultato, essendo chiamato a garantire che l'e-procurement sia indirizzato alla sostenibilità ambientale, economica e sociale, con soluzioni innovative che abbiano un impatto positivo e duraturo sul territorio, nei tempi previsti dallo stesso Codice e programmati dalla stazione appaltante.

La domanda da porsi, a seguito del restyling di questa figura e della sua responsabilizzazione al raggiungimento di un "risultato virtuoso", è se la previsione normativa è destinata a garantire un reale miglioramento dell'efficienza e efficacia dell'azione amministrativa nel settore dei contratti pubblici.

Tutto dipende dall'effettivo ruolo che il RUP saprà svolgere nella direzione operativa (o supervisione), coordinamento e controllo delle complesse fasi del contratto, e dalla sua capacità, anche attraverso corretti e sistematici percorsi formativi, di abbandonare la cultura dell'adempimento a favore di una cultura del risultato, cogliendo gli stimoli introdotti in tale direzione dal Codice, oltre che dalla traboccante normativa sulla performance nelle pubbliche amministrazioni.

L'esperienza ci racconta finora una storia diversa. In generale, le riforme organizzative non sono decollate, salvo in alcune (invero, non isolate) organizzazioni più evolute, anche di non grande dimensione. E questo nonostante le riforme sulla riorganizzazione e razionalizzazione della pubblica amministrazione, messe in campo dal legislatore specie alla fine degli anni Novanta siano proseguite, seppure in modo disorganico, fino ai nostri giorni, e siano state tutte finalizzate a facilitare l'ingresso delle logiche aziendalistiche nelle organizzazioni pubbliche, per favorire il recupero di efficienza ed efficacia dell'*agere* pubblico e migliorare la capacità di soddisfare le esigenze dei "cittadini" e degli "utenti finali dei servizi pubblici".

Hanno contribuito all'insuccesso le forti resistenze culturali al cambiamento, l'indifferenza o esclusione degli stakeholder, portatori, di volta in volta, di interessi forti, diffusi o deboli; e l'allungamento dei tempi dei processi decisionali, anche a causa di una legislazione complessa, disorganica e mutevole, che resta una delle principali cause che hanno concorso ad ostacolare la riforma organizzativa della pubblica amministrazione in tutti gli ambiti.

Capitolo III

Programmazione e progettazione di lavori, beni e servizi e competenze del RUP

Giorgio Lezzi

Premessa

Il Codice introduce significative novità in materia di programmazione, con l'obiettivo di rendere più efficace e razionale la gestione degli appalti pubblici e dei partenariati pubblico-privati, considerandola una fase strategica cruciale, che non solo orienta le modalità di affidamento dei contratti pubblici, ma rappresenta anche lo strumento attraverso cui le stazioni appaltanti definiscono e gli enti concedenti e strutturano i propri fabbisogni in termini di lavori, servizi e forniture.

Il Codice equipara per la prima volta la programmazione dei lavori pubblici a quella degli acquisti di beni e servizi, introducendo l'obbligo per le stazioni appaltanti di predisporre un programma triennale per entrambe le categorie, con aggiornamenti annuali.

1. La programmazione dei lavori e degli acquisiti di beni e servizi

Una delle tematiche più importanti relative al Codice riguarda la fase di programmazione, in particolar modo la differenza tra programmazione obbligatoria e la programmazione non obbligatoria del fabbisogno delle diverse stazioni appaltanti. La programmazione è rilevante, in quanto va considerata strettamente collegata con la modalità di affidamento di un contratto pubblico, poiché attiene all'individuazione del fabbisogno di una stazione appaltante, tema, questo, fondamentale per comprendere poi quale può essere lo strumento giuridico da utilizzare ai fini dell'affidamento di un contratto pubblico.

E questo concerne – prima ancora di individuare la modalità tecnica di affidamento, vale a dire appalto, PPP, o differenti tipologie di appalto – proprio la consistenza delle necessità e dei fabbisogni dell'amministrazione. In particolare, l'individuazione della consistenza del fabbisogno è importante per comprendere prima di tutto se stiamo parlando di un appalto sopra soglia o sottosoglia.

La programmazione di lavori e degli acquisti di beni e servizi è l'elemento fondamentale per comprendere se un appalto potrà essere affidato con le regole del sopra soglia o con quelle del sottosoglia che, come noto, nel Codice hanno una loro caratteristica semplificata.

Per far questo, l'art. 37 ha stabilito che le stazioni appaltanti e gli enti concedenti adottano il programma triennale dei lavori pubblici e il programma triennale degli acquisti di beni e servizi. Quindi, per la prima volta, nel Codice, viene equiparata la programmazione dei lavori alla programmazione degli acquisti di beni e servizi, perché – come noto – fino all'entrata in vigore del Codice la programmazione triennale esisteva solo per i lavori pubblici, mentre non era prevista un'obbligatoria programmazione triennale per gli acquisti di beni e servizi che normalmente venivano inseriti nel DUP, il documento unico di programmazione, spesse volte con cadenza annuale.

La programmazione triennale degli acquisti di beni e servizi è importante soprattutto negli enti dotati di diverse articolazioni; pensiamo ad un ente locale, composto da diversi settori, quindi articolato in diverse strutture operative. È chiaro che i lavori normalmente interessano, in maniera trasversale, le diverse strutture. Pensiamo ad un appalto per realizzazione di una nuova sede del comune, per esempio; tale intervento, fisiologicamente, riguarda tutte le articolazioni della stessa stazione appaltante. Nella stessa ottica, dovrebbero agire i dirigenti responsabili dei diversi settori di ente locale quando si tratta di acquisti di beni e servizi.

Se all'interno di un settore, per esempio, c'è la necessità di approvvigionarsi di materiale per stampante, quindi carta per la stampante, è chiaro che quel settore avrà una visione ridotta, cioè si occuperà dell'approvvigionamento di beni che riguarda solo la sua struttura.

Ma se noi cominciamo a mettere insieme, a sommare, le necessità di tutti i settori dell'articolazione comunale, compreso il consiglio comunale, la giunta comunale o il settore segreteria, sullo stesso tipo di beni, sommando le diverse necessità, il valore dell'approvvigionamento si innalza e quindi potremmo ipotizzare che da un appalto sotto soglia o addirittura al di sotto delle soglie per l'affidamento diretto si possa arrivare ad un appalto quantomeno da affidare attraverso una procedura negoziata, se non addirittura, in certi casi, attraverso una procedura aperta.

La programmazione a livello triennale ha quindi chiaramente la finalità di ottenere un quadro più chiaro delle necessità ed anche delle economie di scala.

I programmi di acquisto sono approvati nel rispetto dei documenti programmatori e in coerenza con il bilancio e, per gli enti locali, secondo le norme della programmazione economico-finanziaria e dei principi contabili. Il riferimento ai principi contabili, che sono dettati dal d.lgs. n. 118/2011, è stato inserito per via dello stretto collegamento tra la programmazione gestionale, acquisti e lavori, e quella finanziaria, alla luce della necessità di stanziamento delle risorse a bilancio che ha natura autorizzatoria della spesa.

Le stazioni appaltanti approvano poi l'elenco annuale che indica i lavori da avviare nella prima annualità e specifica per ogni opera la fonte di finanziamento stanziata nello stato di previsione o nel bilancio comunque disponibile.

Il programma triennale dei lavori pubblici e i relativi aggiornamenti annuali contengono tutti i lavori da realizzare, compresi quelli complessi e da eseguire tramite concessione o partenariato pubblico privato. Qui sta un'ulteriore novità del Codice, cioè quella che prevede che il programma triennale e gli aggiornamenti annuali includono anche gli interventi da realizzare tramite concessione o partenariato pubblico privato, il cui importo si stima pari o superiore alla soglia di cui l'art. 50 del Codice, quindi di importo pari o superiore a 150.000 euro.

La ragione di tale previsione sta nel fatto che sotto la citata soglia si può ricorrere all'affidamento diretto, mentre sopra questa soglia è previsto l'affidamento quantomeno attraverso una procedura negoziata.

I lavori di importo pari o superiore alla soglia di rilevanza europea, di cui all'art. 14, sono, come noto, quelli pari, attualmente, a 5.538.000 euro – e ciò a far data dal 1° gennaio 2024, data in cui è entrato in vigore il nuovo regolamento che ha modificato le soglie di rilevanza comunitaria.

Difatti, ogni due anni la Commissione europea emana un regolamento con cui vengono aggiornate le soglie di rilevanza comunitaria e normalmente le stesse vengono innalzate.

Tali lavori, quindi quelli sopra soglia, sono inseriti nell'elenco triennale dopo l'approvazione del documento di fattibilità delle alternative progettuali e nell'elenco annuale dopo l'approvazione del documento di indirizzo della progettazione. Questa norma ci ricorda che quando un ente locale, una stazione appaltante in particolare, intende inserire un intervento all'interno dell'elenco triennale, deve in qualche modo aver prima stabilito quale sarà la modalità attraverso la quale intende eseguire quell'intervento, come a seguito dell'approvazione del documento di fattibilità delle alternative progettuali, cioè stabilendo, a seconda delle diverse modalità progettuali che possono essere attuate, quali siano da ritenere preferibili per l'amministrazione. E le stesse opere vengono inserite nell'elenco triennale, oltre che nell'elenco annuale, dopo l'approvazione del documento di indirizzo della progettazione, quindi con una indicazione puntuale rispetto alla modalità progettuale che si intende attuare.

I lavori di manutenzione ordinaria superiore alla soglia indicata nel secondo periodo, quindi superiore ai 5.538.000 euro, sono inseriti nell'elenco triennale anche in assenza del documento di fattibilità delle alternative progettuali.

La ragione sta nel fatto che la manutenzione ordinaria si immagina non abbia bisogno di una scelta a monte, di una programmazione puntuale sulle modalità di esecuzione, perché si presume che sia un'attività quasi standardizzata o quantomeno rituale. I lavori, i servizi e le forniture da realizzare in amministrazione diretta non sono invece inseriti nella programmazione perché vengono considerati come interventi eseguiti internamente dall'amministrazione senza una esternalizzazione delle prestazioni strumentali all'intervento stesso.

Per quanto riguarda invece i beni e i servizi, l'art. 37 del Codice prevede che il programma triennale e i relativi aggiornamenti annuali indicano gli acquisti di importo stimato pari o superiore alla soglia di cui è l'art. 50, comma 1, lett. b), e cioè quelli di importo inferiore a 140.000 euro, che rappresenta la soglia entro cui è ammesso l'affidamento diretto per servizi e forniture.

Questi programmi e i relativi aggiornamenti annuali sono pubblicati sul sito istituzionale nella Banca Dati Nazionali dei Contratti Pubblici e l'art. 37 del Codice prevede che le regole in questione non si applicano alla pianificazione delle attività dei soggetti aggregatori e delle centrali di committenza perché è chiaro, anche alla luce del nuovo sistema di qualificazione, che questi soggetti potrebbero ricevere richieste di svolgimento delle procedure di gara per conto di altre amministrazioni non qualificate, anche con tempistiche che non sono compatibili con la stesura e con l'approvazione del programma triennale di lavori pubblici o di beni e servizi.

L'art. 37 del Codice va letto necessariamente in combinato disposto con l'all. I.5, in cui sono definiti gli schemi tipo (o meglio le schede tipo) da utilizzare per l'attuazione della programmazione, con l'indicazione degli ordini di priorità degli interventi comprensivi del completamento delle opere incompiute e dell'effettuazione dei lavori programmati non avviati e la specificazione delle fonti di finanziamento, perché la programmazione deve in qualche modo dare atto anche di quelle che sono le fonti del finanziamento, quindi quali sono le risorse che verranno utilizzate per attuare gli interventi inseriti nella programmazione. L'all. 1.5 definisce anche le condizioni che consentono di modificare la programmazione e di realizzare un intervento o procedere ad un acquisto non previsto nell'elenco annuale perché – non va dimenticato – che aver inserito un intervento nella programmazione non vuol dire che poi quell'intervento sia immodificabile: un caso tipico è il ricorso a partenariato pubblico privato in particolar modo al *project finance* per interventi già inseriti nella programmazione.

Come noto, attualmente è ammessa la possibilità solo per i privati di presentare proposte di *project finance* ai sensi dell'art. 193 del Codice, quindi oggi il *project finance* è necessariamente a iniziativa privata, e ciò anche su interventi che siano stati già inseriti nella programmazione.

Ciò avviene, ad esempio, quando l'amministrazione ha ipotizzato che un intervento venga realizzato attraverso un appalto tradizionale, ma la cui realizzazione è prevista a distanza di un anno o due anni. Può tuttavia accadere che nelle more arrivi una proposta di *project finance* che prevede la realizzazione di un intervento non più sotto forma di appalto ma attraverso il PPP e magari ne anticipa la realizzazione.

Questo è sicuramente concesso e ammesso.

Con l'all. I.5 sono inoltre definite le modalità di raccordo con la pianificazione dell'attività dei soggetti aggregatori e delle centrali di committenza ai quali le stazioni appaltanti e gli enti concedenti possono delegare le attività relative alla fase procedurale riferita all'indizione e all'espletamento della gara, e non certo la fase di programmazione che è propria delle amministrazioni singole e non degli enti aggregati e qualificati.

L'art. 72, comma 2, lett. c), del decreto correttivo include il su detto all. I.5 fra quelli che possono essere abrogati o sostituiti ai sensi dell'art. 17, comma 3, della legge n. 400/1988, quindi con decreto ministeriale o interministeriale.

Molti allegati del Codice che oggi sono immediatamente efficaci e che hanno valore di legge verranno sostituiti nel corso della vita del Codice da regolamenti di cui è prevista l'emanazione ma che non sono stati ancora adottati. È un Codice quindi che può essere definito "a formazione progressiva", poiché verrà poi modificato nel corso degli anni con le modalità ora previste dall'art. 72 del decreto correttivo.

Riassumendo, si può pertanto rilevare che la programmazione delle opere, compresi gli interventi complessi realizzati attraverso concessioni o mediante altre forme di partenariato pubblico privato, diventa obbligatoria quando l'importo stimato raggiunge o supera i 150.000 euro, mentre nel vecchio Codice il limite era fissato a 100.000 euro. La programmazione degli acquisti di beni e dei servizi diventa obbligatoria quando il valore stimato raggiunge o supera i 140.000 euro. Quella fin qui esaminata è la programmazione obbligatoria. Ad essa si affianca una diversa forma di programmazione, che è quella non obbligatoria del fabbisogno.

Tale istituto riguarda la programmazione del fabbisogno del personale, che è riferita al d.m. 23.7.2023, che ha modificato in più punti l'all. 4.1 del d.lgs. n. 118/2011 sui principi contabili, stabilendo che la programmazione delle risorse finanziarie per tutti gli anni previsti dal DUP – quindi dal documento unico di programmazione da destinare al fabbisogno del personale –, è determinata sulla base della spesa per il personale in servizio e di quella connessa alle facoltà assunzionali previste a legislazione vigente, tenendo conto delle esigenze di funzionalità e di ottimizzazione delle risorse per il miglior funzionamento dei servizi.

La programmazione delle risorse finanziarie costituisce il presupposto necessario per la formulazione della previsione della spesa di personale del bilancio di previsione e per la predisposizione e l'approvazione del piano triennale del fabbisogno di personale nell'ambito della sezione organizzazione e capitale umano del piano integrato di attività e organizzazione, il cosiddetto PIAO.

Pertanto, nel DUP non vi dovrà più essere l'indicazione delle risorse umane destinate alla realizzazione dei programmi nell'ambito delle missioni, ma solo la determinazione delle relative risorse finanziarie. La conseguenza sarebbe che nel DUP si elimina il piano di previsione del personale che quindi troverebbe spazio solo nel PIAO, quindi nel piano integrato di attività e di organizzazione. Il d.m. n. 132/2022, vale a dire il regolamento recante definizione del contenuto del PIAO, è un'ottima condizione per la previsione del piano integrato di attività e di organizzazione. All'art. IV.1, lett. c), stabilisce che il piano triennale del fabbisogno di personale indica la consistenza del personale al 31 dicembre dell'anno precedente a quello di adozione del piano, suddiviso per inquadramento professionale, e deve evidenziare la capacità assunzionale dell'amministrazione, calcolata sulla base dei vigenti vincoli di spesa, la programmazione delle cessazioni del servizio e finanziamento effettuato sulla base delle discipline vigente, e la stima dell'evoluzione di fabbisogno del personale in relazione alle scelte in materia di reclutamento, operate sulla base della digitalizzazione dei processi, dell'esternalizzazione, internalizzazioni o dismissioni di servizi e attività in funzioni, nonché le strategie di copertura del far bisogno o le individuate.

Quindi sono sostanzialmente le stesse operazioni previste per il DUP, solo entro un orizzonte annuale e triennale. È comunque importante questa fase di programmazione, sebbene non obbligatoria, perché di fatto consente alla stazione appaltante di ipotizzare quelle che saranno le necessità di fabbisogno di personale, anche ai fini della strutturazione delle procedure di reclutamento del personale, che sono quelle proprie dell'art. 35 del d.lgs. n. 165/2001, quindi le norme sul rapporto di pubblico impiego. Quindi servono anche per strutturare quelli che sono i bisogni e per organizzare per tempo le modalità di reclutamento del personale. Come sapete, nell'ambito delle pubbliche amministrazioni questo presuppone poi delle forme di concorso pubblico. Mentre il DUP rappresenta il presupposto programmatico del bilancio di previsione, come tale la sua approvazione compete al Consiglio Comunale e deve intervenire a monte del bilancio preventivo, il PIAO rappresenta uno strumento prettamente gestionale che deve essere approvato dal Giunta.

Ma che cos'è esattamente il PIAO, cioè il Piano Integrato di Attività e Organizzazione? È uno strumento previsto per la gestione di attività e organizzazioni, previsto dall'art. 6 del d.l. 9.6.2021, n. 80 e s.m.i., ed è un documento unico di programmazione di governance che dal 30 giugno 2022 assorbe molti dei piani che fino a quel momento le amministrazioni pubbliche erano tenute a predisporre annualmente, come quello di performance, quello di fabbisogno del personale, di parità di genere, di lavoro agile e di anticorruzione.

Quindi, emerge dalla stessa denominazione, è un piano integrato, una sorta di testo unico dell'attività di organizzazione dell'ente locale.

2. La programmazione e il rapporto con la qualificazione delle stazioni appaltanti

Tutta la fase di programmazione va necessariamente coordinata con quelle che sono le nuove discipline, ed in particolare quella sulla qualificazione delle stazioni appaltanti. Perché, sebbene la programmazione sia di competenza delle singole stazioni appaltanti, l'art. 62 del Codice prevede che tutte le stazioni appaltanti – fermi restando gli obblighi di utilizzo degli strumenti di acquisto e di negoziazione previsti dalle vigenti disposizioni in materia di contenimento della spesa – ed il riferimento è chiaramente alle disposizioni che prevedono l'obbligo di riposo al MEPA o alle convenzioni CONSIP quando siano esistenti e funzionanti –, possono procedere direttamente e autonomamente l'acquisizione di forniture e servizi di importo non superiori alle soglie previste per gli affidamenti diretti e all'affidamento di lavori di importo pari o inferiore a 500.000 euro, anche se prive di qualificazione, fermo restando che per i servizi e le forniture, se stiamo parlando di prodotti che sono presenti sul mercato elettronico e pubblico di amministrazione, devono essere acquisiti autonomamente ma attraverso quegli strumenti previsti dalla legislazione.

Per effettuare le procedure di acquisizione di forniture e servizi di servizi di valore superiore alle soglie sopra indicate, quindi per servizi e forniture sopra i 140.000 euro e per i lavori sopra i 500.000 euro, le stazioni appaltanti devono essere qualificate ai sensi dell'art. 63 del Codice e dell'all. II.4 del medesimo Codice.

Solo se sono qualificate, le stazioni appaltanti possono effettuare, in funzione dei livelli di qualificazione posseduti, le relative acquisizioni, con la precisazione che sia per lavori sia per i servizi e le forniture esistono tre distinti livelli.

Ma invece cosa succede se la stazione appaltante non è qualificata? Prima di tutto l'art. 62 stabilisce che queste stazioni appaltanti non qualificate devono procedere alle acquisizioni di forniture, servizi e lavori ricorrendo ad una centrale di committenza qualificata.

La violazione di questa norma porta ad una sanzione grave, che può anche condurre alla nullità dei contratti affidati in carenza della necessaria qualificazione.

Tali stazioni appaltanti devono pertanto ricorrere per attività di committenza ausiliaria a centrali di committenza qualificate e a stazioni appaltanti qualificate.

Due o più stazioni appaltanti possono decidere di svolgere congiuntamente, secondo quanto previsto dall'art. 15 della legge n. 241/1990, in forza di un accordo di collaborazione tra stazioni appaltanti, una o più fasi della procedura di affidamento o di esecuzione dell'appalto o di un accordo quadro di lavori, servizi e forniture, purché almeno una di esse sia qualificata allo svolgimento delle fasi stesse in rapporto al valore del contratto.

Ciò facilita le attività (anche di programmazione degli interventi) da parte di un soggetto non qualificato, che può procedere con l'ausilio di una amministrazione qualificata, in modo tale da affidare a quest'ultima il compito e la responsabilità di svolgere l'attività di affidamento anche per conto dell'amministrazione non qualificata. Esse nominano un unico RUP in comune tra le stesse che fa riferimento alla (ed è dipendente della).

Se la procedura di aggiudicazione effettuata con un RUP è svolta congiuntamente solo in parte, le stazioni appaltanti interessate sono congiuntamente responsabili solo per quella parte effettuata di comune intesa, mentre ciascuna stazione appaltante è responsabile dell'attività e degli obblighi derivanti del Codice unicamente per quanto riguarda le parti da essa svolte a proprio nome e proprio conto. Quindi c'è una separazione di responsabilità netta fissata nell'art. 62 del Codice, ove al comma 13 è previsto che "*Le centrali di committenza e le stazioni appaltanti che svolgono attività di committenza anche ausiliaria sono direttamente responsabili per le attività di centralizzazione della committenza svolte per conto di altre stazioni appaltanti o enti concedenti. Esse nominano un RUP, che cura i necessari raccordi con la stazione appaltante beneficiaria dell'intervento, la quale a sua volta nomina un responsabile del procedimento per le attività di propria pertinenza*".

3. Le attività del RUP

In questa parte la trattazione delle molteplici attività del RUP è limitata alle fasi di programmazione e progettazione, senza dimenticare, però, che l'elencazione dei compiti dettagliati dall'all. I.2 non è tassativa, ma è effettuata con il metodo delle elencazioni esemplificative, essendo assegnati a questo soggetto tutti i compiti relativi all'attuazione di intervento pubblico che non siano specificamente attribuiti ad altri organi.

Si rinvia, invece, per quanto riguarda, in generale, ruolo, nomina, requisiti, organizzazione e supporto, compiti trasversali e specifici, formazione di questa figura e dei suoi collaboratori, alla lettura del capitolo II, e, per ciò che riguarda l'affidamento e l'esecuzione del contratto, rispettivamente, del capitolo IV e del capitolo VII.

3.1. Le attività del RUP in fase di programmazione

Il RUP assume una funzione determinante nella predisposizione del programma triennale dei lavori pubblici e del programma triennale per l'acquisto di beni e servizi, strumenti essenziali per la pianificazione strategica delle attività delle stazioni appaltanti e degli enti concedenti, in quanto soggetto deputato a garantire che siano formulati in conformità agli obiettivi strategici dell'amministrazione e nel rispetto delle normative vigenti.

Gli specifici compiti del RUP in questa fase sono elencati all'all. I.2, ed in particolare all'art. 6, comma 2, lett. a), dove è stabilito che il RUP formula proposte e fornisce dati e informazioni al fine della predisposizione del programma triennale dei lavori pubblici e del programma triennale l'acquisto di beni e servizi da adottare ai sensi dell'art. 37 del Codice.

Mentre la formulazione della proposta e le informazioni occorrenti alla predisposizione del programma degli interventi è un compito del RUP, la competenza all'approvazione spetta agli organi di governo o di amministrazione, e, quindi, nel caso di società pubbliche tenute all'applicazione del Codice, al consiglio di amministrazione, e, nel caso di ente locale, al consiglio.

Sempre in fase di programmazione, l'all. I.2, all'art. 9, con riferimento agli acquisti aggregati, agli acquisti centralizzati e in caso di accordi tra amministrazioni, prevede che il RUP, in coordinamento col direttore dell'esecuzione, ove nominato, assuma i compiti di cura, controllo e vigilanza del processo di acquisizione, con particolare riferimento all'attività di programmazione dei fabbisogni.

Il comma 4 del medesimo art. 9 dell'all. I.2 prevede poi che il RUP del modulo aggregato svolge le attività di programmazione relativamente alla raccolta, all'aggregazione dei fabbisogni e alla calendarizzazione delle gare da svolgere. Quindi c'è un coinvolgimento del RUP dell'amministrazione centralizzata per quanto riguarda la raccolta e la fornitura delle informazioni necessarie all'indizione della gara.

Per coinvolgere il RUP nell'elaborazione della programmazione, è necessario, quindi, che la sua nomina sia effettuata prima dell'inizio delle attività inerenti a questa fase, come confermato dal parere del servizio di supporto legale del MIT n. 2077/2023 (ossia con atto diverso della determinazione a contrarre, che riguarda l'avvio del procedimento di affidamento).

3.2. Le attività del RUP in fase di progettazione

Il RUP assume un ruolo centrale anche con riferimento alla successiva fase di progettazione, che inizia con l'incarico, interno o esterno, ad un soggetto professionalmente idoneo di redigere il progetto, e si conclude con l'approvazione del progetto, che, a sua volta, segna il passaggio alla fase dell'affidamento.

L'art. 6, comma 2, lett. e), dell'all. I.2 affida al RUP l'attività di verifica dei progetti per lavori di importo inferiore a un milione di euro e la garanzia del rispetto del procedimento di verifica della progettazione ai sensi dell'art. 42 del Codice; la validazione del progetto da porre a base di gara unitamente al responsabile della fase della progettazione, ove nominato, facendo riferimento al rapporto conclusivo redatto dal soggetto preposto alla verifica, e alle eventuali controdeduzioni del progettista; in caso di dissenso sugli esiti della verifica, è previsto che il RUP debba fornire adeguata motivazione.

L'art. 8 dell'all. I.2 prevede, poi, che il RUP assume il ruolo di responsabile dei lavori, ai fini del rispetto delle norme sulla sicurezza e salute dei lavoratori sui luoghi di lavoro; il RUP, nello svolgimento dell'incarico di responsabile dei lavori, richiede la nomina del coordinatore per la sicurezza in fase di progettazione e del coordinatore per la sicurezza in fase di esecuzione dei lavori.

Ancora, l'art. 9, comma 2, del suddetto allegato dispone che, nei casi di acquisti aggregati, di acquisti centralizzati e in caso di accordi conclusi tra due o più stazioni appaltanti, il RUP, in coordinamento con il direttore dell'esecuzione, ove nominato, assume i compiti di cura, controllo e vigilanza del processo di acquisizione, con particolare riferimento alle attività – fra le altre – di progettazione, relativamente all'individuazione delle caratteristiche essenziali del fabbisogno o degli elementi tecnici per la redazione del capitolato.

L'art. 9, comma 2 prevede altresì che il RUP del modulo aggregativo debba svolgere– fra le altre – le attività di progettazione degli interventi con riferimento all'individuazione delle caratteristiche essenziali del fabbisogno o degli elementi tecnici per la redazione del capitolato.

4. L'individuazione delle figure tecniche esterne all'Amministrazione per gli incarichi di direttore dei lavori, direttore dell'esecuzione e coordinatore della sicurezza

Nel caso in cui la stazione appaltante non dispone di figure tecniche al proprio interno, il conferimento dell'incarico di direttore dei lavori, direttore dell'esecuzione e coordinatore della sicurezza in fase di esecuzione (CSE), deve avvenire nel rispetto delle procedure fissate dal Codice.

In tale prospettiva, è stato elaborato il bando tipo ANAC n. 2 del 2023 (attualmente in consultazione), che disciplina la procedura aperta per l'affidamento di contratti pubblici di servizi di architettura e di ingegneria di importo pari superiore alle soglie di rilevanza europea con il criterio di offerta economicamente più vantaggiosa, sulla base del miglior rapporto qualità prezzo. Come si legge nella "relazione illustrativa" dello schema definitivo di Codice del Consiglio di Stato del 7.12.2022, le stazioni appaltanti che sono pubbliche amministrazioni possono affidare all'esterno la direzione lavori soltanto in caso di lavori complessi o che richiedono professionalità specifiche, mentre negli altri casi hanno l'obbligo di ricorrere ai progettisti interni, chiaramente a condizione che siano presenti nella struttura e abbiano le professionalità necessarie.

L'appalto per il conferimento di incarichi di direzione lavori è invece obbligatorio – secondo disposizione del Codice – per le stazioni appaltanti che non sono amministrazioni pubbliche. Ciò posto, le stazioni appaltanti che non sono pubbliche amministrazioni vi provvedono soltanto in caso di lavori complessi o quando sono richieste professionalità specifiche, mentre le stazioni appaltanti che sono pubbliche amministrazioni possono affidare congiuntamente la progettazione e la direzione lavori e/o il coordinamento della sicurezza in fase di esecuzione dei lavori di progettazione.

Se optano per tale soluzione, le stazioni appaltanti potranno valutare sin da subito anche gli aspetti tecnici dell'offerta su tali ulteriori attività. In alternativa, nel caso in cui non sia possibile procedere all'affidamento congiunto – ad esempio per mancanza di finanziamenti relativi ad attività successive alla progettazione – le stazioni appaltanti potranno riservarsi di affidare dette attività alla medesima aggiudicataria, anticipando tale volontà nel bando di gara e stimando i relativi costi nel valore posto a base di gara.

Le due alternative hanno finalità e conseguenze diverse e cioè la fattispecie di cui l'art. 16 e l'art. 120, comma 1, lett. a), del Codice può essere attivata soltanto in fase di esecuzione, pertanto, non si potrà ricorrere alla stessa se l'attività di progettazione sia già conclusa.

Si ritiene che l'amministrazione possa affidare la direzione dei lavori e il coordinamento della sicurezza in fase di esecuzione al soggetto aggiudicatario della progettazione, anche applicando in via analogica l'art. 76, comma 6, del Codice. Dette attività, infatti, possono essere astrattamente considerate come servizi analoghi alla progettazione.

Invece, le opzioni dell'art. 120, che riguardano le modifiche al contratto originario in corso di esecuzione, dovrebbero essere utilizzate soltanto nel caso in cui le attività connesse alla progettazione possano essere svolte dall'aggiudicataria con la struttura che si è già occupata della progettazione e quindi con il personale incardinato nella propria organizzazione.

L'ANAC suggerisce a tal proposito l'indicazione, nel bando di gara, delle condizioni che il concorrente deve garantire al fine di poter consentire alla stazione appaltante l'attivazione dell'opzione o l'affidamento del servizio analogo.

4.1. La questione "equo compenso", risolta dal correttivo del 2024 (rinvio)

Il problema, da subito emerso con l'applicazione del nuovo Codice, riguardava, nei casi di affidamento all'esterno dei servizi di progettazione, direzione lavori, coordinamento della sicurezza e collaudo, la compatibilità della previsione codicistica, secondo cui tali incarichi sono soggetti alle tariffe decreto "parametri" 17 giugno 2016 (ora all. I.13 all'art. 41), con la legge sull'equo compenso (legge n. 49/2023), che vieterebbe l'applicazione di compensi inferiori a quanto stabilito nelle tabelle ministeriali.

In particolare, la questione riguardava l'applicabilità o meno di un corrispettivo inferiore rispetto a quello risultante dell'applicazione delle tabelle ministeriali, che aveva dato luogo a contrasti giurisprudenziali [1], superato, invero, dal successivo dal consolidarsi di un orientamento giurisprudenziale secondo cui il regime dell'equo compenso non derogava, bensì integrava il sistema dei contratti pubblici, senza frustrarne la sostanza pro-concorrenziale di derivazione euro-unitaria (artt. 49, 56, 101 TFUE, 15 della direttiva 2006/123/CE), e, quindi, senza elidere in radice la praticabilità del ribasso sui corrispettivi professionali, la cui determinazione non era da intendersi rigidamente vincolata a immodificabili parametri tabellari, ma la cui congruità (in termini di equilibrio sinallagmatico) rimaneva, in ogni caso, adeguatamente assicurata dal modulo procedimentale di verifica all'uopo codificato, quale, appunto, quello dell'anomalia dell'offerta con riferimento al ribasso praticato sul corrispettivo dei servizi di progettazione [2]; nonché una posizione incoerente della stessa ANAC, che, in un promo momento, con la delibera del 20.7.2023, n. 343, aveva sostenuto che, a fronte dell'entrata in vigore della legge sull'equo compenso, gli affidamenti per i servizi tecnici, anche in caso di affidamento secondo il criterio dell'offerta economicamente più vantaggiosa, avrebbero dovuto prevedere necessariamente il rispetto dal punto di vista economico delle tabelle ministeriali, salvo poi richiedere alla cabina di regia un intervento normativo per chiarire quanto e come applicare la legge sull'equo compenso agli appalti pubblici in materia di affidamento ai servizi tecnici, arrivando addirittura a ritenere (proprio l'ANAC che per prima aveva interpretato tali norme come riferibili ai servizi tecnici) che fosse dubitabile una piena applicabilità dell'equo compenso a tali tipologie contrattuali (sic!).

La questione è ora risolta dal decreto correttivo del Codice con una soluzione di compromesso che ha introdotto un regime speciale, secondo il quale, per gli affidamenti oltre 140.000 euro, l'importo stimato del contratto da affidare, deve essere definito applicando i parametri di cui all'all. I.13, sia suddiviso in una quota fissa

---

[1] Il TAR Firenze, sent. 3.4.2024, n. 632 (peraltro recentemente confermata anche da un TAR Lazio), aveva definitivamente chiarito l'applicabilità anche alla materia dei contratti pubblici delle disposizioni sull'equo compenso, per cui, in caso di ricorso al criterio dell'offerta economicamente più vantaggiosa, occorreva applicare il rapporto qualità prezzo e, quindi, la possibilità per l'operatore economico di formulare la propria offerta economica ribassando le voci estranee al compenso, ossia le spese generali e gli oneri accessori, mentre l'onorario dovrà essere strutturato secondo le tariffe professionali e non potrà essere oggetto di ribasso.

[2] Così, *ex plurimis*, TAR Sicilia, 8.10.2024, n. 3319; TAR Campania, Salerno, sez. II, 16.7.2024, n. 1494; TAR Reggio Calabria, 25.7.2024, n. 483.

(65%) e in una quota ribassabile (35%). Su quest'ultima quota è possibile effettuare il ribasso su compenso, spese e oneri accessori. Per quel che riguarda gli affidamenti di importo inferiore a 140.000 euro, la quota può essere ridotta entro il limite massimo del 20%.

Per approfondimenti sull'equo compenso, con particolare riferimento alle novità introdotte dal decreto correttivo, si rimanda al cap. I, par 2.1.

4.2. Sui requisiti speciali nel nuovo sistema di affidamento dei servizi tecnici

L'ANAC, inoltre, aveva sollevato anche la questione dell'esistenza di un vuoto normativo sui requisiti speciali per la partecipazione alle gare, ritenuta superabile soltanto con un intervento del legislatore; questo in quanto nel nuovo sistema di affidamento dei servizi tecnici effettivamente non era stata riproposta la precedente disciplina sui requisiti speciali per la partecipazione alle gare.

Pertanto, l'Autorità aveva ritenuto opportuno far riferimento alle Linee guida n. 1 dell'ANAC, emanate nella vigenza del precedente Codice e prive di efficacia dopo l'entrata in vigore del nuovo Codice, le quali prevedevano che le stazioni appaltanti e gli enti concedenti potessero introdurre requisiti speciali di carattere economico-finanziario e tecnico-professionale attinenti e proporzionati all'oggetto del contratto, tenendo presente l'interesse pubblico al più ampio numero di potenziali concorrenti e al *favor partecipationis*, purché compatibile con le prestazioni ad acquisire e con l'esigenza di realizzare economie di scala a funzionare alla riduzione della presa pubblica, e, nello specifico, all'accesso al mercato e la possibilità di crescita delle micro, piccole e medie imprese.

Il decreto correttivo del Codice non ha recepito le osservazioni dell'ANAC, per cui le Linee guida 1/2016 dell''Autorità sugli affidamenti di servizi di ingegneria e architettura, sono rimaste le uniche a non essere state incluse negli allegati al Codice [3].

In sintesi, l'attuale quadro normativo, mentre non presenta incertezze in relazione alla questione dell'equo compenso non risolve l'altro tema sui requisiti speciali per la partecipazione alle gare. Rimane, pertanto, ancora valida la proposta dell'ANAC di fare riferimento nei bandi e disciplinari di gara alle linee guida n. 1 del precedente Codice, che, pur non essendo più in vigore, possono offrire indicazioni utili alle stazioni appaltanti, anche sarebbe auspicabile un intervento normativo chiaro e definitivo per garantire l'uniformità nell'applicazione delle norme e la tutela degli interessi pubblici nell'ambito dei contratti pubblici.

---

[3] L'OICE lamenta che il mantenimento del vuoto legislativo possa determinare un rischio di incertezza e di disomogeneità dei comportamenti delle stazioni appaltanti abituate da 25 anni ad applicare disposizioni di dettaglio molto utili a tutelare la qualità dei progetti e l'affidabilità degli operatori economici. L'auspicio è che a breve l'Anac possa varare le linee guida n. 2, di cui nei mesi scorsi era stato bloccato l'iter proprio in relazione alla prossima emanazione del d.lgs. n. 209 (Fonte Focus OICE – Ufficio legislativo del 14.1.2025 su "*D. lgs. 31 dicembre 2024 n. 209 (c.d. correttivo del codice appalti) – Prime considerazioni e sintesi delle principali novità di interesse per il settore*").

5. Il documento di indirizzo alla progettazione (DIP)

Il documento di indirizzo alla progettazione (DIP) è un ennesimo adempimento posto a carico del RUP che non era previsto nel Codice previgente, ancorché utile.

Il DIP ha una finalità specifica: individuare, nel rispetto del principio del risultato – che è un principio proprio ed immanente nel Codice – gli strumenti migliori ai fini del perseguimento dell'obiettivo finale, ovverosia la migliore e più efficace esecuzione dell'intervento programmato.

In questa prospettiva, il DIP ha proprio la finalità di individuare, tenendo conto dell'insieme delle prestazioni previste, lo strumento migliore per arrivare alla progettazione più efficace di un intervento, e, quindi, valutare quale sia lo strumento ideale per raggiungere l'obiettivo prefissato. È un documento che, comunque, da questo punto di vista, può essere anche modificato in funzione, per esempio, di diverse valutazioni sulla modalità attraverso la quale arrivare al risultato prefissato. Dal momento che tutta la fase progettuale, programmatica, è stata elaborata a livello interno, la documentazione non si deve considerare come cristallizzata in maniera definitiva, poiché, in effetti, un operatore economico può presentare una proposta di esecuzione di intervento anche attraverso una forma di partenariato pubblico privato che non era stato originariamente previsto nell'intervento. Quindi, in questi casi il documento di indirizzo alla progettazione è lo strumento attraverso il quale la stazione appaltante ipotizza come si possa arrivare alla realizzazione dell'intervento, ma non è del tutto vincolante per l'amministrazione, o, meglio, può essere oggetto di una sua modifica. È chiaro che se, invece, si procede con un appalto tradizionale, il documento di indirizzo alla progettazione di cui all'all. I.7 riporterà gli elementi presi in considerazione ai fini di un progetto che vada nell'ottica del risultato conseguito.

La *ratio* del DIP è, dunque, quella di giustificare l'applicazione del principio del risultato – elemento di novità del Codice – e che deve permeare l'attività dell'amministrazione. Se l'amministrazione ha motivato alcune scelte anche attraverso il ricorso al DIP, si può giustificare perché, per esempio, è stato derogato il rispetto ad alcune previsioni o comunque si è scelto un elemento anziché un altro. È tutto nell'ottica di un Codice che vede nel risultato l'obiettivo finale da raggiungere. Quindi, si tratta di documento che può consentire al RUP, tra le altre cose, di giustificare maggiormente certe scelte che potrebbero essere ritenute discrezionali.

Il Codice punta molto ad una responsabilizzazione del RUP quale soggetto che deve assumere delle decisioni e l'assunzione delle decisioni deve essere giustificata alla stregua del principio del risultato. È in questa ottica, quindi, che devono essere letti gli eventuali adempimenti che ci possono sembrare oggi, effettivamente, aggiuntivi e gravosi.

Il DIP è un atto del RUP che, di conseguenza, può essere approvato con determina. Si tratta di un atto interno che, come detto, deve essere funzionale a giustificare le scelte che sono state assunte dal RUP.

Il DIP potrebbe essere assimilato a una sorta di decisione a contrarre. Ad esempio, in caso di affidamento di una progettazione esecutiva, qualora vi fossero tempi ristretti che (per circostanze non ascrivibili all'amministrazione) rendano impossibile l'esperimento di una ordinaria procedura di gara, il RUP potrebbe ritenere opportuno che sia effettuata un'indagine fra i vari studi di progettazione e selezionare il preventivo più vantaggioso.

Il decreto correttivo, all'art. 78, apporta modifiche all'all. I.7. anche per quanto riguarda la redazione del DIP (art. 3) inserendo il supporto di modelli informatici e GIS e altre prescrizioni tecniche. Sempre il correttivo, all'art. 14, stabilisce che il DIP debba avere un capitolato informativo redatto dal correlatore dei flussi informativi, nuova figura introdotta dallo stesso decreto correttivo all'all. I.1.

6. I nuovi livelli di progettazione dei lavori: progetto di fattibilità tecnico-economica e progetto esecutivo

Rimanendo in tema di fase di programmazione dell'intervento, ma spostandoci sempre di più progressivamente verso la fase di attuazione delle opere, non possiamo non parlare dei diversi livelli di progettazione e, in particolar modo, dei due livelli di progettazione dei lavori attualmente previsti nel sistema delle opere pubbliche: il progetto di fattibilità tecnico-economica (PFTE) e il progetto esecutivo.

Come già anticipato, una delle novità più importanti del Codice è la riduzione dei livelli di progettazione. Il contenuto dell'art. 23, comma 1, del d.lgs. n. 50/2016 prevedeva, infatti, tre livelli di progettazione, ovverosia il progetto di fattibilità tecnico-economica (che aveva sostituito il progetto preliminare), il progetto definitivo e il progetto esecutivo. Il nuovo Codice, invece, con l'art. 41, comma 1, riduce la progettazione al progetto di fattibilità tecnico-economica e al progetto esecutivo.

Per quanto concerne il contenuto del precedente progetto definitivo, è da sottolineare come lo stesso sparisca unicamente dal punto di vista della sua autonomia nominale. In effetti, in realtà, il contenuto del progetto definitivo è stato distribuito tra progetto di fattibilità tecnico-economica e progetto esecutivo. Questa scelta è stata assunta in un'ottica di semplificazione, perché ciascun livello progettuale, come vedremo, è rimesso ad una fase di verifica di validazione del progetto; dunque, riducendo i livelli di progettazione, stati ridotti conseguentemente ridotti gli adempimenti formali – ma anche sostanziali – quantomeno di un terzo.

L'all. I.7 del Codice, come modificato dal decreto correttivo all'art. 78, chiarisce quelli che sono i contenuti minimi del quadro esigenziale del documento di fattibilità delle alternative progettuali, del documento di indirizzo della progettazione, del progetto di fattibilità tecnica ed economica e del progetto esecutivo. L'all. I.7 definisce dunque i contenuti dei due livelli di progettazione oggetto di analisi: in particolare, stabilisce il contenuto minimo del quadro delle necessità e del documento di indirizzo della progettazione che le stazioni appaltanti e gli enti concedenti devono predisporre.

Per quanto riguarda la competenza ad approvare il PFTE, è interessante l'orientamento della sezione VII del Consiglio di Stato, che ritiene nel caso in cui i progetti presentati non siano stati inseriti nel programma annuale e triennale delle

OO.PP. dell'ente locale, il PFTE non avrebbe potuto essere approvato con determinazioni del dirigente di settore, ma dalla Giunta comunale [4].

L'all. I.7 stabilisce poi le prescrizioni per la redazione del documento di indirizzo della progettazione da parte del RUP, della stazione appaltante o dell'ente concedente; indica i requisiti delle prestazioni che devono essere contenuti nel progetto di fattibilità tecnica ed economica e, in caso di adozione di metodi e strumenti di gestione informativa digitale delle costruzioni, prevede che il documento di indirizzo della progettazione contenga anche il capitolato informativo.

Lo stesso allegato, negli artt. da 6 a 21, tratta il progetto di fattibilità tecnica ed economica. Infine, negli artt. da 22 a 33, disciplina il progetto esecutivo della stazione appaltante o dell'ente concedente, in funzione della specifica tipologia e dimensione dell'intervento, indicando le caratteristiche, i requisiti e gli elaborati progettuali necessari per la definizione di ogni fase della relativa progettazione.

Qui vi è un'ulteriore semplificazione prevista dal Codice, perché il su richiamato all. I.7 stabilisce che per interventi di manutenzione ordinaria o straordinaria può essere omesso il primo livello di progettazione. Ciò è possibile alla condizione che il progetto esecutivo contenga tutti gli elementi previsti per il livello omesso. Dunque, non c'è una effettiva riduzione dal punto di vista del contenuto del progetto – perché il progetto esecutivo dovrà, in ogni caso, contenere ciò che è previsto nel progetto di fattibilità tecnica ed economica –, ma la semplificazione avviene in termini di adempimenti formali, poiché la verificazione e la validazione si avranno solo su un unico progetto. A questa semplificazione, il Correttivo introduce, con l'art. 14, la possibilità di omettere il progetto di fattibilità tecnica ed economica e di eseguire i lavori senza il progetto esecutivo, ma esclusivamente per i lavori di manutenzione ordinaria e per quelli di manutenzione straordinaria senza rinnovo o sostituzione di parti strutturali delle opere o di impianti (art. 41, comma 5-*bis*) (sul punto, v. cap. I, par. 2.3).

Preliminarmente, va rilevato che il progetto di fattibilità tecnica ed economica individua, tra più soluzioni possibili, quella che esprime il rapporto migliore tra costi e benefici per la collettività in relazione alle specifiche esigenze da soddisfare e alle prestazioni da fornire; contiene i necessari richiami all'eventuale uso di metodi e strumenti di gestione informativa digitale delle costruzioni; sviluppa, nel rispetto del quadro delle necessità, tutte le indagini e gli studi necessari per la definizione degli aspetti che possono interessare un intervento; individua le caratteristiche dimensionali, tipologiche, funzionali e tecnologiche dei lavori da realizzare, compresa la scelta in merito alla possibile suddivisione in lotti funzionali; consente, ove necessario, l'avvio della procedura espropriativa; contiene tutti gli elementi necessari per il rilascio delle autorizzazioni e approvazioni prescritte; contiene il piano preliminare di manutenzione dell'opera e delle sue parti. Nei casi di adozione di metodi e strumenti di gestione informativa digitale, deve recepire le indicazioni del capitolato informativo allegato al DIP, come precisato all'art. 14, comma 1, lett. f), del decreto correttivo.

---

[4] Cons. Stato, sez. VII, 20.9.2024, n. 7699.

Il progetto esecutivo, invece, in coerenza con il progetto di fattibilità tecnico-economica – perché non si può discostare sensibilmente dal contenuto del primo – sviluppa un livello di definizione degli elementi tale da individuarne compiutamente la funzione, i requisiti, la qualità e il prezzo di elenco; è corredato del piano di manutenzione dell'opera per l'intero ciclo di vita e determina in dettaglio i lavori da realizzare, il loro costo e i loro tempi di realizzazione; se sono utilizzati metodi e strumenti di gestione informativa digitale delle costruzioni, sviluppa un livello di definizione degli oggetti rispondente a quanto specificato nel capitolato informativo a corredo del progetto; di regola, è redatto dallo stesso soggetto che ha predisposto il progetto di fattibilità tecnico-economica.

Nel caso in cui motivate ragioni giustifichino l'affidamento disgiunto tra progetto di fattibilità tecnico-economica e progetto esecutivo, è espressamente previsto che il nuovo progettista debba accettare senza riserve l'attività progettuale svolta in precedenza, proprio per evitare che possano esserci impedimenti al completamento del progetto esecutivo.

L'art. 41, comma 9, del Codice prevede che, in caso di affidamento esterno di entrambi i livelli di progettazione, l'avvio della progettazione esecutiva è condizionato alla determinazione delle stazioni appaltanti e degli enti concedenti sul progetto di fattibilità tecnico-economica. Ovverosia, se sono stati affidati entrambi i livelli di progettazione, è necessario che, prima che si passi al progetto esecutivo, il progetto di fattibilità tecnico-economica sia verificato e validato nel rispetto delle disposizioni previste dal Codice.

Sul tema delle modifiche introdotte alla responsabilità del progettista dall'art. 14 del decreto correttivo, si rinvia al cap. I, par. 2.2. Della progettazione tratta anche il cap. IV.

7. L'attività di verifica progettuale

La verifica è compiuta ai sensi dell'art. 42, comma 1, del Codice, per cui, nei contratti relativi ai lavori, la stazione appaltante o l'ente concedente verifica la rispondenza del progetto alle esigenze espresse nel documento di indirizzo e la sua conformità alla normativa vigente. Nella sezione V dell'all. I.7 sono contenute le disposizioni di attuazione concernenti soggetti e modalità di verifica e documentazione da controllare, oggetto di piccole modifiche ad opera dell'art. 78 del correttivo, tutte dirette ai casi in cui debba essere compilato il capitolato informativo [5].

Le tempistiche della verifica sono anch'esse disciplinate dall'art. 42, comma 1, del Codice, per cui, in via generale, la verifica ha luogo durante lo sviluppo della progettazione in relazione allo specifico livello previsto per l'appalto. In casi eccezionali, ovverosia in caso di affidamento congiunto di progettazione ed esecuzione,

[5] L'art. 78 del d.lgs. n. 209/2024, in particolare, inserisce i seguenti articoli dell'all'I.7: artt. 13-*bis*, 32-*bis*, 32-*ter*; nonché modifica, per quanto riguarda la verifica del progetto, il comma 4 dell'art. 37 e l'art. 40; v. capitolo I, par. 2.4.

nonché nei contratti di partenariato pubblico-privato, la verifica del progetto di fattibilità tecnico-economica è completata prima dell'avvio della procedura di affidamento, mentre la verifica del progetto esecutivo redatto dall'aggiudicatario è effettuata prima dell'inizio dei lavori.

Per accertare la coerenza del progetto nelle sue diverse fasi con il documento di indirizzo della progettazione, il RUP, se non effettua personalmente la verifica, ne segue lo sviluppo parallelamente alla progettazione, garantendo il contraddittorio tra il soggetto che esegue la verifica e il progettista. Questo è quanto stabilito dall'art. 42, comma 2, del Codice.

L'art. 34, comma 2, del suddetto all. I.7. fornisce indicazioni di dettaglio in merito ai soggetti che provvedono all'attività di verifica, stabilendo una differenziazione di competenze legata al valore del contratto.

In ordine decrescente, per lavori di importo pari o superiore ai 20 milioni di euro, e, in caso di appalto integrato, per lavori di importo pari o superiore alla soglia di rilevanza europea (art. 14), il verificatore deve essere necessariamente un organismo di controllo accreditato ai sensi della norma europea UNICEA, IEAN, ISO, IEC 17020.

Se invece l'importo dei lavori è inferiore a 20 milioni di euro e fino alla soglia di rilevanza europea (art. 14), il verificatore può essere o un organismo di controllo accreditato, oppure soggetti interni alla stessa stazione appaltante, nel caso in cui quest'ultima disponga di un sistema interno di controllo della qualità.

Per i lavori di importo inferiore alla soglia europea e fino a 1 milione di euro, i verificatori possono essere gli uffici tecnici delle stazioni appaltanti ove il progetto sia stato redatto da progettisti esterni, oppure le stesse stazioni appaltanti qualora dispongano di un sistema interno di controllo di qualità, ove il progetto sia stato redatto da progettisti interni.

Invece, per lavori di importo inferiore a 1 milione di euro, il verificatore può essere il RUP anche avvalendosi della struttura di supporto al RUP di cui l'art. 15, comma 6, del Codice, ovverosia soggetti esterni dotati di particolari competenze individuati come assistenti del responsabile unico.

La verifica di un progetto comporta, in qualche modo, una certificazione di completezza della documentazione progettuale elaborata; quindi, necessariamente sussiste un regime di incompatibilità da rispettare. Per tale motivo, l'attività di verifica è incompatibile per uno stesso progetto con l'attività di progettazione, di coordinamento della sicurezza, di direzione dei lavori e di collaudo. E questo perché non è solo il verificatore che controlla la correttezza della progettazione, ma anche il collaudatore, il direttore dei lavori, cioè coloro i quali svolgono attività a valle della verifica. Appare dunque chiaro perché non possano essere gli stessi soggetti ad aver verificato il progetto, perché altrimenti ci sarebbe una coincidenza tra controllore e controllato, il che non è compatibile con il nostro sistema di contrattualistica pubblica.

L'art. 39 dell'all. I.7 stabilisce, anche, le modalità attraverso le quali deve essere svolta la verifica. Le verifiche sono condotte sulla documentazione progettuale per ciascuna fase, in relazione al livello di progettazione, con riferimento ai seguenti aspetti del controllo: affidabilità, completezza e adeguatezza, leggibilità, coerenza e ripercorribilità delle scelte operate, e, infine, compatibilità delle valutazioni che hanno portato ad una determinata decisione.

L'art. 41 dello stesso allegato, invece, si sofferma non sulle modalità di svolgimento delle verifiche, bensì sulla forma della verifica. La norma prevede che il soggetto preposto alla verifica deve redigere un rapporto conclusivo, che deve riportare le risultanze dell'attività svolta e accertare l'avvenuto rilascio da parte del direttore dei lavori, o del RUP, del qualora il direttore dei lavori non fosse ancora nominato, dell'attestazione in merito ai seguenti profili: all'accessibilità delle aree degli immobili interessati ai lavori secondo le indicazioni risultanti dagli elaborati progettuali; all'assenza di impedimenti sopravvenuti rispetto agli accertamenti effettuati prima dell'approvazione del progetto; alla conseguente realizzabilità del progetto anche in relazione al terreno, al tracciamento, al sottosuolo e a quanto altro occorre per l'esecuzione dei lavori. Dunque, non è prescritta una forma specifica, ma è previsto un rapporto conclusivo, che deve comunque rispondere ai predetti adempimenti previsti dalla norma.

Come previsto dall'art. 42, comma 3, la verifica, poi, accerta la conformità del progetto alle prescrizioni eventualmente impartite dalle amministrazioni competenti prima dell'avvio della fase di affidamento e, se ha esito positivo, assolve a tutti gli obblighi di deposito e di autorizzazione per le costruzioni in zone sismiche, nonché di denuncia dei lavori all'ufficio del genio civile. I progetti, corredati della attestazione dell'avvenuta positiva verifica, sono depositati con modalità telematica interoperabile presso l'Archivio informatico nazionale delle opere pubbliche del Ministero delle infrastrutture e dei trasporti. Quindi il documento di verifica si sostanzia in ogni caso in un allegato al progetto e, insieme a quest'ultimo, deve essere depositato con modalità telematica.

Vi è poi un ulteriore adempimento che potrebbe essere richiesto: la cosiddetta "verifica preventiva dell'interesse archeologico" nei casi di cui all'art. 28, comma 4, del Codice dei beni culturali (d.lgs. 22.1.2004, n. 42), vale a dire nell'ipotesi in cui sia, appunto, previsto un interesse archeologico su un determinato sito. La verifica preventiva dell'interesse archeologico si svolge secondo le modalità procedurali di cui all'all. I.8, come modificato dall'art. 79 del decreto correttivo.

8. La validazione del progetto

A valle dell'attività di verifica vi è poi l'attività di validazione del progetto. Disciplinata dall'art. 42, comma 4, del Codice, la validazione del progetto posto a base di gara è l'atto formale che riporta gli esiti della verifica.

La validazione è sottoscritta dal RUP e fa preciso riferimento al rapporto conclusivo del soggetto preposto alla verifica e alle eventuali controdeduzioni del progettista. Il bando e la lettera di invito per l'affidamento dei lavori devono contenere gli estremi dell'avvenuta validazione del progetto posto a base di gara.

Quindi, ragionando *a contrario*, il bando non deve espressamente prevedere gli estremi della verifica. Questo perché la validazione – che invece va citata – richiama il contenuto del rapporto conclusivo di verifica. La validazione è un'attività tecnica, amministrativa, conclusiva e investe solo il progetto posto a base di gara, competendo al RUP, che la sottoscrive unitamente al responsabile della fase di progettazione, laddove nominato. Questo è chiarito dall'art. 6 dell'all. I.2, che fa preciso riferimento al rapporto conclusivo del soggetto preposto alla verifica, ma anche alle eventuali controdeduzioni del progettista che potrebbe dissentire in merito agli esiti della verifica. In caso di dissenso sugli estremi della verifica, il RUP fornisce adeguata motivazione.

Per quanto riguarda gli oneri relativi alle attività fin qui delineate, essi sono disciplinati all'art. 42, comma 5, del Codice, il quale dispone che gli oneri conseguenti all'accertamento della rispondenza agli elaborati progettuali sono ricompresi nelle risorse stanziate per la realizzazione delle opere. Dunque, dette risorse devono rientrare all'interno del quadro economico dell'intervento.

Il percorso della progettazione, quindi, può essere così riassumibile: redazione del progetto, verifica del progetto, validazione e, solo dopo la validazione, si ha la procedura di affidamento. Anche perché, si ricorda nuovamente, il bando di gara deve necessariamente far riferimento agli estremi della validazione, proprio per assicurare che si passi alla fase dell'affidamento solo a valle della fase di validazione e, dunque, della fase di verifica.

Su verifica e validazione vedi anche il cap. IV.

9. Metodi e strumenti di gestione informativa digitale delle costruzioni

Si è in precedenza fatto riferimento ai metodi e agli strumenti di gestione informativa digitale delle costruzioni: si tratta del cosiddetto *Building Information Modeling* (BIM), disciplinato dall'art. 43.

Il Codice prevede che – di fatto – il ricorso obbligatorio alla strumentazione BIM decorre dal 1° gennaio 2025, data a partire dalla quale le stazioni appaltanti e gli enti concedenti devono adottare metodi e strumenti di gestione informativa digitale delle costruzioni per la progettazione e la realizzazione di opere di nuova costruzione e per gli interventi su costruzioni esistenti per importo a base di gara di 2 milioni di euro, superando così, con il decreto correttivo, la diffusione estrema della modellazione prevista nel testo originario (superiore a 1 milione di euro) (art. 15 correttivo di modifica dell'art. 43 del Codice).

L'obbligo di ricorso al BIM non si applica agli interventi di ordinaria e straordinaria manutenzione, a meno che essi non riguardino opere precedentemente eseguite con l'uso dei suddetti metodi e strumenti di gestione informativa digitale.

Il BIM può essere anche utilizzato su decisione discrezionale della stazione appaltante, perché è previsto che anche al di fuori dei casi obbligatori di cui sopra, le stazioni appaltanti e gli enti concedenti possano adottare il BIM come metodi e strumenti di gestione informativa digitale delle costruzioni, eventualmente prevedendo nella documentazione di gara un punteggio premiale – riferito all'offerta economicamente più vantaggiosa – relativa alle modalità d'uso di tali metodi e strumenti. Tale facoltà è subordinata all'adozione di un proprio ambiente di condivisione dei dati, così come esplicitato nell'all. I.9 del Codice. Nella Relazione illustrativa al Codice, sono elencati, a titolo esemplificativo, alcuni elementi che possono essere valorizzati con punteggi premiali.

Nello stesso all. I.9 sono definite le misure relative alla formazione del personale, agli strumenti e all'organizzazione necessaria; i criteri per garantire uniformità di utilizzazione di metodi e strumenti digitali per la gestione dell'informazione; le misure necessarie per l'attuazione dei processi di gestione dell'informazione supportata dalla modellazione informativa, ivi compresa la previsione dell'interoperabilità dell'anagrafe patrimoniale di ciascuna stazione appaltante o ente concedente con l'archivio informatico nazionale delle opere pubbliche; le modalità di scambio e interoperabilità dei dati e delle informazioni; le specifiche tecniche nazionali ed internazionali applicabili; il contenuto minimo del capitolato informativo per l'uso dei metodi e degli strumenti di gestione informativa digitale. La specificazione di detti elementi, e, in particolare il riferimento all'interoperabilità dei dati e delle informazioni, affonda le sue radici nel fatto che il problema che maggiormente allo stato viene affrontato è la difficile interlocuzione e interoperabilità degli strumenti BIM che vengono predisposti dagli operatori economici, che sono più avvezzi ad utilizzare la modellazione BIM rispetto alle stazioni appaltanti che non sono sempre pronte a interloquire con questo genere di strumenti (sulla formazione v. cap. II, par. 1.7).

Si tratta, quindi, di un percorso lungo che molte stazioni appaltanti, anche di rilievo nazionale, stanno progressivamente intraprendendo.

10. Lo schema di contratto e il capitolato speciale d'appalto

L'all. I.7, all'art. 32, stabilisce che, fermo restando quanto previsto dalla normativa vigente, lo schema di contratto – che deve essere allegato al bando di gara – deve contenere, per quanto non disciplinato dall'allegato stesso, le clausole dirette a regolare il rapporto tra amministrazione e appaltatore in relazione alle caratteristiche dell'intervento, con particolare riferimento a: termini di esecuzione e penali; programmi di esecuzione dei lavori; sospensioni e riprese dei lavori; oneri a carico dell'appaltatore; contabilizzazione dei lavori a misura e a corpo; liquidazione dei corrispettivi; controlli; specifiche modalità e termini di collaudo; modalità di soluzione delle controversie. Non sarebbe opportuno che questi elementi fossero contenuti nel capitolato speciale d'appalto, in quanto quest'ultimo deve riguardare esclusivamente i contenuti di cui al comma 3 dell'art. 32 in esame.

La suddetta norma ha una sua specifica finalità: quella di precisare che il bando di gara deve essere il più completo possibile per consentire ai vari operatori di formulare un'offerta consapevole ed informata.

Il raccordo tra questa previsione e quella che riguarda il capitolato speciale d'appalto è contenuto all'art. 87, comma 2, del Codice, dove è chiarito che il capitolato speciale definisce i contenuti del futuro rapporto contrattuale tra l'aggiudicatario e la stazione appaltante.

Dunque, queste due norme – l'art. 87, comma 2 e l'art. 32 dell'all. I.7. – devono essere lette in combinato disposto fra loro.

Infatti, allo schema di contratto è allegato il capitolato speciale d'appalto, che è diviso in due parti: l'una contenente la descrizione delle lavorazioni e l'altra recante la specificazione delle prescrizioni tecniche e delle prestazioni occorrenti all'esecuzione dell'intervento previsto.

Lo schema di capitolato deve illustrare, in particolare, nella prima parte tutti gli elementi necessari per una compiuta definizione tecnica ed economica dell'oggetto dell'appalto, anche a integrazione degli aspetti non pienamente deducibili dagli elaborati grafici del progetto esecutivo. Nella seconda parte, lo schema è tenuto ad illustrare le modalità di esecuzione e le norme di misurazione di ogni lavorazione, i requisiti di accettazione di materiali e componenti, le specifiche di prestazione e le modalità di prove.

Nel caso di interventi complessi, il capitolato speciale d'appalto prevede, inoltre, un piano per i controlli di cantiere nel corso delle varie fasi dei lavori, al fine di una corretta realizzazione dell'opera e delle sue distinte parti. In particolare, il piano dei controlli di cantiere definisce il programma delle verifiche comprendenti, ove necessario, anche quelle geodetiche, topografiche e fotogrammetriche, al fine di rilevare il livello prestazionale qualitativo e quantitativo dell'intervento.

Per gli interventi il cui corrispettivo è previsto a corpo, ovvero ancora per la parte a corpo di un intervento il cui corrispettivo è previsto a corpo e a misura, lo schema di contratto deve indicare, per ogni gruppo di categorie ritenute omogenee, il relativo importo e la sua aliquota percentuale riferita all'ammontare complessivo dell'intervento. Tali importi e le correlate aliquote sono dedotti in sede di progetto esecutivo dal computo metrico estimativo. Al fine dei pagamenti in corso d'opera, i suddetti importi e aliquote possono essere indicati anche disaggregati nelle loro componenti principali.

Per gli interventi il cui corrispettivo è previsto a misura, lo schema di contratto precisa l'importo di ciascuno dei gruppi di categorie ritenute omogenee, desumendolo dal computo metrico estimativo.

Per i lavori il cui corrispettivo è in parte a corpo e in parte a misura, la parte liquidabile a misura riguarda le lavorazioni per le quali in sede di progettazione risulta eccessivamente oneroso individuare in maniera certa e definita le rispettive quantità.

Il capitolato speciale d'appalto prescrive poi l'obbligo per l'esecutore di presentare, ai fini della sua approvazione da parte della stazione appaltante, prima dell'inizio dei lavori, un programma esecutivo dettagliato, anche indipendente dal cronoprogramma, nel quale sono riportate, per ogni lavorazione le previsioni circa il periodo di esecuzione nonché l'ammontare presunto, parziale e progressivo, dell'avanzamento dei lavori alle scadenze contrattualmente stabilite per la liquidazione dei certificati di pagamento. È facoltà dell'amministrazione prescrivere, in sede di capitolato speciale d'appalto, eventuali scadenze differenziate di varie lavorazioni in relazione a determinate esigenze.

11. La progettazione di servizi e forniture

Il Codice conferma l'unicità del livello di progettazione per quanto riguarda i servizi e le forniture, già prevista dall'art. 23 del previgente Codice.

In particolare, l'art. 41, comma 12, del Codice stabilisce che la progettazione di servizi e forniture è articolata in un unico livello, è predisposta dalle stazioni appaltanti e dagli enti concedenti mediante propri dipendenti in servizio e debba avere i contenuti di cui all. I.7. Orbene, solo con l'art. 78 del decreto correttivo, il legislatore ha inserito in detto allegato l'art. 4-*bis*, colmando così la carenza del testo originario dell'allegato. Dal 31 dicembre 2024, il contenuto minimo dell'unico livello di progettazione consiste in una relazione generale e illustrativa, un capitolato tecnico e un documento di stima economica, secondo le previsioni dell'art. 41, comma 12.

La disposizione secondo cui l'attività progettuale per servizi e forniture debba essere svolta mediante soggetti interni ha posto alcuni problemi applicativi.

Con parere n. 2299/2024, il MIT, con riferimento risposto ad un quesito posto da una stazione appaltante sulla possibilità di ricorrere a soggetti esterni, nel caso in cui non vi sia l'oggettiva possibilità di far redigere il progetto internamente, per mancanza di personale o di figure in possesso di idonea professionalità, ha risposto che l'art. 41, comma 12 afferma a chiare lettere che la progettazione di servizi e forniture deve essere svolta mediante dipendenti in servizio (dunque, internamente), senza aggiungere null'altro che possa supportare la risposta alla situazione prospettata nel quesito. Tuttavia, il MIT ritiene applicabile per analogia la disposizione, dettata per servizi attinenti all'architettura e all'ingegneria, prevista dall'art. 4, comma 3 dell'all. I.2, laddove è scritto che il RUP può svolgere, per uno o più interventi e nei limiti delle proprie competenze professionali, anche le funzioni di progettista o di direttore dei lavori. In considerazione di quanto sopra, potendo il RUP svolgere attività di progettazione, potrebbe essere affiancato in tale attività da un supporto al RUP esterno, individuato dalla stazione appaltante, ai sensi di quanto previsto dall'art. 15 del d.lgs. n. 36/2023 e dall'art. 2 dell'all. I.2 al Codice. Quindi, in questi casi, il RUP si potrebbe fare assistere, ma far proprio il progetto per servizi e forniture attraverso una sorta di ratifica dell'operato del professionista esterno.

12. Il conflitto di interessi nella fase di programmazione e di progettazione

Dalla disamina dei temi sin qui trattati, appare chiaro quanto siano numerosi i soggetti interessati dalla fase di programmazione e di progettazione degli interventi, con l'alto rischio che si ricada all'interno di una fattispecie di conflitto di interessi.

In effetti, si potrebbe creare all'interno dell'appalto una situazione per cui un soggetto coinvolto nella fase di programmazione di un intervento rischi di poter inserire all'interno della documentazione progettuale – e poi di gara – previsioni che possano eventualmente agevolare un operatore a discapito degli altri. Si parla in questi casi di conflitto di interessi.

Il conflitto di interessi è disciplinato dall'art. 16 del Codice, secondo cui si ha conflitto di interessi quando un soggetto che, a qualsiasi titolo, interviene con compiti funzionali nella procedura di aggiudicazione o nella fase di esecuzione degli appalti o delle concessioni e ne può influenzare, in qualsiasi modo, il risultato, gli esiti e la gestione, ha direttamente o indirettamente un interesse finanziario, economico o altro interesse personale che può essere percepito come una minaccia alla sua imparzialità e indipendenza nel contesto della procedura di aggiudicazione o nella fase di esecuzione.

Con riferimento alla "minaccia", sono stati abrogati gli aggettivi "concreta ed effettiva" al momento della modifica dell'art. 16 di cui si è detto. Quindi, oggi, la minaccia all'imparzialità e all'indipendenza – nel contesto della procedura di progettazione, ma anche (e conseguentemente) di aggiudicazione o nella fase di esecuzione – può essere anche solo potenziale.

In coerenza con il principio della fiducia – un altro principio introdotto dal Codice insieme al principio del risultato – e per preservare la funzionalità dell'azione amministrativa, la percepita minaccia all'imparzialità e all'indipendenza deve essere provata da chi invoca il conflitto, e ciò sulla base di presupposti specifici e documentati e deve riferirsi a interessi effettivi, la cui soddisfazione sia conseguibile solo subordinando l'interesse all'altro.

Il personale delle amministrazioni (equiparato ai soggetti esterni che operano su incarico dell'amministrazione, come verrà infra specificato) che versa nelle ipotesi di conflitto di interessi, ne deve dare comunicazione alla stazione appaltante o all'ente concedente e si deve astenere dal partecipare alla procedura.

Le stazioni appaltanti adottano misure adeguate a individuare, prevenire e risolvere in modo efficace ogni ipotesi di conflitto di interesse nello svolgimento delle procedure di aggiudicazione ed esecuzione degli appalti e delle concessioni e vigilano affinché gli adempimenti di comunicazione e di astensione siano espliciti.

È sancito, dunque, l'obbligo di astensione. È necessario precisare che, per giurisprudenza consolidata, quando si fa riferimento al personale, non si parla solo del personale interno della stazione appaltante – dunque i dipendenti della stazione appaltante –, ma anche di soggetti, come per esempio gli ausiliari del RUP, che potrebbero essere soggetti autonomi individuati a supporto del RUP, che possano versare in situazioni di potenziale conflitto di interessi.

È dunque evidente che soggetti interni della stazione appaltante (quali il RUP, il collaudatore, il direttore dei lavori, il direttore dell'esecuzione) se versano in una situazione di conflitto di interessi, lo devono segnalare; ma l'assenza di conflitto di interessi deve essere accertata anche in capo ad eventuali consulenti dell'amministrazione che siano stati individuati come assistenti del RUP, perché svolgono attività anche per conto del RUP, per esempio nella predisposizione della documentazione di gara che verrà poi dopo approvata e fatta propria dal RUP stesso.

Con riferimento all'art. 16, la Relazione illustrativa chiarisce che questa norma ha recepito l'art. 35 della direttiva 2014/23/CE, l'art. 24 della direttiva 2014/24/CE e l'art. 42 della direttiva 2014/25/CE, ovverosia le tre direttive da cui trae origine il Codice, facendo così proprie le indicazioni dell'Unione europea ai fini della creazione di meccanismi preventivi della corruzione. Ciò anche alla luce di quanto stabilito dalla Corte di Giustizia dell'Unione europea con sentenza del 12.3.2015 nella causa C538-13, relativamente alla prevenzione dei conflitti di interesse, nonché di meccanismi fraudolenti e corruttivi. Infine, l'art. 16 si allinea con la legge anticorruzione n. 190/2012, che ha introdotto numerose modifiche normative allo scopo di presidiare l'indipendenza e la terzietà dell'azione amministrativa.

Il Consiglio di Stato, con il parere n. 667/2019, ha chiarito che il conflitto di interessi esiste a prescindere dal fatto che vi sia o meno una condotta impropria, perché il conflitto di interessi deve essere valutato anche se si tratta di un conflitto di interessi potenziale; non è necessario, dunque, che vi sia un conflitto di interessi effettivo, ma è sufficiente una condotta che sia potenzialmente impropria o illegittima.

Tale inquadramento induce a considerare il conflitto di interessi come una condizione giuridica che si verifica quando, all'interno di una pubblica amministrazione, lo svolgimento di una determinata attività è affidata ad un funzionario che è contestualmente titolare degli interessi personali suoi i di terzi, la cui eventuale soddisfazione implica necessariamente una riduzione del soddisfacimento dell'interesse pubblico. L'essere in conflitto e abusare effettivamente della propria posizione sono, dunque, due aspetti distinti, non necessariamente integrati ai fini dell'applicazione della norma.

Il conflitto di interessi è rilevante sin dalla fase di programmazione dell'intervento, poiché il soggetto che si trova in situazione di conflitto di interessi, nel corso dell'attività di programmazione, potrebbe inserire delle previsioni agevolanti nei confronti di un operatore economico che vanno, invece, a discapito della concorrenza.

La giurisprudenza ha precisato che l'espressione "*interesse finanziario, economico o altro interesse personale*" comprende tutte le situazioni in grado di compromettere anche solo potenzialmente l'imparzialità richiesta, ovverosia ipotesi che si verificano quando il soggetto chiamato a svolgere una funzione strumentale alla conduzione della gara d'appalto sia altresì portatore di interessi della propria sfera privata che potrebbero influenzare negativamente l'esercizio imparziale delle sue funzioni. Questo è un principio derivante dalla sentenza del TAR Veneto n. 1021/2019, ma anche dalla sentenza del TAR Puglia n. 365/2021.

Con riguardo ai rimedi e alle conseguenze in caso di conflitto di interessi, l'art. 16 non stabilisce quali siano le conseguenze della violazione di detta disposizione. Occorre, invece, far riferimento all'art. 95, comma 1, lett. b), del d.lgs. n. 36/2023 in cui si sancisce che le stazioni appaltanti debbano escludere dalla partecipazione alla procedura d'appalto un operatore economico la cui partecipazione determini una situazione di conflitto di interesse di cui l'art. 16 non diversamente risolvibile.

Questa norma ripropone l'ipotesi già prevista all'art. 80, comma 5, lett. d), del previgente d.lgs. n. 50/2016, rispetto alla quale le linee guida ANAC n. 15/2019 chiarivano che l'esclusione del concorrente dalla gara doveva essere l'estrema ratio, cui ricorrere quando sono assolutamente ed oggettivamente impossibili sia la sostituzione del dipendente che versa in una situazione di conflitto di interesse, sia la revocazione dell'attività del responsabile del servizio, sia il ricorso a formule organizzative alternative previste dal Codice dei contratti. L'impossibilità di sostituire il dipendente, di disporre la revocazione, di ricorrere a formule alternative deve essere assoluta, oggettiva e puntualmente motivata e dimostrata.

13. L'appalto integrato

Altro tema importante strettamente connesso alla programmazione e anche alla progettazione è quello dell'appalto integrato. L'appalto integrato è lo strumento che consente di affidare all'appaltatore sia la progettazione che l'esecuzione dei lavori.

Con riferimento all'appalto integrato, nel corso degli anni si sono formati due orientamenti distinti: il primo – ed originario – consentiva una facilitazione al ricorso all'appalto integrato, poiché si riteneva che relativamente ad alcuni appalti, soprattutto quelli caratterizzati da particolare complessità tecnica, fosse preferibile consentire all'appaltatore di progettare l'intervento e, quindi, di assumersi una responsabilità sulla paternità della progettazione in modo tale da evitare che si potessero iscrivere delle riserve in fase esecutiva. Il secondo orientamento, di origine legislativa, affonda le sue radici nel d.lgs. n. 163/2006, che aveva ridotto i casi di appalto integrato, seguito poi dal d.lgs. n. 50/2016 che andava verso una nuova riapertura, fino all'art. 44 del Codice che liberalizza ulteriormente lo strumento dell'appalto integrato.

Infatti, l'art. 44 prevede che negli appalti di lavori, con la decisione di contrarre, la stazione appaltante o l'ente concedente, se qualificati, possono stabilire che il contratto abbia per oggetto la progettazione esecutiva e l'esecuzione dei lavori sulla base di un progetto di fattibilità tecnico-economica approvato.

Dunque, essendo stato eliminato un livello di progettazione, ovverosia il progetto definitivo, l'appalto integrato può essere indetto ed affidato sulla scorta di un solo progetto di fattibilità tecnico-economica, quindi con obbligo per l'appaltatore di eseguire il solo progetto esecutivo e poi i lavori.

Unica eccezione è fatta per gli appalti di opere di manutenzione ordinaria, per i quali non è ammesso il ricorso all'appalto integrato, perché si ritiene che non ci sia una complessità tecnica sufficiente, che è la motivazione per le quali si opta per l'appalto integrato.

La stazione appaltante, nel caso in cui faccia ricorso all'appalto integrato, deve motivare questa scelta con riferimento alle esigenze tecniche, tenendo sempre conto del rischio di eventuali scostamenti di costo nella fase esecutiva rispetto a quanto contrattualmente previsto. Ciò comporta che, nella determinazione a contrarre, la stazione appaltante sia tenuta ad esplicitare la sussistenza delle condizioni legittimanti il ricorso all'appalto integrato – cioè, la complessità tecnica dell'intervento –, ovvero che l'affidamento non rientra nelle categorie per le quali è escluso l'appalto congiunto di progettazione ed esecuzione.

Quando il contratto è affidato in forma congiunta mediante appalto integrato, gli operatori economici devono possedere i requisiti prescritti per i progettisti, oppure avvalersi di progettisti qualificati, da indicare in offerta, oppure partecipare in raggruppamento con soggetti qualificati per la progettazione.

Da questo punto di vista, la formulazione utilizzata dall'art. 44, quando si fa riferimento ai progettisti qualificati e fa ricorso al termine "avvalersi", è da intendersi in senso a-tecnico: non si tratta di avvalimento, perché il progettista qualificato può essere semplicemente indicato dal concorrente, ma non si tratta neppure di un concorrente in senso stretto, né tantomeno di un ausiliario; quindi, non sussiste la necessità di allegare un contratto di avvalimento. Rimane, dunque, la regola prevista dal previgente Codice per cui è sufficiente l'indicazione di progettisti esterni.

Nel caso di appalto integrato, l'offerta è valutata con il criterio dell'offerta economicamente più vantaggiosa, individuata sulla base del miglior rapporto qualità/prezzo. L'offerta deve indicare distintamente il corrispettivo richiesto per la progettazione e quello richiesto per l'esecuzione dei lavori. Ciò si lega al fatto che non è ammesso uno sconto rispetto alle tariffe professionali; dunque, lo sconto potrà essere effettuato sulle spese e sugli oneri accessori.

Il compenso spettante al progettista deve dunque essere indicato in maniera autonoma, e dovrà essere versato al progettista in via diretta, anche nel caso di appalti per i quali è necessario il BIM. Questa è un'altra novità del Codice: la qualificazione per la progettazione comprende anche l'uso dei BIM.

Il ricorso all'appalto integrato non esclude il diritto all'ottenimento della quota dell'incentivazione spettante ai dipendenti dell'amministrazione procedente. Tuttavia, posto che nell'appalto integrato diverse attività progettuali vengono svolte dal privato contraente, l'incentivazione è limitata alle sole attività che vengono effettivamente svolte dal RUP; dunque, se la progettazione è eseguita da un privato, non vi sarà quota di incentivazione relativa all'attività di progettazione. Il progetto di fattibilità tecnico-economica predisposto dall'affidatario dovrà, in ogni caso, essere validato dalla stazione appaltante; dunque, l'incentivazione si limiterà soltanto alla validazione, e non alla stesura del documento di fattibilità tecnico-economica. In linea generale, ogni attività che viene affidata a soggetti esterni non può essere oggetto di incentivazione.

14. L'accordo quadro

Un altro elemento da considerare in fase di programmazione di un intervento è la possibilità di affidare l'appalto attraverso il ricorso allo strumento dell'accordo quadro.

L'accordo quadro trova la sua definizione nell'all. I.1, art. 2, comma 1, lett. n), del Codice, secondo cui è l'accordo concluso tra una o più stazioni appaltanti e uno più operatori economici, il cui scopo è quello di stabilire le clausole relative agli appalti da aggiudicare durante un dato periodo, in particolare per quanto riguarda i prezzi e, se del caso, le quantità previste. L'accordo quadro è applicabile sia nei settori ordinari, sia nei settori speciali.

La definizione di accordo quadro non ha subìto modifiche rispetto alla precedente versione contenuta all'art. 3, comma 1, lett. iii), del d.lgs. n. 50/2016.

Sono state apportate, invece, alcune modifiche alla disciplina dell'accordo quadro contenuta negli artt. 59 per i settori ordinari e 154 per i settori speciali del Codice.

La natura dell'accordo quadro è desumibile in maniera esplicita dalla giurisprudenza. Il TAR Roma, sez. III, con sentenza 22.5.2023, n. 8633 ha chiarito, per esempio, che l'accordo quadro "*costituisce una procedura di selezione del contraente (che non postula alcuna deroga ai principi di trasparenza e completezza dell'offerta) allo scopo di semplificare, sotto il profilo amministrativo, il processo d'aggiudicazione dei contratti fra una o più stazioni appaltanti ed uno o più operatori economici, individuando futuri contraenti, prefissando condizioni e clausole relative agli appalti in un dato arco temporale massimo, con l'indicazione dei prezzi e, se del caso, delle quantità previste [...] in particolare, questa fattispecie contrattuale è particolarmente utile per le pubbliche amministrazioni quando non sono in grado di predeterminare, in maniera precisa e circostanziata, i quantitativi dei beni da acquistare. Infatti, l'accordo quadro costituisce un pactum de modo contrahendi, ossia un contratto normativo, dal quale non scaturiscono effetti reali o obbligatori e la cui efficacia consiste nel vincolare, alla disciplina fissata con l'accordo quadro, la successiva manifestazione di volontà delle parti contraenti nella stipula dei c.d. contratti esecutivi*".

Dunque, l'operatore aggiudicatario diviene la controparte contrattuale della stazione appaltante in relazione ai singoli e specifici contratti esecutivi dell'accordo quadro – il cui numero non è predeterminabile a priori, essendo definito solo l'ammontare complessivo dei contratti affidabili – e che sono destinati ad essere stipulati di volta in volta a seconda delle esigenze del fabbisogno che l'ente giudicatore intende soddisfare durante l'intero arco temporale di validità dell'accordo quadro.

Qualora, in fase di progettazione, la stazione appaltante ancora non abbia ben delineato in che quantitativo necessiterà di una determinata prestazione, la stessa si potrà avvalere dell'accordo quadro. Si tratta di uno strumento che funge da "paniere" valido per un certo periodo di tempo – normalmente quattro anni – in cui la stazione appaltante stabilisce un ammontare stimato massimo del contratto, poiché, al momento della redazione dell'accordo quadro, l'amministrazione non può ancora quantificare i fabbisogni effettivi in termini di lavori, servizi e forniture.

La sottoscrizione dell'accordo quadro – cui si perviene attraverso una procedura di gara ordinaria, con alcune particolarità previste dalle norme del Codice – non comporta l'impegno, per la stazione appaltante, di affidare le attività previste nell'accordo nella totalità del loro valore complessivo; la stazione appaltante, invece, con la sottoscrizione dell'accordo quadro, si riserva di affidare quelle attività fino al valore massimo previsto e per la durata del contratto quadro, attraverso quelli che vengono chiamati contratti applicativi.

Sono dunque, i contratti applicativi (o contratti esecutivi) che determinano un'obbligazione vera e propria, perché è in questi contratti che si individuano con precisione il quantitativo di lavori, servizi e forniture di cui la stazione appaltante avrà bisogno e che effettivamente commissione al contraente privato.

Invece, con la semplice formalizzazione dell'accordo quadro, la stazione appaltante si riserva la possibilità di ricorrere ad un determinato operatore economico – o a più operatori, nel caso di accordo quadro con più operatori –, ma senza un vincolo giuridico di natura "rigida". Solo in un momento successivo, dunque, la stazione appaltante – quando avrà individuato i suoi fabbisogni in termini di lavori, servizi e forniture – potrà disporre l'affidamento direttamente agli aggiudicatari di quella gara, senza dover espletare ulteriori procedure di gara, attraverso i singoli contrati attuativi, perché già a monte – con la procedura di affidamento dell'accordo quadro – vi è stato un confronto competitivo fra gli operatori economici.

Per quanto riguarda le caratteristiche dell'accordo quadro, la giurisprudenza, sia nazionale che comunitaria, afferma che, ai fini della legittimità dell'affidamento dell'accordo quadro, gli enti aggiudicatori sono tenuti a fissare nella legge di gara l'importo massimo di spesa. Infatti, se è vero che la quantità di prestazioni che verrà effettivamente richiesta agli aggiudicatari non deve necessariamente essere predeterminata *ex ante* in modo rigido e immodificabile – essendo sufficiente una stima durante il periodo di efficacia dell'accordo quadro –, è altrettanto vero che deve essere predeterminato in maniera chiara il limite quantitativo dello sforzo organizzativo che dovrà essere richiesto al fornitore. In questo senso, gioca un ruolo centrale la determinazione dell'importo massimo di spesa da parte degli enti aggiudicatori, posto che esso funge da limite al quantum delle prestazioni che possono essere legittimamente richieste dagli aggiudicatari dell'accordo quadro attraverso la stipula dei susseguenti contratti attuativi.

Per riassumere, gli elementi fondamentali dell'accordo quadro che garantiscono la *par condicio* tra i diversi concorrenti sono due: il primo è il valore stimato di un appalto basato sull'accordo quadro che deve tener conto di tutti i possibili contratti applicativi che la stazione appaltante attiverà nel corso della validità dell'accordo quadro, valore oltre il quale la stazione appaltante non potrà andare; il secondo è la natura delle prestazioni che la stazione appaltante affiderà attraverso l'accordo quadro, perché si tratta di un elemento che la stazione appaltante non può non prevedere per poi disciplinarlo nel corso della stipula dei contratti applicativi, perché, altrimenti, vi sarebbe un'indeterminatezza a monte che minerebbe i principi di trasparenza e della *par condicio*.

L'accordo quadro, come già anticipato, viene disciplinato dal Codice sia per i settori ordinari che per i settori speciali.

In particolare, l'art. 59 del Codice riguarda i settori ordinari, il quale prevede che le stazioni appaltanti possono concludere accordi quadro di durata non superiore a quattro anni, salvo casi eccezionali debitamente motivati, in particolare con riferimento all'aggetto dell'accordo quadro. L'accordo quadro indica il valore stimato nell'intera operazione contrattuale. In ogni caso la stazione appaltante non può ricorrere agli accordi quadro in modo da eludere l'applicazione del Codice o in modo da ostacolare, limitare o distorcere la concorrenza.

Il ricorso all'accordo quadro non è ammissibile ove l'appalto consequenziale comporti modifiche sostanziali alla tipologia delle prestazioni previste nell'accordo. Dunque, l'oggetto dell'accordo quadro, in fase di contratto applicativo, non è modificabile; in caso contrario, si opererebbe un affidamento nuovo e diverso.

L'accordo quadro può essere concluso con un unico operatore oppure con più operatori economici.

L'accordo quadro concluso con più operatori è eseguito secondo una delle seguenti modalità: la prima è senza riapertura del confronto competitivo, qualora l'accordo quadro contenga tutti i termini che disciplinano le prestazioni richieste, nonché le condizioni oggettive che permettono l'individuazione dell'operatore economico che effettuerà la prestazione; la seconda modalità prevede la riapertura del confronto competitivo tra gli operatori economici parti dell'accordo quadro; la terza modalità, se sussistono le condizioni di cui alla prima modalità, avviene, in parte, senza la riapertura del confronto competitivo, e, in parte, con la riapertura del confronto competitivo, se questa possibilità è stata stabilita dalla stazione appaltante nei documenti di gara per l'accordo quadro.

Dunque, si può prevedere un accordo quadro senza la riapertura del confronto competitivo – quando tutte le condizioni siano chiare a monte e, quindi, la concorrenza sia stata già assicurata in questa prima fase – oppure, riaprendo un confronto competitivo a valle qualora le condizioni generali non siano state definite nella loro interezza; dunque, il vero e proprio confronto competitivo può avvenire in una fase successiva.

In questo senso, l'art. 59, comma 5, chiarisce in maniera puntuale come devono essere svolti i confronti competitivi: essi si devono basare sulle stesse condizioni applicate all'aggiudicazione dell'accordo quadro.

La formulazione dell'art. 59 riproduce fedelmente l'art. 33 della direttiva 2014/24/CE e tiene conto di una serie di sentenze, fra cui quella della Corte di Giustizia dell'Unione europea, sez. VIII, del 19.12.2018, nella causa C216-17.

Per ogni appalto da aggiudicare, la stazione appaltante consulta per iscritto gli operatori economici che sono in grado di eseguire l'oggetto dell'appalto. La stazione appaltante fissa un termine sufficiente per presentare le offerte relative a ciascun appalto specifico, tenendo conto della complessità dell'oggetto dell'appalto e del tempo necessario per la trasmissione delle offerte. Le offerte sono presentate per iscritto e il loro contenuto non è reso pubblico fino alla scadenza del termine previsto per la loro presentazione. La stazione appaltante formalizza poi il contratto quadro con l'offerente che ha presentato l'offerta migliore, sulla base dei criteri di aggiudicazione fissati nei documenti di gara.

Per riassumere, la caratteristica principale dell'accordo quadro risiede nella definizione del perimetro generale delle obbligazioni contrattuali destinate ad essere specificate in una successiva fase, mediante l'attuazione di specifici contratti di appalto esecutivi o attuativi. L'accordo quadro indica il valore stimato delle prestazioni contrattuali, ossia il valore massimo stimato delle prestazioni, che non rappresenta un obbligo contrattuale per l'amministrazione. La stazione appaltante non si impegna ad affidare l'ammontare massimo previsto dall'accordo quadro, perché si tratta di uno strumento flessibile che, accorpando prestazioni di tipo omogeneo, consente di definire le prestazioni dei soggetti aggiudicatari al momento dell'affidamento a seconda delle effettive necessità, senza alcun vincolo al raggiungimento dell'importo previsto dall'accordo quadro complessivamente stimato. Ciò consente un risparmio in termini di tempi e di costi, in quanto si può attivare la prestazione solo se ritenuta necessaria al momento della stipula di un accordo applicativo, evitando, in tal modo, l'indizione di molteplici appalti e conseguente parcellizzazione della spesa, limitando talvolta la concorrenza tra gli operatori economici e ottenendo di norma – proprio perché si crea una massa più ampia di prestazioni – delle maggiori economie di scala, tali per cui se dette prestazioni fossero state affidate tramite singoli contratti si otterrebbero delle condizioni economiche più svantaggiose.

Il contratto attuativo (o contratto applicativo) è, invece, il singolo contratto di appalto che viene affidato in esecuzione dell'accordo quadro al verificarsi delle relative esigenze e, a partire dalla stipula di detto contratto, scatta l'obbligo contrattuale di pagamento e di determinazione delle prestazioni di cui la stazione appaltante ha effettivamente bisogno.

Nell'ambito di un accordo quadro, è possibile operare uno sconto, ma non sul valore dell'accordo quadro, bensì sulle prestazioni che sono oggetto dello stesso. Dunque, a titolo di esempio, si possono applicare sconti percentuali o su un elenco prezzi posto a base di gara, oppure sullo svolgimento di una determinata prestazione prevista all'interno dell'accordo quadro. Il valore stimato complessivo rimane invariato; invece, aumenta la possibilità per la stazione appaltante di chiedere prestazioni, perché più è alto lo sconto, più avrò facoltà di chiedere prestazioni in forza degli accordi applicativi, nel limite del valore stimato complessivo.

Per quanto riguarda l'ambito applicativo, l'art. 59 del Codice non si pone in continuità con il d.lgs. n. 50/2016, nella misura in cui non riproduce la previsione secondo cui gli accordi quadro erano ammessi solo in relazione ai lavori di manutenzione, mentre erano da ritenersi esclusi per i servizi di progettazione e altri servizi di natura intellettuale. Per tale motivo, oggi, gli accordi quadro possono essere utilizzati anche per i servizi di progettazione e per gli altri servizi di natura intellettuale. Di conseguenza, con riguardo al tema dell'equo compenso negli accordi quadro per la progettazione, lo sconto economico non si può chiedere sulle tariffe professionali, ma solo sulle spese e gli oneri accessori, ragione per cui, ancora una volta, è necessario individuare nell'accordo quadro le prestazioni che saranno richieste in sede di stipula dei contratti applicativi.

Nel Codice è prevista, altresì, una cosiddetta clausola antiabuso degli accordi quadro, per cui la stazione appaltante non può ricorrere agli accordi quadro in modo da eludere l'applicazione del Codice o in modo da ostacolare, limitare o distorcere la concorrenza. Ciò significa che, appunto, è possibile ricorrere all'accordo quadro solo nella misura in cui è stato stabilito in maniera puntuale, chiara e definitiva l'oggetto delle prestazioni attribuibili attraverso l'accordo stesso; in altri termini, l'accordo quadro deve delineare un perimetro preciso al fine di poter individuare, in fase esecutiva, le prestazioni oggetto dell'accordo.

Come già in precedenza segnalato, la durata dell'accordo quadro non può essere superiore a quattro anni, salvo casi eccezionali debitamente motivati, in particolare con riferimento all'oggetto dell'accordo quadro. Come ha chiarito l'ANAC nelle proprie FAQ, è possibile superare il limite dei quattro anni quando, per esempio, l'accordo quadro, soprattutto per un approvvigionamento di materiali funzionali allo svolgimento dell'appalto oggetto del contatto applicativo, sia necessario un termine più ampio di quattro anni per ottenere l'ammortamento dell'investimento. In questo caso, è evidente che l'accordo quadro possa avere una durata anche più ampia, però il superamento di questa soglia deve essere giustificato e specificato.

Il comma 1 dell'art. 59 specifica, poi, che l'accordo quadro deve indicare il valore stimato dell'intera operazione contrattuale. L'importanza della determinazione dell'importo complessivo stimato è stata segnalata dalla giurisprudenza amministrativa. Ad esempio, il TAR Roma, sez. III, con sentenza 22.5.2023, n. 8633, ha chiarito che deve essere predeterminato in maniera chiara il limite quantitativo dello sforzo organizzativo che potrà essere richiesto al fornitore e che, quindi, per quanto riguarda l'aspetto relativo al valore stimato dell'accordo quadro, bisogna tenere conto di quanto è stabilito dalle direttive europee, per cui il calcolo del valore stimato di un appalto è basato sull'importo totale pagabile, al netto dell'IVA, valutato dall'amministrazione aggiudicatrice, compresa qualsiasi forma di eventuali opzioni a rinnovi eventuali dei contratti come esplicitamente stabilito nelle documentazioni di gara. Quindi bisognerà tener conto non soltanto del valore complessivo stimato potenziale di tutti i contratti attuativi e applicativi, ma anche dell'eventuale periodo di proroga degli affidamenti stessi.

Come anticipato, gli accordi quadro possono essere completi o incompleti, ovverosia un accordo quadro è incompleto allorquando richiede un confronto concorrenziale a valle tra i firmatari dell'accordo stesso. Su questo tema l'ANAC ha risposto con delle FAQ. In particolare, alla domanda "*quali sono le tipologie di accordo quadro*", l'ANAC ha risposto affermando che ne esistono due tipologie: accordi quadro completi e accordi quadro incompleti. Nel primo caso (accordo quadro completo), nell'accordo sono disciplinate tutte le condizioni dei futuri contratti applicativi e, dunque, la competizione si esaurisce nella fase di aggiudicazione dell'accordo stesso, senza necessità di un nuovo confronto concorrenziale tra i firmatari dell'accordo quadro. Nel secondo caso (accordo quadro incompleto), nell'accordo quadro non sono definite tutte le condizioni dei futuri contratti applicativi e, dunque, essi possono essere affidati solo dopo aver rilanciato il confronto competitivo fra le parti che deve essere effettuato sulla base delle condizioni definite *ex ante* nel capitolo d'oneri dell'accordo quadro.

La scelta tra l'una o l'altra tipologia di accordo quadro è sottoposta alla valutazione discrezionale della stazione appaltante, secondo quanto chiarito anche dall'ANAC con delibera n. 453 del 13.9.2023. Questa scelta, tuttavia, deve tenere conto chiaramente dei dati in possesso dell'amministrazione; quindi, se l'amministrazione ha già individuato le attività di cui necessiterà, potrà procedere attraverso un accordo quadro completo; quando, invece, l'amministrazione può fornire solo delle caratteristiche generali, ma non particolari, del proprio fabbisogno, è preferibile ricorrere ad un accordo quadro incompleto.

Secondo la sentenza del Consiglio di Stato, sez. III, 20.3.2023, n. 2795, l'accordo quadro concluso con un solo operatore economico deve essere sempre e necessariamente un accordo quadro completo. In effetti, se si ricorresse, al contrario, ad un accordo quadro incompleto, questo strumento sarebbe utilizzato in maniera illegittima, poiché vi sarebbe la definizione puntuale degli accordi applicativi solo dopo la scelta dell'unico operatore sulla base di regole non predefinite, il che determina una chiara violazione del principio della par condicio.

Secondo l'art. 59, comma 3, quando l'accordo quadro sia concluso con un solo operatore economico, gli appalti sono aggiudicati entro i limiti delle condizioni fissate nell'accordo quadro stesso. La stazione appaltante può consultare per iscritto l'operatore economico chiedendogli di completare la sua offerta, se necessario; in ogni caso, ragionevolmente, non deve trattarsi di modifiche sostanziali, ma solo di precisazioni ai fini del completamento dell'offerta entro i limiti delle condizioni prefissate.

Questa previsione è stabilita anche con riferimento agli accordi quadro conclusi con più operatori economici dall'art. 59 ai commi 4 e 5 del Codice. Gli eventuali confronti competitivi si basano sulle stesse condizioni applicate all'aggiudicazione dell'accordo quadro, e su altre indicate nei documenti di gara per l'accordo quadro, secondo la seguente procedura: per ogni appalto da aggiudicare la stazione appaltante consulta per iscritto gli operatori economici che sono in grado di eseguire l'oggetto dell'appalto; la stazione appaltante fissa un termine sufficiente per presentare le offerte relative a ciascun appalto specifico, tenendo conto della complessità dell'oggetto dell'appalto e del tempo necessario per la trasmissione delle offerte; le offerte sono presentate per iscritto e il loro contenuto non è reso pubblico fino alla scadenza del termine previsto per la loro presentazione; la stazione appaltante aggiudica l'appalto all'offerente che ha presentato l'offerta migliore sulla base dei criteri di aggiudicazione fissati nei documenti di gara per l'accordo quadro.

Conclusioni

L'adozione di una programmazione triennale, estesa anche agli acquisti di beni e servizi, mira a superare la logica dell'urgenza, promuovendo una pianificazione anticipata e integrata. Questo approccio consente alle amministrazioni di ottenere economie di scala, garantendo maggiore controllo sulla spesa pubblica e una più efficace attuazione delle opere e dei servizi, anche con un'accurata selezione delle priorità.

Il ruolo del RUP viene rafforzato, con l'attribuzione di una visione d'insieme sull'intero ciclo del progetto, dalla programmazione all'esecuzione.

L'introduzione di strumenti di qualificazione delle stazioni appaltanti rappresenta un'ulteriore garanzia di professionalità e competenza, favorendo una maggiore specializzazione e la collaborazione con centrali di committenza qualificate.

Quindi, il Codice ha attuato una spinta acceleratoria rispetto a questi strumenti, nell'ottica del completamento dell'intervento nel più rapido tempo possibile. Nella stessa ottica si inserisce il fatto che l'aggiudicazione, da un punto di vista cronologico, si inserisce a valle di tutte le verifiche della documentazione e dei requisiti degli operatori economici. Ciò si basa sul presupposto del perfetto funzionamento del fascicolo virtuale dell'operatore economico, anche se al momento è ancora da completare, ponendo rimedio anche ai disfunzionamenti tecnici del predetto FVOE (nel qual caso è oggi possibile l'aggiudicazione senza verifiche, previa autocertificazione dell'offerente, una volta decorsi 30 giorni dalla richiesta della stazione appaltante).

Capitolo IV

Ruolo e compiti del RUP e dei collaboratori nelle attività preliminari all'affidamento e nella fase di affidamento

Alessandro Berta e *Giuseppe Panassidi*

Premessa

Questo capitolo esamina le attività e documenti preliminari alla fase di affidamento fino alla stipulazione del contratto, con l'analisi del ruolo e delle attività assegnate dal codice al responsabile unico del progetto (RUP) e ai suoi collaboratori (responsabili di fase e, in generale, collaboratori di supporto, interni ed esterni).

L'obiettivo è offrire una visione d'insieme, utile sia a chi comincia ad approfondire il mondo degli appalti pubblici ma anche, a quanti già operano in questo ambito, anche come ripetizione sommaria degli argomenti trattati

1. L'interazione fra programmazione, progettazione e altre attività preliminari alla fase di affidamento

Come noto, le funzioni del RUP sono previste dall'art. 15 del Codice e, in dettaglio, dall'all. I.2 che specifica agli artt. 6 e 7, rispettivamente, i compiti trasversali a tutte le fasi dei contratti (servizi, lavori e forniture) e dalla programmazione alla realizzazione, oltre ai compiti specifici per la fase di affidamento, in sostituzione di quelle previste dal precedente Codice del 2016 all'art. 31 e dalle Linee guida dell'ANAC n. 3/2016, aggiornate nel 2017, a seguito del Correttivo al d.lgs. n. 50/2016 (v. cap. II per il RUP).

Il Codice disciplina le attività precedenti alla progettazione, che rilevano ai fini della preparazione del progetto dell'intervento e che, a sua volta, influenza, direttamente e in modo significativo, la progettazione dei contenuti dei documenti e le modalità di svolgimento delle procedure di gara, impegnando il RUP in diversi compiti, che riguardano:

– la programmazione, il quadro esigenziale (QE), il documento di fattibilità delle alternative progettuali (DOCFAP), il documento di indirizzo della progettazione (DIP) e la progettazione dell'intervento;

– la verifica della coerenza tra la progettazione e gli obiettivi dell'ente, come rappresentati negli atti di programmazione e di progettazione;

– la scelta della procedura di affidamento più idonea, dei criteri di selezione degli operatori e delle offerte dei concorrenti;

– la predisposizione della documentazione tecnica e amministrativa necessaria per lo svolgimento delle procedure di gara.

1.1. L'interazione tra progettazione e affidamento

Alcuni dei compiti del RUP si sovrappongono con quelli propri dei soggetti che intervengono nella fase progettuale, generando una interrelazione necessaria tra il RUP e i progettisti: è il RUP, infatti, a prendere diverse decisioni, esercitando una discrezionalità tecnico-amministrativa, ancorché vincolata alla normativa di riferimento.

In particolare, agli artt. 41 e 42 del Codice e all'art. 6, comma 2, alle lett. da e) a i), dell'all. I.2, sono previsti una serie di compiti, per definire gli elementi fondamentali del bando, avvio o lettera di invito e degli altri documenti di gara.

1.2. Programmazione, quadro esigenziale, DOCFAP e DIP

Le attività, che precedono la fase della progettazione, iniziano con la programmazione, a cui è chiamato a partecipare il RUP con proposte, dati e informazioni, e, proseguono con la redazione di documenti che ne costituiscono il suo presupposto logico-giuridico.

La disciplina della *programmazione* è contenuta nell'art. 37 e nella relativa normativa di attuazione di cui all'all. I.5, che introducono novità rispetto al precedente Codice del 2016 per ciò che riguarda le soglie d'obbligo, prima fissate a 100.000 per i lavori e a 40.000 euro per beni e servizi e l'arco temporale di programmazione che da biennale diviene triennale.

Nella normativa di attuazione sono previsti i contenuti e le modalità di elaborazione dei programmi, e, ancora, il procedimento di approvazione e di aggiornamento, i termini e gli obblighi informativi e di pubblicità, nonché indicazioni per il raccordo, ove necessario, con la pianificazione dei soggetti aggregatori e delle centrali di committenza. Gli schemi-tipo per la programmazione riproducono, in buona sostanza, quelli previsti dal d.m. 16.1.2018, n. 14, abrogato a decorrere dal periodo di programmazione 2023-2025. Il decreto correttivo ha innovato il contenuto degli schemi-tipo individuati nell'all. I.5.

L'all. I.7, profondamente innovato con il decreto correttivo in particolare per recare l'implementazione dei metodi e strumenti di gestione informativa digitale di cui all'art. 43 del Codice, prevede gli altri documenti che devono essere approvati prima della progettazione, ossia il quadro esigenziale (QE), il documento di fattibilità delle alternative progettuali (DOCFAP) e il documento di indirizzo alla progettazione (DIP), i cui contenuti sono meglio precisati nell'all. I.7 come modificato dal decreto correttivo.

Il *QE*, sebbene l'art. 1 dell'all. I.7 nulla disponga espressamente al riguardo, è sempre obbligatorio per gli importi per i quali è obbligatoria la programmazione (lavori a partire da 150.000 e beni e servizi da 140.000 euro), in quanto la sua finalità e contenuto consistono nella specificazione, per ogni singolo intervento incluso nel programma, degli obiettivi generali da perseguire per quella specifica tipologia di intervento, dei fabbisogni e delle esigenze del committente e della collettività. Il documento è di esclusiva competenza della stazione appaltante o dell'ente concedente.

Il *DOCFAP*, prodromico alla redazione del DIP, ha la finalità di confrontare le possibili soluzioni alternative e individuare quella che presenta il miglior rapporto costi-benefici, con un livello di sviluppo del contenuto proporzionato alla tipologia e dimensione di ciascun intervento. Il documento consiste in una relazione tecnica-illustrativa articolata nell'analisi dello stato di fatto dell'area interessata, eventuali analisi preliminari, elaborati grafici e descrittivi, indicazione dei tempi di realizzazione, stima sommaria dei costi e confronto comparato delle alternative progettuali, a partire dalla non realizzazione dell'intervento.

Il DOCFAP, secondo l'art. 2 dell'all. I.7, è sempre necessario per i lavori d'importo stimato pari o superiori alla soglia di rilevanza comunitaria, mentre è facoltativo per gli interventi da 150.000 euro alla soglia di rilevanza europea. L'art. 37 del Codice dispone che il DOCFAP è necessario per inserire i lavori – soprasoglia – nel programma triennale.

Il *DIP*, in coerenza con il QE e, ove redatto, del DOCFAP, serve ad individuare, prima di avviare ogni livello di progettazione, le caratteristiche, i requisiti e gli elaborati progettuali necessari per la progettazione dell'intervento, tenuto conto della relativa dimensione, tipologia e categoria.

L'art. 41, comma 3, prevede che il DIP sia redatto dal RUP, rinviando all'all. I.7 per la definizione dei suoi contenuti, che variano in relazione alla natura tipologia e valore dell'intervento. E stabilisce che il documento debba essere approvato prima del progetto di fattibilità tecnico-economica (PFTE), primo livello di progettazione.

L'art. 3 del suddetto allegato specifica che il DIP debba contenere almeno le seguenti indicazioni dirette al progettista, interno o esterno:

i) stato dei luoghi (il Correttivo ha introdotto i riferimenti alle metodologie con sistemi informativi);

ii) obiettivi da perseguire attraverso la realizzazione dell'intervento, funzioni da svolgere e fabbisogni da soddisfare;

iii) ove pertinenti, i livelli di servizio da conseguire e i requisiti prestazionali di progetto da raggiungere e i requisiti tecnici, in relazione alla legislazione tecnica vigente, per il soddisfacimento delle esigenze da soddisfare;

iv) i livelli di progettazione da sviluppare e i relativi tempi di svolgimento, nonché gli elaborati grafici e descrittivi da redigere, le eventuali raccomandazioni per la progettazione, i limiti economici da rispettare e l'eventuale indicazione delle coperture finanziarie dell'opera;

v) le indicazioni in ordine al sistema di realizzazione dell'intervento, alla procedura di scelta del contraente, al criterio di aggiudicazione e alla tipologia di contratto;

vi) le specifiche tecniche contenute nei criteri ambientali minimi (CAM);

vii) ove fattibile, l'individuazione di lotti funzionali e/o di lotti prestazionali e quantitativi;

viii) se necessari, gli indirizzi generali per la progettazione del monitoraggio ambientale, geotecnico e strutturale delle opere, nonché le specifiche tecniche per l'utilizzo di materiali, elementi e componenti;

ix) un cronoprogramma, con la tempistica di massima per la realizzazione dell'intervento;

x) per gli affidamenti dei servizi di architettura e ingegneria, l'importo di massima stimato da porre a base di gara e la possibilità di utilizzare le economie derivanti dai ribassi d'asta anche per motivate varianti in corso d'opera;

xi) ove sia prescritto il piano di sicurezza e coordinamento, l'elaborato progettuale della sicurezza contenente l'analisi del contesto ambientale con l'individuazione delle potenziali interferenze, la descrizione dei rischi per la sicurezza e la salute dei lavoratori connessi all'area di cantiere, ad esclusione di quelli specifici propri dell'attività dell'impresa;

xii) per le forniture, i criteri di approvvigionamento di materiali idonei a garantire il rispetto dei criteri ambientali minimi e i diritti dei lavoratori;

xiii) gli indirizzi finalizzati a promuovere le forniture di materiali certificati da organismi verificatori accreditati di cui al regolamento di esecuzione (UE) 2018/2067 del 19.12.2018.

1.3. La progettazione

Come noto, per i lavori sono previsti solo due livelli di successivi approfondimenti tecnici: il progetto di fattibilità tecnico-economica (PFTE) e il progetto esecutivo (PE), i cui contenuti sono definiti dall'art. 6 all'art. 33 dell'all. I.7.

Per i lavori, il quadro economico (art. 5 dell'all. I.7) deve prevedere:

a) i lavori a misura (o a corpo, ma solo nei casi in cui in relazione alle caratteristiche del lavoro, motivandolo con una motivazione di discrezionalità tecnica, si ritenga necessario il ricorso alla valutazione "a corpo") (modifica introdotta dal Correttivo);

b) i costi della sicurezza non soggetti a ribasso d'asta;

c) l'importo relativo all'aliquota per l'attuazione di misure volte alla prevenzione e repressione della criminalità e tentativi di infiltrazione mafiosa, di cui all'art. 204, comma 6, lett. e), del Codice, non soggetto a ribasso;

d) le opere di mitigazione e di compensazione dell'impatto ambientale e sociale, nel limite di importo del 2% del costo complessivo dell'opera; costi per il monitoraggio ambientale;

e) le somme a disposizione per: *i*) lavori in amministrazione diretta previsti in progetto ed esclusi dall'appalto (dal 5 al 10% base gara, comprensivi costi sicurezza); *ii*) rilievi, accertamenti e indagini da eseguire ai diversi livelli di progettazione a cura della stazione appaltante; *iii*) rilievi, accertamenti e indagini da eseguire ai diversi livelli di progettazione a cura del progettista; *iv*) allacciamenti ai pubblici servizi e superamento eventuali interferenze; *v*) imprevisti dal 5 al 10% dell'importo a base gara, comprensivi costi sicurezza; *vi*) accantonamenti in relazione alle modifiche di cui agli artt. 60 e 120, comma 1, lett. a), del Codice; *vii*) acquisizione aree o immobili, indennizzi; *viii*) spese tecniche; *ix*) spese per attività tecnico-amministrative e strumentali connesse alla progettazione; *x*) incentivi alle funzioni tecniche; *xi*) eventuali spese per commissioni giudicatrici; *xii*) spese per pubblicità; *xiii*) spese per prove di laboratorio, accertamenti e verifiche tecniche obbligatorie, ecc.; *xiv*) spese per collaudo tecnico-amministrativo, statico, ecc.; *xv*) spese per la verifica preventiva dell'interesse archeologico; *xvi*) spese per i rimedi alternativi alla tutela giurisdizionale; *xvii*) ove previste, spese per le opere artistiche; IVA e eventuali altre imposte.

Sempre per i lavori il progetto deve prevedere il *quadro d'incidenza della manodopera e il costo del lavoro e dei prodotti.*

Il costo della manodopera è determinato dal Ministero del lavoro sulla base della contrattazione collettiva nazionale con le organizzazioni sindacali maggiormente rappresentative dei diversi settori e delle differenti aree territoriali. In mancanza di contratto collettivo applicabile, il costo del lavoro è determinato in relazione al contratto collettivo del settore merceologico più affine a quello preso in considerazione.

L'art. 41 del Codice, che opera una netta "inversione di rotta" rispetto al d.lgs. n. 50/2016, dispone al comma 14: "*14. Nei contratti di lavori e servizi, per determinare l'importo posto a base di gara, la stazione appaltante o l'ente concedente individua nei documenti di gara i costi della manodopera secondo quanto previsto dal comma 13. I costi della manodopera e della sicurezza sono scorporati dall'importo assoggettato al ribasso. Resta ferma la possibilità per l'operatore economico di dimostrare che il ribasso complessivo dell'importo deriva da una più efficiente organizzazione aziendale*".

Il Codice, quindi, in applicazione di un preciso criterio di delega di cui all'art. 1, comma 2, lett. t), della legge n. 78/2022, ha previsto che in ogni caso i costi della manodopera e della sicurezza siano sempre scorporati dagli importi assoggettati a ribasso, ma ha fatta salva la possibilità per l'operatore economico di dimostrare che un ribasso che coinvolga il costo della manodopera sia derivante da una più efficiente organizzazione aziendale, così armonizzando il criterio di delega con l'art. 41 Cost.[1].

Il costo dei prodotti, delle attrezzature e lavorazioni è determinato in base ai prezzi riportati nei prezziari regionali o adottati dalle stazioni appaltanti ed enti concedenti.

Per le forniture di beni e servizi, è previsto, come nel precedente codice, un solo livello di progettazione. Prima del Correttivo non c'era, tuttavia, nell'all. I.7, alcun riferimento ai contenuti del "progetto" dei servizi e delle forniture. Il Correttivo ha introdotto l'art. 4-*bis* all'interno dell'all. I.7, disponendo che il progetto del servizio/fornitura sia predisposto dalle stazioni appaltanti per il tramite di propri dipendenti e sia costituito "almeno" da una relazione generale illustrativa, dal capitolato tecnico e da un documento di stima economica secondo quanto disposto dall'art. 41, commi 13 e 14, del Codice.

Si evidenzia come sia opportuno nell'ambito del progetto, in particolare per i servizi e per le forniture con posa, individuare anche le indicazioni e disposizioni per la stesura dei documenti inerenti alla sicurezza, di cui all'art. 26, comma 3,

---

[1] Così Cons. Stato, sez. V, 9.6.2023, n. 5665.

d.lgs. n. 81/2008, e, nella stima economica, definire i costi della di sicurezza non soggetti a ribasso e il costo della manodopera; e, nei casi complessi, elaborare anche un cronoprogramma con le fasi attuative delle prestazioni e i relativi tempi di esecuzione.

1.3.1. Gli incarichi di progettazione dei lavori, beni e servizi e servizi tecnici

Per i lavori, l'incarico di progettazione esecutiva deve essere affidato, di regola, allo stesso progettista del PFTE. Il Codice, infatti, valorizza il principio della continuità della progettazione – già presente, in via tendenziale, nell'art. 24 del precedente Codice del 2016 – prevedendolo anche per il DOCFAP, se l'Amministrazione si è avvalsa per la sua predisposizione di un professionista esterno[2].

La finalità di questa scelta è chiara: da un lato, garantire l'omogeneità e la coerenza del procedimento progettuale, come dettagliata nell'all. I.7 al Codice dei contratti, secondo cui, da un lato, il PFTE deve costituire lo sviluppo progettuale della soluzione che, fra le possibili alternative messe a confronto nel DOCFAP, ove redatto, presenti il miglior rapporto costi da sostenere e benefici attesi (art. 6); dall'altro, assicurare un livello di progettazione esecutiva conforme al precedente livello, con la definizione di ogni elemento identificato in forma, tipologia, qualità, dimensione e prezzo (art. 22).

Se la continuità della progettazione è la regola, l'eccezione è costituita dall'affidamento disgiunto fra PFTE e progetto esecutivo, possibile solo se motivata e se il nuovo progettista accetta senza riserve la precedente attività di progettazione (art. 41, comma 6, lett. d). In caso di affidamento esterno di ambedue i livelli di progettazione, l'avvio della progettazione esecutiva è condizionata alla determinazione di approvazione del PFTE da parte della stazione appaltante (art. 41, comma 9).

Se *per i servizi e le forniture*, l'unico livello di progettazione deve essere elaborato dal personale dalla stazione appaltante o ente concedente, tuttavia si ritiene che, in casi di grave carenza di adeguate professionalità, le amministrazioni possano ricorrere al RUP, affiancato in tale attività da un supporto esterno, da individuare ai sensi di quanto previsto dall'art. 15 del Codice e dall'art. 4, comma 3, dell'all. I.2 (parere MIT n. 2299/2024).

Gli oneri della progettazione, delle indagini, delle ricerche e degli studi connessi, della redazione dei piani di sicurezza e di coordinamento, ecc., necessari per la redazione del progetto, devono gravare sulle disponibilità finanziarie della stazione appaltante o dell'ente concedente e devono essere inclusi, quindi, nel quadro economico dell'intervento (per l'elenco completo di tali oneri da includere fra le somme a disposizione del quadro economico, v. art. 41, comma 10).

Per i servizi di *architettura e ingegneria*, possono partecipare alle procedure di affidamento: professionisti, singoli e associati, società di professionisti e di ingegneria, altri soggetti abilitati in forza del diritto internazionale a offrire sul mercato servizi ingegneria e architettura, raggruppamenti temporanei costituiti da detti sog-

---

[2] Sulla regola della continuità della progettazione, Cons. Stato, sent. 2.4.2024, n. 3007.

getti, consorzi stabili di società di professionisti e di società di ingegneria formati di almeno di tre consorziati (art. 66), in possesso dei requisiti stabiliti agli artt. dal 34 al 39 dell'all. II.2.

I contratti relativi all'affidamento dei servizi di ingegneria e architettura di importo inferiore a 140.000 euro possono essere affidati direttamente (art. 50, comma 1, lett. b); quelli di importo pari o superiore a 140.000 euro e fino alla soglia comunitaria, richiedono lo svolgimento di una procedura negoziata senza bando (art. 50, comma 1, lett. e); quelli di importo pari o superiore alla soglia di rilevanza europea, una procedura ordinaria (artt. 71 ss.). In ogni caso, i contratti di importo pari o superiore a 140.000 euro devono essere aggiudicati esclusivamente con il criterio dell'offerta economicamente più vantaggiosa, da individuare sulla base del miglior rapporto qualità-prezzo (art. 108, comma 2, lett. b) con la componente del fattore prezzo, individuata dal Correttivo, non superiore a 30 punti su 100 (con la conseguenza che la qualità deve valere sempre almeno 70 punti su 100).

L'art. 41 prevede, al comma 15, che le modalità di determinazione dei corrispettivi per le fasi progettuali da porre a base degli affidamenti sono stabilite nell'all. I.13. Il Correttivo, intervenendo sulla questione dell'equo compenso, ha chiarito che il ribasso massimo praticabile complessivamente sui corrispettivi non può superare il 35% del valore dei corrispettivi stessi, comprensivi di oneri e spese. Il decreto correttivo, inoltre, ha introdotto un limite alla riduzione dei corrispettivi per gli affidamenti sottosoglia comunitaria, che non può essere superiore ad un massimo del 20% del loro valore (sul tema dell'equo compenso, si rinvia al cap. I, par. 2).

1.4. PFTE nella finanza di progetto

Il decreto correttivo ha introdotto una differenziazione di contenuti tra il PFTE delle opere e quello delle concessioni ai fini della valutazione delle proposte di finanza di progetto. Inserendo l'art. 6-*bis* all'all. I.7, il decreto correttivo ha inteso individuare una modalità "semplificata" di PFTE da porre a base delle proposte di finanza di progetto, anche per contenere le spese che i promotori o i proponenti debbono affrontare in tale procedura. Sembrerebbe che i medesimi contenuti siano necessari anche per le altre tipologie di concessione di costruzione e gestione. Per quanto riguarda le concessioni di servizi il comma 2 dell'art. 6-*bis* individua i documenti che debbono supportare le procedure di finanza di progetto relative alle concessioni di servizi e le concessioni di servizi in genere (si rinvia al cap. VI).

1.5. Verifica e validazione

Il RUP, oltre al rilevante ruolo che assume nella fase propedeutica di elaborazione dei documenti a monte della progettazione vera e propria, è chiamato a eseguire, dopo ogni livello di progettazione, diverse attività, caratterizzate da un elevato grado di complessità e da significative ricadute sulla fase di gara.

Infatti, il RUP deve garantire una completa coerenza fra la fase della progettazione e dell'affidamento, integrando indicazioni tecniche e normative, in modo da minimizzare il rischio di discrasie, fonte di possibili contenziosi o ritardi, che, inevitabilmente, si potrebbero riflettere sulla fase esecutiva.

Il RUP svolge questo delicato compito di interazione fra la fase della progettazione e quella dell'affidamento con l'assunzione della responsabilità della *verifica del progetto* per i lavori d'importo inferiore ad un milione di euro e della "guida" del procedimento di verifica negli altri casi (sez. IV, all. I.7); nonché, a conclusione della verifica, con la validazione del livello progettuale da porre a base della gara o dell'affidamento.

L'attività di verifica deve essere effettuata da soggetti diversi, in relazione all'importo e alla tipologia dell'appalto: *a*) per i lavori di importo pari o superiore a 20 milioni di euro, e, in caso di appalto integrato, per i lavori di importo pari o superiore a 150.000 euro, da organismi di controllo accreditati ai sensi della norma europea UNI CEI EN ISO/IEC 17020; *b*) per i lavori di importo inferiore a 20 milioni di euro e fino alla soglia di rilevanza comunitaria, dai soggetti di cui alla lett. a) del presente comma e di cui all'art. 66 del Codice, che dispongano di un sistema interno di controllo della qualità, o dalla stazione appaltante nel caso in cui disponga di un sistema interno di controllo di qualità; *c*) per i lavori di importo inferiore alla soglia di rilevanza comunitaria e fino a 1 milione di euro, dagli uffici tecnici delle stazioni appaltanti se il progetto è stato redatto da progettisti esterni o le stesse stazioni appaltanti dispongano di un sistema interno di controllo di qualità se il progetto è stato redatto da progettisti interni; *d*) per i lavori di importo inferiore a 1 milione di euro, dal responsabile unico del progetto, anche avvalendosi della struttura di supporto cui all'art. 15, comma 6, del Codice.

La *validazione* consiste nell'accertamento finale dell'idoneità del progetto, esecutivo o di fattibilità tecnico-economica nell'appalto integrato, da porre a base di gara. La validazione non è da intendere, quindi, come un semplice passaggio formale (nonostante la sua qualificazione nel codice come "atto formale"), ma, piuttosto, come momento di sintesi delle verifiche tecniche e amministrative effettuate. Si basa, essenzialmente, sul c.d. *rapporto conclusivo della verifica*, ossia sul verbale redatto dal soggetto incaricato di accertare la conformità del progetto agli standard tecnici e normativi e le eventuali controdeduzioni del progettista e che attesta, tra l'altro, la coerenza tra lo stato di fatto e lo stato di progetto, assicurando che l'intervento sia realizzabile senza impedimenti di natura tecnico-amministrativa. La validazione richiede che sia garantita la piena disponibilità delle aree interessate dall'opera, verificando la mancanza di ostacoli giuridici o materiali che possano compromettere l'esecuzione dei lavori.

La verifica è incompatibile con lo svolgimento, per lo stesso progetto, dell'attività di progettazione, del coordinamento della sicurezza, della direzione dei lavori e del collaudo.

La normativa stabilisce che, ove il direttore dei lavori sia già stato nominato, il verbale di verifica debba includere una dichiarazione da parte di quest'ultimo sulla conformità tra lo stato di fatto e lo stato di progetto, nonché sull'effettiva disponibilità delle aree. In mancanza del direttore dei lavori, questa dichiarazione deve essere fornita da altri soggetti competenti.

La validazione, disciplinata dall'art. 42, comma 4, e dall'art. 34, comma 4, dell'all. I.7 è, invece, di responsabilità esclusiva del RUP, che la condivide con il soggetto preposto alla verifica. Tale condivisione garantisce un controllo più rigoroso e una maggiore corresponsabilità tra le figure coinvolte, tant'è che in caso di dissenso sugli esiti, il RUP è tenuto a fornire una adeguata motivazione.

È importante notare che, come nella disciplina previgente, la validazione include anche una valutazione sull'accessibilità del progetto e sulla sua compatibilità con il contesto normativo, tecnico e operativo.

La validazione, in sintesi, è un atto formale, che riassume le attività precedenti di verifica ma che deve contenere anche aspetti importanti di valutazione conclusiva e pone le basi per la successiva procedura di affidamento, tant'è che il bando e la lettera di invito devono contenere gli estremi dell'avvenuta validazione del livello di progetto posto a base di gara (di norma il PE; per l'appalto integrato, il PFTE; su verifica e validazione v. anche cap. III).

1.6. La tracciabilità del progetto

Il progetto è tracciato da un codice unico di progetto (CUP), codice alfanumerico obbligatorio di 15 caratteri, che consente alla stazione appaltante o ente concedente, nei suoi diversi livelli organizzativi e territoriali, di identificare, in modo univoco, ogni progetto di investimento pubblico e di monitorarne nel tempo l'evoluzione. Tale codifica è valida per tutte le amministrazioni pubbliche e per i soggetti, sia pubblici sia privati, che partecipano al ciclo di vita dei progetti. La normativa prevede obblighi stringenti di indicazione del CUP negli atti amministrativi, anche di natura regolamentare [3].

2. Stima del valore del contratto e divieto di artificioso frazionamento

Giova ricordare che è indispensabile calcolare correttamente il valore stimato del contratto (per gli appalti, art. 14, comma 4; per le concessioni, art. 179, comma 1), che rileva a diversi fini, fra cui:

– l'obbligo o meno di procedere alla programmazione obbligatoria dell'intervento (art. 37);

– l'individuazione della procedura di scelta del contraente, diversa fra soprasoglia (artt. da 70 a 76) e sottosoglia e fra le fasce di valore infra-sottosoglia (art. 50);

– le modalità di pubblicità legale;

– la definizione del contratto ad alta densità di manodopera, il cui costo deve essere pari o superiore al 50% dell'importo complessivo (art. 2, comma 1, lett. e), all. I.1);

[3] Art. 11, comma 2-*bis*, legge n. 3/2003 così come integrato dall'art. 41, comma 1, d.l. n. 76/2020, convertito, con modificazioni, dalla legge n. 120/2020 e delibera CIPE n. 63/2020. Per ulteriori informazioni, v. "*Manuale del Sistema Codice Unico di Progetto (CUP)*", a cura del Dipartimento per la programmazione e il coordinamento della politica economica.

– la scelta del criterio di aggiudicazione, stante l'obbligo di utilizzare per l'affidamento di alcune tipologie di appalti (servizi sociali, di ristorazione e mensa, dialogo competitivo, partenariato per l'innovazione, appalto integrato, ecc.), e per altre di importo da 140.000 in su (servizi di ingegneria e architettura e servizi e forniture con notevole contenuto tecnologico o innovativo) il criterio dell'offerta economicamente più vantaggiosa, anziché quello del minor prezzo (art. 108, comma 2, lett. da a) ad f);

– l'obbligo o meno di acquistare beni, servizi o lavori di manutenzione ordinaria utilizzando il mercato elettronico della pubblica amministrazione (MePA) o altri mercati elettronici regionali (art. 1, comma 450, legge n. 296/2006);

– l'applicazione della deroga al principio di rotazione, prevista, in generale, per gli affidamenti diretti di importo inferiore a 5.000 euro (art. 49, comma 6);

– l'obbligo o meno di qualificazione della stazione appaltante, ai sensi degli artt. 62 e 63, per lo svolgimento delle gare, oltre le soglie per cui è possibile procedere per stazioni non qualificate procedere autonomamente, per l'appalto integrato, lo svolgimento della fase di esecuzione, ecc.;

– l'obbligo o meno di richiedere la garanzia provvisoria, con la scelta della sua percentuale (per la sottosoglia 1%, *ex* art. 53, commi 1 e 2; per il soprasoglia, 2%, con possibile riduzione fino all'1% e aumento fino al 4%, ossia proporzionata alla natura della prestazione e al grado di rischio, *ex* art. 93, comma 1);

– l'individuazione della regola da applicare per le verifiche dei requisiti in capo all'aggiudicatario (art. 52 per il sottosoglia fino all'importo inferiore a 40.000 euro); e stabilire i requisiti specifici da richiedere ai concorrenti, che devono essere proporzionati all'entità e complessità dell'appalto;

– il calcolo dell'importo dei singoli lotti in cui suddividere gli appalti (art. 58 per la disciplina e art. 3, comma 1, lett. s), t) e u) dell'all. I.1 per le definizioni di lotto funzionale, lotto prestazionale e lotto quantitativo oggetto di differente definizione a seguito della modifica dell'all. I.1. introdotta dal decreto correttivo);

– la scelta della forma del contratto (art. 18, comma 1), con la precisazione che il Correttivo non sembra fare più distinzioni tra le modalità di stipula, avendo eliminato l'obbligo di stipula con forme semplificate per i contratti negoziati, estendendone la facoltà a ogni contratto di qualsiasi valore;

– l'individuazione della disciplina per i contratti di sponsorizzazione (art. 134, comma 4);

– ecc.

Le soglie di rilevanza europea, stabilite dal Codice (art. 14, comma 1, per i settori ordinari e comma 2, per i settori speciali) sono periodicamente rideterminate con provvedimento della Commissione europea, pubblicato in *Gazzetta* della UE.

Il metodo di calcolo del valore varia a seconda che si tratti di appalti o concessioni.

Per gli *appalti*, come previsto dall'art. 14, comma 4, il valore del contratto è basato sull'importo massimo totale pagabile, al netto dell'IVA, ivi compresa qualsiasi forma di opzione o rinnovo stabilita nei documenti di gara e di premio o pagamento previsto per i candidati o gli offerenti.

Valore stimato appalto (VSA) è pari alla somma dei seguenti importi:

a) importo a base di gara soggetto a ribasso;
b) importo per costi della sicurezza scorporato (per lavori all. I.7, artt. 5, 17);
c) importo per costo manodopera scorporato (per lavori e servizi *ex* art. 41, comma 14);
d) opzioni e rinnovi;
e) premi e pagamenti per candidati e offerenti;
$\Sigma (a + b + c + d + e) = VSA$.

I costi della sicurezza e i costi della manodopera devono essere indicati separatamente nei documenti di gara, quali voci dell'importo complessivo a base d'asta. Tuttavia, mentre i costi della sicurezza non sono mai ribassabili, quelli della manodopera possono essere soggetti a ribasso, a condizione che l'operatore economico dimostri che il ribasso sul costo della manodopera derivi da una più efficiente organizzazione aziendale[4].

Tale valore deve essere calcolato al momento dell'invio dell'avvio del bando di gara, e, per le procedure senza gara, al momento dell'avvio della procedura dell'affidamento del contratto (art. 14, comma 7).

È stato chiarito che "*La ripetizione dei servizi analoghi non è un mero rinnovo del primo contratto. I servizi oggetto del secondo affidamento in ripetizione al primo possono tranquillamente essere aggiornati rispetto a quelli oggetto del primo contratto senza che ciò rientri nell'ambito della variante quanto piuttosto nell'ambito della nuova negoziazione. Quello che deve rispettarsi in fase di ripetizione di servizi analoghi è il limite economico individuato in fase di gara. L'artico 63 comma 5 del codice prevede infatti che l'importo totale previsto per la prosecuzione dei lavori o della prestazione dei servizi venga computato per la determinazione del valore globale dell'appalto, ai fini dell'applicazione delle soglie*"[5].

Per le *concessioni,* invece, il valore stimato della concessione (VSC) è costituito dal fatturato totale generato per tutta la durata del contratto, al netto dell'IVA stimato dall'ente concedente, secondo un metodo oggettivo da indicare nei documenti di gara, quale corrispettivo del concessionario dei lavori e dei servizi oggetto della concessione, e per le forniture accessorie a tali lavori e servizi.

Valore stimato concessione (VSC) è uguale a:

– fatturato totale del concessionario;
– per tutta la durata della concessione;
– al netto dell'IVA;
– stimato dall'ente concedente;
– con metodo oggettivo specificato nei documenti di gara.

---

[4] Cons. Stato, sent. 9.6.2023 n. 5665; parere MIT 27.7.2023, n. 2154; ANAC, delib. 15.11.2023, n. 258 – Pres. ANAC atto fasc. n. 1643/2024.

[5] Parere MIT 6.2.2023, n. 1766.

Il VSC deve essere stimato al momento dell'invio del bando di concessione o, nei casi in cui non sia previsto detto bando, al momento in cui l'ente concedente avvia la procedura di aggiudicazione della concessione. Se il valore al momento dell'aggiudicazione supera il valore stimato di oltre il 20%, si considera il valore della concessione al momento dell'aggiudicazione.

Il Codice detta regole specifiche per la determinazione del valore di determinate tipologie di contratti, quali servizi e forniture da rinnovare entro un certo periodo di tempo; locazione finanziaria; locazione e acquisto a riscatto di prodotti; servizi assicurativi e bancari; incarichi di progettazione (v. all. I.13 "determinazione parametri progettazione" per PFTE e PE); servizi senza un prezzo complessivo di durata < oppure > a 48 mesi; appalti c.d. misti, e concessioni miste (lavori e servizi); lavori e servizi messi a disposizione dell'aggiudicatario, per i quali il valore è uguale all'importo di lavori e servizi se necessari per i lavori, ecc. (art. 14, commi 8 ss.).

In caso di opera, prestazione di servizi o progetto per forniture omogenee che può dar luogo ad appalti aggiudicati per *lotti distinti*[6] (anche nel caso di affidamento non contemporaneo), la regola è di sommare il valore della totalità dei lotti e, se il valore cumulato è pari o superiore alle soglie UE, di applicare quanto previsto per il soprasoglia all'aggiudicazione di ciascuno ciascun lotto, con la sola eccezione dei mini-lotti (inferiore a 80.000 euro per forniture e servizi, e a 1 milione per lavori, sempre che il loro valore cumulato non superi il 20% del valore complessivo di tutti i lotti).

È vietata la scelta del metodo per il calcolo del valore stimato di un appalto o concessione effettuata con l'intenzione di escluderlo dall'ambito di applicazione del codice relative alle soglie europee; così come è vietato il *frazionamento* dell'appalto allo scopo di evitare l'applicazione delle norme del Codice, tranne nel caso in cui ragioni oggettive lo giustifichino.

Il frazionamento del fabbisogno è vietato, sia su base locale, come nel caso di unità operative distinte sprovviste di autonomia di spesa, sia su base temporale (infrannuale o negli anni) nel caso in cui il fabbisogno non sia "*una tantum*" o a termine dell'anno di riferimento, ma continuo. Il frazionamento non può essere giustificato da ragioni di necessità e urgenza, che costituiscono il presupposto per la riduzione dei termini nelle procedure ordinarie o per il ricorso alla procedura negoziata di cui all'art. 63, comma 2, lett. c), del d.lgs. n. 50/2016, oltre che dell'avvio

---

[6] L'all. I.3, alle lett. s), t) e u), definisce "lotto funzionale", lo specifico oggetto di appalto o concessione da aggiudicare anche con separata e autonoma procedura, ovvero parti di un lavoro o servizio generale la cui progettazione e realizzazione sia tale da assicurarne funzionalità, fruibilità e fattibilità indipendentemente dalla realizzazione delle altre parti: "lotto prestazionale", lo specifico oggetto di appalto o concessione da aggiudicare anche con separata e autonoma procedura, definito su base qualitativa, in conformità alle varie categorie e specializzazioni presenti o in conformità alle diverse fasi successive del progetto; "lotto quantitativo", lo specifico oggetto di appalto o concessione funzionalmente autonomo da aggiudicare anche con separata e autonoma procedura, definito su base meramente quantitativa, in conformità alle varie categorie e specializzazioni presenti o in conformità alle diverse fasi successive del progetto adeguato alla capacità economico-finanziaria delle medie e piccole imprese.

anticipato dell'esecuzione contrattuale, ma non per giustificare il mancato rispetto delle regole che governano il calcolo dell'importo a base di gara [7].

Per evitare il frazionamento di un acquisto, sarebbe consigliabile procedere alla programmazione anche nei casi in cui non sia prevista come obbligatoria dal Codice (art. 37).

3. La scelta delle procedure di affidamento e del criterio di aggiudicazione

Dopo la validazione del progetto, il RUP deve selezionare il sistema di affidamento più idoneo per ogni appalto.

La scelta del RUP è condizionata da una serie di fattori, tra cui, il valore e la natura del contratto (es. appalto integrato). Il RUP deve decidere, ad esempio, se ricorrere ad un contratto di appalto o ad una concessione. Nel caso di concessione, deve ulteriormente valutare se il contratto rientri nel quadro del partenariato pubblico-privato e, in tal caso, quale sia la forma più appropriata fra quelle previste dal Codice (concessione, finanza di progetto, locazione finanziaria, contratto di disponibilità). E verificare l'analisi costi-ricavi effettuata nel DOCFAP, obbligatoriamente richiesta dall'art. 2, comma 8, dell'all. I.7.

Se opta per l'appalto, il RUP deve inoltre decidere se adottare un contratto a corpo, a misura o una combinazione di entrambi (tenendo conto della preferenza per il contratto a misura introdotto dal Correttivo). Questa decisione dipende dalla natura dell'intervento ed è una scelta di discrezionalità tecnica.

Nel caso di *appalto a corpo*, l'offerta può essere formulata attraverso un unico ribasso percentuale sull'importo complessivo. In questa modalità, il RUP deve garantire che la documentazione preveda una maschera standardizzata per la presentazione del ribasso, escludendo dal calcolo le parti non ribassabili, come i costi della sicurezza. Nel caso dell'appalto a corpo, la SA deve prevedere in progetto e tra i documenti di gara, un computo metrico estimativo dettagliato, che, pur non avendo valore contrattuale diretto, serve come riferimento per eventuali verifiche tecniche. In alternativa all'espressione di un ribasso percentuale sulle opere, la SA può prevedere la presentazione di un'offerta a prezzi unitari da parte del concorrente che, tuttavia, assume valore di offerta solo nell'espressione del complessivo offerto e più che altro del correlato ribasso indicato dall'operatore economico.

Nell'*appalto a misura*, l'offerta deve includere un elenco prezzi unitari, dove ogni voce è dettagliata e associata ad un prezzo specifico. Questo tipo di offerta richiede una maggiore attenzione nella predisposizione dei documenti, in quanto le modalità di calcolo devono essere chiare e coerenti con il capitolato tecnico. L'offerta finale sarà rappresentata da un ribasso percentuale applicato all'intero elenco prezzi, ovvero in un'offerta a prezzi unitari nella quale l'operatore economico do-

[7] ANAC, delibera 26.1.2022, n. 34.

vrà indicare per ciascuna voce il proprio prezzo unitario e il prezzo complessivo (per voce e totale).

Per gli *appalti misti corpo e misura*, il RUP deve predisporre, o far predisporre dal progettista, i documenti che consentano ai concorrenti di esprimere il ribasso in modo articolato, distinguendo tra le parti a corpo e quelle a misura. Questa modalità, che presenta una complessità maggiore, richiede una particolare cura nella definizione delle regole e delle modalità di calcolo, con l'utilizzo, di norma, di un'offerta prezzi unitari, con parti a corpo e parti a misura.

Nel caso poi di appalti complessi, il RUP può optare per un *appalto integrato*, che include sia la progettazione esecutiva sia l'esecuzione delle opere, oppure per un appalto di sola esecuzione, se la scelta è quella di porre a base della gara il progetto esecutivo redatto.

3.1. La tracciabilità della gara: il CIG

Il codice identificativo di gara è un codice univoco alfanumerico, composto da dieci caratteri, rilasciato dall'ANAC (BDNCP), necessario per identificare in modo chiaro e tracciabile ogni procedura di gara e di affidamento di appalti pubblici. Deve essere richiesto attraverso il sistema ANAC da parte di ogni stazione appaltante o ente concedente, prima dell'inizio della gara d'appalto o della negoziazione, e deve essere riportato nel contratto e nella documentazione di spesa e di pagamento.

Il CIG svolge, oltre alla funzione di identificazione del contratto sottoscritto dalla pubblica amministrazione a seguito di un appalto o concessioni, altre diverse funzioni fondamentali, tra cui quella di tracciare le movimentazioni economiche legate all'appalto associate al CIG, garantendo trasparenza e controllo (c.d. tracciabilità dei flussi finanziari) [8].

3.2. Sistema di aggiudicazione

Per quanto riguarda il sistema di aggiudicazione, le opzioni disponibili includono, nel sottosoglia *ex* art. 50, l'affidamento diretto e la procedura negoziata senza bando, nonché l'accordo quadro (art. 59); nelle soglie di rilevanza comunitaria *ex* artt. dal 70 al 76, la procedura aperta o ristretta, competitiva con negoziazione, il dialogo competitivo, il partenariato per l'innovazione e la procedura negoziata senza pubblicazione di un bando, a cui si aggiungono l'accordo quadro (art. 59), oltre a particolari modalità come l'appalto integrato, che combina progettazione ed esecuzione dei lavori (art. 49).

La scelta della procedura *non è sempre discrezionale*: in molti casi, è lo stesso

[8] La normativa di riferimento è contenuta nell'art. 3 della legge 13.8.2010, n. 136 come modificato dalla legge n. 217/2010, di conversione del d.l. n. 187/2010; nell'art. 6 della stessa legge n. 136/2010 in tema di sanzioni; nell'art. 6 del d.l. n. 187/2010, convertito con legge n. 217/2010 sulla disciplina transitoria e alcune norme interpretative e di attuazione. Per ulteriori informazioni, vedi FAQ ANAC "*Tracciabilità dei flussi finanziari*" aggiornate a giugno 2024 (pagina sito ANAC *https://www.anticorruzione.it/en/-/tracciabilit%C3%A0-dei-flussi-finanziari*).

Codice a stabilire vincoli precisi, indicando le modalità procedurali obbligatorie in base al valore dell'appalto (art. 14, comma 4, Codice) o della concessione (art. 179, comma 2, Codice) e alla tipologia di intervento.

Ad esempio, per gli affidamenti sopra una certa soglia, la normativa può richiedere l'utilizzo della procedura ordinaria o, in determinate circostanze, la procedura negoziata. Nei casi in cui la normativa consenta una maggiore discrezionalità, il RUP deve comunque motivare adeguatamente la scelta, in particolare, se opta per una procedura più complessa rispetto a quella semplificata prevista dalla normativa. Questa motivazione deve considerare l'impatto della procedura scelta sui tempi di conclusione dell'affidamento, in quanto il principio del risultato richiede che l'amministrazione raggiunga l'obiettivo dell'affidamento entro i termini previsti.

LAVORI SOTTOSOGLIA	
Importo	Modalità di affidamento
< 150.000	*Affidamento diretto,* anche senza consultazione di più OO.EE, assicurando che siano scelti soggetti in possesso di documentate esperienze pregresse idonee all'esecuzione delle prestazioni contrattuali anche individuati tra gli iscritti in elenchi o albi istituiti dalla stazione appaltante
150.000 < x < 1 milione	*Procedura negoziata senza bando,* previa consultazione di almeno 5 OO.EE., ove esistenti, individuati in base a indagini di mercato o tramite elenchi di operatori economici
1 milione < x < soglia UE	*Procedura negoziata senza bando,* previa consultazione di almeno dieci operatori economici, ove esistenti, individuati in base a indagini di mercato o tramite elenchi di operatori economici, salva la possibilità di ricorrere alle procedure di scelta del contraente di cui alla Parte IV del presente Libro (in cui si tratta la procedura ordinaria)
< 500.000**	*Affidamento diretto* (art. 62) attraverso l'effettuazione di ordini a valere su strumenti di acquisto messi a disposizione dalle centrali di committenza qualificate e dai soggetti aggregatori

SERVIZI E FORNITURE SOTTOSOGLIA (compresi servizi di ingegneria e architettura, attività di progettazione)	
Importo	Modalità di affidamento
x < 140.000	*Affidamento diretto,* anche senza consultazione di più operatori economici, assicurando che siano scelti soggetti in possesso di documentate esperienze pregresse idonee all'esecuzione delle prestazioni contrattuali, anche individuati tra gli iscritti in elenchi o albi istituiti dalla stazione appaltante
140.000 δ x < soglia UE	*Procedura negoziata senza bando,* previa consultazione di almeno 5 OO.EE. ove esistenti, individuati in base a indagini di mercato o tramite elenchi di operatori economici
< soglia UE **	*Affidamento diretto* (art. 62) attraverso l'effettuazione di ordini a valere su strumenti di acquisto messi a disposizione dalle centrali di committenza qualificate e dai soggetti aggregatori

PROCEDURE SOPRASOGLIA			
Tipologia	D.Lgs. 36	Regola	Termine per ricezione offerte
Procedura aperta	art. 71	Qualsiasi operatore economico (OE) interessato può presentare un'offerta in risposta ad un avviso di indizione di gara.	Termine minimo = 30 giorni ≥ 15: (i) se pubblicato un avviso di pre-informazione (ii) in casi di urgenza motivata non inferiore a 15 gg; per il sottosoglia: – Avviso indagine di mercato: durata pubblicazione minimo 15 giorni; in caso d'urgenza: minimo 5 gg.
Procedura ristretta	art. 72 – all. II.6	1° step – domanda di partecipazione, per prequalificazione 2° step – presentazione offerta dei concorrenti invitati ai fini della selezione dell'operatore economico.	Termine minimo = – 30 gg per richiesta di invito, dalla data di trasmissione del bando di gara o avviso di preinformazione: – 15 gg motivata urgenza – 30 gg (10 gg con pre-informazione o urgenza) per ricezione offerte
Procedura competitiva con negoziazione	art. 73 – all. II.6, Parte I, lett. B o C	1° step: qualsiasi O.E. può presentare una domanda di partecipazione in risposta a un avviso di indizione di gara, fornendo le informazioni richieste dalla stazione appaltante. 2° step: gli OO.EE. invitati possono presentare un'offerta iniziale.	Termini minimi per ricezione domande = – 10 gg dalla data di trasmissione del bando di gara ai sensi dell'art. 84 o, se è utilizzato come mezzo di indizione di una gara un avviso di pre-informazione, dalla data d'invio dell'invito a confermare il proprio interesse. Termine minimo ricezione offerte = – 25 gg dalla data di trasmissione dell'invito, salvo riduzione dei termini nei casi di avviso di pre-informazione, a) con le info richieste nell'all. II.6, Parte I, lettera B, sezione B.1, purché dette informazioni siano disponibili al momento della pubblicazione dell'avviso; b) trasmesso da non meno di 35 gg e non oltre 12 mesi prima della data di trasmissione del bando di gara.

Dialogo competitivo	art. 74	1° step: qualsiasi O.E. può chiedere di partecipare in risposta a un bando di gara, o a un avviso di indizione di gara, fornendo le info richieste. 2° step: dialogo competitivo anche in fasi successive per ridurre num. soluzioni emerse durante il dialogo. 3° step: concluso il dialogo, la SA invita a presentare l'offerta sulla base della soluzione o delle soluzioni presentate nella fase del dialogo. 4° step: possibili ulteriori negoziazioni con O.E. con offerta con il miglior rapporto qualità/prezzo per confermare gli impegni finanziari e contenuti offerta.	Termine minimo per la ricezione domande di partecipazione = – 30 gg. dalla data di trasmissione del bando di gara

Termini per le procedure di appalto e concessione a norma dell'art. 17 comma 3-3*bis*	
Procedura aggiudicata a mezzo OEPV	Termine
Procedura aperta Procedura ristretta Procedura competitiva con negoziazione Dialogo competitivo Partenariato per l'innovazione	9 mesi 10 mesi 7 mesi 7 mesi 9 mesi
Procedura aggiudicata al minor prezzo	Termine
Procedura aperta Procedura ristretta Procedura competitiva con negoziazione Procedura negoziata senza previa pubblicazione di un bando di gara	5 mesi 6 mesi 4 mesi 3 mesi
Proroghe	Termine
Per verifiche di anomalia Circostanze eccezionali Ulteriori situazioni imprevedibili di oggettiva difficoltà	1 mese 3 mesi 3 mesi (ulteriori)

Da rimarcare che l'affidamento diretto, per stessa definizione del Codice, è una procedura senza gara, ragione per cui se il RUP fa precedere l'affidamento da un avviso a manifestare interesse, nella sostanza, rischia di configurarsi, secondo una parte della giurisprudenza, in una procedura negoziata e, in tal caso, vanno applicate le regole previste per questa tipologia di procedura, per cui, fra l'altro, non vige il divieto di duplice continuo affidamento, tuttavia, la giurisprudenza si è più volte pronunciata in favore del mantenimento della figura dell'affidamento diretto anche in casi di procedimentalizzazione di appalti inferiori alle soglie della procedura negoziata[9].

3.3. Criteri di aggiudicazione

Un ulteriore compito del RUP riguarda la scelta del criterio di aggiudicazione, da stabilire in conformità all'art. 108 del Codice e nel rispetto dei principi generali in materia di selezione previsti dall'art. 107:

– offerta conforme alla *lex specialis* di gara;
– offerente in possesso dei requisiti generali e di quelli specifici richiesti;
– possibilità per la stazione appaltante di non aggiudicare l'appalto all'offerente che ha presentato l'OEPV, se ha accertato che l'offerta non soddisfa gli obblighi in materia ambientale, sociale e del lavoro stabiliti dalla normativa europea e nazionale;
– possibilità nelle procedure aperte di "inversione procedimentale", con l'esame delle offerte prima della verifica dell'idoneità degli offerenti).

La normativa distingue tra due criteri di aggiudicazione: a) l'offerta economicamente più vantaggiosa (OEPV), individuata sulla base del miglior rapporto qualità/prezzo o sulla base dell'elemento prezzo o del costo; b) il minor prezzo.

L'utilizzo dell'uno o dell'altro criterio di selezione dipende, nei casi in cui manchi un vincolo normativo, dalla discrezionalità tecnico-amministrativa del RUP, che deve considerare le caratteristiche specifiche del contratto, specie nei casi in cui il criterio influenzi non solo l'aggiudicazione della gara, ma anche l'esecuzione per garantire il raggiungimento degli obiettivi qualitativi e temporali previsti.

Ad esempio, per appalti soprasoglia o di particolare complessità, la normativa impone generalmente l'adozione del criterio dell'*OEPV*, in quanto ritenuto più adeguato a valutare le offerte.

In alcuni casi è possibile ricorrere al criterio del prezzo più basso, che premia esclusivamente l'offerta più economica (art. 108, comma 3). Questo criterio può essere scelto, con l'esclusione dei contratti ad alta intensità di manodopera, per una fornitura o un servizio "standardizzato"; è ritenuto tale per sua natura o per la prestazione richiesta, un servizio che possa essere espletato solo in una unica modalità, in mancanza di una reale possibilità di comparazione tra la qualità delle offerte in

---

[9] TAR Lombardia, sez. I, sent. 7.1.2025, n. 28; in senso conforme, TAR Calabria, Catanzaro, sez. I. sent. 29.5.2024, n. 848 si sono pronunciati per la trasformazione in procedura negoziata; non ritengono che la procedimentalizzazione trasformi l'affidamento in una procedura negoziata: TAR Lombardia, Milano, sent. 11.6.2024, n. 1778; Cons. Stato, sez. IV, sent. 23.4.2021, n. 3287; TAR Venezia, sez. I, sent. 13.6.2022, n. 981; TAR Basilicata, sez. I, sent. 11.2.2022, n. 108; TAR Marche, sez. I, sent. 7.6.2021, n. 468; TAR Campania, Napoli, sent. 4.2.2025, n. 909; Cons. Stato, sez. V, sent. 15.1.2024, n. 503; TAR Lazio, sent. 11.11.2024, n. 19840.

sede di giudizio; oppure, una fornitura o un servizio, strettamente vincolato a precisi e inderogabili standard tecnici o contrattuali, o, ancora, caratterizzato da elevata ripetitività e per i quali non vi sia, quindi, alcuna reale necessità di far luogo all'acquisizione di offerte differenziate [10].

Per i lavori, rimane possibile utilizzare il minor prezzo, ma solo a seguito di una valutazione specifica da parte del RUP delle condizioni che lo giustifichino, in quanto le prestazioni richieste siano chiaramente definite, standardizzate e prive di margini interpretativi che possano influire sulla qualità dell'esecuzione.

La scelta del criterio dell'OEPV è obbligatoria, come previsto dal comma 2 dell'art. 108, per gli affidamenti di: servizi di ingegneria e architettura e altri servizi di natura tecnica e intellettuale di importo pari o superiore a 140.000 euro; servizi e forniture di importo pari o superiore a 140.000 euro, caratterizzati da notevole contenuto tecnologico o che hanno un carattere innovativo; servizi sociali e di ristorazione ospedaliera, assistenziale e scolastica e servizi ad alta intensità di manodopera superiori ai 140.000 euro; dialogo competitivo e partenariato per l'innovazione, di cui agli artt. 74 e 75; appalto integrato, di cui all'art. 44 del Codice.

L'obbligo dell'OEPV si applica, quindi, anche nei contratti sottosoglia, se la natura dell'oggetto dell'appalto lo richiede (art. 108: servizi sociali, di ristorazione, assistenziale e scolastica), dove la qualità delle prestazioni è un elemento fondamentale (servizi intellettuali), e per quelli ad alta intensità di manodopera (costo della manodopera pari o superiore al 50% del valore complessivo dei corrispettivi, secondo la definizione dell'art. 2, comma 1, lett. e), dell'all. I.1).

Il criterio del minor prezzo non può essere utilizzato, nemmeno per lavori di importo inferiore alla soglia comunitaria, qualora il RUP accerti che si tratti di lavori caratterizzati da notevole contenuto tecnologico o che presentino carattere innovativo. Questa è una novità del Codice che deve essere attentamente valutata dal RUP e che è oggetto di una scelta di discrezionalità tecnica.

La scelta del criterio di aggiudicazione da parte del RUP ha implicazioni sin dal momento della predisposizione dei documenti di gara, che devono essere strutturati in modo coerente con il criterio scelto.

Per il *minor prezzo*, la documentazione deve specificare, in dettaglio:

– l'importo a base d'asta e le componenti dell'importo stesso;

– le parti ribassabili e quelle non ribassabili, come i costi della sicurezza, che non possono essere oggetto di ribasso;

– il costo stimato della manodopera, che deve essere indicato in modo chiaro e dettagliato nel bando di gara sia per i lavori sia per i servizi e le forniture con posa in opera;

– il numero di decimali ammessi per la formulazione del ribasso percentuale, nonché le modalità di gestione delle eventuali irregolarità (troncamenti, arrotondamenti, ecc.);

– i documenti da redigere a seconda della tipologia dell'offerta.

[10] Cons. Stato, sent. 24.1.2023, n. 782; Cons. Stato, Ad. Plen., sent. 21.5.2019, n. 8.

Per l'*OEPV*, i documenti di gara devono indicare (art. 108, commi da 4 a 8):

– i criteri (ed eventuali sub-criteri) di valutazione, pertinenti alla natura, oggetto e caratteristiche del contratto, la relativa ponderazione (ed eventuali sub-pesi), anche con scarto adeguato fra minimo e massimo (forcella);

– l'ordine decrescente di importanza dei criteri, se la ponderazione non è possibile per ragioni oggettive;

– l'eventuale competizione in base al solo prezzo, se l'elemento del costo assume la forma di un prezzo o costo fisso;

– i punti per i criteri di qualità e prezzo stabiliti discrezionalmente, salvo il limite del 30% per punteggio da assegnare al prezzo nei contratti ad alta intensità di manodopera;

– nell'acquisizione di beni e servizi informatici, da utilizzare in un contesto connesso alla tutela di interessi nazionali di sicurezza, il limite massimo per il punteggio economico è il 10%;

– eventuali criteri premiali per favorire la partecipazione delle piccole e medie imprese;

– criteri premiali obbligatori da attribuire alle imprese che attestino, anche mediante autocertificazione, di essere in possesso della certificazione di parità di genere di cui all'art. 46-*bis* del d.lgs. 1.1.2006, n. 198 (codice delle parità uomo-donna).

Il RUP deve individuare, con precisione, nei bandi, avvisi o lettere d'invito, le modalità con cui i concorrenti sono tenuti a formulare l'offerta. Questo aspetto assume particolare rilievo nei lavori pubblici, dove la scelta tra *appalto a corpo, a misura o misto corpo e misura* comporta differenze significative nella redazione e gestione della documentazione di gara. Documenti che, in molti casi, sono parte dei compiti che spettano al progettista.

Sulla documentazione di gara e i documenti richiesti ai concorrenti si rinvia al par. 4.

3.4. Istituzione dell'Ufficio di direzione dei lavori

Tra le numerose responsabilità attribuite al RUP in questa fase, un ruolo di particolare rilevanza riguarda la nomina del direttore dei lavori (DL), per i contratti relativi ai lavori pubblici e, ove previsto, l'istituzione dell'ufficio di direzione lavori.

Questi compiti, che incidono sulla fase di affidamento e su quella esecutiva, sono disciplinati negli artt. da 114 a 126 del Codice e dall'all. II.14, che ne definisce i contorni normativi e operativi, nonché dall'all. I.9 per le figure che devono nominare le stazioni appaltanti che adottano metodi e strumenti di gestione informativa e digitale delle costruzioni, da utilizzare per l'affidamento e l'esecuzione dei contratti di lavori, servizi e forniture (gestore dei processi digitali, gestore dei processi digitali, coordinatore dei flussi informativi, con competenze acquisite anche mediante la frequenza con profitto di appositi corsi di formazione).

La normativa, in particolare, attribuisce al RUP il compito di promuovere le condizioni necessarie affinché la stazione appaltante possa procedere, con tempestività, alla nomina del Direttore dei Lavori (DL) e, nei casi previsti, alla costituzione dell'Ufficio di direzione lavori, che si compone del direttore dei lavori stesso e degli altri soggetti chiamati a collaborare con lui nell'espletamento delle attività tecniche e amministrative inerenti all'esecuzione dell'opera. A tal fine, l'art. 114, comma 2, del Codice, prevede che il RUP debba assicurare che il DL sia nominato prima dell'avvio della procedura di gara per l'affidamento dei lavori.

Pertanto, il RUP, non solo deve individuare il momento opportuno per avviare il percorso di selezione e nomina, ma anche garantire il completamento delle attività preliminari necessarie affinché tale nomina sia formalizzata e svolta nei tempi richiesti.

In sostanza, il legislatore non si limita a prescrivere la necessità della nomina, ma prevede che il RUP predisponga e coordini l'intero iter procedurale, assicurando che tutti i presupposti tecnico-amministrativi siano soddisfatti.

Quando il DL viene individuato all'interno dell'organico della stazione appaltante, la nomina è relativamente semplice e può consistere in una semplice lettera di incarico, su proposta del RUP.

Se il DL deve essere selezionato all'esterno, il RUP ha il dovere di organizzare la procedura di affidamento sulla base del valore economico dell'incarico. Per incarichi di modesta entità, è possibile ricorrere all'affidamento diretto; per gli incarichi di valore superiore alla soglia dell'affidamento diretto ($\geq$ a 140.000 euro), è necessaria una procedura negoziata, mentre per incarichi che superano ulteriormente tale soglia si applicano le regole delle procedure ordinarie (procedura aperta o ristretta). Il criterio di aggiudicazione per affidamenti pari o superiori a 140.000 euro è quello della valutazione del miglior rapporto qualità prezzo, come per tutti i servizi di ingegneria e architettura con le peculiari modalità di suddivisione dei punteggi indicati nel Correttivo (minimo 70 punti alla qualità e massimo 30 punti al prezzo) e con una riduzione dei corrispettivi in sede di offerta che non può superare il 35%.

Il RUP deve curare la redazione della documentazione necessaria per lo svolgimento della procedura di scelta del DL, compresi il capitolato, i requisiti di partecipazione, i criteri di valutazione e ogni altro elemento indispensabile per garantire la trasparenza e la correttezza del processo. Inoltre, nelle procedure negoziate e ordinarie, l'aggiudicazione dell'incarico deve avvenire utilizzando il criterio dell'OEPV, che prevede la valutazione del rapporto qualità-prezzo, da affidare ad un'apposita commissione giudicatrice. E l'elaborazione di criteri di valutazione specifici, che permettano di selezionare il professionista o il gruppo di professionisti più idoneo a svolgere l'incarico.

Sebbene la normativa preveda che la nomina del DL avvenga prima dell'avvio della gara, l'assenza del DL in questa fase non determina l'invalidità delle attività successive. In ogni caso, il DL deve essere nominato entro il momento in cui si procede alla *consegna dei lavori* all'impresa aggiudicataria. Questo significa che, se la nomina non è stata effettuata prima dell'avvio della procedura di affidamento, il RUP deve adoperarsi per completare il processo di selezione e formalizzazione del DL in termini almeno coerenti con l'avvio della fase esecutiva, specie quando sia prevista l'esecuzione anticipata del contratto (art. 17, commi 8 e 9) per motivate ragioni o per urgenza, oppure l'esecuzione anticipata (introdotta con il Codice) nei contratti sottosoglia (art. 50, comma 6).

L'*Ufficio di direzione lavori* è costituito dal DL e dai suoi – eventuali – collaboratori, quali assistenti e figure tecniche, che lo supportano nell'esercizio delle sue funzioni. L'Ufficio viene costituito – principalmente – per appalti di una certa complessità, dove la gestione delle attività richiede competenze specialistiche e un'organizzazione strutturata. Il RUP è chiamato a promuovere l'istituzione di tale Ufficio, verificando, caso per caso, esercitando la propria discrezionalità tecnica, l'esigenza della sua costituzione in forza della complessità dell'appalto ed imponendone la costituzione nei documenti di gara o affidamento diretto della direzione lavori, ovvero, in caso di nomina interna, nei documenti di nomina.

La contabilità dei lavori è effettuata mediante l'utilizzo di programmi di contabilità digitale, che usano formati aperti non proprietari, in grado di garantire l'autenticità, la sicurezza dei dati inseriti e la provenienza degli stessi dai soggetti competenti; programmi di contabilità digitale, che in caso di incarichi a professionisti esterni, devono essere preventivamente accettati dal RUP (art. 12, comma 10, all. II.14, modificato dall'art. 92 del decreto correttivo).

È da annotare che per i soli lavori di importo inferiore a 40.000 euro è consentita la tenuta di una contabilità semplificata, previa verifica da parte del direttore dei lavori della corrispondenza del lavoro svolto con quanto fatturato, tenendo conto dei lavori effettivamente eseguiti; e il certificato di regolare esecuzione può essere sostituito con l'apposizione del visto del direttore dei lavori sulle fatture di spesa (art. 12, comma 11-*bis*, all. II.14, aggiunto dall'art. 92 del decreto correttivo).

La compilazione dei libretti delle misure deve essere effettuata attraverso la registrazione delle misure rilevate direttamente in cantiere dal personale incaricato in apposito verbale e in contraddittorio con l'esecutore (art. 12, comma 11, all. II.14, modificato dall'art. 92 del decreto correttivo).

Riassumendo, la complessità di questo processo varia in funzione delle caratteristiche dell'opera e della struttura organizzativa della stazione appaltante; in ogni caso, il RUP deve garantire che l'ufficio sia pienamente operativo prima dell'avvio delle attività di esecuzione. Per questo, è fondamentale che il RUP consideri le tempistiche necessarie per la selezione, l'eventuale contrattualizzazione e la messa a disposizione delle risorse necessarie.

3.5. Il direttore dell'esecuzione del contratto (DEC) nei contratti di servizi e forniture

Il RUP, a differenza che per i lavori, deve procedere alla nomina del DEC solo se le caratteristiche del servizio o della fornitura lo richiedano, quindi, nei casi per i quali è espressamente prevista la nomina di un DEC diverso dal RUP oppure nelle fattispecie nelle quali la norma prevede la facoltà per la SA di determinarsi nella nomina di un DEC diverso dal RUP.

Ciò perché il Codice prevede che, di norma, le due figure, RUP e DEC, coincidano.

A seguito delle modifiche introdotte dal decreto correttivo all'art. 32, all. II.14) è stato precisato che il RUP deve essere diverso dal DEC, in caso di servizi di particolare importanza, ossia per quegli interventi di importo superiore a 500.000 euro e, indipendentemente dall'importo, i servizi particolarmente complessi sotto il profilo tecnologico, le prestazioni che richiedono l'apporto di una pluralità di competenze, gli interventi caratterizzati dall'utilizzo di componenti o di processi produttivi innovativi o dalla necessità di elevate prestazioni per quanto riguarda la loro funzionalità e i servizi che, per ragioni concernente l'organizzazione interna alla stazione appaltante, impongano il coinvolgimento di unità organizzativa diversa da quella cui afferiscono i soggetti che hanno curato l'affidamento, nonché, in via di prima applicazione, alcuni specificatamente indicati (servizi di telecomunicazione; servizi finanziari, distinti in servizi assicurativi e servizi bancari e finanziari, servizi informatici e affini, ecc.); nel caso delle forniture, le due figure devono essere presenti, nel caso di forniture di particolare importanza, definite come le prestazioni di importo superiore a 500.000,00 euro, nonché quelle che presentino le medesime caratteristiche di cui al comma 2 (v. art. 92, comma 1, lett. f), punti 1 e 2). L'art. 32 dell'all. II.14 (come modificato dal Correttivo) elenca – in via esemplificativa – una serie di servizi che possono rientrare nella casistica della c.d. "complessità" descritta nell'art. 32 stesso.

Se si deve procedere alla nomina di un DEC diverso dal RUP, quest'ultimo deve garantire, come per i lavori, che il DEC sia operativo prima dell'avvio dell'esecuzione del contratto. È evidente, infatti, che, sebbene l'all. I.2 del Codice non specifichi i tempi esatti entro i quali tale nomina deve essere effettuata, il DEC debba essere designato in tempo utile per assumere la gestione e il controllo tecnico-contabile del contratto fin dal primo giorno di esecuzione.

Qualora il DEC non coincida con il RUP, la sua selezione richiede un'attività di istruttoria e di proposta, da formularsi da parte del RUP al responsabile del servizio, che può riguardare una figura interna alla SA o alle altre pubbliche amministrazioni, oppure, in caso di carenza, una scelta esterna, con il RUP che deve procedere a realizzare il processo amministrativo necessario per giungere all'individuazione, tramite le apposite procedure di selezione, del DEC, garantendo che il processo giunga a completamento prima dell'avvio della fase esecutiva del contratto.

Nei contratti di servizi e forniture, il RUP è chiamato a gestire la direzione dell'esecuzione, con alcune specifiche differenze operative rispetto alla gestione dei lavori.

Una peculiarità della direzione dell'esecuzione nei contratti di servizi e forniture riguarda l'istituzione dell'ufficio di direzione dell'esecuzione. Diversamente a quanto accade per i lavori pubblici, dove la decisione di costituire un ufficio di direzione lavori è preventivamente presa dal RUP, nei contratti di servizi e forniture tale scelta spetta al RUP su istanza motivata del DEC, il quale, una volta nominato, valuta se le caratteristiche del contratto richiedano l'istituzione di un ufficio che includa assistenti tecnici o amministrativi in grado di supportarlo nella gestione dell'esecuzione, previo assenso del RUP.

3.6. La nomina del coordinatore della sicurezza in fase di esecuzione

Un altro aspetto rilevante riguarda la nomina del Coordinatore della sicurezza in fase di esecuzione (CSE).

In tutti i contratti volti alla realizzazione di lavori pubblici di valore superiore a un milione di euro, il RUP è tenuto a proporre al responsabile del servizio la nomina di un CSE necessariamente diverso dal direttore dei lavori. Questa separazione è prevista dalla normativa per garantire che le attività di coordinamento della sicurezza nei cantieri siano svolte in modo autonomo rispetto alla direzione lavori, evitando possibili conflitti di interesse o, comunque, interferenze rilevanti. La nomina del CSE diverso dal DL, inoltre, è obbligatoria anche nel caso in cui siano presenti, anche al di sotto della soglia sopra evidenziata, interferenze particolarmente rilevanti, indipendentemente, quindi, dal valore economico dell'appalto. Sebbene il Codice consenta, per appalti di valore inferiore a un milione di euro e privi di interferenze significative, che il DL svolga contestualmente anche le funzioni di CSE, la prassi operativa evidenzia come ciò accada sempre più di rado, considerato che la complessità delle opere pubbliche e la – normale – presenza di interferenze, rende spesso indispensabile la separazione tra i due ruoli per garantire un controllo più efficace sulla sicurezza.

3.7. La nomina del collaudatore

A seguito del decreto correttivo (art. 40, comma 1, lett. b) di modifica dei commi 4, 4-*bis* e 4-*ter* dell'art. 116), nei *contratti di lavori* per effettuare le attività di collaudo:

a) le stazioni appaltanti e gli enti concedenti che sono amministrazioni pubbliche nominano da uno a tre collaudatori scelti tra il proprio personale o tra il personale di altre amministrazioni pubbliche, con qualificazione rapportata alla tipologia e caratteristica del contratto, in possesso dei requisiti di moralità, competenza e professionalità, e appartenenti, se dipendenti della stessa amministrazione, a strutture funzionalmente indipendenti;

b) le stazioni appaltanti e gli enti concedenti che non sono amministrazioni pubbliche nominano da uno a tre collaudatori, di cui almeno uno deve essere individuato tra il personale di amministrazioni pubbliche;

c) il collaudatore delle strutture per la redazione del collaudo statico deve essere individuato tra le unità di personale della stazione appaltante o di altre amministrazioni pubbliche; per accertata carenza nell'organico, o nei casi di particolare complessità tecnica, la stazione appaltante può verificare la possibilità di nominare il collaudatore tra i dipendenti di altre amministrazioni pubbliche formulando, anche contestualmente, apposita richiesta ad almeno tre amministrazioni, e, in caso di mancato riscontro entro il termine di trenta giorni, affidare l'incarico con le modalità previste dal Codice;

d) il collaudatore o la commissione di collaudo, per lavori di particolare complessità, in qualsiasi momento, può decidere di avvalersi, previa adeguata motivazione, di una *segreteria tecnico-amministrativa* in possesso di specifiche competenze per le attività istruttorie e di supporto organizzativo.

Per *i contratti di servizi e forniture* la verifica di conformità è effettuata dal RUP o, se nominato, dal direttore dell'esecuzione, a meno che non si tratti di servizi e forniture caratterizzati da elevato contenuto tecnologico oppure da elevata complessità o innovazione, per i quali le stazioni appaltanti e gli enti concedenti possono nominare uno o più verificatori della conformità diversi dal DEC.

Anche *le circostanze che ostano allo svolgimento delle attività di collaudo e di verifica* sono state modificate dal decreto correttivo (art. 116, comma 6, come modificato dall'art. 40, comma 1, lett. d), escludendo dalla rosa dei possibili collaudatori i magistrati in servizio e includendovi i dipendenti pubblici, in servizio o quiescenza, per i quali è sufficiente l'assenza di motivi di conflitto d'interesse. Dal 31 dicembre 2024, pertanto, il RUP deve tenere conto che non possono essere affidati incarichi di collaudo e di verifica di conformità: ai magistrati ordinari, amministrativi e contabili, e agli avvocati e procuratori dello Stato, in attività di servizio e a quelli in quiescenza che a qualsiasi titolo siano intervenuti in fase di aggiudicazione o di esecuzione del contratto oggetto del collaudo o che abbiano altri motivi di conflitto di interesse ai sensi dell'art. 16 del Codice; ai dipendenti appartenenti ai ruoli della pubblica amministrazione in servizio o in trattamento di quiescenza per i quali sussistono motivi di conflitto di interesse; a coloro che nel triennio antecedente hanno avuto rapporti di lavoro autonomo o subordinato con gli operatori economici a qualsiasi titolo coinvolti nell'esecuzione del contratto; a coloro che hanno comunque svolto o svolgono attività di controllo, verifica, progettazione, approvazione, autorizzazione, vigilanza o direzione sul contratto da collaudare e a coloro che hanno partecipato alla procedura di gara.

4. Predisposizione dei documenti di gara e dei documenti richiesti ai concorrenti

Il RUP è responsabile della predisposizione e, comunque, della supervisione di tutti i documenti di gara, che devono essere strutturati in modo coerente con il criterio di aggiudicazione scelto.

Per garantire la corretta applicazione del criterio di aggiudicazione scelto, il RUP deve assicurarsi che tutti gli aspetti tecnici, normativi e procedurali siano stati definiti in modo chiaro e coerente nei documenti di gara.

La predisposizione dei documenti di gara deve essere particolarmente accurata per garantire che le regole della *lex specialis* siano chiare e che i concorrenti abbiano tutte le informazioni necessarie per formulare le proprie offerte in conformità alle specifiche richieste; dalla definizione delle regole per la formulazione delle offerte alla gestione delle anomalie, ogni clausola o elemento deve essere predisposto con attenzione per evitare omissioni, ambiguità, imprecisioni, incoerenze, fonte di possibili contenziosi successivi.

I documenti principali includono:

– il bando di gara, che stabilisce le condizioni generali e prevale sugli altri documenti in caso di contraddizioni;
– il disciplinare di gara, che dettaglia le modalità di partecipazione, i requisiti di ammissione e le regole di presentazione delle offerte;
– il capitolato speciale, che definisce le specifiche tecniche e i requisiti dell'appalto;
– lo schema di contratto, che regola i rapporti contrattuali tra la stazione appaltante e l'aggiudicatario.

4.1. L'ordine di prevalenza e contenuti: bando, disciplinare, capitolato speciale e schema di contratto

Il Codice individua una gerarchia tra i documenti, definisce i ruoli specifici di ciascuno e fornisce indicazioni dettagliate sui loro contenuti, in particolare per i lavori pubblici. L'attenzione alla coerenza tra i documenti, si ribadisce, è essenziale per garantire che la procedura di gara si svolga in modo celere.

Secondo l'art. 83 del Codice, il *bando o l'avviso di gara* costituisce il documento principale, con una posizione di prevalenza rispetto agli altri. Questa centralità implica che, in caso di contraddizioni tra il bando e altri documenti, come il disciplinare o il capitolato speciale, le disposizioni contenute nel bando prevalgono. Tuttavia, il Codice non esclude che la stazione appaltante possa stabilire, in modo esplicito, un ordine di prevalenza tra i documenti di gara, così da ridurre il rischio di contenziosi o incertezze interpretative.

Il *disciplinare di gara* è il documento che regola l'intera fase procedurale di selezione delle offerte, e, quindi, assume una funzione tecnica e operativa, costituendo il riferimento per tutte le fasi della procedura di gara, dall'invio delle offerte alla loro valutazione.

Esso include, tra le altre cose:

– i criteri di ammissione: specificando i requisiti generali e speciali che i concorrenti devono possedere per partecipare alla gara;
– le modalità di partecipazione: indicando in dettaglio come devono essere presentati i documenti richiesti, con particolare attenzione ai formati digitali richiesti dalle piattaforme telematiche;
– le modalità di svolgimento della gara: stabilendo tempi, scadenze e regole operative;
– i criteri di valutazione delle offerte: specificando, nel caso dell'offerta economicamente più vantaggiosa, i punteggi, i pesi e i sub-criteri applicabili.

Al *capitolato speciale* spetta di definire le modalità tecniche di esecuzione delle prestazioni richieste. Esso è disciplinato, in modo specifico per i lavori pubblici, dall'all. 1.7 del Codice, che ne stabilisce contenuti e ambito di applicazione.

Il capitolato speciale si articola generalmente in due sezioni:

1. descrizione delle lavorazioni o delle prestazioni richieste: include indicazioni sui materiali, sui metodi di esecuzione, sulle tecniche costruttive o sulle modalità di erogazione dei servizi e delle forniture;
2. prescrizioni tecniche e specifiche dettagliate: stabilisce le caratteristiche qualitative e quantitative che devono essere rispettate, oltre alle metodologie di controllo e misurazione.

Il Codice ha ridimensionato il ruolo del capitolato speciale rispetto al passato. Mentre in precedenza il capitolato speciale conteneva anche clausole di carattere giuridico o contrattuale, oggi la normativa richiede che questi elementi siano trasferiti nello schema di contratto, lasciando al capitolato una funzione strettamente tecnica.

Lo *schema di contratto* è il documento che regola i rapporti giuridici tra la stazione appaltante e l'appaltatore. Secondo l'all. I.7 del Codice, lo schema deve essere predisposto, per i lavori, in sede di progetto esecutivo (con l'eccezione dell'appalto integrato e degli appalti e concessioni che non prevedono la redazione di un progetto esecutivo da parte della SA) e costituisce una parte integrante della documentazione di gara. Anche se non espressamente evidenziato tra i documenti che fanno parte della documentazione inerente servizi e forniture, è opportuno che, in casi di appalto di servizi/forniture di particolare complessità, la disciplina sostanziale dei rapporti con la stazione appaltante sia contenuta in un documento simile o comunque i contenuti siano evidenziati negli altri documenti posti alla base della procedura di scelta del contraente.

Tra i contenuti che lo schema di contratto deve includere devono figurare:

– *tempi di esecuzione*: con l'indicazione puntuale delle scadenze per l'esecuzione delle prestazioni e il completamento delle attività;
– *penali contrattuali*: specificando l'entità delle penali per ritardi o inadempimenti, la misura delle penali deve essere determinata nello schema di contratto, mentre eventuali dettagli operativi possono essere delegati al capitolato speciale;
– *programma di esecuzione* dei lavori: allegato allo schema di contratto, contiene una descrizione dettagliata delle tempistiche previste per le attività principali;
– *modalità di sospensione* e ripresa dei lavori: che definiscono le condizioni e le procedure per gestire eventi straordinari o impreviste interruzioni dell'esecuzione;
– *oneri a carico dell'appaltatore*: comprese le spese generali e le obbligazioni accessorie derivanti dall'esecuzione del contratto;
– *modalità di contabilizzazione e liquidazione dei corrispettivi*: con indicazioni su come vengono determinati lo stato di avanzamento dei lavori (SAL) e i pagamenti periodici;
– *modalità di collaudo*: stabilendo tempi e procedure per la verifica finale delle prestazioni;
– *clausole di risoluzione delle controversie*: con indicazione dell'eventuale ricorso all'arbitrato o al giudizio ordinario.

Un elemento di particolare rilevanza, specificamente per i lavori pubblici, è l'*in-*

dividuazione delle categorie di lavorazioni omogenee. Questa classificazione, che non coincide con le categorie SOA, deve essere inserita nello schema di contratto e riguarda la suddivisione delle lavorazioni in corpi d'opera, ciascuno con una percentuale di incidenza sull'importo complessivo dell'intervento. Tale disposizione, già presente nel d.P.R. n. 207/2010, è stata ribadita e ampliata nell'all. I.7, estendendola anche agli appalti a misura. L'individuazione delle categorie omogenee è essenziale per garantire trasparenza nella gestione delle varianti e per prevenire squilibri contrattuali che potrebbero portare a richieste di indennizzo da parte dell'appaltatore.

4.2. Contenuti essenziali dei bandi di gara

I bandi di gara, strumento cardine delle procedure pubbliche, devono contenere una serie di elementi essenziali, indicati dalla normativa. Tra questi si annoverano:

– *indicazione della suddivisione in lotti*: è necessario specificare se la gara prevede una suddivisione in lotti funzionali o prestazionali e, in caso positivo, fornire dettagli sulla loro composizione;
– *modalità di presentazione delle offerte*: i bandi devono precisare i termini e le modalità per la presentazione delle offerte, indicando i requisiti formali, i tempi e le piattaforme telematiche da utilizzare;
– *criteri di aggiudicazione*: devono essere chiaramente definiti i parametri in base ai quali verranno valutate le offerte, come il prezzo più basso o l'offerta economicamente più vantaggiosa;
– *termini per la scadenza delle offerte*: la scadenza deve essere comunicata chiaramente, tenendo conto dei tempi previsti dalla legge per le diverse procedure.

Questi requisiti, sebbene consolidati, trovano applicazione in un contesto evoluto dall'uso delle piattaforme digitali e dai requisiti di trasparenza introdotti dal nuovo codice.

4.3. Documenti richiesti ai concorrenti

L'art. 91 del Codice elenca i documenti che devono essere presentati dai concorrenti nell'ambito della procedura di gara. Tali documenti, benché introdotti nella fase preliminare rappresentano il mezzo per verificare il possesso dei requisiti di qualificazione e la conformità delle offerte. Tra i principali documenti richiesti figurano:

1. *Domanda di partecipazione*: deve essere resa disponibile dalla SA – quindi dal RUP – attraverso le piattaforme digitali. Questo documento include le informazioni necessarie per identificare il concorrente, specificando la forma giuridica con cui partecipa alla gara, l'eventuale ricorso all'avvalimento "qualificatorio", e i dati relativi alla qualificazione.
2. *Documento di Gara Unico Europeo* (DGUE): viene reso disponibile per permettere all'operatore economico (nonché agli ausiliari) di dichiarare il possesso dei

requisiti di partecipazione. Esso riprende molte informazioni già incluse nella domanda di partecipazione, ma con un maggiore livello di dettaglio.

3. *Offerte tecniche ed economiche*: corredate da tutti i documenti prescritti dal bando, dal disciplinare e dal capitolato speciale. Le offerte economiche devono includere il prezzo, i costi del personale, gli oneri aziendali per la sicurezza, e, nel caso dell'OEPV, eventuali miglioramenti o soluzioni tecniche.

Per quanto attiene alle offerte, occorre tenere conto delle seguenti regole:

– ogni O.E. può presentare una sola offerta (art. 17, comma 4);
– la SA ha possibilità di non aggiudicare l'appalto se nessuna offerta risulta conveniente o idonea in relazione all'oggetto del contratto (tale possibilità deve essere indicata nel bando o nella lettera d'invito e può essere esercitata non oltre il termine di 30 gg) (art. 108, comma 10);
– la mancata indicazione nell'offerta economica dei costi della manodopera e gli oneri aziendali in materia di salute e sicurezza, esclusi i servizi intellettuali e la fornitura senza posa in opera, comporta l'esclusione (art. 91);
– non sono ammesse offerte difformi rispetto al paradigma regolatorio;
– non sono ammesse offerte affette da errori ostativi o materiali, di natura invalidante o non rettificabili (*ex* TUNC).

Sono inammissibili le offerte (art. 7, comma 4):

– non conformi ai documenti di gara;
– non tempestive;
– ideate con provati condizionamenti di corruzione e collusione;
– anormalmente basse;
– presentate da offerenti senza la qualificazione richiesta nei documenti di gara.

5. Decisione a contrarre: elementi essenziali e procedura

L'art. 17 del Codice ridefinisce l'atto preliminare alle procedure di affidamento come "decisione a contrarre", termine che sostituisce la precedente "determina a contrarre". Il termine "decisione a contrarre" va inteso in senso atecnico e non vincolante: ciascuna stazione appaltante, nell'ambito della propria autonomia organizzativa e dell'ordinamento cui appartiene, potrà utilizzare il termine più coerente per definire l'atto da adottarsi prima dell'avvio della procedura e che ha i contenuti definiti dal Codice.

L'atto deve essere adottato prima dell'avvio della procedura di gara e ha la funzione di delineare verso l'esterno i principali elementi del contratto, i criteri di selezione degli operatori economici e le modalità di aggiudicazione.

La decisione, di competenza dell'organo che all'interno della SA ha il potere di determinare la volontà dell'amministrazione verso l'esterno, è, ovviamente, istruita, collazionata e oggetto di proposta da parte del RUP (v. cap. II, par. 11.1).

La decisione a contrarre deve includere:

– gli elementi essenziali del contratto, come l'oggetto, l'importo stimato e la durata;
– i criteri di selezione degli operatori economici e di aggiudicazione delle offerte;
– le motivazioni per la suddivisione in lotti o la mancata suddivisione;
– la documentazione di gara, tra cui il bando per le procedure aperte o la lettera di invito per quelle negoziate;
– le modalità di qualificazione dei concorrenti e il codice identificativo gara (CIG).

Nel caso di *affidamento diretto*, la decisione a contrarre può essere adottata a valle del procedimento in modo semplificato e contenere, comunque, almeno i seguenti elementi:

– oggetto e importo del contratto, con una descrizione delle caratteristiche tecniche ed economiche del preventivo, e il possesso di documentate esperienze pregresse idonee all'esecuzione delle prestazioni contrattuali (art. 50);
– il nominativo del contraente, con le motivazioni alla base della sua scelta;
– l'esito delle verifiche effettuate sui requisiti di carattere generale e, se necessari, quelli inerenti alla capacità economico-finanziaria e tecnico-professionale (art. 17, comma 2).

Sull'obbligo della motivazione delle decisioni del RUP, si rinvia al cap. II, par. 11.2.

6. Adempimenti nel periodo di pubblicazione della gara e interazione con i concorrenti (rinvio)

Durante la pubblicazione della gara, la stazione appaltante deve garantire la gestione dei sopralluoghi obbligatori e delle risposte ai quesiti.

I chiarimenti devono essere comunicati a tutti i potenziali concorrenti e pubblicati sulla piattaforma certificata per garantire la trasparenza e l'equità del processo.

Le modalità di attuazione per adempiere agli obblighi di pubblicità di cui all'art. 27 del Codice sono previste dall'ANAC nella deliberazione n. 263 del 20.6.2023 e successive integrazioni, il cui allegato elenca gli obblighi di pubblicazione.

7. Apertura delle offerte, verifica dei requisiti formali e valutazione delle offerte

Alla scadenza del termine per la presentazione delle offerte, inizia il sub-procedimento di verifica della documentazione amministrativa.

In questa fase, il RUP riveste una funzione centrale, sia operativa, sia decisionale, mantenendo il controllo sulle attività svolte da altri organi o soggetti della stazione appaltante, come il seggio di gara, il responsabile di fase, un ufficio deputato, e assumendosi la responsabilità finale di tutte le decisioni assunte.

7.1. Ruolo del RUP nella verifica della documentazione amministrativa

Il RUP è tenuto a occuparsi personalmente della verifica della documentazione o a coordinarne le attività nel caso di modalità organizzative che prevedano la responsabilità operativa in capo ad altre figure (responsabile di fase) o strutture (seggio di gara o un ufficio gare).

In ogni caso, indipendentemente dalla struttura organizzativa adottata, il RUP deve garantire che le attività siano svolte in modo conforme alla normativa e ai documenti di gara. Inoltre, il RUP ha la responsabilità di monitorare i tempi della procedura ed intervenire per accelerare il processo nel caso in cui il responsabile di fase, altri organi o strutture dovessero accumulare ritardi rispetto al cronoprogramma delle attività.

Un aspetto fondamentale sottolineato dal Codice è che, anche quando la verifica della documentazione è affidata al responsabile di fase, *il potere decisionale finale rimane in capo al RUP*. Questo significa che le decisioni relative all'ammissione o all'esclusione dei concorrenti, basate sull'analisi della documentazione amministrativa, devono essere assunte dal RUP. Ad esempio, nel caso di esclusioni derivanti da documentazione incompleta o da dichiarazioni non conformi, spetta al RUP adottare il provvedimento finale, previa verifica della legittimità e della correttezza dell'attività svolta dagli altri organi, anche con riferimento al sub-procedimento del soccorso istruttorio.

7.2. Soccorso istruttorio (rinvio)

Il RUP, eventualmente assistito da un responsabile di fase (RP di fase), è responsabile della verifica della documentazione amministrativa presentata dai concorrenti. Qualora vengano rilevate incompletezze o irregolarità, il RUP può attivare il soccorso istruttorio (v. cap. V), concedendo un termine compreso tra 5 e 10 giorni. Questo termine è inderogabile e deve essere chiaramente indicato nella comunicazione di attivazione del soccorso.

7.3. Esclusione dei concorrenti: accertamenti e compiti del RUP

Il RUP ha la responsabilità di adottare i provvedimenti di esclusione dei concorrenti che non rispettano i requisiti stabiliti dalla normativa e dalla *lex specialis* di gara.

Questo potere è esercitato anche nel caso in cui emerga, prima dell'aggiudicazione, per gli appalti di lavori e di servizi, l'incongruità del costo complessivo del personale (la cui verifica è condizione dell'aggiudicazione). Spetta, altresì, al RUP verificare, in caso di applicazione da parte del concorrente di un CCNL diverso da quello/i indicato/i in sede di gara dalla SA, la sussistenza del dichiarato requisito di "equivalenza" secondo le modalità indicate dall'all. I.1, introdotto dal Correttivo. La trasparenza e la correttezza di tali verifiche sono fondamentali ai fini della legittimità dell'intera procedura di gara.

Tale funzione, come evidenziato dalla giurisprudenza, rientra tra le attività definite come vincolate [11], in quanto il RUP deve accertare in maniera oggettiva la sussistenza di violazioni o irregolarità senza esercitare poteri discrezionali.

Questo controllo preliminare si concentra su aspetti quali:

– la completezza della documentazione presentata;
– la conformità dei contenuti della documentazione amministrativa a quanto richiesto nei documenti di gara (disciplinare di gara);
– la conformità formale dell'offerta rispetto ai parametri obbligatori.

Secondo regole condivise dalla giurisprudenza, se la determinazione di esclusione è atto plurimotivato, ossia che si basa su diversi motivi, la fondatezza di una specifica censura su un elemento dell'atto non è sufficiente ad intaccare tutto il provvedimento.

Nella stessa seduta o in successiva seduta pubblica, il seggio di gara (RUP o altro soggetto deputato) procede all'apertura delle buste con le offerte economiche dei concorrenti. Segue la formulazione della graduatoria, la verifica della congruità dell'offerta, la verifica del costo del personale ove non sia stata effettuata la verifica di congruità dell'offerta complessiva, anche se, comunque, vanno richiamati in tale verifica del costo del personale gli elementi della precedente verifica, la verifica dell'eventuale equivalenza del CCNL applicato e, a quel punto, la proposta di aggiudicazione alla migliore offerta non anomala.

7.4. La firma digitale nell'offerta

Diversi documenti e comunicazioni richiedono l'utilizzo della firma digitale, la cui funzione nelle procedure di gara telematica è di garantire l'autenticità, l'integrità e la non ripudiabilità dei documenti e delle comunicazioni scambiate tra le parti. Detto più semplicemente la firma digitale equivale alla firma autografa apposta su un documento cartaceo. La domanda che spesso si pongono il RUP e i responsabili di fase è se la mancanza della firma digitale nell'offerta possa essere regolarizzata, nelle procedure telematiche, con l'istituto del soccorso istruttorio (art. 101 del Codice del 2023 e art. 83, comma 9, del precedente Codice del 2016).

Secondo l'orientamento che predilige un approccio "sostanzialistico", la mancanza di sottoscrizione è sanabile mediante l'attivazione della procedura di soccorso istruttorio, se l'offerta, in base alle circostanze concrete, risulta "*con assoluta certezza riconducibile ed imputabile ad un determinato soggetto o operatore economico*" [12]. Nello stesso senso, in tempi più recenti, la giurisprudenza amministrativa, quantomeno di primo grado, anche se con alcune precisazioni e distinguo, a fronte di precedenti di segno opposto. La tesi favorevole alla regolarizzazione argomenta che "*nel contesto delle procedure telematiche, dove una serie di elementi tecnologici impedisce l'incertezza sulla provenienza dell'offerta, l'offerta priva di firma digitale è da reputarsi sanabile tramite il subprocedimento del soccorso istrut-*

[11] Cons. Stato, sez. V, sent. 10.1.2024, n. 353.

[12] ANAC, da ultimo, delibera 3.2.2021, n. 98.

torio" [13]. Tuttavia, precisa che, all'esito del sub-procedimento istruttorio, l'offerta deve essere esclusa, se gli indici emersi non sono stati ritenuti sufficienti ad acclarare con assoluta certezza la riconducibilità dell'offerta per ragioni che si ritengono ragionevoli e condivisibili [14]. E, soprattutto, distingue la mancanza della firma digitale dalla presenza nel documento della sottoscrizione digitale di un soggetto diverso dall'offerente, e a questo del tutto estraneo; in questa ultimo caso, ritiene che la presenza della firma "estranea" precluda alla stazione appaltante la possibilità di ricondurre ed imputare l'offerta economica al suo autore con quel grado di "*assoluta certezza richiesto dalla giurisprudenza e ciò [...] a prescindere dall'intervenuta identificazione a monte della ricorrente sulla piattaforma telematica*". In altri temini, l'irregolarità non sarebbe sanabile in quanto nella fattispecie è venuto meno un requisito essenziale dell'offerta, ovvero l'identificazione chiara dell'autore [15].

A parere del Consiglio di Stato, la riconducibilità del contenuto dell'offerta alla volontà congiunta espressa dei componenti del RTI può configurarsi solo quando non risulta espressa una precisa volontà contraria nella *lex specialis* di gara, come, invece, nella fattispecie oggetto della controversia esaminata, in cui era inserita nei documenti di gara una espressa clausola, a pena di esclusione, con la motivazione che la "*portata vincolante delle prescrizioni contenute nel regolamento di gara esige che alle stesse sia data puntuale esecuzione nel corso della procedura, senza che in capo all'organo amministrativo cui compete l'attuazione delle regole stabilite nel bando residui alcun margine di discrezionalità in ordine al rispetto della disciplina del procedimento*" [16]. Negli stessi giorni, in un giudizio di primo grado, a fronte di un'offerta tecnica sottoscritta solo dalla futura mandataria, il TAR Piemonte (13.11.2023, n. 892) ha optato, nel caso di specie, per un'interpretazione sostanzialistica, in quanto l'offerta proveniva indubbiamente da soggetti che avevano adempiuto all'obbligo di sottoscrizione singola della domanda di partecipazione, mentre non avevano proceduto alla firma singola dell'offerta, che, tuttavia, non era assistita da sanzione espulsiva, non essendovi incertezza sul contenuto e sulla provenienza dell'offerta dal raggruppamento qualificatosi.

7.5. Gestione delle offerte con il criterio dell'offerta economicamente più vantaggiosa (OPVE)

Nei casi di procedure svolte con il criterio dell'offerta economicamente più vantaggiosa, il processo operativo coinvolge sia il RUP, sia la commissione giudicatrice, con una chiara separazione di ruolo e compiti fra i due organi. E ciò a prescindere dalla partecipazione, ora pienamente ammessa, del RUP quale componente

---

[13] TAR Napoli, sez. I, n. 4363/2023, con richiamo a TAR Sicilia, Catania, sez. I, n. 1911/2022; v. anche Cons. Stato, 22.6.2020, n. 3973.

[14] Così, recentemente, TAR Catanzaro, 30.9.2024, n. 1377.

[15] TAR Catania, 15.3.2023, n. 831.

[16] Cons. Stato, sez. V, 12.12.2023, n. 10721.

della commissione, rivestendo, in qualità di commissario, il ruolo di parte di un organo collegiale e non quello di RUP.

Il Codice chiarisce il rapporto tra il ruolo del RUP e le competenze della commissione. La commissione giudicatrice, in quanto organo temporaneo collegiale della stazione appaltante, è incaricata della valutazione tecnica ed economica delle offerte presentate dai concorrenti. Il RUP, in quanto tale, anche se commissario, mantiene, invece, un ruolo di controllo e supervisione, dovendo assicurare che l'attività della commissione sia conforme ai criteri stabiliti nei documenti di gara e alla normativa applicabile.

La sequenza procedimentale è la seguente:

a) *Apertura offerte tecniche.* – Il RUP, nella sua qualità di "soggetto deputato all'espletamento della gara", deve procedere ad aprire preliminarmente i plichi contenenti le offerte tecniche (nelle gare telematiche, a sbloccare l'accesso alla documentazione), tenuto conto che, per consolidata giurisprudenza, l'esclusione è atto di competenza della stazione appaltante e, quindi, della persona fisica attraverso cui la stessa stazione appaltante si esprime, per accertarne la rispondenza in ordine ai requisiti del disciplinare e del codice dei contratti ai fini della loro possibile esclusione.

Il RUP, invece, non è legittimato a valutare le offerte sul piano della loro rispettiva meritevolezza, compito questo riservato alla commissione giudicatrice [17].

b) *Valutazione da parte della commissione giudicatrice.* – Una volta completata la verifica preliminare, il RUP deve trasmette la documentazione alla commissione giudicatrice perché proceda alla valutazione tecnica delle offerte in sedute riservate, in composizione di collegio perfetto ogni qual volta vengano assegnati giudizi o punteggi.

Durante questa fase, la commissione, oltre ad istruire la valutazione, conclude l'istruttoria assegnando i punteggi (e i giudizi, sintetici o specifici) previsti per gli aspetti tecnici, redige, eventualmente tramite un segretario nominato, anche nella figura del RUP, i relativi verbali e completa le operazioni di analisi.

c) *Apertura delle offerte economiche.* – Terminata la fase tecnica, la commissione giudicatrice chiede al RUP di convocare la seduta pubblica per la comunicazione dei punteggi assegnati e l'apertura delle buste con l'offerta economica. Con l'avvento delle procedure telematiche il RUP sblocca l'accesso alla documentazione economica, consentendo alla commissione di proseguire con la lettura dei punteggi tecnici assegnati, il calcolo dei punteggi economici e la determinazione della graduatoria complessiva, anteriormente alle eventuali verifiche di congruità/anomalia. Sebbene si sia in più occasioni sostenuto che il RUP/seggio di gara possa svolgere personalmente questa fase e assegnare i punteggi economici agli offerenti, è consigliabile che questa attività sia effettuata dalla commissione giudicatrice, per garantire coerenza e uniformità nel processo valutativo.

d) *Determinazione della graduatoria finale.* – La commissione giudicatrice, completati i calcoli, redige la graduatoria complessiva delle offerte.

---

[17] Fra le molte, Cons. Stato, sent. 7.10.2021, n. 6706; Cons. Stato, sent. 12.2.2020, n. 1104.

Questo risultato viene comunicato al RUP per i successivi controlli di anomalia, di congruità, costo del personale, ecc. (v. par. 8). Se l'esito della verifica è negativo, il RUP esclude l'offerta non affidabile e procede alla verifica di quella che segue in graduatoria. In questa fase, la commissione giudicatrice è organo eventuale della verifica dell'anomalia.

e) Proposta di aggiudicazione. – Ultimata la verifica della anomalia/congruità dell'offerta, gli atti, le offerte, con le verifiche ritornano all'esame della commissione giudicatrice per la formulazione della proposta di aggiudicazione alla migliore offerta non anomala ovvero, di norma, restano in capo al RUP per la medesima formulazione.

Sintesi sequenza procedimentale

Criterio minor prezzo	STEP	Organo competente	seduta
Verifica della documentazione amministrativa		RUP	pubblica
Eventuale su-procedimento "soccorso istruttorio"		RUP	=
Apertura delle buste con le offerte economiche dei concorrenti e redazione graduatoria		RUP	pubblica
Verifica anomalia/congruità		RUP	segreta
Redazione) graduatoria finale e proposta di aggiudicazione alla migliore offerta non anomala		RUP	pubblica
Aggiudicazione		Organo competente stazione appaltante	

Criterio OEPV	STEP	Organo competente	seduta
Verifica documentazione amm.va		RUP	pubblica
Eventuale soccorso istruttorio		RUP	=
Apertura offerte tecniche		RUP	pubblica
Valutazione offerte tecniche		Commissione giudicatrice	riservata
Calcolo delle offerte economiche		Commissione giudicatrice	pubblica
Verifica anomalia/congruità offerta		RUP	=
Redazione graduatoria e proposta di aggiudicazione alla migliore offerta non anomala		Commissione giudicatrice / RUP	Pubblica / o comunicazione pubblica
Aggiudicazione		Organo competente stazione appaltante	=

8. Verifica di congruità delle offerte

Al RUP spetta il sub-procedimento di verifica di congruità delle offerte, prevista sia nel caso del minor prezzo sia nel caso dell'offerta economicamente più vantaggiosa (OEPV). In entrambe le situazioni, il RUP è responsabile di accertare – e motivarne le ragioni – che le offerte siano affidabili e che non presentino anomalie tali da compromettere l'esecuzione delle prestazioni oggetto del contratto.

Nel caso dell'*OEPV*, la verifica di congruità può essere basata sulle valutazioni fornite dalla commissione giudicatrice appositamente consultata dal RUP. Tuttavia, anche in questo caso, il RUP conserva la responsabilità di approvare o respingere le conclusioni della commissione, adottando un giudizio "globale" di affidabilità dell'offerta nel suo complesso.

Nel caso del *minor prezzo*, il RUP svolge la verifica di congruità autonomamente. Tuttavia, può avvalersi del supporto di una struttura interna o di un apposito organo, anche collegiale, di valutazione. La decisione finale, di esclusiva competenza del RUP, deve essere motivata, e ciò anche nel caso in cui l'offerta sia confermata.

8.1. Il sub-procedimento di verifica dell'anomalia: procedura e perimetro oggettivo

Un aspetto determinante nelle procedure di affidamento riguarda la gestione delle offerte anomale, che varia in funzione del criterio di aggiudicazione e della soglia economica.

Questa attività ricade sotto la responsabilità del RUP, che deve condurre una verifica accurata e approfondita al fine di garantire la conformità dell'offerta non solo ai criteri economici e tecnici stabiliti nella gara, ma anche alle disposizioni normative di carattere laburistico, sociale e ambientale.

Per gli appalti di lavori e di servizi sottosoglia, il Codice prevede l'obbligatorietà della verifica dell'anomalia, che deve essere condotta dal RUP secondo le modalità previste dalla normativa. In questa fascia di valore, ai fini del sistema e del procedimento da adottare per la verifica, rileva il criterio di aggiudicazione e l'interesse o meno transfrontaliero certo dell'appalto. Nel caso di appalto da aggiudicare con il criterio dell'offerta economicamente più vantaggiosa o anche con il criterio del prezzo più basso, se appalto d'interesse transfrontaliero certo, la verifica dell'anomalia richiede l'attivazione di un contraddittorio necessario con l'operatore economico interessato, sempre sotto la supervisione e gestione del RUP, con l'eventuale supporto della commissione giudicatrice.

Nei casi in cui, invece, nei contratti sottosoglia di appalto di lavori o di servizi che non presentino interesse transfrontaliero certo, si utilizzi il minor prezzo, la normativa prevede che l'esclusione delle offerte anomale sia automatica, a condizione che le offerte siano pari o superiori a cinque e che i criteri per individuare le offerte anomale siano definiti e riportati nei documenti di gara (art. 54). I criteri di riferimento sono indicati nell'all. II.2 del Codice, che individua ben tre possibili metodi (Modelli A con due metodi a seconda del numero di offerte ammesse, B e

C). Il Correttivo ha apportato all'all. II.2 una modifica al metodo A nel caso di offerte inferiori a quindici, imponendo l'esclusione, al termine del calcolo, non solo delle offerte che si pongono oltre la soglia individuata, ma anche "a cavallo" della soglia stessa (pari o superiore).

Nel caso, infine, di affidamento diretto di lavori e servizi *ex* art. 50, comma 1, lett. a) e b), del Codice, non trova applicazione uno specifico criterio di valutazione dell'anomalia, così come non trovano applicazione i criteri di aggiudicazione. Resta sempre salva la possibilità per il RUP di valutare la congruità dell'offerta che, in base ad elementi specifici, appaia anormalmente bassa.

È importante evidenziare che tale possibilità di valutazione è facoltà del RUP in ogni caso: ragione per cui, non solo negli affidamenti diretti, ma in ogni tipo di affidamento di un contratto, il RUP può valutare la congruità di ogni offerta che, in base ad elementi specifici, appaia anormalmente bassa.

Se l'offerta non viene valutata anomala, il RUP procede con la formulazione della proposta di aggiudicazione, verificando comunque ulteriori aspetti fondamentali. Se l'offerta, invece, è giudicata anomala, il RUP deve proseguire nella verifica delle offerte successive in graduatoria, ripetendo il processo di accertamento dell'anomalia fino a individuarne una accettabile. L'esclusione viene comunicata a tutte le offerte giudicate anomale solo in occasione dell'aggiudicazione (art. 35, comma 2, lett. e).

Per le *procedure di gara soprasoglia* e, in ogni caso, quando si utilizza il criterio dell'OEPV, il calcolo dell'anomalia segue le differenti regole previste dall'art. 110 del Codice.

Le stazioni appaltanti devono valutare la congruità, la serietà, la sostenibilità e la realizzabilità della migliore offerta, che, in base a elementi specifici, inclusi i costi dichiarati con l'offerta economica della manodopera e degli oneri aziendali per l'adempimento delle disposizioni in materia di salute e sicurezza, appaia anormalmente bassa. I criteri specifici ai fini della valutazione devono essere definiti esplicitamente nel bando di gara e devono essere utilizzato esclusivamente per la verifica delle offerte che superano le soglie di anomalia individuate, e solo all'esito del subprocedimento in contraddittorio con l'operatore economico. Nel caso dell'OEPV il Codice ha cancellato ogni meccanismo automatico di determinazione delle offerte da sottoporre a verifica di anomalia, quindi, lasciando alla scelta discrezionale della SA, da evidenziarsi nella documentazione di gara, per individuare i metodi di calcolo per determinare l'eventuale sospetto di anomalia di un'offerta.

L'art. 110 del Codice prescrive che, in presenza di un'offerta che appaia anormalmente bassa, il RUP debba richiedere per iscritto all'operatore economico le spiegazioni necessarie in merito al prezzo e ai costi proposti, assegnando, a tal fine, un termine non superiore a quindici giorni (comma 3), che, pur accelerato, deve essere congruo e ragionevole rispetto alla complessità delle spiegazioni richieste. Ricevute le spiegazioni, il RUP deve analizzarle e valutare se siano sufficienti a giustificare l'affidabilità dell'offerta, con la conseguenza che, se le spiegazioni fornite non giustificano adeguatamente il livello di prezzi o di costi proposti, il RUP esclude motivatamente l'offerta (comma 5).

L'offerta è esclusa se le spiegazioni fornite non giustificano adeguatamente il livello di prezzi o di costi proposti, oppure se l'offerta è anormalmente bassa in quanto: *a*) non rispetta gli obblighi in materia ambientale, sociale e del lavoro stabiliti dalla normativa europea e nazionale, dai contratti collettivi o dalle disposizioni internazionali di diritto del lavoro indicate nell'all. X alla direttiva 2014/24/UE del Parlamento europeo e del Consiglio del 26.2.2014; *b*) non rispetta gli obblighi di cui all'art. 119, in materia di subappalto; *c*) sono incongrui gli oneri aziendali (interni dell'azienda) della sicurezza di cui all'art. 108, comma 9, rispetto all'entità e alle caratteristiche dei lavori, dei servizi e delle forniture; *d*) il costo del personale è inferiore ai minimi salariali retributivi indicati nelle apposite tabelle di cui all'art. 41, comma 13.

A conclusione dello specifico procedimento, il RUP deve formulare un giudizio motivato sull'affidabilità o meno dell'offerta, prendendo in considerazione sia gli elementi economici, sia quelli tecnici. Tale giudizio deve essere completo e basarsi sull'intera struttura dell'offerta, evidenziando se eventuali anomalie parziali abbiano un impatto significativo sulla sua affidabilità complessiva. Si tratta, quindi, di una valutazione globale dell'offerta e l'incongruità di un singolo elemento, a meno che non stravolga l'intera sua affidabilità, non può comportarne l'esclusione.

È da evidenziare che l'esclusione è possibile solo nel rispetto del contraddittorio previsto, conformemente al diritto europeo, escludendo automatismi (Corte giust. UE, sez. IV, 15.5.2008, C-147/06), che sono possibili, nella sola ipotesi di appalti sottosoglia aggiudicati con il criterio del minor prezzo (art. 54).

Secondo la giurisprudenza, la normativa procedurale di verifica dell'anomalia con la fissazione di un termine massimo (15 gg), comporta che il contraddittorio preveda una sola richiesta istruttoria, ragione per cui l'offerente non può pretendere che la stazione appaltante, che deve assicurare "*il risultato dell'affidamento del contratto e della sua esecuzione con la massima tempestività*", conceda un ulteriore termine, considerata anche l'impostazione accelerata rispetta il principio del risultato, che impone la massima tempestività e il miglior rapporto qualità-prezzo (art. 1, d.lgs. n. 36/2023), e la coerenza con il principio di autoresponsabilità, che richiede ai partecipanti di presentare le proprie istanze in modo conforme alle norme di gara [18]. Tuttavia, se è evidente il superamento della procedura trifasica della procedura di verifica dell'anomalia contenuta nel precedente Codice del 2016, è, forse, ancora prematuro concludere nel senso di escludere la possibilità per il RUP, esercitando la propria discrezionalità tecnico-amministrativa, di determinarsi nel senso di estendere il contraddittorio anche successivamente alle prime spiegazioni, fermo restando il vincolo del principio del risultato.

Il RUP non potrà, tuttavia, escludere un'offerta sospettata di anomalia per il solo fatto che l'operatore economico non abbia fornito le spiegazioni richieste dalla norma, essendo comunque l'esclusione sempre conseguente ad un esame dell'offerta nella sua globalità evidenziandone la sua non affidabilità.

---

[18] Cons. Stato, sent. V, sent. 13.8.2024, n. 7114.

In breve, la normativa lascia al RUP ampi margini di discrezionalità nell'organizzazione dell'istruttoria di verifica dell'anomalia dell'offerta in contraddittorio con l'interessato, purché essa sia condotta nel rispetto dei principi di trasparenza, imparzialità e tempestività, coerentemente con il rispetto del principio del risultato.

8.2. Congruità dei costi del personale

La verifica della congruità dei costi del personale è un'attività obbligatoria che il RUP deve condurre in tutte le procedure di gara, sia quelle basate sul criterio del minor prezzo, sia quelle basate sull'OEPV, ove si tratti di appalti di lavori o di servizi.

Questo controllo, in particolare, si articola su due livelli principali:

i) rispetto dei minimi salariali retributivi: il RUP deve accertarsi che i costi del personale dichiarati dall'operatore economico siano coerenti con i minimi salariali stabiliti dai CCNL applicabili. Qualora i costi risultino inferiori senza motivazioni oggettive portate dall'operatore economico all'evidenza del RUP, l'offerta sarà considerata incongrua;

ii) applicazione del CCNL dichiarato: l'operatore economico deve dichiarare il CCNL che intende applicare e tale dichiarazione deve essere coerente con il CCNL di riferimento indicato dalla stazione appaltante nei documenti di gara. In caso di applicazione di contratti ritenuti dal RUP non equivalenti, anche sulla scorta, oggi, del nuovo all. I.01 introdotto dal Correttivo, il RUP è tenuto a escludere l'operatore dalla procedura.

La normativa richiede, inoltre, che i costi del personale siano esplicitamente indicati nell'offerta. La mancanza di questa indicazione comporta l'esclusione immediata del concorrente, senza possibilità di soccorso istruttorio. Questa regola è stata confermata anche dalla giurisprudenza recente, con l'unica eccezione dell'impossibilità per l'operatore economico di indicare il costo della manodopera a fronte dall'imposizione di modelli da parte della SA che ne rendano impossibile l'inserimento [19].

Un primo aspetto centrale riguarda, quindi, il rispetto dei trattamenti salariali minimi inderogabili. il RUP deve accertarsi che i costi del personale dichiarati dall'operatore economico siano coerenti con i minimi salariali stabiliti dai CCNL applicabili. Se i costi risultano inferiori, l'offerta deve essere considerata incongrua. Tale analisi richiede che l'operatore fornisca una dimostrazione chiara e dettagliata dei calcoli effettuati, tenendo conto del costo reale della manodopera. L'assenza di tale dimostrazione o l'indicazione di valori inferiori ai minimi contrattuali rappresentano motivi sufficienti per considerare inaccettabili le spiegazioni fornite.

È necessario sottolineare che tali minimi non coincidono con le tabelle ministeriali di riferimento per i costi medi della manodopera (che sono un supporto indicativo), ma corrispondono a quelli dei Contratti collettivi nazionali di lavoro (CCNL), applicabili al settore specifico.

Altro aspetto critico è costituito dalla verifica degli *oneri interni di sicurezza*

---

[19] Cons. Stato, sez. V, 31.12.2024, n. 10547.

(da distinguere dai costi della sicurezza che sono indicati dalla SA nei documenti di gara e che non sono assoggettabili a ribasso) e che devono essere dettagliati e proporzionati.

Gli oneri interni di sicurezza comprendono, tra l'altro, spese quali visite mediche per il personale, dispositivi di protezione individuale (DPI) e altre misure preventive obbligatorie. Ad esempio, se un operatore economico non include nella propria offerta costi sufficienti per garantire tali misure, l'offerta risulterà incongrua e le spiegazioni fornite non potranno essere accettate.

Un ulteriore oggetto della verifica riguarda gli *obblighi sociali, ambientali o relativi al subappalto.* Ad esempio, un caso tipico si verifica quando un operatore economico dichiara di affidare una parte della lavorazione a un subappaltatore che non rispetta i minimi salariali del CCNL applicabile. La normativa stabilisce che i subappaltatori devono applicare le medesime condizioni contrattuali del CCNL adottato dall'appaltatore principale per le lavorazioni principali o prevalenti. Ogni violazione in tal senso compromette la validità dell'offerta, anche se l'irregolarità è riconducibile al subappaltatore e non direttamente all'operatore economico principale (su subappalto, v. cap. V).

8.3. Commissione giudicatrice e seggio di gara

Nei casi in cui il criterio di aggiudicazione è l'offerta economicamente più vantaggiosa (OEPV), è obbligatoria la nomina di una commissione giudicatrice (art. 93 del Codice)[20]. La Commissione deve essere composta da un numero dispari (massimo cinque) di esperti nello specifico settore cui si riferisce l'oggetto dell'appalto, con il compito di occuparsi della valutazione delle "offerte", sulla base dei criteri definiti nei documenti di gara, al fine di individuare l'offerta più vantaggiosa sotto l'aspetto del miglior rapporto qualità/prezzo o costo/efficacia (art. 108 del Codice).

La nomina dei componenti della commissione richiede un atto formale della stazione appaltante, da adottare, dopo la scadenza del termine per la presentazione delle offerte, nel rispetto dei criteri di trasparenza (pubblicazione dei curricula nella sezione Amministrazione trasparente), competenza (per titolo di studio ed esperienze pregresse) e, ove possibile e compatibile, rotazione, che garantisca un ricambio nel tempo dei componenti.

In via prioritaria, la scelta del presidente e dei componenti della commissione deve ricadere nei dipendenti della stazione appaltante o, ove ricorra il caso, dell'amministrazione beneficiaria, in possesso del necessario inquadramento giuridico, da individuare in base al CCNL di riferimento, e di adeguate competenze professionali, e, in mancanza, anche sul RUP. In subordine, la scelta può essere effettuata tra funzionari di altre amministrazioni, e infine, in caso di indisponibilità da documentare (ossia, motivare), tra professionisti esterni.

Si rinvia al cap. II, che tratta delle significative novità introdotte dal Codice ri-

---

[20] Il d.lgs. n. 36/2023 abbandona l'idea dell'Albo dei commissari, che era stato introdotto dall'art. 77 del d.lgs. n. 50/2026 per la selezione degli esperti delle commissioni giudicatrici.

spetto al ruolo del RUP nelle commissioni giudicatrici, con un approccio che permette la partecipazione del RUP e di altri tecnici, come progettisti e redattori dei capitolati, alla commissione giudicatrice, al fine di sfruttare le conoscenze tecniche e specifiche di chi ha partecipato alla predisposizione della documentazione di gara, considerate un valore aggiunto nella fase di valutazione delle offerte.

Non possono essere nominati come presidente o componente della commissione giudicatrice coloro che si trovano in una delle *cause di incompatibilità* di cui al comma 5 dell'art. 93 (componenti di organi di indirizzo politico della stazione appaltante nel biennio precedente la gara; i condannati, anche con sentenza non passata in giudicato, per delitti contro la pubblica amministrazione), o che sono obbligati ad astenersi in quanto in situazione di conflitto di interesse con uno dei partecipanti alla procedura.

È da evidenziare che la norma in esame prevede il riferimento all'art. 7 del d.P.R. n. 62/2013 [21] per l'individuazione delle possibili situazioni di conflitto di interesse, presente nell'art. 42 del precedente codice del 2016, che, espunto dall'art. 16 del nuovo codice sulla disciplina dell'istituto del conflitto di interessi, rientra in altra disposizione dello stesso codice per tipizzare le situazioni di conflitto del componente della commissione con il concorrente alla gara.

La commissione giudicatrice, nella stessa composizione, è chiamata ad operare anche nel caso che occorra rinnovare il procedimento di gara per l'annullamento dell'aggiudicazione o esclusione di taluno dei concorrenti, a meno che l'annullamento derivi da un vizio nella composizione dell'organo.

Il RUP svolge un ruolo centrale anche nella fase preliminare di analisi delle offerte tecniche, assumendo la responsabilità del loro "sblocco" nella piattaforma telematica di gara.

Infatti, la competenza e responsabilità del RUP, nella sua veste di "deputato all'espletamento delle gare", può comprendere l'apertura dei plichi e la verifica formale dei documenti tecnici, per accertarne la conformità al disciplinare di gara e al Codice, esclusa ogni valutazione del merito delle offerte, di natura tecnico-discrezionale, e l'assegnazione dei relativi punteggi, attività di esclusiva competenza della commissione giudicatrice, che, di contro, non può decidere in merito all'ammissibilità formale. Nell'accertamento della rispondenza dell'offerta tecnica ai requisiti del disciplinare e del Codice rientra anche la verifica dell'unicità del centro decisionale, a causa delle analogie e identità ricavabili dalle offerte tecniche [22].

---

[21] Ai sensi dell'art. 7 del d.P.R. n. 62/2013, i dipendenti pubblici hanno il dovere di astenersi dal partecipare a decisioni o attività che potrebbero coinvolgere interessi: *a*) propri, ovvero interessi dei loro parenti e affini entro il secondo grado, del coniuge o dei conviventi; *b*) interessi di persone con le quali il dipendente ha rapporti di frequentazione abituale; *c*) interessi di soggetti o organizzazioni con cui il dipendente o il coniuge hanno cause pendenti, gravi inimicizie o rapporti di credito o debito significativi; *d*) interessi di soggetti o organizzazioni di cui il dipendente è tutore, curatore, procuratore o agente, nonché interessi di enti, associazioni anche non riconosciute, comitati, società o stabilimenti di cui il dipendente è amministratore, gerente o dirigente; *e*) in ogni altro caso in cui esistano gravi ragioni di convenienza.

[22] Così Cons. Stato, sez. V, 10.1.2024, n. 353.

Per quanto attiene all'*iter del procedimento*, la commissione giudicatrice, una volta ricevute le offerte tecniche validate dal RUP, deve occuparsi della "valutazione tecnica", senza potere intervenire su questioni formali che sono già state oggetto di analisi preliminare da parte del RUP.

La commissione può riunirsi con modalità telematiche, che debbono salvaguardare la riservatezza delle comunicazioni e deve operare attraverso la piattaforma di approvvigionamento digitale per le valutazioni di competenza. Conclude la sua attività con la formazione della graduatoria e la proposta di aggiudicazione alla migliore offerta non anomala.

Se richiesta dal RUP, la commissione può svolgere attività di supporto nella valutazione dell'anomalia dell'offerta.

8.3.1. Seggio di gara

Il Codice introduce, all'art. 93, comma 7, una specifica disciplina del "seggio di gara", organo tecnico di valutazione delle offerte per le procedure di aggiudicazione con il criterio del minor prezzo/costo. E all'art. 6 dell'all. I.2 stabilisce che il RUP può procedere direttamente alla valutazione delle offerte economiche (lett. f) e a svolgere la verifica di congruità delle offerte e che, in caso di particolare complessità delle valutazioni o della specificità delle competenze richieste, può avvalersi della struttura di supporto istituita ai sensi dell'art. 15, comma 6, del Codice, o di una commissione appositamente nominata.

Il seggio di gara, quindi, può essere anche monocratico, considerato che non deve effettuare valutazioni complesse come la commissione giudicatrice e tale soggetto può essere individuato nello stesso RUP (o nel responsabile di fase), avvalendosi, nei casi più complessi, della struttura di supporto o di un'apposita commissione (cui, evidentemente, non si applicano le norme sulla commissione giudicatrice); in ogni caso, deve essere costituito da personale della stazione appaltante, con eccezione del RUP esterno (post Correttivo) ovvero delle casistiche nelle quali la struttura (centrale di committenza) svolge l'attività per conto della SA.

Il seggio di gara deve essere scelto sempre con criteri di trasparenza e competenza, a cui si applicano solo due delle cause incompatibilità previste per i componenti della commissione giudicatrice: condanna per delitti contro la pubblica amministrazione e situazione conflitto di interessi (lett. a) e b) del comma 5 dello stesso art. 93), con esclusione, quindi, di quella derivante dall'essere stato componente dell'organo di indirizzo politico della stazione appaltante nell'ultimo biennio.

Nelle procedure che adottano il criterio del minor prezzo, il RUP riveste, quindi, un ruolo centrale nella gestione e verifica delle offerte.

Il RUP deve valutare l'eventuale anomalia dell'offerta, anche supportato tecnicamente dal seggio di gara o da un responsabile di fase. È sempre questa figura che, in ultima analisi, deve valutare il risultato del calcolo dell'anomalia e adottare i provvedimenti conseguenti di ammissione e di esclusione, come le esclusioni, provvedimenti che devono essere formalizzati e comunicati dallo stesso RUP.

9. La pubblicità degli atti e dei documenti e accesso agli atti di gara *(rinvio)*

La pubblicità legale delle procedure di gara rappresenta un altro aspetto centrale della gestione dei contratti pubblici. A partire dal 1° gennaio 2024, le modalità di pubblicazione per le procedure sopra e sottosoglia sono state uniformate e semplificate grazie all'introduzione delle piattaforme telematiche certificate.

La non semplice articolazione normativa è giustificata dal tentativo di bilanciare esigenze di semplificazione e standardizzazione con l'obiettivo di garantire trasparenza, equità e tempi certi nelle procedure di gara e nei successivi adempimenti contrattuali.

Gli obblighi di pubblicazione nella sezione "Amministrazione trasparente" per gli atti e documenti relativi all'ambito delle attività degli appalti e concessioni sono previsti dagli artt. 20 e 28 e devono essere effettuati secondo quanto stabilito dal d.lgs. 14.3.2013, n. 33 (art. 37), nel rispetto del principio di unicità del luogo di pubblicazione e dell'invio delle informazioni (cd. principio del *once only),* ossia mediante collegamento ipertestuale alla BDNCP (art. 9-*bis*, d.lgs. n. 33/2013), a cui le stazioni appaltanti e gli enti concedenti devono trasmetterli secondo modalità e termini stabiliti dall'ANAC.

L'accesso agli atti delle procedure di affidamento e di esecuzione è disciplinato dall'art. 35, per quanto concerne la disciplina sostanziale, che ricalca, con qualche novità la precedente disciplina dell'art. 53 del precedente codice del 2016, e all'art. 36 per ciò che riguarda le norme procedimentali e processuali, con novità significative sia per quanto riguarda la disponibilità degli atti e dei documenti di gara, sia per il rito e i termini di impugnazione.

Si rinvia, per quanto attiene pubblicità legale, pubblicità per trasparenza e accesso agli atti di gara, al cap. VIII, che approfondisce le principali novità introdotte dal Codice in questo ambito.

10. Verifica dei requisiti

La normativa assegna al RUP un ruolo attivo nel sub-procedimento di verifica dei requisiti dell'affidatario, imponendogli di sollecitare la documentazione mancante e, ove necessario, di attivare le procedure di responsabilità amministrativa per chi non rispetta gli obblighi di inserimento nel FVOE.

La digitalizzazione dei processi, prevista dal Codice, introduce nuove possibilità, ma anche nuovi oneri per gli operatori economici e le stazioni appaltanti, chiamati a garantire la trasparenza e la correttezza del procedimento (v. cap. VIII).

La modalità di verifica dei requisiti varia in base all'importo e alla tipologia di gara:

– contratti di valore inferiore a 40.000 euro: è sufficiente un'autocertificazione dell'aggiudicatario, che viene acquisita nella decisione a contrarre. Le autocertificazioni sono soggette a controlli annuali a campione;

– da 40.000 in su: la stazione appaltante deve verificare i requisiti generali, tecnici, economici e finanziari del potenziale aggiudicatario prima dell'aggiudicazione attraverso la consultazione dell'apposita sezione Fascicolo virtuale dell'operatore economico (FVOE) della Banca dati nazionale dei contratti pubblici (BDNCP), integrata con la documentazione fornita dall'operatore economico.

L'ANAC ha fornito una guida completa sui documenti richiesti, con gli allegati alla delibera 262/2023, che rappresentano un riferimento per RUP o il responsabile di fase:

1. *Allegato 1*: cause automatiche di esclusione.
2. *Allegato 2*: cause non automatiche di esclusione.
3. *Allegato 3*: requisiti per appalti di lavori superiori a 150.000 euro.
4. *Allegato 4*: requisiti per appalti di lavori inferiori a 150.000 euro (fatturato complessivo, costo del personale, mezzi a disposizione, ecc.).
5. *Allegato 5*: requisiti per forniture e servizi.
6. *Allegato 6*: requisiti da verificare in fase di esecuzione.

10.1. Il Fascicolo virtuale dell'operatore economico (rinvio)

Il FVOE permette agli operatori economici di "caricare" tutta la documentazione necessaria per le procedure di affidamento alle quali partecipano, riducendo la necessità di fornire nuovamente gli stessi documenti per gare successive. Tuttavia, fino al raggiungimento della piena interoperabilità del sistema, i dati non disponibili nel FVOE devono essere inseriti manualmente dagli operatori o messi a disposizione dall'amministrazione competente.

La verifica dei requisiti generali si basa su documenti forniti dall'Agenzia delle Entrate, dal DURC e da altre fonti ufficiali. Questi controlli devono essere aggiornati al momento della proposta di aggiudicazione. *L'informativa antimafia* ha una validità temporale e può essere utilizzata se presente nel FVOE, a meno che non sia scaduta.

Una questione controversa riguarda l'eventualità che i documenti richiesti alle amministrazioni pubbliche non siano forniti entro 30 giorni. Alcune stazioni appaltanti, in particolare, hanno chiesto se sia applicabile il principio del silenzio-assenso. L'ANAC ha chiarito che, salvo il caso specifico dell'informativa antimafia, il principio del silenzio-assenso non si applica, e che le stazioni appaltanti devono attendere il riscontro positivo dei requisiti prima dell'aggiudicazione (ANAC, parere n. 57-*bis*/2023).

L'unica deroga è rappresentata dalla normativa sull'informativa antimafia, che consente la stipula del contratto anche in assenza di certificazione, trascorsi 30 giorni dalla richiesta senza che l'amministrazione competente abbia fornito una risposta. In tal caso, resta l'obbligo di risolvere il contratto qualora emerga successivamente una comunicazione antimafia negativa.

Si rinvia su FVOE al cap. VIII.

11. Proposta di aggiudicazione e aggiudicazione

L'art. 17, comma 5, del Codice prevede che "*L'organo preposto alla valutazione delle offerte predispone la proposta di aggiudicazione alla miglior offerta non anomala. L'organo competente a disporre l'aggiudicazione esamina la proposta, e, se la ritiene legittima e conforme all'interesse pubblico, dopo aver verificato il possesso dei requisiti in capo all'offerente, dispone l'aggiudicazione, che è immediatamente efficace*".

Questo significa che competente alla proposta di aggiudicazione è, nel caso di aggiudicazione con il criterio dell'offerta economicamente più vantaggiosa, la commissione giudicatrice e, nel caso del criterio del maggior ribasso, il RUP sulla base dei verbali predisposti dal seggio di gara [23].

Nell'uno e nell'altro caso, è, tuttavia, fondamentale il ruolo del RUP, che, prima della proposta, deve valutare se l'offerta è anomala o, comunque, congrua, e deve verificare che l'offerta del vincitore rispetti i minimi salariali contrattuali e che il CCNL eventualmente dichiarato in sede di gara sia equivalente a quello indicato nei documenti di gara. Se queste condizioni non sono soddisfatte, la proposta di aggiudicazione non può essere formulata.

La proposta di aggiudicazione rappresenta, quindi, un passaggio fondamentale nel processo di affidamento, condizionata all'attestazione della congruità del costo del personale dell'offerta selezionata (v. art. 41, comma 14, art. 108 e art. 110 del Codice).

L'organo competente alla valutazione delle offerte, nel predisporre la proposta, deve includere una descrizione dettagliata del procedimento seguito, allegando i verbali e le indicazioni del RUP su:

- eventuali valutazioni di anomalia o non anomalia dell'offerta;
- eventuale giudizio di congruità o non congruità;
- eventuale verifica dell'equivalenza tra i CCNL, con l'analisi dettagliata delle tutele offerte dal contratto dichiarato dall'operatore economico;
- certificazione del rispetto dei minimi salariali.

L'inclusione di queste informazioni consente alla stazione appaltante, nella figura del dirigente, se soggetto diverso dal RUP, di effettuare, con la decisione di aggiudicazione, un controllo non solo formale ma anche sostanziale sulla proposta di aggiudicazione, assicurando la trasparenza e la legittimità del procedimento.

Sull'obbligo della motivazione delle decisioni del RUP, si rinvia al cap. II, par. 11.2.

11.1. Il regime delle comunicazioni dopo l'aggiudicazione e prima del contratto, la consegna anticipata e la stipulazione del contratto

Prima di procedere alla stipulazione del contratto, il RUP è impegnato a guidare diverse attività, quali le pubblicazioni e le comunicazioni dopo l'aggiudicazione e

---

[23] In tal senso TAR Reggio Calabria, sent. 26.10.2023, n. 782.

l'eventuale consegna anticipata, disciplinata in modo differente per i contratti sottosoglia e, a volte, facoltativa e nei casi d'urgenza dovuta.

11.2. Obblighi di pubblicazione preventiva e post-aggiudicazione nel sottosoglia e nel soprasoglia (rinvio)

Per le procedure negoziate senza bando nel sottosoglia, il decreto correttivo prevede la pubblicazione nel sito della stazione appaltante di un avviso di avvio della consultazione.

Per i contratti sottosoglia, affidamento diretto e procedure negoziate (art. 50, comma 1), il Codice impone l'obbligo di pubblicare sul sito istituzionale delle stazioni appaltanti i nominativi degli operatori economici consultati, inclusi, quindi, coloro che non sono stati selezionati. Questo garantisce la trasparenza del processo di selezione e permette un controllo pubblico sulle modalità scelta dell'affidatario (art. 84).

Per le procedure soprasoglia, gli avvisi relativi agli appalti aggiudicati sono redatti dalle stazioni appaltanti e trasmessi all'Ufficio delle pubblicazioni dell'Unione europea per il tramite della BDNCP, secondo le modalità di cui all'all. II.7 (art. 84). Dopo questa pubblicazione, gli avvisi trasmessi all'ANAC, dopo la conferma della pubblicazione da parte dell'Ufficio pubblicazione dell'Unione europea, sono pubblicati nella BDNCP e sul sito istituzionale della stazione appaltante o dell'ente concedente (art. 85).

Si rinvia al cap. VIII, par. 3.1 per l'approfondimento della modalità di pubblicità con valore legale, nel sottosoglia e nel soprasoglia.

11.3. Comunicazioni

Un'altra attività della procedura post gara riguarda la messa a disposizione dei documenti agli operatori economici interessati.

Infatti, entro cinque giorni dall'adozione, le stazioni appaltanti devono comunicare:

a) la motivata decisione di non aggiudicare un appalto ovvero di non concludere un accordo quadro, o di riavviare la procedura o di non attuare un sistema dinamico di acquisizione, corredata di relativi motivi, a tutti i candidati o offerenti;

b) l'aggiudicazione all'aggiudicatario;

c) l'aggiudicazione e il nome dell'offerente cui è stato aggiudicato l'appalto o parti dell'accordo quadro, a tutti i candidati e concorrenti che hanno presentato un'offerta ammessa, a coloro la cui candidatura o offerta non sia stata definitivamente esclusa, nonché a coloro che hanno impugnato il bando o la lettera di invito, se tali impugnazioni non siano state già respinte con pronuncia giurisdizionale definitiva;

d) l'esclusione ai candidati e agli offerenti esclusi, ivi compresi i motivi di esclusione o della decisione di non equivalenza o conformità dell'offerta;

e) la data di avvenuta stipulazione del contratto con l'aggiudicatario, ai soggetti di cui alla lett. c).

La stipulazione del contratto non può avvenire prima che siano trascorsi 32 giorni (novità del Correttivo è la diminuzione del termine di *stand still*) dalla comunicazione di tutti gli elementi relativi all'aggiudicazione, al fine di preservare la possibilità di esercitare il diritto al ricorso.

11.4. Il termine dilatorio (clausola *stand-still*)

Nel momento in cui tutte le comunicazioni prescritte sono state completate, decorre il termine di 32 giorni (ridotto dal decreto correttivo dai precedenti 35) per la stipula del contratto. Questo periodo rappresenta una garanzia per gli operatori economici esclusi o non aggiudicatari, che hanno così la possibilità di esercitare il diritto di difesa prima che il contratto diventi esecutivo. Tuttavia, l'eventuale incompletezza o mancata trasmissione di documenti impedisce l'inizio del decorso del termine, imponendo alla stazione appaltante di regolarizzare la situazione.

L'attuazione di questa disciplina è finalizzata a garantire un equilibrio tra celerità dell'azione amministrativa e rispetto delle prerogative degli operatori economici, promuovendo al contempo l'utilizzo di strumenti digitali per migliorare la trasparenza e l'efficienza procedurale.

Per avviare la decorrenza del termine di 32 giorni, definito comunemente come termine di "*stand-still*", è necessario che la stazione appaltante abbia completato la trasmissione delle comunicazioni relative all'aggiudicazione, riorganizzate nell'art. 90 del Codice.

11.5. Accesso agli atti di gara (rinvio)

Il Codice prevede che tutti i candidati non esclusi definitivamente debbano avere accesso alla documentazione attraverso le piattaforme elettroniche certificate. In alternativa, ove non fosse possibile utilizzare tali piattaforme, è ammessa la trasmissione via PEC.

Gli elementi accessibili includono l'offerta dell'operatore economico aggiudicatario, i verbali relativi alle diverse fasi della gara, come quelli amministrativi e tecnici, nonché i documenti relativi alla proposta di aggiudicazione e alla decisione di approvazione.

È previsto, inoltre, un regime differenziato per i primi cinque concorrenti in graduatoria, i quali devono avere accesso reciproco alle rispettive offerte, al fine di garantire trasparenza e parità di trattamento.

Si rinvia al cap. VIII, par. 4, per l'approfondimento dell'istituto dell'accesso agli atti di gara, documentale e civico, nel rispetto, dei limiti assoluti e relativi fissati.

11.6. La consegna anticipata dei lavori o l'esecuzione anticipata del contratto

Per le procedure avviate dal 1° luglio 2023, data di efficacia del d.lgs. n. 36/2023, non è più ammessa la consegna anticipata dei lavori o, in caso di forniture o servizi, l'esecuzione anticipata del contratto, prima della verifica dei requisiti, stante il fatto che l'anticipazione dell'esecuzione costituisce una deroga alla regola generale, secondo cui un contratto può essere eseguito solo dopo la sua formale stipulazione.

La consegna anticipata, prima della verifica dei requisiti, è restata in vigore per le procedure avviate entro il 30 giugno 2023, per le quali continua ad applicarsi il d.lgs. n. 50/2026 e per gli interventi finanziati dal PNRR e PNC per i quali, invece, è sempre ammessa la consegna anticipata, senza necessità neppure di dover motivare le ragioni di urgenza (art. 8, d.lgs. n. 76/2020, cui rinvia l'art. 225, comma 8, d.lgs. n. 36/2023). Questa disposizione mira a garantire la rapidità di esecuzione richiesta dai progetti finanziati dal PNRR.

La normativa attualmente in vigore distingue due situazioni in cui è possibile procedere con l'esecuzione anticipata: in via facoltativa per le ipotesi motivate (art. 17, comma 8) e – obbligatoriamente – nei casi di urgenza (art. 17, comma 9).

L'esecuzione anticipata può essere disposta in via facoltativa, a condizione che le motivazioni siano opportunamente formalizzate e documentate. Questa facoltà deve essere esplicitata nei documenti di gara e può essere pianificata preventivamente. Tale facoltà può essere esercitata sia nei contratti soprasoglia, sia sottosoglia (in quest'ultimo caso senza necessità di motivazione).

Nel caso in cui il RUP verifichi la sussistenza di un caso di urgenza, documentata e motivata, è tenuto a ordinare l'esecuzione anticipata del contratto, comunicando al direttore lavori (DL) o al direttore dell'esecuzione contrattuale (DEC) di procedere immediatamente alla consegna.

Una disciplina specifica è stata introdotta dal Codice per i contratti sottosoglia.

È ammessa, in via generale, la consegna anticipata, una volta effettuata la verifica dei requisiti e prima della stipulazione del contratto, senza necessità di motivazione, con la previsione da inserire nel verbale di consegna che, nel caso di mancata stipulazione del contratto, l'aggiudicatario ha diritto al rimborso delle spese sostenute per l'esecuzione dei lavori ordinati dal direttore dei lavori o per le forniture e i servizi eseguiti su ordine del direttore dell'esecuzione (art. 50, comma 6).

Sempre nel sottosoglia, ma solo per i contratti di valore inferiore a 40.000 euro, è possibile procedere alla stipulazione del contratto sulla base della dichiarazione sostitutiva di atto di notorietà dell'aggiudicatario circa il possesso dei requisiti di partecipazione e di qualificazione richiesti. In questo specifico caso, peraltro, nel contratto deve essere inserita un'apposita clausola risolutiva per il caso che la verifica non confermi il possesso dei requisiti generali o speciali dichiarati; la clausola, oltre alla risoluzione del contratto, deve prevedere: *i*) l'escussione della eventuale garanzia definitiva prestata; *ii*) la comunicazione all'ANAC e la sospensione dell'operatore economico dalla partecipazione alle procedure di affidamento indette dalla medesima stazione appaltante per un periodo da uno a dodici mesi decorrenti dall'adozione del provvedimento. Questa procedura semplificata comporta l'obbligo per la stazione appaltante di verificare le dichiarazioni in tutti i contratti stipulati a mezzo di tale verifica semplificata, anche previo sorteggio di un campione individuato con modalità predeterminate ogni anno (art. 52).

Riassumendo, la differenza della disciplina dell'istituto tra contratti soprasoglia e sottosoglia si manifesta principalmente nella necessità di motivazione per la consegna facoltativa. Nei contratti soprasoglia, l'esecuzione anticipata deve essere sempre giustificata, mentre nei contratti sottosoglia non è richiesta alcuna motivazione[24]. Anche sottosoglia, ovviamente, in caso di urgenza il RUP è tenuto alla consegna anticipata.

11.7. La forma dei contratti pubblici

La stipulazione del contratto pubblico deve avvenire in forma scritta, pena la sua nullità. Tale principio era già presente nella normativa previgente e viene ribadito nel nuovo Codice. La forma scritta può essere realizzata attraverso diverse modalità, che la stazione appaltante può scegliere in base alle proprie esigenze operative e al proprio ordinamento, in quanto tutte equivalenti dal punto di vista giuridico. Tra le opzioni previste troviamo:

– stipula in forma elettronica: il contratto viene redatto e sottoscritto utilizzando piattaforme elettroniche certificate;
– forma pubblica amministrativa: l'atto viene redatto e sottoscritto da un ufficiale rogante, secondo quanto stabilito per gli atti pubblici amministrativi;
– atto pubblico notarile informatico: la stipula avviene sotto la supervisione di un notaio e con modalità elettroniche;
– scrittura privata: il contratto è redatto e sottoscritto direttamente dalle parti.

Queste modalità si applicano sempre per i contratti soprasoglia.

Il Codice, nella versione antecedente al Correttivo, prevedeva, al contrario, che, per le procedure negoziate e gli affidamenti diretti sottosoglia, il contratto dovesse perfezionarsi mediante uno scambio di corrispondenza commerciale, attraverso lettere tradizionali, trasmesse per posta elettronica certificata (PEC), o tramite sistemi elettronici di recapito certificati, inclusi quelli integrati nelle piattaforme telematiche di negoziazione.

Questa semplificazione mirava a snellire le procedure e a ridurre i tempi necessari per formalizzare il contratto, come chiarito anche dalla relazione illustrativa al Codice e come ricordato dal Ministero delle infrastrutture e dei trasporti (MIT), secondo cui le modalità semplificate previste per le procedure negoziate e gli affidamenti diretti sottosoglia non sarebbero state derogabili. Pertanto, per tali procedure non era possibile utilizzare le modalità più formali previste per i contratti soprasoglia o per le procedure ordinarie, come la stipula in forma pubblica amministrativa o mediante scrittura privata (parere 21.2.2024, n. 2341).

Il decreto correttivo è intervenuto sulla questione andando a modificare il testo dell'art. 18, introducendo un "anche" che fa sì che sia lasciata alla SA la possibilità di utilizzare per le procedure sottosoglia le forme semplificate, ma, anche di fare ricorso, fermo restando il principio del risultato e le esigenze di speditezza, ricorso alle modalità indicate per il soprasoglia.

---

[24] Sulla consegna anticipata, v. ANAC, parere di precontenzioso, delibera 31.1.2024, n. 51.

In ogni caso, i capitolati e i computi metrici estimativi, richiamati nel bando o nell'invito, fanno parte integrante del contratto, in qualunque forma venga stipulato.

11.8. L'approvazione dei contratti

L'art. 18, comma 8, del Codice prevede che il contratto sia sottoposto alla condizione risolutiva dell'esito negativo della sua approvazione, laddove prevista, da effettuarsi entro trenta giorni dalla stipula. E che, decorso tale termine, il contratto si intende approvato (silenzio-assenso).

L'approvazione del contratto, non prevista per gli enti del sistema delle autonomie locali, rappresenta, invece, un'importante fase della sequenza procedimentale dei contratti delle amministrazioni statali, disciplinata dall'art. 19 della legge di contabilità generale dello Stato[25].

Si rinvia al cap. III, parr. 10 e 14.

11.9. Il valore dell'imposta di bollo sui contratti

L'Agenzia delle entrate, con circolare del 28.7.2023, ha aggiornato, a seguito delle novità del d.lgs. n. 36/2023, le istruzioni per l'assolvimento dell'imposta di bollo sui contratti pubblici.

Il valore dell'imposta di bollo, che l'appaltatore deve assolvere una tantum al momento della stipula del contratto, in proporzione al suo valore, e le modalità di calcolo e versamento dell'imposta in sostituzione di quelle di cui al d.P.R. n. 642/1972 sono stabilite dalla Tabella di cui all'all. I.4, cui rinvia l'art. 18, comma 10.

Tabella imposta bollo

– 40 €, per i contratti il cui importo massimo previsto è ≥ a 40.000 e < a 150.000 €;
– 120 €, per i contratti il cui importo massimo previsto è ≥ a 150.000 e < a 1.000.000 €;
– 250 €, per i contratti il cui importo massimo previsto è ≥ a 1.000.000 e < a 5.000.000 €;
– 500 €, per i contratti il cui importo massimo previsto è ≥ a 5.000.000 e < a 25.000.000 €;
– 1.000 €, per i contratti il cui importo massimo previsto è ≥ a 25.000.000 €
Da ricordare Applicazione solo ai procedimenti avviati da 1.7.2023. Esenzione per i contratti di importo massimo inferiore a 40.000 € Valore massimo del contratto da prendere in considerazione al netto IVA e contributi di legge, comprese opzioni *ex* art. 14 Codice

[25] R.d. 18.11.1923, n. 244 e dall'art. 104, r.d. 23.5.1924, n. 827.

Pagamento, da assolvere al momento della stipula, ha natura di imposta di bollo dovuta sugli atti riguardanti l'intera procedura
La SA è obbligata solidalmente con l'aggiudicatario
L'imposta deve essere assolta, con modalità telematiche, utilizzando il modello F24, versamenti con elementi identificativi (F24 ELIDE) o con PAGOPA

12. Le semplificazioni nel sottosoglia

La legge-delega n. 78/2022, include, fra i principi e criteri direttivi dettati al Governo per l'emanazione dei decreti legislativi, la razionalizzazione, il riordino e la semplificare della disciplina in materia di contratti pubblici relativi a lavori, servizi e forniture "*di importo inferiore alle soglie di rilevanza europea, nel rispetto dei principi di pubblicità, di trasparenza, di concorrenzialità, di rotazione, di non discriminazione, di proporzionalità, nonché di economicità, di efficacia e di imparzialità dei procedimenti e della specificità dei contratti nel settore dei beni culturali, nonché previsione del divieto per le stazioni appaltanti di utilizzare, ai fini della selezione degli operatori da invitare alle procedure negoziate, il sorteggio o altro metodo di estrazione casuale dei nominativi, se non in presenza di situazioni particolari e specificamente motivate*".

Come noto, le direttive comunitarie relative agli appalti e alle concessioni trovano applicazione esclusivamente per i contratti che superano il valore soglia espressamente indicato nelle stesse direttive (Corte giust., ord. 3.12.2001, causa C-59/00). Di conseguenza, gli Stati membri non sono tenuti ad applicare le disposizioni previste dalle direttive agli appalti il cui valore non raggiunge tale soglia (Corte giust., sent. 21.2.2008, causa C-412/04, punto 65).

12.1. Contratti di interesse transfrontaliero certo

Occorre rammentare che a questi contratti, anche se sottosoglia, si applicano le procedure ordinarie.

Per quanto riguarda l'individuazione dell'interesse transfrontaliero certo da parte delle stazioni appaltanti, la Corte di Giustizia ha indicato alcuni criteri sintomatici, tra cui, l'importo considerevole dell'appalto, in combinazione con il luogo di esecuzione dei lavori, le caratteristiche tecniche specifiche dell'appalto o dei prodotti interessati, nonché l'esistenza di denunce effettive, e non meramente fittizie, da parte di operatori economici situati in altri Stati membri [26].

La mancanza o l'esistenza dell'interesse transfrontaliero certo deve essere motivata nella determinazione a contrarre, con riferimento ai criteri sintomatici sopra ricordati.

---

[26] Ad esempio, Corte giust. 8.12.2014, causa C-470/13, EU:C-2014:269, punto 32; 16.4.2015, causa C-278/14, EU:C-2015:228, punto 16.

12.2. Gli strumenti di acquisto e di negoziazione

L'art. 48 stabilisce che nel sottosoglia restano fermi gli obblighi di utilizzo degli strumenti di acquisto e di negoziazione previsti dalle disposizioni in materia di contenimento della spesa.

L'all. I.1 all'art. 3, comma 1, definisce:

– "strumenti di acquisto" (lett. cc) quelli che non richiedono l'apertura di un "confronto competitivo"; in questa tipologia di strumenti rientrano: *i)* le convenzioni – quadro di cui all'art. 26 della legge 23.12.1999, n. 488, stipulate da CONSIP S.p.A. e dai soggetti aggregatori; *ii)* gli accordi quadro stipulati da centrali di committenza quando gli appalti specifici vengono sono aggiudicati senza riapertura del confronto competitivo; *iii)* il mercato elettronico realizzato da centrale di committenza nel caso di acquisti effettuati a catalogo;

– "strumenti di negoziazione" (lett. dd) quelli che richiedono l'apertura del "confronto competitivo"; in questa altra tipologia rientrano: *i*) gli accordi quadro stipulati da centrali di committenza nel caso in cui gli appalti specifici vengono aggiudicati con riapertura del confronto competitivo; *ii*) il sistema dinamico di acquisizione realizzato da centrali di committenza, ossia, secondo la definizione del precedente codice del 2016, un processo di acquisizione interamente elettronico, per acquisti di uso corrente, le cui caratteristiche generalmente disponibili sul mercato soddisfano le esigenze di una stazione appaltante, aperto per tutta la sua durata a qualsivoglia operatore economico che soddisfi i criteri di selezione;

– il mercato elettronico realizzato da centrali di committenza nel caso di acquisti effettuati attraverso confronto concorrenziale, ossia, secondo la definizione del precedente codice del 2016, un processo di acquisizione interamente elettronico che consente acquisti telematici per importi inferiori alla soglia di rilievo europeo basati su un sistema che attua procedure di scelta del contraente interamente gestite per via telematica;

– i sistemi realizzati da centrali di committenza che comunque consentono lo svolgimento delle procedure ai sensi del presente codice.

Gli obblighi di utilizzo degli strumenti di acquisto e di negoziazione sono previsti dalle disposizioni di seguito indicate:

i) art. 1, comma 450, legge n. 296/2006, secondo cui le pubbliche amministrazioni, diverse da quelle centrali e periferiche, di cui all'art. 1 del d.lgs. n. 165/2001 (regioni, province, comuni, città metropolitane, unioni di comuni, camere di commercio, ecc.), nonché le autorità indipendenti, per gli acquisti di beni e servizi di importo pari o superiore a 5.000 euro e di importo inferiore alla soglia di rilievo comunitario, sono tenute a fare ricorso al mercato elettronico della pubblica amministrazione (MePA), ovvero ad altri mercati elettronici (ad es. Sintel, StarT, SardegnaCAT, ecc.), ossia a luoghi virtuali, dove domanda della pubblica amministrazione e offerta degli operatori economici si incontrano. L'obbligo di acquisto è garantito da un sistema sanzionatorio, che prevede: la nullità del contratto; illecito disciplinare; responsabilità amministrativa (danno erariale pari al maggior prezzo eventualmente pagato);

ii) art. 26, comma 3, legge n. 488/1999 e art. 1, comma 498, legge n. 208/2015, secondo cui, per gli acquisti effettuati non ricorrendo alle convenzioni-quadro stipulate da CONSIP, le amministrazioni pubbliche e le società controllate dallo Stato e dagli enti locali che siano organismi di diritto pubblico, ad eccezione di quelle che emettono strumenti finanziari quotati nei mercati regolamentati, i comuni con popolazione fino a 1.000 abitanti e i comuni montani con popolazione fino a 5.000 abitanti, utilizzano i parametri prezzo-qualità delle convenzioni CONSIP come limiti massimi per l'acquisto di beni e servizi comparabili oggetto delle stesse (i parametri di prezzo qualità sono costituiti dai prezzi e dai valori relativi a ciascuna convenzione stipulata da CONSIP e pubblicati nel sito istituzionale del MEF e nel portale *www.acquistinretepa.it* (art. 1, commi 507 e 508, legge n. 208/2015);

iii) art. 2, comma 225, legge n. 191/2009, a mente del quale le stazioni appaltanti, che non utilizzino per le acquisizioni gli accordi quadro stipulati da CONSIP, devono adottare, per gli acquisti di beni e servizi comparabili, parametri di qualità-prezzo rapportati a quelli degli accordi quadro stipulati da CONSIP;

iv) art. 1, comma 3, d.l. n. 95/2012, il quale prevede che le amministrazioni pubbliche obbligate ad approvvigionarsi attraverso le convenzioni-quadro stipulate da CONSIP e dalle centrali di committenza regionali, qualora la convenzione non sia disponibile e in caso di motivata urgenza, possono procedere allo svolgimento di autonome procedure di acquisto dirette alla stipula di contratti aventi durata e misura strettamente necessaria e sottoposti a condizione risolutiva nel caso di sopravvenuta disponibilità della detta convenzione;

v) art. 9, comma 3-*bis*, d.l. n. 66/2014, secondo cui le amministrazioni pubbliche obbligate a ricorrere a CONSIP o ai soggetti aggregatori per le merceologie individuate ai sensi dell'art. 9, comma 3, d.l. n. 66/2014, possono procedere, se non siano disponibili i relativi contratti di CONSIP o dei soggetti aggregatori e in caso di motivata urgenza, allo svolgimento di autonome procedure di acquisto dirette alla stipula di contratti aventi durata e misura strettamente necessaria;

vi) art. 1, comma 510, legge n. 208/2015, a mente del quale le amministrazioni pubbliche, obbligate ad approvvigionarsi attraverso le convenzioni-quadro stipulate da CONSIP ovvero dalle centrali di committenza regionali, possano procedere ad acquisti autonomi se il bene o servizio oggetto di convenzione non è idoneo al soddisfacimento dello specifico fabbisogno per mancanza di caratteristiche essenziali, solo a seguito di apposita autorizzazione specificamente motivata resa dall'organo di vertice amministrativo e trasmessa alla Corte dei conti;

vii) art. 1, comma 516, legge n. 208/2015 prevede che le amministrazioni e le società inserite nel conto consolidato ISTAT, obbligate per l'acquisto di beni e servizi informatici e di connettività ad approvvigionarsi esclusivamente tramite gli strumenti di acquisto e negoziazione messi a disposizione da CONSIP o dai soggetti aggregatori, possono procedere ad acquisti autonomi esclusivamente qualora il bene o il servizio non sia disponibile o idoneo al soddisfacimento dello specifico fabbisogno dell'amministrazione ovvero in caso di necessità ed urgenza comunque funzionali ad assicurare la continuità della gestione amministrativa, solo a seguito di apposita autorizzazione motivata dell'organo di vertice amministrativo, dandone comunicazione all'ANAC e all'AGID.

12.3. Sintesi delle semplificazioni introdotte dal d.lgs. n. 36/2023, come modificato dal decreto correttivo

Si riassumono le principali semplificazioni introdotte dal d.lgs. n. 36/2023 per i contratti di importo inferiore alle soglie di rilevanza europea[27] che non hanno interesse transfrontaliero certo:

Programmazione. – Non è obbligatoria per gli interventi per i quali è previsto l'affidamento diretto, ossia: lavori d'importo inferiore a 150.000 euro; forniture e servizi d'importo inferiore a 140.000 euro (art. 37).

Decisione a contrarre. – Per gli affidamenti diretti può essere assunta a valle della procedura una determinazione semplificata, che è anche determinazione di affidamento, con l'indicazione dei seguenti elementi: oggetto, importo, contraente e ragioni della sua scelta, esito delle verifiche sui requisiti generali e, se necessari, quelli relativi alle capacità economica-finanziaria e tecnico-professionale (art. 17, comma 2); mentre per le procedure negoziate senza bando, la determinazione a contrarre avvia il procedimento e deve indicare: l'interesse pubblico da soddisfare; le caratteristiche dei lavori, beni e servizi; l'importo massimo dell'affidamento stimato e la relativa copertura finanziaria, la procedura che si intende seguire con sintetica indicazione delle ragioni della scelta, i criteri per la selezione degli operatori economici e delle offerte dei concorrenti e le condizioni contrattuali.

Regolamentazione delle stazioni appaltanti. – È prevista la possibilità per le stazioni appaltanti, nei limiti e alle condizioni previste nella normativa di attuazione, di dotarsi di un apposito regolamento per disciplinare le modalità di svolgimento delle indagini di mercato e di costituzione e revisione dell'elenco degli operatori economici, con l'introduzione anche di distinte fasce di importo dei contratti entro i quali fare operare il principio di rotazione (art. 49, comma 3, e all. II.1).

Sistemi di affidamento. – Sono previsti due sistemi di affidamento specifici: *i*) l'affidamento diretto, definito dall'all. I.1, quello del contratto senza una procedura di gara, nel quale, anche nel caso di previo interpello di più operatori economici, la scelta è operata discrezionalmente dalla stazione appaltante o dall'ente concedente, nel rispetto dei criteri qualitativi e quantitativi di cui all'art. 50, comma 1, lett. a) e b), del Codice e dei requisiti generali o speciali previsti dal medesimo codice, ossia per lavori d'importo inferiore a 150.000 euro e per beni e servizi d'importo inferiore a 140.000 euro (art. 50, comma 1, lett. a) e b); *ii*) la procedura negoziata senza

---

[27] Per gli affidamenti diretti, v. ANAC "*Vademecum informativo per gli affidamenti diretti di lavori di importo inferiore a 150.000,00 euro, e di forniture e servizi di importo inferiore a 140.000 euro*" del 30 luglio 2024, in *https://www.anticorruzione.it/en/home*.

bando per gli affidamenti di contratti, d'importo inferiore alle soglie di rilevanza europea, con l'obbligo di invitare un numero minimo di operatori economici (5 per forniture e servizi, ivi compresi i servizi di ingegneria e architettura; da 5 a 10 per i lavori, a seconda delle fasce di valore), da individuare in base a indagini di mercato o all'eventuale elenco degli operatori istituito e gestito dalla stazione appaltante o ente concedente, e distinto per fasce di valore anche ai fini dell'applicazione del principio di rotazione (art. 50, comma 1, lett. c), d) e e), all. II.1).

Deroga al principio di rotazione. – Sono previste due fattispecie di deroghe al principio di rotazione: avviso di indagine di mercato senza limiti del numero di operatori da invitare alla procedura negoziata; particolari situazioni di mercato, effettiva assenza di alternative e previa verifica della accurata esecuzione del precedente contratto nonché della qualità della prestazione resa, condizioni che devono essere tutte contestualmente presenti (art. 49, commi 4 e 5 come modificato dal decreto correttivo); possibilità di escludere la rotazione per i mini-acquisti (d'importo inferiore ai 5.000 euro, *ex* art. 49, comma 6) e di limitarlo all'interno delle varie fasce di valore stabilite dalla stessa stazione appaltante per le procedure negoziate sottosoglia (art. 49, comma 3, e all. II.1).

Regime transitorio in deroga alla digitalizzazione. – È stata consentita la possibilità, fino al 31 dicembre 2024, ora estesa fino al 30 giugno 2025, di utilizzare l'interfaccia web messa a disposizione dalla piattaforma contratti pubblici – PCP dell'ANAC – per gli affidamenti diretti di importo inferiore a 5.000 euro, con conseguente ricorso obbligatorio a piattaforme di approvvigionamento digitale certificate (PAD) per le procedure di questo tipo solo a decorrere dal 1° luglio 2025 [28].

Pubblicità legale. – Sono previste forme semplificate di pubblicità legale per le indagini di mercato e l'avviso di costituzione dell'elenco degli operatori economici (sito istituzionale e BDNCP), nonché la pubblicazione nel solo sito istituzionale degli operatori consultati nell'ambito delle procedure per l'affidamento *ex* art. 50, comma 1 (comma 2, ult. periodo, art. 50). Il decreto correttivo ha introdotto l'obbligo di pubblicare sul sito istituzionale l'avvio di una delle consultazioni di cui all'art. 50, comma 1, lett. c), d) e e) (nuovo comma 2-*bis*, art. 50).

Controlli sui requisiti dell'affidatario. – È prevista una specifica semplificazione del controllo sui requisiti per le procedure di affidamento di importo inferiore a 40.000 euro, con la possibilità di stipulare il contratto sulla base dell'attestazione rilasciata mediante dichiarazione sostitutiva di atto di notorietà sul possesso dei requisiti di partecipazione e qualificazione richiesti, e conseguente successiva verifica dei requisiti anche mediante sorteggio di un campione da individuare con modalità individuate ogni anno e la e risoluzione del contratto in caso verifica negativa

[28] Comunicato Presidente ANAC del 28.6.2024, digitalizzazione "*Adozione del provvedimento di proroga di alcuni adempimenti previsti con la Delibera n. 582 del 13/12/2023 e con il Comunicato del Presidente del 10/01/2024*" (v. *https://www.anticorruzione.it/en/-/comunicato-del-presidente-del-28-giugno-2024-digitalizzazione*).

della stazione appaltante, con esclusione dell'eventuale garanzia definitiva e sospensione dell'operatore economico dalla partecipazione alle procedure di affidamento indette dalla stessa stazione appaltante (art. 52).

Esecuzione anticipata del contratto. – Dopo l'esito positivo della verifica dei requisiti, è possibile procedere alla consegna anticipata prima della stipulazione del contratto (art. 50, comma 6).

Garanzia provvisoria. – È esclusa la garanzia provvisoria negli affidamenti diretti, mentre è prevista la possibilità di richiederla nelle procedure negoziate senza bando, se ricorrano particolari esigenze che ne giustifichino la richiesta, da indicare nella decisione a contrarre, comunque, in un ammontare non superiore all'1% del valore del contratto, valore al quale, sulla scorta della novità introdotta dal correttivo, non si applicano le riduzioni previste per le procedure ordinarie.

Garanzia definitiva. – È in facoltà della stazione appaltante non richiederla in casi debitamente motivati e, se richiesta, deve essere calcolata in misura pari al 5% dell'importo contrattuale. Anche in questo caso, il Correttivo ha introdotto una specifica disposizione che impedisce l'applicazione delle riduzioni previste all'art. 106 comma 8, ma anche degli aumenti, indicati per le altre procedure all'art. 117 del Codice.

Esclusione automatica per anomalia. – Nel caso di aggiudicazione con il criterio del prezzo più basso, si applica, per i servizi e i lavori, l'esclusione automatica se le offerte ammesse sono almeno 5 (art. 54).

Contratto. – È prevista la possibilità di stipulazione mediante corrispondenza, consistente nello scambio di lettere, anche tramite posta elettronica certificata o sistemi elettronici (art. 18, comma 1, penultimo periodo); per quelli di importo massimo inferiore a 40.000 euro è prevista l'esenzione dall'imposta di bollo.

Certificato di esecuzione. – Possibilità, per i soli lavori di importo inferiore a 40.000 euro, di tenere una contabilità semplificata e di sostituire a certe condizioni, il certificato di regolare esecuzione con un visto sulla fattura (art. 11-*bis*, all. II.14).

Conclusioni

Riassumendo, il processo di programmazione, progettazione e affidamento degli appalti, in parte tecnico e in parte amministrativo, rappresenta, all'interno del ciclo di vita dei contratti, un percorso articolato e strategico, caratterizzato da una serie di passaggi interconnessi e finalizzati a garantire la massima trasparenza amministrativa, l'efficienza operativa e l'elevata qualità degli interventi realizzati.

In un contesto economico, di particolare rilevanza (15% circa del PIL), il Codice affida al RUP, più che in passato, un rafforzato ruolo di raccordo, supervisione e coordinamento lungo tutte le suddette fasi del processo contrattuale. Infatti, il RUP, con il supporto dei suoi collaboratori (responsabili di fase e collaboratori di supporto tecnico e amministrativo e le attività, in fase di esecuzione di diverse figure professionali), non solo deve assicurare il rispetto della normativa del Codice e di quella di attuazione, come applicata dalla stazione appaltante nei documenti tecnici di progetto e in quelli di gara, ossia la correttezza delle procedure, ma deve anche assicurare la qualità delle attività tecniche e amministrative e garantire che gli obiettivi prefissati dalla stazione appaltante (o ente concedente) siano conseguiti nei tempi pianificati, nei modi stabiliti e con la migliore qualità.

In buona sostanza, il RUP è chiamato a contribuire a realizzare una gestione integrata delle diverse attività, attraverso un'attenta pianificazione e il monitoraggio continuo delle attività delle sequenze procedimentali di ciascuna fase, con l'obiettivo di realizzare lavori e acquisire servizi e forniture efficienti e rispondenti alle esigenze della collettività, promuovendo uno sviluppo sostenibile e un uso responsabile e trasparente delle risorse pubbliche impiegate.

Capitolo V

Gli istituti pro-concorrenziali

Alessandro Berta

Premessa

Il Codice ha introdotto rilevanti modifiche ai cosiddetti istituti pro-concorrenziali.

In questa ampia categoria rientrano istituti, principi e strumenti diversi, tutti collegati dall'identica funzione di favorire la massima partecipazione: soccorso istruttorio, avvalimento, subappalto e suddivisione in lotti; principio di rotazione, tassatività delle cause di esclusione, obbligo di prevedere requisiti di qualificazioni attinenti e proporzionati all'oggetto del contratto e, più in generale, strumenti per favorire, in modo compatibile con le prestazioni da acquisire e l'esigenza di realizzare economie di scala funzionali alla riduzione della spesa della spesa pubblica, la partecipazione alle procedure di gara delle piccole e medie imprese e la loro crescita (art. 10).

Il principio del *favor partecipationis* costituisce, come sostenuto in diverse sentenze della Corte di Giustizia, il punto di equilibrio e di composizione delle due finalità dell'evidenza pubblica: l'interesse del diritto comunitario alla circolazione dei beni e, quindi, all'apertura alla concorrenza tra le imprese nella misura più ampia possibile e l'interesse della stazione appaltante al buon uso del denaro della collettività, che risulta maggiormente garantito in tal modo dall'ampia scelta circa l'offerta più vantaggiosa e più rispondente ai bisogni della collettività pubblica interessata [1].

In questa direzione è da leggere il decreto correttivo 2024 al Codice nella parte in cui rafforza l'incentivazione delle piccole e medie imprese [2] alla partecipazione al mercato degli appalti pubblici, come previsto dalla direttiva 2014/24/UE del Parlamento europeo e del Consiglio, recante tra i principi essenziali, proprio quello di facilitare la loro partecipazione alle procedure e alla fase di esecuzione dei contratti pubblici.

In particolare, il Correttivo individua ulteriori nuove misure volte a favorire la partecipazione delle PMI: a) la facoltà, nei contratti riservati, per le stazioni appaltanti e gli enti concedenti di riservare il diritto di partecipazione alle procedure di appalto e di concessione alle piccole e medie imprese per gli affidamenti di importo inferiore alle soglie di rilevanza europea, con la sola esclusione dei contratti di interesse transfrontaliero certo (art. 61, al comma 2-*bis*, introdotto dall'art. 24, comma 1, lett. b), del correttivo); e la soppressione del primo periodo del commi 4 dello stesso 61, che prevedeva il rinvio all'all. II.3 sui meccanismi e strumenti premiali per incentivare la parità di genere e l'inclusione lavorativa delle persone con disabilità (art. 24, comma 1, lett. d); l'introduzione di una "riserva" obbligatoria di almeno il 20% delle prestazioni subappaltabili a favore delle MPMI (art. 119, comma 2, inserito dall'art. 41, lett. a), con la possibilità del concorrente di motivare le ragioni di una scelta diversa che non consenta di applicarla la soglia di riserva.

1. Il soccorso istruttorio

Come noto, il soccorso istruttorio è uno degli istituti più significativi e dibattuti nel panorama normativo del nostro ordinamento (art. 6, legge n. 241/1990 [3]), e, per gli appalti, del sistema euro unitario.

Nel contesto dei contratti pubblici, l'istituto nasce per favorire il più ampio accesso alle gare, superando quell'eccessivo formalismo che, in passato, aveva spesso condotto all'esclusione di operatori economici per semplici errori formali o per la mancata produzione di documenti. Questo istituto, introdotto in modo organico solo con le normative di matrice comunitaria, ha trovato negli anni una collocazio-

[1] R. CAPONIGRO, *Il principio del favor partecipationis e la tutela delle piccole e medie imprese nell'affidamento degli appalti pubblici*, in *Rivista on line ItaliAppalti*, 10.4.2017.

[2] Per la definizione v. Raccomandazione n. 2003/361/CE della Commissione del 6.5.2003, richiamata dall'art. 3, comma 1, lett. ss.), del d.lgs. n. 50/2026 e, ora, dall'art. 1, comma 1, lett. o), dell'all. I.1 al Codice.

[3] L'art. 6, comma 1, lett. b), della legge n. 241/1990, prevede che il responsabile del procedimento possa chiedere il rilascio di dichiarazioni e la rettifica di dichiarazioni o istanze erronee o incomplete. La giurisprudenza ha perimetrato l'ambito di applicazione del "soccorso istruttorio" nelle procedure concorsuali, al fine di evitare che sia vilato il principio della par condicio fra i concorrenti (Cons. Stato, Ad. Plen., 25.2.2014, n. 9; per un'applicazione ampia dell'istituto anche ni concorsi pubblici v. TAR Lazio, sent. 21.8.2024, n. 15901).

ne sempre più strutturata, contribuendo a bilanciare il principio di massima partecipazione con quello, altrettanto rilevante, di par condicio tra i concorrenti.

Il Codice ha confermato e valorizzato l'istituto, provvedendo a migliorare il precedente articolato, accogliendo alcune conclusioni della giurisprudenza amministrativa e precisandone il raccordo con le nuove modalità digitali di acquisizione e verifica dei requisiti dei concorrenti.

La fonte della disciplina dell'istituto è costituta dall'art. 101 del Codice. La scelta di dedicare una norma specifica alla sua disciplina, contenuta nel precedente codice del 2016, in un solo comma, di poche righe, nel corpo di altri istituti (art. 83, comma 9), non è casuale, ma risponde all'esigenza di razionalizzare e semplificare la gestione delle gare, di adeguare la normativa agli strumenti digitali e alla necessità pratica di ridurre i contenziosi e offrire una maggiore certezza giuridica alle stazioni appaltanti e ai concorrenti. Le numerose controversie sorte negli anni, infatti, hanno riguardato, di sovente, l'applicazione non uniforme dell'istituto, la discrezionalità delle amministrazioni nel concedere o negare il soccorso e nella definizione dei termini per l'integrazione documentale.

Con il Codice, quindi, il soccorso istruttorio è pienamente riconosciuto come strumento essenziale per garantire l'accesso paritario e il corretto svolgimento delle gare. Tale evoluzione riflette la crescente attenzione verso il principio del *favor partecipationis*, che impone alle stazioni appaltanti anche di rimuovere ogni ostacolo formale che non incida sulla sostanza della competizione.

La finalità del soccorso istruttorio, dunque, non è soltanto quella di correggere errori o omissioni, ma anche di assicurare che le gare si svolgano nel rispetto dei principi di trasparenza, non discriminazione e proporzionalità. Questo equilibrio tra partecipazione e concorrenza rappresenta uno dei tratti distintivi del sistema degli appalti pubblici, in linea con le normative europee.

1.1. Soccorso istruttorio e FVOE

Come noto, una delle novità più rilevanti introdotte dal nuovo codice riguarda il ruolo del Fascicolo Virtuale dell'Operatore Economico (FVOE). Questo strumento, che rappresenta il fulcro del processo di digitalizzazione degli appalti, consente alle stazioni appaltanti di accedere direttamente a una serie di documenti e certificazioni relative agli operatori economici, riducendo così la necessità di richiedere integrazioni documentali.

Il FVOE, quindi, rappresenta un passo avanti fondamentale nel percorso di modernizzazione degli appalti pubblici, favorendo una maggiore trasparenza e riducendo gli oneri amministrativi sia per le stazioni appaltanti che per gli operatori economici (v. cap. 8 par. 2).

Coerentemente con la valorizzazione del FVOE, l'art. 101, comma 1, stabilisce che il soccorso istruttorio può essere attivato solo qualora le informazioni mancanti o incomplete non siano già disponibili nel FVOE. Questo significa che, se la documentazione necessaria è presente nel fascicolo virtuale, la stazione appaltante non deve attivare il soccorso, ma deve acquisire direttamente i dati. Il meccanismo ha l'effetto, da un lato, di ridurre il rischio di contenziosi legati alla mancata attivazione del soccorso; dall'altro, di velocizzare il procedimento, contribuendo a una maggiore speditezza e efficienza del procedimento di gara e di raggiungere l'obiettivo di concluderlo nei termini massimi previsti dall'all. I.3, differenziati in relazione al criterio di aggiudicazione e al valore, sottosoglia o soprasoglia, dei contratti.

1.2. I termini

Uno degli aspetti più discussi nella precedente disciplina riguardava i termini per l'attivazione e la conclusione del soccorso istruttorio. Mentre nel precedente codice del 2016 era stabilito un termine discrezionale "fino a 10 giorni" che la stazione appaltante avrebbe potuto concedere per procedere all'eventuale integrazione, il nuovo codice fissa, sulla scorta di molti arresti giurisprudenziali che avevano contestato la concessione di termini troppo ristretti per integrare la documentazione, i termini per l'integrazione, sempre a discrezione della SA, tra un periodo minimo "non inferiore a cinque giorni" e uno massimo "non superiore a dieci giorni". Questo intervallo mira a garantire un equilibrio tra due esigenze contrapposte: concedere un tempo minimo sufficiente per l'integrazione documentale e, allo stesso tempo, assicurare la celerità del procedimento amministrativo.

Si ricorda, per inciso, che i termini devono essere computati sempre secondo le indicazioni del Codice di procedura civile (art. 155 c.p.c.), non dovendosi calcolare nel termine stesso il *dies a quo*, ossia il giorno di partenza della comunicazione.

Come chiarito dalla giurisprudenza antecedente, il termine concesso per il soccorso istruttorio è di natura perentoria[4], ciò in ragione delle necessità di speditezza della procedura che, necessariamente, subisce un rallentamento dall'attuazione del soccorso istruttorio. La giurisprudenza ha posto l'attenzione sul tema della digitalizzazione e del soccorso istruttorio attuato per il tramite delle piattaforme telematiche di negoziazione, chiarendo che l'operatore economico è onerato, in costanza di procedura, di verificare i propri sistemi di ricezione: "*Ogni operatore economico era, pertanto, onerato di controllare costantemente la piattaforma e verificare il proprio sistema di ricezione delle PEC, per accertarsi che esse non venissero erroneamente collocate in cartelle virtuali diverse da quelle di destinazione [...] Del resto, vige un principio di autoresponsabilità e di diligenza professionale, in capo ai concorrenti, per cui questi ultimi sono tenuti ad un onere di vigilanza continua circa le informazioni e le comunicazioni rilevanti che possono essere rispettivamente assunte e adottate in corso di gara*"[5].

L'ANAC, correttamente, ha ritenuto che ove la richiesta di soccorso istruttorio riguardi alcune parti della documentazione o dichiarazioni di gara e, successivamente, se ne rinvengano altre, sia legittimo procedere a più fasi di soccorso istrut-

---

[4] Cons. Stato, sez. V, 9.2.2024, n. 1333; cfr. anche Cons. Stato, sez. V, 22.8.2016, n. 3667; 22.10.2015, n. 4849; 18.5.2015, n. 2504; Cons. Stato, sez. III, 21.1.2015, n. 189; incidentalmente anche Ad. Plen., 30.7.2014, n. 16; Cons. Stato, sez. V, 29.5.2019, n. 3592.

[5] Cons. Stato, sez. V, n. 1333/2024, cit.

torio, trattandosi, in tal caso, di diverse richieste che non ledono il principio di perentorietà del termine del soccorso.

La giurisprudenza, in ossequio al principio di *par condicio* e di speditezza dell'iter procedurale, al contrario, ha sempre escluso il "soccorso del soccorso", ossia il doppio grado di soccorso istruttorio sul medesimo argomento: una volta concesso il termine e integrata la documentazione, ove questa sia incompleta non è possibile procedere ad un ulteriore "soccorso", trattandosi di un istituto che prevede un termine perentorio.

Diverso è il caso in cui sia richiesto non tanto una integrazione, bensì un chiarimento, come, parzialmente, ritenuto dal Consiglio di Stato (sez. III, 12.12.2023, n. 10718), secondo cui "*Il soccorso prestato dalla Stazione Appaltante appare legittimo e in linea con la legge di gara, poiché esso è intervenuto al fine di consentire il superamento di un errore innocuo nella trasmissione degli atti integrativi richiesti (cfr. su fattispecie analoga Cons. Stato, sez. III, n. 10452 del 2023), ovvero a diradare un verosimile malinteso sulla corretta interpretazione della richiesta formulata dalla stazione appaltante, non pienamente colta dal concorrente*". Secondo il Consiglio, la produzione di un documento "sbagliato" o "parziale" non può in alcun modo essere assimilata all'assoluta inerzia dell'impresa soccorsa ed è, pertanto, del tutto plausibile, come sostenuto dal TAR, che "*con la conferma della cauzione provvisoria l'impresa concorrente aveva di fatto confermato l'offerta*".

Nel caso in cui il termine ultimo per depositare la documentazione di soccorso cada in un giorno festivo, si sono registrate posizioni contrastanti tra l'ANAC e la giurisprudenza. L'ANAC, ha negato la possibilità di slittamento al giorno lavorativo successivo, mentre la giurisprudenza, confermando una posizione consolidata, ha recentemente affrontato il problema ed ha ritenuto applicabile quanto disposto dal Codice di procedura civile; in particolare, il TAR Lazio, sent. 3.5.2024, n. 8791, è intervenuto su tale questione (ANAC, è intervenuta con il Parere reso con delibera 26.9.2023, n. 445).

Secondo il giudice amministrativo, ai sensi degli artt. 155 c.p.c. e 2963 c.c., il termine per l'attivazione e il compimento del procedimento amministrativo va calcolato escludendo il *dies a quo* e comprendendo il *dies ad quem*, con la proroga di diritto della scadenza nel giorno festivo al giorno lavorativo seguente, tenendo conto, altresì, che l'art. 155 c.p.c. equipara il sabato ad un giorno festivo.

1.3. Le tipologie di soccorso istruttorio

Il Codice introduce una ripartizione articolata delle tipologie di soccorso istruttorio, ciascuna con finalità e modalità operative proprie, al fine di adattare l'istituto alle diverse esigenze che possono emergere nel corso di una gara pubblica, offrendo una maggiore flessibilità alle stazioni appaltanti e una più ampia tutela agli operatori economici.

La giurisprudenza ha distinto, per il precedente e il nuovo codice, le seguenti diverse tipologie di soccorso istruttorio [6]:

---

[6] Cons. Stato, sez. V, 21.8.2023, n. 7870; Cons. Stato, sez. V, n. 1333/2024, cit.

– *Il soccorso integrativo o completivo* (art. 101, comma 1, lett. a) mira, in termini essenzialmente quantitativi, al recupero di carenze della documentazione amministrativa necessaria alla partecipazione alla gara (con esplicita esclusione, quindi, della documentazione inerente l'offerta, sia sotto il profilo tecnico che sotto il profilo economico), sempreché non si tratti di documenti non allegati, ma acquisibili direttamente dalla stazione appaltante (ora tramite accesso al FVOE).

– *Il soccorso sanante* (art. 101, comma 1, lett. b), consente, in termini qualitativi, di rimediare ad omissioni, inesattezze od irregolarità della documentazione amministrativa (con il limite della irrecuperabilità di documentazione di incerta imputazione soggettiva, che varrebbe a rimettere in gioco domande inammissibili).

– *Il soccorso istruttorio in senso stretto* (art. 101, comma 3), recuperando gli spazi già progressivamente riconosciuti dalla giurisprudenza alle forme di soccorso c.d. procedimentale[7], abilita la SA a sollecitare chiarimenti o spiegazioni sui contenuti dell'offerta tecnica o economica, finalizzati a consentirne l'esatta acquisizione e a ricercare l'effettiva volontà dell'impresa partecipante, superandone le eventuali ambiguità, a condizione di pervenire ad esiti certi circa la portata dell'impegno negoziale assunto, e fermo in ogni caso il divieto (strettamente correlato allo stringente vincolo della par condicio) di apportarvi qualunque modifica.

– *Il soccorso istruttorio correttivo* (art. 101, comma 4) è, invece, una vera e propria novità del Codice e riguarda la possibilità per l'operatore economico, prescindendo dall'impulso della stazione appaltante, di provvedere, fino al giorno di apertura delle offerte, alla rettifica di errori che ne inficino materialmente il contenuto, fermo il duplice limite formale del rispetto dell'anonimato (busta chiusa) e il limite sostanziale della immodificabilità contenutistica dell'offerta stessa (Cons. Stato, sez. V, n. 7870/2023, cit.). Il soccorso istruttorio correttivo rappresenta una significativa apertura rispetto al passato, in cui tali errori, anche se palesemente materiali e non incidenti sulla volontà contrattuale, potevano comportare l'esclusione automatica del concorrente.

1.4. Le criticità applicative

Nonostante le indicazioni normative, l'applicazione del soccorso istruttorio non è priva di criticità nella regolamentazione e nella prassi applicativa, come evidenziato da alcune controversie giurisprudenziali.

Un tema dibattuto riguarda la possibilità di attivare il soccorso istruttorio per in-

---

[7] Sul soccorso istruttorio nelle procedure concorsuali, Cons. Stato, sez. V, 17.1.2018, n. 257; Cons. Stato, sez. V, 8.8.2016, n. 3540; Cons. Sato, sez. II, 28.1.2016, n. 838; Cons. Stato, sez. IV, 7.9.2004, n. 5759; Cons. Stato, sez. V, sent. TAR Lazio, sez. II, 21.8.2024, n. 15901, secondo cui, ove il candidato ad un concorso abbia allegato i titoli da valutare con la diligenza richiesta (specificata dall'Adunanza plenaria nella sentenza 15.2.2014, n. 9 nel fornire informazioni non reticenti e complete, compilare moduli, presentare documenti ed altro), il soccorso istruttorio va attivato, qualora dalla documentazione presentata dal candidato residuino margini di incertezza facilmente superabili, rispondendo tale scelta amministrativa ad un principio di esercizio dell'azione amministrativa ispirata a buona fede e correttezza (come ricorda il TAR Lazio, sez. II, 21.8.2024, n. 15901).

tegrare o correggere "documenti essenziali" relativi ai requisiti speciali o all'offerta economica. La giurisprudenza ha chiarito che tali integrazioni sono ammissibili solo nei limiti in cui non alterino la sostanza dell'offerta o non pregiudichino il principio di *par condicio*. Tuttavia, resta un margine di discrezionalità per le stazioni appaltanti, che può dar luogo a difformità di trattamento e a contestazioni. È stato sostenuto, al riguardo, che "*dinanzi ad un errore dell'operatore nella redazione dell'offerta, è necessario accertare la natura e rilevanza di detto errore, al fine di verificare se possa considerarsi un mero errore materiale immediatamente percepibile e come tale emendabile senza alcuna attività manipolativa (Consiglio di Stato, sez. III, sent. 21 marzo 2022, n. 2003) ovvero richieda un'attività integrativa da parte del RUP e, come tale, inammissibile e insuscettibile di soccorso istruttorio (Consiglio di Stato, sez. V, sent. 26 gennaio 2021, n. 804)*"[8].

In ogni caso, il "ribasso errato", indicato dall'operatore economico nel file denominato "Offerta Economica", non può essere considerato, in base al principio di autoresponsabilità dell'operatore economico, un semplice errore materiale. Questo perché, nella fattispecie, il ribasso era stato utilizzato dalla piattaforma per generare un riepilogo, successivamente esaminato dalla società stessa, che lo ha scaricato, firmato digitalmente e inserito nella documentazione presentata nella busta contenente l'offerta economica[9]. In linea generale, l'indirizzo giurisprudenziale condiviso è nel senso che ciascuno dei concorrenti "*sopporta le conseguenze di eventuali errori commessi nella formulazione dell'offerta e nella presentazione della documentazione*"[10], stante che all'impresa che partecipa a pubblici appalti è richiesto un grado di professionalità e di diligenza superiore alla media, cioè una diligenza che non riguarda solo l'esecuzione del contratto, ma anche le fasi prodromiche e genetiche, tra cui, in primo luogo, quella della redazione degli atti necessari alla partecipazione alla gara.

La giurisprudenza ha comunque escluso, anche nella vigenza del precedente codice, l'integrabilità dell'offerta, ad esempio, per quanto riguarda gli oneri di sicurezza aziendali[11]. Il giudice amministrativo (TAR Lazio, Roma, 26.9.2023, n. 14255, affrontando una questione già sottoposta alla disciplina del d.lgs. n. 36/2023, ha affermato confermato questo indirizzo: "*deve tenersi per ferma la non soccorribilità degli elementi integranti, anche documentalmente, il contenuto dell'offerta (tecnica od economica*)", in quanto "*ciò si porrebbe in contrasto con il superiore principio di parità dei concorrenti. Restano, per contro, ampiamente sanabili le carenze (per omissione e/o per irregolarità) della documentazione c.d. amministrativa. In altri termini, si possono emendare le carenze o le irregolarità che attengano alla (allegazione) dei requisiti di ordine generale (in quanto soggettivamente all'operatore economico in quanto tale), non quelle inerenti ai requisiti di ordine speciale (in quanto atte a strutturare i termini dell'offerta, con riguardo alla capacità econo-*

[8] Cons. Stato, sez. VII, 4.3.2023, n. 2101.

[9] Cons. Stato, sez. V, 12.3.2024, n. 2372.

[10] Cons. Stato, Ad. Plen., 25.2.2014, n. 9 (Cons. Stato, sez. IV, 24.1.2022, n. 448).

[11] Cons. Stato, sez. V, 20.2.2024, n. 1677.

mica, tecnica e professionale richiesta per l'esecuzione delle prestazioni messe a gara); il che è quanto si è verificato pure nella presente controversia" (in tal senso recentemente anche Cons. Stato, sez. V, 18.4.2024, n. 3522, dove si è affermato che "*in sede di gara pubblica non può ammettersi il soccorso istruttorio per la comprova dei requisiti, attesa non solo l'inesistenza della carenza di un elemento formale della domanda, ma anche la natura perentoria del relativo termine, con conseguenze immediatamente escludenti, laddove, al contrario, il soccorso istruttorio equivarrebbe ad una sostanziale rimessione in termini*"; in tal senso, anche TAR Parma, 17.4.2024, n. 88; in senso contrario TAR Perugia, 23.12.2023, n. 758, secondo cui la SA avrebbe dovuto chiedere l'integrazione con soccorso istruttorio dei requisiti (Servizi Analoghi) non dichiarati dall'OE, ma "pacificamente eseguiti" prima della scadenza dell'offerta).

È stata ritenuta una mera di richiesta di chiarimento, come tale integrabile con il soccorso istruttorio, la "[...] *mera puntualizzazione relativa alla formulazione dell'offerta con riguardo alle due alternative unità di misura, convertibili reciprocamente mediante una semplice operazione aritmetica ad esito univoco senza che tale operazione di conversione ridondasse sugli aspetti sostanziali dell'offerta. Puntualizzazione orientata ad una più fedele interpretazione della volontà negoziale degli offerenti senza intaccare in alcun modo l'ubi consistam delle relative offerte*" [12]. Mentre, nel previgente sistema, non sono state ritenute integrabili, con il soccorso istruttorio, le dichiarazioni specifiche allegate all'offerta [13], oggi sarebbe attivabile il c.d. soccorso istruttorio integrativo promosso dal concorrente entro la scadenza dell'offerta stessa, ove non modifichino i contenuti obiettivi dell'offerta. Al contrario, neppure oggi, come in passato, sarebbe integrabile la difformità o inadeguatezza dell'offerta [14].

Già in precedenza, la giurisprudenza ha sostenuto che "*l'erronea campionatura*" è integrabile, in quanto elemento dell'offerta di natura "dimostrativa" con la conseguenza "*Quale diretto corollario [...] che la clausola che imponga ai concorrenti, a pena di esclusione, la presentazione di una campionatura dei prodotti offerti, introduce una causa di esclusione ulteriore rispetto a quelle previste dal codice dei contratti pubblici, in violazione del divieto stabilito al riguardo dall'art. 83, comma 8, d.lgs. n. 50/2016 (CGARS, 20 luglio 2020, n. 634) e, come tale, deve dunque essere ritenuta nulla*" [15].

Il mancato (o ritardato) versamento del *contributo ANAC* per la partecipazione alle gare, se, inizialmente, era stato ritenuto non integrabile, in quanto condizione necessaria legale di partecipazione, successivamente ad una pronuncia della Corte di Giustizia, è stato ritenuto integrabile, in mancanza di specifica specificazione dell'adempimento a pena esclusione nei documenti di gara.

In giurisprudenza si sono registrati due diversi atteggiamenti: uno di apertura al soccorso istruttorio per un pagamento tardivo, e l'altro contrario. Secondo un orien-

---

[12] TAR Aosta, sez. unica, sent. 10.3.2023, n. 13.

[13] Cons. Stato, sez. III, 8.11.2022, n. 9789.

[14] In precedenza, v. Cons. Stato, sez. V, 9.9.2022, n. 7882.

[15] Cons. Stato, sez. III, 4.8.2022, n. 6827.

tamento più rigoroso, sarebbe richiesto l'effettivo pagamento "*prima della scadenza, osservando che si tratterebbe di causa di esclusione prevista in via diretta dalla legge*" [16]; secondo altra opposta posizione, la norma andrebbe interpretata in senso euro unitario, considerato che "*la giurisprudenza afferma costantemente che il testo dell'art. 1, comma 67, della legge 23 dicembre 2005, n. 266 (che prevede l'obbligo del versamento Anac, a pena di esclusione), 'non esclude l'interpretazione, euro unitariamente orientata, che il versamento condizioni bensì l'offerta ma che lo stesso possa essere anche tardivo', ovvero sanabile con il soccorso istruttorio, in quanto trattasi di elemento estraneo al contenuto dell'offerta e quindi sottratto alle preclusioni poste dall'art. 83, comma 9, secondo periodo del codice dei contratti pubblici (cfr. Consiglio di Stato, sez. V, 19 aprile 2018, n. 2386; di recente. si veda Consiglio di Stato, sez. III, 3 febbraio 2023, n. 1175)*" [17].

Si annota che il nuovo Bando Tipo ANAC n. 1 prevede che i concorrenti effettuino il pagamento del contributo quale "condizione di ammissibilità dell'offerta", ma nel disciplinare Tipo chiarisce che "*l'avvenuto pagamento è verificato mediante il FVOE e che il mancato pagamento è sanabile mediante soccorso istruttorio. In caso di mancata regolarizzazione nel termine assegnato, l'offerta è dichiarata inammissibile*", aderendo, quindi, all'orientamento che ammette il soccorso istruttorio e il pagamento tardivo.

La questione da ultimo è stata deferita all'Adunanza Plenaria del Consiglio di Stato, chiamata a pronunciarsi sulla seguente questione di diritto "*se l'omesso versamento del contributo ANAC entro i termini di partecipazione ad una procedura pubblica per l'affidamento di lavori, servizi o forniture determini l'esclusione del concorrente senza possibilità di soccorso istruttorio oppure se, specularmente, tale carenza configuri solo irregolarità essenziale sanabile mediante il soccorso istruttorio previa declaratoria di nullità parziale delle eventuali clausole della* lex specialis *che, in senso difforme, contemplino l'esclusione del concorrente*" (così Cons. Stato, sez. III, ord. 7.1.2025, n. 48).

Per ciò che riguarda la *cauzione*, nel regime precedente, ad un orientamento di apertura che permetteva l'integrazione anche della mancanza stessa della cauzione provvisoria, si è successivamente affiancato un filone giurisprudenziale restrittivo che ha negato ogni possibilità di integrazione della cauzione, non solo in caso di mancanza, ma anche in caso di errori materiali della stessa.

Il Codice prevede, in ossequio alla giurisprudenza consolidata, l'integrazione degli elementi della cauzione provvisoria, ma, in caso di sua mancanza, prevede, sì l'obbligo di richiesta di integrazione con il soccorso istruttorio, ma solo se la cauzione è stata formata con data certa anteriore alla data di scadenza per la presentazione dell'offerta. Ciò, in ragione di quanto già affermato dal massimo organo di

---

[16] Cons. Stato, sez. IV, 25.7.2023, n. 7252.

[17] Cons. Stato, sez. V, 7.9.2023, n. 8198; TAR Catanzaro, sez. II, 29.1.2024, n. 1539; Cons. Stato, sez. V, 7.9.2023, n. 8198; ancora TAR Friuli-Venezia Giulia, sez. I, 19.9.24, n. 289 (in fattispecie in cui il disciplinare non conteneva l'esclusione) e TAR Lazio, sez. II, 19.9.2024, n. 6458 (in fattispecie in cui il disciplinare comminava l'esclusione); TAR Veneto, sez. III, 30.9.24, n. 2266.

giustizia amministrativa in vigenza del previgente codice, secondo cui "[…] *il soccorso istruttorio va a buon fine e l'operatore economico resta in gara se la cauzione provvisoria in sanatoria, trasmessa all'esito della comunicazione della stazione appaltante, è di data anteriore al termine per la presentazione delle domande di partecipazione; – il soccorso istruttorio non va a buon fine e l'operatore economico deve essere escluso se, […], la cauzione provvisoria è stata formata successivamente al termine per la presentazione delle offerte, poiché la circostanza che si consenta ad uno degli operatori di giovarsi di un termine più lungo per l'acquisizione della documentazione necessaria alla partecipazione alla gara, potendo ad esempio spuntare condizioni economiche più favorevoli, determina una lesione della par condicio dei concorrenti*" [18].

Sul tema della data certa della *cauzione*, è da ricordare che, ai sensi dell'art. 20 del d.lgs. 7.3.2005, n. 82 (c.d. Codice dell'amministrazione digitale, di seguito, "CAD"), e successive modificazioni, la data e l'ora di formazione anteriore del documento informatico sono opponibili ai terzi se apposte in conformità alle regole tecniche sulla validazione (es: marcatura temporale), mentre non possono essere ammesse la sola firma digitale né le procedure interne della società assicuratrice che ha emesso la polizza, in quanto non sono forme di "validazione" dalla normativa del CAD richiamata nel disciplinare di gara [19].

Assodato che la "mancanza" della cauzione provvisoria è sanabile solo a condizione che sia stata preventivamente emessa, resta da chiarire come deve comportarsi la stazione appaltante se la cauzione emessa nei termini presenta "errori" o "carenze" rispetto a quanto previsto dalla *lex specialis* di gara e dal Codice. Orbene, se la cauzione è emessa da un soggetto che non poteva procedere alla sua emissione, la giurisprudenza è unanime nel ritenere che essa è inesistente e quindi non sanabile. Al contrario, l'art. 101 del Codice sembra ammettere ogni altra integrazione o correzione. Al riguardo, in merito ad una cauzione provvisoria di importo inesatto, il giudice amministrativo ha affermato che "[...] *l'art. 101, comma 1, lett. a) del d.lgs. n. 36 del 2023, che, nel delineare il soccorso istruttorio integrativo-completivo, prevede solo per la mancata presentazione della garanzia provvisoria, ma non per l'inesattezza della stessa, la possibilità di integrazione mediante documenti aventi data certa anteriore al termine fissato per la presentazione delle offerte. Ne consegue che in relazione al caso di specie, in cui la garanzia provvisoria è stata presentata, ma era di importo inesatto, opera il soccorso istruttorio sanante, ora previsto dalla lettera b) dell'art. 101 sopra richiamato, che non richiede la necessità che la regolarizzazione avvenga entro il termine fissato per la presentazione delle offerte. Ne consegue, dunque, che anche dal d.lgs. n. 36 del 2023 si desume che la cauzione provvisoria di importo inesatto può essere regolarizzata attraverso il potere di soccorso istruttorio, anche oltre il termine previsto per la presentazione delle offerte*" [20].

---

[18] Cons. Stato, sez. V, 12.2.2024, n. 1365.

[19] Cons. Stato, sez. IV, 1.2.2024, n. 1046.

[20] TAR Campania, Napoli, sez. I, sent. 1.3.2024, n. 1429. In senso conforme, Cons. Stato, sez. V,

Come già evidenziato dalla giurisprudenza la modifica delle "dichiarazioni relative alla qualificazione" del concorrente costituisce un *quid novi* rispetto al termine di presentazione delle offerte. Per tale ragione, ad esempio, non è modificabile, negli appalti di servizi, "*l'elenco dei servizi analoghi indicati tramite la procedura del soccorso istruttorio di cui all'art. 101 co.1 lett. b), né con quella del soccorso procedimentale di cui al co.3 dello stesso articolo, al fine di spendere servizi diversi da quelli indicati in sede di offerta, per superare il vaglio dell'analogia rimesso alla discrezionalità della stazione appaltante*" (parere-precontenzioso ANAC 7.2.2024, n. 60).

Il soccorso istruttorio, inoltre, non sarebbe utilizzabile per "rettificare" una dichiarazione (in questo caso sui servizi analoghi non posseduti rispetto a quanto dichiarato) resa in sede di gara [21].

Non possono essere oggetto di integrazione successiva alla presentazione dell'offerta neppure le dichiarazioni relative alle assunzioni richieste negli appalti finanziati dal PNRR. Infatti, come stabilito dall'art. 47 del d.l. n. 77/2021, l'obbligo di assumere giovani e donne, qualora si renda necessario procedere a nuove assunzioni per l'esecuzione dell'appalto, deve essere adempiuto già al momento della presentazione dell'offerta, cioè contestualmente alla domanda di partecipazione. Di conseguenza, tale obbligo non può essere considerato un semplice requisito di esecuzione da dimostrare successivamente all'aggiudicazione del contratto. Essendo un "requisito necessario dell'offerta", questa condizione deve essere esaminata durante la fase di valutazione delle offerte, dunque in una fase anteriore rispetto all'aggiudicazione [22].

Anche lo schema di convenzione nella gara della seconda fase (concorrenziale) di selezione nella finanza di progetto non sarebbe oggetto di integrazione istruttoria, in quanto "*Si tratta, [...], di una componente essenziale dell'offerta tecnica, per come espressamente previsto dal disciplinare e dallo stesso citato art. 183, comma 9, del codice dei contratti pubblici*" [23].

In relazione alla "sottoscrizione" dell'offerta è stato affermato che "*qualora la mancanza della sottoscrizione non precluda la riconoscibilità della provenienza dell'offerta e non comporti un'incertezza assoluta sulla stessa, il vizio è da ritenere sanabile mediante soccorso istruttorio e non idoneo a cagionare l'immediata ed automatica estromissione dalla procedura selettiva (cfr. ANAC, delibere n. 98 del 3 febbraio 2021, n. 46 del 22 gennaio 2020; n. 685 del 18 luglio 2018; n. 1358 del 20 dicembre 2017; n. 432 del 27 aprile 2017; n. 1298 del 12 dicembre 2017; n. 953 del 7 settembre 2016; n. 10 del 4 febbraio 2015; determinazione n. 1 dell'8 gennaio 2015; in giurisprudenza, cfr. ex multis, Consiglio di Stato, Sez. V, 22 giu-*

22.11.2022, n. 10274; Cons. Stato, sez. V, 19.4.2021, n. 3166; Cons. Stato, sez. V, 26.7.2016, n. 3372; Cons. Stato, sez. IV, 20.1.2015, n. 147; cfr. anche delibera ANAC n. 1/15 e parere 7.2.2024, n. 59; contro, Cons. Stato, sez. V, 28.6.2022, n. 5347; Cons. Stato, sez. V, 27.1.2021, n. 804.

[21] Cons. Stato, sez. V, 12.2.2024, n. 1372; Cons. Stato, sez. V, 18.4.2024, n. 3522.

[22] Cons. Stato, sez. V, sent. 20.3.2024, n. 2688; in senso conforme, ANAC Bando tipo n. 1.

[23] Cons. Stato, sez. III, 11.12.2023, n. 10679.

gno 2020 n. 3973; 9 marzo 2020 n. 1655; 21 novembre 2016 n. 4881; TAR Lazio, Roma, sez. III-bis, 3 dicembre 2019 n. 13812 e Sez. I, 16 giugno 2016 n. 6923; TAR Toscana, 31 marzo 2017 n. 496)". Ha, quindi, concluso con il "*ritenere esperibile il soccorso istruttorio nell'ipotesi in cui la documentazione di partecipazione prodotta sia priva di sottoscrizione (ove) la domanda di partecipazione e la relativa documentazione allegata siano in qualche modo riconducibili al concorrente e che quindi la mancata sottoscrizione non precluda la riconoscibilità della provenienza della documentazione di partecipazione e non comporti un'incertezza assoluta sulla stessa*"[24].

Di contro, è stato sostenuto, in caso di mancanza della firma digitale della mandataria dell'RTI sull'offerta che "*Nelle gare pubbliche la 'sottoscrizione' dell'offerta, [...] si configura come lo strumento mediante il quale l'autore fa propria la dichiarazione contenuta nel documento servendo a renderne nota la paternità ed a vincolare l'autore alla manifestazione di volontà in esso contenuta; essa assolve la funzione di assicurare provenienza, serietà, affidabilità e insostituibilità dell'offerta e costituisce elemento essenziale per la sua ammissibilità, sia sotto il profilo formale che sotto quello sostanziale, potendosi solo ad essa riconnettere gli effetti dell'offerta come dichiarazione di volontà volta alla costituzione di un rapporto giuridico; la sua mancanza inficia, pertanto, la validità e la ricevibilità della manifestazione di volontà contenuta nell'offerta*" (Cons. Stato, sez. V, 21.6.2017, n. 3042)[25].

Un altro punto critico riguarda la gestione delle "comunicazioni telematiche". Recenti sentenze del Consiglio di Stato hanno ribadito che la mancata ricezione di comunicazioni inviate tramite PEC o piattaforma elettronica non può essere opposta come giustificazione per il mancato rispetto dei termini. Gli operatori economici sono infatti tenuti a esercitare un principio di autoresponsabilità, controllando regolarmente le proprie caselle di posta elettronica e l'accesso alla piattaforma.

Il soccorso istruttorio è ammesso anche per quanto attiene alla mancata allegazione del contratto di avvalimento e dell'impegno a conferire mandato collettivo speciale di rappresentanza in caso di r.t.i. non ancora costituita, ma solo mediante la produzione di documenti di data certa anteriore al termine fissato per la presentazione delle offerte (art. 101, comma 1, lett. a).

Il decreto correttivo non apporta alcuna correzione o integrazione all'art. 101.

2. L'avvalimento

L'istituto dell'avvalimento costituisce uno degli strumenti più rilevanti e caratterizzanti nell'ambito del diritto europeo e nazionale degli appalti pubblici. Introdotto per favorire la più ampia partecipazione possibile alle gare e incrementare la

---

[24] TAR Catania, 15.7.2022, n. 1911; TAR Napoli, 18.7.2023, n. 4363.

[25] Così Cons. Stato, sez. V, 12.12.2023, n. 10721; conforme Cons. Stato, sez. IV, 27.10.2022, n. 9165, che ha ritenuto legittima l'esclusione del concorrente che aveva omesso di apporre la firma digitale sull'offerta.

concorrenza tra gli operatori economici, l'avvalimento consente a un concorrente privo di determinati requisiti di partecipazione di avvalersi delle capacità di un altro soggetto, denominato "ausiliario".

Tale istituto ha origine nella normativa comunitaria, essendo finalizzato a garantire il rispetto del principio di massima concorrenza e a promuovere l'accesso alle gare anche per quegli operatori che, pur non possedendo direttamente tutti i requisiti richiesti dal bando, possono comunque assicurare l'efficace esecuzione del contratto grazie all'appoggio di terzi.

L'avvalimento è stato recepito nell'ordinamento giuridico italiano inizialmente attraverso l'elaborazione giurisprudenziale, per poi trovare una compiuta formalizzazione normativa con l'adozione del codice dei contratti pubblici del 2006 (d.lgs. n. 163/2006).

Nel Codice, la disciplina dell'istituto è contenuta nell'art. 104, che ne definisce compiutamente il perimetro applicativo, le modalità operative e le limitazioni, con notevoli innovazioni ed ampiamento della sua applicazione rispetto al precedente codice.

L'istituto è utilizzabile in ogni tipo di procedura, sotto e sopra soglia, per gli appalti e le concessioni, nei settori ordinari e speciali; è, altresì, applicabile nelle procedure negoziate; al contrario, non sembra applicabile negli affidamenti diretti: il vincolo dell'idoneità pregressa, richiesta dalla norma, infatti, ne limita il ricorso: il RUP deve orientarsi verso soggetti "già competenti" (a meno che uno non si tratti di un operatore economico iscritto all'elenco della SA tramite avvalimento, si veda anche il comma 2 dell'art. 104 per i lavori sopra i 150.000 euro).

Si dubita fortemente della possibilità di utilizzare l'avvalimento per qualificare i subappaltatori: a fronte della richiesta di una SA se potesse essere utilizzato l'avvalimento per qualificare il subappaltatore in un caso in cui l'aumento del valore del subappalto non era coperto dalla SOA del subappaltatore, il MIT con il parere 17.4.2024, n. 2583 ha negato tale possibilità ritenendo che possa essere utilizzato esclusivamente in fase di qualificazione in sede di gara. Negativa è stata anche la risposta di ANAC sotto la vigenza del precedente codice (ANAC delibera 30.10.2019, n. 1017).

Tuttavia, l'utilizzo dell'avvalimento richiede il rispetto di specifici presupposti e formalità, la cui mancata osservanza può comportare l'esclusione del concorrente dalla gara.

La sua funzione principale è di permettere a un operatore economico, che non possiede integralmente i requisiti di qualificazione richiesti dal bando, di partecipare alla gara d'appalto facendo affidamento sulle capacità di uno o più ausiliari. I requisiti che possono essere oggetto di avvalimento sono molteplici e includono, ad esempio, la capacità economico-finanziaria, la capacità tecnica, l'esperienza specifica, il possesso dei mezzi e personale, le certificazioni di qualità e le attestazioni SOA, necessari all'esecuzione del contratto.

La *ratio* dell'istituto si rinviene nella necessità di garantire la massima partecipazione alle gare, promuovendo l'accesso anche di operatori di piccole o medie dimensioni, che non sarebbero in grado di partecipare autonomamente. In tale contesto, l'avvalimento assume un ruolo fondamentale per il rafforzamento del principio di concorrenza e per il superamento delle barriere di ingresso nel mercato degli appalti pubblici.

Inoltre, con il nuovo codice, l'avvalimento non si limita a favorire la partecipazione, ma contribuisce anche alla formulazione di offerte più competitive, incrementando la qualità complessiva delle proposte presentate.

Finalità:

– Apertura degli appalti pubblici alla concorrenza nella misura più ampia possibile.

– Massima partecipazione alle gare pubbliche, funzionale alla migliore selezione dell'aggiudicatario.

– (novità) Formulazione di un'offerta più competitiva (nel caso dell'avvalimento premiale).

2.1. I requisiti oggetto di avvalimento

L'istituto si applica ad una vasta gamma di requisiti richiesti dalla normativa e dai bandi di gara. Tra i requisiti più comuni, che possono essere oggetto di avvalimento, si annoverano:

a) *Requisiti economico-finanziari*, cioè, fatturato, globale e specifico, e referenze bancarie. È importante distinguere tra il fatturato generale e quello specifico, poiché quest'ultimo, secondo la giurisprudenza, può essere considerato un requisito tecnico e non meramente economico. Pertanto, nel caso di avvalimento del fatturato specifico, il contratto dovrà specificare non solo la disponibilità del fatturato, ma anche delle risorse che hanno consentito di generarlo.

b) *Requisiti tecnici e professionali*, ossia l'esecuzione di contratti analoghi, il possesso di attrezzature e mezzi, e le competenze del personale. In questo caso, l'ausiliario deve mettere a disposizione dell'impresa ausiliata non solo i requisiti formali, ma anche le risorse materiali e umane necessarie per l'esecuzione del contratto.

c) *Certificazioni di qualità*, come le certificazioni ISO, che non possono essere semplicemente "prestate" in termini formali; l'ausiliario deve garantire l'effettiva messa a disposizione dell'ausiliata dell'organizzazione e dei processi che hanno consentito di ottenere tali certificazioni.

d) *Attestazione Società Organismo di Attestazione (SOA)*, anche le attestazioni SOA possono essere oggetto di avvalimento, ma solo se accompagnate dalla messa a disposizione delle risorse tecniche, organizzative e umane che hanno consentito all'ausiliario di ottenerle. Come noto, l'attestazione SOA è obbligatoria per gli operatori economici elencati all'art. 65, comma 2 (operatori individuali; consorzi fra società cooperative o imprese artigiane, consorzi stabili raggruppamenti temporanei, consorzi ordinari, ecc.) che intendono eseguire lavori pubblici di importo a base di gara superiore a 150.000 euro, anche affidate in subappalto (art. 100, commi 4 ss.).

L'attestazione, che può essere rilasciata solo da SOA autorizzata dall'ANAC, qualifica l'impresa a partecipare agli appalti pubblici in categorie di opere (n. 13

generali e n. 39 specializzate) e dieci classifiche di importo (ogni categoria può essere incrementata del 20%), di cui all'all. II.12 del Codice, entrambe commisurate alle capacità e all'esperienza che l'azienda ha dimostrato all'Organismo di Attestazione. Per ottenere l'attestazione l'impresa deve essere in possesso dei requisiti d'ordine generale indicati al Capo II del Titolo IV della Parte V del Libro II (registro imprese, certificazione antimafia, assenza di gravi violazioni, ecc.).

2.2. Il contratto di avvalimento

Il Codice, come precisato dalla "relazione illustrativa" del Consiglio di Stato, incentra la disciplina dell'avvalimento sul contratto tra il concorrente e una o più imprese ausiliarie, le quali si impegnano a trasferire all'operatore economico concorrente in una procedura di gara dotazioni tecniche e risorse umane e strumentali (art. 104, comma 1).

L'ausiliaria può essere un'impresa che non partecipa oppure che partecipa alla procedura (anche, con alcune cautele nel caso di avvalimento premiale *ex* art. 104, comma 12, dopo la novella introdotta dall'art. 34 del decreto correttivo), essendo stato cancellato il divieto di "concedere avvalimento" a più di un operatore economico concorrente mentre in vigenza della precedente normativa, la stessa ausiliaria non poteva partecipare alla gara, né porre a disposizione i requisiti a più di un concorrente per la stessa procedura.

L'ausiliaria può essere un operatore economico partecipante al raggruppamento; in tal caso occorre verificare che l'ausiliaria "*non utilizzi requisiti che ha già 'speso' per se stessa nella procedura di gara*"[26] e nel contratto occorre inserire un'apposita clausola per specificare la parziarietà del prestito dei requisiti[27]; oppure una "futura" subappaltatrice nei limiti dei requisiti prestati.

Il contratto di avvalimento, che rientra fra i contratti di prestito, rappresenta il documento fondamentale che consente alla stazione appaltante di verificare l'effettiva disponibilità dei requisiti e delle risorse necessarie. Questo documento deve essere allegato alla domanda di partecipazione, con la specificazione se intende avvalersi delle risorse dell'ausiliaria per sopperire alla mancanza di un requisito di partecipazione o per migliorare l'offerta; inoltre, nel caso di appalti di lavori d'importo pari o superiore a 150.000 euro, alla domanda di partecipazione deve essere allegata la certificazione rilasciata dalla SOA (art. 104, comma 4, come novellato dall'art. 34, comma 1, lett. a), del decreto correttivo, con l'eliminazione del riferimento all'ANAC).

Non solo. Deve essere allegata la dichiarazione dell'impresa ausiliaria alla stazione appaltante su: *a*) possesso dei requisiti di ordine generale; *b*) possesso dei requisiti di cui all'art. 100 per i servizi e le forniture; *c*) l'impegno verso l'operatore economico e verso la stessa stazione appaltante a mettere a disposizione per tutta la durata dell'appalto le risorse oggetto del contratto di avvalimento. Non è necessario

[26] Cons. Stato, sez. V, 9.3.2023, n. 2515.

[27] Cons. Stato, sez. V, 13.9.2021, n. 6271.

che la dichiarazione specifichi i mezzi e le risorse messe a disposizione, perché ciò è prescritto, a pena di nullità nel contratto [28]. Secondo la giurisprudenza, in particolare, "*La separatezza formale delle dichiarazioni dell'impresa ausiliaria rivolte alla stazione appaltante rispetto agli impegni contrattuali rivolti all'impresa concorrente, quale si desume dal testo di legge, è funzionale all'esecuzione delle verifiche della documentazione amministrativa in fase di gara, [….]. Nondimeno è da escludere che il dato formale possa prevalere sul dato sostanziale dell'esistenza agli atti della stazione appaltante di dichiarazioni dell'impresa ausiliaria aventi i contenuti prescritti […], rivolte nei confronti della medesima stazione appaltante e sottoscritte dall'ausiliaria, anche se non contenute in documenti separati dal contratto di avvalimento, ma inserite all'interno del testo contrattuale, come accaduto nel caso di specie*" [29].

Affinché il contratto di avvalimento sia considerato valido, è indispensabile che l'atto presenti i seguenti requisiti, sia sotto il profilo del contenuto sia della forma:

a) *Identificazione precisa dei requisiti e delle risorse messe a disposizione*. – Il contratto, a pena di nullità, deve indicare con esattezza quali requisiti vengono prestati dall'ausiliario e quali risorse materiali e immateriali (mezzi, attrezzature, personale) saranno messe a disposizione del concorrente; nonché per taluni requisiti, come ad esempio, la certificazione di qualità, le modalità con le quali vengono messi a disposizione dell'ausiliata.

Nell'avvalimento di garanzia, il contratto deve indicare il fatturato. Occorre ribadire che, tuttavia, si configura normalmente un avvalimento di natura operativa, e non di garanzia, quando la *lex specialis* di gara considera il fatturato "specifico" come indicativo della capacità tecnica, anziché della solidità economico-finanziaria; di conseguenza, l'impresa ausiliaria è tenuta a mettere concretamente e adeguatamente a disposizione risorse specifiche, affinché il suo impegno possa essere ritenuto effettivo [30].

b) *Durata*. – Nel contratto di avvalimento la durata deve coincidere con la durata del contratto d'appalto, garantendo la disponibilità delle risorse per tutto il periodo necessario.

c) *Onerosità del contratto*. – L'art. 104 del Codice stabilisce che il contratto di avvalimento è "normalmente oneroso" e "*può essere concluso a prescindere dalla natura giuridica dei legami tra le parti*". L'onerosità può essere interpretata in senso ampio, includendo non solo un corrispettivo economico diretto, ma anche un interesse patrimoniale indiretto.

Per accertare l'onerosità, "*l'indagine deve volgersi non solo a quanto espressamente previsto dalle parti nel regolamento contrattuale ma anche alla ricerca di*

---

[28] In tal senso Cons. Stato, sez. V, 2.5.2023, n. 4370, in vigenza del precedente Codice del 2016.

[29] Così Cons. Stato, sez. V, 9.2.2023, n. 1449; Cons. Stato, sez. V, 3.1.2025, n. 26.

[30] Cons. Stato, sez. III, 25.7.2023, n. 7293; Cons. Stato, sez. III, n. 68/2021, n. 1704/2020; Cons. Stato, sez. V, n. 4396/2018.

interessi diversi (o esterni) che ugualmente possano giustificare lo scambio programmato o l'apparente squilibrio economico dello scambio (...). Tra gli interessi di natura economico-patrimoniale idonei a sorreggere la ragione giustificativa dello scambio certamente rientra anche l'esistenza di un precedente rapporto tra le parti nel caso di specie rappresentato dall'appartenenza al medesimo raggruppamento temporaneo di imprese dell'ausiliata e quindi dall'interesse dell'ausiliaria e mandante a ottenere l'affidamento del servizio (insieme alla previsione di un subappalto di prestazioni alla ausiliaria"[31].

Il contratto non richiede, come condizione di validità, che il corrispettivo sia indicato con precisione al momento della stipulazione. Infatti, tale elemento può essere definito successivamente dalle parti, attraverso un accordo accessorio al contratto principale, oppure determinato in base ai criteri legali per l'integrazione del contenuto contrattuale previsti dall'art. 1657 c.c. in materia di appalto, criteri che, per analogia, risultano applicabili anche all'avvalimento, considerata la stretta relazione funzionale tra quest'ultimo e il contratto principale cui si collega (così TAR Venezia, 20.12.2023, n. 1943).

Se nel contratto non si rinviene un prezzo, e neppure, dalla ricostruzione interpretativa del contratto, obbligazioni di contenuto patrimoniale tali da far ritenere l'esistenza di un valido contratto di avvalimento, il contratto è nullo[32].

d) Specificazione del tipo di avvalimento. – Il contratto deve chiarire se si tratta di un avvalimento di garanzia, operativo o esperienziale, in quanto le implicazioni e le responsabilità variano a seconda della tipologia di avvalimento.

Come precisato dalla giurisprudenza, l'avvalimento di garanzia riguarda la capacità economica e finanziaria e viene "*utilizzato per dimostrare che l'impresa concorrente presenti sufficiente 'spessore' sotto il profilo economico*" mentre l'avvalimento tecnico, o operativo, riguarda le risorse materiali in concreto necessarie per eseguire il contratto, per es. le dotazioni di personale ovvero di macchinari e, perciò, richiede l'individuazione specifica dei mezzi[33]

Nel caso di avvalimento operativo esperienziale, è necessario che il contratto preveda anche l'impegno dell'impresa ausiliaria a eseguire direttamente le prestazioni per cui è richiesta. Ad esempio, se il requisito prestato riguarda l'esperienza professionale di un direttore tecnico, il contratto deve prevedere che tale direttore esegua effettivamente l'attività per conto del concorrente.

Se il contratto di avvalimento è stipulato con impresa ausiliaria in possesso di autorizzazione o di abilitazione o con un soggetto in possesso di titoli di studio o professionali necessari all'esecuzione delle prestazioni oggetto del contratto di appalto o concessione, i lavori o i servizi devono essere eseguiti personalmente e si applicano le disposizioni relative al subappalto, in quanto queste prestazioni sono considerate infungibili.

---

[31] Cons. Stato, sez. V, 27.7.2023, n. 7342.

[32] Cons. Stato, sez. V, 28.11.2023, n. 10207.

[33] TAR Toscana, sez. II, 19.12.2022, n. 1463.

L'iscrizione all'Albo Nazionale Gestori Ambientali e l'iscrizione al Registro delle Imprese rientrano tra i cosiddetti requisiti non trasferibili.

e) *Forma scritta.* – Il contratto di avvalimento deve essere stipulato in forma scritta, sotto pena di nullità. Un aspetto critico dell'avvalimento riguarda le conseguenze della nullità del contratto.

Se il contratto è incompleto o privo di elementi essenziali, non può essere integrato successivamente tramite soccorso istruttorio. Questo principio è stato ribadito dalla giurisprudenza, che ha chiarito che il contratto di avvalimento deve essere completo e valido al momento della presentazione dell'offerta. La nullità può derivare, ad esempio, dalla mancata indicazione delle risorse messe a disposizione, dalla carenza di onerosità o dall'assenza di un impegno chiaro e determinato da parte dell'ausiliario.

2.3. Avvalimento "premiale"

Una delle novità introdotte dal nuovo codice riguarda l'avvalimento per migliorare l'offerta. Questo tipo di avvalimento consente al concorrente di migliorare la propria offerta tecnica avvalendosi delle risorse di un ausiliario, non per soddisfare requisiti minimi di partecipazione, ma per ottenere punteggi aggiuntivi nella valutazione dell'offerta. L'avvalimento premiale rappresenta una svolta significativa, in quanto amplia le possibilità di utilizzo dell'istituto e introduce nuove dinamiche competitive. Tuttavia, la sua applicazione richiede una gestione accurata per evitare la violazione della segretezza dell'offerta; in particolare, il contratto di avvalimento premiale deve essere inserito esclusivamente nella busta contenente l'offerta tecnica.

In caso di avvalimento premiale non è consentito che alla medesima gara partecipi anche l'impresa ausiliaria, a meno che le due imprese, ausiliaria e ausiliata, non dimostrino, con la presentazione della domanda di partecipazione che non esistano collegamenti tali da ricondurre entrambe allo stesso centro decisionale e che supportino tale assunto con idonea documentazione, ferma la possibilità della stazione appaltante di richiedere la presentazione di chiarimenti o documenti integrativi (art. 104, comma 12, come sostituito dall'art. 34, comma 1, lett. b), del decreto correttivo d.lgs. n. 209/2024).

Secondo il giudice amministrativo, la disposizione dell'art. 104 che prevede l'avvalimento premiale è "novativa" del sistema, sicché "*Le disposizioni sull'avvalimento premiale hanno un evidente carattere innovativo, e non interpretativo, per cui non può essere predicata la loro interpretazione retroattiva, estesa anche alle gare già bandite e svolte sotto il regime del pregresso codice appalti*". E che "*La contraria opzione comporterebbe quantomeno una lesione della par condicio dei concorrenti, avendo la stazione appaltante regolato la gara, in parte qua, con riferimento espresso nella lex specialis all'art. 89 del D.Lgs 50/2016, ed ai connessi limiti con cui lo stesso è stato applicato nel diritto vivente, disciplina sulla base della quale tutti i concorrenti hanno calibrato la propria offerta*" [34].

---

[34] TAR Campania, Napoli, sez. III, 4.8.2023, n. 4756.

È importante sottolineare che l'avvalimento premiale e quello qualificatorio non sono necessariamente alternativi: un concorrente può ricorrere a entrambi, l'accortezza per evitare la conoscibilità degli elementi dell'offerta, tipica dell'avvalimento premiale e la necessità di indicare i requisiti oggetto dell'avvalimento qualificatorio, portano a consigliare la stipula di due distinti contratti, rispettando le indicazioni imperative per ciascuna tipologia, con l'allegazione dell'avvalimento qualificatorio alla documentazione amministrativa e di quello premiale alla documentazione di offerta (tecnica).

2.4. Avvalimento "esperienziale"

È ammesso anche l'avvalimento di altri soggetti per titoli di studio, professionali, abilitativi o altre esperienze professionali, a condizioni che il soggetto ausiliario esegua direttamente i lavori o i servizi per i quali le capacità sono richieste, secondo quanto indicato dalla Relazione Illustrativa al punto "requisiti non trasferibili".

L'art. 104, comma 3, infatti, prescrive che "*Qualora il contratto di avvalimento sia stipulato con impresa ausiliaria in possesso di autorizzazione o altro titolo abilitativo richiesto per la partecipazione alla procedura di aggiudicazione ai sensi dell'art. 100 comma 3, o con un soggetto in possesso di titoli di studio o professionali necessari all'esecuzione della prestazione oggetto dell'appalto, i lavori o i servizi sono eseguiti direttamente dall'impresa ausiliaria. Si applicano le disposizioni in materia di subappalto*". Ciò vuol dire che deve essere assegnato obbligatoriamente all'ausiliaria un subappalto per lo svolgimento necessario delle attività coperte da quanto ausiliato.

La giurisprudenza ha spiegato che, in linea con quanto previsto dall'art. 63, par. 1, della direttiva 2014/24/UE, nell'avvalimento che riguarda specificamente i "titoli di studio e professionali" e le "esperienze professionali pertinenti" (c.d. avvalimento esperienziale), l'utilizzo delle capacità di altri soggetti comporta che tali soggetti eseguano direttamente i lavori o i servizi per cui le capacità stesse sono necessarie; tale regola si fonda sulla natura intrinseca di questi servizi, che richiede un'esecuzione personale. Inoltre, quando si valuta l'idoneità del contratto di avvalimento rispetto ai requisiti di partecipazione alla gara, è essenziale considerare la condizione stabilita dall'art. 84 della direttiva, secondo cui il soggetto ausiliario deve "eseguire direttamente" i servizi. Tale condizione deve essere interpretata in un'ottica prospettica e programmatica, valorizzando l'impegno assunto dal soggetto ausiliario. Di conseguenza, oltre all'obbligo generale di mettere a disposizione le risorse necessarie, materiali o personali, il contratto di avvalimento deve contenere l'impegno specifico, espresso in termini chiari e inequivocabili, a eseguire direttamente i lavori o i servizi richiesti, per garantire alla stazione appaltante la piena affidabilità dell'impegno assunto dal soggetto ausiliario [35].

[35] Così Cons. Stato, sez. V, 24.8.2022, n. 7432; in senso conforme Cons. Stato, sez. V, 27.12.2023, n. 11186.

2.5. Avvalimento e SOA

Come noto, l'attestazione SOA per i lavori è possibile che sia fornita dall'impresa ausiliaria, ma, al riguardo, ANAC, prima, e la giurisprudenza poi, hanno dato alcune linee interpretative restrittive ancora recentemente confermate.

Secondo la giurisprudenza, l'avvalimento dell'attestazione SOA, ammesso per favorire la partecipazione e il libero accesso al mercato (artt. 3 e 10, d.lgs. n. 36/2023), è consentito solo se l'impresa ausiliaria mette a disposizione l'intero complesso di elementi e requisiti che le hanno permesso di acquisire l'attestazione SOA e a condizioni che il contratto di avvalimento descriva puntualmente i requisiti, evitando formule generiche [36]; con l'ulteriore precisazione che in questa fattispecie di avvalimento, l'ausiliaria deve fornire l'intera organizzazione aziendale, comprensiva di tutti i fattori produttivi e risorse, che hanno reso possibile l'ottenimento dell'attestazione, risultato che potrebbe essere raggiunto mediante un contratto di affitto di azienda o di ramo d'azienda, ossia attraverso una messa a disposizione temporanea e limitata delle risorse necessarie, destinata esclusivamente alla partecipazione a una specifica gara e all'esecuzione del relativo contratto [37].

In breve, il concorrente deve dimostrare che l'ausiliaria non fornisce solo un requisito astratto e meramente cartolare, ma un supporto effettivo e concreto con un impegno munito dei necessari requisiti della determinatezza, o quanto meno della determinabilità, ai sensi dell'art. 1346 c.c.; l'oggetto del contratto di avvalimento deve essere determinabile, anche "per relationem", sulla base del complesso delle risorse aziendali che valsero all'ausiliaria l'ottenimento della certificazione di qualità [38].

2.6. Avvalimento e appalti di beni culturali

L'art. 132 del Codice, al comma 1, disegna l'assetto normativo dei contratti relativi al settore dei beni culturali nell'ambito dell'impianto del Codice e, al comma 2, reca la conferma del divieto di avvalimento per i contratti in questo specifico settore, già previsto dall'art. 146, comma 3, del precedente codice del 2016.

Si segnala che, sul tema, è intervenuta la pronuncia del Giudice delle leggi del 2022, che ha sancito la legittimità costituzionale della norma del precedente codice sul divieto di avvalimento [39], mentre non risultano, allo stato, rinvii pregiudiziali su questo punto alla Corte di Giustizia da parte dei giudici amministrativi.

---

[36] TAR Reggio Calabria, 26.10.2023, n. 782; Cons. Stato, sez. V, 13.4.2022, n. 2784; 4.11.2021, n. 7370.

[37] Sul punto, v. TAR Reggio Calabria, n. 782/2023, cit.; Cons. Stato, sez. V, 16.5.2017, n. 2316; Cons. Stato, 12.5.2017, n. 2226.

[38] TAR Sicilia, Catania, sez. II, 16.4.2024, n. 1432; Cons. Stato, sez. V, 26.1.2024, n. 820.

[39] Corte cost. 8.3.2022-11.4.2022, n. 91, su rinvio del TAR Molise con ord. n. 195 del reg. ord. 2020.

2.7. Avvalimento e certificazioni di qualità

Su questo tema, nella Relazione illustrativa ANAC al Bando Tipo n. 1, si legge "*Il Codice non disciplina le condizioni per ricorrere all'avvalimento delle certificazioni di qualità. Conformemente alla giurisprudenza amministrativa il Disciplinare prevede simile avvalimento a condizione che la misura dell'impegno concreto assunto dall'ausiliaria si estenda a comprendere l'organizzazione che ha espresso la certificazione, con la conseguenza che l'impresa ausiliaria deve assumere l'obbligazione di mettere a disposizione dell'impresa ausiliata, in relazione all'esecuzione dell'appalto, l'intera organizzazione aziendale, comprensiva di tutti i fattori di produzione e di tutte le risorse, che, complessivamente considerata, giustifica l'attribuzione del requisito (Sentenze Consiglio di Stato, Sezione V, sentenza 27 luglio 2017, n. 3710; Consiglio di Stato, Sezione V, 23 febbraio 2017, n. 852; Consiglio di Stato, Sezione V, 12 maggio 2017, n. 2225, con considerazioni riferite al prestito dell'attestazione S.O.A., che valgono a maggior ragione per il prestito della certificazione di qualità)*".

Dopo alcuni contrari avvisi, la giurisprudenza amministrativa ammette oramai pacificamente la legittimità dell'avvalimento da parte dell'aggiudicataria anche per la certificazione di qualità [40], rilevando, come di recente, che "*I certificati rilasciati da organismi indipendenti di cui all'art. 87 del Codice dei contratti pubblici sono pur sempre attinenti a capacità tecniche e professionali dell'impresa, così come definite dall'art. 58, paragrafo 4, della direttiva 2014/24/UE ('requisiti per garantire che gli operatori economici possiedono le risorse umane e tecniche e l'esperienza necessarie per eseguire l'appalto con adeguato standard di qualità'), di modo che, ai sensi del successivo art. 63, ben possono essere oggetto di avvalimento (Cons. Stato, V, 13.9.2021, n. 6271)*" [41].

Più di recente, il massimo organo di Giustizia amministrativa, dopo aver confermato la legittimità del ricorso a tale istituto, tuttavia, sempre sulla scorta di consolidati orientamenti giurisprudenziali, ha evidenziato anche i limiti e i requisiti, rilevando che qualora oggetto di avvalimento sia la certificazione di qualità, è indispensabile che l'impresa ausiliaria metta a disposizione dell'impresa ausiliata tutta la propria organizzazione aziendale comprensiva di tutti i fattori della produzione e di tutte le risorse che, complessivamente considerate, le hanno consentito di acquisire la certificazione di qualità [42], arrivando al punto di escludere nel caso di specie la validità dell'avvalimento della certificazione di qualità sulla scorta degli insufficienti impegni inseriti nel contratto di avvalimento.

---

[40] Cons. Stato, sez. III, n. 4418/2019; Cons. Stato, sez. III, n. 3517/2015; *ex multis*, Cons. Stato, Ad. Plen., 4.11.2016, n. 23; Cons. Stato, sez. V, 27.7.2017, n. 3710; Cons. Stato, 17.5.2018, n. 2953; Cons. Stato, sez. III, 8.10.2018, n. 5765; Cons. Stato, sez. V, 10.9.2018, n. 5287; Cons. Stato, 20.11.2018, n. 6551; Cons. Stato, 18.3.2019, n. 1730.

[41] Cons. Stato, sez. V, n. 7370/2021.

[42] Cfr. Cons. Stato, sez. V, 13.9.2021, n. 6271; Cons. Stato, sez. V, 18.3.2019, n. 1730; Cons. Stato, sez. V, 27.7.2017, n. 3710.

2.8. Avvalimento e soccorso istruttorio

Come già accennato al precedente paragrafo sul soccorso istruttorio, il Codice ha codificato per l'avvalimento espressamente la previsione del soccorso istruttorio, ma in misura "limitata". L'art. 101 comma 1, lett. a) prevede, infatti, che "*la mancata presentazione [...] del contratto di avvalimento [...] è sanabile mediante documenti aventi data certa anteriore al termine fissato per la presentazione delle offerte*". Ne consegue che è sempre doveroso l'esperimento del soccorso istruttorio per completare o richiedere dichiarazioni o altre tipologie di documentazione, così come nel caso di mancanza del contratto di avvalimento, o carenze dello stesso, ma, in questi ultimi casi, deve essere presentato il contratto o le clausole mancanti, con data certa anteriore alla scadenza della gara (la giurisprudenza ammette ovviamente la "non simultaneità" della sottoscrizione, ma occorre comunque accertare che l'ultima sottoscrizione sia anteriore al termine di scadenza della gara).

Il giudice amministrativo ha chiarito, però, che le lacune del contratto di avvalimento che ne determinano la nullità, non possono essere colmate mediante il soccorso istruttorio, in quanto "*Il contratto di avvalimento, [...], quale strumento volto a consentire al concorrente di partecipare alla gara, deve essere valido sin dal principio, con conseguente impossibilità di apportavi integrazioni postume*" (TAR Lazio, sez. II-*ter*, 3.11.2021, n. 11290) e che "*se si ammettesse la postuma regolarizzazione non di un difetto di forma, ma dell'omessa indicazione delle risorse messe a disposizione, si consentirebbe: la produzione ex post di una dichiarazione di volontà integrativa del contratto di avvalimento, contrariamente alla [...] ratio sottesa all'istituto del soccorso istruttorio e la modifica sostanziale delle dichiarazioni di gara e, conseguentemente, dell'offerta, con inammissibili ripercussioni sulla par condicio tra i partecipanti alla gara*"[43].

2.9. Sostituzione dell'ausiliario – responsabilità solidale

Il nuovo codice prevede la possibilità di sostituire l'ausiliario qualora quest'ultimo perda i requisiti o risulti inadempiente, finanche, come specificato più volte dalla giurisprudenza, nella fase "precedente" all'esecuzione del contratto[44]. La sostituzione deve avvenire entro un termine fissato dalla stazione appaltante, generalmente non superiore a dieci giorni. Durante l'esecuzione del contratto, il concorrente e l'ausiliario rispondono in solido nei confronti della stazione appaltante, anche se la portata di tale responsabilità varia a seconda della tipologia di avvalimento; nel caso di avvalimento di garanzia, la responsabilità solidale è limitata agli aspetti economico-finanziari, mentre per l'avvalimento operativo si estende alle risorse e ai mezzi messi a disposizione.

---

[43] TAR Lazio, sez. II, 20.10.2021, n. 10735.

[44] In questi termini Cons. Stato, sez. III, n. 2580/2021.

2.10. Esclusioni

L'avvalimento è escluso nei seguenti casi:

– mancanza in capo all'ausiliaria dei requisiti oggetto di avvalimento, cioè dei requisiti di carattere generale (art. 94-95 ss., Codice);
– se richiesto per sopperire alla mancanza del requisito dell'iscrizione all'Albo nazionale dei gestori ambientali;
– se richiesto per rimediare alla mancanza del requisito di iscrizione al Registro Imprese.

Per ciò che riguarda, le opere c.d. "super specialistiche" (SIOS), l'art. 104 non prevede più, come evidenziato già dalle decisioni del Consiglio di Stato, conseguenti alle diverse pronunce della CGUE, il divieto di avvalimento, fatta salva la facoltà della stazione appaltante di prevedere nei documenti di gara che taluni compiti essenziali, ivi comprese le opere per le quali sono necessari lavori o componenti di notevole contenuto tecnologico o di rilevante complessità tecnica, quali strutture, impianti e opere speciali, siano direttamente svolti dall'offerente o, nel caso di un'offerta presentata da un raggruppamento di operatori economici, da un partecipante al raggruppamento [45].

2.11. Cumulo alla rinfusa dei requisiti nei Consorzi e Avvalimento

Il d.lgs. n. 209/2024 (Correttivo) è intervenuto sul c.d. "cumulo alla rinfusa" dei requisiti di qualificazione tra Consorzio Stabile e Consorziate quale criterio per la dimostrazione del possesso e la comprova dei requisiti di ammissione alle procedure di affidamento. Recependo la prevalente giurisprudenza [46] e le costanti indicazioni ANAC, l'art. 22 del decreto correttivo ha modificato l'art. 67, ai commi 5 e 7, stabilendo che i Consorzi Stabili possano utilizzare i requisiti sia delle singole consorziate designate quali esecutrici, sia delle consorziate non designate tali. Tuttavia, al fine di tutelare la S.A. in relazione all'effettività dei requisiti prestati da consorziate non designate quali esecutrici, il decreto correttivo ha imposto l'obbligo di garantire l'effettiva messa a disposizione di tali requisiti mediante la produzione di un contratto di avvalimento ai sensi dell'art. 104.

---

[45] Il Ministero Infrastrutture, riguardo alla possibilità di vietare il subappalto per le prestazioni dell'art. 104, comma 11 (tra cui le super specialistiche) chiarisce che la stazione appaltante non può indicare nei documenti di gara che tutta la prestazione principale super specialistica (o scorporata super specialistica) venga svolta direttamente dall'operatore economico invitato ed offerente, senza che la stessa possa essere oggetto di subappalto. Il MIT, infatti, nel rispondere al quesito di una SA ritiene che "*dalla formulazione della disposizione si evince che la stazione appaltante non può limitarsi a vietare il subappalto in termini generali, bensì deve specificare, nella documentazione di gara, le prestazioni/lavorazioni oggetto del contratto, la cui esecuzione debba avvenire a cura dell'affidatario. Conseguentemente, le motivazioni da porre a fondamento di tale scelta, devono essere correlate alle singole prestazioni/lavorazioni, ovvero all'unica tipologia di prestazione/lavorazione oggetto del contratto*" (Parere MIT, 19.7.2023, n. 2156).

[46] In ultimo, Cons. Stato, sez. V, n. 8592/2023.

3. Il subappalto

A livello europeo, le direttive comunitarie e la Corte di giustizia hanno sempre promosso il subappalto come strumento pro-concorrenziale, volto a favorire la partecipazione delle piccole e medie imprese (PMI). Al contrario, il legislatore italiano ha spesso introdotto restrizioni per prevenire abusi, garantire il rispetto delle norme lavorative e prevenire infiltrazioni criminali. Questa duplice visione ha dato vita a un quadro normativo complesso, dove principi comunitari e vincoli nazionali convivono in un delicato equilibrio.

3.1. La disciplina civilistica del subappalto

La disciplina del subappalto trova il suo fondamento nell'art. 1656 c.c. Tale norma stabilisce che l'appaltatore non può affidare a terzi l'esecuzione dell'opera o del servizio oggetto del contratto senza l'autorizzazione del committente. Il principio cardine è l'*intuito personae*, ossia la fiducia che il committente ripone nell'appaltatore, scelto in virtù delle sue specifiche capacità tecniche e organizzative. Questo principio garantisce che l'esecuzione dell'opera rispecchi le aspettative del committente, anche qualora vengano coinvolti soggetti terzi.

Dal punto di vista giuridico, il subappalto è definito come un contratto derivato. Ciò significa che esso riproduce, almeno in parte, l'oggetto, la causa e il contenuto economico del contratto principale. Questa derivazione rende il subappalto strettamente connesso al contratto d'appalto, sia sul piano economico che su quello funzionale. Tuttavia, è fondamentale distinguere il subappalto dagli altri contratti che possono essere stipulati dall'appaltatore, come i contratti di fornitura con posa in opera, i contratti di trasporto o quelli di noleggio con operatore (nolo a caldo). Questi contratti, pur avendo una funzione ausiliaria rispetto all'appalto, non rientrano nella categoria del subappalto in senso stretto e sono soggetti a regole diverse.

3.2. Il subappalto nel codice dei contratti

Il subappalto contribuisce all'apertura delle gare alla concorrenza più ampia possibile attraverso imprese specializzate e garantisce il sostegno all'accesso delle piccole e medie imprese agli appalti pubblici.

La Corte di giustizia è contraria al diritto dell'UE una clausola del capitolato d'oneri di un appalto pubblico di lavori, che obblighi il futuro aggiudicatario ad eseguire una determinata percentuale dei lavori dell'appalto solo avvalendosi di risorse proprie, o che escluda il subappalto [47].

Nel Codice, il subappalto è regolato dall'art. 119, come integrato, a partire dal 31 dicembre 2024, dall'art. 41 del decreto correttivo; e, per quanto riguarda la revisione prezzi, dall'art. 60 del Codice, modificato dall'art. 23 del decreto correttivo e dall'all. II.2-*bis*, inserito dal comma 4-*quater* del medesimo art. 23.

---

[47] Corte giust. UE, sez. V, sent. 15.4.2017, C-298/15; Corte giust. UE, sez. III, 14.7.2016, C-406/14.

La regola è che "i soggetti affidatari dei contratti devono eseguire in proprio le opere o i lavori, i servizi, e le forniture compresi nel contratto" in ragione del principio dell'*intuitu personae* del contratto di appalto che comporta il divieto di cessione integrale del contratto" pena la nullità dell'atto di cessione.

A prescindere da una "cessione" integrale a un terzo, non si può procedere, neppure, ad un affidamento a terzi dell'oggetto integrale del contratto, anche ricorrendo a più soggetti con più sub-appalti. È, tuttavia, sempre ammesso il subappalto nei limi del Codice, fermo restando che non è mai lecita la sua esclusione totale e neppure una sua limitazione percentuale, né da parte del legislatore e tanto meno da parte della stazione appaltante.

Il nuovo codice in ottemperanza alle pronunzie della Corte di giustizia avrebbe dovuto eliminare ogni limitazione quantitativa.

In realtà, la normativa, pur eliminando i limiti quantitativi generali al subappalto in linea con le indicazioni comunitarie, mantiene alcune restrizioni specifiche relative a:

– *Categoria prevalente nei lavori*: non è possibile subappaltare oltre il 50% delle lavorazioni appartenenti alla categoria prevalente. Se l'appalto comprende più categorie, le categorie scorporabili possono essere subappaltate interamente, mentre per la categoria prevalente il limite rimane al 50%.

– *Servizi ad alta intensità di manodopera*: per i contratti di servizi con un'elevata componente di manodopera (es. pulizie, ristorazione, vigilanza, ecc.), il subappalto non può superare il 50% del valore della prestazione (art. 119, comma 1, secondo periodo).

– *Per determinate lavorazioni o prestazioni*: il subappalto può essere limitato nei casi in cui, con specifica motivazione, siano identificate nel bando determinate lavorazioni o prestazioni per le quali è consigliabile che la prestazione sia eseguita direttamente dal concorrente o da un componente dell'RTI in caso di RTI. Tra queste possono essere individuate delle prestazioni contenute all'interno delle c.d. "super specialistiche"; infatti, la norma fa riferimento per l'individuazione all'eventuale parere delle Prefetture competenti, "*indicano nei documenti di gara le prestazioni o lavorazioni oggetto del contratto da eseguire a cura dell'aggiudicatario in ragione delle specifiche caratteristiche dell'appalto, ivi comprese quelle di cui all'art. 104, comma 11, in ragione dell'esigenza di rafforzare, tenuto conto della natura o della complessità delle prestazioni o delle lavorazioni da effettuare, il controllo delle attività di cantiere e più in generale dei luoghi di lavoro o di garantire una più intensa tutela delle condizioni di lavoro e della salute e sicurezza dei lavoratori ovvero di prevenire il rischio di infiltrazioni criminali*". È esclusa la limitazione, a quanto pare, solo per il caso dell'infiltrazione criminale, se i subappaltatori sono iscritti alle white list. (art. 119, comma 2, terzo periodo). Questi limiti rispondono alla necessità di garantire che una parte significativa dell'appalto sia eseguita direttamente dall'appaltatore, rafforzando il rapporto fiduciario tra appaltatore e stazione appaltante e assicurando un controllo diretto sulla qualità delle prestazioni.

3.3. Subappalto e figure similari

Sotto il profilo definitorio, il subappalto è il contratto con il quale l'appaltatore affida a terzi l'esecuzione di parte delle prestazioni o di lavorazioni oggetto del contratto (mai una cessione o un subappalto totale, unica deroga ammessa – anzi obbligata – per legge è il c.d. "avvalimento esperienziale") e con organizzazione, mezzi e rischi messi a disposizione del subappaltatore.

Costituisce, in ogni caso, subappalto (dal punto di vista delle norme applicabili in termini di tutela pubblica, non perché si tratti di un contratto di subappalto dal punto di vista civilistico), qualsiasi altro contratto, con ad oggetto attività che prevedono un intenso impiego di manodopera, come le forniture con posa in opera e i noli a caldo, se singolarmente di importo maggiore al 2% dell'importo delle prestazioni affidate oppure di importo superiore a 100.000 (condizioni alternative, vince la più restrittiva), e che abbiano un'incidenza del costo della manodopera e del personale superiore al 50% dell'importo del contratto da affidare. La normativa richiede che una delle due condizioni relativa all'importo e l'altra attinente all'incidenza della manodopera debbono essere concomitanti per poter configurare un contratto assimilato, per il tema autorizzativo, al subappalto.

Questi contratti, se non sono soddisfatte le suddette condizioni, sono soggetti solo a specifici obblighi di comunicazione (nome del subcontraente, importo e oggetto della prestazione affidata, e informative ulteriori ogni qual volta siano modificate le condizioni iniziali). Il RUP deve porre particolare attenzione al tema "sicurezza" perché le prestazioni assimilate nell'ambito dei cantieri, che di norma non necessitano di POS, potrebbero essere comunque oggetto di POS in caso di lavori; e quindi per il RUP sono oggetto di aggiornamento della "notifica preliminare" e per il coordinatore della sicurezza in fase di esecuzione (CSE) oggetto di riunioni di coordinamento.

Gli stessi contratti, se ricorrono le suddette condizioni, necessitano di autorizzazione da parte della stazione appaltante. È importante sottolineare che i contratti assimilati, pur essendo regolati per certi aspetti come i subappalti, conservano la loro autonomia giuridica e non sono soggetti a tutti i vincoli propri del subappalto.

È considerato subappalto anche il c.d. cottimo, definito all'all. I.1, art. 3, comma 1, lett. ee) come "*l'affidamento della sola lavorazione subappaltabile ad impresa subappaltatrice in possesso dell'attestazione dei requisiti di qualificazione necessari in relazione all'importo totale dei lavori affidati e non all'importo del contratto, che può risultare inferiore per effetto della eventuale fornitura diretta, in tutto o in parte, di materiali, apparecchiature e mezzi d'opera da parte dell'esecutore*". Nella sostanza viene subappaltata la lavorazione, mentre macchinari e forniture restano a carico dell'appaltatore (a prescindere dalla liceità in termini "laburistici"). Ciò che caratterizza il subappalto (ma anche il cottimo) è che ci sia un'organizzazione aziendale di mezzi, intesi anche come investimenti di capitale, non necessariamente "mezzi d'opera" e più che altro anche rischi (d'impresa) a carico del subappaltatore.

Non costituiscono subappalto:

a) l'affidamento di attività specifiche a lavoratori autonomi, ossia di attività secondarie o accessorie in forza di un contratto d'opera, per i quali è necessaria solo la comunicazione alla stazione appaltante (art. 119, comma 3, lett. a);

b) la subfornitura a catalogo di prodotti informatici (art. 119, comma 3, lett. b), cioè, acquisti di prodotti informatici che servano per eseguire le prestazioni non configurano subappalti (ad es. si richiede il BIM e il progettista esterno incaricato acquista software e hardware a catalogo necessari per prestare il servizio). La ragione della deroga sta nel fatto che il subfornitore non assume il rischio di eseguire parte delle prestazioni affidate all'appaltatore, ma si impegna a fornire a quest'ultimo un prodotto, un bene che entra a far parte soltanto del processo di produzione. Quindi non è una sub-prestazione;

c) l'affidamento di servizi di importo inferiore a 20.000 euro a imprenditori agricoli nei comuni classificati totalmente montani, comuni delle isole minori (art. 119, comma 3, lett. c), deroga specifica per area, oggetto e importo;

d) le prestazioni secondarie, accessorie o sussidiarie rese in favore dei soggetti affidatari in forza di contratti continuativi di cooperazione, servizio o fornitura sottoscritti in epoca anteriore all'indizione della procedura finalizzata alla aggiudicazione dell'appalto, con onere di trasmettere i relativi contratti alla stazione appaltante prima o contestualmente alla sottoscrizione del contratto di appalto (art. 119, comma 3, lett. d). La ragione della deroga per le prestazioni di collaborazione consiste nel fatto che, come la giurisprudenza sul punto ha voluto chiarire, si tratta di prestazioni che avvengono in forza di tali contratti di cooperazione, servizio e/o fornitura rivolte in favore dell'operatore economico affidatario e non, come avviene in caso di subappalto, in favore, con l'intervento intermedio dell'appaltatore, della SA; non si tratta di sub-affidamento di porzioni del contratto aggiudicato, bensì di accordi sottoscritti in epoca precedente e comunque correlati ad attività strumentali. È evidente che tali tipologie di sub-contratti non possono ricadere nel paradigma del subappalto non riguardando "parte dell'oggetto del contratto principale", ma afferendo a servizi accessori per poter completare l'appalto: ad esempio le analisi continuative di acque, terre, ecc. nei contratti di sbancamento, movimento terra, gestione di rifiuti, ecc. [48].

Il Codice non riproduce la previsione del precedente che vietava, come in passato [49], in caso di affidamento di incarichi per la redazione di progetti, "il subappalto" della relazione geologica (art. 31, comma 8, d.lgs. n. 50/2016).

---

[48] Cons. Stato, sez. V, 19.5.2020, n. 3169, qualifica certamente attività complementari ai servizi di ristorazione, seppure con riferimento alla precedente disciplina contenuta nell'art. 105, comma 3, lett. c-*bis*), del d.lgs. n. 50/2016, in fattispecie di *lex specialis* che prevede espressamente anche attività accessorie le analisi dei cibi e lo smaltimento degli olii esausti.

[49] Il divieto, in caso di affidamento di incarichi per la redazione di progetti, di subappalto della relazione geologica, è presente nel nostro ordinamento fin dalla legge n. 109/1994.

3.4. L'autorizzazione del subappalto

Perché un subappalto sia valido, è necessario ottenere l'autorizzazione della stazione appaltante. La richiesta di autorizzazione deve essere presentata dall'appaltatore principale e può essere rilasciata a condizione che:

a) il subappaltatore sia qualificato per le lavorazioni o le prestazioni da eseguire;
b) non sussistano a suo carico le cause di esclusione di cui al Capo II del Titolo IV della Parte V del Libro II (artt. da 94 a 97);
c) all'atto dell'offerta siano stati indicati i lavori o le parti di opere ovvero i servizi e le forniture o parti di servizi e forniture che si intende subappaltare.

È necessario che l'appaltatore acquisisca una nuova autorizzazione integrativa se l'oggetto del subappalto subisce variazioni nel corso dell'esecuzione e il suo importo o sia incrementato o ci sono variazione dei requisiti del subappaltatore o il subappaltatore sia sostituito con altro perché ha perso i requisiti.

Diverse sono le teorie giuridiche rispetto alle conseguenze sul contratto di subappalto in caso di mancanza di autorizzazione.

L'autorizzazione deve essere rilasciata:

– entro 30 gg dalla richiesta (per subappalti e subcontratti di importo > a 2% o € 100K) prorogabili a 60 gg;
– entro 15 gg per i subappalti o cottimi (di importo < a 2% ad € 100K).

Trascorsi i suddetti i termini, se la documentazione presentata è idonea, l'autorizzazione si intende concessa anche senza un apposito provvedimento, secondo il meccanismo del silenzio-assenso.

Parte della dottrina e della giurisprudenza ritengono che la mancanza di autorizzazione renda il subappalto nullo, ma si tratterebbe di nullità relativa, ossia rilevabile solo dal committente[50]. Altra dottrina ritiene che il subappalto non autorizzato sia valido tra sub-committente e sub-appaltatore, ma inefficace, ovvero inopponibile, verso il committente originario, il che collide con la separazione dei due contratti.

Di certo, nei sub-appalti pubblici il contenuto "pubblicistico" e di ordine pubblico assume una rilevanza maggiore che nel caso privato. L'art. 21 della legge 13.9.1982, n. 646, più volte modificato, da ultimo dal d.l. n. 113/2018, convertito nella legge n. 132/2018, punisce con la reclusione e una multa proporzionata al valore dell'opera chi, avendo in appalto opere riguardanti la pubblica amministrazione, concede anche di fatto, in subappalto o a cottimo, in tutto o in parte, le opere stesse, senza l'autorizzazione dell'autorità competente (reato proprio a concorso necessario tra concedente e subappaltatore, al subappaltatore la sanzione è proporzionata al valore del subappalto). Detta sanzione ha rilievo penalistico e non civilistico rispetto al contratto, tuttavia, ciò rende la mancata autorizzazione una violazione di una norma imperativa.

---

[50] Cass. 8.10.2018, n. 24717; Cass. 18.12.2014, n. 26686; Cass. 21.10.2009, n. 22344; Cass. 11.9.2009, n. 23903.

Comunque, gli effetti sul piano civilistico cagionati dalla trasgressione degli indicati limiti inderogabili dell'autonomia privata vengono abitualmente prospettati in termini di validità del contratto: se l'appaltatore di un'opera pubblica stipula con un terzo un contratto di subappalto senza la preventiva autorizzazione della competente autorità, lo stesso contratto, in quanto concluso in violazione dell'art. 21 della legge n. 646/1982, è nullo per violazione della norma imperativa antimafia e il subappaltatore, a tutela dei diritti vantati, non può neppure esperire l'azione di indebito arricchimento (Cass. 9.11.2016, n. 22841). In seguito all'evidenziarsi di una situazione nella quale l'appaltatore ha fatto eseguire o sta facendo eseguire opere ad un subappaltatore non autorizzato, la SA ha la facoltà di risolvere il contratto principale (si tratta, peraltro, di una mera facoltà).

La giurisprudenza ha chiarito che costituisce subappalto non autorizzato anche il subappalto che viene svolto per un importo economico più elevato rispetto a quanto autorizzato, ovvero il subappalto che viene svolto per opere o parti di opera non ricomprese nell'autorizzazione originaria.

L'art. 119, al comma 6, prevede la disciplina della solidarietà di appaltatore e subappaltatori, stabilendo che: "*Il contraente principale e il subappaltatore sono responsabili in solido nei confronti della stazione appaltante per le prestazioni oggetto del contratto di subappalto*". La questione è stata oggetto di dibattito, perché rischia (se letta insieme a quella sul pagamento diretto) di trasformare il subappaltatore da terzo rispetto al committente, a soggetto direttamente coinvolto nelle relazioni giuridiche verso il committente stesso. In diritto civile, invece, elemento naturale del contratto di subappalto, al pari del contratto di appalto, è quello dell'autonomia del subappaltatore nell'esecuzione delle opere affidategli dal sub-committente. L'appaltatore sub-committente rimane responsabile per l'esecuzione dell'opera *ex* art. 1218 c.c. nei confronti del committente e risponde verso lo stesso anche della condotta del subappaltatore di cui si avvale, in forza del principio generale di cui all'art. 1228 c.c.

3.5. Il contratto di subappalto

L'affidatario deve trasmettere il contratto di subappalto alla stazione appaltante almeno venti giorni prima della data di effettivo inizio dell'esecuzione delle relative prestazioni. Contestualmente deve trasmette la dichiarazione del subappaltatore attestante l'assenza delle cause di esclusione e il possesso dei requisiti di qualificazione. La stazione appaltante verifica la dichiarazione tramite la Banca dati nazionale dei contratti pubblici.

Il contratto di subappalto, corredato della documentazione tecnica, amministrativa e grafica direttamente derivata dagli atti del contratto affidato, deve indicare puntualmente l'ambito operativo del subappalto sia in termini prestazionali che economici.

La stazione appaltante, prima di rilasciare l'autorizzazione, deve verificare che il subappaltatore possieda i requisiti di qualificazione richiesti e che non sussistano cause di esclusione.

A seguito delle integrazioni e correzioni introdotte dal decreto correttivo all'art. 41 e nel nuovo all. II.2-*bis*, è obbligatorio:

– riservare una quota di almeno il 20% delle prestazioni subappaltabili a favore delle piccole e medie imprese, salva la facoltà degli operatori economici di indicare nelle proprie offerte una diversa soglia (e, secondo chi scrive anche nessuna soglia), per ragioni attinenti all'oggetto o caratteristiche delle prestazioni o al mercato di riferimento (periodo inserito dal comma 2 dell'art. 119, dall'art. 41, lett. a);

– inserire nei contratti di subappalto (e in quelli comunicati alla stazione appaltante) clausole di revisione prezzi riferite alle prestazioni o alle lavorazioni oggetto del subappalto (o del subcontratto), determinate dalle parti, tenendo conto dei meccanismi revisionali, dei limiti di spesa di cui all'art. 60, e delle modalità di determinazione degli indici sintetici disciplinati dal nuovo all. II.2-*bis* (art. 14); la clausola revisionale si attiva al verificarsi di particolari condizioni di natura oggettiva che determinano, per i lavori, una variazione del costo dell'opera, in aumento o in diminuzione, superiore al 3% (e non più del 5%) dell'importo complessivo del contratto di lavori e si applicano nella misura del 90% (e non più dell'80%) del valore eccedente il 3% delle prestazioni da eseguire; e, per i beni e servizi, una variazione del costo della fornitura o del servizio superiore al 5% dell'importo complessivo e opera nella misura eccedente la variazione del 5% applicata alla prestazione da eseguire del valore eccedente la variazione stessa (per le forniture o servizi resta l'alea del 5% e la misura dell'80% del valore). Il tutto assume particolare rilevanza per i subappalti a Piccole e Micro Imprese, per le quali il pagamento viene effettuato dalla S.A. in via diretta.

L'art. 119, comma 11 ribadisce, infatti, come in passato, l'obbligo del pagamento diretto (diritto peraltro rinunciabile da parte del subappaltatore stesso con atto recettizio indirizzato alla SA) da parte della stazione appaltante nei seguenti casi:

A) subcontraente micro o piccola impresa;

B) inadempimento dell'appaltatore (denunciato alla SA e solo dalla denunzia in relazione per il debito residuo in capo alla SA a quel momento e per qualsiasi tipo di subappaltatore anche media o grande impresa);

C) su richiesta del subcontraente.

L'art. 119, comma 11 tuttavia aggiunge al novero dei soggetti che hanno diritto al pagamento diretto (diritto azionabile verso la SA) non solo i subappaltatori (anche a cascata?) ma anche coloro che effettuano le forniture con posa in opera e i noli a caldo (i subcontraenti) che non costituiscono subappalto ma soggetti a mera comunicazione alla stazione appaltante. Pertanto, quelli autorizzati rientrano nel pagamento diretto, così come quelli oggetto di mera comunicazione alla SA.

3.6. Tutela del lavoro nel subappalto

Non è più prevista, perché abrogata a seguito della sentenza della Corte giust. UE 27.11.2019 (C-402/2019), che l'ha ritenuta non conforme al diritto comunitario, la disposizione sull'inserimento nel contratto di subappalto degli stessi prezzi unitari risultanti dall'aggiudicazione, con ribasso non superiore al 20%, nel rispetto degli standard qualitativi e prestazionali previsti.

È, invece, obbligatoriamente da indicare il pagamento dei costi della sicurezza senza alcun ribasso, nonché gli obblighi di tracciabilità dei flussi finanziari, la clausola di invalidità del subappalto in caso di mancata autorizzazione o successiva invalidità della stessa.

Tuttavia, l'art. 119 prescrive a tutela del lavoro:

– al comma 12, che il subappaltatore debba garantire ai propri lavoratori un trattamento economico e normativo non inferiore a quello che il contraente principale avrebbe garantito direttamente. Inoltre, il subappaltatore è obbligato ad applicare gli stessi contratti collettivi nazionali di lavoro adottati dal contraente principale, ma solo se le attività subappaltate coincidono con quelle che rappresentano l'oggetto principale dell'appalto o con le lavorazioni prevalenti, incluse nell'oggetto sociale del contraente principale. L'affidatario ha il compito di coprire i costi relativi alla sicurezza e alla manodopera per le prestazioni affidate in subappalto, senza applicare alcuna riduzione. La stazione appaltante, dopo aver consultato il direttore dei lavori, il CSE durante l'esecuzione o il direttore dell'esecuzione, è responsabile di verificare che questa disposizione venga rispettata. Infine, l'affidatario assume la responsabilità con il subappaltatore per quanto riguarda il rispetto degli obblighi di sicurezza stabiliti dalla normativa vigente, assicurando che tutte le misure siano applicate correttamente;

– al comma 14 che "*Per contrastare il fenomeno del lavoro sommerso irregolare il documento unico di regolarità contributiva è comprensivo della verifica della congruità della incidenza della mano d'opera relativa allo specifico contratto affidato. Tale congruità, per i lavori edili, è verificata dalla Cassa edile [...] per i lavori non edili è verificata in comparazione con lo specifico contratto collettivo applicato*";

– al comma 7 che l'affidatario, tenuto ad osservare il trattamento economico e normativo stabilito dai contratti collettivi nazionale e territoriale in vigore per il settore e per la zona nella quale si eseguono le prestazioni, "*È, altresì, responsabile in solido dell'osservanza delle norme anzidette da parte dei subappaltatori nei confronti dei loro dipendenti per le prestazioni rese nell'ambito del subappalto nel rispetto di quanto previsto dal comma 12. L'affidatario e, per suo tramite, i subappaltatori, trasmettono alla stazione appaltante prima dell'inizio dei lavori la documentazione di avvenuta denunzia agli enti previdenziali, inclusa la Cassa edile, assicurativi e antinfortunistici, nonché copia del piano di cui al comma 15. Per il pagamento delle prestazioni rese nell'ambito dell'appalto o del subappalto, la stazione appaltante acquisisce d'ufficio il documento unico di regolarità contributiva in corso di validità relativo all'affidatario e a tutti i subappaltatori*";

– al comma 8 che in caso di ritardi nel pagamento delle retribuzioni dovute al personale dipendente, o del subappaltatore o dei soggetti titolari di subappalti e cottimi, e in caso di inadempienze contributive risultanti dal DURC, la stazione appaltante, tramite il RUP, si sostituisca nelle modalità previste dall'art. 11, comma 6 [51].

[51] L'errato rinvio all'art. 11, comma 5, con l'art. 11, comma 6, è stato corretto dal decreto correttivo (art. 41, comma 1, lett. c), del decreto correttivo).

In ogni caso, "*L'aggiudicatario è responsabile in solido con il subappaltatore per gli obblighi retributivi e contributivi, ai sensi dell'articolo 29 del d.lgs. 10 settembre 2003 n. 276*" (legge Biagi).

3.7. Il pagamento diretto ai subappaltatori e la revisione prezzi

Come sopra evidenziato, una delle principali innovazioni del Codice riguarda il pagamento diretto ai subappaltatori. L'art. 119 prevede che la stazione appaltante possa effettuare il pagamento diretto al subappaltatore in diverse circostanze, tra cui:

– su richiesta del subappaltatore;
– in caso di inadempimento da parte dell'appaltatore principale.

La determinazione e il pagamento diretto delle somme dovute a titolo di revisione prezzi (novità del decreto correttivo) devono essere effettuate in corrispondenza della scadenza degli stati di avanzamento dei lavori e in coerenza con le altre modalità previste dall'art. 5 dell'all. II.2-*bis*, cui rinvia l'art. 8 dello stesso allegato (introdotto dal decreto correttivo). Negli altri casi, l'appaltatore deve provvedere secondo le modalità previste nel contratto di subappalto o nel sub-contratto.

La previsione del pagamento diretto è una misura che mira a proteggere i subappaltatori, spesso esposti al rischio di ritardi o mancati pagamenti da parte dell'appaltatore. Inoltre, il pagamento diretto si estende anche ai fornitori e ai subcontraenti non qualificabili come subappaltatori, purché siano stati comunicati alla stazione appaltante. E amplia significativamente la tutela degli operatori economici coinvolti nella filiera dell'appalto.

3.8. Sicurezza sul lavoro e responsabilità solidale

Il subappalto comporta obblighi stringenti in materia di sicurezza sul lavoro. Il subappaltatore deve garantire il rispetto delle norme sulla sicurezza nei luoghi di lavoro e predisporre adeguati piani operativi di sicurezza. La stazione appaltante e l'appaltatore principale sono tenuti a vigilare sull'effettiva osservanza di tali obblighi.

Un aspetto cruciale della disciplina è la responsabilità solidale tra appaltatore e subappaltatore. Quest'ultimo è responsabile, insieme all'appaltatore, per il pagamento delle retribuzioni e dei contributi previdenziali e assicurativi dovuti ai lavoratori impiegati nel subappalto. La responsabilità solidale si estende anche ai subappaltatori di secondo livello, rendendo necessario un controllo puntuale lungo tutta la filiera del subappalto.

3.9. Subappalto a cascata

L'art. 119, comma 17, prevedendo la possibilità per la SA di limitare il subappalto a cascata, ne ammette, automaticamente, la legittimità in caso di mancata limitazione preventiva.

In particolare, il subappalto a cascata, cioè la possibilità per il subappaltatore di affidare a sua volta parte delle prestazioni a un altro subappaltatore, può essere limitato dalla stazione appaltante "*in ragione delle specifiche caratteristiche dell'appalto e dell'esigenza, tenuto conto della natura o della complessità delle prestazioni o delle lavorazioni da effettuare, di rafforzare il controllo delle attività di cantiere e più in generale dei luoghi di lavoro o di garantire una più intensa tutela delle condizioni di lavoro e della salute e sicurezza dei lavoratori oppure di prevenire il rischio di infiltrazioni criminali*".

Questa novità, richiesta dalla normativa europea, mira a favorire una maggiore flessibilità nell'organizzazione delle prestazioni.

Tuttavia, il subappalto a cascata presenta, sotto l'aspetto operativo, diverse criticità:

– *maggiori oneri di controllo*: la stazione appaltante e l'appaltatore principale devono verificare il rispetto delle norme lungo tutta la filiera, aumentando il carico amministrativo;
– *rischio di perdita di controllo sulla qualità*: affidamenti successivi possono complicare la verifica della corretta esecuzione delle prestazioni;
– *responsabilità solidale ampliata*: l'appaltatore principale risponde solidalmente per gli obblighi contributivi e retributivi anche dei subappaltatori di secondo livello.

Per mitigare questi rischi, è opportuno indicare nel subappalto una limitazione alla "cascata", altrimenti la stazione appaltante potrebbe essere chiamata a rispondere solidalmente per i debiti tributari, previdenziali e contrattuali senza limiti verso il basso.

I documenti per l'autorizzazione al subappalto a cascata vanno raccolti dal subcommittente (l'appaltatore o il subappaltatore nel subappalto a cascata) e vanno da questi verificati e vanno trasmessi al committente immediatamente superiore e da questi all'appaltatore perché questi li trasmetta al committente per l'autorizzazione. Questo perché ogni subappalto, anche a cascata, deve essere autorizzato e controllato, anche in sede di pagamenti (DURC, ecc.).

Ricordiamoci che per poter essere autorizzato il subappalto (compreso quello a cascata), occorre che il contratto indichi puntualmente l'ambito operativo sia in termini prestazionali che economici.

Da ricordare che nel Codice:

– il subappaltatore può anche essere un operatore che ha partecipato alla gara, in quanto è stato espunto il divieto di subappaltare ad un soggetto che ha partecipato alla gara specifica;
– non occorre più indicare i subappaltatori già in sede di gara, neppure nel subappalto necessario o qualificante[52];
– continua, ad applicarsi la disciplina del subappalto necessario o qualificante;

[52] Cons. Stato, sez. VII, 25.1.2023, n. 808; Cons. Stato, sez. V, 1.7.2022, n. 5491; Cons. Stato, sez. V, n. 1208/2021; Cons. Stato, Ad. Plen., 2.11.2015, n. 9.

– l'operatore concorrente è tenuto ad evidenziare chiaramente nelle dichiarazioni o nel DGUE che intende qualificarsi mediante un subappaltatore; tale dichiarazione deve essere chiara e non deve riguardare genericamente il subappalto, ma essere espressa [53]; a tale riguardo, "*nella dichiarazione di subappalto 'necessario' viene in rilievo non una mera esternazione di volontà dell'operatore economico quale è la dichiarazione di subappalto 'facoltativo', bensì una delle modalità di attestazione del possesso di un requisito di partecipazione, che non tollera di suo il ricorso a formule generiche o comunque predisposte ad altri fini, pena la violazione dei principi di par condicio e di trasparenza che permeano le gare pubbliche*" (Cons. Stato, sez. V, 28.3.2023, n. 3180).

4. La suddivisione in lotti e il divieto di frazionamento

Nel contesto degli appalti pubblici, la suddivisione in lotti e il divieto di frazionamento costituiscono due strumenti fondamentali per perseguire finalità diverse ma complementari. Da un lato, la suddivisione in lotti mira a promuovere una maggiore partecipazione, favorendo l'accesso alle gare pubbliche da parte delle piccole e medie imprese; dall'altro, il divieto di frazionamento si propone di evitare che le stazioni appaltanti possano eludere le norme sulla trasparenza e sulla pubblicità suddividendo artificiosamente i contratti.

Questi due istituti sono disciplinati rispettivamente dagli artt. 58 e 14 del Codice, che recepisce e sviluppa i principi del diritto europeo in materia di appalti. L'equilibrio tra questi due istituti è essenziale per garantire che gli appalti pubblici possano perseguire, in modo efficiente ed equo, obiettivi di concorrenza, trasparenza ed economicità.

4.1. La suddivisione in lotti

È disciplinata dall'art. 58 del Codice, il quale impone alle stazioni appaltanti di valutare, prima dell'indizione della gara, la possibilità di suddividere l'appalto in più lotti. Questa misura, pensata per favorire la partecipazione delle PMI, si configura come uno degli strumenti più efficaci per promuovere una concorrenza effettiva.

Nello specifico, la suddivisione in lotti di una procedura di gara rappresenta uno strumento che agevola l'ampliamento del mercato alla concorrenza, permettendo anche alle piccole e medie imprese, anche di prossimità, di partecipare. Con questa modalità operativa, infatti, la stazione appaltante ha la possibilità di definire requisiti di partecipazione commisurati alle caratteristiche dei singoli lotti, risultando meno onerosi rispetto a quelli che sarebbero richiesti per la partecipazione a un'unica procedura complessiva, fondati su capacità economiche e tecnico-organizzati-

---

[53] Tar Catanzaro, 21.12.2023, n. 1661; Cons. Stato, sez. V, 1.7.2022, n. 5491; Cons. Stato, sez. V, 31.3.2022, n. 2365 e, ancora più recentemente, Cons. Stato, sez. V, 29.12.2022, n. 11596 e Cons. Stato, sez. V, 28.3.2023, n. 3180.

ve più elevate, come tali accessibili solo a realtà imprenditoriali di grandi dimensioni. Tuttavia, il principio della suddivisione in lotti può essere disatteso, purché tale scelta sia accompagnata da una motivazione appropriata e costituisca espressione di una valutazione discrezionale. Tale decisione deve essere orientata al rispetto e all'equilibrio tra gli interessi pubblici e privati coinvolti nella procedura di appalto, garantendo una coerenza funzionale con le finalità del procedimento. Questo potere discrezionale, pur legittimo, è tuttavia limitato non solo dalle disposizioni specifiche del codice dei contratti pubblici, ma anche dai principi generali dell'ordinamento di proporzionalità e ragionevolezza. Non basta, tuttavia, procedere alla semplice suddivisione in lotti, ma è necessario che la partizione delle prestazioni apra effettivamente alle PMI (oggi anche di prossimità), e che questo risulti dalla motivazione espressa dal RUP/progettista [54].

Al comma 2 dell'art. 58, il Codice richiede al progettista/RUP di dare conto, con specifica motivazione, del caso in cui non si proceda per lotti (motivazione di discrezionalità tecnico-amministrativa) e, nel caso in cui si proceda per lotti funzionali o prestazionali o quantitativi, di spiegare i criteri sulla cui base si è deciso di suddividere in lotti lo specifico appalto, anche in relazione al mercato specifico.

All'art. 14, al riguardo, viene chiarito – per evitare che la suddivisione in lotti comporti una violazione del divieto di artificioso frazionamento – che – ai fini della trasparenza e delle pubblicazioni – in caso di suddivisione in lotti distinti di lavori o servizi, l'importo stimato è calcolato sulla base della sommatoria di tutti i lotti. Nelle forniture, l'art. 14 trova la medesima applicazione ma solo se si tratti di "un progetto di forniture omogenee".

A parte alcune deroghe specifiche, che si traducono in una "limitazione" dei lotti massimi aggiudicabili, è evidente come il legislatore abbia voluto evitare di correre il rischio di un "frazionamento" artificioso dell'appalto, finalizzata all'utilizzo delle procedure derogatore del sotto soglia, rispetto alle procedure ordinarie sopra soglia, così come di procedere all'utilizzo di una modalità "più libera" dell'acquisto, come l'affidamento diretto, rispetto alla modalità ordinaria nel sotto soglia della "procedura negoziata".

L'art. 58 distingue tre tipologie principali di lotti: funzionale, prestazionale e quantitativo, come definite dall'all. I.1 (modificato dal decreto correttivo per quanto concerne la definizione di lotto quantitativo).

La norma, in particolare, distingue fra:

• *lotto funzionale*: riguarda parti del contratto che possono essere eseguite autonomamente rispetto al resto dell'intervento. Un lotto per essere funzionale deve essere dotato, quindi, di una propria autonomia operativa e gestionale; è fruibile dalla collettività indipendentemente dal completamento del contratto (all. I.1, art. 3 comma 1, lett. s);

• *lotto prestazionale*: si riferisce a specifiche prestazioni richieste all'interno di un contratto complesso. Questi lotti possono riguardare, ad esempio, diverse tipologie di servizi all'interno di uno stesso appalto (all. I.1, art. 3, comma 1, lett. t);

---

[54] Cfr. Cons. Stato, sez. III, 24.10.2023, n. 9205.

• *lotto quantitativo*: consente una suddivisione basata sulla quantità o sul volume delle prestazioni richieste, purché ogni lotto – anche non funzionale – sia comunque inserito in una programmazione idonea a garantire la realizzazione di opere funzionalmente autonome (all. I.1, art. 3, comma 1, lett. u), come modificato dall'art. 74, comma 1, lett. c), p. 3, del decreto correttivo).

Una delle innovazioni più rilevanti del Codice riguarda l'obbligo di motivare non solo la scelta di suddividere l'appalto in lotti, ma anche i criteri con cui questi lotti vengono definiti. La stazione appaltante deve dimostrare che la suddivisione è stata pensata per favorire effettivamente la partecipazione delle PMI, incluse quelle di prossimità. La motivazione deve essere dettagliata e basata su un'analisi del mercato e delle caratteristiche dell'appalto. Ad esempio, la stazione appaltante potrebbe motivare la scelta di suddividere un appalto in lotti prestazionali per rispondere a specifiche esigenze tecniche, o in lotti quantitativi per consentire una partecipazione più ampia da parte delle imprese locali.

Il nuovo codice consente di introdurre limiti sia alla partecipazione che all'aggiudicazione dei lotti, al fine di evitare fenomeni di concentrazione e garantire una distribuzione equa delle opportunità. Tali limiti devono essere chiaramente definiti nei documenti di gara e motivati in relazione alle caratteristiche specifiche dell'appalto. Ad esempio, una stazione appaltante potrebbe limitare il numero di lotti che un singolo operatore può aggiudicarsi, al fine di evitare che un unico soggetto monopolizzi l'intera gara. Tuttavia, la scelta di introdurre questi limiti deve essere accompagnata da un'adeguata motivazione, basata su un'analisi del mercato e delle esigenze di concorrenza.

Le stazioni appaltanti devono prestare particolare attenzione alla fase di pianificazione e motivazione, al fine di garantire la legittimità delle loro scelte e la loro conformità al quadro normativo.

4.2. Il divieto di frazionamento

Il divieto di frazionamento è disciplinato dall'art. 14 del Codice e rappresenta uno strumento fondamentale per assicurare la corretta applicazione delle norme sugli appalti. Questa disposizione stabilisce che le stazioni appaltanti non possono frammentare artificialmente un appalto al fine di sottrarlo alle procedure previste per il suo valore complessivo.

Il divieto si applica a tutte le tipologie di contratti, siano essi di lavori, servizi o forniture. Esso impone di considerare il valore complessivo dell'appalto in modo unitario, anche quando questo sia suddiviso in più lotti. Il calcolo del valore totale deve essere effettuato sommando i valori dei singoli lotti, al fine di determinare la corretta procedura da applicare.

L'obiettivo principale del divieto di frazionamento è quello di evitare che le stazioni appaltanti possano utilizzare la suddivisione in lotti per aggirare le soglie comunitarie, le quali determinano l'applicazione di procedure più rigorose in termini di pubblicità, trasparenza e competizione. Ad esempio, se il valore complessivo di un appalto supera le soglie previste dal diritto europeo, la stazione appaltante è obbligata a adottare procedure che garantiscano un'adeguata pubblicità internazionale. Frazionando artificiosamente il contratto in più lotti di valore inferiore, si rischierebbe di limitare la concorrenza e di favorire pratiche opache.

Il divieto di frazionamento conosce alcune eccezioni, stabilite dallo stesso art. 14 del Codice. Ad esempio, per appalti di valore inferiore a 80.000 euro per servizi e forniture o 1 milione di euro per lavori, se complessivamente non superino il 20% dell'importo complessivo del contratto possibile adottare procedure semplificate, purché siano rispettati criteri di suddivisione funzionali o geografici. Tali deroghe rispondono alla necessità di adattare le procedure alle specificità di determinati appalti, evitando rigidità eccessive. Tuttavia, è essenziale che queste deroghe siano motivate adeguatamente e non possano mai essere utilizzate per finalità elusive.

Un aspetto fondamentale per la corretta applicazione del nuovo codice è il coordinamento tra l'art. 14, relativo al divieto di frazionamento, e l'art. 58, che promuove la suddivisione in lotti. Sebbene i due istituti possano sembrare in contrasto, in realtà essi mirano a obiettivi complementari: il primo protegge la trasparenza e la legalità, il secondo favorisce la concorrenza e l'accesso al mercato.

Per garantire il rispetto di entrambi i principi, la stazione appaltante deve adottare un approccio integrato, basato su una pianificazione accurata e una motivazione rigorosa. In particolare, deve calcolare il valore complessivo dell'appalto considerando la sommatoria dei lotti, assicurandosi che la procedura scelta sia conforme alle soglie previste. Al contempo, deve motivare la scelta dei criteri di suddivisione, dimostrando che essi rispondono alle esigenze di apertura del mercato e favoriscono la partecipazione delle PMI.

Conclusioni

Il nuovo assetto normativo del soccorso istruttorio, delineato dall'art. 101 del Codice, rappresenta un significativo passo avanti verso un sistema di appalti più inclusivo ed efficiente. La stretta connessione con gli strumenti digitali e il FVOE offre nuove opportunità per ridurre il formalismo e migliorare la trasparenza delle procedure. Tuttavia, la piena realizzazione di questi obiettivi richiederà un impegno costante da parte delle amministrazioni e degli operatori economici, nonché un'attenta opera di armonizzazione giurisprudenziale per garantirne la necessaria uniformità applicativa.

L'avvalimento si conferma come uno strumento cruciale per garantire la più ampia partecipazione possibile alle gare d'appalto e per promuovere una concorrenza effettiva tra gli operatori economici. Tuttavia, la sua applicazione richiede un'attenta gestione, sia da parte dei concorrenti che delle stazioni appaltanti, per garantire il rispetto delle complesse disposizioni normative e giurisprudenziali che ne regolano il funzionamento. Le novità introdotte dal nuovo codice degli appalti, in particolare l'avvalimento premiale, aprono nuove opportunità, ma impongono anche un maggiore rigore nella predisposizione e nella verifica dei contratti.

Il subappalto rimane uno strumento fondamentale per garantire l'efficienza e la specializzazione negli appalti pubblici. Tuttavia, la sua disciplina è caratterizzata da un'elevata complessità, derivante dalla necessità di bilanciare l'apertura del mercato con la tutela degli interessi pubblici.

La suddivisione in lotti e il divieto di frazionamento, strumenti essenziali per il buon funzionamento degli appalti pubblici, sebbene perseguano obiettivi diversi, l'uno a finalità pro-concorrenziale, l'altro l'artificiosa eluzione delle disposizioni del codice, devono essere applicati in modo coordinato, garantendo un equilibrio tra promozione della concorrenza e tutela della trasparenza. La capacità delle stazioni appaltanti di rispettare questi principi dipende dalla qualità della loro pianificazione e dalla solidità delle loro motivazioni, che devono essere sempre basate su un'analisi attenta e rigorosa.

Capitolo VI

La nuova disciplina del *project finance*

Giorgio Lezzi

SOMMARIO: Premessa. – 1. La nuova disciplina del *project finance* ad iniziativa privata. – 2. La nuova disciplina del *project finance* ad iniziativa pubblica. – Conclusioni.

Premessa

Una delle principali novità introdotte dal d.lgs. 31.12.2024, n. 209, recante "Disposizioni integrative e correttive al codice dei contratti pubblici, di cui al decreto legislativo 31 marzo 2023, n. 36", pubblicato in GURI in data 31.12.2024, riguarda l'art. 57, rubricato "Sostituzione dell'articolo 193 del decreto legislativo 31 marzo 2023, n. 36", volto a ridefinire l'intera disciplina del *project financing*.

Come chiarito dalla stessa rubrica dell'art. 57, la disposizione in esame sostituisce integralmente (non limitandosi a modificarne parzialmente il contenuto) l'art. 193 del d.lgs. 31.3.2023, n. 36, che, come noto, regola la procedura di affidamento della realizzazione in concessione di lavori o servizi mediante lo strumento della finanza di progetto, quale particolare modalità di finanziamento degli interventi da eseguire attraverso il ricorso allo schema concessorio.

L'istituto del *project financing*, che ha assunto un ruolo di crescente importanza nell'ordinamento interno, offrendo una alternativa efficace rispetto alla pura dicotomia tra finanziamento delle opere a totale carico dell'amministrazione, da una parte, e ricorso esclusivo al mercato ai fini del reperimento delle risorse occorrenti all'esecuzione di rilevanti interventi, dall'altra, grazie all'utilizzo di forme di cofinanziamento pubblico-privato attuate in coerenza con la capacità di programmazione di ciascun ente pubblico – rientra peraltro all'interno degli obiettivi del Piano Nazionale di Ripresa e Resilienza (PNRR) e, nel dettaglio, fra le misure per la concorrenza e per la riforma del settore degli appalti e delle concessioni pubbliche, quindi nell'ambito sia della misura "M1C2-11-12 Riforma 2 – Leggi annuali sulla concorrenza", sia della misura "M1C1-73-quinquies Riforma 1.10 – Entrata in vigore di nuove disposizioni giuridiche sul finanziamento dei progetti".

Per quanto concerne la menzionata misura "M1C1-73-quinquies Riforma 1.10", va rilevato che, da un punto di vista generale, il Legislatore ha previsto diversi interventi tesi, nel complesso, ad aumentare il livello di professionalizzazione degli operatori coinvolti, e ciò anche sul piano della formazione, nonché ad incentivare il ricorso alla qualificazione delle stazioni appaltanti/enti concedenti e degli operatori economici.

In particolare, con la misura in esame, nell'ottica di incrementare l'efficienza degli affidamenti e promuovere la contendibilità delle concessioni, è stato assunto l'impegno di ridefinire l'istituto del *project financing*. In ossequio al principio costituzionale del buon andamento, le pubbliche amministrazioni sono così incentivate a identificare puntualmente le proprie esigenze e a porre le premesse per realizzare opere in grado di erogare servizi di qualità a condizioni di costo competitive per la collettività, grazie all'expertise di soggetti privati.

Nell'ottica della piena attuazione della predetta milestone "M1C1-73-*quinquies* Riforma 1.10", con le disposizioni del Correttivo si è in particolare voluto rimodulare l'istituto del *project financing* al fine di incrementare l'efficienza degli affidamenti e promuovere la contendibilità delle concessioni, assolvendo, per esempio, all'impegno assunto in sede UE di rettificare l'operatività della prevista "clausola di prelazione", tipica dello strumento del *project financing*, per evitare che la stessa possa essere utilizzata in funzione anti concorrenziale.

In particolare, la disposizione in esame, da un lato, dà attuazione agli impegni assunti con il PNRR, sostituendo integralmente l'art. 193 del Codice con l'intento di chiarire le modalità applicative dell'istituto per incentivarne ulteriormente l'utilizzo; dall'altro, in considerazione dei rilievi sollevati dalla Commissione europea con la procedura d'infrazione INFR (2018)2273, "*Non conformità del diritto italiano alle Direttive 2014/23/EU, 2014/24/EU and 2014/25/EU, e agli articoli 49 e 56, TFUE*", riferita proprio all'istituto della prelazione applicabile alle procedure di finanza di progetto, introduce specifiche previsioni che mirano ad assicurare la trasparenza e la pubblicità durante la procedura di selezione delle proposte recanti il progetto di fattibilità da porre a base della successiva procedura concorrenziale di affidamento della concessione.

Infatti, se è vero che, per giurisprudenza consolidata, la prima fase procedurale del *project financing*, volta a valutare la fattibilità e il pubblico interesse della proposta presentata dall'operatore privato e a individuare così il promotore, non può essere equiparata ad una vera e propria procedura di gara [1], è altrettanto vero che

---

[1] Così, *ex plurimis*, Cons. Stato, sez. V, 5.6.2024, n. 5026, secondo cui "*Nella procedura di* project financing *occorre distinguere la fase preliminare della individuazione del promotore e la successiva fase selettiva finalizzata all'affidamento della concessione: la prima fase, ancorché in qualche misura procedimentalizzata, è connotata da amplissima discrezionalità amministrativa, essendo intesa non già alla scelta della migliore fra una pluralità di offerte sulla base di criteri tecnici ed economici predeterminati, ma alla valutazione dell'esistenza stessa di un interesse pubblico che giustifichi, alla stregua della programmazione delle opere pubbliche, l'accoglimento della proposta formulata dall'aspirante promotore. La seconda fase costituisce una vera e propria gara soggetta ai principi comunitari e nazionali in materia di evidenza pubblica. Di conseguenza, qualora si sia nell'ambito della prima di fase della procedura di project financing di individuazione del promotore, alle relative controversie non sono applicabili le regole proprie del rito speciale dei contratti pubblici, ai sensi degli artt. 119 e 120 c.p.a.*".

l'individuazione della proposta ritenuta preferibile dall'ente concedente, proprio in quanto connessa al riconoscimento della "clausola di prelazione" (su cui si tornerà diffusamente *infra*), rappresenta un vantaggio competitivo di particolare rilievo.

Sul punto, va rilevato che anche di recente il Cons. Stato, sez. V, con ord. 25.11.2024, n. 9449, ha rimesso alla Corte di giustizia UE la questione pregiudiziale relativa alla compatibilità della disciplina nazionale della prelazione (di cui al precedente analogo art. 183, comma 15, d.lgs. n. 50/2016) con i principi di libertà di stabilimento e libera prestazione di servizi di cui agli artt. 49 e 56 TFUE, nonché con la direttiva 2014/23/UE, interpretati alla luce dei principi di proporzionalità, buona amministrazione ed efficienza.

In particolare, i dubbi di compatibilità nascono dal fatto che, ad avviso del Consiglio di Stato, "*la disciplina italiana della prelazione contenuta nell'articolo 183, comma 15, d.lgs. 50/2016 [del tutto analoga a quella propria dell'articolo 193 del Codice, nella versione precedente all'entrata in vigore del Correttivo], seppur premia, e quindi promuove, l'iniziativa del privato che si assume l'onere di formulare una proposta senza poter conoscere in anticipo i rischi e l'esito della stessa, nondimeno: – garantisce l'aggiudicazione al promotore, anche se l'offerta migliore è stata presentata da altro candidato; – per tale motivo non premia necessariamente il soggetto che ha presentato l'offerta preferibile per l'amministrazione, che, altrimenti, non si renderebbe necessario esercitare la prelazione [...]*".

Anche l'ANAC, in occasione dell'audizione del Presidente all'8ª Commissione di Camera e Senato in date 26-27 novembre 2024 sullo schema del Correttivo, ha evidenziato alcune criticità connesse alla previsione di un diritto di prelazione nell'ambito della procedura di *project financing*, per come normata nell'art. 193 del Codice pre-Correttivo, "in quanto [ritenuta] anticoncorrenziale e disincentivante alla partecipazione".

A tale impegno, si è tuttavia affiancata anche l'opportunità di rivedere puntualmente la stessa procedura di svolgimento del *project financing*, al fine di promuovere piena trasparenza in merito alle proposte presentate su iniziativa privata, favorendo la più ampia partecipazione degli operatori economici alle procedure di gara, nonché di consentire agli enti concedenti di verificare appieno la fattibilità della proposta, anche in relazione all'affidabilità del proponente (la finanza di progetto è infatti una procedura fondata su una complessa interazione pubblico-privato che per il suo successo dipende anche dalla solidità dell'operatore economico prescelto).

A ciò si aggiunge la necessità di semplificare i documenti progettuali richiesti agli operatori economici ai fini della partecipazione della procedura (per evitare che tale partecipazione diventi troppo onerosa per il privato) e l'esigenza di favorire una approvazione "anticipata" del progetto di fattibilità tecnico-economica (per evitare che, dopo la selezione del contraente, il progetto subisca variazioni sostanziali che rischiano di alimentare il contenzioso).

In sede di consultazione sul testo del Correttivo è emersa anche la necessità di disciplinare puntualmente l'ipotesi di una procedura di affidamento della finanza di progetto ad iniziativa pubblica, di fatto eliminata a far data dall'entrata in vigore del nuovo Codice, che, altrimenti, rischierebbe di non essere adeguatamente valorizzata.

Per conciliare tutte le predette esigenze, si è pertanto ritenuto opportuno rimodulare integralmente l'istituto, ponendo, in primo luogo, la distinzione tra le procedure di finanza di progetto a iniziativa privata e a iniziativa pubblica, introducendo nuovamente nel quadro normativo di riferimento quest'ultimo istituto, previsto sino al d.lgs. n. 50/2016 ma di fatto espunto ad opera del Codice del 2023, seppure attraverso delle modalità procedurali che si basano prevalentemente sulla disciplina afferente alla proposta ad iniziativa privata, il tutto per come si avrà modo di specificare nel prosieguo.

Inoltre, si è ritenuto opportuno disciplinare espressamente anche una prassi che si è andata consolidando nel settore di riferimento, rinvenibile nei casi in cui l'operatore economico presenti all'ente concedente una preliminare manifestazione di interesse, senza alcuna sollecitazione da parte dell'amministrazione interessata, corredata dalla richiesta di informazioni e dati necessari per la predisposizione della proposta.

In tali casi, al fine di assicurare il rispetto del principio di trasparenza, si è previsto che, qualora l'ente concedente comunichi all'operatore economico la sussistenza di un interesse pubblico all'elaborazione della prospettata proposta, è necessario che vengano trasmessi i dati e le informazioni richiesti, dandone adeguata comunicazione nella sezione "*Amministrazione trasparente*".

Resta ovviamente esclusa dal vincolo di trasparenza l'ipotesi di una manifestazione di interesse a cui l'ente concedente non intenda fornire un riscontro positivo, in quanto attinente ad un progetto ritenuto non prioritario o non attuale dall'amministrazione o per il quale non sono disponibili elementi di valutazione.

Dopo la fase eventuale della manifestazione d'interesse, la procedura, conformemente a quanto sopra rilevato, dovrà opportunamente differenziarsi a seconda che l'iniziativa sia privata o pubblica.

Per quanto concerne la finanza di progetto ad iniziativa privata (la quale può essere attivata anche nei casi in cui la proposta non sia inclusa all'interno della programmazione del partenariato pubblico-privato), la nuova disciplina prevede dei meccanismi volti ad assicurare la concorrenza e il rispetto dei principi di trasparenza e pubblicità, attraverso una chiara procedimentalizzazione sia della fase di valutazione delle proposte, sia della fase dell'affidamento.

In particolare, si individuano due differenti fasi: nella prima, anche se l'iniziativa è promossa da un unico promotore, l'ente concedente assegna un termine per la presentazione di proposte da parte di altri operatori economici. Individuate la proposta o le proposte di interesse pubblico, l'ente concedente le sottopone a valutazione di fattibilità, con eventuale convocazione di una conferenza di servizi preliminare, e, infine, individua la proposta da sottoporre a gara.

In tale fase, l'ente concedente esamina uno o più progetti di fattibilità semplificati, che, solo dopo l'individuazione della proposta più corrispondente ai fabbisogni dell'ente, verrà trasformato dall'operatore prescelto in un progetto di fattibilità tecnico-economica, il quale sarà poi soggetto ad approvazione. Sul punto, si evidenzia che è stato introdotto un articolo aggiuntivo all'all. I.7 al Codice, volto a disciplinare il contenuto del progetto di fattibilità che deve essere presentato a corredo della proposta formulata dall'operatore economico, di contenuto diverso rispetto al PFTE "ordinario" riferibile agli appalti.

Nella successiva fase procedurale, quella di vero e proprio confronto concorrenziale, l'ente concedente è tenuto a porre a base di gara il progetto di fattibilità tecnico-economico selezionato, riconoscendo il diritto di prelazione all'operatore che ha proposto quel progetto.

La nuova disciplina, così illustrata in sintesi, mira dunque a rendere effettivamente applicabile l'istituto della finanza di progetto, fornendo agli enti concedenti e agli operatori economici un quadro normativo chiaro ed esaustivo per l'applicazione dell'istituto.

Nel complesso, l'individuazione di due diverse procedure e la procedimentalizzazione di tutte le fasi della finanza di progetto ad iniziativa privata (e pubblica) si pone l'obiettivo di adeguare, con più facilità, le procedure alla tipologia di intervento da realizzare nel caso concreto e garantire massima trasparenza nell'ambito di tutte le fasi della procedura, dalla preliminare manifestazione di interesse fino all'aggiudicazione finale.

Per completezza, va rilevato che, sebbene il Correttivo sia pienamente vigente sin dal 31 dicembre 2024 (stabilisce infatti l'art. 67 che "*Il presente decreto entra in vigore il giorno stesso della sua pubblicazione nella Gazzetta Ufficiale della Repubblica Italiana*"), il medesimo provvedimento normativo introduce una specifica disciplina transitoria per il *project financing*, la quale risulta ancorare l'identificazione della disciplina di cui all'art. 193 del Codice da applicare: *i*) alla data di presentazione di una proposta "spontanea", oppure *ii*) alla data di eventuale pubblicazione dell'avviso di sollecitazione del mercato da parte dell'ente concedente (e ciò tenendo conto del fatto che già nella precedente versione del Codice era consentito stimolare la presentazione di proposte di finanza di progetto mediante la pubblicazione, a tal fine, di uno specifico avviso).

L'art. 70 del Correttivo, infatti, inserisce nel Codice l'art. 225-*bis*, il quale, al comma 4, statuisce che "*Le disposizioni di cui all'articolo 193, la cui entrata in vigore coincide con la data di entrata in vigore della presente disposizione, non si applicano ai procedimenti di finanza di progetto in corso alla medesima data. A tal fine, per procedimenti in corso si intendono le procedure per le quali è stata presentata da un soggetto promotore una proposta di fattibilità per la realizzazione di interventi mediante finanza di progetto ovvero l'ente concedente ha pubblicato avvisi di sollecitazione ai privati a farsi promotori di iniziative volte alla realizzazione di progetti inclusi negli strumenti di programmazione del partenariato pubblico-privato*".

La conseguenza è pertanto che, a seconda dei casi, ci si potrà trovare di fronte a procedure di *project finance* normate dalla previgente versione dell'art. 193 del Codice, oppure dall'attuale formulazione di tale disposizione, per come emendata dal Correttivo, con tutte le implicazioni e differenze procedurali che verranno *infra* meglio delineate.

1. La nuova disciplina del *project finance* ad iniziativa privata

Come noto, nella comune prassi la forma di *project* maggiormente in uso è quella ad iniziativa privata, promossa, cioè, su spunto di uno o più operatori privati.

Per dare diretta attuazione agli impegni assunti con il PNRR e con la Commissione europea, già richiamati in premessa, la novella in esame mira a incentivare il ricorso allo strumento della finanza di progetto, disponendo, come detto, una sostituzione integrale dell'art. 193 del Codice e contestualmente introducendo delle modifiche che chiariscono le modalità applicative dell'istituto.

A tal proposito, il nuovo comma 1 dell'art. 193, per come riformato dal Correttivo, prevede che l'affidamento in concessione di lavori o servizi mediante finanza di progetto possa avvenire sia su iniziativa privata, nelle ipotesi di cui al successivo comma 3, anche per proposte non incluse nella programmazione del partenariato pubblico-privato di cui all'art. 175, comma 1 del Codice, sia su sollecitazione dell'ente concedente, nelle ipotesi di cui al successivo comma 16 dell'art. 193, per le sole proposte già incluse nella programmazione del partenariato pubblico-privato.

Nell'ambito della disciplina dell'iniziativa riferibile al *project financing* ad iniziativa privata, si introducono puntuali vincoli di trasparenza in capo agli enti concedenti nel caso in cui un operatore economico, prima della presentazione di una formale proposta ai sensi dell'art. 193, comma 1, intenda trasmettere una preliminare manifestazione di interesse relativa ad un dato progetto. Questa è una procedura già diffusa in via di prassi, che viene utilizzata dagli operatori economici per acquisire dati e informazioni ai fini della formulazione di un progetto di fattibilità.

Soventemente, tale manifestazione di interesse viene formulata anche ai sensi della legge 7.8.1990, n. 241, a valere quale formale istanza di accesso agli atti, per consentire ad un operatore economico interessato ad avanzare una proposta di *project financing* di avere legittimamente accesso (anche in termini di consegna di atti e documenti) a tutta la documentazione a ciò occorrente.

A tal fine, il nuovo comma 2 prevede che ai fini della presentazione di una proposta ai sensi comma 1, un operatore economico può presentare all'ente concedente una preliminare manifestazione di interesse, corredata dalla richiesta di informazioni e dati necessari per la predisposizione della proposta. Qualora l'ente concedente comunichi all'operatore economico la sussistenza di un interesse pubblico all'elaborazione della proposta, sono trasmesse all'operatore economico i dati e le informazioni richiesti e i medesimi dati sono resi disponibili a tutti i potenziali operatori economici interessati mediante adeguata comunicazione nella sezione "*Amministrazione trasparente*" del sito istituzionale dell'ente coinvolto dall'iniziativa, al fine di consentire ad ogni soggetto potenzialmente interessato di presentare una proposta [2].

Resta ovviamente esclusa dal vincolo di trasparenza l'ipotesi di una manifestazione di interesse a cui l'ente concedente non intenda fornire un riscontro positivo, in quanto attinente ad un progetto ritenuto non prioritario o non attuale dall'ammi-

---

[2] Previsione, questa, in parte così modificata a seguito del parere sullo schema di Correttivo reso dal Consiglio di Stato il 27.11.2024, n. 1463, pubblicato il 2.12.2024.

nistrazione, o per il quale non sono disponibili elementi di valutazione in grado di consentire all'ente di pronunciarsi sulla effettiva sussistenza di un pubblico interesse all'attuazione dell'iniziativa prospettata.

Nel caso di *project* ad iniziativa privata la nuova disciplina prevede ulteriori meccanismi volti ad assicurare la concorrenza e il rispetto dei principi di trasparenza e pubblicità, attraverso una chiara procedimentalizzazione sia della fase di valutazione delle proposte, sia della fase dell'affidamento.

Il nuovo comma 3 del novellato art. 193 delinea più nel dettaglio la procedura di finanza di progetto su iniziativa privata, prevedendo che gli operatori economici possano presentare agli enti concedenti proposte relative alla realizzazione in concessione di lavori o servizi, per la realizzazione di interventi anche non inclusi nella programmazione del partenariato pubblico-privato. In tali casi, non trova applicazione l'obbligo di preventiva pubblicazione di un avviso ai sensi del successivo comma 16 (dedicato alle procedure di finanza di progetto ad iniziativa pubblica), né tantomeno risulta obbligatoria la preventiva presentazione di una manifestazione di interesse ai sensi del comma 2.

Quanto ai contenuti della proposta, rispetto alla formulazione originaria contenuta nell'art. 193 del Codice, la novella precisa che nella proposta deve essere incluso il progetto di fattibilità redatto in coerenza con l'art. 6-*bis* dell'all. I.7 del Codice (di nuova introduzione)[3], nonché l'indicazione dei requisiti generali e speciali del promotore, previsione, quest'ultima, che innova la precedente versione del 193 che, rispetto a quanto stabilito dall'assetto normativo del d.lgs. n. 50/2026, non prevedeva più – in questa fase preliminare – la verifica in merito al possesso dei requisiti generali e speciali del promotore, rinviando tale analisi alla successiva fase di gara.

La più analitica definizione del contenuto del progetto di fattibilità da presentare nell'abito di un *project finance* ad iniziativa privata, per come fornita dal comma 3 del novellato art. 193 del Codice, rappresenta un elemento importante, volto ad eliminare taluni fattori di ostacolo alla piena applicazione dell'istituto.

---

[3] Il citato art. 6-*bis* prevede, in particolare, che "*1. Per le concessioni di lavori, ai fini della valutazione di fattibilità delle proposte presentate ai sensi dell'art. 193, il promotore o il proponente presenta un progetto di fattibilità composto almeno dai seguenti elaborati:*

a) relazione generale;

b) relazione tecnica relativa al contesto territoriale nel quale l'opera è inserita, contenente anche una descrizione dell'opera medesima; la relazione è altresì corredata dagli approfondimenti richiesti dal RUP in funzione della natura e dell'ubicazione dell'intervento;

c) relazione preliminare di sostenibilità dell'opera;

d) elaborati grafici tipologici delle opere (planimetrie, prospetti e sezioni tipo);

e) computo metrico estimativo preliminare dell'opera, coerente con gli elaborati grafici tipologici di cui alla lettera d);

f) cronoprogramma.

2. Per le concessioni di servizi, il progetto di fattibilità è composto almeno dai seguenti elaborati:

a) una relazione tecnico-illustrativa, che identifica gli elementi tecnici, economici e finanziari dell'investimento e specifica i costi del servizio in rapporto alle sue componenti, come identificate nel documento di specificazione delle caratteristiche del servizio e della gestione, nonché agli elementi evidenziati nel piano economico finanziario della proposta;

b) il cronoprogramma di attuazione dei servizi".

In particolare, va rilevato che con l'entrata in vigore del Codice erano stati sollevati dubbi interpretativi in ordine all'esatta configurazione del progetto di fattibilità che la norma richiede corredi la proposta di partenariato pubblico privato. In altri termini, ci si è domandato se tale progetto di fattibilità sia un elaborato diverso (e più semplificato) rispetto al progetto di fattibilità tecnico-economica (PFTE) propriamente detto e riferibile agli appalti che – in ragione della riduzione a due dei livelli progettuali – ha assorbito molte delle caratteristiche che, nel quadro del d.lgs. n. 50/2016, erano proprie del progetto definitivo: alcuni interpreti hanno anche fatto rilevare che, se il progetto di fattibilità menzionato dall'art. 193 del Codice quale contenuto di una proposta di partenariato pubblico privato fosse un PFTE in senso stretto, l'elaborato da presentare in sede di proposta dovrebbe avere un grado di dettaglio progettuale più elevato che in passato, con il rischio che le spese di predisposizione della proposta potrebbero non trovare copertura nel limite del 2,5% del valore dell'investimento (tale percentuale costituisce, come noto, la soglia massima delle spese al cui rimborso a carico dell'aggiudicatario il promotore – o il proponente, nel nuovo assetto – ha diritto se non esercita la prelazione).

Nella direzione dell'autonomia – e pertanto della diversità – del progetto di fattibilità nella finanza di progetto (rispetto all'ordinario PFTE) si esprime espressamente il Correttivo, prevedendo pertanto che, in caso di *project finance*, il progetto di fattibilità da presentare abbia un contenuto "più snello" rispetto al PFTE di cui al combinato disposto dell'art. 41 e dell'all. I.7 del Codice, attraverso una declinazione speciale recata dal citato art. 6-*bis* del medesimo allegato.

Conformemente a quanto già previsto dalla precedente versione dell'art. 193, è chiarito poi che la proposta debba contenere una bozza di convenzione, il piano economico-finanziario asseverato (comprensivo dell'importo delle spese sostenute per la predisposizione della proposta, comprensivo anche dei diritti sulle opere dell'ingegno) e la specificazione delle caratteristiche del servizio e della gestione, così come è confermata la non necessità, per il promotore, di presentare una garanzia provvisoria a corredo della proposta (obbligo, questo, che nella vigenza del d.lgs. n. 50/2016 aveva disincentivato il ricorso all'istituto in questione).

In tale nuovo assetto giuridico, va doverosamente rilevato che vengono quindi individuati (in una fase preliminare) due distinte categorie di operatori economici interessati all'affidamento di una concessione in *project financing*: il "*promotore*", vale a dire colui che per primo, di propria esclusiva iniziativa, promuove, attraverso la presentazione di una proposta di *project financing* ad iniziativa privata, l'attuazione di un determinato progetto; ed il "*proponente*", vale a dire colui – o coloro – che, a seguito della presentazione della proposta ad opera del promotore e successivamente alla pubblicazione nella sezione "*Amministrazione trasparente*" del sito istituzionale dell'ente concedente della notizia relativa alla presentazione della predetta proposta, possono proporre al medesimo ente concedente la formulazione di una proposta di *project financing* alternativa rispetto a quella del promotore.

A seguito del decreto correttivo, la scelta fra la proposta da selezionare e porre a base di gara (cui attribuire anche il diritto di prelazione) verrà quindi compiuta dall'ente concedente fra tali diverse alternative, attraverso un sistema informativo non discriminatorio e mediante un processo comparativo in precedenza assente nell'ordinamento interno, il che risponde proprio all'esigenza di porre rimedio alle criticità che avevano condotto all'avvio della procedura di infrazione comunitaria nei confronti dell'Italia in precedenza menzionata.

Ciò detto, va rilevato che anche gli investitori istituzionali di cui all'art. 32, comma 3, del d.l. 31.5.2010, n. 78, convertito, con modificazioni, dalla legge 30.7.2010, n. 122 (vale a dire: i soggetti pubblici o privati espressamente menzionati dalla citata previsione normativa [4], titolari di quote di fondi di investimento), nonché i soggetti di cui all'art. 2, n. 3, del regolamento (UE) 2015/1017 del Parlamento europeo e del Consiglio, del 25.6.2015 [5], possono formulare le proposte ad iniziativa privata, salva la necessità, nella successiva gara per l'affidamento dei lavori o dei servizi, di associarsi o consorziarsi con operatori economici in possesso dei requisiti richiesti dal bando, qualora gli stessi investitori istituzionali ne siano privi, o mediante l'utilizzazione dell'istituto dell'avvalimento o del subappalto.

Per gli investitori istituzionali, dunque, a differenza di quelli privati, resta la possibilità di formulare le proposte nella fase preliminare anche senza possedere, in quel dato momento, i requisiti di partecipazione alla gara (da soddisfare solo in fase di confronto concorrenziale vero e proprio), circostanza, questa, che ha condotto il Consiglio di Stato, nel proprio parere sullo schema di correttivo reso in data 24.11.2024, ad affermare che "*si rilevano, in proposito, possibili profili di disparità di trattamento e, dunque, di illegittimità costituzionale, oltre che di contrasto con i cogenti principi euro-unitari in tema di par condicio nell'accesso al mercato generato dai fabbisogni pubblici*", profilo, questo, che il legislatore ha tuttavia ritenuto – almeno per il momento – non meritevole di approfondimento.

---

[4] Il riferimento, più precisamente, è ai seguenti soggetti:

"*a) Stato o ente pubblico;*

b) Organismi d'investimento collettivo del risparmio;

c) Forme di previdenza complementare, prodotti pensionistici individuali paneuropei (PEPP) di cui al regolamento (UE) 2019/1238 nonché enti di previdenza obbligatoria;

d) Imprese di assicurazione, limitatamente agli investimenti destinati alla copertura delle riserve tecniche;

e) Intermediari bancari e finanziari assoggettati a forme di vigilanza prudenziale;

f) Soggetti e patrimoni indicati nelle precedenti lettere costituiti all'estero in paesi o territori che consentano uno scambio d'informazioni finalizzato ad individuare i beneficiari effettivi del reddito o del risultato della gestione e sempreché siano indicati nel decreto del Ministro dell'economia e delle finanze di cui all'art. 168-bis, comma 1, del Testo unico delle imposte sui redditi di cui al decreto del Presidente della Repubblica 22 dicembre 1986, n. 917;

g) enti privati residenti in Italia che perseguano esclusivamente le finalità indicate nell'art. 1, comma 1, lett. c-bis) del d.lgs. 17 maggio 1999, n. 153 nonché società residenti in Italia che perseguono esclusivamente finalità mutualistiche;

h) veicoli costituiti in forma societaria o contrattuale partecipati in misura superiore al 50 per cento dai soggetti indicati nelle precedenti lettere".

[5] Trattasi, espressamente, di "*'banche o istituti nazionali di promozione', [cioè] le entità giuridiche che espletano attività finanziarie su base professionale, cui è stato conferito un mandato da uno Stato membro o da un'entità di uno Stato membro, a livello centrale, regionale o locale, per svolgere attività di sviluppo o di promozione*".

Laddove la proposta presentata venga valutata (seppur in via preliminare) positivamente dall'ente concedente in termini di interesse pubblico e di coerenza con la programmazione del partenariato pubblico privato di cui all'art. 175, comma 1, del Codice, per assicurare il rispetto del principio di trasparenza, viene specificato dal Correttivo che la notizia relativa all'intervenuta presentazione della proposta debba essere pubblicata nella sezione "*Amministrazione trasparente*" del sito istituzionale dell'ente concedente, che provvede, altresì, ad indicare un termine, non inferiore a sessanta giorni, commisurato alla complessità del progetto, per la presentazione di proposte relative al medesimo intervento da parte di altri operatori economici eventualmente interessati (così il nuovo comma 4).

Nonostante la non immediata perspicuità della norma, si deve ritenere che oggetto della pubblicazione all'interno della sezione "*Amministrazione trasparente*" del sito istituzionale dell'ente concedente, non debba essere la proposta nel suo complesso, bensì la sola "*notizia*" della relativa presentazione, e ciò per evidenti esigenze di segretezza e di tutela commerciale e industriale del contenuto di tale set documentale in una fase precedente alla valutazione della proposta da preferire.

Il nuovo comma 5 delinea, in modo puntuale, la procedura di selezione delle proposte che sono ritenute di interesse pubblico, disponendo che ciò debba avvenire ad opera dell'ente concedente entro un termine di quarantacinque giorni dalla scadenza di quello indicato nel precedente comma 4 previsto per la presentazione di proposte relative al medesimo intervento da parte di altri operatori economici; tale termine, come nell'originaria versione dell'art. 193 (e a differenza di quanto prescritto dall'art. 183, d.lgs. n. 50/2016), non viene qualificato come perentorio, potendosi per l'effetto ritenere ancora applicabile il principio secondo cui trattasi di un termine nell'interesse dell'operatore economico, il quale può legittimamente dichiarare il proprio interesse anche una volta spirati i quarantacinque giorni indicati dalla norma.

Si stabilisce, inoltre, che la selezione debba essere preceduta da una valutazione sul rispetto delle linee generali indicate nella programmazione del partenariato pubblico-privato e deve avvenire sulla base dei principi generali di cui al Libro I, Parte I, Titolo I del Codice, fra i quali spicca, come noto, quello del "risultato".

L'ente concedente, pertanto, individua una o più proposte, presentate ai sensi del comma 3 o del comma 4, ritenute di interesse pubblico. La selezione, coerentemente con il perseguimento, in ogni caso, del preminente interesse pubblico, è concretamente effettuata tenendo conto della corrispondenza dei progetti e del piano economico finanziario ai fabbisogni effettivi dell'ente concedente.

Al nuovo comma 6, al fine di introdurre misure procedimentali di semplificazione, si precisa che le proposte individuate sono soggette ad una valutazione comparativa di fattibilità da parte dell'ente concedente, invitando se necessario il promotore o i proponenti ad apportare al progetto di fattibilità, al piano economico-finanziario e allo schema di convenzione le modifiche necessarie per la loro approvazione. In caso di mancata integrazione entro i termini indicati dall'ente concedente, la proposta è respinta. Tale fase di valutazione si conclude con provvedimento espresso, pubblicato sul sito istituzionale dell'ente concedente e oggetto di comunicazione ai soggetti interessati, entro il termine di sessanta giorni, differibili fino a novanta giorni per comprovate esigenze istruttorie.

La complessiva disciplina di tale fase risponde, secondo le relazioni illustrative, ai rilievi della Commissione europea mediante l'introduzione di specifiche disposizioni che mirano ad assicurare la trasparenza e la pubblicità durante la procedura di selezione delle proposte di progetto di fattibilità, così superando anche i dubbi di compatibilità con l'ordinamento comunitario sollevati dal giudice nazionale[6].

Inoltre, il comma in esame precisa che se la valutazione ha ad oggetto una sola proposta, di particolare complessità, l'ente concedente può indire, anche su richiesta dell'aggiudicatario, una conferenza di servizi preliminare ai sensi dell'art. 14, comma 3 della legge 7.8.1990, n. 241, finalizzata a indicare le condizioni per ottenere i necessari pareri, intese, concerti, nulla osta, autorizzazioni, concessioni o altri atti di assenso, comunque denominati, per l'approvazione del relativo progetto di fattibilità.

Ciò detto, va segnalato che l'ANAC, con proprio parere di funzione consultiva n. 9/2024 del 28.2.2024, nel configurare giuridicamente – anche ai fini qualificatori dell'ente concedente – la fase di selezione del progetto di fattibilità da ritenersi preferibile e da porre a base di gara, aveva affermato che "*la valutazione preliminare (di una proposta di* project financing*) in realtà non è riconducibile alla mera attività di "programmazione" degli acquisti ma attiene propriamente alla fase di "progettazione tecnico-amministrativa" della procedura che, in quanto tale, deve ritenersi riservata a soggetti qualificati" e che "è necessaria la qualificazione per tutte le fasi relative alla progettazione, affidamento ed esecuzione dei medesimi contratti, ivi compresa la fase di valutazione preliminare* ex *art. 193*".

Ebbene, l'erroneità della predetta tesi è stata per la prima volta evidenziata dalla giurisprudenza amministrativa; in particolare, il TAR Campania, Salerno, sez. I, con ordinanza in data 22.11.2024, n. 453, sebbene in fase cautelare, ha ritenuto di non condividere la prospettazione fatta propria dall'ANAC, affermando che "*ad una sommaria cognizione, il ricorso principale non presenta profili di fondatezza, essendo richiesta dall'art. 62 del codice dei contratti pubblici la qualificazione delle stazioni appaltanti per la progettazione, l'affidamento e l'esecuzione di contratti di partenariato pubblico privato; nel caso controverso, il provvedimento impugnato non è stato adottato nel corso della fase della progettazione, bensì nella fase preliminare del procedimento in cui la stazione appaltante ha individuato una proposta di interesse pubblico, per cui la suddetta qualificazione non sembra necessaria*".

---

[6] Il riferimento, in particolare, è a Cons. Stato, sez. V, ord. 7.6.2023, n. 5615, con cui è stata rimessa alla Corte di giustizia UE la seguente questione pregiudiziale ai sensi dell'art. 267 TFUE: "*se l'articolo 183, comma 15, del d.lgs. n. 50 del 2016 [ma lo stesso dicasi in relazione all'articolo 193 del codice nella versione previgente al Correttivo] è contrario al diritto UE e in particolare ai principi di pubblicità, imparzialità e non discriminazione contenuti sia nel Trattato che nei principi UE, propri di tutte le procedure comparative, laddove interpretato così da consentire trattamenti discriminatori in una procedura di attribuzione del diritto di prelazione, senza pre-definizione dei criteri e comunque senza comunicazione dei medesimi a tutti i concorrenti ma solo ad alcuni di essi, quanto meno al decorso dei tre mesi di urgenza previsti da tale articolo*".

La non condivisibilità della teoria fatta propria dall'ANAC [7], risulta peraltro oggi confermata anche alla luce di quanto stabilito dal Correttivo, nella parte in cui dispone che la valutazione delle proposte private presentate debba essere compiuta dall'ente concedente tenendo conto "*della fattibilità delle proposte e della corrispondenza dei progetti e dei relativi piani economici e finanziari ai fabbisogni dell'ente*", quindi alla fase di programmazione, non di progettazione dell'intervento, e ciò, espressamente, "*in coerenza con la programmazione del partenariato pubblico privato di cui all'art. 175, comma*".

Una rilevante innovazione rispetto alla disciplina previgente risiede poi nel disposto del nuovo comma 7, il quale prevede, coerentemente con quanto precisato all'art. 6-*bis* dell'all. I.7 del Codice in precedenza menzionato, che il progetto di fattibilità, una volta selezionato, e prima che lo stesso venga posto a base della successiva gara, deve essere integrato con gli ulteriori elaborati richiesti dall'art. 6 dell'all. I.7 (che come detto disciplina i contenuti del progetto di fattibilità tecnico-economica "ordinario", diverso da quello da produrre in sede di proposta di *project finance*) ai fini della relativa sottoposizione al procedimento di approvazione ai sensi dell'art. 38 del Codice. Il progetto di fattibilità tecnica ed economica, così integrato, una volta approvato, è inserito tra gli strumenti di programmazione dell'ente concedente. All'esito dell'approvazione del progetto di fattibilità tecnica ed economica, il promotore ovvero il proponente apportano al piano economico-finanziario e allo schema di convenzione le opportune modifiche.

Pertanto, solo a seguito dell'approvazione del progetto di fattibilità tecnica ed economica, tale documento progettuale è posto a base di gara nei tempi previsti dalla programmazione. Gli obblighi di trasparenza sono assolti ai sensi dell'art. 28, nel rispetto delle disposizioni sulla riservatezza di cui all'art. 35 del Codice e delle deroghe relative ai contratti secretati di cui all'art. 139 del Codice.

Nell'ambito della successiva gara per l'affidamento della concessione, l'ente concedente indica quale criterio di aggiudicazione quello dell'offerta economicamente più vantaggiosa, individuata sulla base del miglior rapporto tra qualità e prezzo e prevede l'esercizio del diritto di prelazione riconosciuto al promotore ovvero al proponente.

Il nuovo comma 9 inoltre, in coerenza con il nuovo assetto giuridica dell'istituto in esame, dispone che la configurazione giuridica non solo del soggetto proponente (come nella precedente formulazione), ma anche del promotore, può essere modificata e integrata sino alla data di scadenza della presentazione delle offerte, e ciò abitualmente in funzione dei precisi criteri di selezione fissati negli atti di gara dall'ente concedente.

Il nuovo comma 10 disciplina poi le modalità di presentazione dell'offerta da parte del promotore e del proponente in possesso dei requisiti soggettivi previsti dal bando, prevedendo che le offerte medesime debbano contenere il piano economico-

---

[7] Sul punto sia consentito un rinvio a G. Lezzi, *La natura (asseritamente) progettuale della prima fase procedurale di valutazione del* project finance *secondo l'ANAC: i motivi di una tesi che non convince*, in *www.dirittodeiservizipubblici.it*, 3.4.2024.

finanziario asseverato, la specificazione delle caratteristiche del servizio e della gestione, le varianti migliorative al progetto di fattibilità tecnico economica, e, innovativamente rispetto alla precedente formulazione dell'art. 193, eventuali modifiche allo schema di convenzione (il che rappresenta un ritorno alla disciplina del d.lgs. n. 50/2016), il tutto secondo gli indicatori previsti nel bando. Le offerte, infine, devono essere corredate delle garanzie provvisorie previste obbligatoriamente per la partecipazione alle procedure di affidamento di cui all'art. 106 del Codice.

Quanto alla fase di gara, il comma 11 mantiene il precedente assetto normativo, stabilendo che l'ente concedente: *a*) prende in esame le offerte pervenute nei termini fissati dal bando; *b*) redige una graduatoria e nomina aggiudicatario il soggetto che ha presentato la migliore offerta in termini di qualità/prezzo; *c*) pone in approvazione il successivo livello progettuale (quindi, il progetto esecutivo) che deve essere elaborato dal soggetto aggiudicatario.

Sulle modalità dell'esercizio del diritto di prelazione a seguito della conclusione delle operazioni di gara, si chiarisce che tale diritto può essere esercitato, coerentemente con le novità introdotte sul presente istituto e già illustrate in precedenza, dal proponente (nel caso in cui sia stato approvato e posto a base di gara il progetto di fattibilità preferito a seguito dell'esame di più proposte e diverso dal primo presentato all'ente concedente) ovvero dal promotore (nel caso di preferenza accordata all'operatore economico che per primo ha presentato una proposta ad iniziativa privata) e riconosciuto all'operatore che ha proposto il progetto che è stato selezionato e quindi approvato.

Nel dettaglio, il successivo comma 12 chiarisce che:

– se il promotore ovvero il proponente non risulta aggiudicatario, questi può esercitare, entro quindici giorni dalla comunicazione dell'aggiudicazione, il diritto di prelazione e divenire aggiudicatario se dichiara di impegnarsi a adempiere alle obbligazioni contrattuali alle medesime condizioni offerte dall'aggiudicatario. Se il promotore ovvero il proponente esercita la prelazione, l'originario aggiudicatario ha diritto al pagamento, a carico del promotore ovvero del proponente, dell'importo delle spese documentate ed effettivamente sostenute per la predisposizione dell'offerta nei limiti del 2,5% del valore dell'investimento;

– se il promotore ovvero il proponente non risulta aggiudicatario e non esercita la prelazione, questi ha diritto al pagamento, a carico dell'aggiudicatario, dell'importo delle spese per la predisposizione della proposta, comprensive anche dei diritti sulle opere dell'ingegno. L'importo complessivo delle spese rimborsabili non può superare il 2,5% del valore dell'investimento, come desumibile dal progetto di fattibilità posto a base di gara.

Il nuovo comma 13 precisa, inoltre, che in relazione alla specifica tipologia di lavoro o servizio, l'ente concedente può prevedere criteri di aggiudicazione premiali, volti a valorizzare l'apporto di ciascuna offerta agli obiettivi di innovazione, sviluppo e digitalizzazione.

Il successivo comma 14 puntualizza poi con maggiore dettaglio rispetto alla precedente formulazione dell'art. 193 che le Camere di commercio, industria, artigianato e agricoltura, nell'ambito degli scopi di utilità sociale e di promozione dello sviluppo economico dalle stesse perseguiti, possono aggregarsi alla presentazione di proposte presentate da promotori o previa sollecitazione mediante avviso pubblico, ferma restando la loro autonomia decisionale. Tale facoltà viene riconosciuta anche nell'ipotesi di *project financing* ad iniziativa pubblica.

Il nuovo comma 15 prevede, inoltre, che il soggetto aggiudicatario sia obbligato a prestare la garanzia definitiva di cui all'art. 117 del Codice. Dalla data di inizio dell'esercizio del servizio da parte del concessionario, a tutela dell'ente concedente, è dovuta una cauzione, rinnovabile annualmente, a garanzia delle penali relative al mancato o inesatto adempimento di tutti gli obblighi contrattuali relativi alla gestione dell'opera (tipiche della prescritta allocazione del rischio di gestione e di disponibilità), da prestarsi nella misura del 10% del costo annuo operativo di esercizio e con le modalità ordinarie previste in materia di garanzie definitive. Viene previsto, infine, che la mancata presentazione di tale cauzione costituisce grave inadempimento contrattuale, in grado come tale da giustificare la risoluzione del contratto.

2. La nuova disciplina del *project finance* ad iniziativa pubblica

Come si è in precedenza avuto modo di osservare, il Correttivo introduce nuovamente l'istituto del *project finance* ad iniziativa pubblica, presente fino all'art. 183 del d.lgs. n. 50/2016 e di fatto espunto dalla previgente versione dell'art. 193 del Codice.

In realtà, tale "reviviscenza" viene operata non già mediante la definizione di un procedimento del tutto autonomo rispetto a quello proprio del *project* ad iniziativa privata, ma attraverso la definizione di una sorta di istituto "ibrido", che si basa, cioè, prevalentemente sull'iniziativa del (e sulla piena allocazione del rischio, anche progettuale, in capo al) privato, purché formalmente sollecitata da parte dell'ente concedente.

In particolare, il nuovo comma 16 dell'art. 193 disciplina nel dettaglio l'istituto giuridico della finanza di progetto a iniziativa pubblica, che si verifica allorché l'ente concedente sollecita i privati, attraverso la pubblicazione di un avviso pubblico, a farsi promotori di iniziative volte a realizzare in concessione, mediante finanza di progetto, progetti inclusi negli strumenti di programmazione del partenariato pubblico-privato, tramite la presentazione, entro un termine non inferiore a sessanta giorni, di proposte redatte nel rispetto delle disposizioni del comma 3.

La precisazione relativa alla circostanza che le proposte di *project finance* ad iniziativa pubblica possano riguardare "*interventi inclusi negli strumenti di programmazione del partenariato pubblico-privato*" esclude, di fatto, ragionando *a contrario*, che tale *iter* procedimentale possa essere impiegato con riferimento ad iniziative non previamente inserite negli atti programmatici dell'ente concedente (riservate, come detto, alla sola finanza di progetto ad iniziativa privata), e ciò anche in continuità con quanto previsto dall'art. 183 del d.lgs. n. 50/2016.

Gli operatori economici interessati a rispondere all'avviso possono richiedere all'ente concedente di fornire integrazioni documentali per una migliore formulazione delle proposte, che sono eventualmente rese disponibili non solo all'operatore economico che – in concreto – le ha richieste, ma anche a tutti i potenziali interessati, e ciò tramite pubblicazione nella sezione "*Amministrazione trasparente*" del relativo sito istituzionale.

Infine, il nuovo comma 17, nel disciplinare il prosieguo dell'*iter* procedimentale relativo alla c.d. "iniziativa pubblica", dispone che l'ente concedente valuti le proposte presentate e, successivamente, ponga a base di gara il progetto di fattibilità selezionato, unitamente agli altri elaborati costituenti la proposta ritenuta preferibile, inclusa una sintesi del piano economico finanziario, documento questo che, nel silenzio della norma, si deve ritenere debba essere predisposto dall'ente concedente (e ciò in analogia alle altre procedure di partenariato, diverse dal *project*, disciplinate dal Codice).

La successiva procedura di affidamento si svolgerà, invece, sulla base di quanto previsto per l'iter di aggiudicazione stabilito in via generale per lo svolgimento delle gare finalizzate all'individuazione del soggetto aggiudicatario nell'ambito della procedura di partenariato, e ciò in ragione dell'espresso richiamo alle previsioni di cui ai commi 5, 6, 7 e 8, nonché al rinvio alle regole procedurali di cui ai commi 10, 11, 12 e 13.

Da ultimo, è previsto che anche in tale ipotesi il soggetto aggiudicatario sia tenuto a prestare le garanzie di cui al comma 15.

Rispetto alla precedente disciplina in materia di *project financing* ad iniziativa pubblica recata dal d.lgs. n. 50/2026 (che, di fatto, imponeva all'ente concedente di elaborare la documentazione di gara sulla base della quale procedere alla selezione del proponente), l'art. 193 del Codice emergente a seguito dell'entrata in vigore del Correttivo prevede che anche in caso di finanza di progetto su iniziativa pubblica l'ente concedente sia sollevato dall'onere (pure economico) di provvedere alla redazione del progetto di fattibilità da porre a base della "sollecitazione del mercato", poiché tale compito – strettamente connesso al rischio di progettazione proprio di tale specifica forma di partenariato pubblico privato – deve essere assolto, anche sulla base della preventiva manifestazione di interesse, dal *partner* privato in concreto selezionato.

Tale progetto viene poi posto a base di gara per la selezione dell'operatore economico chiamato a completare la progettazione, nonché a fornire parte del capitale, e a realizzare il progetto, assicurando così una completa allocazione di tutti i rischi tipici delle operazioni di partenariato in capo all'operatore economico, e ciò anche in caso di *project* ad iniziativa pubblica.

Conclusioni

Come si è avuto modo di rilevare nella parte introduttiva della presente analisi, la nuova formulazione della procedura di *project financing* nasce dall'esigenza di contemperare le richieste pro-concorrenziali della Commissione europea, che ravvisava nella clausola di prelazione tipica del *project* una violazione dei principi di non discriminazione sottesi a tutte le procedure di affidamento dei contratti pubblici, con quella, altrettanto rilevante, di rendere in ogni caso attrattiva la procedura della finanza di progetto, tenuto conto anche delle diversità degli interventi da realizzare (in particolare: infrastrutture a rete; infrastrutture puntuali, ecc.).

Ciò detto, le principali novità che si sono volute introdurre con il Correttivo sono così sinteticamente riassumibili:

1) la previsione di una prima fase di confronto concorrenziale (che tuttavia non è ancora configurabile come vera e propria procedura di evidenza pubblica), ai fini dell'individuazione del soggetto che può esercitare la prelazione;

2) il mantenimento della prelazione a favore dell'operatore economico che supera il primo vaglio competitivo, così da incentivare le imprese private a presentare proposte (e progetti) di qualità fin dall'inizio della procedura;

3) l'obbligo posto a carico degli enti concedenti di garantire piena trasparenza sulle manifestazioni di interesse/proposte presentate su iniziativa di parte, così da favorire un effettivo confronto competitivo. In particolare, è stata esplicitata la fase della c.d. "manifestazione di interesse", presentata da un operatore economico senza contestuale trasmissione di un progetto, che comunque comporterebbe puntuali obblighi di trasparenza a carico degli enti concedenti. Tra questi, si segnala l'obbligo di pubblicare le informazioni sull'intervento da realizzare richieste dal promotore, al fine di consentire ad altri operatori economici l'apporto informativo necessario per la presentazione di proposte alternative;

4) al fine di evitare che la procedura diventi troppo onerosa per gli operatori privati, la previsione che la "proposta di fattibilità" presentata nel caso di finanza di progetto ad iniziativa di parte sia semplificata rispetto al progetto di fattibilità tecnico economica ordinario, intervento innovativo, questo, che ha risolto una problematica operativa particolarmente rilevante, emergente dalla disciplina del Codice che ha ridotto a due i livelli di progettazione ma che di fatto ha incluso all'interno del progetto di fattibilità tecnico economica taluni elaborati in precedenza riferibili al progetto definitivo, abrogato dal Codice;

5) al fine di consentire agli enti concedenti di valutare preliminarmente se un progetto presentato da un privato è destinato a superare l'iter approvativo pubblico, si richiama esplicitamente la possibilità che venga convocata una conferenza di servizi preliminare già nella prima fase ad evidenza pubblica;

6) in aggiunta alla procedura di finanza di progetto ad iniziativa privata, si è disciplinata in maniera puntuale l'alternativa procedura della finanza di progetto ad iniziativa pubblica, che è a gara unica, come in quella privata: la possibilità di optare tra due procedure diverse consente agli enti concedenti di adeguare l'applicazione della finanza di progetto alle diverse tipologie di interventi, sempre garantendo la piena allocazione di tutti i rischi propri del partenariato pubblico privato in capo al *partner* privato (ivi incluso quello di progettazione);

7) anche nell'ipotesi di finanza di progetto ad iniziativa pubblica, si è precisato

che a base di gara viene posta una proposta di fattibilità semplificata, che può essere predisposta dal privato anche a seguito della sollecitazione pubblica, e ciò al fine di mettere gli enti concedenti nella condizione di avviare la procedura con una progettazione ancora non puntualmente definita (e ovviare così ai limiti – anche economici – di capacità progettuale tipici delle pubbliche amministrazioni); resta peraltro inteso che i successivi livelli progettuali – vale a dire: progetto di fattibilità integrato a termini dell'art. 6 dell'all. I.7 del Codice e progetto esecutivo – dovranno essere sviluppati dall'operatore economico scelto con gara.

Capitolo VII

Fase dell'esecuzione del contratto: ruolo, compiti del RUP, e relazioni con il dirigente, il responsabile di fase e i direttori tecnici

Francesco Lombardo

Premessa

Questa parte disciplina la fase di esecuzione dei contratti pubblici, considerata, a ragione, uno dei momenti più complessi dell'intero ciclo di vita degli appalti, in quanto richiede il coordinamento di diverse figure professionali e il rispetto delle tempistiche, dei costi e della qualità previsti nel contratto, salvo la possibilità di modifiche in corso di esecuzione.

Il Codice introduce una revisione delle responsabilità e dei compiti attribuiti ai soggetti coinvolti (RUP, responsabili di fase, direttore dei lavori e direttore dell'esecuzione del contratto) (cfr. art. 114, come modificato dall'art. 72, comma 1, lett. dd), del decreto correttivo; art. 115 e art. 116, come modificato dall'art. 40 del decreto correttivo).

Il direttore dei lavori (DL) e il direttore dell'esecuzione del contratto (DEC) operano sotto la supervisione del RUP, ma godono di un'autonomia tecnica e operativa che consente loro di gestire gli aspetti legati all'esecuzione e di garantire che i lavori, i servizi e le forniture siano realizzati in conformità al progetto e alle specifiche tecniche di contratto, intervenendo, ove necessario, in caso di criticità, tempestivamente, con ordini di servizio.

Il presente capitolo, in buona sostanza, analizza le responsabilità attribuite a ciascuna figura chiamata ad operare con ruoli diversi, con rinvio all'all. I.2, come modificato dall'art. 75 del decreto correttivo, per i compiti del RUP in questa fase, e all'all. II.14, come modificato dall'art. 92 dello stesso decreto direttivo, per le attività e i compiti demandati al direttore dei lavori e al direttore dell'esecuzione del contratto.

1. Ruolo e compiti del RUP nella fase esecutiva e collaborazione con le altre figure professionali

Questa fase terminale del processo contrattuale è dominata dal RUP, coadiuvato, se nominato, dal responsabile della fase di esecuzione, figura quest'ultima di nuovo conio che il Codice ha inteso affiancare al RUP unitamente al DL o, se previsto in relazione alla complessità dell'intervento, all'ufficio di direzione lavori; di certo, complessa è la posizione del direttore che deve operare in autonomia ma nel rispetto delle disposizioni di servizio impartite dallo stesso RUP.

In effetti, la capacità di garantire, in fase esecutiva, un effettivo migliore servizio è sempre più legata alla capacità dell'intera organizzazione di "gestire progetti" (*project management*), in vista di un risultato, principio generale elevato dal Codice a guida ermeneutica: "*costituisce criterio prioritario per l'esercizio del potere discrezionale e per l'individuazione della regola del caso concreto, nonché per: a) valutare la responsabilità del personale che svolge funzioni amministrative o tecniche nelle fasi di programmazione, progettazione, affidamento ed esecuzione dei contratti; b) attribuire gli incentivi secondo le modalità previste dalla contrattazione collettiva*" (art. 1, comma 4).

Il *project management* si appresta così a divenire decisivo nell'ambito delle pubbliche amministrazioni e ciò è dimostrato da:

– la direttiva 24/2014/EU in materia di *public procurement*, che raccomanda la presenza di un "responsabile di progetto";

– l'all. I.2 del Codice (Attività del RUP), che all'art. 4, comma 4, richiede al RUP il possesso di "*adeguata competenza quale Project Manager, acquisita anche mediante la frequenza, con profitto, di corsi di formazione in materia di Project Management*";

– le definizioni di Misura e Progetto contenuti nel glossario terminologico del PNRR e nel sistema informativo cd. ReGiS: "*Misura: Specifici investimenti e/o riforme previste dal Piano Nazionale di Ripresa e Resilienza realizzati attraverso l'attuazione di progetti ivi finanziati ... Uno specifico progetto è selezionato e finanziato nell'ambito di una Misura del Piano e identificato attraverso un Codice Unico di Progetto (CUP). Il progetto contribuisce alla realizzazione degli obiettivi della Missione e rappresenta la principale entità del monitoraggio quale unità minima di rilevazione delle informazioni di natura anagrafica, finanziaria, procedurale e fisica*";

– la Circolare n. 27 del MEF del 21.6.2022: "*i Soggetti attuatori devono registrare tutte le informazioni rilevanti che riguardano i progetti di propria compe-*

tenza. Tali informazioni riguardano in primo luogo il livello di pianificazione, con la registrazione dei dati relativi all'anagrafica del progetto (descrizione, finalità, costo, contributo al target della misura, localizzazione, codice unico di progetto – CUP, procedure di aggiudicazione, ecc.), al relativo cronoprogramma procedurale, ossia descrizione e tempistiche previste per l'espletamento delle fasi rilevanti per la messa in opera del progetto (atti amministrativi di approvazione, adempimenti contabili, acquisizioni di autorizzazioni/visti/licenze/pareri tecnici, procedure di gara per l'affidamento di lavori/forniture di servizi, stipula dei contratti, avvio dei lavori, ecc.). Il cronoprogramma di progetto deve comprendere il relativo cronoprogramma di spesa".

Quindi, nel contesto degli appalti e delle concessioni, il Codice, in applicazione dei principi di *project management*, attribuisce al RUP un ruolo chiave, cambiandone perfino la denominazione in responsabile unico del progetto (art. 15), proprio ad evidenziare l'accrescimento degli adempimenti di competenza e l'importanza della figura; di fatto un vero e proprio *project manager* come nei grandi progetti privati, con la conseguente necessità di assegnare la funzione ad un soggetto dotato di competenze multisettoriali, con grandi capacità di gestione delle risorse umane e strumentali (v. capp. IX, XI e XII).

L'impostazione del Codice non è del tutto nuova, considerato che è stata inserita già nell'art. 34 della legge reg. Sardegna 13.3.2018, n. 8 ed avvallata dalla Corte costituzionale, con la sentenza n. 166/2019, dove è spiegato che: "*l'unicità del centro di responsabilità procedimentale è garantita dal 'responsabile di progetto', il quale coordina l'azione dei responsabili per fasi ... anche con funzione di supervisione e controllo*"; sicché, la disposizione "*non è, dunque, in contrasto con il principio di responsabilità unica, posto ... a tutela di unitarie esigenze di trasparenza e funzionalità ... e di accentramento del regime della responsabilità dei funzionari*".

Ora anche il legislatore nazionale, preso atto della complessità del processo contrattuale, in cui le fasi tecniche della programmazione, progettazione ed esecuzione e quella propriamente pubblicistica dell'affidamento, non sono meri "subprocedimenti", ritiene possibile una sorta di scissione assegnando fasi a presidi intermedi, che in ogni caso rispondono al RUP.

Sul RUP rimane, invece, la responsabilità ed il coordinamento finale anche sulle attività di questi soggetti che possono configurarsi meri responsabili di fase procedimentale, come chiaramente indicato nel comma 4 dell'art. 15, secondo cui "*Ferma restando l'unicità del RUP ... Le relative responsabilità sono ripartite in base ai compiti svolti in ciascuna fase, ferme restando le funzioni di supervisione, indirizzo e coordinamento del RUP*".

Concludendo sul punto, la figura del RUP richiede un'adeguata e specifica competenza quale *project manager*, acquisita anche mediante la frequenza di corsi di formazione in materia di *project management*, soprattutto per quanto riguarda interventi particolarmente complessi (art. 4, comma 4, all. I.2 del Codice; v. cap. II, parr. 2 e 7).

Mentre si rinvia al capitolo II per quanto attiene all'impianto normativo sul RUP delineato dall'art. 15 e dall'all. I.2, come corretti dall'art. 4 e dall'art. 75 del decreto correttivo, in questa parte ci si limita a trattare dei compiti specifici di questo soggetto e delle altre figure che intervengono nella fase di esecuzione.

Giova precisare, a questo proposito, che il decreto correttivo ha risolto la questione, assai dibattuta in sede di prima applicazione, relativa all'ampiezza della delega che il RUP può conferire ai responsabili di fase e, in questo caso, al responsabile della fase di esecuzione; infatti, intervenendo sull'all. I.2 e sulle numerose criticità ed incertezze indotte dall'assai lacunosa e approssimativa individuazione delle competenze dei responsabili di fase, ha chiarito la questione prevedendo, con l'art. 75, la modifica dell'art. 2, comma 1, dell'all. I.2; la disposizione, che per quanto qui d'interesse, prevede, infatti, che: "*Il RUP, o il responsabile di fase nominati ai sensi dell'articolo 15, comma 4, del codice svolgono i propri compiti con il supporto dei dipendenti della stazione appaltante. Il RUP può delegare al personale della stazione appaltante, dell'ente concedente, della centrale di committenza ovvero del soggetto aggregatore lo svolgimento di mere operazioni esecutive, esclusa ogni attività di verifica e di valutazione, nell'ambito del ciclo di vita digitale dei contratti pubblici, incluso l'accesso alle piattaforme di cui all'articolo 25 del codice e ai servizi messi a disposizione dall'ANAC*".

In breve, RUP e responsabili di fase possono avvalersi del supporto dei dipendenti della stazione appaltante, ma è solo il RUP che può delegare attività di natura (solo) operativa, incluso l'accesso alle piattaforme e ai servizi dell'ANAC.

Quindi, rispetto allo schema iniziale – e soprattutto dopo i rilievi sollevati dal Consiglio di Stato [1] – il decreto correttivo ritorna sulla disciplina del RUP e dei responsabili di fase, precisando l'istituto della delega come strumento ordinario a disposizione del RUP, fortemente criticato in quanto avrebbe potuto essere utilizzato in modo strumentale, per assegnare ad altri soggetti compiti e atti implicanti delicate responsabilità (ad esempio quelle relative alle decisioni che competono al RUP in tema di verifica della potenziale anomalia delle offerte).

Tuttavia, la delega, ancorché delimitata dal decreto correttivo al compimento/svolgimento di "mere operazioni esecutive esclusa ogni attività di verifica e valutazione", risulta ancora non ben definita, specie per quanto riguarda la tipologia di compiti/attività, che, per avere natura meramente esecutiva, possono essere oggetto di legittima delega.

L'innesto, ad opera dell'art. 4 del decreto correttivo, di un ulteriore periodo dopo il secondo nel comma 2 dell'art. 15 del Codice secondo cui "*Resta in ogni caso ferma la possibilità per le stazioni appaltanti, in caso di accertata carenza nel proprio organico di personale in possesso dei requisiti di cui all'allegato I.2, di nominare il RUP tra i dipendenti di altre amministrazioni pubbliche*", rivolta a soddi-

---

[1] Parere Cons. Stato, 2.12.2024, n. 1463/2024, secondo cui la previsione non è congrua, considerato che il responsabile di fase è un mero responsabile di procedimento soggetto alla disciplina indicata nella legge n. 241/1990 e, quindi, una figura di mero istruttore con compiti meramente propositivi ma, mai in nessun caso, di tipo decisorio, più propriamente riconducibili a poteri del responsabile unico di progetto o del dirigente dell'unità organizzativa preposta all'affare, in caso di non coincidenza tra quest'ultimo, dotato del potere di firma a valenza esterna, e il RUP.

sfare le esigenze delle stazioni appaltanti con una struttura organizzativa elementare, necessita, per essere soddisfatta, della collaborazione dell'altra amministrazione in quanto attuabile solo previ accordi e/o convenzioni (ai sensi, in generale, dell'art. 15 della legge n. 241/90 e, per gli enti locali, dell'art. 30 del d.lgs. n. 267/2000 o, quanto meno, dell'autorizzazione dell'amministrazione di appartenenza.

È opportuno rimarcare che il testo novellato dal decreto correttivo stabilisce che i dipendenti della stazione appaltante, compresi quelli di unità organizzative diverse da quella nella quale è incardinato il RUP (si pensi agli addetti ai settori espropri, ragioneria, amministrativi, contratti, ecc.), hanno il dovere di supportarlo adeguatamente, nell'ambito delle proprie competenze.

1.1. I confini delle competenze e il riparto di responsabilità fra dirigente, RUP e responsabili di fase

Il Codice – si ribadisce – prevede che il RUP possa essere affiancato da responsabili di fase (art. 15, comma 4)[2], ferme le responsabilità da ripartire in base ai compiti svolti in ciascuna fase e ferme le ineludibili funzioni di supervisione, indirizzo e coordinamento proprie del RUP.

Peraltro, il modello organizzativo dei "responsabili di fase" si sta affermando nella prassi delle stazioni appaltanti, in particolare di quelle più strutturate, sulla base del generale criterio di valorizzazione e rafforzamento del supporto al RUP voluto dal Codice nell'ottica della piena e più efficace attuazione del principio del risultato.

Questo modello è un'opzione organizzativa che, come precisato nella relazione al Codice del Consiglio di Stato del 7 dicembre 2022, "*presenta il vantaggio di evitare un'eccessiva concentrazione in capo al RUP di compiti e responsabilità direttamente operative, spesso di difficile gestione nella pratica. In caso di nomina dei responsabili di fase, infatti, rimangono in capo al Rup gli obblighi – e le connesse responsabilità – di supervisione, coordinamento, indirizzo e controllo, mentre sono ripartiti in capo ai primi i compiti e le responsabilità delle singole fasi a cui sono preposti. Si introduce, quindi, un principio di responsabilità per fasi*".

Detto diversamente, i responsabili di fase devono gestire le attività proprie della fase cui sono preposti e svolgere le attività "operative" delegate dal RUP al fine di decongestionare il carico di lavoro dei RUP, mentre quest'ultimo conserva gli obblighi – e le connesse responsabilità – di supervisione, coordinamento, indirizzo e controllo.

Il Codice, come accennato nel paragrafo precedente, non precisa, in dettaglio, come avrebbe dovuto, i confini propri delle competenze dei responsabili di fase. Alla carenza normativa ha supplito la giurisprudenza con risposte diverse e non sempre condivisibi-

---

[2] Nessun dubbio, peraltro, sulla possibilità di attribuzione degli incentivi ai responsabili di fase in quanto diretti collaboratori del RUP, in conformità alle previsioni dell'all. I.10 al Codice, che comprende tra le attività incentivabili la "collaborazione all'attività del responsabile unico del progetto" (responsabili e addetti alla gestione tecnico-amministrativa dell'intervento).

li[3] e la dottrina con tesi ermeneutiche discordi, che, hanno causato indecisioni sulla strada in concreto da scegliere.

L'incertezza sul regolamento dei confini di spettanza di ciascuno (RUP e responsabili di fase) si complica nella fase di esecuzione, per la "folla" di figure che intervengono in questo stadio. È da ritenere, tuttavia, che, anche in tale delicata fase dell'appalto, le decisioni di maggiore rilevanza e discrezionalità siano di pertinenza del RUP, ancorché sprovvisto di poteri esterni quali quelli spettanti al dirigente dell'unità organizzativa che lo ha designato ed al quale ha l'obbligo di rapportarsi (come, ad esempio, l'autorizzazione alle modifiche e varianti di cui all'art. 120, comma 13, del Codice).

In conseguenza, l'unica soluzione per sopperire alla denunciata carenza del Codice consiste nel definire l'elencazione delle funzioni attribuite ai responsabili di fase in sede di regolamentazione interna alla stazione appaltante o, eventualmente, nel provvedimento di nomina del RUP e (contestualmente) dei responsabili di fase, così consentendo il necessario adattamento all'assetto organizzativo e dimensionale di ciascuna stazione appaltante (v. sul punto cap. II, par. 11.3, schema provvedimento generale di riparto degli incentivi alle funzioni tecniche).

A parere di chi scrive, la strada maestra rimane la legge sul procedimento, n. 241/1990[4]; ciò in quanto la pubblica amministrazione, anche quando sceglie per la sua attività il paradigma negoziale, non si sottrae completamente allo stampo procedimentale ab origine proprio di essa; invero, una volta scelto il contraente cui affidare l'esecuzione della commessa pubblica e stipulato il relativo contratto, ogni fase, ogni step dell'attività esecutiva è pur sempre assistita da un'attività di stampo procedimentale, proprio perché in questo si esprime la funzione costituente la causa ultima del negozio di appalto (c.d. doppia causa, una civilistica e l'altra giuspubblicistica).

Sia consentito richiamare quanto sostenuto da questo autore in un capitolo sulle responsabilità dei principali soggetti della contrattualistica pubblica[5].

Con il Codice del 2023, il RUP è il responsabile non di uno o più procedimenti, ma di tutto l'intervento pubblico, e cioè della complessa attività tecno-amministra-

---

[3] Alcuni esempi. È da condividere l'orientamento espresso dal Consiglio di Stato (sez. V, con sent. n. 1924/2024) – sia pur nell'ambito di una questione di maggior complessità – secondo cui il responsabile della fase di affidamento, ove nominato, "sorveglia" questa fase, e, quindi, anche il funzionamento e la fruizione della piattaforma di approvvigionamento digitale utilizzata dalla stazione appaltante. Di contro, non è apprezzabile l'approdo del TAR Calabria (sent. n. 782/2023), secondo cui la proposta di aggiudicazione, quale atto endoprocedimentale, può essere predisposta anche dal responsabile di fase. Sembra corretta l'ord. n. 74/2024 del TAR Abruzzo, dove si è implicitamente affermato che il responsabile di fase non può adottare il provvedimento di esclusione.

[4] Legge 7.8.1990, n. 241, recante "*Nuove norme in materia di procedimento amministrativo e di diritto di accesso ai documenti amministrativi*", nel testo coordinato ed aggiornato con le modifiche introdotte prima dalla legge 7.8.2015, n. 124 e, successivamente, dalla legge 28.12.2015, n. 221.

[5] Volume Autori vari a cura dell'avv. Silvano MAZZANTINI, *L'attività negoziale della pubblica amministrazione alla luce del nuovo codice dei contratti pubblici di lavori, servizi e forniture*, Castelvecchi, Roma, 2024.

tiva, attraverso cui si svolgono le fasi di programmazione, progettazione, affidamento ed esecuzione degli interventi pubblici; circostanza, che implica, come è evidente, lo svolgimento non di un solo procedimento, ma di una pluralità di procedimenti e l'emanazione di altrettanti provvedimenti amministrativi, oppure di comportamenti materiali significativi, oppure anche di atti di diritto privato.

Del resto, è la stessa legge n. 241/1990 a prevedere espressamente all'art. 1, commi 1-*bis* e 1-*ter*, che "*La pubblica amministrazione, nell'adozione di atti di natura non autoritativa, agisce secondo le norme di diritto privato, salvo che la legge disponga diversamente. I soggetti privati preposti all'esercizio di attività amministrative assicurano il rispetto dei criteri e dei princìpi di cui al comma 1, con un livello di garanzia non inferiore a quello cui sono tenute le pubbliche amministrazioni in forza delle disposizioni di cui alla presente legge*". Tale ordito normativo si collega indissolubilmente al primo comma, secondo cui "*L'attività amministrativa persegue i fini determinati dalla legge ed è retta da criteri di economicità, di efficacia, di imparzialità, di pubblicità e di trasparenza secondo le modalità previste dalla presente legge e dalle altre disposizioni che disciplinano singoli procedimenti, nonché dai princìpi dell'ordinamento comunitario*" e ciò basta a dare contezza del principio di buona amministrazione riconducibile all'art. 97 Cost. su cui si fonda in estrema sintesi la giurisdizione della Corte dei conti.

Ne consegue che la nomina del responsabile del procedimento, già ai sensi della legge n. 241/1990 e della specifica figura del RUP (prevista dal codice dei contratti), ha anche una chiara valenza funzionale ed organizzativa, nel senso che rende possibile – inutile nasconderlo – non solo un miglior presidio della responsabilità ma anche un più efficace controllo e finanche la stessa possibilità di valutare in modo più tempestivo lo svolgimento dell'attività e dei risultati raggiunti. Si veda, in tal senso, la declinazione puntuale dei compiti assegnati al RUP dall'art. 8 dell'all. I.2. relativi alla fase dell'esecuzione.

Non traggano però in inganno le propedeutiche decisioni relative alla fase dell'affidamento di cui all'art. 7, comma 1 dell'allegato medesimo che è deputato ad adottare interinalmente, nel rispetto di una ben precisa sequenza procedimentale, in conseguenza delle valutazioni effettuate e neanche l'eccentrico inciso "*dispone le esclusioni dalle gare*", poiché viene precisato che "*il RUP esercita in ogni caso funzioni di coordinamento e verifica, finalizzate ad assicurare il corretto svolgimento delle procedure*" e, da ultimo, che "*adotta il provvedimento finale della procedura quando, in base all'ordinamento della stazione appaltante, ha il potere di manifestare all'esterno la volontà della stessa*".

Si legga anche il contenuto dell'art. 6 dell'all. I.2 relativo ai compiti del RUP comuni a tutti i contratti e le fasi, del quale si riporta il seguente brano introduttivo che li sintetizza: "*il RUP, anche avvalendosi dei responsabili di fase nominati ai sensi dell'articolo 15, comma 4, del codice, coordina il processo realizzativo dell'intervento pubblico nel rispetto dei tempi, dei costi preventivati, della qualità richiesta, della manutenzione programmata*".

Pertanto, il sotteso modello paradigmatico, cui occorre, pur sempre, fare riferimento per la configurazione dei compiti propri di questa figura, è, evidentemente, l'art. 6 della legge n. 241/1990 che, alla lett. e) del comma 1, primo periodo, specifica che il responsabile del procedimento (e questo vale evidentemente anche per il RUP) "*adotta, ove ne abbia la competenza, il provvedimento finale, ovvero trasmette gli atti all'organo competente per l'adozione*". La precisazione – che costituisce *regula iuris* a pena di illegittimità (per incompetenza) degli atti adottati – è quella che opera e deve operare nel caso in cui il RUP non coincida con il dirigente/responsabile del servizio.

Per ciò che riguarda il *riparto della responsabilità*, la previsione della nomina di responsabili di fase comporta, da un lato, la diretta responsabilità dei responsabili di ciascuna fase per i fatti o le omissioni che abbiano cagionato un danno all'erario e che siano conseguenza dell'esercizio delle funzioni loro demandate nel contesto del rapporto di servizio, di dipendenza o di immedesimazione organica che li lega all'amministrazione di appartenenza (lo stesso dicasi se trattasi di professionisti esterni o di mero supporto alle attività del RUP, posto che detta responsabilità si inserisce nell'iter procedimentale, condizionandone sfavorevolmente l'esito); dall'altro, l'ineludibile concorso di responsabilità per *culpa in vigilando* del RUP; responsabilità entrambe accomunate dal filo rosso costituito dal dolo o dalla colpa professionale inescusabile che, nei casi più frequenti di "*commissione del danno mediante omissione di cautele doverose*", sono riconducibili per analogia all'archetipo eziologico del secondo comma dell'art. 40 c.p.

Sul RUP rimane, infatti, la responsabilità ed il coordinamento finale anche sul lavoro di questi collaboratori, che si configurano come meri responsabili di fase procedimentale, come chiaramente indicato nel comma 4, dello stesso art. 15, secondo cui "*Ferma restando l'unicità del RUP ... Le relative responsabilità sono ripartite in base ai compiti svolti in ciascuna fase, ferme restando le funzioni di supervisione, indirizzo e coordinamento del RUP*".

La Corte costituzionale, e lo si legge anche nel passo della sentenza n. 166/2019 (citata al paragrafo precedente), considera il procedimento amministrativo contrattuale, effettivamente, come un *unicum* in cui sono poi rinvenibili diversi stadi o fasi (nella specie, programmazione, progettazione, affidamento ed esecuzione, sebbene, nella lettura degli estensori del Codice, le fasi sopra richiamate non vengano affatto considerate come sub-procedimenti in senso proprio, quanto piuttosto come distinti ed autonomi segmenti di sviluppo procedimentale che si susseguono in ordine logico e cronologico).

In vero, nella relazione del Consiglio di Stato del 7.12.2022 si legge che "*La complessa attività amministrativa attraverso cui si svolgono le fasi di programmazione, progettazione, affidamento ed esecuzione degli interventi pubblici implica, come è evidente, lo svolgimento non di un solo procedimento, ma di una pluralità di procedimenti, e l'emanazione di altrettanti provvedimenti amministrativi e, talvolta, di comportamenti materiali e atti di diritto privato*". In pratica, proseguono gli estensori, "*Non si tratta di un procedimento unitario articolato in più sub-procedimenti, eventualmente di competenza di diversi uffici. Nel caso dei contratti disciplinati dal codice, si tratta di procedimenti diversi, ciascuno dei quali destinato a sfociare nell'adozione di un provvedimento o atto autonomo*".

Sempre con riferimento alla questione delle responsabilità conseguenti, è da evidenziare che, se i responsabili di fase, come riteniamo (ed è ciò che emerge dal Codice), operano come meri responsabili di procedimento interni, ovvero non disponendo del potere di adottare il provvedimento finale ma solo di un potere istruttorio interno (e quindi riconducendo il potere di questi soggetti esclusivamente a livello istruttorio), si pone, dal punto di vista strettamente procedimentale, il problema di un concorso plurisoggettivo di funzioni nella decisione da prendere (immaginiamo una esclusione dal procedimento di gara), considerando, peraltro, che il responsabile di fase predispone una proposta per il RUP che, a sua volta, se non dotato di funzioni dirigenziali, dovrà predisporre una proposta per il dirigente/responsabile dell'unità organizzativa cui fa capo l'appalto, al quale compete la "valenza esterna" degli atti strutturati e proposti dai responsabili di ciascun settore (si pensi al caso dell'aggiudicazione).

Il problema, pertanto, è ricondurre nei corretti ambiti le competenze e le responsabilità dei responsabili di fase e del RUP, nonché considerare che ogni responsabile di fase deve rispettare gli indirizzi, il controllo e la generale supervisione del RUP.

In ogni caso, il rinvio espresso alla legge n. 241/1990, ai sensi della lett. a) dell'art. 12 del Codice, fa di questa una sorta di "*legge cornice*", che soccorre nel dare risposta ad alcuni profili non regolati dalla disciplina di settore: in particolare, le modalità di ripartizione degli incarichi all'interno dell'Ufficio di appartenenza del RUP; la competenza del soggetto deputato all'adozione finale del provvedimento; la gestione del relativo conflitto, in caso di dissenso tra quest'ultimo ed il RUP designato.

Sulla scorta dell'art. 15, comma 2, ultimo periodo, – per cui "*in caso di mancata nomina del RUP nell'atto di avvio dell'intervento pubblico, l'incarico è svolto dal responsabile dell'unità organizzativa competente per l'intervento*" – e alla stregua di quanto previsto dall'art. 6, lett. e), della prefata legge sul procedimento, è da evidenziare che "*l'organo competente per l'adozione del provvedimento finale, ove diverso dal responsabile del procedimento, non può discostarsi dalle risultanze dell'istruttoria condotta dal responsabile del procedimento se non indicandone la motivazione nel provvedimento finale*".

In buona sostanza, anche nella fase esecutiva, viene così a delinearsi una ben precisa catena di comando, dato che a valle della funzione apicale – confermata in capo al responsabile dell'unità organizzativa titolare ex officio della realizzazione dell'intervento – via via si collocano: il RUP; uno o più responsabili delle singole fasi procedimentali; il direttore dei lavori/dell'esecuzione; i progettisti; i responsabili della sicurezza, ecc.

È da ritenere, pertanto, che siano da considerare meri refusi legislativi – e non già frutto di una consapevole scelta – quelli che si riscontrano, ad esempio, in tema di: validazione, dove il comma 4 del nuovo art. 42 prevede che questa sia sottoscritta dal responsabile del relativo procedimento; sospensioni delle attività esecutive, per le quali il comma 7 del nuovo art. 121 prevede che, quando la sospensione supera il quarto del tempo contrattuale complessivo, il responsabile del procedimento dà avviso all'ANAC. Peraltro, lo stesso all. I.2, per il già menzionato caso della validazione, prevede che il RUP sottoscrive la validazione del progetto posto a base di gara unitamente al responsabile della fase della progettazione, ove nominato (art. 6, comma 2, lett. e). In questo senso, dunque, riteniamo che una corretta esegesi del disposto normativo non possa prescindere dai richiami che nell'all. I.2 vengono riferiti al RUP.

La specificazione (non tassativa) delle competenze del RUP (provvedimentali, nonché di iniziativa, istruttorie, di coordinamento, di controllo, di certificazione, ecc.) e dei requisiti, è demandata all'all. I.2 al Codice di natura regolamentare interinale, che assorbe le Linee guida, n. 3 dell'ANAC [6].

Ai fini delle connesse responsabilità, è anzitutto necessario specificare il contenuto tranciante dell'affermazione di cui al penultimo inciso del secondo comma dell'art. 15 del Codice, secondo cui "*l'Ufficio di RUP è obbligatorio e non può essere rifiutato*".

È da ritenere, tuttavia, che l'obbligo debba fare i conti con il "*diritto di resistenza*", quale diretta estrinsecazione degli artt. 2, 54 e 97 Cost.: il primo "*riconosce e garantisce i diritti inviolabili dell'uomo*", il secondo sancisce che "*Tutti i cittadini hanno il dovere di essere fedeli alla Repubblica e di osservarne la Costituzione e le leggi. I cittadini, cui sono affidate le funzioni pubbliche, hanno il dovere di adempierle con disciplina ed onore ...*": quest'ultimo è da porre in relazione all'art. 97 Cost., secondo cui "*I pubblici uffici sono organizzati secondo disposizioni di legge, in modo che siano assicurati il buon andamento e l'imparzialità dell'amministrazione*". Sicché, il dovere di fedeltà alla Repubblica, e quindi alla Costituzione ed in particolare ai principi fondamentali in essa stabiliti, prevale sul dovere di obbedienza, di cui peraltro costituisce il presupposto giuridico.

Quindi, in caso di eventuale contrasto delle leggi in vigore con i principi fondamentali dell'ordinamento costituzionale, tra i quali "*il buon andamento*" *ex* art. 97 Cost., è sempre l'obbedienza a questi ultimi che prevale sull'obbedienza alle leggi.

A tale proposito, si ritiene che il tranciante contenuto della disposizione sopra richiamata debba quanto meno fare i conti, specie nelle realtà amministrative di piccole dimensioni, con i successivi commi 6 e 7 dell'art. 15 del Codice sopra citato, secondo i quali: "*Le stazioni appaltanti e gli enti concedenti possono istituire una struttura di supporto al RUP, e possono destinare risorse finanziarie non superiori all'1 per cento dell'importo posto a base di gara per l'affidamento diretto da parte del RUP di incarichi di assistenza al medesimo. Contestualmente all'adozione del programma degli acquisiti di beni e servizi e del programma dei lavori pubblici di cui all'articolo 37, le stazioni appaltanti e gli enti concedenti adottano il connesso piano di formazione specialistica per il proprio personale ...*".

Questo significa che l'amministrazione alla quale il dipendente appartiene – e per essa il responsabile dell'unità organizzativa – deve creare le condizioni perché

---

[6] Le linee guida non hanno avuto il successo sperato. Sono di marca anglosassone, descrivono i comportamenti, i binari entro cui si devono svolgere e come si devono svolgere le attività di ciascuno dei soggetti coinvolti nell'intrapresa pubblica. Si tratta di una letteratura così imponente da risultare estranea al nostro modo di concepire la legislazione, articolata gerarchicamente in primaria e secondaria.

il suddetto dipendente possa svolgere le funzioni di responsabile unico alle quali sia stato designato, in mancanza delle quali riteniamo sia legittimo e financo doveroso il rifiuto consapevolmente opposto da costui alla nomina e comunque che, anche nel caso di supina accettazione dell'incarico, di tali circostanze ostative al regolare svolgimento delle funzioni si debba tenere conto quali circostanze esimenti o attenuanti della responsabilità e della sua valutazione.

Altro rilevante aspetto riguarda il rapporto che intercorre tra il dirigente responsabile, o il responsabile apicale dell'unità organizzativa, e il dipendente nominato RUP.

Come è noto, il suddetto rapporto è geneticamente di tipo gerarchico, determinando in capo al dirigente poteri di ingerenza nell'operato e di vigilanza sull'operato del dipendente subordinato. Il dirigente, infatti, può dettare ordini, direttive e può intervenire in modo diretto nel corso del procedimento.

Tuttavia, tale rapporto presenta aspetti del tutto innovativi rispetto alle tradizionali relazioni interorganiche. La figura del funzionario responsabile ha, infatti, determinato una forte attenuazione del principio di gerarchia.

Al dirigente, infatti, spetta il compito (che si connette alla responsabilità per una eventuale *culpa in eligendo*) di operare la scelta del responsabile, che sia "*in possesso di competenze professionali adeguate in relazione ai compiti a lui affidati, nel rispetto dell'inquadramento contrattuale e delle relative mansioni*". Tuttavia, compiuta questa scelta, la gestione delle attività procedimentali diviene di competenza del responsabile, che ne risponde direttamente, assumendo poteri di indirizzo e propulsivi, di guida e di coordinamento in ordine a tutti gli atti della sequenza procedimentale nei confronti dello stesso preponente, il quale conserva solo poteri di direttiva e di vigilanza (e di eventuale avocazione) sulla corretta evoluzione dell'attività procedimentale.

Ma l'autonomia e la responsabilità gestionale del responsabile del procedimento hanno senso solo in quanto si collocano all'interno di un sistema (unità organizzativa) che, avendo un proprio indirizzo, opera per un fine comune. E, per questo, non va dimenticato che il ruolo del responsabile, benché espressivo di poteri autonomi anche nei confronti del dirigente che lo abbia designato, non vale a sottrarre a quest'ultimo i poteri di direttiva e di controllo che gli competono in quanto preposto all'unità organizzativa.

Invero, il dirigente, qualora riscontri incoerenze, errori o incompletezze nell'attività del funzionario designato al procedimento, può – anzi deve – richiedere interventi correttivi o integrativi e, infine, può anche sovrapporre una valutazione critica e di opportunità amministrativa a quella storico-valutativa definita in sede istruttoria.

Si è configurata sopra una tendenziale pariteticità delle responsabilità convergenti del dirigente e del RUP. Occorre, però, chiarire che il dirigente, che ha la responsabilità afferente all'assunzione dell'atto, potrà rispondere di detto provvedimento nei limiti di quanto emergente dalla proposta di provvedimento, così come ad esso sottoposta dal responsabile del procedimento, su cui grava la responsabilità del procedimento stesso, con particolare riferimento all'istruttoria. In altri termini, ove ad esempio un presupposto di fatto sia falsamente o erroneamente rappresentato o trascurato, di ciò non potrà certo rispondere il dirigente che assume il provvedimento conclusivo conformemente alla proposta del responsabile del procedimento, bensì quest'ultimo. Lo stesso dicasi per una carenza di istruttoria sotto il profilo dei presupposti di diritto.

In sintesi, si può affermare che il dirigente ha una responsabilità di tipo "organizzativo" ed una "*culpa in eligendo*" (esso potrebbe, cioè, essere chiamato a rispondere per gli inadempimenti e le manchevolezze del RUP, le cui capacità devono essere oggetto di attenta valutazione al momento stesso della scelta del dipendente cui affidare le sorti dell'istruttoria procedimentale, sub specie di colpa nella cattiva scelta del dipendente e conseguente responsabilità per i danni da questi arrecati) ed "*in vigilando*" (omessa vigilanza nei confronti del RUP ritenuto responsabile), nel senso che deve creare le condizioni idonee affinché il RUP ed i vari responsabili di ogni singola fase del procedimento possano ben operare, utilizzando in modo ottimale i propri poteri di direzione, quali: distribuzione dei carichi di lavoro, assegnazione dei procedimenti e delle pratiche (in modo tale che ciascun singolo procedimento, sia affidato al soggetto più "adatto" e "adeguato", tra tutto il personale a disposizione), conferimento (a ciascun responsabile) delle dotazioni di supporto umane e materiali necessarie, creazione di strumenti di formazione e di aggiornamento, indicazioni per la soluzione di casistiche o fattispecie particolari o difficili, verifica del corretto svolgimento dei compiti assegnati, ecc.

Uno degli aspetti di maggior rilievo attiene proprio alle implicazioni della *culpa in vigilando* e quindi ai compiti di controllo a cui è tenuto il dirigente responsabile del servizio, per scongiurare il pericolo di omissioni causative di danno erariale conseguente al non corretto svolgimento dell'oggetto del contratto. Ma lo stesso è a dirsi per quanto concerne "a cascata" le responsabilità di natura omissiva del RUP nei confronti dei responsabili di fase, che l'art. 7, comma 1, lett. a), dell'all. I.2, mette bene in evidenza: "*il RUP esercita in ogni caso funzioni di coordinamento e verifica, finalizzate ad assicurare il corretto svolgimento delle procedure e adotta le decisioni conseguenti alle valutazioni effettuate*".

Nella fase civilistica dell'esecuzione del contratto, alcune incombenze decisorie sono previste direttamente dalla legge (si pensi al caso delle penali di cui alla lett. n) del primo comma dell'art. 8 dell'all. I.2) ma esse, appunto, poggiano su un (più o meno) chiaro fondamento normativo. È significativa, al riguardo, la norma di chiusura di cui al quinto comma dell'art. 8 dell'all. I.2, secondo cui "*il RUP esercita altresì tutte le competenze che gli vengono attribuite da specifiche disposizioni del codice e, in ogni caso, svolge tutti i compiti relativi alla fase di esecuzione che non siano specificatamente attribuiti ad altri organi o soggetti*".

Al sistema complessivo così individuato, si aggiungono ulteriori ipotesi di tutela che nascono in capo a soggetti diversi dal RUP (di cui questi si avvale e che ad esso devono fare riferimento, alla stregua di una compiuta circolarità del modello di *governance in subiecta materia*).

Si allude, in particolare, agli artt. 114 (direzione dei lavori e dell'esecuzione dei contratti), 115 (controllo tecnico, contabile e amministrativo) e 116 (collaudo e verifica di conformità), dei quali si tratterà più diffusamente nel successivo par. 2.2.

La stazione appaltante, in sintesi, espleta il controllo sulla corretta esecuzione dei lavori tramite il direttore dei lavori e quello sulla corretta esecuzione dell'appalto di servizi e forniture, tramite il direttore dell'esecuzione del contratto. Questi organi sono persone di fiducia del committente, incaricate di sorvegliare che le opere, le forniture e i servizi commessi vengano correttamente eseguiti dall'appaltatore e dal personale di cui questi si avvalga (Cass. civ., sez. II, 29.8.2013, n. 19895), dovendo poter garantire alla stazione appaltante una capacità di supervisione e di controllo sulla intera corretta esecuzione dell'intervento (Corte di Cass. civ., sez. III, 13.4.2015, n. 7370).

Resta ferma, però, la preminenza della figura del RUP nella conduzione dell'appalto, rispetto a quelle del direttore dei lavori e del direttore dell'esecuzione del contratto.

La sentenza della Corte dei conti, sez. giurisd. centrale di appello n. 144 del 12.4.2016, ha sottolineato come il responsabile del procedimento e il direttore dei lavori siano tenuti a svolgere tali compiti con la massima accuratezza e diligenza, al fine di assicurare alla stazione appaltante il conseguimento del risultato atteso. A questo proposito, come ben evidenziato nel comma 4 dell'art. 1 del Codice "*Il principio del risultato costituisce criterio prioritario per l'esercizio del potere discrezionale e per l'individuazione della regola del caso concreto, nonché per: a) valutare la responsabilità del personale che svolge funzioni amministrative o tecniche nelle fasi di programmazione, progettazione, affidamento ed esecuzione dei contratti; b) attribuire gli incentivi secondo le modalità previste dalla contrattazione collettiva*".

Chiave interpretativa dell'ordito normativo di cui sopra è, in vero, la leale collaborazione delle parti (amministrazione appaltante ed operatori economici), ispirata alla fiducia nell'attività dell'amministrazione e alla responsabilità dell'operatore economico, secondo i principi basilari declinati nei primi cinque articoli del Codice – di cui i primi tre costituiscono l'inderogabile asse ermeneutico portante del nuovo Codice, secondo l'art. 4 che testualmente recita: "*Le disposizioni del codice si interpretano e si applicano in base ai principi di cui agli articoli 1, 2 e 3*" – il tutto evidentemente nel rispetto del principio ad essi trasversale in *subiecta materia* della *"par condicio"*.

Per quanto riguarda più specificamente la responsabilità amministrativo-contabile, vengono in rilievo i commi 3 e 4 dell'art. 2 del Codice che così recitano: "*Nell'ambito delle attività svolte nelle fasi di programmazione, progettazione, affidamento ed esecuzione dei contratti, ai fini della responsabilità amministrativa costituisce colpa grave la violazione di norme di diritto e degli auto-vincoli amministrativi, nonché la palese violazione di regole di prudenza, perizia e diligenza e l'omissione delle cautele, verifiche ed informazioni preventive normalmente richieste nell'attività amministrativa, in quanto esigibili nei confronti dell'agente pubblico in base alle specifiche competenze e in relazione al caso concreto. Non costituisce colpa grave la violazione o l'omissione determinata dal riferimento a indirizzi giurisprudenziali prevalenti o a pareri delle autorità competenti*"; "*Per promuovere la fiducia nell'azione legittima, trasparente e corretta dell'amministrazione, le stazioni appaltanti e gli enti concedenti adottano azioni per la copertura assicurativa dei rischi per il personale, nonché per riqualificare le stazioni appaltanti e per rafforzare e dare valore alle capacità professionali dei dipendenti, compresi i piani di formazione di cui all'articolo 15, comma 7*" (sui principi generali, cap. I, par. 3).

La circolarità delle relazioni fra i vari soggetti coinvolti nella realizzazione dell'appalto programmato, se correttamente strutturata ed accompagnata dalla verifica della correttezza procedurale e della rispondenza ai principi di responsabilità e di etica comportamentale, consente di dare attuazione agli indirizzi di governo dell'amministrazione appaltante.

1.2. Compiti specifici del RUP in fase di esecuzione

I compiti specifici del RUP per la fase dell'esecuzione sono previsti nell'all. I.2, all'art. 8, che conclude, in qualche modo, il trittico sulle competenze del RUP ora riordinate rispetto alle indicazioni fornite nelle pregresse linee guida ANAC n. 3. L'articolo in parola, soprattutto nei commi tre e quattro puntualizza: il primo che il RUP svolge, nei limiti delle proprie competenze professionali, anche le funzioni di direttore dell'esecuzione del contratto; il successivo che il direttore dell'esecuzione del contratto deve essere, invece, soggetto diverso dal RUP con riferimento ad una data casistica. La novità di riferimento è quella che contempla il caso dei servizi e forniture di particolare importanza che esigono un DEC distinto dal RUP, da ricavare dallo specifico rinvio all'all. II.14 contenuto nell'art. 114, comma 8, del Codice [7].

Specularmente l'art. 45, comma 2, del Codice conferma il principio secondo il quale gli incentivi possono essere previsti anche per l'esercizio delle funzioni tecniche relative agli appalti di prestazioni di servizi e di forniture di beni, ma solo nel caso in cui sia nominato un direttore dell'esecuzione diverso dal RUP; evidentemente solo nel caso in cui ciò sia espressamente consentito per la loro stessa natura, trattandosi servizi di servizi di particolare importanza, anche indipendentemente dall'importo, sotto il profilo tecnologico, delle pluralità di competenze, ecc. (art. 32 dell'all. II.14, come novellato dall'art. 92 del decreto direttivo) [8].

[7] Il Cons. Stato, sez. V, 11.3.2021, con la sent. n. 2086, ha affrontato il tema delle competenze del RUP nella fase di valutazione dell'anomalia dell'offerta prima in graduatoria. Sebbene la sentenza si riferisca al previgente codice dei contratti pubblici, le considerazioni espresse risultano applicabili anche alla normativa vigente. In sintesi, secondo la detta sentenza, la competenza nella valutazione dell'anomalia dell'offerta, in assenza di una diversa attribuzione normativa, rientra nelle funzioni del RUP, il quale può avvalersi di strutture di supporto per garantire una gestione più efficace e qualificata delle procedure di affidamento.

[8] Anche nel previgente codice, di norma, il direttore dell'esecuzione doveva coincidere con il RUP, salvo la nomina di un direttore dell'esecuzione quando ciò era consentito (cfr. ANAC, Linee guida n. 3, n. 1096/2016 e n. 1007/2017; Corte conti Veneto n. 107/2019/PAR; Lombardia n. 310/2019/PAR e n. 37/2020/PAR). In senso conforme, cfr. sul tema, anche la deliberazione della Corte dei conti Campania n. 191/2023, con la quale è stato precisato che, sulla falsariga di quanto previsto dall'art. 113 del Codice previgente, anche l'art. 45 limita l'applicazione del sistema incentivante ai soli casi in cui è prevista la nomina del direttore dell'esecuzione. I magistrati contabili hanno poi rammentato che l'art. 31 (intitolato "Attività e compiti del direttore dell'esecuzione"), comma 1, dell'all. II.14, prevede: "*l'in-*

In altri termini, dalle disposizioni richiamate si ricava che, con riferimento agli appalti di servizi, il Codice ha preferito incentrare la valutazione della particolare importanza su profili di oggettiva complessità, in disparte l'importo dell'affidamento.

I contratti, per i quali si scindono le figure di RUP e DEC, sono individuati dal comma 2 dell'art. 32 dello stesso all. II.14 e sono quelli "di particolare importanza", indipendentemente dall'importo: interventi particolarmente complessi sotto il profilo tecnologico; prestazioni che richiedono l'apporto di una pluralità di competenze; interventi caratterizzati dall'utilizzo di componenti o di processi produttivi innovativi o dalla necessità di elevate prestazioni per quanto riguarda la loro funzionalità; servizi che, per ragioni concernente l'organizzazione interna alla stazione appaltante, impongano il coinvolgimento di unità organizzativa diversa da quella cui afferiscono i soggetti che hanno curato l'affidamento [9].

Anche l'all. I.2 del Codice, come si è visto, all'art. 8, comma 4, stabilisce delle ipotesi nelle quali il RUP ed il direttore dell'esecuzione non possano coincidere. I contenuti della norma sono pressoché analoghi alla prima parte del comma 2 dell'art. 32 dell'all. II.14, laddove elenca interventi particolarmente complessi a prescindere dall'importo.

Riguardo alle forniture di beni, il comma 3 dell'art. 32 dell'all. II.14 stabilisce che siano sempre considerate di particolare importanza le forniture di importo superiore a 500.000 euro. In altri termini, nelle forniture rileva il mero profilo quantitativo del superamento del parametro numerico: in questo caso, infatti, il legislatore muove da una presunzione assoluta di minore complessità della prestazione sotto una certa soglia economica, che, come tale, non ammette prova contraria.

Da ultimo, giova rammentare che il comma 4 dell'art. 32 stabilisce che per l'esecuzione dei contratti di particolare importanza, previsti dallo stesso art. 32, sia anche possibile nominare, "*su indicazione del direttore dell'esecuzione e sentito il RUP*", uno o più assistenti con funzioni di direttore operativo.

Sotto l'aspetto contabile, questo è un tema molto delicato, giacché, la governance complessiva dell'intervento ha un costo e quindi è sempre necessario spendere proficuamente il denaro pubblico. Quando si redige il quadro economico dell'inter-

---

carico di direttore dell'esecuzione del contratto è ricoperto dal RUP a eccezione dei contratti aventi a oggetto servizi e forniture di particolare importanza nel previgente come disciplinati dall'articolo 32".

[9] "*In via di prima applicazione*", l'art. 32, comma 2, individua, come servizi di particolare importanza, indipendentemente dal valore, i seguenti: servizi di telecomunicazione; servizi finanziari, distinti in assicurativi, bancari e finanziari; servizi informatici e affini; servizi di contabilità, revisione dei conti e tenuta dei libri contabili; servizi di consulenza gestionale e affini; servizi di pulizia degli edifici e di gestione delle proprietà immobiliari; eliminazione di scarichi di fogna e di rifiuti; disinfestazione e servizi analoghi; servizi alberghieri e di ristorazione; servizi legali; servizi di collocamento e reperimento di personale; servizi sanitari e sociali; servizi ricreativi, culturali e sportivi. Ad avviso dei magistrati contabili, tale elencazione non riveste carattere tassativo; sicché, l'Amministrazione ben potrebbe individuare con proprio atto di carattere generale le fattispecie "ulteriori" di particolare importanza, purché – si badi – queste in un certo senso risultino coerenti con i casi tassativi già a monte determinati dal legislatore.

vento bisogna appostare i vari stanziamenti di spesa, in maniera tale che ad ogni stanziamento corrisponda una giustificazione specifica e questa giustificazione fa capo e viene imputata alla responsabilità ultima del dirigente responsabile del servizio, qualora esso sia distinto dal RUP.

Siamo, inoltre, di fronte ad una svolta epocale, si ribadisce, con la istituzione dei responsabili di fase, ferma restando, come si è puntualizzato prima, la complessiva responsabilità dei RUP di carattere propriamente gestionale, in quanto project manager del bisogno da soddisfare. Quest'ultima notazione è perfettamente sintonica con le chiose di cui agli ultimi commi degli artt. 6 (compiti del RUP comuni a tutti i contratti e le fasi), 7 (compiti specifici del RUP per la fase dell'affidamento) e 8 (compiti specifici del RUP per la fase dell'esecuzione) dell'all. I.2, secondo cui il RUP esercita altresì tutte le competenze che gli vengono attribuite da specifiche disposizioni del Codice e, in ogni caso, svolge tutti i compiti relativi a ciascuna fase che non siano specificatamente attribuiti ad altri organi o soggetti.

Ovviamente, la responsabilità pertinente con le suddette competenze non è la responsabilità del buon padre di famiglia, ma è la *responsabilità professionale ex* art. 2226 c.c., cioè la responsabilità di quanti prestano la propria opera professionale al servizio della pubblica amministrazione, che obbedisce al paradigma eziologico del "*non impedire un evento che si ha l'obbligo di impedire equivale a cagionarlo*". In altri termini, ciascun dipendente o soggetto anche occasionalmente incardinato nella p.a. assume una "posizione di garanzia" nel momento in cui entra in un rapporto di servizio con l'amministrazione e deve essere fedele a questo rapporto di servizio secondo la sua specifica professionalità.

Ecco perché si torna alla professionalità specifica del RUP richiamata dall'art. 15 del Codice che rinvia all'art. 4 (requisiti di professionalità del RUP per appalti, concessioni di lavori e per servizi attinenti all'ingegneria e all'architettura) e all'art. 5 (requisiti di professionalità del RUP nei contratti di servizi e forniture) dell'all. I.2.

In termini di *governance* complessiva si esprime l'art. 2 dell'all. I.2, secondo cui "*1. Il RUP è individuato, nel rispetto di quanto previsto dall'articolo 15, comma 2, del codice, e dagli articoli 5 e 6 del presente allegato, tra i dipendenti di ruolo anche non aventi qualifica dirigenziale. Il RUP svolge i propri compiti con il supporto dei dipendenti della stazione appaltante. (...) 3. Il RUP deve essere dotato di competenze professionali adeguate all'incarico da svolgere. Per i lavori e i servizi attinenti all'ingegneria e all'architettura il RUP deve essere un tecnico. Ove non sia presente tale figura professionale, le competenze sono attribuite al dirigente o al responsabile del servizio nel cui ambito di competenza rientra l'intervento da realizzare. Negli altri casi, la stazione appaltante può individuare quale RUP un dipendente anche non in possesso dei requisiti richiesti. Nel caso in cui sia individuato un RUP carente dei requisiti richiesti, la stazione appaltante affida lo svolgimento delle attività di supporto al RUP ad altri dipendenti in possesso dei requisiti carenti in capo al RUP o, in mancanza, a soggetti esterni aventi le specifiche competenze richieste dal codice e dal presente allegato ...*".

Per dirla in breve, per i lavori la figura professionale tipica è l'ingegnere o l'architetto, che possiede in maniera esaustiva l'esperienza richiesta e la professionalità necessaria, mentre per le forniture e i servizi si deve fare leva soprattutto sull'esperienza acquisita in quel dato settore.

Ai compiti specifici del RUP per la fase dell'esecuzione è dedicato l'art. 8 dell'all. I.2 che delinea una "linea di comando" con il direttore dei lavori, che si estrinseca nell'impartire a quest'ultimo, con disposizioni di servizio, le istruzioni occorrenti a garantire la regolarità dei lavori.

Di particolare evidenza è l'icastica formula della lettera r) del comma 1 dell'art. 8 dell'all. I.2, secondo cui il RUP "*propone la risoluzione del contratto ogni qualvolta se ne realizzino i presupposti*", che fa capire che la proposta in questione è diretta al soggetto che ha la capacità di manifestare all'esterno la volontà dell'amministrazione e cioè il responsabile del servizio, qualora il RUP sia soggetto distinto da quest'ultimo.

2. Direttore dei lavori (DL), direttore dell'esecuzione del contratto (DEC) e altre figure tecniche

L'esecuzione dei contratti pubblici è disciplinata dagli artt. 113 ss. del Codice, che, come anticipato, attribuiscono un ruolo centrale al RUP, incaricato di dirigere l'esecuzione contrattuale e garantire il controllo sulla qualità delle prestazioni.

A tal fine si avvale di specifiche figure professionali, tra cui il direttore dei lavori, il direttore dell'esecuzione del contratto, il coordinatore per la sicurezza in fase di esecuzione, il collaudatore, la commissione di collaudo o il verificatore della conformità, assicurando che ciascuno svolga correttamente le proprie funzioni.

2.1. Il direttore dei lavori e altre figure tecniche

Per i contratti di lavori, il DL o, in caso di complessità dell'intervento, l'ufficio di direzione dei lavori, composto da direttori operativi e ispettori di cantiere, deve essere nominato prima dell'avvio della procedura di affidamento e su proposta del RUP, per poter assicurare, fin dall'inizio, il controllo tecnico, contabile e amministrativo, anche attraverso strumenti digitali di gestione informativa.

L'esecutore dei lavori è tenuto al rispetto delle disposizioni impartite dal direttore dei lavori, senza possibilità di sospendere o ritardare l'esecuzione. Non vale, fra l'altro, l'aurea regola civilistica secondo cui *inadimplenti non est adimplendo*.

Il dettaglio della disciplina della direzione dei lavori è contenuto, invece, nel Capo I della Sezione I dell'all. II.14, come modificato dall'art. 92 del d.lgs. 31.12.2024, n. 209 che completa, quindi, la normativa codicistica.

In particolare, tale allegato, all'art. 1 detta le attività e i compiti del DL, mentre all'art. 2 si occupa dell'ufficio di direzione dei lavori.

Con l'allegato medesimo, il legislatore integra la disciplina del Codice con altri istituti fondamentali della fase di esecuzione, quali la consegna dei lavori, le varianti in corso d'opera, la sospensione dei lavori, le riserve, il recesso e la risoluzione del contratto d'appalto. Il Capo II dello stesso allegato contiene la disciplina dell'esecuzione degli appalti di servizi e forniture, costruita, in parte, mediante rinvio *ex* art. 39 a quella degli appalti di lavori contenuta nel precedente Capo I e, in parte, con l'introduzione di disposizioni specifiche, e la disciplina della verifica di conformità che in questi casi tiene luogo del collaudo.

Con riguardo all'attività ed ai compiti del DL, viene disposto che questi opera, nell'esecuzione dei contratti, in piena autonomia e nel rispetto delle disposizioni di servizio impartite dal RUP, valutando e curando i profili tecnici, contabili e amministrativi nell'esclusivo interesse all'efficiente e sollecita esecuzione dell'intervento. Nell'esercizio delle funzioni affidate, il DL assume la responsabilità del coordinamento e della supervisione dell'attività di tutto l'ufficio di direzione dei lavori e interloquisce in via esclusiva con l'esecutore in merito agli aspetti tecnici ed economici del contratto (art. 1, comma 1).

Vengono specificamente delineati i compiti attribuiti al DL, tra i quali spiccano, per la buona riuscita dell'appalto:

– l'accettazione dei materiali e dei componenti messi in opera; l'emanazione di ordini di servizio e di istruzioni relative agli aspetti tecnici ed economici della gestione dell'appalto, che devono essere comunicati al RUP e che devono recare una sintetica motivazione delle ragioni tecniche e delle finalità perseguite;

– il controllo e la verifica del rispetto dei tempi di esecuzione dei lavori indicati nel cronoprogramma allegato al progetto esecutivo e successivamente dettagliati nel programma di esecuzione dei lavori;

– la verifica, con l'ausilio dell'ufficio di direzione, della presenza in cantiere delle imprese subappaltatrici autorizzate, nonché dei subcontraenti, accertando l'effettivo svolgimento della parte di prestazioni a essi affidata nel rispetto della normativa vigente e del contratto stipulato;

– lo svolgimento unitamente al RUP delle attività di verifica dei requisiti di capacità tecnica prevista in caso di ricorso all'istituto dell'avvalimento da parte dell'esecutore;

– il controllo dello sviluppo dei lavori e l'emanazione tempestiva delle disposizioni per l'esecuzione dell'oggetto del contratto entro i limiti dei tempi e delle somme autorizzate;

– le visite periodiche al cantiere durante il periodo di sospensione dei lavori per accertare le condizioni delle opere e l'eventuale presenza di manodopera e di macchinari e per impartire le disposizioni necessarie a contenere macchinari e manodopera nella misura strettamente necessaria per evitare danni alle opere già eseguite e per facilitare la ripresa dei lavori;

– la compilazione di relazioni, da trasmettere al RUP, nel caso in cui nel corso dell'esecuzione dei lavori si verifichino sinistri alle persone o danni alle proprietà e la redazione del processo verbale di constatazione, alla presenza dell'esecutore, in caso di danni causati da forza maggiore al fine di determinare l'eventuale indennizzo al quale può avere diritto quest'ultimo;

– l'ausilio istruttorio e consultivo necessario per gli accertamenti finalizzati all'adozione di modifiche, variazioni e varianti contrattuali, ferma restando la possibilità di disporre modifiche di dettaglio non comportanti aumento o diminuzione dell'importo contrattuale, comunicandole preventivamente al RUP;

– la determinazione, in contraddittorio con l'esecutore, dei nuovi prezzi delle lavorazioni e dei materiali non previsti dal contratto; il rilascio degli stati d'avanzamento dei lavori entro il termine fissato nella documentazione di gara e nel contratto, ai fini dell'emissione dei certificati per il pagamento degli acconti da parte del RUP;

– l'emissione del certificato di ultimazione dei lavori da trasmettere al RUP, che ne rilascia copia conforme all'esecutore; tale certificato costituisce titolo sia per l'applicazione delle penali previste nel contratto per il caso di ritardata esecuzione sia per l'assegnazione di un termine perentorio per l'esecuzione di lavori di piccola entità non incidenti sull'uso e la funzionalità delle opere;

– il controllo della spesa legata all'esecuzione dell'opera o dei lavori, attraverso la compilazione con precisione e tempestività dei documenti contabili, che sono atti pubblici a tutti gli effetti di legge, con i quali si realizza l'accertamento e la registrazione dei fatti producenti spesa;

– a tal fine, il DL provvede a classificare e misurare le lavorazioni eseguite, nonché a trasferire i rilievi effettuati sul registro di contabilità e per le conseguenti operazioni di calcolo che consentono di individuare il progredire della spesa;

– in particolare, l'accertamento e la registrazione di tutti i fatti producenti spesa devono essere svolti contemporaneamente al loro accadere (art. 1, commi 2 e 3).

Il DL fornisce al RUP l'ausilio necessario per gli accertamenti in ordine alla sussistenza delle condizioni per la modifica dei contratti in corso di esecuzione ai sensi all'art. 120 del Codice e propone al RUP le modifiche, nonché le varianti dei contratti in corso di esecuzione e relative perizie di variante, indicandone i motivi (art. 5, comma 1). In particolare, con riferimento ai casi indicati dall'art. 120, comma 1, lett. c), del Codice (varianti in corso d'opera per circostanze imprevedibili), il DL descrive la situazione di fatto ai fini dell'accertamento da parte del RUP della sua non imputabilità alla stazione appaltante, della sua non prevedibilità al momento della redazione del progetto o della consegna dei lavori e delle ragioni per cui si rende necessaria la variazione (art. 5, comma 2). Inoltre, in tutti i casi in cui siano necessarie modifiche del progetto, anche non sostanziali ai sensi dell'art. 120, comma 7, del Codice, il DL, acquisito il parere del progettista, redige una relazione motivata contenente i presupposti per la modifica, sulla cui fondatezza si esprime il RUP per sottoporla all'approvazione della stazione appaltante (art. 5, comma 3). In ogni caso, fermo restando che il DL può disporre modifiche di dettaglio non comportanti aumento o diminuzione dell'importo contrattuale, comunicandole preventivamente al RUP (art. 5, comma 9), il DL risponde delle conseguenze derivanti dall'aver ordinato o lasciato eseguire modifiche o addizioni al progetto, senza averne ottenuto regolare autorizzazione, sempre che non derivino da interventi volti a evitare danni gravi a persone o cose o a beni soggetti alla legislazione in materia di beni culturali e ambientali o comunque di proprietà delle stazioni appaltanti (art. 5, comma 4). Mentre, in caso di modifiche al progetto non disposte dal DL, quest'ultimo fornisce all'esecutore le disposizioni per la rimessa in pristino con spese a carico dell'esecutore stesso (art. 5, comma 5).

Qualora, invece, l'esecutore abbia avanzato una proposta di variazioni migliorative di sua esclusiva ideazione comportanti una diminuzione dell'importo originario dei lavori (proposta che deve essere redatta in forma di perizia tecnica corredata anche degli elementi di valutazione economica), il DL, entro dieci giorni, trasmette la stessa al RUP unitamente al proprio parere (art. 5, comma 10).

Nei casi di sospensione dell'esecuzione contemplati dall'art. 121 del Codice, il DL dispone la sospensione dei lavori, redigendo, ove possibile con l'intervento dell'esecutore o di un suo legale rappresentante il verbale di sospensione (art. 8, comma 1). In detto verbale, in particolare, devono essere indicate: le ragioni che abbiano determinato l'interruzione dei lavori; lo stato di avanzamento dei lavori e delle opere la cui esecuzione rimanga interrotta, con l'indicazione delle cautele adottate al fine della ripresa dell'intervento e della sua ultimazione senza eccessivi oneri; la consistenza del personale impiegato e dei mezzi d'opera esistenti in cantiere al momento della sospensione.

Non appena siano venute a cessare le cause della sospensione, il DL ne dà immediata comunicazione al RUP affinché quest'ultimo disponga la ripresa dei lavori e indichi il nuovo termine contrattuale. Entro cinque giorni dalla disposizione di ripresa dei lavori effettuata dal RUP, il DL procede alla redazione del verbale di ripresa dei lavori, che deve essere sottoscritto anche dall'esecutore e deve riportare il nuovo termine contrattuale indicato dal RUP (art. 8, comma 3).

Il DL, quando accerta un grave inadempimento alle obbligazioni contrattuali da parte dell'appaltatore, tale da comprometterne, ai sensi dell'art. 122, comma 3, del Codice, la buona riuscita delle prestazioni, invia al RUP una relazione particolareggiata, corredata dei documenti necessari, indicando la stima dei lavori eseguiti regolarmente, il cui importo può essere riconosciuto all'appaltatore (art. 10, comma 1).

Il DL formula, altresì, la contestazione degli addebiti all'appaltatore, assegnando a quest'ultimo un termine non inferiore a quindici giorni per la presentazione delle sue controdeduzioni al RUP (art. 10, comma 2). Quest'ultimo, qualora comunichi all'appaltatore la determinazione di risoluzione del contratto, dispone altresì, con preavviso di venti giorni, che il DL curi la redazione dello stato di consistenza dei lavori già eseguiti, l'inventario di materiali, macchine e mezzi d'opera e la relativa presa in consegna (art. 10, comma 4). In ogni caso il DL fornisce indicazione al RUP per l'irrogazione delle penali da ritardo previste nel contratto e per le valutazioni inerenti la risoluzione contrattuale ai sensi dell'art. 122, comma 4, del Codice (art. 10, comma 5).

Lo stato di avanzamento lavori (SAL) deve essere immediatamente trasmesso dal DL al RUP, al fine dell'emissione del certificato di pagamento.

Il conto finale dei lavori, compilato dal DL a seguito della certificazione dell'ultimazione degli stessi è trasmesso al RUP unitamente a una relazione, in cui sono indicate le vicende alle quali l'esecuzione del lavoro è stata soggetta, allegando tutta la relativa documentazione.

Al conto finale, in particolare, il DL allega: *a*) il verbale o i verbali di consegna dei lavori; *b*) gli atti di consegna e riconsegna di mezzi d'opera, aree o cave di prestito concessi in uso all'esecutore; *c*) le eventuali perizie di variante, con gli estremi dell'intervenuta approvazione; *d*) gli eventuali nuovi prezzi e i relativi verbali di concordamento, atti di sottomissione e atti aggiuntivi, con gli estremi di approvazione e di registrazione; *e*) gli ordini di servizio impartiti; *f*) la sintesi dell'andamento e dello sviluppo dei lavori con l'indicazione delle eventuali riserve e la menzione delle eventuali transazioni e accordi bonari intervenuti, nonché una relazione riservata relativa alle riserve dell'esecutore non ancora definite; *g*) i verbali di sospensione e ripresa dei lavori, il certificato di ultimazione dei lavori con l'indicazione dei ritardi e delle relative cause; *h*) gli eventuali sinistri o danni a persone, animali o cose con indicazione delle presumibili cause e delle relative conseguenze; *i*) i processi verbali di accertamento di fatti o di esperimento di prove; *l*) le richieste di proroga e le relative determinazioni del RUP, ai sensi dell'art. 121, comma 8, del Codice; *m*) gli atti contabili, ossia i libretti delle misure e il registro di contabilità; *n*) tutto ciò che può interessare la storia cronologica dell'esecuzione, aggiungendo tutte le notizie tecniche ed economiche che possono agevolare il collaudo (art. 12, comma 5).

Il certificato di regolare esecuzione, redatto dal DL, contiene almeno i seguenti elementi (art. 28, comma 2): gli estremi del contratto e degli eventuali atti aggiuntivi; l'indicazione dell'esecutore; il nominativo del DL; il tempo prescritto per l'esecuzione delle prestazioni e le date delle attività di effettiva esecuzione delle prestazioni; l'importo totale ovvero l'importo a saldo da pagare all'esecutore; la certificazione di regolare esecuzione.

Il certificato di regolare esecuzione è emesso dal DL entro tre mesi dalla data di ultimazione dei lavori ed è immediatamente trasmesso al RUP che ne prende atto e ne conferma la completezza (art. 28, comma 3).

La disciplina riguardante la direzione dei lavori (DL) e dell'esecuzione (DEC) costituisce un campo di aperto confronto sul contenuto, sui limiti e sulle responsabilità collegate a prestazioni professionali che si caratterizzano per la stretta commistione tra profili pubblicistici e profili privatistici.

In effetti, il comma 1 dell'art. 114 reca una formulazione che persegue apertamente la coniugazione tra funzioni amministrative – il potere di direzione affidato al RUP, il quale "controlla i livelli di qualità delle prestazioni" in piena attuazione del principio del risultato di cui all'art. 1 – e funzioni (propriamente) esecutive deferite al direttore dell'esecuzione del contratto o al direttore dei lavori, nonché ad altre, strategiche, figure come il coordinatore in materia di salute e di sicurezza durante l'esecuzione, il collaudatore o la commissione di collaudo o il verificatore della conformità: compiti precisamente individuati e soggetti ad una concreta verifica, spettando al RUP di accertare "*il corretto ed effettivo svolgimento delle funzioni ad ognuno affidate*".

La chiave di interpretazione ricostruttiva della direzione dei lavori e dell'esecuzione non può, allora, prescindere da una visione funzionalmente unitaria di compiti amministrativi di notevole importanza: è vero, cioè, che il RUP impartisce al direttore dei lavori, con disposizioni di servizio, le istruzioni occorrenti a garantire la regolarità dei lavori; ma è, altrettanto, inequivoco che il RUP ed il direttore dei lavori sono avvinti dall'esercizio di compiti sostanzialmente inscindibili: la delicata fase della consegna dei lavori; la puntuale verifica del personale delle imprese subappaltatrici sui cantieri; il progresso e lo stato di avanzamento dei lavori nel rispetto del programma realizzativo delle opere; l'autorizzazione delle modifiche e delle varianti; l'approvazione – in esito ad apposito procedimento in contraddittorio – dei prezzi relativi a nuove lavorazioni originariamente non previste; la definizione delle penali da irrogare per il ritardato adempimento degli obblighi contrattuali.

Sempre sul piano metodologico, nell'all. II.14 sono state disciplinate le riserve, richiamate dall'art. 115, comma 2, del Codice, la cui iscrizione è finalizzata ad assicurare alla stazione appaltante, durante l'intera fase di esecuzione del contratto, il continuo ed efficace controllo della spesa pubblica, la tempestiva conoscenza e valutazione, sulla base delle risultanze contenute nel registro di contabilità, delle eventuali pretese economiche avanzate dall'appaltatore e l'adozione di ogni misura e iniziativa volte ad evitare che i fondi impegnati si rivelino insufficienti.

Resta la previsione dell'art. 7 dell'all. II.14 secondo cui non costituiscono riserve: *a*) le contestazioni e le pretese economiche che siano estranee all'oggetto dell'appalto o al contenuto del registro di contabilità; *b*) le richieste di rimborso delle imposte corrisposte in esecuzione del contratto di appalto; *c*) il pagamento degli interessi moratori per ritardo nei pagamenti; *d*) le contestazioni circa la validità del contratto; *e*) le domande di risarcimento motivate da comportamenti della stazione appaltante o da circostanza a quest'ultima riferibili; *f*) il ritardo nell'esecuzione del collaudo motivato da comportamento colposo della stazione appaltante.

E, parimenti, resta fermo che le riserve debbano contenere a pena di inammissibilità: *a*) la precisa quantificazione delle somme che l'esecutore ritiene gli siano dovute, nel senso che la quantificazione della riserva è effettuata in via definitiva, senza possibilità di successive integrazioni o incrementi rispetto all'importo iscritto, salvo che la riserva stessa sia motivata con riferimento a fatti continuativi; *b*) l'indicazione degli ordini di servizi, emanati dal direttore dei lavori o dal direttore dell'esecuzione, che abbiano inciso sulle modalità di esecuzione dell'appalto; *c*) le contestazioni relative all'esattezza tecnica delle modalità costruttive previste dal capitolato speciale d'appalto o dal progetto esecutivo; *d*) le contestazioni relative alla difformità rispetto al contratto delle disposizioni e delle istruzioni relative agli aspetti tecnici ed economici della gestione dell'appalto; *e*) le contestazioni relative alle disposizioni e istruzioni del direttore dei lavori o del direttore dell'esecuzione che potrebbero comportare la responsabilità dell'appaltatore o che potrebbero determinare vizi o difformità esecutive dell'appalto.

2.2. Il direttore dell'esecuzione del contratto e altre figure tecniche

Come anticipato, per i contratti di servizi e forniture, le funzioni di direzione dell'esecuzione spettano di norma al RUP, che può essere assistito da direttori operativi individuati in base alla complessità dell'appalto. Il RUP è responsabile del coordinamento, della direzione e del controllo tecnico-contabile e amministrativo, assicurando l'adempimento del contratto in conformità ai documenti contrattuali e, se previsto, utilizzando strumenti digitali. L'all. II.14 individua specifiche categorie di contratti di servizi e forniture che, per importanza o valore, richiedono la nomina di un direttore dell'esecuzione distinto dal RUP, di cui si è già parlato al par. 1.2.

Per i contratti di servizi e forniture, la verifica di conformità è affidata al RUP o, se nominato, al direttore dell'esecuzione. Nei casi di elevato contenuto tecnologico, complessità o innovazione, le stazioni appaltanti possono prevedere la designazione di uno o più verificatori della conformità, distinti dal RUP e dal direttore dell'esecuzione.

Conclusioni

Dal testo emerge, in estrema sintesi, che il RUP è la figura centrale nella fase esecutiva degli appalti pubblici, con compiti di coordinamento, supervisione e controllo e con lo specifico compito di impartire disposizioni di servizio al direttore tecnico, garantendogli l'autonomia tecnica assicuratagli dal Codice. Il RUP ha la possibilità di richiedere la nomina di un responsabile di fase, al quale, se necessario, ha la possibilità di delegare compiti operativi specifici, al fine di migliorare l'efficacia del processo esecutivo e distribuire in modo più puntuale le responsabilità, mantenendo però a sé le funzioni di garanzia di indirizzo e vigilanza.

Quindi, qualunque sia la soluzione organizzativa scelta (solo RUP o RUP e responsabile della fase) il RUP, anche nel caso in cui non abbia poteri decisionali esterni, resta il principale referente di questa fase, anche se opera all'interno di una struttura gerarchica che coinvolge altri dirigenti, l'eventuale responsabile di fase, il direttore dei lavori e il direttore dell'esecuzione del contratto, di cui deve coordinare e supervisionare le attività, assicurando il rispetto di tempi, il corretto utilizzo delle risorse pubbliche e la qualità complessiva dell'intervento.

Mentre per gli appalti di lavori il RUP deve essere un tecnico e, di norma, la sua figura è distinta da quella di direttore dei lavori, negli appalti di servizi e forniture la regola è che il RUP è anche direttore dell'esecuzione del contratto, salvo il caso di contratti particolarmente complessi, per i quali è obbligatoria la nomina di un distinto direttore dell'esecuzione, al fine di rafforzare il controllo tecnico e amministrativo sull'esecuzione delle prestazioni di contratto.

Nel rispetto delle disposizioni di servizio impartite del RUP, il direttore tecnico (DL o DEC) deve occuparsi, mantenendo l'autonomia tecnica garantitagli dal codice, dell'intera gestione dell'esecuzione dell'intervento, dalla verifica della qualità dei materiali e delle lavorazioni fino alla certificazione della corretta esecuzione, oltre che della gestione delle modifiche in corso di esecuzione autorizzate dal RUP.

Il complesso sistema delineato dal Codice, costituito da diversi articoli (artt. 113 ss.) e da due allegati (l'art. 6 (in parte) e l'art. 9, all. I.2, relativo ai compiti del

RUP in questa fase; e l'all. II.14, relativo proprio alla fase di esecuzione), specie dopo le modifiche introdotte dal decreto correttivo, punta a un complesso equilibrio tra responsabilità e autonomia decisionale fra le diverse figure che affollano la fase esecutiva, in modo da garantire trasparenza, efficienza e il miglior utilizzo delle risorse pubbliche anche durante l'esecuzione, dove il principio del risultato rappresenta il fulcro della gestione, da attuare con un controllo efficace e tempestivo sulla qualità, sui tempi e sui costi delle opere, dei servizi e delle forniture.

Capitolo VIII

Digitalizzazione dei contratti e trasparenza delle procedure

Giuseppe Panassidi

Premessa

L'obiettivo del Codice è di realizzare, nell'ambito del più ampio processo di transizione digitale, la digitalizzazione dell'intero ciclo di vita dei contratti, dalla fase di programmazione a quella dell'esecuzione.

La previsione dell'utilizzo obbligatorio di procedure automatizzate e di soluzioni tecnologiche avanzate, ivi inclusa l'intelligenza artificiale, segna un importante passo avanti verso un'amministrazione più moderna ed efficiente, in quanto consente di semplificare le procedure e accelerare i tempi e di rendere facilmente accessibili e verificabili i documenti, valorizzando così la trasparenza.

Altra novità di rilievo riguarda l'accesso digitale agli atti di gara e l'espressa estensione al settore dei contratti pubblici dell'istituto dell'accesso civico generalizzato [1].

1. La digitalizzazione del ciclo di vita dei contratti

Come noto, il previgente codice, nonostante prevedesse la digitalizzazione delle procedure (artt. 44 e 58 d.lgs. n. 50), non ha avuto pratica attuazione per il ritardo

[1] È considerato dalla giurisprudenza elemento chiave per il buon andamento della pubblica amministrazione, in linea con i principi sanciti dagli artt. 1, 2, 97 e 117 Cost. italiana e dall'art. 42 della Carta dei diritti fondamentali dell'Unione europea.

con cui si è provveduto ad emanare le specifiche tecniche di interoperabilità delle piattaforme, dilazione che, di fatto, ha vanificato le previsioni normative.

La legge delega n. 78/2022 ripropone, fra i principi e criteri direttivi per l'emanazione del nuovo codice, la digitalizzazione, come strumento di semplificazione, riduzione e certezza dei tempi relativi alle procedure di gara, alla stipula dei contratti e all'esecuzione degli appalti, (art. 1, lett. m), in linea con le indicazioni contenute nelle direttive europee (10/2004/UE e, soprattutto, 24/2014/UE), nel Regolamento europeo istitutivo del Recovery and Resilience Facility (2021/241), che individua appunto nella transizione digitale uno dei sei pilastri per le strategie di rilancio delle economie europee. Il piano nazionale di ripresa e di resilienza (PNRR include, fra i suoi obiettivi, la digitalizzazione completa delle procedure degli appalti e delle concessioni pubblici (misura M1C1-70 e M1C-75) e, a tal fine, stanzia risorse destinate a investimenti in tecnologie, infrastrutture e processi digitali.

In attuazione della legge delega n. 78/2022, il Codice costruisce un sistema nazionale di approvvigionamento digitale (*e-procurement*), composto da piattaforme di negoziazione e da servizi infrastrutturali che abilitano la gestione del ciclo di vita dei contratti pubblici in modalità digitale, interoperabile con i sistemi gestionali delle pubbliche amministrazioni, prevedendo, al tempo stesso, l'abilitazione digitale degli operatori economici (parte II del primo Libro, artt. da 19 a 37).

In sintesi, dal 2006 al 2024, si è passati, progressivamente, da una gestione interamente analogica dei flussi di documenti all'adozione di documenti digitalizzati in formato *.pdf firmati digitalmente e, infine, alla vera digitalizzazione, con la previsione di un ecosistema integrato di piattaforme digitali a supporto delle amministrazioni per perseguire l'obiettivo di semplificare e ridurre tempi e costi delle attività da svolgere in tutto il ciclo di vita dei contratti.

1.1. Principi e diritti digitali

La Parte II del primo libro del Codice prevede, quindi, che le attività amministrative connesse alla programmazione, progettazione, pubblicazione, affidamento ed esecuzione, in cui si articola il ciclo di vita digitale dei contratti (art. 21), siano svolte digitalmente, nel rispetto del codice dell'amministrazione digitale (CAD)[2], attraverso l'utilizzo di piattaforme e servizi digitali infrastrutturali. La digitalizzazione è prevista anche nei casi in cui il codice preveda obblighi di comunicazione e, ove possibile, anche per l'automatizzazione, in base alla tipologia di affidamento, delle procedure di valutazione delle offerte.

Il sistema di digitalizzazione prevede che ogni dato venga fornito una sola volta (*only once*) a un unico sistema informativo, tramite scambio automatico tra macchine in comunicazione fra loro (*machine-to-machine*), per cui anziché essere ri-

---

[2] Il d.lgs. 7.3.2005, n. 82, recante le disposizioni per l'informatizzazione della pubblica amministrazione, è stato modificato con il d.lgs. 22.8.2016, n. 179 e, poi, razionalizzato con il d.lgs. 13.12.2017, n. 217. L'AgID, con il d.lgs. n. 217, è stata incaricata di emanare con linee guida le regola tecniche di attuazione.

chiesto nuovamente da altri sistemi o banche dati, viene reso disponibile dal sistema ricevente, nel rispetto dei principi e le regole del CAD, in modo da assicurare l'esercizio dei diritti di cittadinanza digitale e i principi di neutralità tecnologica, protezione dei dati personali e sicurezza informatica e di garantire la tracciabilità e la trasparenza delle attività svolte, l'accessibilità ai dati, la conoscibilità dei processi decisionali automatizzati e la conformità delle piattaforme digitali alle regole tecniche [3].

A tal fine, il Codice prescrive:

– *ai titolari di banche dati* di adottare misure organizzative per abilitare automaticamente l'accesso digitale alle informazioni, grazie all'interoperabilità dei sistemi informativi;

– *alle stazioni appaltanti ed enti concedenti*, di svolgere digitalmente, secondo le previsioni del Codice e del CAD, le attività e i procedimenti amministrativi connessi al ciclo di vita dei contratti pubblici con le piattaforme e i servizi digitali infrastrutturali utilizzati dalle stazioni appaltanti e dagli enti concedenti, con relativi dati e informazioni, gestiti e resi fruibili in formato aperto, secondo le previsioni dello stesso CAD, con l'obbligo di assicurare al personale interessato anche un'adeguata formazione in materia (v. cap. II, par. 7);

– *agli operatori economici*, di attivare misure tecniche e organizzative per proteggere i dati personali e la sicurezza informatica, con l'obbligo di assicurare una formazione adeguata e aggiornata al personale sulle tematiche della digitalizzazione e della tecnologia.

Il codice assegna un importante ruolo anche alle regioni e alle province autonome, chiamate a supportare l'applicazione delle disposizioni e a garantire il coordinamento informativo, statistico e informatico dei dati delle amministrazioni statali, regionali e locali, in linea con l'art. 117 Cost.

L'utilizzo di metodi e strumenti di gestione informatizzata costituisce parametro di valutazione dei requisiti premianti per la qualificazione delle stazioni appaltanti, che devono predisporre, a tal fine, un piano di formazione specifica del personale e piani di acquisizione e di manutenzione degli strumenti hardware e software di gestione digitale.

Inoltre, dal 1° gennaio 2025, le stazioni appaltanti devono utilizzare obbligatoriamente il Building Information Modeling (BIM), consistente in metodi e strumenti di gestione informativa delle costruzioni, come definiti dall'all. I.9 (modificato dal decreto correttivo), per la progettazione e realizzazione di lavori di nuova costruzione e per gli interventi su costruzioni esistenti (esclusi gli interventi di manutenzione ordinaria e straordinaria, a meno che essi non riguardino opere precedentemente eseguite con l'adozione dei suddetti metodi e strumenti), il cui costo presun-

[3] Come ricorda la Relazione illustrativa del Consiglio di Stato del 7.12.2024 allo schema definitivo del Codice dei contratti pubblici (pp. 9 e 10), i principi caratterizzanti le piattaforme di e-procurement sono stati indicati dalla Commissione europea (*https://www.giustizia-amministrativa.it/schema-del-codice-dei-contratti-pubblici-elaborato-dal-consiglio-di-stato*).

to dei lavori sia di importo superiore a 2 milioni di euro o superiore alla soglia dell'art. 14, comma 1, lett. a), in caso di interventi su edifici di cui all'art. 10, comma 1, del codice dei beni culturali (d.lgs. 22.1.2004, n. 42).

I metodi e gli strumenti di gestione informativa digitale di cui all'all. I.9 riguardano anche la fase di controllo tecnico, contabile e amministrativo da parte del direttore dei lavori dell'esecuzione dell'intervento oggetto del contratto (art. 114, comma 3), con le modalità indicate dall'all. II.12, in modo da garantire trasparenza e semplificazione.

L'appalto pubblico tutto in digitale è partito il 1° gennaio 2024.

Tuttavia, si è reso necessario, dal punto di vista operativo, introdurre i seguenti regimi transitori:

a) Acquisti entro 5.000 euro. Il primo regime transitorio riguarda i mini-acquisti entro la soglia di 5.000 euro, per i quali l'ANAC ha consentito l'utilizzo dell'interfaccia web messa a disposizione dalla piattaforma contratti pubblici (PCP) dell'Autorità (raggiungibile al link *https://www.anticorruzione.it/-/piattaforma-contratti*), per evitare, da subito, un aggravamento delle procedure, considerato che il Codice dei contratti non introduce deroghe alla digitalizzazione dell'intero ciclo di vita dell'approvvigionamento, collegate al valore del contratto.

La deroga, inizialmente consentita fino al 30 settembre 2024 è stata prorogata, prima, fino al 31 dicembre 2024, e poi fino al 30 giugno 2025 [4], con la previsione che dal 1° luglio 2025 non sarà più ammesso il ricorso all'interfaccia web per le fattispecie per cui è prevista la digitalizzazione.

È da evidenziare, come precisato dalla stessa Autorità, che anche in questo caso le stazioni appaltanti devono garantire, comunque, la tempestiva trasmissione delle informazioni alla BDNCP, attraverso la compilazione dell'apposita scheda (AD5), al fine di consentire l'assolvimento delle funzioni ad essa demandate, ivi compresi gli obblighi in materia di trasparenza.

b) Registrazione a sistema dei responsabili di fase. – Il secondo regime transitorio, valido fino a nuove comunicazioni, prevede che i responsabili di fase possano registrarsi a sistema autonomamente, selezionando il profilo di RUP, in modo da operare in tutte le fasi dell'affidamento a prescindere dalle competenze attribuite per le fasi dalla stazione appaltante o dall'ente concedente (v. cap. 2, par. 3).

c) La certificazione delle PAD. – Il terzo regime transitorio è stato introdotto con l'art. 12, comma 16-*quater*, del d.l. n. 19/2024 [5], con il quale è stata autorizza-

---

[4] Delibera ANAC 13.12.2023, n. 582 (comunicato del Presidente del 10.1.2024) introduce il regime transitorio fino al 30 settembre 2024; comunicato del Presidente del 28.6.2024 di proroga fino al 31 dicembre 2024; comunicato del Presidente di ulteriore proroga fino al 30.6.2025 di utilizzare l'interfaccia web messa a disposizione mediante la PCP per l'acquisizione del CIG con riferimento a tutte le fattispecie per cui è previsto l'utilizzo della scheda P5, ivi comprese le ipotesi di acquisizione del CIG ai soli fini della tracciabilità dei flussi finanziari.

[5] L'art. 12, comma 16-*quater*, d.l. 2.3.2024, n. 19 è stato aggiunto dalla legge di conversione 29.4.2024, n. 56.

ta, fino al 31 dicembre 2025, AgID a rilasciare la certificazione delle piattaforme di approvvigionamento digitale, previste dall'art. 26 del Codice, sulla base delle dichiarazioni dei gestori delle piattaforme, rese ai sensi del d.P.R. 28.12.2000, n. 445, che attestano la conformità ai requisiti indicati all'art. 22, comma 2, del medesimo Codice.

2. L'*e-procurement*

La struttura tecnica e organizzativa del sistema nazionale di approvvigionamento è costituita da:

– piattaforme e servizi digitali infrastrutturali che rendono possibile la gestione del ciclo di vita digitale dei contratti pubblici (art. 22, comma 1);
– servizi della Banca dati nazionale dei contratti pubblici (BDNCP, *ex* art. 23), suddivisa in sei sezione a ciascuna delle quali corrisponde un servizio, dove devono confluire le notizie, informazioni e documenti;
– le piattaforme di approvvigionamento digitale utilizzate dalle stazioni appaltanti e dagli enti concedenti (art. 25).

Banca dati nazionale dei contratti pubblici (art. 23). – La BDNCP, istituita dall'art. 62-*bis* del CAD, inizialmente, per raccogliere e gestire i dati finanziari sui contratti, è stata potenziata dall'art. 53 del d.l. n. 77/2021.

Con il Codice, l'ANAC, nell'ambito dei propri compiti di vigilanza sui contratti pubblici, è divenuta titolare in via esclusiva della BDNCP, che viene articolata in sezioni e contiene, mediante interpolarità, servizi e informazioni per le fasi dell'intero ciclo di vita dei contratti pubblici; la banca dati si integra con la piattaforma unica di trasparenza istituita presso la stessa ANAC.

Il Codice ha normativizzato l'obbligo delle stazioni appaltanti e degli enti concedenti di trasmettere alla BDNCP le informazioni individuate dall'ANAC nei tempi prescritti, ivi compresi gli affidamenti diretti a società in house, garantendolo con la previsione di un sistema sanzionatorio in caso di omissione.

Nello specifico, le stazioni appaltanti e gli enti concedenti devono trasmettere alla BDNCP le informazioni relative alle seguenti fasi:

a) *programmazione*: programma triennale e elenchi annuali dei lavori e programma triennale degli acquisti di servizi e forniture;

b) *progettazione e pubblicazione*: a) avvisi di pre-informazione; b) bandi e avvisi di gara; c) avvisi relativi alla costituzione di elenchi di operatori economici;

c) *affidamento*: a) avvisi di aggiudicazione ovvero i dati di aggiudicazione per gli affidamenti non soggetti a pubblicità; b) affidamenti diretti;

d) *esecuzione*: a) stipula e avvio del contratto; b) stati di avanzamento; c) subappalti; d) modifiche contrattuali e proroghe; e) sospensioni dell'esecuzione; f) accordi bonari; g) istanze di recesso; h) conclusione del contratto; i) collaudo finale;

e) ogni altra informazione utile per l'assolvimento dei compiti assegnati all'Autorità dal codice.

L'ANAC, con la deliberazione 20.6.2023, n. 261, ha articolato la BDNCP nelle seguenti sei sezioni, ciascuna corrispondente ad un servizio:

1. Anagrafe unica delle stazioni appaltanti;
2. Piattaforma contratti pubblici;
3. Piattaforma per la pubblicità a valore legale;
4. Fascicolo virtuale dell'operatore economico;
5. Casellario informatico;
6. Anagrafe degli operatori economici.

Anagrafe unica delle stazioni appaltanti (AUSA). – Come noto, le stazioni appaltanti e gli enti concedenti hanno l'obbligo di iscrizione all'AUSA, istituita in origine dall'art. 33-*ter* del d.l. n. 179/2012 [6] e poi disciplinata dall'art. 37 del previgente Codice del 2016.

In questa anagrafe è ora inserito anche il sistema di qualificazione delle stazioni appaltanti e delle centrali di committenza (art. 63).

L'AUSA contiene dati resi disponibili a tutti i soggetti operanti nell'ambito dell'*e-procurement*, attraverso le piattaforme di cui alla BDNCP (art. 23), al FVOE (art. 24) e alle piattaforme di approvvigionamento digitale (art. 25), per i trattamenti e le finalità legati alla gestione del ciclo di vita dei contratti pubblici.

Piattaforma per la pubblicità a valore legale (PVL). – Questa piattaforma garantisce la pubblicità legale degli atti, ai sensi degli artt. 84 e 85 del Codice, con la trasmissione dei dati all'Ufficio delle pubblicazioni UE. Le modalità di attuazione sono stabilite con decreto del MIT e le modalità operative con deliberazione dell'ANAC 30.6.2023, n. 263.

Piattaforma di approvvigionamento digitale (PAD). – Questa piattaforma (art. 25) è costituita dall'insieme di servizi e sistemi informatici, interconnessi e interoperanti, utilizzati da stazioni appaltanti e enti concedenti per la digitalizzazione dell'intero ciclo di vita dei contratti pubblici, ossia per le attività di programmazione, progettazione, pubblicazione, affidamento ed esecuzione, per assicurare la piena digitalizzazione del ciclo di vita dei contratti; a tal fine le PAD interagiscono con i servizi della BDNCP e i servizi della piattaforma digitale nazionale.

Il Codice prevede che le piattaforme di digitalizzazione non possono:

– alterare la parità di accesso degli operatori;
– impedire o limitare la partecipazione alla procedura di gara degli operatori economici o distorcere la concorrenza;
– modificare l'oggetto dell'appalto, come definito dai documenti di gara.

---

[6] L'art. 33-*ter* del d.l. 18.10.2012, n. 179, convertito con modificazioni dalla legge 17.12.2012, n. 221, è stato abrogato dall'art. 217, comma 1, lett. hh), del d.lgs. n. 50/2016.

Le stazioni appaltanti e gli enti concedenti assicurano la partecipazione alla gara anche in caso di comprovato malfunzionamento, pur se temporaneo, delle piattaforme, anche eventualmente disponendo la sospensione del termine per la ricezione delle offerte per il periodo di tempo necessario a ripristinare il normale funzionamento e la proroga dello stesso per una durata proporzionale alla gravità del malfunzionamento.

Le stazioni appaltanti e gli enti concedenti non dotati di una propria piattaforma di approvvigionamento digitale possono avvalersi delle piattaforme messe a disposizione da altre stazioni appaltanti o enti concedenti, da centrali di committenza o da soggetti aggregatori, da regioni o province autonome, che a loro volta possono ricorrere a un gestore del sistema che garantisca il funzionamento e la sicurezza della piattaforma.

In ogni caso, è fatto divieto di porre a carico dei concorrenti o dell'aggiudicatario eventuali costi connessi alla gestione delle piattaforme.

Anagrafe degli operatori economici. – Questo nuovo registro (art. 31), istituito presso l'ANAC, avvalendosi del Registro delle imprese e delle informazioni sugli altri operatori partecipanti alle gare non iscritti al registro delle imprese, censisce gli operatori economici coinvolti nei contratti pubblici e i soggetti e le persone fisiche titolari di cariche ad essi riferibili. I dati dell'anagrafe, alimentati dalle informazioni e dati provenienti dalla BDNCP e dai servizi erogati dal FVOE, devono essere resi disponibili, tramite le piattaforme digitali, a tutti i soggetti che operano nell'ambito dell'*e-procurement*.

Fascicolo virtuale dell'operatore economico (FVOE). – Il fascicolo, già previsto dal codice del 2016 (art. 83), è un archivio digitale centralizzato (art. 31, Codice), che permette:

– alle stazioni appaltanti e agli enti aggiudicatori, l'acquisizione dei documenti a comprova del possesso dei requisiti di carattere generale (artt. 94 e 95), nonché di quelli tecnico-organizzativo ed economico-finanziari (artt. 100 e 103 e all'all. II.12), per l'affidamento dei contratti pubblici;

– agli operatori economici di inserire a sistema i documenti la cui produzione è a loro carico.

Con il FVOE, gli operatori economici hanno l'onere, in particolare, di depositare i documenti utili in sede di partecipazione alle procedure per l'affidamento di contratti pubblici, mentre le stazioni appaltanti hanno la possibilità, attraverso un'interfaccia web integrata con i servizi di cooperazione applicativa con gli Enti certificanti, di procedere all'acquisizione della documentazione comprovante il possesso dei requisiti di carattere generale, tecnico-organizzativo ed economico-finanziario per l'affidamento dei contratti pubblici, messi a disposizione, rispettivamente, dai diversi enti certificanti e dello stesso operatore economico.

In breve, lo scopo del FVOE è il consentire alla stazione appaltante di comprovare l'assenza delle cause di esclusione di partecipazione ed esecuzione e il possesso dei requisiti speciali, con i documenti disponibili nel repository e quelli depositati dall'operatore economico.

Le funzionalità messe a disposizione dell'*operatore economico* da parte dell'ANAC comprendono:

– la ricerca all'interno del fascicolo (FVOE 2.0), che comprende la consultazione dei documenti associati e la consultazione delle informazioni relative; la visualizzazione del dettaglio di un documento; l'inserimento di un nuovo documento;
– l'autorizzazione all'accesso al suo fascicolo; l'aggiornamento di un documento; l'associazione di un documento al fascicolo e il relativo annullamento;
– la consultazione dell'anagrafica dell'operatore economico.

Le principali funzionalità messe a diposizione della *stazione appaltante* da parte dell'ANAC riguardano:

– il controllo sull'assenza dei motivi di esclusione e sul possesso dei requisiti di selezioni in capo agli operatori economici, agli ausiliari e ai subappaltatori; il controllo della permanenza dei requisiti durante la fase esecutiva del contratto;
– la possibilità per le stazioni appaltanti di acquisire informazioni comprovanti il possesso dei requisiti di carattere generale e tecnico organizzativi ed economico finanziari per l'affidamento dei contratti pubblici;
– la ricerca di tutti i fascicoli ai quali è stato autorizzato l'accesso da parte dell'operatore economico cui il fascicolo si riferisce, che comprende la consultazione dei documenti associati e la consultazione delle informazioni relative;
– la visualizzazione del dettaglio di un documento; la richiesta di accesso ad un fascicolo del concorrente; la richiesta di aggiornamento di un documento [7].

Sono stati resi accessibili nel FVOE, ai fini della verifica da parte del RUP del possesso dei requisiti generali in capo ai concorrenti, fra l'altro, i seguenti documenti:

– i "*carichi fiscali*" e il "*durc*", ai fini della verifica della mancanza di violazioni gravi degli obblighi relativi al pagamento delle imposte e tasse non definitivamente accertate, e dei contributi previdenziali, definitivamente e non definitivamente accertate, che costituiscono, rispettivamente, cause ostative automatiche di esclusione, ai sensi dell'art. 94, comma 6, del Codice e dell'art. 1 dell'all. II.10, e cause ostative non automatiche di esclusione, ai sensi dell'art. 95, comma 2, dello stesso Codice e degli artt. 2, 3 e 4 dell'all. II.10;
– il "certificato del casellario giudiziale" sui procedimenti penali (*ex* art 28, d.P.R. n. 313/2002) e il "certificato delle sanzioni amministrative" dipendenti da reato (*ex* art. 32, d.P.R. n. 313/2002), essenziali per verificare l'integrità degli operatori economici sottoposti a verifica, con l'accertamento della mancanza delle cause ostative, di cui all'art. 94, commi 1, 5, lett. a), art. 98, comma 3, del Codice.

[7] Fonte: ANAC *https://www.anticorruzione.it/en/-/news.07.02.2024.manuali.fvoe#p3*.

Il decreto correttivo aggiunge che gli operatori economici, con la presentazione delle offerte, devono trasmettere alla stazione appaltante e agli enti concedenti il consenso al trattamento dei dati tramite il FVOE, ai fini della verifica da parte della stazione appaltante e dell'ente concedente del possesso dei requisiti di cui all'art. 99, nonché per le altre finalità previste dal Codice (art. 11, comma 1, lett. b) di inserimento del comma 5-*bis* all'art. 35).

Il fascicolo è aggiornato automaticamente mediante interoperabilità ed è utilizzabile in tutte le procedure di affidamento cui l'operatore economico partecipa.

La disciplina del FVOE è contenuta nella delibera 30.6.2023, n. 262, adottata dall'ANAC ai sensi dell'art. 24, comma 4, in vigore dal 1° luglio 2023, ma efficace dal 1° gennaio 2024.

L'ANAC deve garantire l'accessibilità al FVOE alle stazioni appaltanti e agli enti concedenti, agli operatori economici e agli organismi di attestazione SOA, limitatamente ai dati di rispettiva competenza.

Le amministrazioni competenti per la certificazione di informazioni devono garantire, attraverso la BDNCP, l'accesso alle proprie banche.

Gli enti certificanti, le stazioni appaltanti e gli enti concedenti devono garantire la correttezza, la veridicità e l'aggiornamento dei dati e delle informazioni di pertinenza acquisiti al FVOE.

L'operatore economico è tenuto a inserire nel FVOE esclusivamente la documentazione pertinente alle finalità del fascicolo, assumendo la piena responsabilità della natura e della qualità della documentazione prodotta, con manleva dell'ANAC da ogni responsabilità.

In caso di malfunzionamento, anche parziale, del FVOE o delle piattaforme ad esso connesse, decorsi 30 giorni dalla proposta di aggiudicazione, l'organo competente è autorizzato a disporre comunque l'aggiudicazione, che è immediatamente efficace, previa l'autocertificazione dell'offerente, come previsto dall'art. 99, comma 3-*bis*, del Codice, aggiunto dall'art. 11 del decreto correttivo[8]. La stazione appaltante – ente aggiudicatore, per i trattamenti di propria competenza – è titolare del trattamento dei dati personali ai sensi dell'art. 24 del Regolamento 2016/679, deve adempiere ai relativi obblighi, ivi comprese la nomina del responsabile del trattamento, e adottare le misure di sicurezza.

Come noto, esistono due versioni di FVOE:

– *versione 1*, per le procedure indette prima del 31 dicembre 2023;
– *versione 2.0*, per la verifica dei requisiti nelle procedure indette a partire dal 1° gennaio 2024, per il tramite della PCP.

La versione 2.0 prevede diverse novità.

In questa nuova versione, infatti, il sistema prevede un meccanismo di richiesta da parte della SA e di approvazione da parte dell'OE dell'accesso ai documenti, al posto del precedente Passoe. Inoltre, l'accesso da parte della SA può avvenire anche per il tramite di una piattaforma digitale di approvvigionamento certificata per

---

[8] TAR Campania, Napoli, sez. I, 24.1.2025, n. 624.

interoperare con la piattaforma gestita da ANAC che abilita la digitalizzazione del ciclo di vita dei contratti pubblici, in conformità al d.lgs. n. 36/2023 (PCP). Per l'accesso è previsto l'uso di dispositivi di identità digitale di livello LoA3 (SPID di secondo livello, CIE, eIDAS o CNS).

Per le sole stazioni appaltanti che accedono al FVOE, tramite una piattaforma digitale di approvvigionamento certificata, è possibile che siano previsti ulteriori strumenti di identità digitale di livello LoA 3.

Il FVOE, versione 2.0, gestisce i profili di delega previsti dal comma 4 dell'art. 15 del Codice: il RUP può delegare le funzionalità per la gestione delle fasi di programmazione, affidamento ed esecuzione rispettivamente ai seguenti soggetti: responsabile fase programmazione, responsabile fase affidamento, responsabile fase esecuzione (la gestione delle deleghe non è disponibile, ad oggi, sull'applicazione ANAC, mentre può essere utilizzata sulle PDA certificate).

È da ricordare che il profilo di RUP e quelli di responsabile di fase delegabili possono essere acquisiti con il servizio di Registrazione e Profilazione Utenti. Agli utenti registrati e già in possesso, in vigenza del codice del 2016, di un profilo di responsabile unico di procedimento, è stato attribuito d'ufficio anche il profilo di responsabile unico di progetto, utilizzabile sulla piattaforma contratti pubblici (PCP).

Casellario informatico dei contratti pubblici di lavori, servizi e forniture. – La disciplina del casellario è contenuta nel regolamento, in vigore dal 1° luglio 2023, approvato dall'ANAC con deliberazione 20.6.2023, n. 272 [9]. Nello specifico, il casellario è un database gestito dall'ANAC, che contiene notizie, informazioni e dati che le stazioni appaltanti, gli enti concedenti, le SOA e gli operatori economici sono tenuti a comunicare alla Autorità, sugli operatori economici coinvolti in procedure pubbliche di selezione, da aggiornare, di continuo, da parte delle amministrazioni aggiudicatrici, SOA e ANAC stessa.

Il casellario è articolato, in base al livello di accessibilità, nelle seguenti tre sezioni:

– *livello di libera consultazione, ad accesso pubblico*: contiene i dati relativi alle attestazioni di qualificazione rilasciate dalle SOA alle imprese esecutrici di lavori pubblici e le notizie riguardanti le stesse SOA;

– *livello di accesso riservato, di sola consultazione*: è accessibile alle stazioni appaltanti e enti concedenti, alle SOA e agli operatori economici destinatari del provvedimento di annotazione per la visione della loro posizione; consente di visualizzare le informazioni e i dati che assumono rilevanza ai fini della partecipazione alle

---

[9] L'art. 222 del Codice, al comma 10 prevede "*È istituito presso la Banca dati nazionale dei contratti pubblici il casellario informatico dei contratti pubblici di lavori, servizi e forniture. Nel casellario sono annotate, secondo le modalità individuate dall'ANAC, con proprio provvedimento, le notizie, le informazioni e i dati relativi agli operatori economici con riferimento alle iscrizioni previste dall'articolo 94. L'ANAC, nel medesimo provvedimento, individua le ulteriori informazioni da iscrivere nel casellario, ivi comprese quelle rilevanti per l'attribuzione della reputazione dell'impresa di cui all'articolo 109, o per il conseguimento dell'attestazione di qualificazione di cui all'articolo 103, nonché la durata delle iscrizioni e la modalità di archiviazione delle stesse. Nel casellario l'ANAC iscrive direttamente i provvedimenti interdittivi adottati ai sensi dell'articolo 94, comma 5, lettere e) e f)*".

gare, quali i provvedimenti interdittivi a contrarre con le pubbliche amministrazioni, i provvedimenti sanzionatori comminati dalle Autorità, le informazioni inerenti le cause di decadenza, di sospensione o di divieto previste dalla normativa antimafia, le comunicazioni effettuate dal prefetto al presidente dell'Autorità circa l'adozione delle misure straordinarie di gestione, sostegno e monitoraggio alle imprese, i provvedimenti SOA di cui all'all. II.12, art. 18, comma 4, e art. 23;

– *livello di accesso riservato all'ANAC*: dove sono raccolti i "*i dati utili allo svolgimento dell'attività di vigilanza e controllo dell'Autorità anche inerente il sistema di qualificazione per gli esecutori di lavori pubblici*".

I dati del Casellario confluiscono nel FVOE al fine di consentire la verifica dei requisiti con riferimento alle notizie, info e dati annotati.

CUP "Codice unico di progetto". – Questo codice identifica univocamente un progetto di investimento pubblico; è composto da una stringa alfanumerica di 15 caratteri; deve essere richiesto al momento della decisione di realizzare il progetto e deve essere utilizzato fino alla chiusura del progetto; permette la rilevazione dei dati per il Sistema di Monitoraggio degli Investimenti Pubblici.

Il CUP è obbligatorio per gli interventi rientranti nel Quadro Strategico Nazionale (QSN), nella programmazione dei Fondi europei, quali Fondi strutturali e di investimento europei (ESIF), PNRR, Fondo di Sviluppo e Coesione e garantisce la trasparenza e la tracciabilità dei flussi finanziari, per prevenire eventuali infiltrazioni criminali e, in particolare, per il Monitoraggio Finanziario delle Grandi Opere (MGO).

"Codice identificativo di gara" (CIG). – È un codice alfanumerico di identificazione univoca delle gare, che, a decorrere dal 1° gennaio 2024, è generato dalle piattaforme di approvvigionamento digitale certificate che gestiscono il ciclo di vita del contratto, mediante lo scambio di dati e informazioni con la BDNCP.

Come specificato dall'ANAC, il CIG svolge tre funzioni principali:

i) una prima funzione è collegata agli obblighi di comunicazione delle informazioni alla BDNCP per consentire l'identificazione univoca delle gare, dei loro lotti e dei contratti;

ii) una seconda funzione è legata al sistema di contribuzione posto a carico dei soggetti pubblici e privati sottoposti alla vigilanza dell'Autorità, derivante dal sistema di finanziamento di cui all'art. 1, comma 67, della legge n. 266/2005, richiamato dall'art. 222, comma 12, del Codice;

iii) una terza funzione è attribuita dalla legge n. 136/2010 che affida al codice CIG il compito di tracciare le movimentazioni finanziarie degli affidamenti di lavori, servizi o forniture, indipendentemente dalla procedura di scelta del contraente adottata e dall'importo dell'affidamento stesso.

Solo per gli affidamenti di cui al precedente punto iii), relativi alla sola tracciabilità, e, in via transitoria, fino al 30 giugno 2025, per gli acquisti d'importo inferiore a 5.000 euro (v. par. 1), è prevista la duplice possibilità, per acquisire il codice, di ricorrere alle piattaforme certificate oppure utilizzare un'interfaccia web messa a disposizione dalla Piattaforma contratti pubblici (PCP) della sezione BDNCP (*https://www.anticorruzione.it/-/piattaforma-contratti-pubblici*).

Le stazioni appaltanti non qualificate possono acquisire il CIG solo per i casi in cui possono operare autonomamente e direttamente; come previsto dall'art. 62, novellato dall'art. 25, comma 1, lett. a), del decreto correttivo, possono procedere direttamente e autonomamente all'acquisizione di forniture e servizi di importo non superiore alle soglie previste per gli affidamenti diretti e all'affidamento di lavori d'importo pari o inferiore a 500.000 euro (v. cap. I, par. 2). Queste stazioni appaltanti possono, altresì, effettuare ordini a valere su strumenti di acquisto messi a disposizione dalle centrali di committenza qualificate e dai soggetti aggregatori.

Fuori dai su detti casi, le stazioni non qualificate per l'acquisizione di forniture, servizi e lavori devono ricorrere a una stazione appaltante o centrale di committenza qualificata, di cui possono avvalersi anche per le procedure di importo inferiore alle soglie (art. 62. comma 6-*bis*, aggiunto dall'art. 25, comma 1, lett. g), del decreto correttivo).

L'all. II.4, come modificato dall'art. 88 del decreto correttivo, indica i requisiti necessari per ottenere la qualificazione e disciplina i requisiti premianti [10].

L'ANAC non rilascia il CIG alle stazioni appaltanti non qualificate.

3. Pubblicità legale e trasparenza

Per garantire la trasparenza, il Codice prevede due tipi di obblighi, ciascuno indirizzato a soddisfare finalità diverse:

– obblighi di pubblicità legale, con la finalità di fare decorrere gli effetti giuridici degli atti oggetto di pubblicazione, garantiti dalla BDNCP, sia per il soprasoglia che il sottosoglia (art. 27);

– obblighi di trasparenza, con finalità di conoscibilità e comprensibilità dell'attività amministrativa e dell'impiego delle risorse pubbliche in questo settore, da attuare, con gli adempimenti prescritti dal d.lgs. 14.3.2013, n. 33 da parte delle stazioni appaltanti ed enti concedenti con la pubblicazione nella sezione "Amministrazione trasparente", sottosezione "Bandi di gara e contratti".

3.1. La pubblicità legale

In attuazione all'art. 27 del Codice, la pubblicità legale diventa, sotto l'aspetto regolamentare ed operativo, di competenza dell'Anac, che la gestisce attraverso la BDNCP, sezione piattaforma per la pubblicità legale.

L'ANAC ha definito le modalità di attuazione con la delibera 20.6.2023, n. 263, che nell'all. I contiene l'elenco degli obblighi di pubblicazione, cui si rinvia per il dettaglio.

---

[10] Sul sistema di qualificazione e le novità introdotte dal d.lgs. 31.12.2024, n. 209, dal 2025 v. cap. I, par. 2.7.

Più in generale, è da evidenziare che le modalità dettate dal Codice per adempiere agli obblighi di pubblicità legale preventiva sono diverse a seconda che si tratti di contratti sopra o sottosoglia:

• *Pubblicazioni nel soprasoglia.* – Per i contratti sopra soglia, la pubblicazione deve avvenire tramite la piattaforma telematica di approvvigionamento certificata utilizzata dalla stazione appaltante. Come previsto dall'art. 84 e dall'all. II.7, i dati della gara, inclusi i bandi, gli avvisi e altri documenti rilevanti, vengono trasmessi automaticamente alla BDNCP, che si occupa della loro pubblicazione [11].

I bandi e gli avvisi interessati sono definiti dall'all. II.7 al Codice, sia per i settori ordinari sia per quelli speciali, con rinvio per il formato e le modalità all'indirizzo *http://simap.eu.int*. Vi rientrano concorsi di progettazione, avvisi di pre-informazioni, bandi, avvisi di gara o lettere d'invito, disciplinare di gara, capitolati speciali, condizioni contrattuali, avvisi relativi agli appalti aggiudicati, documenti relativi ai servizi alla persona di cui all'art. 128 e atti e documenti previsti nelle disposizioni sui settori speciali di cui agli artt. da 161 a 164.

Nel caso di bandi inviati entro le ore 18:00 di un giorno lavorativo, il giorno stesso viene considerato come data di trasmissione alla Gazzetta Ufficiale dell'Unione Europea (GUUE). Dopo tale orario, la trasmissione è considerata effettuata il giorno successivo.

La BDNCP trasmette le informazioni all'Ufficio Pubblicazioni dell'Unione europea per la pubblicazione sulla GUUE, che rilascia la conferma di ricezione, con la data di pubblicazione, valevole come prova della data di pubblicazione. Contestualmente, la BDNCP pubblica i documenti sul proprio portale nazionale, adempiendo così agli obblighi di pubblicazione previsti dal Codice.

Le pubblicazioni a carattere nazionale sono contemplate dall'art. 85 del Codice. Nel nostro ordinamento giuridico, gli effetti legali di tali pubblicazioni si producono a partire dall'inserimento di bandi, avvisi e inviti nella BDNCP, gestita dall'ANAC, in conformità a quanto stabilito dall'art. 27 del Codice. La pubblicazione nella suddetta banca dati determina anche il termine di decorrenza per la presentazione di ricorsi giurisdizionali contro bandi e avvisi, come previsto dall'art. 120, comma 2, del Codice del processo amministrativo, modificato dall'art. 209 del Codice.

Di conseguenza, la regolamentazione della pubblicazione di bandi, avvisi e inviti nella BDNCP risulta rilevante sia sotto il profilo della funzione di coordinamento informativo, statistico e informatico dei dati amministrativi (art. 117, comma 2, lett. r), Cost.), sia in ambito processuale (art. 117, comma 2, lett. l), Cost.), acquisendo un'importanza decisiva per la proposizione di ricorsi. Pertanto, la disciplina in materia rientra nella competenza esclusiva dello Stato.

Resta, infine, la possibilità di pubblicare tali atti anche sul sito istituzionale della stazione appaltante, ma questa pubblicazione non produce effetti giuridici.

Durante la pubblicazione del bando o dell'avviso di gara, la stazione appaltante deve garantire la gestione dei sopralluoghi obbligatori e delle risposte ai quesiti po-

---

[11] Vedi artt. dal 48 al 51 della direttiva 014/24/UE sui bandi e relative pubblicazioni.

sti dai concorrenti, da comunicare a tutti i potenziali concorrenti e pubblicare sulla piattaforma per garantire la trasparenza e equità del processo.

• *Pubblicazioni nel sottosoglia.* – Per i contratti d'importo inferiore alle soglie di rilevanza europea, le modalità di pubblicazione si differenziano in base al sistema di scelta dell'operatore economico:

a) affidamenti *diretti* di cui alla lett. a) e alla lett. b) dell'art. 50: per i lavori d'importo inferiore a 150.000 euro e i beni e servizi, compresi i servizi di ingegneria e architettura, d'importo inferiore a 140.000 euro, non è prevista alcuna forma di pubblicità legale preventiva, ma solo la pubblicazione posteriore degli eventuali nominativi degli operatori consultati sul sito istituzionale della stazione appaltante;

b) per le *procedure negoziate senza bando* di cui all'art. 50, comma 1, lett. b), c) e d): è introdotto, a seguito dell'aggiunta, con l'art. 18 del decreto correttivo, del comma 2-*bis* all'art. 50, l'obbligo di pubblicazione sul sito delle stazioni appaltanti di un avviso di avvio della consultazione; occorre tenere presente, però, che già l'all. II.1 del Codice disciplina la pubblicità delle indagini di mercato, prevedendo che l'avvio debba essere pubblicato tramite avviso inserito nella piattaforma certificata utilizzata dalla stazione appaltante per almeno 15 giorni, salvo riduzioni motivate per ragioni di urgenza, che possono portare il termine minimo a 5 giorni, e che debba essere trasmesso alla BDNCP.

Per coordinare le disposizioni del Codice, dopo il decreto correttivo, con quelle dell'all. II.1, la pubblicazione dell'avvio della consultazione, in caso di "indagine di mercato", va effettuata sul sito della stazione appaltante, sulla piattaforma certificata dalla stessa utilizzata, oltre che comunicato alla BDNCP; e, in caso di individuazione degli operatori economici tramite elenchi, solo sul sito della stazione appaltante. Anche in questo caso, le stazioni appaltanti devono pubblicare nel proprio sito istituzionale i nominativi degli operatori economici consultati (art. 50, comma 2, ult. periodo).

I termini per la ricezione delle offerte nelle procedure negoziate sottosoglia non sono specificati direttamente dal Codice, ma possono essere derivati da indicazioni già consolidate, ossia termine standard, per la ricezione delle offerte di 30 giorni dalla spedizione della lettera di invito, ridotto, in caso d'urgenza, a un minimo di 10 giorni, salvo ulteriori riduzioni in casi di estrema urgenza.

Per le pubblicazioni nazionali sottosoglia, la BDNCP opera in modo analogo a quelle per il soprasoglia, ma con una differenza operativa: nel caso di trasmissioni effettuate nel fine settimana, la pubblicazione è posticipata al primo giorno lavorativo successivo. Questo meccanismo, pur ispirato alla digitalizzazione, riflette ancora alcune limitazioni operative legate alla gestione amministrativa.

Un elemento utile per ottimizzare i tempi nelle procedure ordinarie è l'utilizzo dell'avviso di pre-informazione. Tale avviso, obbligatorio per i contratti sopra soglia e facoltativo per quelli sottosoglia, permette di ridurre i termini per la ricezione delle offerte. Per le procedure aperte sopra soglia, ad esempio, i termini possono essere ridotti a 15 giorni dalla pubblicazione del bando, mentre nelle procedure ristrette i termini per la ricezione delle domande di partecipazione possono scendere a 15 giorni e quelli per le offerte a 10 giorni.

Per i contratti sottosoglia, l'avviso di preinformazione – si ribadisce – non è obbligatorio, ma può comunque risultare vantaggioso, specialmente nei lavori con importi pari o superiori a un milione di euro, consentendo di applicare le stesse riduzioni temporali previste per le procedure sopra soglia.

La disciplina delle concessioni segue regole simili a quelle degli appalti, ma con alcune peculiarità. Sia sopra che sottosoglia, le concessioni possono essere aggiudicate mediante procedure aperte o ristrette. Per i contratti sottosoglia, è possibile adottare procedure monofasiche, che non richiedono necessariamente l'applicazione di una procedura ristretta.

I termini minimi per la presentazione delle offerte restano comunque analoghi a quelli previsti per gli appalti soprasoglia, con la possibilità di riduzione solo nel caso di presentazione elettronica.

3.2. La pubblicità per trasparenza

Come noto, il d.lgs. 14.3.2023, n. 33, emanato su delega contenuta nella legge anticorruzione del 2012, ha provveduto al riordino degli obblighi di pubblicità, trasparenza e diffusione di informazioni da parte delle pubbliche amministrazioni, società pubbliche e altri enti pubblici [12].

In particolare, il d.lgs. n. 33 ha introdotto nel nostro ordinamento il nuovo concetto di trasparenza amministrativa ispirato al canone della "total disclosure" di origine statunitense. La trasparenza, infatti, inserita in via definitiva tra i livelli essenziali delle prestazioni concernenti i diritti sociali e civili da garantire in modo uniforme sul territorio nazionale ai sensi dell'art. 117, comma 2, lett. m), Cost., non solo concorre ad attuare il principio democratico e i principi costituzionali di eguaglianza, di imparzialità, buon andamento, responsabilità ed è condizione di garanzia delle libertà individuali e collettive, e dei diritti civili, politici e sociali (art. 1, d.lgs. n. 33/2013), ma diventa una misura basilare per la prevenzione della corruzione.

La trasparenza si traduce nella libertà di accesso di chiunque ai dati e ai documenti detenuti dalle pubbliche amministrazioni e dagli altri soggetti obbligati, da assicurare con due istituti complementari fra loro:

a) la pubblicazione obbligatoria di documenti, informazioni e dati concernenti l'organizzazione e l'attività delle pubbliche amministrazioni e le modalità per la loro realizzazione;

b) il diritto di accesso civico ai dati non oggetto di diffusione obbligatoria (art. 2 e art. 5, comma 1, d.lgs. n. 33/2013).

La trasparenza è assicurata, innanzitutto, con la pubblicazione in modo strutturato in un'apposita sezione dei siti web istituzionali di dati, informazioni e documenti, secondo criteri di facile accessibilità, completezza, aggiornamento e sempli-

[12] Il CAD rinvia, dopo il d.lgs. 13.12.2017, n. 217, al d.lgs. n. 33/2013 per definire i contenuti dei siti delle pubbliche amministrazioni (art. 54 CAD).

cità di consultazione, nel rispetto delle disposizioni in materia di segreto di Stato, di segreto d'ufficio e di protezione dei dati personali.

Come previsto dall'art. 2-*bis* del d.lgs. n. 33/2013, le pubbliche amministrazioni e gli altri soggetti destinatari della disciplina (autorità portuali, amministrazioni indipendenti, ordini professionali, enti pubblici economici, società pubbliche e altri enti privati in controllo pubblico, ecc.) sono tenuti a pubblicare numerosi documenti, dati e informazioni, completi, aggiornati, in formato aperto, comprensibili, riutilizzabili senza ulteriori restrizioni diverse dall'obbligo di citare la fonte e di rispettarne l'integrità, e confrontabili, relativi a organi politici, dirigenti e posizioni organizzative, personale, consulenze e collaborazioni, contributi, enti controllati, bandi e concorsi, provvedimenti adottati, pagamenti effettuati, contratti pubblici di lavori, servizi e forniture, governo del territorio, ecc.

I documenti oggetto di diffusione obbligatoria devono essere pubblicati, se non è indicato un termine specifico, "tempestivamente". La durata della pubblicazione, di norma, è di cinque anni, a decorrere dal 1° gennaio dell'anno successivo e comunque fino a che gli atti pubblicati producono i loro effetti. Termini diversi sono previsti da alcune disposizioni, come avviene, ad esempio, per i dati relativi ai componenti degli organi di indirizzo politico, ai dirigenti, agli incarichi di collaborazione e di consulenza (artt. 14, 15 e 15-*bis*, d.lgs. n. 33/2013).

L'accesso ai dati e alle informazioni pubblicati nella sezione "*Amministrazione trasparente*" (per le società e gli altri enti privati controllati dalle pubbliche amministrazioni "*Società trasparente*") deve essere diretto ed immediato e non può essere limitato da una preventiva richiesta di autenticazione e identificazione (art. 2, comma 2, d.lgs. n. 33/2013).

L'obbligo di pubblicazione sussiste anche per i documenti soggetti alla pubblicazione all'albo on line. Ciò in quanto la pubblicazione sui siti istituzionali all'interno della Sezione "*Amministrazione trasparente*" svolge funzioni diverse ed ha durata molto superiore a quella prevista per la pubblicazione dei documenti nell'albo pretorio on line.

L'ANAC, d'intesa con il Garante per la protezione dei dati personali, ha emanato specifiche linee guida con l'indicazione delle regole da seguire per pubblicare nel web documenti che contengono dati personali e gli accorgimenti da adottare specie per i dati sensibili e giudiziari [13], nonché un apposito allegato contenente un elenco dei documenti soggetti a pubblicazione.

Considerato che la trasparenza riveste uno specifico ruolo di prevenzione della corruzione, è previsto che un'apposita sezione del piano triennale per la prevenzione della corruzione e per la trasparenza (PTPCT) sia destinata alla pianificazione delle misure in materia di fruibilità da parte di chiunque delle informazioni detenute dall'Ente, ai sensi della normativa sulla trasparenza nelle pubbliche amministrazioni. In questa sezione del Piano devono essere indicati, fra l'altro, i nominativi dei responsabili di info/doc/dati detenuti dall'Ente e i responsabili della loro pub-

[13] ANAC, delibera 28.12.2016, n. 1310.

blicazione (oppure, se facilmente individuabili i relativi responsabili, gli uffici responsabili dei info/doc/dati detenuti dall'Ente e quelli responsabili della loro pubblicazione), e i dati/info/doc ulteriori rispetto a quelli obbligatori per legge che l'Ente ha deciso di pubblicare per valorizzare la trasparenza delle sue decisioni. La sezione deve contenere, anche, il flusso per assicurare la pubblicazione dei doc/info/dati in maniera completa e aggiornata, e le misure organizzative idonee a garantire l'accesso civico semplice e quello generalizzato *ex* art. 5 del d.lgs. n. 33/2013 con la riforma del d.lgs. n. 97/2016.

La mancata pubblicazione dei dati, documenti e informazioni oggetto di obbligo ai sensi del d.lgs. n. 33/2013, comporta responsabilità disciplinare o dirigenziale, per danno all'immagine e rileva ai fini della retribuzione di risultato (art. 46, d.lgs. n. 33/2013, modificato dall'art. 37, d.lgs. n. 97/2013). Mentre la mancata pubblicazione dei dati, documenti e informazioni di cui all'art. 47 del d.lgs. n. 33/2013 è sanzionata con una pena pecuniaria applicata dall'ANAC con le procedure indicate nel "Regolamento in materia di esercizio del potere sanzionatorio" adottato dall'Autorità in data 16 novembre 2016.

Per quanto concerne il *settore dei contratti pubblici* sono previsti diversi obblighi di pubblicazione nella sezione "Amministrazione trasparente" per gli atti e documenti relativi all'ambito delle attività degli appalti e concessioni:

– all'art. 20, in via generale, secondo cui "*Fermi restando gli obblighi di pubblicità legale, a fini di trasparenza i dati, le informazioni e gli atti relativi ai contratti pubblici sono indicati nell'articolo 28 e sono pubblicati secondo quanto stabilito dal decreto legislativo 14 marzo 2013, n. 33*".

– all'art. 28 cui rinvia l'art. 20 e l'art. 37 del d.lgs. n. 33/2013, come novellato dall'art. 224, comma 4, dello stesso Codice, che individua le informazioni e gli atti da pubblicare secondo quanto stabilito dallo stesso d.lgs. n. 33/2013, e stabilisce che le comunicazioni e l'interscambio di dati, per le finalità di conoscenza e di trasparenza, avvengono nel rispetto del principio di unicità del luogo di pubblicazione e dell'invio delle informazioni (c.d. principio del *once only*).

Più in dettaglio, l'art. 28 del Codice prevede che le informazioni e i dati relativi alla programmazione di lavori, servizi e forniture, nonché alle procedure del ciclo di vita dei contratti pubblici, ove non considerati riservati ovvero secretati, siano tempestivamente trasmessi alla BDNCP da parte delle stazioni appaltanti e dagli enti concedenti attraverso le piattaforme di approvvigionamento digitale utilizzate per svolgere le procedure di affidamento e di esecuzione dei contratti pubblici. E, al fine di garantire la trasparenza dei dati comunicati alla BDNCP, assegna alle stazioni appaltanti e agli enti concedenti il compito di assicurare il collegamento con la sezione "*Amministrazione trasparente*".

L'ANAC, cui, in generale, spetta il compito di adottare la normativa di attuazione del decreto n. 33/2013 ai sensi dell'art. 48 del d.lgs. n. 33/2023, ha approvato l'elenco degli obblighi di pubblicazione nel giugno 2023, poi aggiornato, a seguito dell'avvio digitalizzazione dei contratti pubblici, a partire dal 1° gennaio 2024 [14].

Spetta alle stazioni appaltanti e agli enti concedenti, al fine di garantire la trasparenza dei dati comunicati alla BDNCP, il compito di assicurare il collegamento tra la sezione "*Amministrazione trasparente*". del sito istituzionale e la stessa banca dati, secondo le disposizioni dell'art. 9-*bis* del decreto n. 33/2013, ossia inserendo il collegamento ipertestuale che rinvia, in forma immediata e diretta, alla sezione della BDNCP dove sono pubblicati, per ogni procedura di affidamento associata ad un CIG, tutte le informazioni che le stesse stazioni appaltanti ed enti concedenti hanno trasmesso alla BDNCP, senza dovere riprodurre la pubblicazione in forma integrale.

Per gli atti e i documenti da pubblicare si rinvia all'allegato I alle deliberazioni n. 264/2023 e n. 601/2023, che distinguono fra atti e documenti di carattere generale relativi a tutte le procedure e atti e documenti riferiti a ciascuna procedura, per i quali la pubblicazione deve avvenire con l'inserimento del collegamento ipertestuale (link) alla BDNCP.

4. L'accesso agli atti di gara (a cura di Giorgio Lezzi)

Come noto, nel nostro ordinamento dal 2017 convivono tre tipologie di accesso agli atti in possesso delle pubbliche amministrazioni, ciascuno oggetto di una disciplina differente in quanto alla legittimazione attiva e a quella passiva, all'obbligo o meno di motivazione, alle modalità di determinazione dei costi per il rilascio, al procedimento e ai rimedi garantiti dall'ordinamento a tutela dei relativi diritti [15].

Il c.d. "accesso documentale" è disciplinato dagli artt. 22 ss. della legge n. 241/1990, ed ha la finalità di "*porre i soggetti interessati in grado di esercitare al meglio le facoltà – partecipative e/o oppositive e difensive – che l'ordinamento attribuisce loro a tutela delle posizioni giuridiche qualificate di cui sono titolari*".

Il c.d. "accesso semplice", previsto dall'art. 5, comma 1, del d.lgs. n. 33/2013, è circoscritto ai soli atti, documenti e informazioni oggetto di obblighi di pubblicazione e costituisce un rimedio alla mancata osservanza degli obblighi di diffusione imposti dalla legge, sovrapponendo al dovere di pubblicazione, il diritto del privato di accedere ai documenti, dati e informazioni interessati dall'inadempienza ("*l'obbligo previsto dalla normativa vigente in capo alle pubbliche amministrazioni di pubblicare documenti, informazioni o dati comporta il diritto di chiunque di richiedere i medesimi, nei casi in cui sia stata omessa la loro pubblicazione*").

Il c.d. "accesso generalizzato", disciplinato sempre nel novellato art. 5, comma 2, d.lgs. n. 33/2013, "*si traduce, in estrema sintesi, in un diritto di accesso non condizionato dalla titolarità di situazioni giuridicamente rilevanti ed avente ad oggetto tutti i dati e i documenti e informazioni detenuti dalle pubbliche amministra-*

[14] ANAC, delibera 19.12.2023, n. 601, di aggiornamento e integrazione della delibera 20.6.2023, n. 264, riguardante la trasparenza dei contratti pubblici.

[15] TAR Trentino, Trento, ord. 23.1.2017, n. 21.

zioni, ulteriori rispetto a quelli per i quali è stabilito un obbligo di pubblicazione", finalizzato, secondo quanto espressamente previsto dallo stesso art. 5, comma 2, a "*favorire forme diffuse di controllo sul perseguimento delle funzioni istituzionali e sull'utilizzo delle risorse pubbliche e di promuovere la partecipazione al dibattito pubblico*".

Nell'ambito dell'accesso documentale, l'ordinamento prevede discipline speciali per alcuni settori, fra cui quello degli atti di gara.

Il Codice, infatti, prevede una disciplina specifica dell'accesso agli atti di gara, come il codice previgente ma diversa che attiene chiaramente alla fase dell'aggiudicazione ed è strettamente connessa al ruolo del RUP, sovvertendo completamente le dinamiche del funzionamento dell'accesso.

4.1. La disciplina sostanziale

La disciplina sostanziale del nuovo accesso agli atti di gara è contenuta all'art. 35 del Codice (nel codice previgente l'accesso agli atti era disciplinato dall'art. 53).

Alcune modifiche alla disciplina sull'accesso e sulla riservatezza in tema di contratti pubblici si sono rese necessarie al fine di allineare lo svolgimento della procedura di accesso all'utilizzo obbligatorio delle piattaforme di *e-procurement*, come stabilito nel nuovo sistema delineato dall'ANAC, che impone, dal 1° gennaio 2024, che tutte le procedure di gara debbano essere attuate attraverso piattaforme di e-procurement certificate dall'ANAC stessa.

L'art. 35 esordisce affermando che le stazioni appaltanti e gli enti concedenti assicurano in modalità digitale l'accesso agli atti delle procedure di affidamento e di esecuzione dei contratti pubblici, mediante acquisizione diretta dei dati e delle informazioni inseriti nelle piattaforme, ai sensi della legge n. 241/1990 e del d.lgs. n. 33/2013.

Dunque, il primo principio applicato è il seguente: non è più necessario, per chi intende operare un accesso agli atti, doversi recare personalmente presso la stazione appaltante per ritirare gli atti o ricevere al domicilio la documentazione cartacea, in quanto l'accesso agli atti deve essere assicurato attraverso accesso diretto alla piattaforma.

L'altra novità rilevante riguarda il riconoscimento per tutti i cittadini della possibilità di richiedere, attraverso l'istituto dell'*accesso civico generalizzato*, la documentazione di gara nei limiti consentiti e disciplinati dal d.lgs. n. 33/2013. Tale precisione normativa serve a fugare i dubbi posti, all'inizio, da una parte della giurisprudenza amministrativa, secondo cui l'accesso civico generalizzato non riguardava la documentazione di gara. È noto, però, l'affermarsi ben presto del diverso orientamento dell'Adunanza Plenaria del Consiglio di Stato, secondo cui: "*L'istanza di accesso documentale ben può concorrere con quella di accesso civico generalizzato e la pretesa ostensiva può essere contestualmente formulata dal privato con riferimento tanto all'una che all'altra forma di accesso*" [16].

---

[16] Cons. Stato, Ad. Plen., 2.4.2020, n. 10.

Questa interpretazione ermeneutica è stata confermata, più di recente, da alcuni pronunciamenti del giudice di prime cure, che, con riferimento alla decisione dell'Adunanza Plenaria, hanno concluso "*L'istanza di accesso documentale ben può concorrere con quella di accesso civico generalizzato e la pretesa ostensiva può essere contestualmente formulata dal privato con riferimento tanto all'una che all'altra forma di accesso*" [17].

In breve, con l'entrata in vigore del Codice, questo tipo di diritto all'accesso viene generalizzato a tutti, con il limite posto dall'art. 35, comma 4, lett. a), delle "*informazioni fornite nell'ambito dell'offerta o a giustificazione delle medesime che costituiscano segreti tecnici o commerciali, nel caso in cui l'offerente fornisca comprovata e motivata dichiarazione*" [18]. È essenziale, tuttavia, tenere ben distinte le due fattispecie di accesso, documentale e civico, per calibrare i diversi interessi in gioco allorché si renda necessario un bilanciamento caso per caso tra tali interessi. Inoltre, le due fattispecie di accesso ben possono concorrere, senza reciproca esclusione, e completarsi; e, anche se i due istituti differiscono per finalità, requisiti e aspetti procedimentali, la pubblica amministrazione, nel rispetto del contraddittorio con eventuali controinteressati, deve esaminare l'istanza nel suo complesso evitando inutili formalismi e appesantimenti procedurali tali da condurre ad una defatigante duplicazione del suo esame [19].

L'art. 35 prevede nel dettaglio i tempi per l'ottenimento della documentazione di gara di interesse. Su questo punto, però, non si riscontrano significative differenze rispetto all'art. 53 del d.lgs. n. 50/2016.

Infatti, l'esercizio del diritto di accesso è differito:

– nelle procedure aperte, in relazione all'elenco dei soggetti che hanno presentato offerte, fino alla scadenza del termine per la presentazione delle medesime;
– nelle procedure ristrette e negoziate e nelle gare informali, in relazione all'elenco dei soggetti che hanno fatto richiesta di invito o che hanno manifestato il loro interesse;
– in relazione all'elenco dei soggetti che sono stati invitati a presentare offerte e all'elenco dei soggetti che hanno presentato offerte, fino alla scadenza del termine per la presentazione delle offerte medesime.

Inoltre, ai soggetti la cui richiesta di invito è stata respinta, è consentito l'accesso all'elenco dei soggetti che hanno fatto richiesta di invito o che hanno manifestato il loro interesse, dopo la comunicazione ufficiale, da parte delle stazioni appaltanti o degli enti concedenti, dei nominativi dei candidati da invitare; in relazione alle domande di partecipazione e agli atti, dati e informazioni relativi ai requisiti

---

[17] TAR Veneto, sez. I, sent. 27.11.2024, n. 2827. TAR Campania, Napoli, sent. 26.9.2024, n. 5114, secondo cui deve essere accolta l'istanza di accesso civico generalizzato alla documentazione riguardante l'esecuzione di un appalto di lavori pubblici, con particolare riferimento ai certificati di conformità dei materiali e ai verbali di accettazione della direzione dei lavori.

[18] TAR Campania, Napoli, sez. I, sent. 26.9.2024, n. 5114.

[19] Cons. Stato, Ad. Plen., sent. n. 10/2020, cit. e TAR Napoli, sent. n. 514/2024, cit.

di partecipazione di cui agli artt. 94, 95 e 98 e ai verbali relativi alla fase di ammissione dei candidati e offerenti, fino all'aggiudicazione; in relazione alle offerte e ai verbali relativi alla valutazione delle stesse e agli atti, dati e informazioni a questa presupposti, fino all'aggiudicazione; in relazione alla verifica della anomalia dell'offerta e ai verbali riferiti alla detta fase, fino all'aggiudicazione.

In ogni caso, per giurisprudenza consolidata, una richiesta di accesso, massiva e sproporzionata, costituisce abuso del diritto, per cui il provvedimento di diniego, in questo caso, è da ritenere legittimo [20].

Ai fini della valutazione delle istanze di accesso agli atti di gara è indispensabile individuare la natura dei dati personali, ossia se trattasi dati personali generici idonei ad indentificare, direttamente o indirettamente il soggetto interessato (nome e cognome, codice fisale, residenza, targa automobilistica, numero telefonico, mail, ecc.) e i dati classificati nella categoria di dati particolari, ossia sensibili, definiti dall'art. 9 del Regolamento 2016/679/UE, dati giudiziari, quali definiti dall'art. 10 dello stesso Regolamento 2016/679/UE; dati super-sensibili *ex* art. 60, d.lgs. n. 196/1996.

L'art. 35, al comma 4, lett. a), come modificato dal decreto correttivo, prevede che il diritto di accesso possa essere escluso in relazione alle informazioni fornite nell'ambito dell'offerta o a giustificazione della medesima che costituiscano, secondo motivata e comprovata dichiarazione dell'offerente, segreti tecnici o commerciali, anche risultanti da scoperte, innovazioni, progetti tutelati da titoli di proprietà industriale, nonché di contenuto altamente tecnologico (periodo poi modificato dal decreto correttivo con l'art. 11, comma 1, lett. a) con l'aggiunta di esemplificazioni non esaustive delle ragioni che possono configurare ipotesi di segreti tecnici o commerciali). In questo caso viene in rilievo la disciplina acceleratoria dello speciale rito sulle decisioni di oscuramento dei documenti per presenza di "segreti tecnici o commerciali", introdotta dall'art. 36, comma 3, d.lgs. n. 36/2023, per cui è necessario che sia effettuata un'attenta valutazione delle ragioni indicate e comprovate dall'operatore economico, in modo da bilanciare il diritto alla difesa con l'interesse alla tutela della riservatezza, e che sia fornita la motivazione delle determinazioni assunte in proposito dalla stazione appaltante. Nella valutazione, il RUP deve verificare se l'accesso è indispensabile alla difesa in giudizio (v. art. 24, comma 7) e, in caso positivo, accogliere la richiesta e, quindi, riaffermare il diritto di accesso.

È ritenuta legittima, in quanto funzionale alla tutela della situazione giuridica da far valere in giudizio, la richiesta di accesso del secondo classificato alla documentazione dell'aggiudicataria, concernente i requisiti generali e specifici dell'aggiudicataria nonché la verifica di congruità dell'offerta, invocando il diritto di accesso

---

[20] Cons. Stato, sez. IV, 25.11.2024, n. 9470, in fattispecie di richiesta di ostensione ad una società *in house* di tutta la documentazione amministrativa relativa alla sua costituzione, l'ingresso nella società degli enti soci, l'affidamento da parte di questi ultimi dei relativi servizi, le valutazioni effettuate sul controllo analogo, i rapporti convenzionali intercorsi, il piano industriale adottato, ecc., trattandosi di istanza "massiva" riferita ad un numero eterogeneo ed indefinito di documenti, neppure temporalmente delimitati.

difensivo previsto dall'art. 24, comma 7, della legge n. 241/1990, ossia dati personale. Questo in quanto, per il giudice amministrativo, "*in sede di bilanciamento tra il diritto di accesso a scopo difensivo, strumentale all'esercizio del diritto alla tutela giurisdizionale, e la tutela della riservatezza (nella fattispecie limitata a dati di carattere generico), l'art. 24, comma 7, della legge n. 241/1990 esclude l'applicazione dei criteri di stretta indispensabilità (riferiti ai dati sensibili e giudiziari) e di indispensabilità e parità di rango (applicabili ai dati supersensibili). Trova, invece, applicazione il criterio generale della 'necessità' connessa alla cura e alla difesa di un interesse giuridico, ritenuto dal legislatore prevalente rispetto alla generica riservatezza, purché siano rispettati i presupposti generali per l'accesso documentale con finalità difensive (cfr. Consiglio di Stato, Adunanza Plenaria, n. 19/2020)*" [21].

Di contro, è legittimo il diniego di accesso civico generalizzato all'offerta tecnica, contenente specifiche e riservate capacità tecniche e gestionali (*know how*), nel rispetto dei limiti che caratterizzano questa tipologia di accesso, con riguardo, nella specie, all'art. 5-*bis*, comma 2, lett. c), del d.lgs. n. 33/2013, secondo cui l'accesso è rifiutato se il diniego è necessario per evitare un pregiudizio concreto alla tutela degli interessi economici e commerciali di una persona fisica o giuridica, ivi compresi la proprietà intellettuale, il diritto d'autore e i segreti commerciali. È da considerare, infatti, che l'accesso civico generalizzato, non essendo correlato ad alcuna posizione sostanziale legittimante, "*ben possa veicolare pretese meno incisive rispetto all'accesso documentale e, in presenza di contro interessi rilevanti, lo scrutinio di necessità e proporzionalità appaia orientato alla massimizzazione della tutela della riservatezza e della segretezza, in danno della trasparenza (Cons. Stato, sez. V, 20 marzo 2019, n. 1817)*" [22].

È da ricordare, inoltre, che il comma 4 dell'art 35, alla lett. b) esclude l'accesso nei seguenti casi: *i*) pareri legali acquisiti dai soggetti tenuti all'applicazione del codice, per la soluzione di liti, potenziali o in atto, relative ai contratti pubblici; *ii*) relazioni riservate del direttore dei lavori, del direttore dell'esecuzione e dell'organo di collaudo sulle domande e riserve del soggetto esecutore del contratto; *iii*) piattaforme digitali e alle infrastrutture informatiche utilizzate dalla stazione appaltante o dall'ente concedente, ove coperte da diritti di privativa intellettuale, salvo che la loro conoscenza sia indispensabile ai fini della difesa in giudizio.

La giurisprudenza amministrativa ha ritenuto non applicabile al procedimento per l'accesso documentale il preavviso di rigetto *ex* l'art. 10-*bis* della legge n. 241/1990, "*sia in base all'elemento testuale, in quanto l'elenco dei procedimenti cui non è applicabile contenuto in tale disposizione non si ritiene che abbia carattere di tassatività, sia in base al dato sistematico, poiché il procedimento di accesso realizza un interesse meramente partecipativo, strumentale alla soddisfazione di un interesse primario, che non si concilia con la previsione di una ulteriore fase subprocedimentale*" [23].

---

[21] TAR Lombardia, Milano, sez. I, sent. 11.11.2024, n. 3124.

[22] TAR Basilicata, sez. I, 9.1.2025, n. 19.

[23] TAR Basilicata, sez. I, n. 19/2025, cit. con: TAR Friuli-Venezia Giulia, sez. I, 13.9.2021, n. 267; TAR Lazio, sez. III, 3.1.2012, n. 30.

4.2. La disciplina procedimentale e processuale

Come sopra anticipato, novità importanti in tema di accesso agli atti si rinvengono nell'art. 36 del Codice, relativamente alle norme procedimentali e processuali.

La circostanza che la gara sia svolta attraverso piattaforma telematica – alla quale gli operatori che hanno tenuto offerte possono accedere direttamente – consente agli stessi di avere accesso immediato ai dati e alle informazioni e, in alcuni casi, ai documenti presenti sulla piattaforma.

Dal momento in cui l'esigenza di riservatezza di cui l'art. 35 di cui sopra viene meno, al termine della procedura di gara i candidati e gli offerenti non definitivamente esclusi possono accedere – digitalmente – ai verbali di gara e agli atti, ai dati e alle informazioni presupposti all'aggiudicazione entro i termini previsti, al fine di avere contezza delle valutazioni effettuate dalla stazione appaltante e, dunque, di verificare se vi siano state illegittimità o scorrettezza che possano essere oggetto di contestazione.

È questo il punto fondamentale della riforma sull'accesso agli atti recata dal Codice: la previsione della diretta messa a disposizione dei documenti, in modo automatico, sulla piattaforma digitale, senza necessità di istanza di ostensione da parte del soggetto interessato. Così, l'offerta dell'operatore economico risultato aggiudicatario, i verbali di gara e gli atti, i dati e le informazioni presupposti all'aggiudicazione sono resi disponibili, attraverso la piattaforma di approvvigionamento digitale a tutti i candidati e offerenti non definitivamente esclusi contestualmente alla comunicazione digitale dell'aggiudicazione.

Ciò significa che, nel momento in cui la stazione appaltante o l'ente concedente segnala l'intervenuta aggiudicazione, devono essere messi a disposizione di tutti i soggetti non esclusi: l'offerta dell'operatore economico risultato aggiudicatario, i verbali di gara e gli atti, i dati e le informazioni presupposti all'aggiudicazione, ma anche, ad esempio, la verifica in merito al possesso dei requisiti di ordine generale (in effetti, nel nuovo codice non esiste più l'aggiudicazione definitiva non efficace e si può pervenire all'aggiudicazione definitiva solo dopo la verifica dei requisiti).

Agli operatori economici collocatisi nei primi cinque posti in graduatoria sono poi resi reciprocamente disponibili, attraverso la stessa piattaforma, gli atti di cui sopra, nonché le offerte dagli stessi presentate. Questi operatori economici godono, dunque, di una sorta di accesso privilegiato. La ratio di questa previsione risiede nella volontà del legislatore di accelerare il termine per l'eventuale impugnazione degli esiti di gara.

In effetti, la giurisprudenza amministrativa, ai sensi del codice previgente, aveva affermato a più riprese che il termine di impugnazione delle aggiudicazioni – pari a 30 giorni – dovesse essere incrementato di ulteriori 15 giorni nel caso in cui il soggetto potenzialmente ricorrente avesse formulato istanza di accesso agli atti, in particolar modo con riferimento all'offerta tecnica del concorrente aggiudicatario, entro i primi 15 giorni della comunicazione dell'aggiudicazione. A questo punto, normalmente, l'aggiudicatario formulava istanza di accesso agli atti per ottenere l'offerta tecnica del ricorrente, in modo tale da poter proporre eventuali ricorsi incidentali.

Nel nuovo codice, invece, poiché i primi cinque soggetti hanno accesso immediato alla documentazione di gara, gli stessi sono posti nelle condizioni di poter decidere, al momento della comunicazione dell'aggiudicazione, se proporre eventuali ricorsi o ricorsi incidentali.

Per tale motivo, il giudice amministrativo, con riferimento ad una procedura normata dal nuovo codice, ha sottolineato che "*nella specie non è applicabile l'art. 76, comma 2 del (previgente) d.lgs. 50/2016 ('su richiesta scritta dell'offerente e del candidato interessato, l'amministrazione aggiudicatrice comunica immediatamente e comunque entro quindici giorni dalla ricezione della richiesta'), disposizione abrogata dal nuovo codice dei contratti pubblici: il che rende, parimenti, inapplicabile il peculiare termine di proroga del termine impugnatoria elaborato dalla giurisprudenza, nei termini sopra indicati*", con la conseguenza che, ad oggi, il ricorso va proposto nel termine di 30 giorni, non potendosi più concedere la dilazione temporale dei 15 giorni aggiuntivi che, alla luce della disciplina vigente, non ha più ragione di esistere[24].

Nella comunicazione dell'aggiudicazione, la stazione appaltante o l'ente concedente dà anche atto delle decisioni assunte sulle eventuali richieste di oscuramento di parti delle offerte indicate dagli operatori. La stazione appaltante, dunque, deve comunicare se gli operatori che hanno presentato la loro offerta abbiano dichiarato di voler oscurare parti delle loro offerte tecniche presentate in fase di gara. Ciò detto, la valutazione finale sul diritto o meno ad ottenere l'oscuramento rimane sempre di competenza esclusiva della stazione appaltante.

È ormai principio (pressoché) consolidato quello per cui, nel momento in cui un operatore economico partecipa ad una gara pubblica, di fatto, è come se mettesse a disposizione del dominio pubblico il contenuto della propria offerta. Di conseguenza, il diritto all'oscuramento è sempre limitato, soprattutto nei casi in cui la richiesta di accesso sia formulata sulla base della necessità di proporre un ricorso giurisdizionale per il quale sono previsti tempi ristretti.

Per proporre impugnazione ai sensi dell'art. 116 del Codice del processo amministrativo – ovverosia con il rito in materia di accesso ai documenti amministrativi – il ricorso contro le decisioni assunte sulle eventuali richieste di oscuramento di parti delle offerte deve essere notificato e depositato entro 10 giorni dalla comunicazione digitale dell'aggiudicazione (art. 36, comma 4)[25].

---

[24] TAR Lazio, Roma, sez. IV, 1.7.2024, n. 13225.

[25] TAR Lombardia, Milano, sez. IV, 24.11.2024, n. 2882, secondo cui la stazione appaltante è obbligata, "*in via automatica e immediatamente, a mettere a disposizione dei primi cinque classificati nella procedura, oltre che i verbali di gara e gli atti, i dati e le informazioni presupposti all'aggiudicazione, anche le offerte degli altri quattro concorrenti, salvo procedere all'oscuramento di queste nelle parti che "costituiscano, secondo motivata e comprovata dichiarazione dell'offerente, segreti tecnici o commerciali*"; ne consegue che "*una volta messi a disposizione tali documenti, le impugnazioni delle decisioni assunte sulle eventuali richieste di oscuramento di parti delle offerte*" devono essere effettuate con il rito speciale di cui all'art. 36, comma 4, "*né può certo valere a rimettere in*

Si tratta di termini molto più ristretti rispetto a quelli previsti dal previgente d.lgs. n. 50/2016. In effetti, secondo la precedente disciplina, a seguito di un'istanza di accesso agli atti, l'amministrazione aveva un termine di 30 giorni per dare un riscontro; qualora questo termine non fosse rispettato, il ricorso contro la determinazione o il silenzio concernente l'accesso agli atti doveva essere proposto entro un termine di ulteriori 30 giorni.

Ad oggi, dunque, i termini si sono ridotti sensibilmente, perché, entro dieci giorni dalla comunicazione dell'aggiudicazione, l'operatore deve notificare e depositare un ricorso contro le decisioni di oscuramento degli atti, alla luce del fatto che, già a partire dall'aggiudicazione, il potenziale ricorrente avrà già avuto accesso al contenuto dell'offerta del soggetto aggiudicatario.

In seguito, le parti intimate possono costituirsi entro dieci giorni nel perfezionamento nei propri confronti della notifica del ricorso.

Nel caso in cui la stazione appaltante o l'ente concedente ritenga insussistenti le ragioni di segretezza indicate dall'offerente, l'ostensione delle parti dell'offerta di cui è stato richiesto l'oscuramento non è consentita prima del decorso del termine di 10 giorni di impugnazione delle decisioni assunte sulle eventuali richieste di oscuramento di parti delle offerte.

Sotto il profilo procedimentale, la giurisprudenza amministrativa ha chiarito che "*non merita adesione la tesi per la quale l'indispensabilità, dei documenti richiesti, per la difesa in giudizio dei propri interessi giuridici – nell'ambito di un accesso espletato (seppur parzialmente) in modalità digitale (secondo il modello previsto dal nuovo codice dei contratti pubblici) – presupporrebbe una (ulteriore) fase amministrativa (in un certo senso parallela a quella 'automatica' ex art. 35 del d.lgs. n. 36/2023) da attivare formalmente nei confronti della stazione appaltante ad opera del concorrente 'non soddisfatto' dall'accesso all'offerta dell'aggiudicatario già ottenuto (ma in modo parziale e limitato)* [posto che] *la stessa relazione del Consiglio di Stato sullo schema definitivo del codice dei contratti pubblici, proprio con riferimento alle norme procedimentali e processuali in tema di accesso (art. 36), ha posto in rilievo che – in caso di messa a disposizione sulla piattaforma dell'offerta selezionata, con indicazione delle parti oscurate – il procedimento di accesso nella sua fase amministrativa si intende concluso, per cui coloro che hanno interesse a conoscere le parti riservate dovranno adire direttamente il giudice amministrativo*" (così TAR Puglia, Bari, 5.3.2025, n. 300).

In caso di impugnazioni di decisioni assunte sulle eventuali richieste di oscuramento di parti delle offerte, la stazione appaltante o l'ente concedente può inoltrare segnalazione all'ANAC la quale può irrogare una sanzione pecuniaria qualora vi siano reiterati rigetti di istanze di oscuramento.

L'istituto dell'accesso agli atti ha subito un'evoluzione nel corso degli ultimi

---

termini la ricorrente la successiva presentazione di un'istanza con cui ha chiesto di potere accedere alle offerte nelle parti oscurate, pena l'aggiramento del termine di decadenza previsto all'art. 36, d.lgs. n. 36/2023: diniego formatosi su di essa ha invero carattere meramente confermativo della decisione di oscuramento adottata ...".

anni e, in relazione al nuovo codice, sono già state emanate le prime sentenze che chiariscono la ratio del nuovo accesso agli atti, fermo restando che il nuovo procedimento di verifica di accesso trova applicazione dal 1° gennaio 2024, dunque i precedenti giurisprudenziali non sono numerosi.

In particolare, si segnala la sentenza del TAR Bari, sez. II, 1.12.2023, n. 1388 nella quale si ricorda che "*in materia di accesso ai documenti relativi al procedimento concorsuale o di gara da parte di chi vi abbia partecipato, la giurisprudenza amministrativa ritiene che l'interesse 'sottostante'*", che legittima all'esercizio del diritto, sia ravvisabile, di fatto, *in re ipsa*, ovverosia nella stessa partecipazione alla gara.

Inoltre, la giurisprudenza da tempo ha precisato che l'interesse all'accesso rappresenta una situazione giuridicamente autonoma e non necessariamente coincidente in senso stretto con quello all'impugnativa di un provvedimento amministrativo. Proprio l'autonomia dell'interesse all'accesso comporta l'irrilevanza della circostanza che gli atti concorsuali oggetto della domanda siano divenuti, in tesi, definitivi ed inoppugnabili, nonché dell'eventuale infondatezza o inammissibilità della domanda giudiziale che il richiedente – una volta conosciuti gli atti – potrebbe proporre[26].

A conferma di ciò, l'art. 24, comma 7, della legge n. 241/1990 garantisce l'accesso proprio a quegli atti la cui conoscenza sia necessaria per curare o difendere i propri interessi giuridici.

Non v'è dubbio alcuno, pertanto, che il ricorrente sia titolare, nella specie, di un interesse diretto, concreto e attuale corrispondente a una situazione giuridicamente tutelata e collegata ai documenti ai quali ha chiesto l'accesso, anche al fine di curare e difendere i propri interessi giuridici.

Poiché dall'accesso a detti documenti potrebbero innegabilmente scaturire opportunità di più compiuta e completa difesa in giudizio per la posizione del ricorrente, devono ritenersi pienamente sussistenti i presupposti di legge per l'accoglimento del ricorso, con conseguente annullamento del parziale diniego dell'Amministrazione.

In proposito, afferma il TAR Bari nella decisione in precedenza richiamata, "*in base all'art 53. D.lgs. n. 50/2016, l'accesso 'alle informazioni fornite nell'ambito dell'offerta o a giustificazione della medesima che costituiscono, secondo motivata e comprovata dichiarazione dell'offerente, segreti tecnici o commerciali' è tendenzialmente escluso, salvo nei confronti del concorrente al fine della difesa in giudizio dei propri interessi in relazione alla procedura di affidamento del contratto*".

Nella disciplina vigente, dunque, è riconosciuto l'interesse qualificato del concorrente ad accedere agli atti di gara, risolvendosi a favore del diritto di difesa – e quindi dell'accesso – il conflitto trasversalmente latente e sin troppo strumentalmente immanente che in materia di appalti si instaura rispetto ai profili di riservatezza che possano riguardate segreti tecnici o commerciali avvalendosi dei quali si sia giunti a confezionare l'offerta di gara.

---

[26] Cons. Stato, sez. VI, 10.11.2015, n. 5111.

In questa prospettiva, il TAR Bari, ripercorrendo una giurisprudenza che ormai si è consolidata, sottolinea, dunque, come il Codice abbia introdotto una nuova disciplina dell'accesso agli atti di gara che, pur non applicandosi direttamente alla procedura che era stata esaminata dalla sentenza, è oltremodo significativamente orientata rispetto alle tendenze ideologico culturali, oltre che ovviamente giuridiche, verso le quali il sistema si sta evolvendo.

Una novità sicuramente rilevante prevista dall'art. 36 è quella secondo cui, con la comunicazione digitale dell'aggiudicazione, vengono rese note anche le decisioni assunte dalla stazione appaltante sulle richieste di oscuramento di parti delle offerte formulate dagli operatori relativamente a segreti tecnici o commerciali. La ratio di questa disposizione è, ancora una volta, quella di accelerare la procedura, poiché gli operatori non dovranno più formulare alcuna istanza di accesso agli atti. Nella stessa ottica, come già evidenziato, agli operatori economici collocatisi nei primi cinque posti in graduatoria sono resi reciprocamente disponibili, attraverso la piattaforma informatica, gli atti di gara, nonché le offerte dagli stessi presentate.

Si noti come tutto è deciso in autonomia della stazione appaltante al momento della valutazione delle offerte: non è previsto un preliminare avviso all'offerente circa l'intenzione di rendere visibili le parti di offerte di cui si è chiesto l'oscuramento, né viene disciplinato un contraddittorio sul punto prima dell'aggiudicazione. Le decisioni sulle richieste di oscuramento vengono comunicate contestualmente all'aggiudicazione, e potranno essere impugnate solamente per vie giudiziali nel termine perentorio di dieci giorni.

Il quadro che emerge – e questo è il punto fondamentale – è quello di una pubblicizzazione integrale della gara pubblica e l'eradicazione – si spera, definitiva – di tutto il contenzioso sviluppatosi negli anni relativo al segreto industriale e commerciale.

Il giudice amministrativo, quindi, sottolinea come – in caso di offerta tutelata da segreto industriale e commerciale e nelle altre ipotesi esemplificate dalla norma, affinché quel segmento di offerta non sia coperto dal diritto di accesso agli atti – l'esigenza di oscuramento debba essere tale per cui l'amministrazione effettivamente possa individuare la necessità di tutelare un certo segreto. In effetti, contrariamente alla disciplina prevista dal codice previgente, le richieste di oscuramento devono essere valutate discrezionalmente e autonomamente dall'amministrazione, senza l'instaurazione di un contraddittorio, e le decisioni sul punto sono rese note contestualmente al momento della comunicazione dell'aggiudicazione. Ad oggi, dunque, a fortiori, la giurisprudenza amministrativa sottolinea come si debba provare l'effettiva necessità di oscurare un segreto, poiché, altrimenti, l'amministrazione potrà non ritenerlo un motivo ostativo all'integrale ostensione della documentazione[27].

---

[27] È stata ritenuta legittima l'ostensione di segreti tecnici o commerciali di un'offerta economica, se strettamente necessaria per tutelare interessi giuridici in giudizio, ricordando che il limite alla ostensibilità è subordinato ad una "motivata e comprovata dichiarazione", mediante la quale si dimostri l'effettiva sussistenza di segreti tecnici o industriali meritevole di salvaguardia, con obbligo della stazio-

In buona sostanza, il procedimento si snoda nei seguenti step:

– l'operatore economico motiva e comprova le ragioni del suo dissenso alla divulgazione, anche con riferimento alle ipotesi tipicizzate dall'art. 35, comma 4, come novellato dal correttivo e alle eccezioni di cui al comma 5 dello stesso articolo;

– il richiedente l'accesso motiva l'effettiva utilità della documentazione richiesta rispetto alla difesa in giudizio dei propri interessi specificamente correlati all'affidamento pubblico;

– il RUP valuta le argomentazioni offerte ai fini dell'apprezzamento dell'effettiva rilevanza per l'operatività del regime di segretezza, tenendo conto che "*i 'segreti' sono cosa diversa dalle più generiche cognizioni e/o competenze (c.d. 'abilità lavorative') possedute da un operatore economico per svolgere in modo ottimale un'attività o una professione*". In particolare, per quanto riguarda l'ostensione del contenuto delle offerte tecniche, il RUP deve verificare il corretto bilanciamento tra esigenze di trasparenza nell'acquisizione documentale, funzionali ad un pieno esercizio del diritto di difesa da parte del concorrente istante, e salvaguardia della segretezza (tecnica e commerciale) per i concorrenti controinteressati rispetto all'anzidetta istanza [28].

Più in dettaglio, il RUP deve verificare, innanzitutto, se rispetto al diniego di accesso vi sia stata una "motivata e comprovata dichiarazione dell'offerente" e, in caso positivo, controllare se le informazioni richieste dall'interessato all'accesso rientrino nel concetto di "segreto tecnico o commerciale", come ritenuto da chi si oppone all'ostensione; in caso che anche tale ultimo controllo abbia avuto esito positivo, deve verificare se l'interessato all'accesso abbia o meno una concreta necessità ("stretta indispensabilità"), tenendo conto che non ricorre un'automatica presunzione assoluta di prevalenza dell'accesso "difensivo" rispetto alla tutela della segretezza tecnica e commerciale di utilizzo della documentazione richiesta in uno specifico giudizio [29]; in effetti, come chiarito anche dal giudice amministrativo, seppure in vigenza del codice precedente, l'istanza di accesso agli atti nell'ambito di una gara pubblica impone di dimostrare non già un generico interesse alla tutela dei propri interessi giuridicamente rilevanti, ma la concreta necessità di uso dell'atto in giudizio [30]; cioè, l'accesso è, nella materia in esame, strettamente legato alla sola esigenza di "difesa in giudizio", previsione più restrittiva di quella dell'art. 24, comma 7, legge n. 241/1990, che contempla un ventaglio più ampio di possibilità, consentendo l'accesso, ove necessario, senza alcuna restrizione alla sola dimensione processuale.

---

ne appaltante di verificare, prima di accettarla, la dichiarazione di riservatezza dell'aggiudicataria (G. Panassidi, *Accesso alle offerte, segreti tecnici o commerciali e diritto di difesa*, a margine sent. TAR Lombardia, sez. IV, sent. 18.11.2024, n. 3235, posted il 28.11.2024, in *Rivista on line Moltocomuni*.

[28] Cons. Stato, sez. V, sent. 29.11.2022, n. 10498.

[29] TAR Lazio, sez. I-*ter*, 19.12.2024, n. 23047.

[30] Cons. Stato, sez. V, 1.7.2020, n. 4220.

Conclusioni

In conclusione, l'applicazione dei principi e dei diritti digitali al ciclo di vita dei contratti pubblici contribuisce, in modo sostanziale, a rafforzare efficienza, trasparenza e integrità nelle procedure di gara e consente di migliorare l'accessibilità alle informazioni, riducendo le asimmetrie informative e favorendo una partecipazione più ampia e consapevole degli operatori economici.

La pubblicità legale e gli obblighi di trasparenza assicurano la conoscibilità degli atti e rafforzano il controllo diffuso sull'operato delle amministrazioni.

Parallelamente, la disciplina sostanziale, procedimentale e processuale dell'accesso agli atti di gara mira a bilanciare il diritto alla conoscenza con la tutela di interessi contrapposti, come la riservatezza delle imprese e la protezione della concorrenza.

In sostanza, il codice coglie le nuove opportunità per migliorare l'efficienza del sistema degli appalti pubblici, promuovendo una gestione più aperta, responsabile e orientata all'innovazione, contribuendo, con l'adozione di strumenti digitali avanzati, a semplificare le procedure, ridurre il rischio di corruzione e garantire una maggiore imparzialità e trasparenza nelle procedure di affidamento.

Con la digitalizzazione del ciclo di vita dei contratti, è stato introdotto un approccio complessivo innovativo, quindi, che non solo risponde alle esigenze di modernizzazione, ma promuove anche la conformità normativa e l'integrità delle operazioni.

Capitolo IX

I riferimenti organizzativi e manageriali del RUP

Giuseppe Negro

Premessa

Uno dei riferimenti importanti per il nuovo ruolo del RUP possiamo sintetizzarlo nella necessità di trasformare il "tecnico" in un "ingegnere gestionale", anche se la trasformazione non riguarda solo gli ingegneri per l'ambito opere pubbliche ma riguarda tutti, compresi i funzionari per l'ambito dei servizi e forniture.

Di seguito, svilupperemo e approfondiremo le logiche, le tecniche e gli strumenti che utilizza un "ingegnere gestionale" nello svolgimento del suo ruolo finalizzato a quello di RUP nel contesto pubblico. Inizieremo dal grande modello organizzativo manageriale che, a partire dagli anni Ottanta-Novanta, ha cambiato le modalità di concepire e di agire le organizzazioni.

Questo capitolo fornisce anche una guida dettagliata sulle soluzioni organizzative e gestionali per il Responsabile unico del progetto (RUP), affrontando concetti innovativi e strumenti operativi ispirati al Lean management.

Esploreremo come i principi di questa metodologia possano essere adattati al contesto pubblico, promuovendo efficienza, qualità, e flessibilità nei processi.

Tra riferimenti teorici e applicazioni pratiche, il testo offre una panoramica su strategie, modelli organizzativi e strumenti utili per ottimizzare la gestione dei progetti complessi. L'obiettivo è migliorare le performance riducendo sprechi, aumentando la produttività e garantendo un migliore utilizzo delle risorse disponibili.

1. L'apporto del Total quality management

Come spesso accade, i cambiamenti non arrivano e non sono mai indolori. Questo dell'impatto nel mondo occidentale del Total quality management avvenuto negli anni Ottanta ha creato anche traumi non indolori nel contesto economico. Fino ad allora l'Occidente tutto focalizzato sugli aspetti di finanza e tutto orientato al modello organizzativo sviluppato da Ford e da Taylor aveva un po' trascurato una minaccia che arrivava da un paese piccolissimo, poverissimo, ricco solo di acqua e di terremoti, che arrivava come noi, distrutto avendo perso la seconda guerra mondiale, stiamo parlando del Giappone. Interi settori della nostra economia sono stati messi in ginocchio e sono usciti dal mercato. Basti pensare al settore del motociclo, di colpo estromesso dalla scena mondiale, così per il settore delle macchine fotografiche, delle videocamere.

In quegli anni si cominciava a vedere circolare nelle nostre città queste persone caratterizzate dagli occhi a mandorla e le vedevamo fotografare tutto, le biciclette, le moto, le borse, le scarpe delle signore e noi, non comprendendo la minaccia che c'era dietro, e un po' di sufficienza, dicevamo: "Copiano, copiano, copiano".

Quando arriva per la prima volta il sorpasso nello sviluppo economico, l'Occidente ride un po' di meno. Parte la rincorsa e si cerca di capire i fattori di successo di quel Paese. E che cosa si scopre? Si scopre che alla base c'era un modello organizzativo gestionale che faceva leva sui nostri fattori di successo di occidentali. Tra questi il metodo scientifico per analizzare e risolvere i problemi. E da Galileo a Cartesio è un patrimonio principalmente occidentale.

L'altro fattore di successo, la creatività delle persone nella ricerca di soluzioni di miglioramento e di innovazione. Anche su questo fattore possiamo dire la nostra. Si scopre che ci stavano battendo con le nostre armi.

Allargando il ragionamento ci sono motivazioni anche storiche dietro lo sviluppo del modello della Qualità totale in Giappone.

Nel 1951, il paese in ginocchio, distrutto dall'evento bellico, chiama in Giappone un americano che si occupa di qualità, si chiama Deming il quale gli parla di qualità, non di Qualità totale, perché per lui la qualità era il controllo di processo.

Mentre l'Occidente, che aveva le conoscenze era focalizzato su altre priorità, in Giappone fu la classe dirigente a credere con determinazione e ad adottare le indicazioni che Deming gli aveva dato sulla qualità.

In realtà poi loro andarono oltre e la fecero evolvere verso la Qualità totale intesa come ricerca della qualità in tutte le strutture organizzative, a tutti i livelli in tutte le funzioni dell'ente.

E nel contesto pubblico che cosa è successo? Al Comune di Bologna un giovane sindaco, negli anni Novanta fa un'operazione di grande rottura rispetto al passato, va in un'azienda chiama un giovane ingegnere a dirigere l'ente e lo nomina direttore generale. Nel Comune c'era un Segretario storico, carismatico che sapeva tutto di norme, di regole, di procedure, non ne sapeva di management. L'ingegnere sapeva nulla di norme, leggi, regolamenti, sapeva di management. Due persone intelligenti si integrarono e fecero un percorso importante insieme.

Quando questo giovane ingegnere arriva a dirigere il comune la prima scelta che fa fu quella di adottare appunto il Total quality management. Si ha così inizio nel contesto pubblico dell'applicazione concreta del nuovo grande riferimento organizzativo e manageriale. A valle partirono altri comuni quali Genova, Torino, Venezia, Correggio. Dalle prime applicazioni cosa si è osservato? Quali insegnamenti abbiamo tratto? Perché mai un ente locale, un RUP dovrebbe utilizzare questa leva organizzativa? Naturalmente bacchette magiche non esistono! Esiste solo tanto impegno, tanta fatica, tante prove, tanti errori. Già Voltaire diceva: "*Anche gli errori hanno i loro meriti*".

Dalle applicazioni si è visto che si tratta di un modello ancora di grande attualità, che cerca di dare risposte concrete e puntuali a tre ordini di problemi che spesso gli enti affrontano su piani differenti.

Se si pone ad un manager privato la domanda: "*Perché introduce nella sua organizzazione la qualità?*". Non ci sarebbero dubbi sulla risposta: per la competitività, perché voglio che il mercato e i clienti vengano a comperare i miei prodotti, i miei servizi, anziché quelli della concorrenza.

Nel contesto pubblico degli enti locali è così stonato oggi parlare di competitività? Sempre più si riscontra la convinzione che la competitività ha una valenza anche nel pubblico e degli enti locali in particolare. La sfida della competitività è oggi ancora più acuita dai nuovi contesti che vedono gli enti impegnati nella sfida difficilissima del dare di più, più servizi, migliori servizi con risorse in contrazione. Può sembrare una cosa assurda, dover dare di più con meno risorse ma è la sfida dei giorni d'oggi.

Si parla di competitività dei sistemi locali che riguarda la capacità di attrarre le risorse. Risorse finanziarie che sono sempre più allocate a livello superiore, sovraccomunale, a livello nazionale o comunitario. La sfida è di andare ad acquisire risorse in competizione con enti che stanno sul nostro territorio e di essere più bravi a sviluppare una nuova progettualità per acquisirle. La progettualità però non nasce spontanea; si sviluppa se si adottano adeguate soluzioni organizzative e modelli gestionali.

Altra dimensione riguarda la capacità di attrarre investitori o famiglie per compensare il calo demografico che in alcune realtà mette a rischio l'erogazione di alcuni servizi. L'attrazione di questi "clienti" passa dalla capacità di erogare servizi di qualità.

Gli enti hanno anche loro questa dimensione di competitività che passa attraverso la capacità di erogare servizi di qualità.

La seconda motivazione che spinge ad adottare modelli di management orientati alla Qualità totale è la necessità di recuperare produttività ed efficienza. La sfida del fare di più con meno risorse può sembrare assurda, paradossale ma è la realtà dei giorni d'oggi.

Si è abituati a pensare che per migliorare la qualità dei servizi, delle strutture, delle infrastrutture, per attrarre le risorse critiche, si devono impiegare più risorse.

La qualità ha dato un altro grande insegnamento nel momento in cui afferma che nel perseguire produttività ed efficienza non necessariamente si assicura la qualità mentre se si persegue qualità si ottiene produttività ed efficienza. Qui è presente un messaggio pesante che è quello dei costi della qualità e dei costi della non Qualità.

I costi della non qualità sono quelli che derivano dagli insuccessi ovvero dal fatto che le attività non sono fatte bene la prima volta. I costi degli insuccessi incidono anche per il 10% dei costi operativi il che indica che nei nostri enti c'è ancora un "tesoretto" che va recuperato.

Si possono poi identificare i costi della non qualità da insuccessi esterni quali ad esempio un contenzioso perso, la gestione dei reclami e dei disservizi e da insuccessi interni tra i quali l'assenteismo, il rifacimento di attività, la non ottimale gestione dei consumi energetici ed altri.

La terza motivazione per l'adozione dei Total quality management riguarda la motivazione e la valorizzazione delle persone.

Il grande insegnamento del Total quality management riguarda la considerazione che la risorsa più importante dell'ente sono testa e cuore delle persone che ogni mattina entrano negli uffici.

Questa è la vera rivoluzione del Total quality management che comporta passare dalla non fiducia alla fiducia verso le persone, aspetto tutt'altro che scontato.

L'impatto concreto è che nel linguaggio organizzativo manageriale si mette in genere l'accento su un termine che è quello delle colpe. Nel linguaggio della Qualità totale il termine colpa è sparito. Colpa viene sostituito con cause.

Se il RUP è di fronte a una criticità, ad esempio nella gestione di un appalto o di un affido si è andati lunghi nei tempi non serve chiedersi "chi è stato?", occorre chiedersi perché è successo? Se sappiamo chiederci perché è successo si va alle cause ed alla loro rimozione il che evita che altre persone nel successivo affidamento si inciampino nuovamente su quelle criticità.

Il Total quality management ribalta la vecchia logica del "non sei pagato per pensare" e la sostituisce con "pensa, perché tu sei il massimo esperto del tuo lavoro". Chi è il massimo esperto del lavoro? È chi il lavoro lo fa tutti i giorni.

Si è trattato di una rivoluzione nell'organizzazione e nel management.

I punti di forza sono la capacità di dare risposte a tre ordini di problemi che spesso si affrontano su piani diversi: la competitività (del sistema locale), il recupero di efficienza per liberare risorse, la motivazione e valorizzazione delle persone.

Sviluppa una nuova cultura del risultato ed è proprio quello che viene richiesto al RUP in termini di tempi, costi, qualità, impatto esterno.

Si tratta di un bel salto, passare dagli adempimenti ai risultati.

La Qualità totale mette però nella "cassettina degli attrezzi" del RUP nuovi strumenti per affrontare la sfida del fare di più con meno risorse.

Oggi entrano nel mondo del lavoro persone con scolarità più elevata, che hanno frequentato dei master, esprimono livelli di bisogno e di attesa molto più elevata, compito di chi ha posizioni di responsabilità è anche quello di costruire un sistema veramente meritocratico.

Tra i compiti del RUP vi è anche quello di valutare le performance. In questa nuova logica il sistema di valutazione è uno strumento di comunicazione, crescita e di sviluppo delle persone. La norma chiede che vengano valutati il raggiungimento degli obiettivi, l'apporto individuale, il comportamento organizzativo, le competenze. Un buon sistema di valutazione deve mettere "in tiro" la struttura verso gli obiettivi prioritari (il RUP ha obiettivi di tempi, di costi, di qualità, di impatto esterno), migliorare la comunicazione ai diversi livelli, migliorare i processi di lavoro, migliorare i comportamenti organizzativi, rafforzare le competenze.

Tra gli output più importanti del sistema di valutazione vi è il piano di crescita e di sviluppo delle persone ed il piano di miglioramento dell'organizzazione. Piano che per ogni collaboratore individua le azioni di formazione e addestramento specifiche, di eventuali affiancamenti ai colleghi, di letture specifiche, di piccoli interventi formativi da far tenere al collaboratore stesso nei confronti dei colleghi per favorire la messa in ordine delle idee.

Per rafforzare il concetto di concretezza insito nel modello del Total quality management si riprende la tematica dei costi della non qualità.

Ci sono dei costi che il RUP deve sostenere per assicurare la qualità, si possono chiamare costi positivi. Tra questi i costi per gestire, presidiare la struttura, fare prevenzione, eseguire audit, addestramento, formazione alle sue persone, registrare dati, monitorare il rispetto dei tempi. Si è visto prima che poi ci sono i costi negativi, i "costi della non qualità" o costi degli insuccessi. Sono i costi che la struttura sostiene per il fatto che le attività non sono fatte bene la prima volta. Tra questi vi sono rilavorazioni, disservizi, assenteismo, sovrapprezzi che un fornitore fa pagare a seguito di ritardi, sprechi nei consumi dell'energia. A questi si aggiungono gli insuccessi esterni: gestione reclami e disservizi, penali da non rispetto dei tempi o degli standard, contenziosi. L'ingegnere gestionale pone molta attenzione ai costi della non qualità.

Uno degli slogan caratteristici della Qualità è "far bene le cose la prima volta" in quanto intervenire dopo è più dispendioso. Spesso si riscontra che nella testa dei manager qualità e produttività sono visti come obiettivi contrapposti, antitetici.

Il RUP si troverà quasi sempre nella situazione di dover dire ad un collaboratore: "Guarda siamo andati lunghi nei tempi, bisogna ridurre quei tempi lì, dobbiamo ancora smaltire quelle attività accumulate", nel 95% dei casi si sentirà rispondere: "Dammi due persone in più, dammi...". Perché abbiamo sempre visto come contrapposti qualità e produttività. La qualità ha insegnato che se si persegue la qualità si ottiene produttività perché si eliminano i costi della non qualità. Si è abituati ad accettare una percentuale di non qualità.

1.1. Le strategie base del Total quality management

Di seguito si sviluppano le strategie base del Total quality management:

1. Mettere il cittadino/collega (cliente) al primo posto.
2. Pensare alla qualità dell'organizzazione prima che a quella degli output.
3. Ragionare per processi e non per funzioni.
4. Fare miglioramento continuo.
5. Coinvolgere valorizzare le persone.

La strategia di mettere il cittadino/collega al primo posto richiede dotare l'ente di strumenti di ascolto (esempio focus group, interviste, questionari) per capire i bisogni, le attese, il livello di percezione della qualità in atto.

Tempi, costi, qualità, impatto esterno sono i riferimenti che guidano il RUP in tutte le fasi operative.

Inoltre, richiede di definire carte dei servizi, le quali riportano gli standard che l'ente o la struttura di progetto si impegna a dare ai "clienti" ed in caso di non rispetto cosa si adotta per recuperare i disservizi? Si introduce di fatto nei servizi il concetto di garanzia il che è stata una rivoluzione; se non si rispettano gli standard promessi si rimborsano i cittadini/clienti o si adottano soluzioni di recupero. La finalità è quella di tenere sotto controllo i processi.

Agganciata a questa del "cliente al primo posto" vi è la strategia del miglioramento continuo. Bisogna mettere a posto i processi o il progetto per rispettare gli standard definiti e promessi.

Altro contributo importante per fare miglioramento, arrivato dal Total quality management, è il benchmarking ovvero il confronto con il meglio del meglio per vedere che soluzioni hanno adottato i "campioni". Quali spunti si possono cogliere? E nella forma evoluta il confronto è allargato anche al di fuori del contesto specifico. Ad esempio, se si deve migliorare la comunicazione con i cittadini si va a vedere nei diversi campi quali sono i soggetti che la sanno fare meglio di tutti. Dall'analisi è possibile che il benchmark sia una catena di negozi, una struttura ricettivo alberghiera o altro. In quel caso il RUP con il suo team prendono contatti e approfondiscono le soluzioni adottate e le adeguano al proprio contesto.

La seconda strategia del Total quality management riguarda il pensare alla qualità dell'organizzazione prima ancora che non alla qualità del prodotto o del servizio erogato. Questo porta a lavorare sulla gestione, sul come si selezionano, si coinvolgono e formano le persone, sulla qualità del clima nel team di lavoro, sulla qualità degli strumenti di lavoro. Se tutto ciò che c'è dietro è di qualità il risultato finale sarà di qualità.

Tutta la cultura della Qualità totale porta alla logica del processo.

Altra logica rivoluzionaria è il processo/progetto come riferimento. Il processo è un insieme di attività stabili, continuative nel tempo, standardizzabili, correlate, che generano output finiti che clienti interni o esterni utilizzano.

Il passaggio dalle funzioni ai processi è stato rivoluzionario. Le nostre organizzazioni arrivano da una cultura, da una storia che vede la struttura frazionata, a canne d'organo. I modelli organizzativi si rifanno a Ford e Taylor i quali erano pensati per persone in larga parte analfabeti, ex agricoltori. Si pensava allora che bisognava rendere i compiti molto semplici, ripetitivi, che potessero essere svolti anche da persone con bassa scolarizzazione. L'obiettivo del benessere organizzativo non era certo considerato! Oggi entrano nel mondo del lavoro laureati, persone che hanno master, che vivono in un contesto differente per cui bisogna ripensare profondamente i modelli organizzativi e di gestione.

La Qualità totale indica modelli che sappiano mettere le persone sulle due sedie, quella della routine e quella del miglioramento. Le persone che svolgono il lavoro tutti i giorni sono le massime esperte del loro lavoro e quindi possono dare un grande contributo al miglioramento.

Il RUP è chiamato quindi ad attivare nella sua struttura il miglioramento continuo come normale attività.

L'ultima strategia proposta dalla Qualità totale riguarda il coinvolgimento e la valorizzazione delle persone, considerate la risorsa più importante dell'ente.

Nella cassettina degli attrezzi del RUP entrano nuovi strumenti. Per la strategia del "metti il tuo cliente al primo posto" con la Qualità intesa come rapporto delle prestazioni, delle performance del nostro progetto, del nostro processo rispetto ai bisogni di chi utilizza gli output generati uno strumento utile è la customer satisfaction.

La customer satisfaction misura la soddisfazione dei "clienti" del servizio erogato e raffronta il livello di attese dei "clienti" rispetto alle loro attese. Un modello che ha fatto storia è quello del prof. Parasuraman il quale raffronta i bisogni con la percezione che i clienti hanno circa il servizio ricevuto. Lavora sulle seguenti cinque dimensioni: capacità di rassicurazione, affidabilità (rispetto degli impegni), capacità di risposta, empatia, aspetti tangibili.

Chi scrive ha sviluppato un modello che articola i bisogni dei clienti nelle seguenti dimensioni: tecnica (capacità di risolvere un problema, di dare risposte, di trovare soluzioni), organizzativa (funzionalità, accessibilità, semplicità), relazionale (stile, atteggiamento, cortesia, linguaggio), ambientale (funzionalità, confort, accoglienza), di immagine che la struttura proietta, economica che considera le incombenze ed i costi che deve sostenere il cliente per fruire del servizio e quelle che deve sostenere la struttura per la erogazione del servizio. Tra i risultati che deve assicurare il RUP vi è la qualità e l'impatto esterno. La customer satisfaction è uno degli strumenti che contribuisce alla valutazione della qualità e dell'impatto esterno. Che percezione hanno del nostro servizio i nostri interlocutori?

Altro ambito di intervento collegato al mettere il "cliente al primo posto" è costituito dal ripensare i sistemi di accoglienza. Il nuovo riferimento oggi è costituito dagli sportelli evoluti di terza generazione. Di terza generazione perché la prima generazione erano gli Uffici Relazioni con il Pubblico o URP nati al Comune di Bologna negli anni Novanta.

È stato un passo importante ma si è capito presto che il valore aggiunto per il cittadino non era molto elevato in quanto il servizio era erogato da persone professionali, gentili e cortesi, in un ambiente bello, accogliente ma il valore al cittadino non era elevato in quanto doveva comunque spostarsi in uffici differenti. Si fa un altro passo avanti e agli inizi degli anni 2000 al Comune Correggio si apre il primo sportello polivalente e polifunzionale, unico punto di accesso ai servizi da parte dei cittadini, che eroga direttamente i servizi standardizzabili con apertura di 55 ore alla settimana, sabato compreso. Lo sportello costituisce l'unico front office per tutto l'ente.

È bello, accogliente, con spazi dedicati ai bambini e monitor informativo sui servizi e le iniziative della città.

L'ulteriore salto avviene con gli sportelli evoluti di terza generazione che diventano unico punto di accesso fisico, telematico e telefonico. Il riferimento qui è il Comune di Ala in Trentino con uno sportello evoluto, aperto 40 ore alla settimana al cui interno sono previsti ruoli che generano valore al cittadino, tra questi il facilitatore digitale, "l'amico in Comune" a completa disposizione degli over 65, il punto di ascolto. Le modalità di erogazione prevedono la consegna a domicilio per alcune fasce di popolazione, la gestione proattiva ed una forte e continua azione di semplificazione e di riduzione incombenze sia ai cittadini sia all'interno dell'ente.

La terza strategia della Qualità totale è l'organizzazione per processi e già si è accennato al cambio di paradigma richiesto.

L'importanza di ragionare per processi è data dal fatto che il nostro ente eroga servizi e genera valore alla Comunità e ai colleghi, non attraverso le funzioni ma attraverso i processi ed i progetti. I processi ed i progetti tagliano le funzioni.

Il processo è una sequenza di attività stabile e continuativa, che genera un output finito e compiuto che un cliente interno o esterno utilizza, sul quale viene generato valore. Il progetto invece è una struttura che nasce e muore su un'esigenza specifica (esempio costruire una nuova scuola).

Il progetto richiede competenze, impiega risorse, genera degli output. Si basa su un processo trasversale, di ordine superiore, dal quale riceve indicazioni e supporti operativi. Il processo che lo supporta si sviluppa in alcune fasi ricorrenti quali ad esempio la standardizzazione che definisce le tipologie di approvvigionamento per evitare di avere a valle costi di gestione superiori, esempio stampanti e personal computer differenti oppure serramenti completamente differenti tra edificio ed edifico. A seguire le fasi della pianificazione e della programmazione dalle quali discende la progettazione, la preparazione dei capitolati, la scelta del contraente, l'aggiudicazione, la stipula e l'esecuzione del contratto, il monitoraggio della realizzazione secondo le specifiche contrattuali, la rendicontazione.

L'analisi del processo spesso porta ad individuare alcune criticità ricorrenti come ad esempio la carenza nella standardizzazione dei prodotti/servizi, l'analisi dei bisogni dei "clienti interni", la programmazione per cui gli acquisti sono ripetuti e fatti all'ultimo, la gestione del contratto dove spesso il controllo della qualità dei fornitori è debole.

Le organizzazioni, basate in gran parte sul modello funzionale, vanno in crisi nei rapporti tra struttura e struttura dove spesso sono fonti di scontro: "Non parlare con la ragioneria o altro, quei maledetti ...".

La Qualità totale ha introdotto la logica del rapporto "cliente fornitore" all'interno per cui il collega che è a valle del processo è il nostro cliente. Questo richiede che le posizioni di lavoro che sono a monte nel flusso di lavorazione si facciano carico dei bisogni del collega che è a valle. L'azione porta a concordare e definire degli standard di performance verso i colleghi a valle ed a tenere sotto controllo il processo per assicurare sempre il rispetto degli standard.

Collegata a questo aspetto c'è la partita della comunicazione organizzativa interna, per cui la struttura operativa invia periodicamente, anche a livello settimanale, ai superiori ed ai colleghi coinvolti nel processo una breve nota con riepilogate le informazioni utili ai superiori ed ai colleghi a valle per mantenerli al corrente dell'andamento delle attività.

In sintesi, si è visto come la strategia del mettere il cittadino al primo posto ha voluto dire dotare l'ente di strumenti di ascolto (la customer satisfaction), definire le carte dei servizi con la definizione degli standard che l'ente si impegna a dare ai cittadini/clienti interni. Ha voluto dire definire anche dei livelli di garanzia verso i suoi fruitori dei servizi ed in caso di non rispetto degli stessi l'ente prevede rimborsi (con formula giuridica che non prevede danno erariale per i responsabili).

Ha voluto dire ripensare i nuovi sistemi di accoglienza con gli sportelli evoluti di terza generazione.

Con la strategia del pensare e agire l'ente per processi e progetti anziché per funzioni si arriva a superare le criticità dell'organizzazione funzionale a "canne d'organo". Si è visto che lavorare per processo si intende un insieme di attività correlate che generano un prodotto, un servizio, finito, compiuto che un destinatario, un cliente (interno o esterno) utilizza. Il processo è un'attività stabile e continuativa nel tempo mentre il progetto è un'attività che nasce e muore su un'esigenza specifica. Si è visto anche il concetto molto pesante che riguarda il rapporto cliente fornitore all'interno dell'ente tra i diversi attori che intervengono sul processo o sul progetto. La struttura a monte considera la struttura a valle come il suo cliente, ne capisce i bisogni, ne definisce gli standard, li negozia e poi si impegna a tenere sotto controllo il loro rispetto. Abbiamo visto l'importanza della comunicazione interna e la comunicazione organizzativa lungo il processo o lungo il progetto.

Si arriva alla terza strategia del Total quality management, quella del miglioramento continuo. I bisogni dei cittadini si evolvono continuamente, si passa dai bisogni impliciti, quelli che il nostro "cliente" non li chiede neanche più, dà per scontato che noi li conosciamo e li soddisfiamo, ai bisogni espliciti.

I bisogni espliciti sono quelli che se si va a chiedere ai cittadini/clienti cosa si aspettano ce li dichiarano. Ad esempio volere tempi rapidi di risposta, volere adeguatezza dei supporti operativi per accedere e fruire del servizio, volere orari più ampi di accesso e altri. Più l'ente risponde a questi bisogni e più eleva la soddisfazione dei suoi "clienti".

Poi ci sono i bisogni nascosti, quelli latenti per i quali i "clienti" non pensano di trovare risposte nel rapporto con l'ente o con la struttura interna specifica.

Per questi ultimi basta però scoprire anche un po' di questi bisogni nascosti per elevare di molto la soddisfazione dei nostri interlocutori.

Naturalmente c'è una gerarchia, prima si deve mettere a posto i bisogni impliciti, poi i bisogni espliciti e dopo agire sui bisogni latenti. Però i bisogni sono latenti solo la prima volta, poi diventano espliciti e nel tempo diventano impliciti per i quali il cittadino pensa che sia normale ricevere quei livelli di servizio.

Si arriva così al miglioramento continuo. Questo indica che se l'ente o la sua struttura non si attrezza per migliorare continuamente le sue prestazioni per definizione non da qualità; crescono i bisogni degli interlocutori, le prestazioni dell'ente sono sempre uguali, non si forniscono servizi di qualità.

La terza strategia della Qualità totale indica che bisogna impegnare le persone dell'ente (del processo o del progetto) non solo nelle attività di routine ma anche nel miglioramento continuo. Migliorare che cosa? La risposta è migliorare continuamente: tempi, costi, qualità, impatto esterno.

Il Total quality management scopre il metodo scientifico e indica ai ruoli manageriali di agire per trasformare i loro collaboratori in "imprenditori e scienziati". Imprenditori in quanto imparano ad agire sulle priorità, scienziati perché adottano il metodo dello scienziato per fare miglioramento.

Si scopre il metodo del "PDCA" ovvero ripercorrere in sequenza le fasi della pianificazione, della identificazione del problema e delle cause che lo generano, della individuazione creativa delle soluzioni di miglioramento, della sperimentazione delle proposte, della standardizzazione delle soluzioni che hanno raggiunto i risultati attesi. Con il metodo scientifico le persone imparano a ragionare con dati e fatti e non solo su impressioni e sensazioni, a focalizzarsi sulle vere e poche priorità (il diagramma di Pareto che individua il 20% dei fattori che incidono per l'80% sui risultati), ad individuare con creatività le proposte di miglioramento, a testarle, a controllare i risultati raggiunti ed a standardizzare quelle che hanno dato risultati positivi.

Ci sono insegnamenti importanti nel metodo come ad esempio che si possono ottenere grandi risultati con pochi sforzi; Pareto indica che l'80% di un fenomeno è dato dal 20% degli elementi che lo costituiscono. Ad esempio, se si prende un processo di lavoro e lo si analizza si riscontra che l'80% del tempo è assorbito dal 20% delle sue attività.

Allora la logica è essere ed agire come gli imprenditori e gli scienziati. L'imprenditore cosa fa? Si concentra sulle priorità, non tratta tutto allo stesso modo, seleziona e si focalizza. Altro aspetto importante è parlare con dati e fatti, quindi il RUP deve agire affinché i propri collaboratori sappiano raccogliere e parlare con dati e fatti. Questo indica che i ruoli manageriali devono preparare i collaboratori del progetto o della struttura a ragionare per cause (e non per colpe). Il metodo indica che di fronte ad un problema il collaboratore deve chiedersi cinque volte perché. Prima si ricercano tutte le cause possibili poi si identificano quelle probabili e tra queste si selezionano quelle certe.

A seguire si agisce per individuare le contromisure per fare il miglioramento. Entra in campo a questo punto la creatività delle persone ed il supporto è dato dalla tecnica del brainstorming o tempesta di idee, con il quale i team individuano in maniera creativa (il pensiero divergente) tutte le proposte di miglioramento (vanno bene e sono gradite le idee pazze in quanto favoriscono la fertilizzazione incrociata delle idee; i componenti il team sono sollecitati a riprendere e formulare altre proposte), e tra queste si selezionano quelle ritenute più efficaci.

A seguire si sperimentano le singole idee con la fase Do e si segue con la fase Check nella quale si verifica in quale misura la singola idea sta raggiungendo i risultati attesi. Con la fase Act poi si decide, sulla base del riscontro ottenuto, se bisogna tornare in circolo con un'altra proposta di miglioramento oppure se quella sperimentata ha dato i risultati attesi e si passa all'adozione della nuova proposta e del nuovo modo di operare.

Ultima strategia del Total quality management è il coinvolgimento e la valorizzazione dei collaboratori nel miglioramento continuo. Le tecniche e gli strumenti da mettere nella cassettina degli attrezzi del RUP sono per questo i gruppi di miglioramento, i circoli della qualità, il CEDAC, la gestione a vista, il sistema suggerimenti dal basso.

I gruppi di miglioramento sono piccoli gruppi (sei-sette persone) che affrontano temi trasversali all'ente ed all'organizzazione. La partecipazione ai gruppi di miglioramento non è libera, è l'ente o il responsabile che individua le persone che ne fanno parte.

Un gruppo di miglioramento, per svolgere la sua azione di miglioramento, si incontra una volta ogni dieci giorni, ogni riunione dura circa tre o quattro ore. Il gruppo di miglioramento ripercorre tutto il ciclo PDCA e porta a termine l'azione affidata nell'arco di tre, quattro mesi.

Di fatto come sottoprodotto del team di miglioramento si fa formazione a costo zero sul campo in quanto si mette ad esempio il ruolo tecnico a lavorare con l'informatico, con l'esperto finanziario ed altri ruoli portatori di competenze diverse. È uno scambio di esperienze sul campo molto arricchente ed a costo zero.

I circoli della qualità operano con lo stesso metodo ma affrontano problemi più semplici e circoscritti e sono le persone stesse che ne fanno parte che scelgono l'obiettivo di miglioramento ed i risultati attesi, mentre nei gruppi di miglioramento è la direzione che li assegna.

I limiti della tecnica dei team di miglioramento e dei circoli della qualità sono relativi al fatto che bisogna mettere a lavorare insieme nello stesso momento più persone. E questo magari può risultare difficoltoso. Non per questo bisogna rinunciare alla creatività ed all'apporto delle persone al miglioramento. Per questo sono stati messi a punto altri strumenti che di seguito vengono sviluppati. Ad esempio il CEDAC (Cause Effect Diagram with Additional Card) o diagramma causa effetto con aggiunta di cartellini il quale permette di coinvolgere contemporaneamente nel miglioramento un elevato numero di persone senza staccarle dal loro posto di lavoro. Si utilizza la logica della Qualità totale, molto presente anche nella Lean, che è la gestione a vista secondo la quale per affrontare i problemi prima di tutto bisogna vederli, e non è detto che il modo migliore per vederli sia lo schermo di un PC.

Per permettere alle persone di vedere come l'ufficio o il progetto sta andando in termini di performance si mette in gestione a vista la visualizzazione grafica dell'andamento con gli indicatori più significativi.

È un modo per richiamare l'attenzione di tutti al rispetto degli standard che la struttura si è data.

Il CEDAC è un grande tabellone che viene posizionato alle pareti nel posto più visibile dell'ufficio sul quale vengono riportati, sul lato destro, gli obiettivi e gli indicatori di misura (es. dimezzare le giacenze, ridurre del 40% i tempi di realizzazione, ecc.) e la visualizzazione del loro andamento nel tempo (es. con aggiornamento settimanale). Tutte le persone della struttura o del progetto possono seguire e vedere come sta andando nel tempo la gestione del progetto o dell'ufficio.

Sulla parte sinistra del grafico si riporta il diagramma causa effetto, una grande lisca di pesce dove nella testa si riporta l'obiettivo da raggiungere e nel corpo le cause (cause, non colpe) che lo determinano. Esse possono riguardare i supporti operativi, i gestionali digitali, i metodi e le procedure di lavoro, le persone, l'ambiente, il cliente (che nei servizi gioca un ruolo importante).

Le persone della struttura o del progetto che rilevano un problema, possono scriverlo su un post it e riportarlo sul tabellone, nello spazio dedicato alla macrocausa riportata sul tabellone. La stessa persona o altri colleghi del progetto possono riportare su un post it di colore diverso le proposte di miglioramento per superare la criticità e la causa riportata.

Il CEDAC leader, che è bene sia, soprattutto all'inizio, il responsabile dell'ufficio o il capo progetto, valuta la proposta e decide se attuarla o meno. Vi è un sistema di comunicazione, sulla proposta non accolta il CEDAC leader riporta un cerchietto con una sbarra diagonale, se invece è accolta riporta un pallino.

Dal giorno in cui si sperimenta la proposta approvata si riporta un altro pallino in modo che tutti i componenti della struttura possono seguire la sperimentazione e vedere in tempo reale che effetto la stessa sta generando sui risultati. Se il CEDAC leader riscontra un miglioramento del risultato riporta sul post it della proposta che lo ha generato un altro pallino, il che indica che la proposta va a regime e viene standardizzata, diventa nuova procedura per tutte le persone dell'ufficio o del team di progetto.

Si tratta di uno strumento molto agile, molto flessibile, che non richiede grandi riunioni e ottiene risultati importanti.

Altro strumento è la gestione a vista costituita dalla sola parte destra del CEDAC la quale richiama l'attenzione di tutto il team all'andamento dei risultati.

Ancora un contributo importante è dato dal sistema dei suggerimenti dal basso il quale si basa sulla logica che i massimi esperti del lavoro sono le persone che il lavoro lo fanno tutti i giorni.

Naturalmente la vera sfida è essere bravi a migliorare con le risorse che si hanno a disposizione. La soluzione proposta deve essere agile, veloce da realizzare, semplice, realizzabile con le risorse a disposizione.

In alcuni enti che hanno adottato il sistema suggerimenti il risultato è stato che nell'anno sono stati approvati circa un suggerimento a persona. Si capisce così la differenza che ci può essere tra un'organizzazione che affida il miglioramento a poche teste, a pochi cervelli, ed una che affida il miglioramento a tanti cervelli.

Si inizia a fare il passaggio dal Total quality management al Lean management.

Il Lean management e la Lean organization in realtà sono il sistema Toyota, questa grande azienda automobilistica che ha messo a punto un rivoluzionario modello gestionale che è diventato uno standard a livello mondale per tutte le tipologie di organizzazioni.

Naturalmente l'ente non produce macchine ma si va a vedere altri contesti con lo spirito del grande fisico Newton che affermò: "*Se ho potuto vedere così lontano è perché ho potuto salire sulle spalle dei giganti*".

Siamo alla tecnica del benchmarking introdotta dal Total quality management, la quale porta i ruoli manageriali a confrontarsi con le realtà migliori indipendentemente dal settore di appartenenza.

In realtà anche nel nostro Paese ci sono state esperienze di successo che hanno sviluppato modelli che hanno anticipato il Total quality management e la Lean organization e tra questi vi è la Olivetti di Ivrea, con il suo fondatore Camillo Olivetti ed il figlio Adriano.

2. I riferimenti concettuali ed operativi del Lean management

Con il terzo millennio arriva un'evoluzione importante del Total quality management verso quella che oggi viene chiamata Lean organization o organizzazione snella che cambia i paradigmi e le modalità di organizzare il lavoro.

In questo capitolo proveremo a fare come Newton e salire sulle spalle dei giganti per prendere spunti, idee, suggerimenti, indicazioni da portare nel nostro contesto, che è un contesto completamente differente.

Il gigante in questo caso è la Toyota, la grande casa automobilistica, che ha sviluppato questo modello gestionale.

Un contributo importante ci è dato da due signori (Womack e Jones), che avevamo già conosciuto con il libro *La macchina che ha cambiato il mondo*, un libro che fece epoca.

A inizi anni duemila ci propongono il libro *Lean thinking*, scritto in italiano, nel quale tra l'altro riportano, oltre alle logiche base del Management, i risultati che sono stati ottenuti dalle organizzazioni che adottano il Lean management. Essi affermano che con la Lean organization si raddoppia la produttività del lavoro, si tagliano i tempi di produzione e le scorte del 90%. Nel contesto pubblico non si lavorano metalli ma si hanno processi che elaborano principalmente delle informazioni; non si hanno scorte costituite da pezzi metallici ma pratiche ancora da chiudere, progetti da portare a termine, risposte da dare.

Si tratta di risultati possibili solo se si cambiano le modalità operative; Einstein diceva che è un po' da fessacchiotti pensare nella nostra vita di ottenere risultati importanti e diversi, continuando a fare le cose come le facevamo prima. Se si vuole ottenere risultati importanti si deve cambiare le modalità con le quali svolgiamo il lavoro.

Lo Stato dell'Iowa, ogni anno celebra il "*Lean Day*" proprio per richiamare gli atteggiamenti culturali della Lean. Nel proclama si riportano queste frasi: "*I governi dello Stato dell'Iova che hanno abbracciato la cultura della Lean hanno riscontrato i benefici di fare di più con meno*".

Gli enti operano oggi con comunità più esigenti, più preparate, più stimolate, più motivate, che chiedono di più e si trovano con risorse in forte contrazione. Sembra paradossale ma è la sfida dei giorni d'oggi. Siamo chiamati a fare di più con meno, con meno risorse. I governatori dell'Iowa nel loro proclama ci dicono: "*Abbiamo riscontrato questi benefici, di fare di più con meno per migliorare i servizi ai nostri elettori e alla nostra popolazion*e". E poi ci dicono: "*Dedicare impegno alla trasformazione Lean dei nostri enti ha migliorato drasticamente la capacità di risposta ai nostri elettori*" e ancora: "*Le organizzazioni pubbliche dell'IOWA che hanno adottato le metodologie Lean hanno raggiunto miglioramenti a due cifre in qualità, costi, livelli di servizio*". Il papà di questo modello manageriale è Taichi Ohno, famoso anche per il suo cerchio di Ohno. Quando doveva assumere una persona, lo portava in officina, gli faceva un cerchio disegnato per terra e gli diceva: "*Stai qui, guarda la lavorazione, guarda i flussi, guarda il processo di lavorazione. Questa sera nel colloquio mi riporti tutti gli sprechi che hai osservato*". Questo era il primo contatto tra il possibile collaboratore e l'azienda.

Di seguito si sviluppano le strategie, i grandi riferimenti del Lean management. Un primo grande riferimento è il concetto di valore. Valore anche qui un concetto che nasce in un altro contesto, nasce nel periodo della Seconda guerra mondiale, negli Stati Uniti. Gli Stati Uniti hanno un problema che non possono per via della guerra, approvvigionarsi a materiali nobili, a materiali pregiati che assicurano alte prestazioni. Come spesso si fa quando si ha un problema si attiva un gruppo di progetto, un gruppo guidato da un signore che si chiama Miles. Il comando dice a Miles: "Caro Miles, studia questo problema: come possiamo garantire prestazioni elevate impiegando materiali meno nobili e meno pregiati?". Miles con i suoi mette a punto quella che è arrivata a noi come l'analisi del valore. Cosa si intende per valore? È il rapporto tra le prestazioni di una struttura organizzativa, di un progetto, di un processo e le risorse impiegate.

La sfida diventa quella di incrementare le performance delle strutture e dei processi a parità di risorse impiegate oppure a parità di performance ridurre il numero e l'entità di risorse impiegate. Potremmo accettare, a fronte di un incremento proporzionalmente più alto delle performance, un incremento ridotto delle risorse.

La Lean va oltre, guarda al processo come un flusso di lavorazione e indica di farlo andare avanti senza interruzioni.

Introduce la logica pull secondo la quale è il "cliente" che tira il flusso di lavorazione.

Taichi Ohno mette a punto il modello Lean quando era andato negli Stati Uniti e guardando la lavorazione dei supermercati vide che era il cliente che tirava il flusso. Il cliente prendeva dallo scaffale un prodotto e subito questo veniva rimpiazzato e reso disponibile al cliente successivo.

La Lean organization poi ci orienta al passaggio dal miglioramento continuo della qualità totale alla ricerca della perfezione, intesa come grande lotta agli sprechi.

In termini operativi l'analisi del valore viene svolta sulle strutture organizzative, sui processi e sugli output erogati ai cittadini.

L'analisi del valore delle strutture verifica la coerenza tra importanza delle attività svolte e le risorse impiegate. Si realizza con la matrice prodotti-servizi la quale riporta sulle righe le linee di attività ed i processi lavorati dalla struttura e sulle colonne riporta, per ogni linea di attività, gli output prodotti (es. RDO, ordini di acquisto, affidamenti diretti, liquidazioni) ed i relativi volumi lavorati nell'anno.

Sempre sulle colonne si riportano le risorse umane impiegate con il loro ruolo (es. PO, tecnico, amministrativo, agente, ecc.) ed il loro inquadramento contrattuale.

Per ogni persona si riporta l'impegno lavorativo sulle diverse linee di attività espresso in termini di percentuale del tempo. Se la persona è un full time avremmo come somma di impegno sulla colonna 100% se è un part time troveremo la quota parte corrispondente (es. 50% se è un part time a 18 ore alla settimana).

I riferimenti sono che una persona lavora normalmente 1550 ore anno, 220 giorni anno, 7,2 ore al giorno sulle 36 ore settimanali.

La matrice somma l'impegno lavorativo sulle diverse linee di attività ed evidenzia l'assorbimento di risorse umane complessivo della linea ed anche fornisce il valore di impegno lavorativo (in ore) sull'output generato.

Evidenzia quindi il costo diretto del lavoro su ogni prodotto/servizio generato il che è la base della contabilità analitica.

La matrice prodotti/servizi supporta almeno quattro tipi di analisi:

a) *Analisi del valore delle strutture*. – L'analisi del valore verifica la corrispondenza tra importanza della linea di attività e le risorse assorbite. L'intervento prevede di riequilibrare le risorse sulle attività più importanti e alleggerire quello sulle attività meno prioritarie. Spesso si riscontra che attività non prioritarie assorbono significativo impegno di risorse e attività molto importanti per la struttura languono o non vengono svolte.

b) *Analisi dei livelli di efficienza*. – L'analisi verifica l'impegno in termini di ore lavoro per la produzione del singolo output specifico della linea di attività. Il dato permette di porci domande del tipo: ad esempio è realistico dedicare tre giorni e mezzo (24 ore di lavoro) per ogni richiesta di acquisto? Oppure liquidare una fattura in due ore? Possiamo adottare delle soluzioni organizzative che permettono di abbattere e di ridurre i costi?

c) *Analisi del frazionamento dei processi*. – L'analisi verifica come sono distribuiti ruoli e responsabilità con due poli opposti: processo o linea di attività molto frazionata e polverizzata oppure attività svolta da una persona sola. La prima potrebbe indicare una linea di attività non governata, non presidiata, troppo frazionata e la seconda indica che il flusso di lavorazione si interrompe al mancare della persona.

d) *Analisi della corrispondenza tra ruolo, competenze e tipologia di attività svolte*. – Questo tipo di analisi verifica la corrispondenza tra ruolo e competenze, inquadramento e tipologia di attività svolte dalle persone della struttura.

L'analisi del valore dei processi verifica in quale misura è presente la lavorazione a flusso continuo e individua le attività a non valore che possono essere eliminate.

Il supporto operativo principale è la mappa del flusso del valore che visualizza in grafico i seguenti elementi del processo:

– numero fasi di lavorazione;
– tempi medi di lavorazione per singola fase;
– tempi di attraversamento tra una fase e l'altra;
– livelli di qualità di ogni fase di lavorazione;
– impegno richiesto al cittadino/fruitore del servizio.

Il supporto operativo è la mappa del flusso del valore che viene sviluppata in due fasi; prima si rappresenta in grafico la sequenza attuale e poi si rappresenta il flusso futuro con le logiche Lean ovvero la lavorazione a flusso continuo.

L'analisi del valore degli output verifica se i benefici per il cittadino/cliente sono superiori ai costi sostenuti dall'ente per l'erogazione.

In un caso di erogazione dei servizi scolastici per le famiglie (pre e post scuola, mensa, trasporto) si è riscontrato che i costi per l'erogazione dei servizi per ogni famiglia erano di 35 euro a fronte di un beneficio di 31 euro.

Con la Lean organization si fa un altro passo importante, dal miglioramento continuo alla ricerca della perfezione, intesa come grande lotta agli sprechi.

Gli sprechi sono dieci, sono ricorrenti, dobbiamo preparare i nostri collaboratori a riconoscerli.

Di seguito vengono riportati in sintesi:

– disservizi ed errori (costringono a rilavorazioni e ad attività aggiuntive per recuperare);
– sovradimensionamento di risorse (impiego di più risorse rispetto al necessario o la produzione di output in quantità superiore al necessario);
– pratiche o beni in attesa di lavorazione (qualsiasi lavoro fermo in attesa di essere svolto);
– lavori non necessari;
– spostamento di persone non necessari (movimenti inutili che non aggiungono valore);
– elaborazione e trasferimento di informazioni non necessarie;
– attese del personale e dei cittadini (attesa di documenti, persone, informazioni, attrezzature);
– competenze mal impiegate;
– disturbi (tutto ciò che impedisce di focalizzare l'attenzione sul lavoro prioritario);
– trasporti (spostare inutilmente persone, cose, informazioni).

I nuovi indicatori della Lean organization

Di seguito si sviluppano i nuovi indicatori della Lean organization per misurare la salute della nostra organizzazione.

• *L'efficienza del flusso*

L'efficienza del flusso di un processo rapporta (al numeratore) il tempo effettivo di lavorazione determinato come somma dei tempi medi di ogni fase di lavorazione con il tempo di attraversamento (denominatore), inteso come tempo intercorrente dalla richiesta di un output da parte del cittadino/cliente al suo rilascio.

Ad esempio il tempo che intercorre tra la richiesta di realizzazione di una nuova opera pubblica e quando la nuova opera viene rilasciata completa secondo le specifiche richieste.

Normalmente questo rapporto varia tra l'1% ed il 3%, cioè normalmente il tempo effettivo di lavorazione è tra l'uno ed il 3% dei tempi di attraversamento.

La Lean chiede di far coincidere i tempi di attraversamento con i tempi effettivi di lavorazione, cioè quindi devo avvicinarmi al 100%.

• *Le giacenze o WIP (work in progress)*

Misura il numero di output richiesti e non ancora evasi. In logica Lean lo standard è giacenze zero. Più le giacenze sono elevate più siamo lontani dalla Lean.

• *Il takt time*

Il takt time indica la velocità ideale di lavorazione e misura il rapporto tra il numero di richieste che il nostro cliente interno o esterno inoltra rispetto al totale delle ore lavorabili in un giorno, una settimana o in un periodo. Ad esempio due richieste di approvvigionamento al giorno, tre pareri al giorno, 50 fatture a settimana.

Il takt time detta il ritmo di lavorazione alla nostra struttura. Naturalmente ci può essere una stagionalità e quindi il takt time può variare.

Le soluzioni caratteristiche della Lean organization

Di seguito si riportano le soluzioni caratteristiche della Lean organization.

• *Pit stop*

La metafora, presa dall'automobilismo, indica che più ruoli che intervengono sulla definizione di un output, prodotto o servizio, si trovino insieme nello stesso momento per effettuare il lavoro richiesto ed avere un forte accorciamento dei tempi di attraversamento.

Un esempio che rende bene l'idea è data dalla conferenza dei servizi.

• *Case manager o flussista*

Soprattutto nei processi complessi nei quali intervengono più ruoli il case manager presidia il processo e agisce per renderlo scorrevole, per fare in modo di rispettare il takt time.

Il flussista agisce secondo la logica di Taichi Ohno dello "stare sul campo" per osservare subito dove si formano i colli di bottiglia e ci sono sprechi (difficili da vedere rimanendo in ufficio o nella sala delle riunioni).

• *Differenziazione dei flussi di lavorazione per famiglia di output*

La metafora che visualizza questa soluzione è data dall'autostrada nella quale per pagare al casello si hanno accessi differenziati in base della tipologia di pagamento scelto dal cliente: telepass, carta di credito, contanti.

La soluzione prevede ad esempio nelle anagrafi che le pratiche veloci, esempio un rinnovo di carta d'identità o un'autentica di firma venga lavorata in un flusso mentre le pratiche più complesse, esempio immigrazione vengano lavorate in un altro.

Così un acquisto sotto soglia lo lavoro in un flusso mentre il sopra soglia lo lavoro in un altro.

• *Livellamento della lavorazione (volumi, mix di prodotti/servizi, sequenza di prodotti/servizi)*

La soluzione prevede la lavorazione a piccoli lotti di prodotti/servizi in maniera costante nel tempo per evitare l'accumulo di giacenze e per rispettare il takt time.

Ad esempio anziché concentrare la lavorazione delle fatture una volta al mese, con accumulo di output da smaltire, la soluzione indica di lavorare in maniera continua ogni giorno un po' di output diversi. Ad esempio al finanziario anziché lavorare una volta al mese le fatture prevede di lavorare un po' di reversali, un po' di mandati, un po' di fatture.

• *Supermarket*

La soluzione supermarket mette a disposizione del collega che sta dopo nel flusso di lavorazione gli output che gli occorrono per completare la lavorazione in maniera tale da non fermare il flusso. Una bella applicazione del supermarket è stata sviluppata da un Comune nel contesto delle squadre operai per superare la criticità del fare più viaggi alla settimana dal fornitore, situato in un altro Comune, per acquistare prodotti di largo consumo, esempio il tassello, il guanto, la fascetta. Due persone del cantiere andavano due volte a settimana dal fornitore per acquistare i prodotti mancanti. Si è intervenuti con la realizzazione del supermarket, costituito da un piccolo scaffaletto, valore complessivo mille euro, nel quale sono stati messi questi materiali di uso comune e di basso valore, con una gestione a vista che permette di identificare subito il prodotto e quando si scende sotto la scorta minima. Questa soluzione ha permesso di dimezzare i costi degli spostamenti.

• *Accesso misto (prenotazioni + diretto)*
Dal Covid in poi molti enti si sono chiusi ed accettano solo più accessi su prenotazione il che crea rigidità verso i cittadini. L'accesso misto, prenotazione e diretto è più flessibile; una bella soluzione ad esempio è quella adottata dalle Poste.

3. Strumenti operativi per il ruolo del RUP

Oggi le organizzazioni sono sempre più viste come sistemi complessi costituite da più sottosistemi. Alcuni di essi sono visibili come, ad esempio, le strategie e gli obiettivi perseguiti, contenuti nei documenti di pianificazione e di programmazione, i quali permettono di capire le priorità dell'azienda/ente di conoscere dove sta investendo le risorse.

Con gli organigrammi si può vedere come l'azienda ha suddiviso compiti, ruoli, responsabilità. Si possono individuare i meccanismi operativi ovvero il sistema informativo che definisce le modalità con le quali si veicolano le informazioni all'interno dell'organizzazione, il sistema decisionale che definisce chi deve prendere le decisioni e quali decisioni con i rispettivi livelli di delega ed il sistema di programmazione e di controllo il quale indica cosa tenere sotto controllo, cosa monitorare, come individuare tempestivamente gli scostamenti.

Poi c'è il sistema premiante con il collegato sistema di valutazione delle performance il quale indica cosa premia l'organizzazione: la presenza, l'anzianità, la tessera politica, i risultati, l'impegno, gli sforzi?

Queste vengono chiamate variabili visibili o hard dell'organizzazione. Sempre più l'organizzazione si caratterizza però per le variabili soft o invisibili che costituiscono la parte sommersa dell'iceberg. Tra questi sottosistemi vi è lo stile di leadership. Normalmente ne vengono identificati quattro: autoritario, della gestione per controllo, emozionale, per formazione.

Una teoria, definita della contingenza, sostiene che ci possono essere diversi stili di leadership per il ruolo manageriale, ciascuno da adottare in base alla situazione ed ai diversi contesti.

Personalmente faccio fatica ad identificarmi nei primi due.

Nella visione sistemica dell'organizzazione vi sono due importanti riferimenti: il concetto di contingenza e di coerenza.

La contingenza richiede di adeguare le variabili organizzative al contesto esterno specifico nel quale la struttura opera (economia, normativa, tecnologia, concorrenza) mentre la coerenza richiede di rendere allineati tra loro i sottosistemi organizzativi interni.

Ad esempio, se l'organizzazione opera in un contesto molto competitivo dove è difficile attrarre le risorse umane qualificate occorre agire sulla qualità del lavoro e la flessibilità (lavoro agile, flessibilità di orari, opportunità di crescita e sviluppo, ruoli ampi, lavoro per obiettivi, sistema premiante meritocratico, formazione e sviluppo ed altro).

Per quanto riguarda la struttura organizzativa a quali riferimenti possiamo guardare? In genere negli enti si arriva dal modello dell'organizzazione funzionale, che risale al periodo di Ford e Taylor.

Gran parte delle nostre organizzazioni sono organizzate per funzioni nelle quali ognuno opera in funzione della propria specializzazione, es. il finanziario, il personale, gli approvvigionamenti, il tecnico e altri.

Modello che ha il grande merito della specializzazione, con la logica dei processi viene però rimesso in discussione in quanto non assicura il presidio complessivo del processo.

Certo è che se una persona fa i contratti tutta una vita è chiaro che sui contratti è imbattibile.

Il modello va però in crisi nel dover presidiare dei processi o dei progetti che tagliano trasversalmente le funzioni come è nel caso del RUP.

Per ovviare a questa criticità si è messo a punto il modello integrato, chiamato anche a matrice, nel quale si lasciano le funzioni ma si mettono dei meccanismi di integrazione che tagliano in orizzontale le funzioni. Ne conosciamo principalmente due, il lavoro a progetti ed a processi.

Il progetto è una struttura che nasce e muore su un'esigenza specifica, es. realizzare un'opera pubblica, affidare all'esterno un servizio.

Per questo specifico obiettivo si costituisce un team di lavoro composto da persone appartenenti alle diverse funzioni ad esempio all'ufficio tecnico, al settore amministrativo, all'ufficio gare, al finanziario, al controllo di gestione ed altri i quali sono coordinati da un responsabile di progetto unico.

In questo modello per quanto riguarda gli aspetti tecnici le persone rispondono al loro responsabile di funzione, per quanto riguarda invece le priorità e gli output da generare riportano al capo progetto che agisce trasversalmente.

Questo modello a matrice è affascinante, presenta notevoli potenzialità però è difficile da far funzionare a pieno perché richiede una cultura organizzativa evoluta.

L'ulteriore salto è quello dell'organizzazione per processi che mette sotto un unico punto di responsabilità tutte le funzioni che assicurano l'output finito.

Per ogni fase del processo approvvigionamenti si individuano referenti specifici che riportano al RUP, a partire dalla standardizzazione, dall'analisi dei bisogni delle diverse strutture interne all'ente, alla progettazione, alla programmazione operativa, alla scelta del contraente e all'affidamento, alla stipula del contratto, alla realizzazione, al monitoraggio e valutazione del fornitore, al collaudo eventuale che rispondono direttamente al responsabile di tutto il processo/progetto.

In organizzazione non c'è un giusto o uno sbagliato ma una soluzione più coerente per quel contesto organizzativo (struttura, cultura organizzativa, competenze).

Il modello per funzioni ha il merito della specializzazione ma spacca e ferma il processo con possibile allungamento dei tempi e non ottimale presidio dei risultati complessivi mentre il modello per processi assicura il miglior presidio delle performance dell'intero processo ma genera possibili duplicazioni di funzioni.

Il modello a matrice bilancia entrambi ma è più difficile da attuare.

Nella matrice ampio l'apporto di competenze, ad esempio per il monitoraggio ed il reporting attingo competenze dal controllo di gestione, oppure dall'urbanistica, dai sistemi digitali, ecc... In questo caso ci sono le persone che hanno il doppio riporto, riportano al responsabile del controllo di gestione o alle altre funzioni, agli approvvigionamenti e riporto al RUP del progetto.

Percorriamo le fasi del processo degli approvvigionamenti a cominciare dalla standardizzazione, che è quella che soffre di più. Standardizzare vuol dire definire le caratteristiche degli acquisti che occorre fare, ad esempio definire i tipi di stampante per evitare poi di avere tipologie diverse che richiedono toner diversi. Oppure nei serramenti avere certi standard per le diverse realizzazioni che facilitano poi la manutenzione e non avere poi impegni aggiuntivi.

A seguire la progettazione, la programmazione operativa della realizzazione, l'affidamento, la stipula del contratto, la realizzazione, il monitoraggio.

Nel modello funzionale gli approvvigionamenti vengono assegnati alla struttura dedicata ed il RUP presidia tutte le fasi del processo, i ruoli tecnici progettano ed eseguono, i ruoli amministrativi seguono l'affidamento.

La funzione di regia del processo coordina la programmazione delle gare, crea tutti i supporti, le checklist, i cronoprogrammi, prepara i report, i cruscotti per la direzione, fa da "flussista", imposta e supporta la valutazione dei risultati in termini di tempi, costi, qualità, impatto esterno.

Nel modello funzionale gli svantaggi sono dovuti al fatto di dover fermare un processo operativo, esempio nel settore scuola se si deve affidare un servizio o acquistare attrezzature, si sono definite le specifiche bisogna fermarsi, rivolgersi alla funzione dedicata agli approvvigionamenti la quale magari ha altre priorità e si interrompe il flusso.

Possono essere adottate forme miste ad esempio per le strutture che hanno volumi significativi e continuativi nel tempo assegno la gestione di tutto il flusso (modello a processo) e per quelle che hanno necessità temporanee, non ricorrenti, si fanno gestire dalla struttura centralizzata (per funzione).

Per attenuare i rischi del modello funzionale si possono definire livelli di standard operativi quantificati (modello carta dei servizi) che assicurano i livelli di performance alla struttura cliente (la logica cliente-fornitore).

Il RUP si trova a gestire progetti complessi per questo la norma prevede il supporto di specialisti che intervengono su richiesta; ad esempio possono essere esperti di contabilità, organizzazione e management, di digitalizzazione, di personale (esempio per la valutazione delle performance oppure per gli inquadramenti e la contrattualistica), di finanziamenti nel caso occorra andare ad ottenere finanziamenti a livello sovraente, di urbanistica, di espropri, di contrattualistica, di sicurezza.

Nelle organizzazioni ci sono i conflitti quindi il RUP ascolta e gestisce i conflitti, è un allenatore che fa crescere le persone affidate, crea buon clima nel team, lavora sulla cultura della squadra. È la figura che assegna gli obiettivi (sfidanti ma realistici) al team di progetto.

Inoltre lavora per le corrette relazioni con le altre strutture interne nella logica del cliente-interno. Altro tema importante è la valutazione delle performance, splendido strumento per rafforzare la comunicazione interna (relazione responsabile-collaboratore), per mettere in tiro la struttura sulle vere priorità, per responsabilizzare e far crescere le persone. L'output più importante della valutazione è costituito dal piano di crescita individuale, piuttosto che la "pagellina".

A fine anno quando il RUP valuta le performance dei suoi collaboratori è bene che nel corso di un franco colloquio fornisca al collaboratore feedback costruttivi per definire le azioni di rafforzamento delle competenze e individuare le azioni di miglioramento organizzativo.

Esistono alcuni strumenti semplici di programmazione. Quello più semplice (le cose più semplici sono poi quelle più efficaci) è dato dal diagramma di Gantt.

Il diagramma di Gantt mette in fila le attività previste dal progetto e per ognuna riporta i tempi di inizio e di fine, così si ha la visione completa delle sequenzialità delle attività e si indentificano visivamente le attività che non possono avere scostamenti nei tempi di attuazione (il percorso critico).

Inoltre utilizza la tecnica del semaforo, utile per seguire l'avanzamento del progetto. Il colore verde indica che l'attività è in linea con i tempi previsti, il colore giallo indica che l'attività è a rischio slittamento, il colore rosso indica attività in forte ritardo sulle quali intervenire tempestivamente per recuperare.

Sempre tra gli strumenti di programmazione da mettere nella cassettina degli attrezzi vi è la gestione a vista, strumento utilizzato per più scopi: fornire indicazione, riportare istruzioni operative, fare monitoraggio e controllo sulla realizzazione.

Un altro strumento utile è rappresentato dalla carta input-output, sempre messa in gestione a vista, appesa alle pareti nel punto dell'ufficio più visibile ai componenti il team.

Ogni mese il responsabile riporta il numero di richieste dell'output trattato e aggiorna il grafico, allo stesso tempo aggiorna il numero di richieste evase nel mese.

Conclusioni

Le conclusioni del capitolo evidenziano l'importanza cruciale di adottare approcci manageriali e organizzativi innovativi per migliorare l'efficacia e l'efficienza delle pubbliche amministrazioni. In particolare, si sottolinea come il Total quality management rappresenti un modello ancora attuale, capace di rispondere alle sfide contemporanee. Questo approccio punta a incrementare la competitività, recuperare produttività e valorizzare le persone all'interno dell'organizzazione. La gestione per la qualità totale propone una rivoluzione culturale che supera la logica delle colpe e delle rigidità organizzative, promuovendo fiducia, coinvolgimento e un forte orientamento al miglioramento continuo.

Parallelamente, l'applicazione del Lean management nel settore pubblico porta ulteriori strumenti e metodologie che mirano a ridurre gli sprechi, ottimizzare i processi e garantire una maggiore fluidità operativa. Questo modello, adattato dal contesto industriale al settore dei servizi pubblici, propone un cambiamento radicale nelle modalità di lavoro, spostando il focus sull'efficienza dei flussi e sulla capacità di rispondere tempestivamente alle esigenze dei cittadini. L'integrazione di strumenti come l'analisi del valore e il benchmarking consente di identificare le aree di miglioramento e di adottare soluzioni che siano sostenibili e innovative.

Infine, il ruolo del RUP emerge come centrale in questo processo di trasformazione. Non si tratta più soltanto di un ruolo tecnico, ma di una figura chiave che deve essere capace di guidare i progetti con una visione strategica e operativa. Il RUP è chiamato a perseguire risultati concreti in termini di tempi, costi e qualità, adottando un approccio scientifico, basato su dati e fatti, per risolvere i problemi e ottimizzare le risorse disponibili. In questo contesto, l'accento è posto sulla necessità di una leadership inclusiva e meritocratica, che stimoli la partecipazione attiva di tutti i collaboratori nel raggiungimento degli obiettivi comuni.

In sintesi, il capitolo invita a una riflessione profonda sulle potenzialità dei modelli di qualità totale e gestione snella, sottolineando come il loro utilizzo possa rappresentare una leva fondamentale per modernizzare le pubbliche amministrazioni, migliorare la qualità dei servizi e rispondere in maniera più efficace alle sfide del futuro.

Capitolo X

La comunicazione scritta efficace nella pubblica amministrazione

Patrizia F. Salvaterra

Premessa

Nel seguente testo si fondono insieme conoscenze teoriche e pratiche, con numerosi richiami di carattere tecnico ed esempi concreti tratti da alcuni testi che cito in bibliografia, oltre che da un'esperienza personale maturata nell'ambito della comunicazione e dell'informazione.

La comunicazione, nella sua accezione più ampia, è diventata oggetto di studio già a partire dagli anni Venti del secolo scorso. Dagli anni Settanta in poi, la riflessione non si è limitata ai mezzi di comunicazione di massa (di seguito, media) e allo sviluppo della tecnologia, ma ha iniziato a valutare anche il peso della comunicazione nella vita sociale e nelle relazioni interpersonali di ciascuna persona. Gli studi sulla comunicazione negli ultimi 50-60 anni, hanno riguardato sia l'esistenza delle persone – il loro benessere, la qualità del loro "stare insieme" – sia quella delle imprese private e pubbliche all'interno della società e del mercato. La comunicazione funzionale si è infatti dimostrata un fattore determinante per la loro crescita e prosperità, o viceversa per il loro insuccesso. Ritengo che oggi chiunque, anche senza essere uno specialista della materia, possa riconoscere il ruolo trasversale, spesso pervasivo, svolto dai media nella nostra società, in particolare dai social media negli ultimi anni.

Nella pubblica amministrazione (di seguito, PA) europea e italiana, la stagione d'oro della comunicazione è arrivata più tardi, a partire dai primi anni Novanta, e si è evoluta attraverso numerose leggi e regolamenti, che hanno accompagnato i bisogni dei cittadini, i cambiamenti organizzativi interni e la digitalizzazione degli enti, e scandito le tappe di un cambiamento che prosegue tuttora, a ritmo sempre più incalzante. Alcune di queste norme sono ancora attuali: hanno determinato l'organizzazione degli uffici dedicati all'informazione e alla comunicazione pubblica, e disegnato i profili dei professionisti che svolgono la funzione al loro interno.

Il titolo richiama immediatamente il focus tematico della presentazione, ovvero la comunicazione scritta. Il testo che ne è scaturito sintetizza le risposte ad alcune domande cruciali: come si scrive, come si comunica per essere efficaci, ed essere compresi? Può la comunicazione scritta contribuire ad accrescere l'efficienza un'organizzazione, fino a diventare una leva fondamentale di sviluppo organizzativo? Come si utilizzano gli strumenti che oggi fanno parte del nostro armamentario quotidiano di lavoro, a partire da una semplice e-mail inviata a una collega o a un cittadino?

1. I passaggi normativi della comunicazione

Lo sviluppo della comunicazione nella pubblica amministrazione è segnato da alcuni passaggi normativi importanti, e in particolare il tema della comunicazione scritta è stato esaminato in numerosi documenti pubblici, richiamati di seguito in ordine cronologico.

Nel 1994 viene pubblicato il *Codice di Stile delle comunicazioni scritte ad uso delle amministrazioni pubbliche*, curato dal dipartimento della Funzione pubblica con la prefazione di Sabino Cassese, giudice costituzionale e allora ministro nel governo Ciampi (1993-94). È stato un primo lavoro significativo (182 pagine scaricabili on line, anche nella versione scannerizzata della prima stampa realizzata dalla Zecca dello Stato) a cui hanno contribuito diversi autori – letterati, giuristi, accademici, giornalisti – riuniti in una sorta di gruppo di lavoro partito nel 1990 e coordinato da Tullio De Mauro.

Questo primo codice ha raccolto alcune regole chiare su cosa e come è consigliabile scrivere – un atto, una determinazione, una deliberazione, un regolamento, un parere, un rapporto, ecc. – per una maggiore comprensibilità; e contiene anche numerosi esempi di cosa invece contraddice lo scopo stesso della comunicazione: essere compresi dal destinatario della comunicazione (perché possa mettere in atto i comportamenti attesi dalla norma – per esempio, provvedere a un pagamento, partecipare a una gara, rispettare una scadenza, ecc.).

Nei tre anni successivi c'è stato un graduale lavoro di affinamento, di individuazione degli elementi fondamentali della comunicazione scritta nella PA, anche attraverso il confronto con altre amministrazioni europee, in particolare quella spagnola. Ne è scaturito il *Manuale di stile – Strumenti per semplificare il linguaggio delle amministrazioni pubbliche* (1997), con la prefazione del ministro alla Funzione pubblica Franco Bassanini, dove – dopo le indicazioni già contenute nel precedente Manuale di Stile – si arriva a mettere nero su bianco l'importanza dei **testi brevi**, scritti con **parole semplici** di **uso comune**, ai fini della comprensione (e dell'azione conseguente) da parte di tutta la cittadinanza.

Il manuale di stile affronta per la prima volta il tema del **genere delle parole** oggi di estrema attualità; un argomento "sensibile" a cui le comunità nel mondo, non solo quello occidentale, rivolgono una crescente attenzione, che coinvolge la sensibilità di lettori e autori – dagli articoli dei giornali, ai documenti pubblici e ai testi scientifici che pubblicano i risultati della ricerca in qualsiasi ambito del sapere umano.

È un tema che chiama in causa il rispetto delle differenze, e della pluralità di generi, e rientra in quell'ambito di "correttezza politica" (*politically correctness*) su cui oggi si dibatte a livello globale, a cui anche l'enciclopedia Treccani ha dedicato un approfondimento.

Nel caso degli atti e dei testi scritti nella PA, il rispetto del genere significa usare la forma femminile delle parole che indicano ruoli e professioni; per esempio, l'articolo femminile può essere usato con tutte le parole che finiscono con "e" – quindi, invece che "Presidentessa", la Presidente; invece che "vigilessa", la vigile (tuttavia: il rettore, la rettrice); le parole che invece finiscono con "o" (avvocato, architetto, sindaco, ecc.) possono essere declinate al femminile: l'avvocata, l'architetta, la sindaca, e molti enti pubblici hanno già operato questa scelta. Ciò che talvolta rilevo nei documenti redatti negli enti locali – che assisto nella stesura del piano di comunicazione istituzionale (un obbligo di legge dal Duemila) o dei regolamenti sull'uso dei social media, è la presenza di incongruenze e contraddizioni: manca **uniformità del linguaggio** – nella stessa deliberazione possiamo trovare citati "il sindaco" e "la sindaca" (con iniziali minuscole e maiuscole). Una regola aurea della comunicazione è che quando l'amministrazione scrive e parla alla cittadinanza e ai propri portatori di interessi – e poco importa se a farlo è l'impiegato dell'ufficio anagrafe, o l'addetto alla polizia urbana, piuttosto che un dirigente o il segretario comunale – la voce deve essere unica, il linguaggio uniforme, e i contenuti coerenti con le proprie competenze e i propri compiti.

È doveroso ricordare anche le quattro "leggi Bassanini" (le n. 59 e n. 127/1997, la n. 191/1998, la n. 50/1999), e le leggi 8.6.1990, n. 142 e 7.8.1990, n. 241. In particolare, la 142, legge pioniera dell'idea di **una PA al servizio della popolazione** con la quale deve saper comunicare in modo chiaro e trasparente, ha disciplinato anche la quota di spesa che l'ente può investire nei diversi media o canali di comunicazione (in quegli anni ancora solo tradizionali – giornali, radio e tv) per pubblicizzare le informazioni di pubblica utilità: nuove regole, nuovi servizi per i cittadini, o competenze dell'ente ancora poco note.

La legge 7.6.2000, n. 150 è considerata un passaggio normativo importante perché finalmente regola da un punto di vista organizzativo le attività di informazione e di comunicazione pubblica, secondo i principi di trasparenza ed efficacia. La legge ci dice inoltre che nella PA **l'informazione è un dovere**. La persona non deve andare a cercare preventivamente le informazioni che possono riguardare adempimenti, obblighi, servizi, opportunità, ecc.; al contrario le informazioni devono raggiungerla, e arrivare fino a casa. Va ricordato che in Italia c'è ancora un'esigua minoranza di cittadini che è analfabeta; l'ultima pubblicazione a cura di OECD (OCSE, organizzazione per la cooperazione e lo sviluppo economico), uscita nel 2024, ci vede, come paese Italia, ventiseiesimi come livello di scolarizzazione, penultimi fra i paesi membri (seguiti soltanto dalla Romania). Il dato dovrebbe tradursi in un invito rivolto alla PA perché metta in pratica azioni concrete – in particolare di comunicazione – per prevenire l'abbandono scolastico e incentivare così la partecipazione pubblica della popolazione.

Alla legge è seguito il regolamento attuativo; il d.P.R. 21.9.2001, n. 422 ha previsto che l'informazione sia curata da giornalisti iscritti all'ordine dei giornalisti; che venga redatto e pubblicato il piano di comunicazione dell'ente, e organizzato un ufficio per le relazioni con il cittadino, l'URP (ufficio relazioni pubbliche), che nei comuni più piccoli spesso coincide con la biblioteca comunale o viene ospitato in altri spazi accessibili. Un luogo in cui il cittadino possa chiedere direttamente informazioni e ottenere risposte riguardanti i temi più variegati – dall'iscrizione alla mensa e al trasporto scolastici, all'adesione a un bando, fino alle scadenze legali e alle problematiche fiscali. La persona ha il diritto di essere informata su ciò che non sa e non conosce. Oggi l'ignoranza della legge non è (solamente) responsabilità individuale, ma è responsabilità della PA che non comunica in modo efficace le norme e i servizi che riguardano la popolazione.

L'8 maggio 2002 arriva un ulteriore aggiornamento introdotto dal ministro Franco Frattini, la Direttiva sulla semplificazione del linguaggio dei testi amministrativi (che dà seguito alla direttiva del 7.2. dello stesso anno: Direttiva sulle attività di comunicazione delle PA, in particolare all'art. 8) poi rivista il 24 ottobre 2005 dal ministro Mario Baccini, a conferma del crescente interesse della PA verso la comunicazione e il **linguaggio**, non più considerata una funzione marginale, bensì **determinante per la qualità delle relazioni stato-cittadino a qualsiasi livello**, centrale e locale. Ricordo inoltre che nel 2002 il ministero della Funzione pubblica indice il premio "Chiaro!", progetto per la semplificazione del linguaggio amministrativo, e vinto nel 2003 dalla Provincia di Verona con la scrittura di un'ordinanza.

Il 2002 è anche considerato l'inizio di quella che verrà chiamata **l'era digitale**, dove le informazioni scambiate in formato digitale iniziano a superare per numerosità le informazioni in formato analogico.

La trasmissione digitale delle informazioni ha posto un primo problema di tutela della privacy; nel 2003 vengono pubblicati sia il d.l. 3.6.2023, n. 196: *Codice in materia di protezione dei dati personali*, sia la legge 2.7.2023, n. 229, che affronta nuovamente il tema della semplificazione, del riordino normativo (produciamo un numero di leggi decisamente superiore a quello dei nostri partner principali in Europa, Francia e Germania) e dell'uso del dato in rapporto alla tecnologia.

Nel 2004, la ben nota "legge Stanca" (9.1.2024, n. 4) riguarda l'accesso delle persone con disabilità ai siti web della PA, e risponde ad alcune domande: come deve essere progettato un sito per essere accessibile? Come devono essere i testi, e le immagini? Per una persona con difficoltà neurologiche, come l'epilessia, le immagini in movimento devono scorrere lentamente, non in modalità "flash". Per essere appresi da una persona con disabilità visiva, i testi presenti nelle pagine del sito web – in particolare gli atti, le delibere, i regolamenti – devono prevedere anche la lettura vocale. Va ricordato che nel processo di comunicazione l'ascolto è una fase fondamentale, per chiunque; basti pensare alla crescente presenza dei podcast – un file audio in formato mp3 nato nel 2004 in Inghilterra e arrivato in Italia nel 2005 – all'interno dei vari media. Un'altra notazione sulla legge Stanca riguarda il suo titolo: *Disposizioni per favorire l'accesso dei* ***soggetti disabili*** *agli strumenti informatici*, una definizione che contraddice l'intenzione della legge. **La disabilità è una condizione della persona, non la connota nella sua totalità**, non è un aggettivo che la identifica. La legge Stanca, nonostante il titolo, si rivolge alle **persone con disabilità** – sensoriale, motoria, cognitiva – non "ai disabili".

Con il Codice dell'amministrazione digitale (CAD), d.l. 7.3.2005, n. 82, la digitalizzazione comincia a diventare oggetto preponderante di una serie di normative che si susseguono attraverso vari aggiornamenti, l'ultimo il d.l. 30.4.2022, n. 36, poi convertito con modificazioni nella legge 29.6.2022, n. 79. In questa evoluzione, vale la pena citare anche la direttiva europea 2006/56/CE recepita dal ministero per la Funzione pubblica con la direttiva del 23.5.2007 che riconosce la parità e le **pari opportunità di accesso al lavoro e carriera fra uomini e donne**, anche attraverso l'uso di un linguaggio non discriminatorio.

Il d.l. 27.10.2009, n. 150 ritorna sui temi della trasparenza, integrità e controllo interno: "*Attuazione della Legge 4 marzo 2009, n. 15, in materia di ottimizzazione della produttività del lavoro pubblico*", e di efficienza e trasparenza nelle pubbliche amministrazioni. La comunicazione, interna ed esterna, diventa uno **strumento fondamentale di efficienza e trasparenza**. Il cittadino ha il diritto di conoscere da chi viene amministrato, il profilo degli amministratori locali, incluse le informazioni riguardanti gli aspetti economici, dalla dichiarazione dei redditi a quanto percepito nella PA.

La direttiva del ministero per la PA 26.11.2009, n. 8 costituisce un primo tentativo formale per mettere ordine nella giungla dei siti web: in quegli anni tutte le amministrazioni pubbliche, si erano dotate di un portale istituzionale. Il problema, presente ancora oggi, è che spesso i siti web ospitano numerosi minisiti interni, amministrati dai singoli uffici, o dalla persona delegata all'interno dell'Ufficio, o da collaboratori esterni, a loro volta delegati dagli organi politici. La conseguenza è la presenza di una miriade di informazioni, a volte ripetute e ridondanti, altre volte incomplete, e pubblicate in modo disordinato, non accessibile, con linguaggi e stili eterogenei fra loro, spesso non aggiornate.

L'aggiornamento è un altro tema cardine della comunicazione; i **contenuti informativi devono essere continuamente aggiornati**, e ciò riguarda anche gli strumenti e i canali utilizzati, inclusi il sito web o la pagina Facebook del comune. Ogni strumento utilizzato richiede una persona che se ne occupi, che pubblichi le notizie riguardanti la vita dell'ente: l'attività amministrativa, gli eventi promossi, gli interventi sulla viabilità, i progetti in corso. La scrittura prende tempo, richiede esercizio quotidiano, e necessita di risorse dedicate.

La legge 6.11.2012, n. 190 e il d.l. 14.3.2013, n. 33 ritornano sulla disciplina riguardante gli obblighi di pubblicità, trasparenza e diffusione delle informazioni da parte delle PA per prevenire la corruzione e l'illegalità. La legge 17.12.2012, n. 221 modifica gli artt. 52 e 68 del CAD, e affida all'Agenzia per l'Italia digitale (di seguito, AGID) il compito di definire la normativa e le linee guida nazionali sui dati aperti (***open data***). Se **le pareti della PA sono di vetro**, trasparenti, è più difficile agire di nascosto, sottobanco, e commettere reati.

La legge 15.10.2013, n. 110 è chiamata anche "legge femminicidio". Ritorna sul tema delle differenze di genere, quattro anni dopo la legge sullo stalking e sui femminicidi. Vengono stigmatizzati quei comportamenti irrispettosi e molesti – incluso l'uso di un **linguaggio offensivo o violento** – che si possono verificare all'interno delle organizzazioni, dove spesso pesa il livello gerarchico e il timore di ritorsioni da parte del superiore-molestatore.

Il d.P.C.M. del 3.12.2013 ha per oggetto la **gestione documentale digitale**, il protocollo informatico e la conservazione digitale. Sono gli anni del trasferimento e della produzione dei documenti in formato digitale, ma anche dei processi di "dematerializzazione", dove un testo prodotto in formato cartaceo viene successivamente informatizzato, come nel caso degli archivi. Il documento digitalizzato nasce invece già in ambiente digitale, per esempio le fatture elettroniche, prodotte con il linguaggio XML e trasmesse tramite un sistema di interscambio (SDI); il documento che nasce in formato digitale, ovvero composto da codici numerici, avrà poi bisogno di un sistema che lo ritraduca per consentirne la lettura. Un notevole lavoro di riflessione sia teorica che pratica sul tema della digitalizzazione, lo sta compiendo Gianni Penso Doria, direttore dell'archivio di Stato di Venezia, e docente di Archivistica all'Università degli Studi dell'Insubria.

"Italia digitale 2026" è la sintesi del Piano strategico nazionale sul fronte della tecnologia, finanziato grazie al PNRR (piano nazionale di ripresa e resilienza), e dà seguito al programma europeo "Decennio digitale 2030" (2030 *digital decade*) per la massiccia digitalizzazione di tutti i paesi membri, e al Piano per l'e-Government, redatto a partire dal 2005. Per l'Italia ci sono 5 indicatori su cui verranno misurate e valutate le PA, ovvero:

1. promuovere l'identità digitale almeno al 70% – tutta la cittadinanza dovrà avere la carta di identità elettronica;
2. colmare le differenze (il *gap*) relative alle competenze digitali (≥ 70%). Un lavoro enorme, se consideriamo che la popolazione italiana è sostanzialmente anziana; siamo il paese con il più alto numero di persone che hanno superato i 65 anni, a elevata longevità, e ciò implica un bisogno crescente e diffuso di servizi sociali e sanitari. Tuttavia le persone anziane non sono native digitali, come lo sono i nostri giovani e giovanissimi che utilizzano gli strumenti informatici e digitali con naturalezza, in modo quasi istintivo;
3. migrare i dati e gli applicativi in cloud (≥ 75%);
4. erogare servizi pubblici on line (≥ 80%);
5. realizzare reti a banda ultra-larga (100%) per una migliore e più veloce trasmissione dei dati in tutto il territorio nazionale.

Va riconosciuto che negli ultimi anni l'Italia ha fatto passi da gigante sul fronte della digitalizzazione. Possiamo citare l'applicazione IO per i servizi pubblici e PagoPA per i pagamenti elettronici; lo SPID (identità pubblica) e il CIE (codice d'identificazione elettronica); l'anagrafe nazionale (ANPR) e la posta certificata – oggi in linea con il sistema europeo denominato REM (*registered electronic mail*); la firma e la fatturazione elettroniche; l'Agenzia nazionale per la cybersicurezza, anche se la cronaca recente ha mostrato la fragilità dei sistemi di sicurezza del Paese e della stessa agenzia; la Piattaforma digitale nazionale dati (PDND) dove chiunque può trovare dati certificati e sicuri riguardanti territori, organizzazioni, enti pubblici. Manca invece all'appello il fascicolo sanitario elettronico (FSE), la vecchia cartella clinica che dovrà essere disponibile in tutte le regioni italiane, e in un futuro prossimo anche nelle diverse regioni europee, con il trasferimento dei dati sanitari della persona in rete, alla quale va tuttavia comunque garantito il rispetto della privacy e l'accesso esclusivo ai dati da parte del personale sanitario autorizzato. Sono molti i dati sanitari conservati in modo cartaceo che nel corso degli anni sono stati persi, per le cause più disparate – traslochi, eventi emergenziali, perdita di memoria, ecc. –. Inoltre, il vantaggio per il cittadino è che se si reca in un ospedale lontano dal proprio domicilio, il medico potrà visualizzare sullo schermo del computer i ricoveri, gli interventi, le vaccinazioni ricevute, i farmaci assunti, le eventuali allergie: in sintesi, tutta la storia clinica della persona, con una prevenzione del rischio sanitario e un risparmio di tempo e risorse, per una migliore efficacia della cura.

La Commissione europea con il documento UE 2022/2481 ha esplicitato i 4 obiettivi che si è posta per il decennio 2020-2030 per compiere la trasformazione digitale dell'Europa, e assumere un ruolo primario sullo scenario globale:

1. rafforzare le competenze digitale nel ≥ 80% della popolazione, formando ≥ 20 milioni di specialisti informatici e in discipline scientifiche, con parità fra generi, con un investimento di 250 miliardi di euro;

2. garantire il 100% dei servizi pubblici essenziali on line
– identità digitale: 100%
– accesso ai dati sanitari in rete: 100%

3. imprese digitalizzate ≥90%
– ≥ 75% cloud, intelligenza artificiale (di seguito, AI, *artificial intelligence*), big data
– raddoppiare il n. di start up innovative, con il supporto di finanziamenti europei

4. gigabit per tutti: accrescere ed estendere le infrastrutture digitali, sicure e sostenibili
– + 50% quota europea di produzione dei semiconduttori, con 43 Mld di euro di investimento
– primo computer quantistico europeo.

Il percorso normativo sul tema della comunicazione e dell'informazione pubblica quest'anno è giunto al suo 34° compleanno, con una straordinaria ricchezza di studi e contributi giuridici. Qui di seguito vengono ricapitolati i punti salienti dei provvedimenti, e alcuni obblighi per la PA:

1. pubblicazione integrale dei dati e accesso alle informazioni che riguardano l'organizzazione e le attività svolte, per una maggiore inclusione e trasparenza, e per prevenire la corruzione;

2. i dati devono essere [1]:
– primari: integri, non manipolati né contraffatti, raccolti alla fonte;
– in formato aperto, open data: non discriminatori, di facile consultazione, accessibili liberamente da chiunque senza registrazione, riutilizzabili e scambiabili sul web senza limitazioni di brevetti e copyright (la fonte va citata);
– aggiornati: tempestivi, completi;
– leggibili: con i più comuni e diffusi programmi software;
– un valore economico a disposizione di tutti: condizionano le decisioni, migliorano la gestione e i servizi, sono alla base della conoscenza e dello sviluppo di un paese.

Un'avvertenza che ritengo importante ricordare è che i dati vanno comunque interpretati e posti in relazione fra loro. Il dato singolo, de-contestualizzato, assoluto, non dice alcunché e va spiegato. Una percentuale, un numero privo del contesto di riferimento, non diventano informazioni utilizzabili e dunque non contribuiscono ad accrescere l'economia della conoscenza.

1. i siti web e i social media istituzionali seguono regole d'uso e di pubblicazione, tramite linee guida, disciplinari e vademecum;
2. in tutti i siti web istituzionali è presente una sezione "amministrazione trasparente", e le informazioni pubblicate durano almeno 5 anni;
3. va rilevato il grado di soddisfazione dei cittadini tramite questionari e interviste, in modalità diretta e/o on line;
4. dall'anno 2000 i comuni devono redigere e pubblicare il Piano di comunicazione;
5. dall'anno 2016 va redatto e pubblicato il Piano triennale di prevenzione della corruzione e della trasparenza, e relative modalità per attuarlo, collegato al Piano della performance.

Infine, in chiusura del capitolo, desidero citare un altro progetto sulla scrittura nella PA, realizzato da Designers Italia; si chiama "Docs Italia", ed è una piattaforma nata qualche anno fa per "*cambiare il linguaggio con cui si comunicano i progetti pubblici in Italia*" [2]. Chiunque può entrare, in modalità aperta (*open access*), consultare, o partecipare alla creazione di alcuni documenti – fornire esempi, fare domande, chiedere suggerimenti, sciogliere dubbi, ecc. Si tratta di un progetto collaborativo, che coinvolge assieme una *community*, parola inglese riferita a una determinata comunità di utenti che navigano in rete uniti da obiettivi e interessi condivisi. I suggerimenti che partono dalla base vengono raccolti, e diventano esempi da

[1] Commissione europea, EC (2016), *Piano d'azione dell'UE per l'eGovernment 2016-2020*, COM 2016, 179 *final*, 19 aprile.

[2] *https://docs.italia.it/media/pdf/writing-toolkit/bozza/writing-toolkit/it/bozza/index.html.*

seguire, buone pratiche, linee guida in ambito di linguaggio e scrittura. "Docs Italia" pone l'accento su ciò che, anche nella scrittura di un atto amministrativo, viene chiamato il tono di voce. È ancora una volta il tema del linguaggio inclusivo, ma in questo caso l'oggetto non è il genere delle parole, bensì il modo in cui scriviamo (e parliamo); non soltanto cosa, ma anche come, lo stile, la modalità, quali parole scegliamo, il tono che utilizziamo quando ci rivolgiamo a un altro.

L'obiettivo della comunicazione pubblica: raggiungere tutta la cittadinanza, non è ancora stato completamente raggiunto. Siamo già dentro un'Europa digitale, un'Italia digitalizzata, ma c'è ancora molta strada da fare, nonostante l'accelerazione impressa alla comunicazione e allo scambio di informazioni dai nuovi strumenti e canali tecnologici, ed è sempre più necessario il contributo di tutte/i per compiere ulteriori, significativi, passi in avanti.

2. Le raccomandazioni contenute nelle norme

Utilizzare le applicazioni software. – Le notizie di interesse della cittadinanza – un'iniziativa promossa dall'ente locale, una modifica di legge, la scadenza di un pagamento o di un bando regionale, i giorni e gli orari per raccolta differenziata, come accedere agli aiuti previsti per le famiglie, ecc. – è più facile che arrivino alla/al cittadina/o-destinatario tramite Whatsapp, o altre applicazioni (di seguito, app) di uso comune, che non attraverso una lettera scritta consegnata capillarmente a ogni numero civico, che invece è più indicata per una persona anziana. Circa i social media, la popolazione più adulta probabilmente utilizzerà Facebook, o Instagram, mentre la popolazione più giovane sarà su TikTok o RedNote. La PA in ogni caso è tenuta a informare la cittadinanza utilizzando tutti i canali disponibili, inclusa l'e-mail e quelli cartacei tradizionali.

Chiudere il cerchio comunicativo. – Sei soddisfatto di questo servizio? Cosa ti è piaciuto, cosa non ti è piaciuto? L'obiettivo è sempre di conoscenza e di miglioramento continuo. È fondamentale che il portatore di interessi – in inglese, *stakeholder* – della PA, l'agricoltore che sul territorio comunale o provinciale deve rispettare una serie di regole, a partire dalle date in cui può procedere con i trattamenti specifici per proteggere le colture dagli insetti infestanti; o il commerciante che deve versare le tasse relative all'occupazione di suolo pubblico; o le famiglie, portatrici di diritti e doveri, e destinatarie di vari servizi – civili, scolastici, sportivi, sanitari, ecc. esprima la sua opinione, comunichi il suo livello di soddisfazione, e se non ha utilizzato un servizio, spieghi perché: c'è stata una carenza di comunicazione? Tempi e modi sbagliati? Forse invece il servizio non serve, se non a un'esigua minoranza, e allora le risorse impiegate per la sua realizzazione possono essere investite altrove.

Garantire l'accesso civico. – Una sentenza del TAR Lazio, sez. I, Latina, del febbraio 2023, alla richiesta di un consigliere comunale di accesso alle decisioni del Consiglio da remoto, ha confermato la correttezza della decisione del comune che ha negato l'accesso in modalità digitale, sostenendo che il consigliere doveva presentarsi fisicamente, firmare, e prendere visione del documento protocollato alla presenza di un impiegato comunale. Un esempio contraddittorio rispetto al piano strategico di digitalizzazione del nostro paese, e dell'Europa. Da un lato l'indicazione del legislatore, dall'altro un comportamento discrezionale, e una sentenza contraria a tali indicazioni.

Realizzare un unico mercato digitale. – Il Piano d'azione 2016-2020 dell'Unione europea (di seguito, UE), conclusosi nel 2021, considera l'e-procurement, e l'e-Government più in generale (la digitalizzazione dei processi amministrativi) "*un supporto al miglioramento della qualità dei servizi e al recupero di efficienza interna, per una PA europea modernizzata, aperta, flessibile e collaborativa nei rapporti sia con i cittadini che con le imprese*" (cit. bibliografia). Pensiamo alla relazione fra PA e imprese fornitrici della PA – ci sono esempi brillanti di pagamenti a 30, 60 giorni, altri di inefficienza e ritardi amministrativi, che a cascata ricadono sui fornitori, con conseguenti squilibri finanziari e sociali che coinvolgono tutta la filiera della fornitura del lavoro, dalle banche ai sub-appaltatori, ai piccoli terzisti, fino alle famiglie. La digitalizzazione dei processi deve poter garantire allo stesso tempo "*la protezione dei dati personali, la tutela della vita privata, la sicurezza informatica, come condizioni per sviluppare una piena fiducia nei servizi digitali*".

Trasferire le buone pratiche. – Nel nostro paese ci sono numerosi esempi eccellenti di efficienza nella PA, e di buone pratiche messe in atto da comuni, province, e regioni – da Sud a Nord, da Est a Ovest. Non c'è nulla da inventare, basta riutilizzare il modello, copiare chi fa meglio, per poi proseguire nel percorso di innovazione e miglioramento. Il trasferimento delle buone pratiche da un'amministrazione a un'altra è uno dei principi cardine dell'UE (cfr. PON Governance 2014-2020). Ricordo in merito il progetto europeo "DeSK", che ho seguito negli anni 2018-2019 per la comunicazione (perché non basta "fare bene", occorre anche "farlo sapere"): quattro territori coinvolti, le Città metropolitane di Milano, Venezia e Genova e la Provincia di Taranto, con l'obiettivo di condividere esperienze di successo in materia di pianificazione, sviluppo e prevenzione dei rischi partendo dai dati territoriali – cartografie, rilievi, caratteristiche geologiche e idrauliche, fragilità, insediamenti urbani e industriali – messi a disposizione delle altre PA, dei professionisti, delle imprese; la Città metropolitana di Milano ha poi continuato lungo il percorso avviato con DeSK, all'interno del suo progetto "DECI.METRO".

3. Gli elementi strutturali della comunicazione e dell'informazione scritta

La comunicazione e l'informazione, nella loro forma scritta e parlata, presentano alcuni aspetti strutturali, dunque imprescindibili e costitutivi – una sorta di DNA, che è utile ricordare per poterli gestire al meglio.

Chi scrive, chi comunica? La fonte, l'emittente

Sapere chi è l'autore di un documento, chi firma un testo, è fondamentale ai fini della trasparenza, dell'identità, della **responsabilità** rispetto a ciò che si scrive.

Va mantenuta la riconoscibilità dell'emittente in ogni atto di comunicazione scritta (e non solo). Oggi la diffusione dell'AI – nelle sue applicazioni di scrittura come "Chat GPT" – presenta grandi opportunità ma anche una serie di questioni aperte, tra cui la tutela del diritto d'autore, e la veridicità di quanto viene scritto e diffuso. L'AI trae (anche) da internet le informazioni, e le elabora più rapidamente di Google copiando il linguaggio naturale. Tuttavia, se i dati che prende dalla rete sono falsi (*fake news*), il risultato è falso. Il primo agosto 2024 la UE ha approvato un documento che si chiama *Europe Artificial Intelligence Act* (EU AI Act) e che contiene una serie di regole e di avvertenze per l'utilizzo dell'AI, la tutela del copyright e della proprietà intellettuale, e i rischi che l'AI può presentare nel fornire informazioni non valide.

Solo l'esperienza e la competenza umana sono in grado di stabilire la validità dei dati e delle informazioni fornite, anche dall'AI. La **competenza** e l'**autorevolezza** di colui/colei che comunica e scrive sono alla base del valore dell'informazione; se la fonte dell'informazione non è autorevole, l'informazione andrà verificata, approfondita. Il tema dell'autorevolezza è inoltre legato al **ruolo**, e alla coerenza delle proprie dichiarazioni e azioni rispetto al ruolo che si ricopre: se l'annuncio relativo a un cambiamento organizzativo arriva dal segretario comunale o dal direttore generale, il livello di fiducia nella validità dell'informazione sarà più alto; viceversa, se è solo il risultato di chiacchiere da corridoio, probabilmente non avrà ricadute pratiche e rimarrà lettera morta. Il tema del ruolo è cruciale anche nell'utilizzo dei social media; ci sono numerosissimi esempi di amministratori pubblici, docenti, membri della pubblica sicurezza, compresi i corpi della Polizia di Stato e dei Carabinieri, che hanno pubblicato sui loro profili social immagini a volte molto private e personali. In questi casi il ruolo pubblico che ricoprono, e la funzione che svolgono, dovrebbero condizionare i contenuti e le immagini che decidono di pubblicare sui social media. Se è pur vero che siamo tutti/e anche persone con una vita privata, la decisione di pubblicare su Facebook, su Instagram, o su X (l'ex Twitter), trasforma la vita privata in pubblica, e può entrare in conflitto con il ruolo di rappresentanza, e professionale, che svolgiamo. Il tema è collegato all'**immagine** e alla **reputazione**. Così come non ci rechiamo in ufficio – per rispetto dei colleghi, dei cittadini e dell'istituzione o impresa dove lavoriamo – in modo indecoroso (non andiamo in pigiama o in mutande, tanto per essere chiari), altrettanto non dovremmo pubblicare immagini o foto compromettenti, o dichiarazioni estreme, scritte con linguaggio offensivo e violento. La comunicazione ha sempre a che fare con il ruolo. Se siamo persone che non hanno incarichi pubblici, né ruoli di rappresentanza nella PA o in un'impresa, siamo liberi di pubblicare ciò che vogliamo, in un regime democratico, ma con alcuni limiti e regole: non andrebbero pubblicate foto di persone ignare della pubblicazione, senza il loro consenso; o immagini di bambini, di minori. Le immagini che circolano in rete possono essere riutilizzate per scopi illegittimi, dal furto d'identità alla pedofilia. Rispetto a questi rischi, la Polizia postale italiana svolge un lavoro egregio di controllo e prevenzione, ed è tra le più apprezzate in Europa. Anche nelle organizzazioni private, reputazione e tutela del marchio, ovvero ciò che comunica il **valore** (**materiale e immateriale**) dell'impresa ai diversi portatori d'interesse, sono temi strettamente collegati fra loro, sono considerati beni (asset) valoriali. La riproduzione non autorizzata di un marchio può avere conseguenze legali – in gioco c'è il tema della violazione della ricerca e sviluppo del prodotto, la tutela dei brevetti e del copyright – ed eventuali ricadute economico-finanziarie: l'oscillazione in borsa se l'azienda è quotata, la sottrazione di quote di mercato, la concorrenza sleale, ecc.

La qualità della fonte, includendo l'editore, i revisori, e il prestigio della testata, per esempio nell'ambito delle pubblicazioni scientifiche in campo medico, è garanzia della maggiore validità delle informazioni contenute, perché riporterà in modo serio gli studi clinici, i casi controversi e le evidenze emerse anche dalla pratica clinica. Un criterio per verificare la validità di un articolo scientifico è l'*impact factor*, ovvero quante persone hanno citato, commentato o fatto riferimento a quell'articolo e al suo autore in un determinato periodo.

Chi legge, chi ascolta? Il destinatario, il ricevente

A chi si rivolge la PA quando scrive? Qual è il *target*, parola inglese che significa "bersaglio", della nostra comunicazione? La risposta la troviamo nella Guida agli Enti Locali, del 2002: "*Il nostro interlocutore medio non è il cittadino laureato, ma neppure chi non ha raggiunto la quinta elementare molti anni fa: è colui/lei che ha frequentato la scuola dell'obbligo*"[3]. I tecnicismi, quando necessari, vanno spiegati in un linguaggio di uso e senso comuni per il cittadino medio. Se tuttavia, per esempio, il personale del comune, o della Polizia municipale, o un amministratore locale, fanno un intervento in una scuola elementare per spiegare a cosa serve l'ente locale, o il valore delle regole in una comunità, incluse quelle del codice della strada per la sicurezza di tutti, allora il linguaggio utilizzato sarà semplice e inclusivo, con l'utilizzo di immagini colorate, icone o fumetti adatti ai più piccoli per conquistare e mantenere la loro attenzione.

Qual è la notizia? L'oggetto, il contenuto informativo

Qual è l'oggetto principale della nostra comunicazione, il contenuto informativo, la notizia? Di cosa vogliamo scrivere, o parlare? Anche il contenuto è in relazione con chi scrive, e al ruolo che ricopre, e tiene conto del pubblico a cui si rivolge. Consideriamo l'oggetto di un protocollo: scriverlo bene, in modo che sia facilmente ricercabile, può essere considerato un atto altruistico[4]; il/la RUP dovrebbe

---

[3] M.A. CORTELAZZO, F. PELLEGRINO, *30 regole per scrivere testi amministrativi chiari*, in *Guida agli enti locali*, 25 maggio 2002, 20, pp. 25-35.

[4] G. PENZO DORIA (2024), *Scrivere bene l'oggetto del protocollo è un atto di altruismo*, in *https://www.filodiritto.com/scrivere-bene-loggetto-del-protocollo-e-un-atto-di-altruismo*.

riuscire a cogliere il contenuto di un documento senza doverlo leggere integralmente. Consideriamo, come secondo esempio, una semplice e-mail. Sappiamo che c'è un emittente (chi scrive) e un destinatario (a chi invio la e-mail). Perché sto inviando un'e-mail? C'è una scadenza, un obbligo, un sollecito? L'invito a un evento? Va indicato chiaramente in oggetto. Può succedere a tutti/e noi di ricevere inviti in cui mancano alcune informazioni fondamentali, qui di seguito ricapitolate nelle "5 W", tratte dal gergo giornalistico di origine anglosassone, che costituiscono le informazioni di base di una notizia: ***Who*** (chi), ***What*** (cosa), ***Why*** (perché), ***Where*** (dove), ***When*** (quando), in fondo quelle già schematizzate dai nostri padri latini nelle "5 Q": ***Quis***, ***Quid***, ***Quibus***, ***Quomodo***, ***Quando***.

Si tratta dei dati necessari per poter tradurre l'informazione in comportamento agito. Tornando all'esempio dell'invito a un incontro, se lo scopo è incentivare la partecipazione del pubblico, aggiungeremo oltre all'indirizzo preciso del luogo – con il numero civico e il piano dove si svolge l'incontro – anche l'indicazione di un parcheggio nelle vicinanze, e relativo costo; la disponibilità di mezzi pubblici per arrivare al luogo dell'incontro; e la durata prevista – per rispetto verso la persona invitata che può avere altri impegni già pianificati nel resto della giornata.

Personalmente considero anche una "sesta Q": **Quanto**, perché l'informazione sul costo è essenziale – quanto costa un servizio, sia alla PA per realizzarlo, sia alla cittadinanza per utilizzarlo.

Aggiungerei infine anche una **sesta** e una **settima "W"**: **Web e Wi-fi** (*wireless fidelity*, collegamento senza fili). Con il web è crollata la barriera professionale fra chi produce informazione (i giornalisti, gli esperti, gli accademici) e chi ne fruisce: chiunque può scrivere e mettere in rete notizie, vere o false che siano, e chiunque può postare, commentare e ripostare notizie. Il web non fa domande e non chiede prove, e per questa ragione l'accesso al web da parte dei più piccoli merita l'impegno degli adulti in un percorso educativo che illustri i rischi, e poi vigili, controlli, e ponga dei limiti all'uso e agli strumenti stessi.

Il wi-fi è diventato una condizione cruciale per consentire alle persone di restare connesse ovunque si trovino, durante un viaggio in treno, un convegno, in uno spazio pubblico. Il tema della comunicazione oggi rimanda inevitabilmente alla **connessione**; siamo tutti costantemente connessi, e i più giovani, spesso, più che parlarsi, si scrivono, anche quando sono fisicamente insieme in un medesimo spazio. Per questo la scrittura ha ritrovato una dimensione centrale all'interno della comunicazione.

Quale lingua utilizziamo? Il codice

È la lingua che scriviamo, che parliamo: deve essere **condivisa e compresa** da tutti/e. Se consideriamo, per esempio, il sito istituzionale di un grande comune italiano come Napoli, con una forte affluenza turistica, le informazioni fondamentali destinate a un pubblico internazionale saranno scritte (o tradotte vocalmente) in inglese. Nei siti delle varie ASL (aziende sanitarie locali), le informazioni essenziali sulla salute saranno scritte nelle lingue più parlate dalle popolazioni immigrate in quel territorio, incluso l'arabo e l'hindi. Cito un progetto di comunicazione del Comune di Sassari che ho curato nei primi anni Duemila, durante il mandato amministrativo della Sindaca Anna Sanna, in gruppo con alcuni colleghi. Si è trattato di un progetto ampio: dalla formazione a tutto il personale comunale sulla comunicazione, alla realizzazione del giornale comunale, una guida ai siti di interesse, un manuale, un portale web istituzionale, fino all'apertura di un ufficio URP, situato nel centro della città, abitato in buona parte da una cittadinanza anziana e parlante il sardo, che è pertanto diventato il secondo codice condiviso dal personale addetto allo sportello URP.

La lingua è, da una parte, la **grammatica**, la sintassi, le regole della retorica – ovvero il **codice logico**; dall'altra, il linguaggio del **corpo**, la ritualità dei **gesti** legata alla cultura di un popolo, ai suoi usi e costumi – ovvero il **codice analogico**. Noi ci esprimiamo anche con il linguaggio del corpo, con la postura, l'espressione del volto, lo sguardo, il tono di voce; i gesti comunicano più velocemente delle parole, mandano segnali che vengono letti immediatamente, ben prima della decodifica del linguaggio logico. Se un impiegato è annoiato, scostante o arrabbiato, se l'espressione del suo volto mostra fastidio e irritazione, sarà questo il messaggio che invia agli altri – colleghi e cittadini, e sarà questa l'esperienza che gli altri porteranno con sé, nonostante un linguaggio formalmente corretto.

In quanto esseri umani, utilizziamo sempre i due codici: da un lato il corpo, dall'altro la lingua e le parole, nella relazione con gli altri. Ci muoviamo utilizzando il corpo; pensiamo e scriviamo utilizzando le parole che conosciamo. Più ampio è il nostro lessico, il vocabolario che utilizziamo, più vasto è il mondo che abitiamo, che ci accoglie e nel quale ci sentiamo a nostro agio.

Scrivere (e parlare) bene vuol dire curare la qualità della nostra comunicazione. Ci sono alcune regole che possono aiutarci, dalle più note "7 C" ad altre sei che considero utili, e che riassumo nel seguente promemoria:

1. **Chiaro** – basti pensare alle indicazioni normative sulla trasparenza ricordate sopra, e al progetto "Chiaro!". La Commissione europea, nel testo *Scrivere chiaro* [5] illustra tre buoni motivi per scrivere chiaro: si interagisce in modo più efficace, si riduce la corrispondenza inutile e si instaura un clima costruttivo.

2. **Corretto** – un testo con errori, refusi, strafalcioni, citazioni errate ci trasmette un'idea di sciatteria, di approssimazione, di infondatezza.

3. **Completo** – dove tutte le informazioni necessarie sono presenti (le 5 W, o 6 Q).

4. **Corto** – nella comunicazione funzionale un'informazione concisa arriva al destinatario più velocemente; prende meno tempo scriverla e leggerla; richiede minore attenzione. La brevità è un vantaggio per tutti, ed è più sostenibile: se il testo non perde in chiarezza, e vogliamo stamparlo, consumerà meno carta e toner, con un risparmio di risorse. Nel web, le frasi devono essere brevi, mentre i testi di approfondimento è preferibile siano lunghi e circostanziati, con alcuni concetti-chiave ripetuti e ben evidenziati, per soddisfare i requisiti del SEO (*search engine optimization*, il sistema di ottimizzazione dei motori di ricerca), come vedremo di seguito nel paragrafo dedicato.

---

[5] Commissione europea (EC), Direzione Generale della Traduzione, Z. FIELD (2015), *Scrivere chiaro*. Ufficio delle pubblicazioni dell'Unione europea, in: *https://data.europa.eu/doi/10.2782/478661*.

5. **Coerente** – con il nostro ruolo, con la logica del testo, con lo scopo della comunicazione, con le caratteristiche e il profilo dei lettori.

6. **Cortese** – caratterizza il tono, il cui valore è stato più volte sottolineato (cfr. Docs Italia). Cortese viene dalla parola "corte", ed esprime il modo in cui la persona doveva rivolgersi alla corte, con rispetto, gentilezza e spirito di servizio. La nostra corte è il cittadino, anche il più semplice, o anziano, o con disabilità. È importante cosa scriviamo e diciamo, ma anche quale tono utilizziamo: il come ci rapportiamo agli altri è alla base delle nostre relazioni.

7. **Comprensibile** – è il risultato che otteniamo se le 6 condizioni precedenti sono state rispettate. Comprendere deriva dal latino *cum-prendere*, fare proprio, e rinvia a un'azione, a un comportamento attivo. La comunicazione efficace agevola le relazioni e si traduce nei comportamenti attesi.

Le successive "4 C" vengono suggerite da due autori, M. Gaggi e M. Bardazzi (2010)[6]: **Condivisione**, **Collaborazione**, **Comunità** e **Conversazione**. Personalmente ritengo importanti altre due condizioni per chi scrive: la **Curiosità** della persona che si nutre di ricerca, apprendimento e confronto continui, e la Complessità del testo che va costantemente tenuta sotto controllo.

Le tre citazioni seguenti rafforzano i punti sopra condivisi, evidenziando il valore della correttezza e della chiarezza della lingua per prevenire l'inefficienza, la corruzione e il malaffare:

> *"La correttezza della lingua è la premessa della chiarezza morale e dell'onestà. Molte mascalzonate e violente prevaricazioni nascono quando si pasticcia la grammatica e la sintassi e si mette il soggetto al posto dell'accusativo o il complemento oggetto al nominativo, ingarbugliando le carte, scambiando i ruoli fra le vittime e i colpevoli. Rispettando la lingua, ossia la verità, si irrobustisce la vita, si sta più fermi sulle proprie gambe e si è più capaci di fare quattro passi godendosi il mondo ..."* (Claudio Magris, 1997).

> *"Se è usato bene, l'italiano può diventare espressivo, limpido, semplice ed essenziale come nessun'altra lingua. Ed è usato bene quando è lineare ... Infatti è una lingua fredda, dura, lucida e consequenziale. Tra i suoi meriti può vantare una propensione naturale al giusto dosaggio fra astratto e concreto e una diffidenza, nascosta ma tenace, per le frane incontenibili che trascinano verso ... le idee artificiali"* (*Manifesto in difesa della lingua italiana*, 2000).

> *"Ogni giorno, soprattutto da cent'anni a questa parte, per un processo ormai automatico, centinaia di migliaia di nostri concittadini traducono mentalmente, con la velocità di macchine elettroniche, la lingua italiana in un'antilingua inesistente. Avvocati e funzionari, gabinetti ministeriali e consigli d'amministrazione, scrivono, parlano, pensano nell'antilingua. Caratteristica principale dell'antilingua è quello*

---

[6] M. Gaggi, M. Bardazzi (2010), *L'ultima notizia. Dalla crisi degli imperi di carta al paradosso dell'era di vetro*, Rizzoli, Milano.

che definirei il "terrore semantico", cioè la fuga di fronte a ogni vocabolo che abbia di per sé stesso un significato ... nell'antilingua i significati sono costantemente allontanati, relegati in fondo a una prospettiva di vocaboli che non vogliono dire niente o vogliono dire qualcosa di vago e di sfuggente ...

Chi parla l'antilingua ha sempre paura di mostrare familiarità e interesse per le cose di cui parla. Crede di dover sottintendere: io parlo di queste cose, ma la mia funzione è ben più in alto delle cose che dico e che faccio ... La lingua invece vive solo di un rapporto con la vita che diventa comunicazione, d'una pienezza esistenziale che diventa espressione" (Italo Calvino, 1965).

Come scriviamo (e parliamo)? Il messaggio

A parità di contenuto informativo, il messaggio include anche la scelta stilistica dell'autore/autrice – personalizzata o stereotipata – quando redige un testo; pensiamo alla descrizione di un medesimo fatto di cronaca da parte di due giornalisti, il cui stile risulta riconoscibile e oggetto di scelta da parte del lettore. Il messaggio si riferisce, nuovamente, anche al tono utilizzato nelle comunicazioni (scritte o parlate) alla cittadinanza. Rimanda, indirettamente, alla gentilezza, al sorriso (che possiamo percepire anche fra le righe di un testo, o nel corso di una telefonata, senza essere fisicamente di fronte alla persona). Nelle culture di origine anglosassone il *tone of voice* riguarda anche l'utilizzo eccessivo di maiuscole nei testi, che può essere interpretato come aggressivo, assoggettante, anche se talvolta può risultare funzionale ai bisogni specifici di una persona.

Cosa utilizziamo? Il mezzo

È lo strumento che scegliamo di utilizzare per comunicare e informare; elenco di seguito i più diffusi:

– il portale web istituzionale ed eventuali blog;
– i social media, come FB, Instagram, X, Pinterest, ecc.; sono mezzi democratici e universali, in quanto possono accedervi tutti (o quasi), e veloci, dove il linguaggio si adatta al mezzo;
– la newsletter, le e-mail;
– le app, come WhatsApp o Telegram, gli sms (*short message service*);
– la rivista dell'ente, sia interna che esterna;
– i pieghevoli, i dépliant, le guide;
– i libri-strenna;
– i cartelloni, gli schermi digitali pubblici;
– i filmati, i podcast;
– le pagine pubblicitarie, gli spot tv e radio;
– i corsi di formazione;
– le riunioni (in presenza o da remoto);
– le telefonate;
– altri.

Un paio di avvertenze

La prima: la PA si rivolge a tutti e tutte, e per raggiungere il maggior numero di cittadini è opportuno che utilizzi più mezzi, scegliendo sulla base dei bisogni della popolazione e dei fondi disponibili a bilancio. Possiamo raggiungere facilmente uno studente universitario con Whatsapp o Telegram, ma forse la persona anziana – che di rado esce di casa, è seguita dai servizi sociali e sanitari, e riceve i pasti a domicilio tramite la RSA (residenza sanitaria anziani) locale – ha il diritto di essere informata con un mezzo appropriato, come una lettera, una telefonata del comune, un avviso sul quotidiano locale, o per radio e TV.

La seconda: i mezzi (*media*) che decidiamo di utilizzare, sia tradizionali che digitali, vanno studiati, utilizzati con competenza, e controllati costantemente. Se scegliamo il sito web, sappiamo già che le diverse sezioni e le pagine che lo compongono vanno riempite di contenuti sempre aggiornati, e la scrittura richiede tempo, precisione e risorse dedicate. Andranno utilizzati i loghi istituzionali, lo stemma dell'ente, con la grafica, i colori e i caratteri di stampa corretti. Utilizzeremo un linguaggio e uno stile uniformi. Se nel sito è stato previsto un blog, dove la persona può dialogare in tempo reale con la PA e porre dei quesiti, a questi bisognerà rispondere tempestivamente, in modo corretto e completo. Se non sappiamo cosa rispondere, né conosciamo l'argomento posto dal quesito, la risposta sarà: "*Non lo so, mi informo e le farò sapere. Grazie per la sua domanda, perché mi dà l'occasione per approfondire la questione*".

Cosa fa funzionare lo strumento? Il canale

È l'infrastruttura materiale che rende possibile la realizzazione e l'uso dello strumento; è l'aula dove si svolge l'incontro di formazione; è la sala dove decidiamo di realizzare il convegno, è la rete internet. Anche il canale, come lo strumento, va controllato, verificato preventivamente. Se ho previsto l'uscita del giornale dell'ente in formato cartaceo in una certa data, ma gli stampatori sono in sciopero e le rotative ferme, lo strumento non potrà essere realizzato. Prima di un incontro di formazione, l'aula va controllata – elettricità/rete/luci/microfoni/rumori esterni, che potrebbero disturbare la presentazione e rendere difficile l'ascolto.

Il feed-back

È la risposta che riceviamo al termine del percorso di comunicazione, il comportamento di ritorno. La parola inglese in questo caso esprime meglio l'idea dell'azione che dà seguito a "cosa, quanto e come" abbiamo comunicato. Che la nostra intenzione fosse informare circa un cambiamento organizzativo, uno spostamento di sede, oppure nuovi obblighi previsti dalla legge, o altro, il senso compiuto (il successo o l'insuccesso) della nostra comunicazione sta nel comportamento che abbiamo attivato. Se il cittadino non mette in atto il comportamento che ci aspettavamo – non ha rispettato le regole, non ha partecipato, non ha letto l'avviso, ecc., forse abbiamo comunicato male, e l'informazione non l'ha raggiunto: il cartello era poco visibile, scritto in caratteri troppo piccoli, nascosto fra altre informazioni meno rilevanti. La verità della comunicazione sta tutta nella risposta che riceviamo, non in quello che avevamo intenzione di dire.

Il feedback della popolazione va costantemente verificato e analizzato, tramite interviste e questionari; è uno dei termometri dell'azione amministrativa, indice della qualità dei servizi attivati; si tratta dunque di un passaggio fondamentale lungo un percorso di miglioramento continuo.

4. Undici regole per scrivere testi amministrativi chiari

Scrivere chiaro per farsi capire – senza costringere la persona a ricorrere a un interprete – è alla base di una PA moderna, efficiente, concretamente a servizio della comunità di riferimento. Propongo di seguito undici regole, e relativi esempi pratici, che possono essere utilizzati per riportarci sulla retta via della chiarezza quando scriviamo e rileggiamo i nostri testi. La citazione seguente, tratta da un libro di Andrea Camilleri del 2000, ci aiuta a introdurre il tema con un sorriso.

> *"– Ci tieni tanto al ringrazio? Cerca piuttosto il rapporto di scriverlo bene. Domani a mattino me lo porti e lo firmo.*
> *– Che significa che devo scriverlo bene?*
> *– Che lo devi condire con certe cose: recatici in loco, eppertanto, dal che si evince, purtuttavia. Così si trovano nel loro territorio, col loro linguaggio e pigliano la faccenda in considerazione"* (Andrea Camilleri, 2000).

1. Usare la forma attiva

No: Una dichiarazione inviata dal cittadino, dopo i termini di legge previsti, comporterà l'applicazione di un'ammenda.

Sì: I cittadini che inviano la dichiarazione dopo la scadenza dovranno pagare una multa.

➢ Il nuovo testo è più breve, in forma attiva, e utilizza una parola di uso comune, multa al posto di ammenda. Anche gli esempi seguenti seguono le considerazioni finora condivise.

2. Preferire la forma positiva

No: Non è infrequente che una domanda sia respinta e conseguentemente non presentate ricorso, a meno che non abbiate certezza di aver compilato la vostra in modo che non vi figurassero errori.

Sì: È possibile che una domanda venga respinta, perciò presentate ricorso soltanto se siete certi di aver compilato la vostra in modo corretto.

3. Usare pochi termini tecnici, e spiegarli

No: Tali posizioni sono da identificare non tanto in diritti irrefragabili, il cui esercizio prescinde dall'adozione di atti permissivi dell'amministrazione, ma in situazioni giuridiche suscettibili di trasformazione a seguito di atti di tipo suindicato.

Sì: I cittadini che vogliono iniziare un'attività devono chiedere un'autorizzazione alle amministrazioni competenti: x y z ...

4. Limitare l'uso di abbreviazioni, sigle, acronimi, e spiegarli

No: Le SS.LL. sono pregate di indicare al responsabile dell'URPA i membri della commissione

Sì: Vi chiediamo di trasmettere al responsabile dell'Ufficio regionale per le politiche agricole (di seguito, URPA), i nomi dei membri della commissione.

➢ In generale, la prima volta che utilizziamo gli acronimi in un testo dobbiamo spiegarli, a meno che non siano già noti e utilizzati nel linguaggio comune. Vanno spiegati anche per un'altra ragione: spesso lo stesso acronimo può indicare realtà molto diverse fra loro; per esempio, l'acronimo API si riferisce ad Associazione politrasfusi, Associazione progressista internazionale, Agenzia parlamentare italiana, Associazione piccola industria, Associazione pionieri italiani, Associazione pioppicoltori italiani, Associazione petroli italiani.

5. Strutturare il testo in frasi brevi e chiare

No: Stanti le urgenti e indifferibili esigenze di personale in grado di garantire adeguata e qualificata attività di assistenza tecnica ai lavori ed agli interventi programmati dal settore dipartimentale x y…

Sì: Poiché il dipartimento x y ha urgente bisogno di personale qualificato per svolgere i lavori e gli interventi programmati, ...

➢ due righe, meno parole, leggibilità immediata!

6. Evitare le parole latine e limitare i termini stranieri

No: Le agevolazioni saranno concesse anche ai conviventi *more uxorio*

Sì: Anche le coppie conviventi hanno diritto alle agevolazioni.

➢ Da notare che la seconda frase è attiva, la prima passiva.

No: Bisogna porre attenzione alla *policy implementation.*

Sì: Dobbiamo mettere in atto le politiche …

➢ *Policy implementation* vuol dire mettere in atto delle politiche, allora perché utilizzare l'espressione inglese? Notiamo anche che la prima frase è impersonale, la seconda è attiva con un soggetto espresso.

7. Evitare gli stereotipi

No: È fatto obbligo a chiunque di …

Sì: Tutti devono …

➢ Da sei parole a due, da impersonale a un soggetto esplicito.

No: Con la presente ci preghiamo di informare la S.V. …

Sì: Gentile, la informiamo che

➢ L'uso frequente di "Gentile" è dovuto anche al suo essere neutro rispetto al genere (oltre che evitare l'uso di un superlativo assoluto).

No: L'ufficio x y in indirizzo cesserà la corresponsione degli emolumenti a decorrere dal 1° maggio 2022.

Sì: Dal 1° maggio 2022 il nostro ufficio sospenderà i pagamenti.

8. Limitare l'uso del congiuntivo

No: Ove la Commissione potesse riunirsi per tempo, le delibere sarebbero ancora valide.

Sì: Se la Commissione si riunirà per tempo, le delibere saranno ancora valide.

No: Qualora dal controllo dovesse emergere la non veridicità del contenuto della dichiarazione, il dichiarante decade dai benefici conseguiti sulla base della dichiarazione non veritiera, fermo restando quanto previsto dall'articolo di legge in materia di sanzioni penali

Sì: Chi dichiara il falso, anche in parte, perde i benefici descritti e subisce le sanzioni penali previste (legge numero anno articolo).

➢ Forma diretta e attiva, tempo indicativo, meno parole, più chiarezza.

9. Porre attenzione a maiuscole, minuscole e punteggiatura

No: Tutte le informazioni possono essere trovate sul sito dell'Azienda Sanitaria Locale.

Sì: Trovate le informazioni sul sito dell'azienda sanitaria locale: www…

➢ Più breve, in forma attiva, un uso corretto delle minuscole, soprattutto se aggettivi (fonte: Docs Italia, cit.).

Il Comune di … va scritto in maiuscolo, il comune generico va scritto in minuscolo.

No: Una best practice è stata adottata dal Comune di Milano.

Sì: Il Comune di Milano ha adottato una buona pratica.

➢ Di nuovo l'utilizzo dell'inglese quando c'è un'espressione equivalente in italiano. Notiamo anche il passaggio dal passivo all'attivo.

10. Individuare gli elementi giuridici essenziali del testo

In sintesi: L'atto amministrativo deve indicare chiaramente chi lo emana, l'oggetto, la decisione presa, e le motivazioni che hanno portato alla decisione. I riferimenti normativi possono essere citati in fondo, nelle note, e altre informazioni utili allegate. Talvolta la decisione presa, ovvero l'esito del procedimento, può essere indicata all'inizio – per maggiore praticità di chi legge – seguita dalle altre informazioni.

11. Fornire alla persona le istruzioni d'uso

In sintesi: Chi legge deve capire la gerarchia e la logica delle informazioni. È utile riassumere ed evidenziare alcune indicazioni pratiche: le date di scadenza, le eventuali avvertenze, cosa fare per ottenere un beneficio, chi ne ha diritto o chi ne è escluso, come ricorrere contro l'atto, la decisione presa dall'amministrazione.

Più informazioni pratiche, in un linguaggio chiaro, possiamo al cittadino, più facilitiamo tutto il processo e il rispetto delle leggi. Soprattutto risparmiamo tempo, il nostro e della cittadinanza.

5. Quali espressioni evitare per una scrittura comprensibile

L'elenco seguente raccoglie alcune espressioni, parole e verbi usati di frequente nei testi amministrativi, e una proposta alternativa più efficace. Si tratta spesso di espressioni abusate, che spesso hanno perso il loro senso, e che contraddicono i principi di chiarezza, brevità, e maggiore comprensibilità finora condivisi.

Espressioni

Tutte le volte che →sempre
Nel momento in cui →quando
In data odierna → oggi
In un futuro molto prossimo → presto
Successivamente alla data → dopo il
Immediatamente → adesso, ora
Precedentemente → prima
Entro e non oltre →entro
Nelle more di → in attesa del
Al fine di, allo scopo di, con la finalità di → per
Dal momento che, in considerazione del fatto che → poiché, perché
Sempre che, a condizione che, nel caso in cui →se
In caso contrario → altrimenti
Nell'ipotesi che ciò si verifichi → in caso di, in tal caso
Va ricordata quella che è la ragione → ricordiamo perché
È intendimento di codesta amministrazione → intendiamo
È nostra ferma convinzione → riteniamo
Per il conseguimento delle finalità → per raggiungere gli scopi, gli obiettivi
Per quanto attiene a, per quanto concerne → circa, relativamente a
Conseguentemente, di conseguenza → quindi, perciò
Concernente, concernenti → su, su come
A titolo esemplificativo → per esempio, ad esempio
Di natura confidenziale → confidenziale
Si tratta di → è, sono

Parole

Alienazione → vendita
Allibramento→iscrizione, registrazione, pagamento
Ammenda, contravvenzione → multa
Elencazione →elenco
Esigenza → bisogno
Interlocuzione → dialogo, confronto, discussione
Locazione → affitto
Modalità → modo
Segnaletica → segnale
Tematica, problematica → tema, problema
Tipologia →tipo
Trapasso, decesso → morte
Utilizzo, utilizzazione → uso, usabilità (termine mutuato dai contesti informatici, di origine inglese: *usability* di un sistema, un software, un programma)

Verbi

Abrogare → cancellare (abrogare è un verbo usato in contesti giuridici, ma il termine proposto appartiene al linguaggio comune ed è compreso per tutti)

Alienare → vendere, cedere
Allibrare→iscrivere, registrare, pagare
Erogare → offrire, fornire, consegnare
Espletare → completare
Esplicare → fare, svolgere
Implementare → attuare, realizzare
Obliterare → timbrare, annullare
Prendere in considerazione → considerare
Procedere all'annullamento → annullare
Provvedere alla copertura assicurativa → assicurare
Provvedere al pagamento → pagare
Portare avanti → sviluppare, realizzare
Ratificare → approvare (anche qui, al termine giuridico in contesti divulgativi è preferibile usare un sinonimo di uso comune e immediata comprensione)
Sottoporre ad analisi → analizzare
Sottoporre ad esame, prendere in esame → esaminare

Termini inglesi
Best practice → buona pratica
Citizen satisfaction → gradimento del/a cittadino/a
Contact center/centre → centro assistenza
Controller→revisore
Disclaimer → avvertenza, informazioni ulteriori
Guideline → linea guida
Help desk → banco assistenza, banco informazioni
Management → gestione, dirigenza
Meeting → riunione
Mission → scopo, obiettivo, missione
Performance → prestazione
Speaker → relatore, relatrice

6. Scrivere per il web

Le regole e i principi già condivisi valgono anche per il web, con l'aggiunta di alcuni elementi distintivi.

1. Prima regola: "morso, spuntino e pasto", ovvero, parafrasando l'espressione coniata da Leslie O' Flahavan nel 1997, vanno previsti un **titolo**, un **riassunto breve** (o *abstract*) e un **testo**. Di fatto, questa non è solo la struttura dei testi scritti in generale per il web, ma anche degli articoli scientifici che poi vengono pubblicati on line.

2. **Ogni pagina web è indipendente**, uno spazio autonomo, a differenza di un libro dove c'è un ordine delle pagine, una lettura sequenziale – che per noi occidentali va da sinistra a destra, e nei paesi di lingua semitica, come l'arabo o l'ebraico, da destra a sinistra. Nel web possiamo entrare in una pagina casualmente, e poi saltare a un'altra, e a un'altra ancora.

3. In una pagina web per dare enfasi ad alcune frasi e parole-chiave possiamo usare il **grassetto/neretto**, il colore, l'evidenziatore: sono gratis, non occupano memoria, né larghezza di banda. Quando leggiamo i libri, in genere sottolineiamo i passaggi che vogliamo ricordare; tuttavia, nel web sottolineare vuol dire creare un *link ipertestuale* che rimanda a un'altra pagina, a un approfondimento.

4. Per la carta stampata generalmente gli editori adottano liberamente i caratteri tipografici (font), spesso è il Times New Roman, ma per il web è preferibile **scegliere caratteri "senza grazie"** (*sans serif*, senza decori), più ariosi (Arial), e ampi (Verdana). Sono i preferiti dagli autori e dai grafici per il web, perché più facilmente leggibili anche da un lettore con disabilità visiva, o con dislessia. Sono più semplici da scansionare, se stampati richiedono meno toner, e aiutano il lettore a fermarsi più a lungo sulla pagina web.

5. Anche il web privilegia la **brevità dei testi**: 30 righe riempiono lo spazio di una schermata. I testi più lunghi, con i concetti principali ripetuti più volte e nerettati, sono invece preferiti dal SEO che rileva più facilmente testi ampi con parole ripetute, rendendoli più visibili in rete. Le pagine di approfondimento sono raggiungibili tramite link ipertestuali.

6. Lasciare ampi **spazi liberi** sulla pagina, in particolare ai lati. L'equilibrio fra spazi vuoti e pieni, e buone soluzioni grafiche, valorizzano gli stessi contenuti, facilitano la lettura e non stancano gli occhi – la lettura sullo schermo risulta spesso più faticosa della lettura su carta.

7. La **punteggiatura** sul web premia il punto fermo e i due punti, che dobbiamo utilizzare con grande generosità: aiutano a semplificare la sintassi e incoraggiano la brevità delle frasi. I punti esclamativi sul web sono grida, e utilizzare le maiuscole equivale ad alzare la voce, a imporre la propria opinione in modo prepotente.

8. L'**orientamento**. In un ipertesto non c'è un prima o un dopo, e il lettore ha bisogno di pagine dotate di una bussola di navigazione che faciliti il passaggio da una pagina all'altra, il ritorno ai link visitati prima, o all'home page del sito. Il sito web deve essere progettato in modo che si possa tornare alle sezioni di interesse, senza uscire dal sito. Un sito web funzionale è un luogo dove il cittadino trova facilmente, in modo intuitivo, le informazioni aggiornate e complete che servono.

9. Il tema della **vicinanza fra soggetto, verbo e complemento oggetto** ci riporta alla citazione già condivisa, tratta da Claudio Magris. Frasi lineari, senza subordinate e incisi, in forma attiva: una scrittura forse più povera, ma più concreta, aderente ai fatti e ai dati. Non siamo infatti in ambito letterario, di scrittura creativa con licenza poetica; ci riferiamo a una scrittura funzionale, dentro un contesto organizzativo, che ha l'obbligo di risultare accessibile e comprensibile.

10. **Rispetto della proprietà intellettuale**. Quando scriviamo, le nostre fonti, siano essi autori di testi o di immagini, vanno citati. Anche le immagini che possiamo utilizzare gratuitamente hanno un autore/autrice che è corretto citare; non è sufficiente riferirci in modo generico al motore di ricerca *Google Images*. Se entriamo dentro la proprietà dell'immagine, scopriamo il nome della persona che ha reso disponibile la sua opera, e che va riconosciuta. Abbiamo visto come l'AI abbia reso evidente questo problema, e che le versioni più avanzate di ChatGPT stanno

provando a rimediare, indicando sempre più spesso la fonte delle risposte fornite. Tuttavia l'AI prende ciò che è vero e ciò che è falso dal web, e quando non è in grado di rispondere, si "inventa" la risposta (falsa), un fenomeno chiamato "allucinazione", e spetta a chi ha posto la domanda verificare la validità della risposta e delle fonti.

11. Il **blog** consente un contatto quasi diretto con il cittadino singolo, che può commentare o porre domande alle quali va dato immediato riscontro. Se è stato previsto, va alimentato e seguito con costanza, e ci permette di compiere alcune analisi sui bisogni della cittadinanza, o del personale dell'ente (quando il blog si trova nella intranet).

12. Le **FAQ** (*frequently asked questions*) sono le domande poste più frequentemente dai cittadini, che sono pubblicate con le relative risposte (redatte secondo le regole condivise). Evita al cittadino di recarsi fisicamente in comune e fa risparmiare risorse.

13. L'**homepage** è la copertina del sito, la sua vetrina, la porta d'ingresso virtuale all'interno della casa comune. Va curata con attenzione: la struttura e il palinsesto, la gerarchia degli argomenti, i testi, la grafica, le immagini, ecc. Vediamo spesso homepage disordinate, a volte con caratteri di stampa che cambiano da pagina a pagina. L'identità della PA si esprime anche attraverso l'uniformità dei messaggi, la coerenza nel descrivere iniziative, servizi, diritti e doveri. I testi vanno sempre sottoposti a revisione (*editing*).

14. I **tag** (etichetta, parola chiave) sono metadati e generalmente si trovano alla fine di un testo, un articolo. Da lì accediamo direttamente alle pagine in cui si trovano quel termine, quel concetto, quell'idea.

15. L'**hashtag** (cancelletto + etichetta): #scritturachiara. I tag e gli hashtag consentono la ricerca dell'informazione, l'archivio per categorie e la descrizione rapida del contenuto.

Due ultimi suggerimenti:

1. **Tagliamo il superfluo**, anche in un testo già abbreviato e corretto, come nell'esempio seguente:

No: Il termine entro e non oltre il quale deve essere presentata la domanda è il 31 ottobre 2022.

Nì: Il termine fissato per la presentazione della domanda è il 31 ottobre 2022.

Sì: Termine ultimo per presentare la domanda: 31 ottobre 2022.

➢ L'ultima versione ha meno parole, ed è immediatamente comprensibile.

2. **Rileggiamo, rivediamo, e possibilmente facciamo leggere il testo da un'altra persona** prima di pubblicarlo. La domanda che dobbiamo sempre porci è: sono stato/a chiaro/a? Ogni giorno riceviamo decine, centinaia di e-mail a cui dobbiamo rispondere – il/la capo/a, il/la collega, il/la cittadino/a, il/la fornitore/rice, ecc. La risposta deve essere tempestiva, ma la fretta è spesso cattiva consigliera. Se possibile, prima di inviare, prendiamoci del tempo, anche solamente qualche minuto, per rileggere con calma. Uno stacco temporale, pur minimo, rispetto a una prima stesura, aiuta nell'operazione di pulizia, eliminazione dei termini inutili o ridondanti, e

correzione degli errori, per arrivare alla sintesi, all'essenza di quello che volete comunicare.

7. AI e open data, alcune questioni controverse

La storia degli open data, come li intendiamo oggi, origina nel 2009 in Gran Bretagna: *www.data.gov.uk* e negli Stati Uniti con il presidente B. Obama: *https://data.gov*, come operazione di trasparenza per prevenire la corruzione, condividere la conoscenza, riusare le buone pratiche, e accrescere la partecipazione dei cittadini alla PA. In Italia, *www.dati.gov.it* nasce nel 2011 e dal 2015 è gestito dall'AGID. Gli open data riguardano tutte le materie pubbliche, giuridiche ed economiche – i consumi, il bilancio, la scolarizzazione, la sanità, i dati geografici e territoriali, i dati politici, ecc.

Fra i sistemi operativi liberi, è doveroso citare Linux creato da Linus Torvalds nel 1991, o la banca-dati *Creative Commons*, creata nel 2001 da Lawrence Lessing, un docente di diritto pubblico a Harvard, che ha messo a disposizione di tutti – attraverso apposite licenze – testi, foto e immagini. Jimmy Wells è invece l'inventore di Wikipedia, l'enciclopedia libera creata nel 2003 come applicazione collaborativa e progetto *grassroot* (dal basso), dove il fruitore, il lettore, è anche l'autore dei testi, il co-produttore dell'enciclopedia, che può anche sostenere finanziariamente tramite donazioni. Gli open data, l'AI e la digitalizzazione presentano tuttavia alcune questioni controverse:

1. i risvolti giuridici della gestione dei dati pubblici e dell'accesso libero con i limiti imposti dalla sicurezza nazionale, pensiamo per esempio alla tutela della ricerca scientifica e industriale nelle sue fasi di sviluppo [7];
2. i costi della digitalizzazione e in generale dell'innovazione tecnologica, vanno riconosciuti, pianificati e sostenuti fino in fondo. Passare dalla produzione materiale del documento alla produzione digitale è un salto, richiede un profondo cambiamento culturale – attraverso una formazione adeguata e percorsi di riconversione delle competenze – oltre che tecnologico [8];
3. il controllo dell'"agorà pubblica", come rischio dell'accesso globale a internet, con la condivisione attraverso i social media di fatti (e immagini) personali, preferenze, opinioni, orientamenti, consumi, comportamenti e speranze. "*Il controllo di massa dell'agorà pubblica è forse la questione politica più importante sollevata dallo sviluppo di internet*" [9];
4. l'AI e la robotica costituiscono sia un rischio, che va regolato – ed è ciò che

[7] S. ALIPRANDI (2014), *Il fenomeno Open Data. Indicazioni e norme per un mondo di dati aperti*, Copyleft Italia, Milano.

[8] G. PENZO DORIA (2015), *Tre innamoramenti dell'Amministrazione digitale*, 4 marzo, in: *https://www.forumpa.it/pa-digiatle/tre-innamoramenti-dellamministrazione-digitale/*.

[9] M. CASTELLS (20061° ed. 2001), *Galassia Internet*, Feltrinelli, Milano.

stanno facendo molti paesi fissando delle regole [10] – sia un'opportunità, che va colta per liberare energie e professionalità. L'umanità è da sempre progredita inventando nuovi strumenti, più potenti e funzionali, e oggi molti lavori ripetitivi, o fisicamente logoranti, possono essere svolti da robot. Di fatto, larga parte del lavoro nella produzione e nella logistica industriale è già svolta da robot, ma anche alcune attività di accoglienza e di interfaccia con il cliente, come – per esempio – il robot che accoglie in modo sempre giocoso e rassicurante, senza mai mostrare irritazione o stanchezza, i bambini e le bambine con le loro famiglie all'Ospedale pediatrico Meyer di Firenze, fornendo loro informazioni e guidandoli nei reparti. Alla persona – al dipendente della PA, al libero professionista, all'esperto, ecc. – appartengono, restano i fondamentali umani: la competenza sviluppata con l'esperienza, l'empatia, la valutazione tecnica ed etica, l'intuizione, la decisione, il controllo;

5. la formazione continua di alto livello svolge un ruolo cruciale nei processi di cambiamento culturale, o di riconversione professionale. In bibliografia cito un articolo tratto dalla rivista *Filodiritto* (*www.filodiritto.com*) dove l'autore calcola che su 3,2 milioni di dipendenti pubblici, circa 1,5 milioni può integrare il proprio lavoro con l'AI, in una forma di lavoro ibrida e complementare, come in parte già avviene, mentre un 12% è a rischio di sostituzione [11];

6. la dipendenza eccessiva dalla tecnologia, e dall'industria tecnologica che si muove molto (troppo) velocemente. L'aggiornamento continuo dei sistemi e dei software, e lo sviluppo di nuovi prodotti, genera costi elevati e provoca la rapida obsolescenza dei programmi e dei prodotti precedenti;

7. l'aumento vorticoso delle informazioni che circolano in rete – spesso false (fake news) o non verificate – genera disinformazione. Troppe informazioni equivalgono a nessuna informazione; siamo in un'epoca di post verità (*post-truth*, parola dell'anno 2016 secondo l'Oxford English Dictionary). Per converso, la diffusione dei giornali più autorevoli cala, e anche le testate tradizionali locali sono spesso la fotocopia di ciò che è già circolato in rete; tempi sempre più ristretti per scrivere articoli incidono sulla possibilità di svolgere inchieste approfondite sul campo, di fare ricerca, di verificare i dati. La ricerca spesso si limita a Google, e la scrittura è sempre più supportata da ChatGPT;

8. i processi di selezione delle risorse umane privilegiano persone con competenze digitali, e spesso attive e auto-promosse sui social media.

---

[10] *https://iso.org/standard/81230.html* (standard ISO/IEC42001:2023 Information Technology_AI Management System); *https://www.nist.gov/artificial-intelligence/artificial-intelligence-safety-institute* (USA); *https://www.gov.uk/government/publications/ai-safety-institute-overview/introducing-the-ai-safety-institute#functions* (UK).

[11] *https://www.forumpa.it/pa-digitale/lia-nella-pubblica-amministrazione-puo-essere-unoccasione-irripetibile/*; testo di G. Dominici, direttore generale di Forum PA; si veda anche, nello stesso sito, l'articolo di G. Penzo Doria: *Conservazione digitale, la nuova sfida è il documento senza formati* sul ciclo di vita di un documento interamente digitalizzato.

Conclusioni

In conclusione del testo, richiamo l'attenzione su tre fra i grandi temi che oggi occupano il dibattito pubblico – locale, nazionale e internazionale, a cui spesso fanno riferimento i progetti più innovativi degli enti locali, realizzati con la co-partecipazione delle comunità locali, non solo delle imprese ma anche degli stessi cittadini. Si tratta di temi in parte controversi, e di parole-chiave che ritroviamo in alcuni testi redatti dalla PA – nella descrizione delle opere e dei servizi, nelle motivazioni, nelle decisioni, nelle narrazioni scritte e orali delle amministrazioni locali, e nei media.

La sostenibilità

– I cambiamenti climatici, la crisi del clima, le soluzioni resilienti

– la rinaturalizzazione delle città [12]

– l'accessibilità – degli spazi urbani, degli strumenti, delle iniziative culturali e sociali

– l'economia circolare – il riuso, i rifiuti come risorsa

– la catena della fornitura responsabile

– i tagli allo spreco – delle risorse naturali ed energetiche, del cibo, della carta, dei farmaci, ecc.

La diversità

– la valorizzazione della diversità (*diversity*) intesa come multietnicità, pluralità di orientamenti; rispetto delle differenze, riscoperta delle lingue e delle tradizioni dei popoli

– il politicamente corretto, per alcuni sinonimo di rispetto delle minoranze, per altri una nuova forma di conformismo sociale, che sfocia nella soppressione di parole ed espressioni, e nella cancellazione di intere vicende storiche, e dei relativi protagonisti, perché considerati politicamente scomodi alla luce della nuova sensibilità sociale.

I generi

– l'inclusione, la condivisione

– le famiglie plurali

– la parità dei sessi, maschile e femminile, in termini di aspettative, carriere e ruoli professionali

– la fluidità e pluralità dei generi:

• parole al femminile: la medica, l'avvocata, ecc.

• parole neutre: l'ingegnere, la presidente, ecc.

• parole non binarie: medicə, avvocatə, con l'utilizzo dello schwa, o scevà, un simbolo grafico considerato in alcuni contesti più rispettoso della pluralità dei generi.

---

[12] Si veda, per esempio, il progetto Nature4cities (N4C), finanziato con Horizon 2020 dalla Commissione europea, e partecipato dalla Città metropolitana di Milano.

Bibliografia

AA.VV. (30 giugno 2022), *Guida al linguaggio della Pubblica Amministrazione Italia*, in *https://docs.italia.it/media/pdf/writing-toolkit/bozza/writing-toolkit.pdf.*

AA.VV. (2005), *La magia della scrittura*, a cura di A. LUCCHINI, Sperling & Kupfer, Milano.

AA.VV. (2001), *Scrivere per comunicare*, a cura di G. PALLOTTI, Bompiani, Milano.

AA.VV. (2000), *Manifesto in difesa della lingua italiana*, in *https://edsscuola.it/archivio/stranieri/manital.html.*

AA.VV. (1996), *Effective Communications between the public service and the media*, SIGMA Papers n. 9, OECD, in *https://dx.doi.org/10.1787/5kml6g6m8zjl-en.*

ALIPRANDI S. (2014). *Il fenomeno Open Data. Indicazioni e norme per un mondo di dati aperti*, Copyleft Italia, Milano.

BENTIVEGNA S. (2002), *Politiche e nuove tecnologie della comunicazione*, Laterza, Roma-Bari.

CALVINO I. (1965), *L'antilingua*, in *Il Giorno*, 3 febbraio, e ripreso in *Una pietra sopra* (1980), Einaudi, Torino.

CAMILLERI A. (2000), *La gita a Tìndari*, Sellerio, Palermo.

CARRADA L. (2008), *Il mestiere di scrivere. Le parole al lavoro, tra carta e web*, Apogeo, Milano.

CASTELLS M. (2006, 1° ed. 2001), *Galassia Internet*, Feltrinelli, Milano.

COMMISSIONE EUROPEA, EC (2021), *Piano d'azione per l'istruzione digitale 2021-2027*, in *https://education.ec.europa.eu/it/focus-topics/digital-education/action-plan*

CORTELLAZZO M.A. (a cura di) (2005), *Il Comune scrive chiaro. Come semplificare la comunicazione al cittadino*, Maggioli, Santarcangelo di Romagna.

CORTELLAZZO M.A., PELLEGRINO F. (2002), *30 regole per scrivere testi amministrativi chiari*, in *Guida agli enti locali*, 25 maggio, 20, pp. 25-35.

DE MAURO T. (1989), *Guida all'uso delle parole*, Editori Riuniti, Roma.

DI DONATO F. (2010), *Lo Stato trasparente. Linked open data e cittadinanza attiva*, ETS, Pisa.

GAGGI M., BARDAZZI M. (2010), *L'ultima notizia. Dalla crisi degli imperi di carta al paradosso dell'era di vetro*, Rizzoli, Milano.

GARDONCINI B. (2017), *Scienza e verità*, in *La ricerca*, n. 13, novembre 2017.

ITTIG (Istituto di teoria e tecniche dell'informazione giuridica) del Cnr e Accademia della Crusca (2011), *Guida alla redazione degli atti amministrativi*, Ittig-Cnr, Firenze.

LANDOW G.P. (1998), *L'ipertesto*, Bruno Mondadori, Milano.

LOVARI A. (2009), *Comunicazione pubblica 2.0*, Franco Angeli, Milano.

LOVARI A., DUCCI G. (2022), *Comunicazione pubblica. Istituzioni, pratiche, piattaforme*, Mondadori, Milano.

MAGRIS C. (1997), *Microcosmi*, Garzanti, Milano.

MASON G., ZILIO P. (2019), *La comunicazione digitale per la PA. Scrivere testi efficaci in siti, app e social network della pubblica amministrazione*, Maggioli, Rimini.

PRANDI M. (2023), *Retorica*, Il Mulino, Bologna.

PRESIDENZA DEL CONSIGLIO DEI MINISTRI, Dipartimento della funzione pubblica (2002, rev. 2005), *Direttiva in materia di semplificazione del linguaggio* (prefazione di M. Baccini), Roma.

PRESIDENZA DEL CONSIGLIO DEI MINISTRI, Dipartimento della funzione pubblica (1997), *Manuale di stile* (prefazione di F. Bassanini), Roma.

PRESIDENZA DEL CONSIGLIO DEI MINISTRI, Dipartimento per la funzione pubblica (1993), *Codice di stile delle comunicazioni scritte ad uso delle amministrazioni pubbliche. Proposta e materiali di studio* (prefazione di S. Cassese), Roma.

VIALE T. (2008), *Studi e ricerche sul linguaggio amministrativo*, CLUEP, Padova.

WATZLAVICK P., BEAVIN J.H., JACKSON D.D. (1978, II ed.), *Pragmatica della comunicazione umana*, Astrolabio, Roma.

ZALTRON A. (2015), *Le parole sono importanti*, Franco Angeli, Milano.

Sitografia

https://www.agid.gov.it
https://data.europa.eu/en
https://designers.italia.it
https://docs.italia.it/media/pdf/writing-toolkit/bozza/writing-toolkit/it/bozza/index.html
https://commission.europa.eu/index_en
https://epale.ec.europa.eu/en/blog/importance-writing-skills
https://www.europan-europe.eu
https://www.filodiritto.com
https://www.forumpa.it
https://forum.italia.it/t/content-kit/3350
https://github.com/italia/writing-toolkit
https://innovazione.gov.it/italia-digitale-2026/il-piano/
http://qualitapa.gov.it
https://www.moltocomuni.it

Capitolo XI

Competenze relazionali del RUP Manager

Andrea Galli

SOMMARIO: Premessa. – 1. Le tre valigie della professionalità: un modello per comprendere le competenze. – 2. Leadership, benessere organizzativo, dinamiche di gruppo. – 3. Leadership ed evoluzione del ruolo manageriale: la metafora della cattedrale. – 4. Leadership e crescita personale: riflessioni sui modelli di Peter Drucker e Domenico De Masi. – 5. Gli atteggiamenti di base nel management e la costruzione di relazioni efficaci. – 5.1. La posizione vincente: "Io sono OK, tu sei OK". – 5.2. Il secondo atteggiamento: "Io sono OK, tu non sei OK" – 5.3. Il terzo atteggiamento di base: "Io non sono OK, tu sei OK". – 5.4. Il quarto atteggiamento di base: "Io non sono OK, tu non sei OK". – Conclusioni.

Premessa

Il ruolo del Responsabile Unico del Progetto (RUP) non può essere limitato alla conoscenza normativa e alla gestione tecnica delle attività inerenti il ciclo di vita dei contratti, ma richiede anche una profonda capacità di interazione, mediazione e costruzione di relazioni efficaci con una molteplicità di interlocutori, aspetti spesso trascurati ma determinanti per il raggiungimento degli obiettivi e per la creazione di valore pubblico.

Il capitolo affronta, con sistematicità e dettaglio, l'importanza del "saper essere" come complemento essenziale al "sapere" e al "saper fare", componendo un quadro più completo delle competenze necessarie per gestire con successo il ruolo.

In poche parole, l'efficacia di un RUP dipende anche dalla capacità di gestire le dinamiche relazionali ed emotive.

In breve, il testo rappresenta un invito a esplorare una visione integrata e multidimensionale della professionalità, dove tecnica e umanità si fondono per rispondere con efficacia e consapevolezza alle esigenze di un settore che è al tempo stesso sfidante e fondamentale per il buon funzionamento della società e l'economia del Paese.

1. Le tre valigie della professionalità: un modello per comprendere le competenze

Uno degli aspetti centrali della professionalità, in qualsiasi ambito, è la capacità di integrare conoscenze, competenze e atteggiamenti in un insieme coerente che permetta di svolgere il proprio lavoro con efficacia. Per rappresentare questa complessità in modo chiaro e accessibile, possiamo fare riferimento alla metafora delle **tre valigie della professionalità**. Questo modello è utile non solo per i professionisti esperti, ma anche per chi si avvicina per la prima volta a un determinato settore, offrendo una prospettiva organica su ciò che significa essere un professionista completo.

Le tre valigie rappresentano tre dimensioni fondamentali: il sapere, il saper fare e il saper essere. Ognuna di queste valigie ha un ruolo specifico e distintivo nella definizione del nostro profilo professionale, e comprenderne il contenuto è essenziale per migliorare sia il nostro lavoro che le nostre relazioni professionali.

La prima valigia è quella che potremmo chiamare la nostra **banca dati personale**. Contiene tutto ciò che abbiamo imparato e accumulato nel corso del tempo attraverso la formazione, l'esperienza e l'aggiornamento continuo. In termini pratici, questa valigia rappresenta il **sapere**, ovvero il patrimonio di conoscenze teoriche, normative e culturali che utilizziamo per svolgere il nostro lavoro.

Per un professionista nel settore degli appalti pubblici, ad esempio, la prima valigia include la conoscenza delle normative specifiche, come il **Codice degli appalti**, i regolamenti europei e nazionali, le linee guida ANAC (Autorità Nazionale Anticorruzione) e le prassi operative consolidate. Contiene anche riferimenti teorici e pratici sui principi fondamentali che regolano il settore, come trasparenza, parità di trattamento, concorrenza e buon andamento della pubblica amministrazione.

Oltre alle norme, nella prima valigia si trovano anche le conoscenze più ampie che formano il contesto culturale e operativo del professionista. Ad esempio, un RUP deve conoscere non solo le procedure di gara, ma anche il quadro politico, sociale ed economico in cui opera l'amministrazione per cui lavora. Deve inoltre essere in grado di comprendere le interconnessioni tra il proprio ruolo e quello di altre figure coinvolte nel processo, come i progettisti, i consulenti legali, i fornitori e le autorità di controllo.

Questa prima valigia è dunque fondamentale per definire il profilo professionale, ma il suo contenuto non è statico. Richiede un costante aggiornamento, perché le normative cambiano, le tecnologie evolvono e le esigenze delle amministrazioni pubbliche si modificano nel tempo. Inoltre, il contenuto della prima valigia varia notevolmente da professione a professione. Un RUP, ad esempio, avrà una banca dati diversa da quella di un bibliotecario o di un assistente sociale. Ogni professione ha il suo specifico bagaglio di conoscenze.

Se la prima valigia rappresenta il sapere, la seconda è il simbolo del **saper fare**. È la nostra **cassetta degli attrezzi**, ovvero il bagaglio di competenze tecniche e operative che ci permette di tradurre le conoscenze teoriche in azioni concrete. Questa valigia contiene tutti gli strumenti pratici che utilizziamo per affrontare le sfide quotidiane del nostro lavoro.

Nel settore degli appalti pubblici, la seconda valigia è particolarmente ricca. Include competenze tecniche come la capacità di predisporre documenti di gara, utilizzare piattaforme digitali per l'e-procurement, analizzare le offerte tecniche ed economiche e garantire la conformità alle norme durante tutte le fasi del processo di aggiudicazione. Contiene anche strumenti per la gestione del tempo e delle risorse, per la risoluzione dei problemi e per la comunicazione efficace con i diversi attori coinvolti.

Un esempio concreto del contenuto di questa valigia potrebbe essere la padronanza di software specifici per la gestione degli appalti, la conoscenza delle procedure per il controllo della qualità dei lavori o la capacità di applicare metodologie di valutazione economica. Ogni strumento è pensato per rispondere a esigenze pratiche e per garantire che il lavoro venga svolto in modo efficace e conforme agli standard richiesti.

Anche il contenuto della seconda valigia varia in base al ruolo professionale. Un consulente legale, ad esempio, utilizzerà strumenti diversi rispetto a un dirigente tecnico o a un responsabile amministrativo. Tuttavia, in tutti i casi, la seconda valigia rappresenta un elemento indispensabile della professionalità, perché permette di applicare il sapere in modo operativo e concreto.

Per molti anni, e in alcuni contesti ancora oggi, la professionalità è stata definita esclusivamente dalla combinazione delle prime due valigie. Questo approccio ha le sue radici storiche nell'**Organizzazione Scientifica del Lavoro (OSL)**, un modello sviluppato tra la fine del XIX e l'inizio del XX secolo da studiosi come Frederick Taylor e imprenditori come Henry Ford.

Secondo l'OSL, il lavoro doveva essere organizzato in modo da massimizzare l'efficienza attraverso la specializzazione e la standardizzazione. Le competenze richieste a un lavoratore erano ridotte a un insieme di conoscenze teoriche e abilità tecniche necessarie per svolgere compiti specifici. Questo approccio escludeva qualsiasi considerazione per gli aspetti personali, relazionali o emotivi del lavoratore, che erano considerati irrilevanti per la professionalità.

Questo modello, pur avendo avuto un impatto rivoluzionario sulla produttività industriale, si è rivelato insufficiente per affrontare le esigenze di contesti lavorativi più complessi, come quelli della pubblica amministrazione. Gli sviluppi più recenti nel campo della psicologia del lavoro e delle scienze organizzative hanno dimostrato che una professionalità completa richiede una terza dimensione: il **saper essere**.

La terza valigia è quella che contiene le nostre **sensibilità comportamentali** e le nostre competenze relazionali. È un bagaglio che non si basa su conoscenze teoriche o abilità tecniche, ma su aspetti legati alla personalità e all'intelligenza emotiva, ovvero il modo in cui ci relazioniamo con noi stessi e con gli altri.

Le competenze della terza valigia includono la consapevolezza di sé, la gestione delle emozioni, l'empatia, la capacità di costruire relazioni positive e la resilienza. Queste competenze sono trasversali e aspecifiche: non dipendono dal ruolo professionale, ma dalla persona.

Questo significa che, indipendentemente dal settore in cui lavoriamo, possiamo portare con noi la terza valigia ovunque andiamo.

Un esempio pratico di come questa valigia entri in gioco è la gestione dei conflitti. In un contesto complesso come quello degli appalti pubblici, dove le pressioni e le responsabilità sono elevate, la capacità di comunicare in modo efficace, di ascoltare attivamente e di risolvere problemi in modo collaborativo è fondamentale. Queste competenze non possono essere apprese semplicemente studiando, ma richiedono un lavoro continuo su sé stessi.

La terza valigia è anche quella più personale. Riguarda la nostra identità come individui, non solo come professionisti. È il bagaglio che ci permette di adattarci a contesti nuovi e di affrontare le sfide con una prospettiva aperta e flessibile.

Un esercizio utile per esplorare meglio la terza valigia è quello di svuotarla simbolicamente e analizzarne il suo contenuto. Questo processo ci permette di identificare le competenze che già possediamo, di riconoscere eventuali lacune e di sistematizzare ciò che ci serve per migliorare.

Ad esempio, potremmo scoprire che nella nostra valigia ci sono competenze come la **consapevolezza di sé**, che ci aiuta a comprendere i nostri punti di forza e le nostre aree di miglioramento; la **gestione delle emozioni**, che ci permette di affrontare situazioni di stress con equilibrio; e l'**empatia**, che ci aiuta a costruire relazioni basate sulla fiducia e sulla comprensione reciproca.

2. Leadership, benessere organizzativo, dinamiche di gruppo

La gestione delle persone in un contesto organizzativo comporta una responsabilità che va ben oltre l'esecuzione di compiti e il raggiungimento di obiettivi. Uno degli aspetti meno tangibili ma più significativi del ruolo di un manager o di un responsabile è la capacità di influire sul benessere delle persone con cui lavora. Questo potere, profondamente umano e relazionale, non può essere sottratto a chiunque guidi altri individui o gruppi di lavoro. È un potere che si esercita quotidianamente, consapevolmente o meno, nel creare malessere o benessere intorno a sé, nel generare un clima lavorativo positivo o negativo.

Quando si parla di benessere, è facile associarlo esclusivamente alla dimensione economica o materiale. Tuttavia, il benessere organizzativo va oltre questa visione limitata. Adriano Olivetti, figura di spicco della storia industriale italiana, è stato tra i primi a introdurre nel nostro paese un approccio sistematico al benessere organizzativo. Olivetti non intendeva il benessere come un sinonimo di "ben avere" – cioè possesso di ricchezza o vantaggi economici – ma come "**essere bene**", ovvero stare bene in senso ampio e completo.

Questo approccio si tradusse in pratiche innovative per l'epoca, come l'introduzione di asili nido aziendali, mense aperte anche ai familiari, e persino iniziative culturali, tra cui cineclub e rassegne teatrali per i dipendenti. L'obiettivo di Olivetti era chiaro: costruire un ambiente in cui le persone potessero sentirsi a loro agio, motivate e valorizzate, non solo come lavoratori ma anche come individui.

In questo contesto, il benessere organizzativo non è un concetto astratto, ma un insieme di condizioni che consentono alle persone di **esprimere al meglio il proprio potenziale**, sviluppando un rapporto positivo con il lavoro. È una dimensione che include aspetti fisici, psicologici e relazionali, tutti strettamente interconnessi.

La creazione di benessere all'interno di un'organizzazione richiede un cambio di prospettiva nel modo in cui si interpreta il ruolo di chi guida. Tradizionalmente, il capo è visto come una figura che esercita autorità e controllo, distribuendo compiti e verificando il loro svolgimento. Tuttavia, questa visione si rivela limitata, soprattutto in contesti complessi come quelli della pubblica amministrazione e, nello specifico, degli appalti pubblici.

La leadership rappresenta un'evoluzione di questo ruolo. Il termine, adottato come neologismo nella lingua italiana, deriva dal verbo inglese *to lead*, che significa "guidare" o "andare per primo". Una derivazione alternativa, meno conosciuta, proviene dalla lingua cinese: *lingdao*, che si traduce come "fornire una guida per andare avanti, indicare una direzione e dare il comando".

La leadership non si limita all'esercizio dell'autorità formale, ma implica la capacità di **influenzare positivamente** le persone e i gruppi. È un fenomeno complesso, che può manifestarsi sia in modo consapevole che inconsapevole, attivando motivazioni, impegno e sforzi collettivi verso obiettivi condivisi. In altre parole, il leader non è solo colui (o colei) che assegna compiti e controlla risultati, ma anche chi sa creare un clima di fiducia, collaborazione e condivisione all'interno del gruppo.

Per comprendere come la leadership si manifesti in un'organizzazione, è necessario esaminare le due strutture che coesistono in ogni gruppo di lavoro: la struttura formale e la struttura informale. Queste due dimensioni, pur avendo caratteristiche diverse, sono entrambe fondamentali per il funzionamento dell'organizzazione e per il benessere delle persone che vi operano.

La struttura formale rappresenta l'organizzazione ufficiale del gruppo. È definita da ruoli, responsabilità e relazioni gerarchiche ben precise, che vengono stabilite per garantire efficienza e chiarezza. In un contesto organizzativo, la struttura formale è visibile e riconoscibile attraverso strumenti come l'**organigramma**, che fotografa la distribuzione dei ruoli e delle responsabilità all'interno della piramide gerarchica.

Nella struttura formale, il focus principale è il **potere**. Questo si manifesta nella distribuzione delle responsabilità lungo la scala gerarchica, dal vertice – occupato da figure come il direttore generale o i dirigenti di settore – fino alla base, dove si trovano ruoli con minore autorità decisionale. Ad esempio, in un'amministrazione pubblica, l'organigramma indica chiaramente chi sono i dirigenti, i RUP, i titolari di posizione organizzativa e i responsabili di ufficio.

La struttura formale è fondamentale per il funzionamento dell'organizzazione, poiché garantisce un quadro chiaro entro cui le persone possono operare. Tuttavia, essa da sola non basta a spiegare le dinamiche interne di un gruppo di lavoro. Esiste una seconda dimensione, meno visibile ma altrettanto importante: la struttura informale si sviluppa al di fuori delle definizioni ufficiali. È una configurazione che emerge spontaneamente dalle interazioni tra le persone e si basa su **relazioni interpersonali, empatia e affettività**. A differenza di quella formale, che si focalizza sul potere, la struttura informale si concentra sulla qualità delle interazioni, sulla presenza o meno di conflitti e sul livello di collaborazione all'interno del gruppo.

Questa dimensione, pur non essendo ufficiale, ha un impatto profondo sul funzionamento dell'organizzazione. Ad esempio, un ambiente di lavoro caratterizzato da fiducia reciproca e collaborazione sarà inevitabilmente più produttivo rispetto a un contesto dominato da tensioni e rivalità. La struttura informale è anche il terreno in cui si manifesta più chiaramente la leadership: un leader efficace è una persona che riesce a costruire relazioni positive, a risolvere conflitti e a favorire un clima di rispetto e collaborazione.

La leadership si colloca al crocevia tra la struttura formale e quella informale. Da un lato, un leader deve rispettare e valorizzare la struttura formale, garantendo che i ruoli e le responsabilità siano ben definiti. Dall'altro, deve essere in grado di operare nella struttura informale, utilizzando le relazioni interpersonali per motivare e coinvolgere le persone.

Un leader capace riesce a equilibrare queste due dimensioni, creando una sinergia tra il potere formale, legato al ruolo, e l'influenza informale, basata sulla fiducia e sull'empatia. Questo equilibrio è fondamentale per il successo di qualsiasi gruppo di lavoro, soprattutto in contesti complessi come quello degli appalti pubblici, dove le responsabilità sono elevate e le aspettative molto alte.

Un aspetto chiave della leadership è la capacità di esercitare un'**influenza positiva**. Questo significa non solo ottenere risultati, ma farlo in modo che le persone coinvolte si sentano motivate, valorizzate e parte integrante del processo. L'influenza positiva si manifesta nella capacità di attivare motivazioni intrinseche, cioè quelle che nascono dall'interesse e dalla passione per il lavoro, piuttosto che da fattori esterni come premi o punizioni.

L'influenza positiva è particolarmente importante nei contesti in cui il lavoro richiede un alto livello di collaborazione e interdipendenza, come negli appalti pubblici. Qui, la capacità di un leader di creare un clima di fiducia e collaborazione può fare la differenza tra il successo e il fallimento di un progetto.

3. Leadership ed evoluzione del ruolo manageriale: la metafora della cattedrale

Le storie e le metafore, anche quando non corrispondono a fatti realmente accaduti, hanno la capacità di comunicare verità universali e stimolare riflessioni profonde. Una di queste, ampiamente utilizzata per descrivere le dinamiche di leadership e la gestione del lavoro, è quella dei due gruppi di lavoratori impegnati nella costruzione di una cattedrale. Questa storia, benché inventata, è straordinariamente efficace nel mettere a confronto due stili di leadership profondamente diversi, che riflettono approcci distinti alla guida e alla motivazione delle persone.

Immaginiamo due gruppi di "*tagliatori di marmo*" all'epoca del Rinascimento italiano, ciascuno con il compito di contribuire alla costruzione di una cattedrale. Il primo gruppo lavora con fatica e monotonia. Ogni lavoratore è impegnato in un compito specifico, assegnato senza spiegazioni sul significato complessivo del lavoro. Ogni giorno ripetono le stesse operazioni, senza una visione d'insieme, senza sapere quale sarà il risultato finale. Questo approccio riflette uno stile di gestione focalizzato esclusivamente sulla divisione delle mansioni e sull'esecuzione meccanica dei compiti. Il capo di questo gruppo si limita a parcellizzare il lavoro, senza offrire alcuna prospettiva che vada oltre il compito immediato.

Il secondo gruppo di scalpellini invece, lavora con entusiasmo e dedizione. I lavoratori comprendono che il loro contributo, per quanto umile, è fondamentale per un progetto di grande portata. Sanno che stanno partecipando alla costruzione di un'opera di straordinario valore, non solo dal punto di vista tecnico, ma anche sociale, pubblico ed estetico. Questo approccio è il risultato di una leadership capace di trasmettere una visione chiara e coinvolgente, di motivare e di far percepire a ogni individuo l'importanza del proprio ruolo.

Anche se questa storia è frutto dell'immaginazione, possiamo trarne una lezione importante: i due gruppi non avevano lo stesso capo. Il primo era guidato da un responsabile ancorato a un modello gestionale rigido e obsoleto; il secondo, da un leader capace di ispirare e valorizzare il contributo di ogni lavoratore.

Il primo tipo di capo, quello che si limita a suddividere i compiti senza fornire una visione d'insieme, rappresenta un modello che ha dominato durante l'epoca del **taylorismo** e del **fordismo**. Questi due approcci all'organizzazione del lavoro, sviluppati tra la fine del XIX e l'inizio del XX secolo, si basavano su principi di estrema specializzazione e standardizzazione. Ogni lavoratore era considerato un ingranaggio di una macchina più grande, il cui unico compito era eseguire operazioni specifiche in modo rapido ed efficiente.

In questo contesto, il capo non aveva il compito di motivare o coinvolgere i lavoratori. La sua funzione si limitava a organizzare il lavoro e a garantire che le procedure venissero rispettate. Questo modello si rifletteva anche nel linguaggio dell'epoca: espressioni come "**non sei pagato per pensare**", comunemente utilizzate nei luoghi di lavoro, sottolineavano l'idea che il lavoratore doveva limitarsi a eseguire ordini, senza porsi domande o proporre soluzioni.

Questo approccio, pur essendo stato efficace in un periodo storico in cui l'economia era dominata dalla produzione industriale di massa e la forza lavoro era prevalentemente non qualificata, si è rivelato sempre più inadeguato man mano che le organizzazioni e le esigenze del lavoro sono diventate più complesse.

Il secondo tipo di capo, quello che ispira e motiva, rappresenta un modello di leadership molto più adatto alle sfide del presente. Questo approccio si basa sulla capacità di costruire un legame tra il lavoro quotidiano e una visione più ampia, che dia significato e valore a ciò che viene fatto.

A differenza del capo tradizionale, il leader visionario non si limita a distribuire compiti e a controllare i risultati. Egli dedica tempo ed energia a:

– **comunicare una visione chiara**: far comprendere a ogni collaboratore come il proprio lavoro contribuisca al successo complessivo del progetto;

– **motivare e coinvolgere**: creare un clima di lavoro positivo, in cui le persone si sentano valorizzate e apprezzate per il loro contributo;

– **coltivare le competenze**: riconoscere il potenziale di ogni lavoratore e favorirne lo sviluppo personale e professionale;

– **promuovere il senso di appartenenza**: fare in modo che ogni individuo percepisca il proprio ruolo come parte integrante di un progetto condiviso.

Questo tipo di leadership è particolarmente importante nei contesti complessi, come quelli della pubblica amministrazione, dove le sfide non riguardano solo l'efficienza operativa, ma anche la capacità di rispondere ai bisogni della collettività e di costruire valore pubblico, dove i lavoratori sono chiamati a svolgere compiti di grande responsabilità e a confrontarsi con normative complesse e aspettative elevate. In questo contesto, un approccio basato esclusivamente sull'esecuzione meccanica dei compiti non è più sufficiente.

Il leader nella pubblica amministrazione deve essere in grado di:

– **integrare competenze tecniche e relazionali**: essere esperto nelle normative e nei processi, ma anche capace di costruire relazioni positive con i collaboratori;
– **gestire la complessità**: saper navigare tra le molteplici esigenze dei cittadini, delle istituzioni e delle normative, senza perdere di vista l'obiettivo generale;
– **promuovere l'innovazione**: creare un ambiente in cui sia possibile proporre idee nuove e migliorare continuamente i processi e i servizi.

Un elemento centrale della leadership è la capacità di fornire una visione. Questa non deve essere intesa solo come un obiettivo da raggiungere, ma come una narrazione che dia senso e direzione al lavoro quotidiano. La visione non riguarda solo il "cosa" si fa, ma soprattutto il "perché" e il "per chi".

Nella metafora della cattedrale, il leader visionario è colui che riesce a far capire ai lavoratori che non stanno semplicemente tagliando pietre e smussandole con lo scalpello, ma che stanno contribuendo a un progetto di grande portata, che avrà un impatto duraturo sulla società e sull'estetica collettiva.

Questo tipo di leadership richiede non solo competenze tecniche, ma anche una profonda comprensione delle dinamiche umane. Un leader efficace sa che le persone non lavorano solo per il salario, ma anche per trovare significato e soddisfazione nel proprio operato.

Il passaggio dal modello del capo tradizionale a quello del leader visionario non è un cambiamento semplice. Richiede una trasformazione profonda nel modo in cui vengono concepiti i ruoli di guida e di gestione, e un impegno continuo per sviluppare le competenze necessarie. Tuttavia, è un passaggio indispensabile per affrontare le sfide del lavoro contemporaneo e costruire organizzazioni capaci di rispondere alle esigenze di una società in continua evoluzione.

4. Leadership e crescita personale: riflessioni sui modelli di Peter Drucker e Domenico De Masi

Per comprendere la complessità e l'evoluzione della leadership moderna, è utile fare riferimento agli scritti di due grandi pensatori: **Peter Drucker**, economista e teorico del management di fama mondiale, e **Domenico De Masi**, sociologo del lavoro e autorevole studioso italiano. Entrambi hanno dedicato le loro carriere a esplorare il futuro del lavoro e a proporre modelli di leadership in grado di affrontare le sfide della modernità.

Peter Drucker, nato in Austria e trasferitosi negli Stati Uniti, è considerato uno dei padri fondatori del moderno management. Autore di numerosi saggi influenti, Drucker non si è limitato a descrivere i modelli organizzativi del suo tempo, ma ha cercato di prefigurare gli sviluppi futuri della leadership e della cultura organizzativa. Tra le sue opere più celebri spiccano "*Le sfide del management del ventunesimo secolo*" e "*Il management della società prossima ventura*". In questi testi, Drucker affronta temi come l'evoluzione dei ruoli manageriali, l'importanza della crescita personale e le trasformazioni delle organizzazioni nell'era della globalizzazione.

Una delle intuizioni fondamentali di Drucker riguarda il passaggio da un modello di leadership tradizionale, basato su schemi rigidi e teorici, a un approccio più flessibile e umano. Egli criticava l'idea che fosse sufficiente insegnare ai manager una serie di "trucchi del mestiere" per trasformarli in leader efficaci. Secondo Drucker, questo approccio, pur largamente utilizzato nelle aziende private del XX secolo, era destinato a fallire di fronte alle complessità del mondo contemporaneo.

Drucker sottolineava l'importanza di supportare i leader nella **gestione di sé stessi**. Per lui, la leadership non era solo una questione di competenze tecniche o di abilità relazionali, ma richiedeva una profonda consapevolezza personale. Questo concetto si lega direttamente alla metafora delle tre valigie: la leadership moderna deve attingere non solo alla prima e alla seconda valigia (il sapere e il saper fare), ma soprattutto alla terza, quella del **saper essere**.

Domenico De Masi, sociologo del lavoro e autore di opere fondamentali come "*Il futuro del lavoro*", ha esplorato temi simili a quelli di Drucker, adattandoli al contesto italiano ed europeo. De Masi ha sottolineato l'importanza di ripensare il lavoro in termini di creatività, flessibilità e innovazione. Il suo approccio alla leadership enfatizzava la necessità di superare i modelli tradizionali, promuovendo una visione più umana e inclusiva delle organizzazioni.

Negli anni Novanta, De Masi sviluppò il concetto di **ozio creativo**, che non va inteso come inattività, ma come una condizione in cui le persone possono esprimere il proprio potenziale in modo spontaneo e innovativo. Questo concetto si applica direttamente alla leadership: un leader efficace non dovrebbe limitarsi a controllare e dirigere, ma creare le condizioni affinché i collaboratori possano contribuire attivamente con idee e soluzioni.

Per lungo tempo, soprattutto nelle aziende private, la leadership è stata insegnata attraverso modelli teorici rigidi. Si trattava di approcci basati su principi standardizzati e su una visione lineare del rapporto tra capo e collaboratori. I manager venivano formati per applicare metodologie predefinite e utilizzare strumenti operativi che avrebbero dovuto garantire risultati immediati. Questo sistema prometteva di trasformare anche i collaboratori più demotivati in risorse produttive ed efficienti.

Tuttavia, come sottolineano sia Drucker che De Masi, questo modello ha mostrato i suoi limiti. Le organizzazioni moderne sono caratterizzate da una complessità crescente, in cui le relazioni umane e la motivazione personale giocano un ruolo cruciale. Non è più possibile pensare alla leadership come a una serie di tecniche da applicare meccanicamente. Al contrario, è necessario un approccio che metta al centro le persone, valorizzandone le qualità individuali e supportandole nella gestione delle proprie emozioni e aspirazioni.

La critica ai modelli tradizionali di leadership si collega direttamente alla metafora delle tre valigie. La prima valigia, quella del sapere, contiene le conoscenze teoriche che un leader deve possedere per comprendere il contesto in cui opera. La seconda valigia, quella del saper fare, include le competenze tecniche e operative necessarie per gestire il lavoro quotidiano. Ma è la terza valigia, quella del saper essere, a rappresentare la chiave per una leadership efficace nel XXI secolo.

Il saper essere comprende aspetti come:

– **consapevolezza di sé**: la capacità di riconoscere i propri punti di forza e le proprie aree di miglioramento, nonché di comprendere come le proprie emozioni influenzano il comportamento;
– **empatia**: l'abilità di mettersi nei panni degli altri, comprendendo le loro esigenze e motivazioni;
– **gestione delle emozioni**: la capacità di mantenere il controllo in situazioni di stress e di comunicare in modo efficace anche in contesti difficili;
– **visione**: la capacità di ispirare e motivare, trasmettendo un senso di scopo e direzione.

Queste qualità non possono essere insegnate attraverso modelli teorici o trucchi del mestiere. Richiedono piuttosto un lavoro continuo su sé stessi, un processo di crescita personale che si intreccia con la pratica professionale.

Un elemento centrale nella visione di Drucker e De Masi è l'idea che la leadership non sia un talento innato, ma una competenza che può essere sviluppata attraverso l'esperienza e la riflessione. Questo implica che i leader, così come i collaboratori, devono essere supportati nella gestione di sé stessi. La crescita personale non è un obiettivo secondario, ma una componente essenziale della leadership.

Per supportare i leader nella gestione di sé stessi, è necessario:

– **fornire strumenti di auto-riflessione**: creare spazi e momenti in cui i leader possano riflettere sul proprio operato e identificare le aree di miglioramento;
– **promuovere la formazione continua**: offrire opportunità di apprendimento che vadano oltre le competenze tecniche, includendo aspetti come la comunicazione, l'intelligenza emotiva e la gestione dei conflitti;
– **incoraggiare il feedback**: creare un ambiente in cui i leader possano ricevere e dare feedback in modo costruttivo, favorendo una cultura di apprendimento reciproco.

5. Gli atteggiamenti di base nel management e la costruzione di relazioni efficaci

Una delle fondamenta più significative per chi gestisce persone è il concetto di **atteggiamenti di base**, una riflessione che parte dalla teoria dell'analisi transazionale, elaborata negli anni Sessanta e Settanta da Eric Berne e altri psicologi statunitensi. Questa teoria, che è sia una teoria della personalità che una teoria della comunicazione, resta attuale e largamente utilizzata nei corsi di formazione in ambito manageriale e relazionale.

Gli atteggiamenti di base, talvolta definiti posizioni esistenziali, sono ipotesi che ciascuno di noi costruisce autonomamente quando entra in relazione con un'altra persona. Questi presupposti guidano il nostro comportamento e influenzano il modo in cui ci percepiamo rispetto all'altro: quanto valiamo noi stessi nella relazione e quanto vale l'altro.

Gli atteggiamenti di base si possono rappresentare graficamente con una matrice a doppia entrata, in cui da una parte troviamo "io" e dall'altra "tu". Da questa rappresentazione emergono quattro possibili quadranti, quattro diverse ipotesi di relazione:

1. Io sono OK, tu sei OK (la posizione ideale e costruttiva).
2. Io sono OK, tu non sei OK.
4. Io non sono OK, tu sei OK.
4. Io non sono OK, tu non sei OK.

Di queste quattro posizioni, solo la prima è considerata positiva e costruttiva, capace di favorire una relazione sana e produttiva. Le altre tre, per motivi diversi, risultano disfunzionali, potenzialmente distruttive e, in alcuni casi, persino patologiche.

5.1. La posizione vincente: "Io sono OK, tu sei OK"

Questa posizione è l'unica capace di generare relazioni efficaci, sane e collaborative. Chi adotta questa prospettiva comunica fiducia e rispetto sia verso sé stesso che verso l'altro. È un atteggiamento che valorizza i bisogni e i desideri di entrambe le parti, promuovendo una relazione basata sulla dignità reciproca.

Un leader che adotta questo atteggiamento cerca di attivare le potenzialità dei propri collaboratori, riconoscendone i meriti e offrendo feedback costruttivi. Questo approccio si basa sul principio dell'interdipendenza: un livello evolutivo che denota maturità e saggezza psicosociale, in cui la relazione non mira al dominio o alla manipolazione, ma al raggiungimento di obiettivi comuni.

Un esempio pratico di questo atteggiamento è rappresentato dalla capacità di distinguere tra bisogni e comportamenti. Anche quando il comportamento di un collaboratore è criticabile, il manager che opera secondo questa posizione cerca di comprendere le motivazioni sottostanti, riconoscendo i bisogni della persona pur correggendone le azioni se necessario.

Un elemento centrale della posizione "Io sono OK, tu sei OK" è la capacità di dare **riconoscimenti positivi**, noti nella terminologia americana come strokes o "carezze". Non si tratta di gesti fisici, ma di espressioni psicologiche e affettive che trasmettono apprezzamento autentico, come un "bravo" o un "grazie" sincero.

Come sottolineava Abraham Maslow, noto psicologo americano, è importante bilanciare la correzione degli errori con la valorizzazione degli aspetti positivi. Maslow proponeva un'idea semplice ma potente: quando si evidenziano gli errori nell'esecuzione di un compito (ad esempio con una matita rossa), si dovrebbe anche sottolineare i successi e i punti di forza con un colore diverso. Questa pratica, applicata al contesto lavorativo, aiuta a creare un clima di fiducia e motivazione.

Un manager efficace non si limita a riconoscere le emozioni dei collaboratori, ma è anche in grado di gestirle, così come le proprie. Questo implica:

- **autoconsapevolezza emotiva**, ossia la capacità di riconoscere le proprie emozioni e comprenderne l'impatto sugli altri;
- **empatia**, che consente di capire le emozioni altrui e rispondere in modo appropriato;
- **regolazione emotiva**, ovvero la capacità di mantenere il controllo in situazioni di stress o conflitto.

La gestione delle emozioni è particolarmente rilevante quando si forniscono feedback critici. Un leader maturo sa distinguere tra il valore intrinseco della persona e il comportamento specifico da correggere. Criticare il comportamento senza minare l'autostima del collaboratore è una competenza chiave.

Un altro tratto distintivo di un leader "Io sono OK, tu sei OK" è la **capacità di delegare**. La delega non è solo una redistribuzione di compiti, ma un atto di fiducia che stimola la crescita e l'autonomia dei collaboratori. Delegare significa riconoscere il potenziale degli altri, permettendo loro di assumersi responsabilità e acquisire nuove competenze.

Parimenti importante è la **celebrazione dei successi**, che non deve necessariamente tradursi in eventi formali o costosi. Può bastare un semplice riconoscimento verbale, uno sguardo di approvazione o un gesto simbolico che dia fisicità ai progressi fatti. La celebrazione dei successi contribuisce a creare un ambiente di lavoro positivo e motivante, in cui le persone si sentono valorizzate.

5.2. Il secondo atteggiamento: "Io sono OK, tu non sei OK"

Il secondo atteggiamento di base si manifesta quando una persona, nel rapporto con gli altri, adotta la posizione "Io sono OK, tu non sei OK". Questo approccio implica una costante svalutazione dell'altro, percepito come inferiore o meno capace. Tale atteggiamento si rivela problematico in ogni tipo di relazione, ma diventa particolarmente dannoso in un contesto lavorativo, soprattutto quando coinvolge un rapporto gerarchico.

Un leader che adotta questa posizione non si limita a esercitare il proprio ruolo, ma lo utilizza per sminuire i collaboratori. Questo comportamento non nasce dalla volontà di spronare o migliorare gli altri, bensì dal bisogno del leader stesso di affermare la propria superiorità. In ambito organizzativo, un capo con questa mentalità viene definito "iatrogeno", termine che, preso in prestito dalla psicologia clinica, indica qualcosa che genera malattie. Un leader di questo tipo non danneggia solo il clima aziendale, ma influisce negativamente anche sulla produttività e sul benessere complessivo del team.

Questo atteggiamento si manifesta attraverso comportamenti che sminuiscono costantemente i collaboratori. Le critiche diventano uno strumento per riaffermare il proprio status, senza offrire indicazioni utili al miglioramento. Espressioni come "Sei sempre la solita incapace" o "Non rispetti mai una scadenza" sono esempi tipici di critiche irriflessive che colpiscono la persona piuttosto che il comportamento.

Il leader che agisce in "Io sono OK, tu non sei OK" utilizza la relazione con i collaboratori per soddisfare un bisogno personale di controllo e dominio: il collaboratore viene trasformato in uno strumento di validazione del capo, che lo utilizza come mezzo per alimentare la propria autostima. Questo tipo di leadership si traduce in un consumo improduttivo di tempo ed energie. Invece di investire risorse nello sviluppo delle persone e nel raggiungimento degli obiettivi aziendali, il leader focalizza la sua attenzione su giochi di potere e dinamiche relazionali tossiche. Di conseguenza, il clima organizzativo si deteriora, e il benessere psicologico dei collaboratori subisce un forte contraccolpo.

Uno degli strumenti più importanti per un leader è, come abbiamo già detto, la capacità di fornire **feedback**. Tuttavia, chi adotta un atteggiamento "Io sono OK, tu non sei OK" tende a utilizzare il feedback come un mezzo di svalutazione, piuttosto che come un'opportunità di crescita. La critica distruttiva è caratterizzata da generalizzazioni e giudizi personali, come "Non sei mai in grado di portare a termine un compito" o "Non mi piace il tuo modo di lavorare". Questi messaggi non offrono alcuna indicazione su come migliorare e spesso generano ansia, portando al deterioramento della relazione o al conflitto.

Per fornire un feedback efficace, è necessario adottare un approccio diverso, focalizzandosi su comportamenti specifici anziché sulla persona. Ad esempio, invece di dire "Non rispetti mai le scadenze", si potrebbe dire: "Nel progetto X, la consegna è stata ritardata di due giorni. Mi piacerebbe capire cosa è successo e come possiamo evitare che si ripeta". Questo tipo di critica è circoscritta a un fatto concreto, è formulata in modo rispettoso e apre al dialogo.

Il feedback critico deve essere preparato con cura e fornito in privato, per evitare situazioni imbarazzanti o conflittuali. È importante che il leader analizzi i fatti in anticipo e presenti la critica in modo chiaro e mirato. Inoltre, un feedback efficace bilancia sempre aspetti positivi e negativi, riconoscendo i successi del collaboratore e offrendo suggerimenti per migliorare.

Il feedback non è solo uno strumento di correzione, ma anche un'opportunità per rafforzare la relazione tra leader e collaboratore. Un feedback critico ben formulato non deve essere percepito come una sentenza definitiva, ma come un invito al cambiamento e alla crescita. Anche se la reazione del collaboratore può variare in base alla sua percezione del messaggio, ciò che conta è che il leader mantenga un atteggiamento rispettoso e costruttivo, focalizzandosi sempre sul miglioramento futuro.

Un leader consapevole utilizza il feedback come un mezzo per valorizzare le potenzialità dei collaboratori, contribuendo a creare un ambiente di lavoro positivo e motivante. Solo così è possibile evitare le dinamiche tossiche che caratterizzano l'atteggiamento "Io sono OK, tu non sei OK" e costruire relazioni professionali basate sul rispetto reciproco e sulla fiducia.

5.3. Il terzo atteggiamento di base: "Io non sono OK, tu sei OK"

Il terzo atteggiamento di base è rappresentato dalla posizione "Io non sono OK, tu sei OK". Chi adotta questa prospettiva vive una condizione di **scarsa o nulla fiducia in sé stesso**, riconoscendo invece agli altri un valore superiore. Questa mancanza di autostima rappresenta un problema significativo nelle dinamiche relazionali, specialmente in contesti lavorativi dove il ruolo e le responsabilità individuali sono fondamentali per il raggiungimento degli obiettivi comuni.

La fiducia in sé stessi è spesso descritta come il carburante principale dell'individuo, una risorsa che consente di affrontare le sfide quotidiane con resilienza e determinazione. Tuttavia, non esistono "stazioni di servizio" dove fare rifornimento di autostima quando il serbatoio è vuoto. Questo perché l'autostima non è una risorsa che si acquista o si consuma, ma un elemento che si costruisce nei primi anni di vita. La psicologia dell'età evolutiva ci insegna che l'autostima si forma attraverso esperienze, feedback e interazioni precoci con figure di riferimento significative. Sebbene sia possibile lavorare per migliorare la percezione di sé in età adulta, l'imprinting iniziale ha un peso rilevante nel determinare il grado di fiducia in sé stessi che una persona porterà con sé nel corso della vita.

Per comprendere meglio la posizione "Io non sono OK, tu sei OK", è utile confrontarla con il primo atteggiamento di base, "Io sono OK, tu sei OK". Entrambi i modelli si trovano ad affrontare inevitabilmente incidenti di percorso, la differenza principale risiede nella modalità di interpretare e reagire agli eventi negativi. Chi si trova nella posizione "Io non sono OK, tu sei OK" tende a ricondurre il fallimento a cause interne, attribuendolo a una presunta incapacità personale. Questo tipo di valutazione, tecnicamente definita come attribuzione endogena, alimenta un ciclo di insicurezza e auto-svalutazione. È come se questa persona si dicesse: "È ovvio che accada a me, non poteva andare diversamente". Questo atteggiamento riflette un'applicazione negativa della "profezia che si autoavvera", in cui le aspettative personali di fallimento finiscono per condizionare i risultati reali. Al contrario, chi adotta la posizione "Io sono OK, tu sei OK" è capace di rialzarsi dopo un insuccesso con un approccio costruttivo. Pur riconoscendo il disagio e il dolore causati dall'evento, questa persona si concentra su una valutazione delle risorse, cercando di capire perché è accaduto e come evitare che si ripeta in futuro. Non si tratta di attribuire colpe esterne in modo superficiale, ma di trarre insegnamento dall'esperienza per crescere e migliorare.

Le persone che si trovano nella posizione "Io non sono OK, tu sei OK" tendono a manifestare una serie di comportamenti distintivi che riflettono la loro **bassa autostima e la percezione di inferiorità** rispetto agli altri. Se questa persona ricopre un ruolo di leadership, tali atteggiamenti diventano particolarmente evidenti e problematici. Un capo che opera con questo modello si presenta spesso come arrendevole e insicuro, incapace di far crescere il proprio team. Anziché esercitare una leadership autorevole e costruttiva, adotta comportamenti che lo rendono dipendente dal consenso altrui. È incline all'adulazione e cerca di guadagnarsi l'approvazione dei collaboratori, piuttosto che guidarli con decisione e chiarezza. Questo approccio non solo limita la crescita dei collaboratori, ma mina anche la percezione di autorevolezza del capo stesso.

Il riconoscimento di questa dinamica è fondamentale per interrompere il ciclo di auto-svalutazione e favorire un cambiamento positivo. Spesso, i leader che operano con il modello "Io non sono OK, tu sei OK" cercano costantemente rassicurazioni, desiderano essere compatiti e si accontentano di mantenere uno status quo che li protegge dall'assunzione di rischi. Tuttavia, questo atteggiamento è dannoso sia per la crescita personale che per l'efficacia del team, poiché inibisce la possibilità di affrontare sfide e cogliere opportunità di sviluppo.

Per uscire dalla posizione "Io non sono OK, tu sei OK", è necessario lavorare sulla **costruzione della resilienza**, intesa come la capacità di affrontare e superare le difficoltà. Questo implica un cambio di prospettiva: abbandonare l'idea che il fallimento sia il risultato di una colpa intrinseca e iniziare a vederlo come un'opportunità di apprendimento. La resilienza non si costruisce da un giorno all'altro, ma richiede un lavoro costante su sé stessi, basato su piccoli successi che progressivamente rinforzano la fiducia personale. Attraverso un'analisi attenta delle esperienze passate, è possibile individuare schemi ricorrenti e lavorare per modificare quei comportamenti che alimentano l'auto-svalutazione. Per un leader, questo significa anche accettare che il ruolo di guida non implica perfezione, ma la capacità di imparare dagli errori e utilizzarli come base per il miglioramento.

Un leader che riesce a superare la posizione "Io non sono OK, tu sei OK" può diventare una figura trasformativa, capace di ispirare e guidare il proprio team attraverso un approccio basato sulla crescita reciproca. Questo tipo di leadership non si limita a delegare o supervisionare, ma coinvolge attivamente i collaboratori in un processo di apprendimento e sviluppo condiviso. In questo contesto, l'errore non viene visto come un fallimento personale, ma come un momento di crescita per l'intero gruppo.

Il passaggio dalla posizione "Io non sono OK, tu sei OK" alla posizione "Io sono OK, tu sei OK" rappresenta una trasformazione profonda che richiede consapevolezza, impegno e un supporto adeguato. Tuttavia, il risultato è una leadership più autentica e incisiva, in grado di creare un ambiente di lavoro positivo e stimolante per tutti i membri del team.

5.4. Il quarto atteggiamento di base: "Io non sono OK, tu non sei OK"

Il quarto atteggiamento di base è rappresentato dalla posizione "Io non sono OK, tu non sei OK", che riflette una condizione di **sfiducia e insoddisfazione generalizzata**. Chi si trova in questa posizione vive un senso di inutilità e negatività verso sé stesso e verso gli altri, accompagnato da una visione profondamente pessimistica della realtà. Questo atteggiamento può essere sintetizzato in un motto come: “La vita fa schifo, il mondo fa schifo”. A differenza delle altre posizioni, questo atteggiamento non offre nemmeno una parvenza di speranza o valore in un aspetto delle relazioni o della propria persona. Si tratta di una visione in cui nulla funziona, né internamente né esternamente, portando a un blocco che paralizza ogni tipo di azione o relazione.

Chi adotta questa posizione non mostra alcun interesse né per i risultati né per le persone. La mancanza di coinvolgimento si traduce in un atteggiamento di **totale disimpegno e apatia**, che compromette sia la propria capacità di agire sia le relazioni con gli altri. Nel contesto lavorativo, una persona in questa posizione evita qualsiasi responsabilità e fatica a prendere decisioni, lasciandosi trascinare dagli eventi senza tentare di influenzarli o modificarli.

Quando questo atteggiamento si manifesta in un ruolo di leadership, i risultati possono essere devastanti. Un capo che opera in “Io non sono OK, tu non sei OK” non solo è inefficace, ma contribuisce a creare un ambiente di lavoro stagnante e privo di prospettive. Questo tipo di capo non è in grado di sostenere il proprio team né di orientarlo verso obiettivi chiari.

Le persone che si trovano in questa posizione tendono a isolarsi o a instaurare relazioni disfunzionali basate sulla sfiducia reciproca. La mancanza di energia e motivazione si riflette nella loro incapacità di costruire relazioni significative o di contribuire positivamente all’ambiente in cui operano. Questo atteggiamento genera un circolo vizioso di apatia e insoddisfazione, che può diffondersi rapidamente all’interno di un gruppo o di un team.

Sebbene questo atteggiamento possa sembrare estremamente negativo, è importante considerare che spesso rappresenta una fase temporanea piuttosto che una condizione permanente. Eventi particolarmente difficili o situazioni di stress possono spingere una persona a trovarsi momentaneamente in questa posizione, senza che ciò definisca necessariamente la sua personalità o il suo approccio di fondo. Tuttavia, per evitare che questo atteggiamento diventi predominante, è essenziale riconoscerlo e intervenire per modificarne l’impatto.

Ogni persona è caratterizzata da una combinazione dei quattro atteggiamenti di base, con una predominanza di uno rispetto agli altri, e il modo in cui si affrontano le sfide della vita dipende dalla posizione esistenziale predominante e dalla capacità di passare rapidamente da una posizione negativa a una più costruttiva.

Il quarto atteggiamento, in particolare, dovrebbe occupare lo spazio più limitato possibile, poiché rappresenta una condizione di disimpegno che non consente di costruire relazioni o risultati significativi. La capacità di riconoscere questo atteggiamento e di lavorare per uscirne rappresenta un passo fondamentale per migliorare sé stessi e il proprio rapporto con gli altri.

Conclusioni

Le relazioni umane, in particolare quelle che si instaurano in contesti lavorativi, non seguono schemi prevedibili né rispondono a meccanismi automatici come quelli di un computer. Non esiste una formula che garantisca sempre il successo nella gestione delle persone o nella costruzione di team motivati e performanti. Tuttavia, alcune scelte e atteggiamenti possono fare la differenza.

Un esempio illuminante viene dalla riflessione attribuita a Goethe, secondo cui trattare una persona come è la mantiene tale, mentre trattarla come potrebbe essere la spinge a realizzare il suo potenziale. Anche se non si può garantire il risultato con certezza, questo approccio ha il merito di creare uno spazio di fiducia e possibilità, dove la crescita diventa almeno probabile. Questo atteggiamento richiede però una scommessa: fidarsi di sé stessi e dell'altro, valorizzare i progressi e comunicare feedback costruttivi.

Un esempio storico che incarna questo principio è la vicenda di Adriano Olivetti e del giovane operaio Natalino Capellaro [1] Olivetti, invece di assecondare il giudizio negativo dei suoi collaboratori e firmare una lettera di licenziamento apparentemente giustificata, scelse di investire nella persona. Gli offrì l'opportunità di dimostrare il proprio valore, una scelta che portò alla creazione di un prodotto iconico come la Divisumma [2], simbolo del successo economico della Olivetti per decenni.

Questa storia dimostra che fidarsi delle persone comporta sempre dei rischi, ma che il rischio di non fidarsi può essere ancora più grande. Offrire una seconda possibilità o un'opportunità di crescita non solo dà valore alla persona, ma può generare innovazione e cambiamenti positivi inattesi. Certo, non tutte le situazioni portano a successi eclatanti come nel caso di Capellaro, ma anche nelle circostanze più difficili, un approccio basato su fiducia e apertura al cambiamento può aprire nuovi orizzonti.

Investire sulle persone, riconoscere il loro potenziale e creare opportunità per esprimerlo resta comunque una delle scommesse più significative per chiunque ricopra un ruolo di responsabilità, sia nel pubblico che nel privato.

---

[1] Episodio della biografia di Adriano Olivetti di cui sono venuto a conoscenza attraverso lo spettacolo teatrale *"Camillo Olivetti: alle radici di un sogno"* di Laura Curino e Gabriele Vacis (1996), interpretato da Laura Curino con la regia di Gabriele Vacis.

[2] Calcolatrice elettromeccanica automatica scrivente costruita dalla Olivetti a partire dal 1948, su progetto meccanico di Natale Capellaro e design di Marcello Nizzoli.

Capitolo XII

Motivazione delle persone e leve motivazionali

Andrea Galli

Premessa

Il tema della motivazione delle persone si colloca in stretta connessione con i principi esplorati nel capitolo 11. Affrontare questa tematica significa adottare una prospettiva che tiene conto della complessità delle relazioni umane all'interno delle organizzazioni, e del ruolo centrale che esse rivestono per il raggiungimento degli obiettivi aziendali.

In premessa, è importante sottolineare che la riflessione proposta in questo capitolo deriva da una specifica concezione filosofica e culturale: quella della centralità della persona. Questo approccio può essere riassunto in una visione che pone l'essere umano, nella sua unicità e irripetibilità, al centro dell'universo, e dunque anche al centro dell'organizzazione lavorativa. In questa prospettiva, modelli e strutture devono adattarsi alle persone, e non viceversa. La matrice di riferimento è quella della psicologia del lavoro di ispirazione umanistica, che si concentra sull'applicazione dei principi della psicologia per migliorare le dinamiche organizzative e favorire il benessere individuale.

Va però sottolineato che quanto esposto non rappresenta una verità assoluta. Le scienze umane e sociali, come la psicologia del lavoro, non sono scienze esatte, ma discipline che trovano applicazione in contesti mutevoli e dinamici. Esse si basano su modelli teorici e culturali che rispecchiano una particolare visione dell'uomo e della storia. Per questo motivo, l'approccio qui proposto è aperto al dialogo e alla discussione: la possibilità di dissentire e proporre punti di vista alternativi è parte integrante del processo di apprendimento e riflessione.

La motivazione non è un elemento statico, ma un processo dinamico che coinvolge fattori individuali e organizzativi. Ogni individuo porta con sé un sistema di valori, bisogni e aspettative che influenza il suo livello di motivazione. Allo stesso tempo, l'ambiente di lavoro gioca un ruolo determinante, poiché può favorire o ostacolare l'espressione del potenziale personale.

In un'organizzazione, la motivazione si sviluppa attraverso una combinazione di fattori intrinseci, che includono la soddisfazione personale derivante dal lavoro svolto, il senso di realizzazione, la possibilità di apprendimento e crescita; ed estrinseci, che riguardano elementi esterni come la retribuzione, i benefit, il riconoscimento formale e le condizioni di lavoro. Il compito del leader è quello di individuare le leve motivazionali che possono attivare ciascun collaboratore, tenendo conto delle sue specificità. Questo implica la capacità di osservare, ascoltare e comprendere le dinamiche individuali e collettive.

La demotivazione è una condizione complessa che può manifestarsi in modi diversi, dal disinteresse apparente alla resistenza al cambiamento. Affrontare questa sfida richiede una combinazione di approcci che integrano aspetti relazionali, organizzativi e comunicativi.

Il leader non è solo un gestore di risorse, ma un facilitatore del potenziale umano. Questo ruolo implica una responsabilità significativa: quella di creare un contesto in cui le persone possano esprimere il meglio di sé. La motivazione non può essere imposta, ma può essere stimolata attraverso azioni coerenti e mirate che dimostrino fiducia e valorizzazione delle capacità individuali.

In questo senso, il leader deve essere un esempio di comportamento congruente e autentico. La coerenza tra ciò che si dice e ciò che si fa è fondamentale per costruire credibilità e instaurare un clima di fiducia. Inoltre, la capacità di affrontare le difficoltà con resilienza e determinazione può ispirare i collaboratori e incoraggiarli a superare le loro stesse sfide.

La motivazione è un processo complesso che richiede un approccio integrato, basato su una combinazione di competenze relazionali, osservazione attenta e azioni concrete. Sebbene non esistano soluzioni immediate o universalmente valide, il leader ha il potere di influire positivamente sul livello di motivazione dei suoi collaboratori, creando un ambiente di lavoro in cui ognuno possa sentirsi valorizzato e incentivato a dare il meglio di sé.

1. Motivazione e leadership: una connessione imprescindibile

La motivazione è un tema centrale nella gestione delle persone, strettamente collegato al concetto di leadership. Nel capitolo 11, si è discusso ampiamente di leadership e delle competenze necessarie per esercitarla in modo efficace. Ora è importante approfondire un aspetto complementare: la capacità di motivare i collaboratori.

Tuttavia, è fondamentale sfatare alcuni luoghi comuni che circondano il concetto di motivazione. Spesso si ritiene che essa sia il risultato diretto dell'applicazione di tecniche comportamentali specifiche da parte di capi e manager. Secondo questa visione, insegnare ai leader una serie di "trucchi del mestiere" o "strategie preconfezionate" sarebbe sufficiente a generare motivazione nei loro collaboratori. Questo approccio, pur essendo ancora diffuso, risulta ormai datato e inadeguato rispetto alla complessità delle relazioni umane e organizzative.

Un esempio di questa visione che riteniamo superata è offerto dal concetto di *leadership situazionale*, sviluppato negli anni Ottanta e Novanta da Paul Hersey e Kenneth Blanchard. Questo modello propone un approccio rigidamente applicativo, basato su schemi predefiniti di comportamento da adottare in base alle caratteristiche e alla maturità dei collaboratori. In sintesi, la leadership situazionale suggerisce che, una volta appresa la teoria e acquisiti gli strumenti operativi necessari, qualsiasi manager possa essere in grado di motivare anche il collaboratore più resistente. Questo modello, pur essendo utile in alcuni contesti, si basa su una visione semplificata della realtà organizzativa, riducendo la motivazione a un processo quasi meccanico di stimolo-risposta.

Come già detto nel capitolo 11, Peter Drucker, uno dei più influenti studiosi di management del XX secolo, aveva già criticato questo approccio. Drucker definiva queste tecniche come "trucchi del mestiere", sottolineando come la leadership non possa essere ridotta a una mera applicazione di strategie comportamentali. Egli stesso riconobbe di aver commesso un errore nel concentrarsi esclusivamente sull'insegnamento di strumenti pratici ai manager, trascurando un aspetto fondamentale: la capacità di gestire sé stessi. Secondo Drucker, la leadership efficace non nasce da un repertorio di tecniche predefinite, ma da una profonda consapevolezza personale e dalla capacità di stabilire relazioni autentiche e significative.

Sempre nel capitolo 11 abbiamo visto anche che per comprendere davvero la motivazione e il suo ruolo nella leadership, è necessario spostare l'attenzione dalla dimensione del sapere e del saper fare (le prime due "valigie" della professionalità) a quella del saper essere (la "terza valigia"). Le competenze che facilitano la motivazione non risiedono solo nella conoscenza teorica o nelle tecniche applicative, ma soprattutto nella capacità del leader di entrare in relazione con gli altri in modo autentico e significativo. La "terza valigia" include aspetti come la consapevolezza di sé, l'empatia, la capacità di ascolto e la sensibilità verso le esigenze e i bisogni degli altri. Queste competenze relazionali, spesso trascurate nei modelli tradizionali, rappresentano il cuore della motivazione efficace. Non è sufficiente conoscere le tecniche o applicarle in modo meccanico; è necessario sviluppare un approccio umano e personalizzato, che tenga conto della complessità e dell'unicità di ogni individuo.

La motivazione non è un meccanismo che può essere attivato con un semplice input, ma un processo che si sviluppa all'interno di una relazione. Questo implica che il leader deve andare oltre l'applicazione di strumenti preconfezionati, entrando in sintonia con i collaboratori e comprendendone i bisogni, le aspettative e le aspirazioni.

Un leader motivante è colui che riesce a creare un ambiente in cui le persone si sentano valorizzate e sostenute. Questo non significa eliminare ogni difficoltà o sfida, ma offrire il supporto necessario per affrontarle in modo costruttivo. La motivazione nasce quando le persone percepiscono un senso di appartenenza, riconoscono il significato del loro lavoro e vedono la possibilità di crescita e sviluppo.

La critica ai modelli tradizionali non implica il rifiuto delle tecniche comportamentali o dei modelli organizzativi. Questi strumenti possono essere utili, ma solo se integrati in un approccio più ampio che riconosca la complessità delle dinamiche relazionali e la centralità del "saper essere".

Il vero cambiamento avviene quando il leader riesce a creare una connessione autentica con i collaboratori, trasmettendo fiducia, rispetto e un senso di scopo condiviso. Questo richiede un impegno continuo, una disponibilità all'ascolto e una capacità di adattarsi alle esigenze specifiche di ogni persona e situazione.

Un altro errore comune, spesso alimentato da semplificazioni, è l'idea che un'azione motivante possa essere intrapresa e ottenere risultati positivi in qualsiasi contesto organizzativo, indipendentemente dalle condizioni strutturali o culturali di tale ambiente. Questo equivoco si basa sulla convinzione che le strategie motivazionali possano funzionare in modo universale, senza considerare il sistema in cui vengono applicate. In realtà, esattamente come avviene nel campo dell'informatica, è necessario che soft e hard lavorino in sinergia. Per raggiungere risultati significativi, gli strumenti relazionali e comunicativi (soft) devono essere coerenti con i modelli e le strutture organizzative (hard). La cultura aziendale, le dinamiche di potere, i processi e le procedure operative costituiscono la "base rigida" su cui poggia qualsiasi intervento di tipo relazionale.

Se questa coerenza viene meno, gli sforzi motivazionali rischiano di risultare inefficaci, o addirittura controproducenti. Non è possibile, ad esempio, implementare strategie relazionali avanzate in un'organizzazione che opera secondo modelli gerarchici rigidi e autoritari, dove i collaboratori non hanno spazio per esprimere opinioni o proporre soluzioni. In questi casi, qualsiasi tentativo di motivare le persone attraverso il dialogo e la collaborazione risulterà incoerente rispetto al sistema più ampio, generando disorientamento o, peggio, una percezione di ipocrisia.

Il concetto chiave è quindi quello di *coerenza sistemica*: le azioni motivanti, per essere efficaci, devono essere allineate con le strutture organizzative e il contesto culturale in cui vengono messe in atto. Questo implica che ogni strategia motivazionale deve essere progettata non solo tenendo conto delle esigenze delle persone, ma anche del funzionamento complessivo dell'organizzazione. L'armonia tra soft e hard è essenziale per costruire un ambiente in cui la motivazione possa prosperare e tradursi in risultati concreti.

Un altro luogo comune che è necessario sfatare riguarda la figura del *capo motivatore*, spesso idealizzata come una sorta di figura mitologica in grado di accendere la motivazione nei collaboratori in qualsiasi situazione. Questa visione, pur affascinante, risulta fuorviante e non tiene conto della complessità delle dinamiche umane e organizzative.

In modo provocatorio, si potrebbe affermare che *i capi demotivatori* siano molto più diffusi dei capi motivatori. È più comune incontrare figure di leadership che, consapevolmente o meno, sottraggono energia e motivazione ai propri collaboratori, piuttosto che leader capaci di stimolare autenticamente il coinvolgimento e la partecipazione. Questa riflessione non intende banalizzare il problema, ma sottolineare che la motivazione non è qualcosa che un capo può semplicemente "attivare" con un'azione unilaterale.

La motivazione è un processo complesso e profondamente individuale, che dipende da molteplici fattori, tra cui la personalità, le esperienze e le aspettative di ciascun collaboratore. Il ruolo del capo, quindi, non è tanto quello di "creare" motivazione, quanto quello di creare le condizioni affinché la motivazione possa emergere. Questo richiede la capacità di osservare, comprendere e rispettare le dinamiche personali e collettive, piuttosto che cercare di imporre un modello motivazionale standardizzato.

L'idea di un capo motivatore, capace di influenzare automaticamente i propri collaboratori, rischia di distogliere l'attenzione da una realtà più articolata: la necessità di un ambiente di lavoro che favorisca il benessere, la fiducia e l'autonomia. La leadership efficace non si misura solo nella capacità di ispirare, ma soprattutto nella capacità di eliminare gli ostacoli che impediscono alle persone di trovare la loro motivazione intrinseca.

2. La soggettività della motivazione e la teoria di Maslow

Un aspetto cruciale da comprendere quando si parla di motivazione è che non esistono comportamenti motivanti universalmente validi per tutte le persone. Ogni individuo è unico, con bisogni, valori e priorità che influenzano il suo livello di coinvolgimento in un'attività lavorativa. Presumere che le stesse strategie motivazionali funzionino per tutti equivale a ignorare l'unicità e l'originalità di ogni essere umano. Questo tema introduce un punto chiave: la motivazione è strettamente legata alla *soggettività di ciascun individuo*, che a sua volta dipende dal modo in cui questi interpreta la realtà e attribuisce significato alle proprie esperienze.

Per affrontare il tema della motivazione, è utile richiamare una delle teorie più note e studiate nel mondo organizzativo: la *piramide dei bisogni di Abraham Maslow*. Questa teoria, sviluppata negli anni Cinquanta, rappresenta un modello ancora oggi utilizzato per comprendere i fattori che influenzano il comportamento umano, in particolare nel contesto lavorativo.

Maslow, uno psicologo americano, pubblicò la sua opera fondamentale, *Motivazione e personalità*, nella quale si poneva una domanda allora rivoluzionaria: "Perché le persone lavorano?". Prima di Maslow, il modello prevalente era quello taylorista-fordista, che rispondeva in modo semplicistico: le persone lavorano perché vengono pagate. Secondo questa visione, il denaro era l'unico fattore motivante, e un aumento di retribuzione avrebbe automaticamente portato a una maggiore produttività. Maslow rifiutò questa spiegazione riduttiva, proponendo invece che il lavoro fosse legato al soddisfacimento di una gerarchia di bisogni umani.

Maslow rappresentò i bisogni umani come una piramide, suddivisa in cinque livelli, ciascuno dei quali riflette una categoria di esigenze fondamentali. I bisogni sono ordinati gerarchicamente, e ogni livello superiore diventa motivante solo dopo che i bisogni del livello immediatamente inferiore sono stati almeno parzialmente soddisfatti.

1. *Bisogni fisiologici*: alla base della piramide si trovano i bisogni primari, legati alla sopravvivenza fisica, come il cibo, l'acqua e il riposo. Nel contesto lavorativo, questi bisogni vengono soddisfatti principalmente attraverso la retribuzione, che permette all'individuo di procurarsi beni e servizi essenziali.

2. *Bisogni di sicurezza*: il secondo livello include la necessità di stabilità e protezione, sia fisica che economica. In ambito organizzativo, la sicurezza si manifesta attraverso contratti stabili, benefit, pensioni e condizioni di lavoro sicure. Questo livello riflette il desiderio di continuità e prevedibilità nel tempo.

3. *Bisogni di appartenenza*: quando i bisogni primari e di sicurezza sono soddisfatti, le persone iniziano a cercare relazioni significative e un senso di appartenenza. Nel lavoro, questo può tradursi nella necessità di un ambiente collaborativo, di relazioni interpersonali positive e di far parte di un gruppo che condivida obiettivi comuni.

4. *Bisogni di stima*: salendo nella piramide, si trovano i bisogni di riconoscimento e autostima. Le persone desiderano sentirsi apprezzate per il proprio contributo e riconosciute per i risultati raggiunti. Questo livello include il desiderio di sviluppare la fiducia in sé stessi e di ricevere feedback positivi dagli altri.

5. *Bisogni di autorealizzazione*: al vertice della piramide ci sono i bisogni legati alla crescita personale, alla creatività e al raggiungimento del proprio potenziale. Questi bisogni rappresentano il desiderio di migliorarsi continuamente e di dare un significato profondo alle proprie attività.

Questa teoria si basa su due principi fondamentali:

1. *la gerarchia dei bisogni*: un bisogno superiore diventa motivante solo quando i bisogni inferiori sono stati soddisfatti almeno parzialmente. Ad esempio, se una persona non riceve un reddito sufficiente per sopravvivere non percepirà a livello consapevole le categorie superiori di bisogno;

2. *un bisogno soddisfatto o saturato* cessa di essere motivante: una volta che un bisogno è stato pienamente soddisfatto, esso perde la sua capacità di spingere l'individuo all'azione. L'attenzione si sposta verso i livelli superiori della piramide.

La teoria di Maslow ha il merito di aver introdotto una classificazione gerarchica dei bisogni, evidenziando che le persone sono motivate non soltanto da fattori materiali. Tuttavia, come quasi tutte le teorie, presenta anche dei limiti; uno dei principali è la tendenza a oggettivizzare e provare a generalizzare ciò che è, per natura, soggettivo. Non tutte le persone seguono la stessa sequenza gerarchica di bisogni; per alcuni, ad esempio, i bisogni di autorealizzazione possono prevalere anche quando i bisogni primari non sono completamente soddisfatti. Questo dimostra che ogni individuo interpreta i propri bisogni attraverso un filtro personale, influenzato da valori, esperienze e contesto.

Se la teoria di Maslow ha contribuito a chiarire i meccanismi generali della motivazione, è altrettanto importante considerare che essa dipende dalla soggettività dell'individuo. La motivazione può essere definita come il senso che una persona attribuisce al raggiungimento di un determinato obiettivo, che la predispone positivamente a trasformare la fatica in energia propulsiva. In altre parole, la motivazione non elimina la fatica, ma la rende accettabile perché collegata a un fine percepito come significativo.

La fatica fisica e psicologica, che normalmente porterebbe al ritiro dall'azione, viene così trasformata in impegno e determinazione. La motivazione agisce come un motore interno che spinge l'individuo verso il raggiungimento dei propri obiettivi, anche in presenza di difficoltà.

La motivazione può essere immaginata come un'onda che attraversa l'individuo, mantenendolo in movimento. Non si tratta di una condizione di calma o relax, ma di uno stato di energia e coinvolgimento che spinge l'individuo a impegnarsi appieno in attività stimolanti. Questo stato, noto anche come stress positivo, rappresenta la spinta verso l'autorealizzazione e il desiderio di superare i propri limiti.

Per mantenere questa spinta, è necessario che la persona sia animata da una visione ottimistica e dalla speranza di successo, piuttosto che dalla paura del fallimento. La motivazione, quindi, richiede impegno, proattività e la capacità di affrontare le sfide con determinazione.

Uno degli aspetti spesso trascurati dalle teorie motivazionali è proprio il *legame tra motivazione e soggettività*. I fattori motivanti non possono essere considerati universali, poiché variano a seconda delle esperienze, dei valori e delle interpretazioni individuali. Questo implica che un leader, per essere efficace, deve riconoscere e rispettare queste differenze, adattando le strategie motivazionali al contesto e alle persone coinvolte.

La motivazione, in ultima analisi, non è un processo meccanico né una risposta automatica a stimoli esterni, ma un fenomeno profondamente umano, che riflette il significato personale attribuito alle azioni e agli obiettivi. In questo senso, essa rappresenta il cuore della crescita personale e del successo organizzativo.

3. La resilienza come chiave per la motivazione e la crescita organizzativa

Quando si parla di motivazione in contesti lavorativi, è necessario distinguere tra la motivazione imposta dall'esterno e quella che nasce dall'interno dell'individuo. La seconda, conosciuta come *motivazione intrinseca,* ha un ruolo cruciale nel mantenere l'impegno e la perseveranza anche in condizioni difficili.

Essere motivati non è un'eccezione, ma una condizione naturale dell'essere umano. Tutti possediamo delle motivazioni, anche se con intensità e durata diverse. Ciò che differenzia le persone, dunque, non è tanto "essere motivati", ma restare motivati nel tempo, anche di fronte agli ostacoli, alle difficoltà e alle sfide.

Per spiegare meglio il concetto, è utile introdurre un termine che negli ultimi anni ha acquisito grande rilevanza, tanto da diventare un "tormentone" nel mondo del lavoro, della formazione e persino nel linguaggio comune: la *resilienza.*

Il termine resilienza ha origini nella metallurgia e si riferisce alla capacità di un materiale di resistere agli urti senza rompersi, bensì deformandosi e poi ritornando alla forma originaria. Questa metafora è stata successivamente adottata dalla psicologia e dalle scienze sociali per descrivere la capacità degli esseri umani di affrontare e superare eventi traumatici, difficoltà e cambiamenti, riorganizzando in modo positivo la propria vita.

Nel contesto lavorativo, la resilienza rappresenta la capacità di far fronte alle turbolenze del mercato, ai cambiamenti organizzativi e alle pressioni esterne, senza perdere il proprio equilibrio. Per le aziende private, si tratta di saper affrontare la competitività globale e l'incertezza economica; per le aziende pubbliche, la resilienza si esprime attraverso la capacità di rispondere in modo flessibile alle richieste crescenti di efficienza, qualità dei servizi e performance.

Questa capacità non riguarda solo le singole persone, ma anche le organizzazioni. Le aziende resilienti sono quelle in grado di riorganizzarsi rapidamente, adattarsi ai cambiamenti e continuare a perseguire i propri obiettivi anche in condizioni avverse. La resilienza organizzativa diventa così una delle competenze chiave richieste nel contesto attuale, dove la complessità e l'incertezza sono all'ordine del giorno.

La resilienza personale, oltre a essere una qualità fondamentale nel contesto lavorativo, rappresenta una caratteristica distintiva della leadership efficace. Un motto latino, spesso considerato simbolo di forza e determinazione, recita: "*Frangar, non flectar*" (mi spezzerò, ma non mi piegherò). Oggi occorre probabilmente ribaltarlo specularmente in un più efficace e adatto ai tempi: "*Flectar, non frangar*" (mi piegherò, ma non mi spezzerò). La fragilità (che non è un difetto, ma l'espressione della condizione umana) e la flessibilità non sono sinonimo di debolezza, ma di intelligenza adattiva. La capacità di piegarsi senza spezzarsi richiama la metafora del giunco, che si piega sotto la forza del vento ma non si spezza, per poi rialzarsi non appena la tempesta si placa. Questo tipo di approccio è particolarmente evidente in alcune competenze femminili, come ad esempio il "multitasking".

Le neuroscienze hanno dimostrato che uomini e donne, pur avendo cervelli simili, presentano alcune differenze di connessioni e funzionalità cognitive. Le donne, in particolare, sembrano essere più predisposte al multitasking, ovvero alla capacità di gestire contemporaneamente più attività e situazioni complesse. Questo aspetto si riflette anche nelle competenze relazionali e nella capacità di recupero emotivo.

Un'esperienza che mette in evidenza questa predisposizione è il rientro al lavoro dopo la maternità. Le donne che affrontano questa transizione sviluppano competenze specifiche, come la gestione delle priorità, l'intelligenza emotiva e la flessibilità operativa. Non a caso, si dice spesso che il ritorno al lavoro dopo la maternità sia paragonabile a un master in gestione delle complessità. Le aziende più avanzate riconoscono il valore di queste competenze e, anziché penalizzare le dipendenti, cercano di valorizzarle, poiché queste esperienze arricchiscono le soft *skills* delle persone.

Se la resilienza individuale è la capacità di "piegarsi senza spezzarsi", la resilienza organizzativa è la capacità di un'intera struttura di adattarsi, riorganizzarsi e continuare a funzionare nonostante le difficoltà. La pandemia di COVID-19 ha dimostrato quanto sia fondamentale per le aziende e le amministrazioni pubbliche essere capaci di gestire il cambiamento in modo rapido e agile, attivando soluzioni di smart working per garantire la continuità dei servizi attraverso il lavoro a distanza.

Le organizzazioni pubbliche che hanno saputo affrontare questa sfida non hanno semplicemente "resistito" alla crisi, ma hanno trovato nuovi modi per operare in modo più efficiente e produttivo. Questo esempio dimostra che la resilienza non è solo una risposta passiva agli eventi, ma una capacità attiva di trasformare le difficoltà in opportunità.

A livello individuale, la resilienza può essere sviluppata e allenata. Non è una qualità innata, ma una competenza che si acquisisce con l'esperienza e con il supporto formativo. Per promuovere la resilienza nelle persone e nelle organizzazioni, è necessario agire su tre fronti:

– *capacità di accettazione del cambiamento*: accettare che il cambiamento è parte integrante della realtà lavorativa (oltre che una costante della nostra vita); più rapidamente si accetta questa consapevolezza, più facilmente si riesce a gestire l'incertezza;

– *capacità di riorganizzazione*: quando il cambiamento è inevitabile, occorre riorganizzare le attività, le priorità e gli obiettivi; questo richiede flessibilità operativa e la capacità di modificare i processi di lavoro;

– *capacità di apprendimento*: le persone e le organizzazioni resilienti non si limitano a "sopravvivere" ai cambiamenti, ma imparano da essi; dopo ogni crisi, c'è la possibilità di acquisire nuove competenze, migliorare i processi e consolidare nuove abitudini.

4. Automotivazione e resilienza: il motore invisibile della performance

Contrariamente a quanto si possa pensare, essere motivati non è una condizione eccezionale. Tutti gli individui possiedono motivazioni personali, ma la vera differenza risiede nella capacità di far durare questa motivazione nel tempo, nonostante difficoltà, ostacoli o fallimenti. La perseveranza, infatti, non è una dote innata, ma una competenza che può essere sviluppata e allenata.

Quando si parla di *automotivazione*, ci si riferisce a una forza interna, non dipendente da stimoli esterni, che spinge le persone ad agire e a impegnarsi verso il raggiungimento di obiettivi significativi. È una forma di motivazione intrinseca, più stabile e duratura rispetto a quella generata da ricompense o punizioni esterne.

Una delle parole chiave legate all'automotivazione e alla perseveranza è, come abbiamo visto, la resilienza.

Un esempio emblematico di automotivazione e resilienza è quello degli ultra-trailer, atleti che partecipano a gare di resistenza estreme, correndo per centinaia di chilometri senza interruzioni o per 24 ore di fila. A differenza dei maratoneti, che possono godere di una certa visibilità e di premi economici, gli ultra-trailer sono spesso atleti anonimi, senza guadagni significativi né fama.

Questi atleti, pur non avendo incentivi esterni rilevanti, riescono a esprimere livelli di impegno e perseveranza straordinari, alimentati solo dalla propria spinta interiore. Non cercano la notorietà né la ricompensa economica, ma inseguono un obiettivo personale e profondo. Questo esempio dimostra che la motivazione intrinseca è più potente della motivazione estrinseca. Quando la spinta viene dall'interno, la persona è in grado di affrontare difficoltà impensabili e superare barriere che, per chi non ha la stessa motivazione, sembrerebbero insormontabili.

Traslando questa metafora nel contesto del lavoro, possiamo notare che un collaboratore che trova motivazione solo in incentivi esterni (bonus, premi o minacce) avrà una motivazione fragile e instabile. Al contrario, chi è automotivato trova dentro di sé la forza per superare le difficoltà, anche in assenza di spinte esterne. Questa dinamica è particolarmente rilevante nei contesti di lavoro agile o smart working, dove il controllo diretto è assente e la performance dipende interamente dall'autonomia e dall'autodisciplina del lavoratore.

Un aspetto cruciale dell'automotivazione è la *percezione di autoefficacia*, cioè la convinzione di essere in grado di gestire le sfide e portare a termine con successo i compiti assegnati. L'autoefficacia non è solo una sensazione soggettiva, ma rappresenta uno degli ingredienti principali della resilienza personale. Chi si sente efficace sviluppa una sensazione di potere personale, non inteso come controllo sugli altri, ma come capacità di controllo su sé stessi e sulle proprie azioni.

Le persone automotivate tendono a percepire gli ostacoli come sfide superabili, non come barriere insormontabili. Questa percezione genera una spirale virtuosa: superare una difficoltà accresce il senso di efficacia personale, che a sua volta rafforza la motivazione, rendendo più probabile il successo in una sfida successiva.

5. Il piacere della competenza: la lezione di Primo Levi

Una delle riflessioni più profonde e illuminanti sul tema della motivazione intrinseca e della resilienza ci viene offerta da Primo Levi, scrittore, chimico e testimone della Shoah, nel suo romanzo *La chiave a stella*, pubblicato nel 1978 (edizioni Einaudi) e vincitore del Premio Strega nel 1979. Diversamente dai suoi primi scritti autobiografici come *Se questo è un uomo* e *La tregua*, incentrati sull'esperienza nei lager, *La chiave a stella* affronta il tema del lavoro come fonte di significato e realizzazione personale. Il titolo stesso richiama uno strumento di lavoro, la chiave a stella, metafora della competenza professionale e della capacità di costruire e riparare, ma anche del senso di autonomia e padronanza del proprio destino.

Il protagonista del romanzo, Tino Faussone, è un operaio specializzato in carpenteria metallica che lavora in cantieri internazionali, impegnato nella costruzione di grandi strutture come ponti, gru e tralicci. La sua figura incarna l'ideale dell'operaio globale, sempre in movimento tra un continente e l'altro, capace di adattarsi a qualsiasi contesto lavorativo grazie alla propria maestria tecnica e alla capacità di affrontare sfide complesse. Faussone non è descritto come un uomo straordinario o eccezionale, ma come un modello di lavoratore "normale", il cui punto di forza è la competenza specifica e operativa. La sua eccellenza non risiede nel carisma o nella leadership, ma nella capacità di svolgere il proprio lavoro con precisione, pazienza e passione.

Le esperienze di Tino Faussone, raccontate attraverso aneddoti e dialoghi con il narratore (alter ego di Primo Levi), mettono in luce il valore etico e sociale del lavoro. La costruzione di un traliccio o di una gru non è solo un compito tecnico, ma diventa il simbolo della creazione del mondo umano. Costruire, creare, lasciare una traccia visibile e duratura diventa un atto di responsabilità e, al tempo stesso, una fonte di soddisfazione personale.

Uno dei passaggi più celebri e significativi del libro è la riflessione sull'importanza della competenza nel lavoro e sulla connessione tra competenza e libertà personale. Il narratore afferma: "*Il tipo di libertà più accessibile, più goduto soggettivamente e più utile al consorzio umano coincide con l'essere competenti nel proprio lavoro e nel provare piacere a svolgerlo*". Questa frase, densa di significato, offre una definizione innovativa di libertà. Non si tratta di una libertà "astratta", ma di una libertà concreta, radicata nel saper fare. La competenza, infatti, conferisce autonomia, sicurezza e indipendenza, poiché consente di affrontare il mondo con la consapevolezza di poter gestire le difficoltà. Chi è competente non è vincolato dall'incertezza, perché ha gli strumenti per affrontare il cambiamento e risolvere i problemi.

La libertà del competente non si esaurisce nel "fare bene il proprio lavoro", ma si estende al piacere di vedere i frutti del proprio impegno. Questo tipo di libertà è "la più accessibile" perché non richiede condizioni straordinarie: non dipende da eventi esterni, ma dalla propria preparazione e dalla propria capacità di agire con efficacia. È anche la più "goduta soggettivamente", perché la soddisfazione di aver svolto bene un compito produce emozioni positive e rafforza l'autostima. Infine, è la più "utile al consorzio umano", perché la competenza individuale si traduce in benefici collettivi. Chi costruisce un ponte, un traliccio o una struttura, lascia un segno visibile e tangibile nel mondo, che sarà utile anche per gli altri.

Il lavoro, nella prospettiva di Primo Levi, non è solo una fonte di reddito o un mezzo per sopravvivere. Al contrario, il lavoro diventa uno spazio di autorealizzazione. Questa idea si collega al concetto di motivazione intrinseca, che spinge l'individuo a impegnarsi in un'attività non per ottenere ricompense esterne, ma per il piacere stesso di svolgerla. Per Tino Faussone, il vero piacere del lavoro non è legato al guadagno, ma alla consapevolezza di essere bravo a fare ciò che fa. La gratificazione proviene dal fatto di sapere di aver costruito qualcosa di concreto e utile.

Questo concetto è in perfetta sintonia con la teoria dell'autoefficacia di Albert Bandura, secondo cui la percezione di essere capaci di affrontare le sfide rafforza la fiducia personale e stimola la motivazione a continuare. In altre parole, chi ha consapevolezza delle proprie competenze è più incline a perseverare, anche di fronte alle difficoltà.

In contesti lavorativi, la competenza operativa diventa una leva fondamentale della motivazione. I manager e i responsabili devono riconoscere che le persone si sentono maggiormente coinvolte e motivate quando hanno la possibilità di esprimere le loro competenze e di vedere il proprio impatto sul risultato finale. Questa consapevolezza è particolarmente importante nei contesti pubblici e negli appalti, dove il rischio di alienazione e demotivazione è più alto a causa della burocrazia e della ripetitività delle mansioni.

Un altro tema centrale in *La chiave a stella* è la cura del lavoro ben fatto. Levi, attraverso il personaggio di Faussone, evidenzia come la soddisfazione personale non derivi solo dal risultato finale, ma anche dal processo stesso. Non importa quanto possa essere faticoso o complesso il lavoro: se l'opera è ben eseguita, la soddisfazione sarà proporzionalmente più elevata. Faussone prova una sorta di orgoglio artigiano, cioè il piacere che si prova nel vedere qualcosa di ben costruito, duraturo e utile.

Questa riflessione ha profonde implicazioni anche per la gestione delle risorse umane. Il lavoro ben fatto genera un circolo virtuoso: il piacere di aver completato un compito con competenza alimenta l'autoefficacia e rafforza la motivazione intrinseca. A sua volta, una motivazione forte porta a impegnarsi di più nel lavoro successivo. Quando questo processo si consolida, il lavoratore diventa più resiliente, capace di superare le difficoltà senza arrendersi.

Il messaggio di Primo Levi è particolarmente rilevante per i manager, i RUP e i leader di progetto. Il compito di chi gestisce le risorse umane non è solo quello di distribuire incarichi e monitorare le scadenze, ma anche di valorizzare le competenze dei collaboratori. Aiutare i lavoratori a percepire il piacere della competenza significa creare un ambiente in cui ciascuno possa esprimere le proprie capacità e sentirsi parte attiva del progetto.

Per farlo, i manager devono:

– *riconoscere i meriti*: il riconoscimento pubblico delle competenze e dei successi rafforza il senso di efficacia personale e stimola la motivazione;
– *promuovere il senso di appartenenza*: quando una persona si sente parte di un progetto più grande, la motivazione aumenta. Vedere il proprio contributo in un'opera collettiva rafforza l'identità professionale.
– *valorizzare il lavoro ben fatto*: dare tempo e attenzione ai risultati ben eseguiti, lodando le buone prassi e le soluzioni innovative, alimenta la motivazione intrinseca.

6. Le leve motivazionali: strumenti per promuovere la produttività e il benessere organizzativo

La motivazione delle persone che operano all'interno di un'organizzazione, sia essa pubblica o privata, rappresenta un elemento essenziale per garantire efficienza, produttività e benessere lavorativo. La capacità di mantenere alta la motivazione dei collaboratori è una sfida che si presenta quotidianamente a chi ricopre ruoli di responsabilità, in particolare ai dirigenti, ai RUP e ai manager.

Per affrontare questa sfida, è fondamentale conoscere le principali *leve motivazionali* su cui un responsabile può agire. Queste leve si suddividono in leve estrinseche e leve intrinseche, due categorie che agiscono su meccanismi diversi ma complementari.

Le *leve estrinseche* si basano sul principio della ricompensa. La persona compie un'azione non tanto per il piacere di farlo, ma per ottenere un vantaggio o per evitare una punizione. Queste leve agiscono su una logica di scambio: il lavoratore esegue un compito per ricevere in cambio una ricompensa materiale o simbolica. Questo meccanismo rientra nella tradizionale visione economicista del lavoro, in cui il denaro e le ricompense esterne sono visti come i principali fattori motivanti.

Le principali leve estrinseche possono essere suddivise in una serie di categorie.

1. *La retribuzione economica*. La leva più nota e immediata è la retribuzione. Storicamente, il salario è stato considerato il principale strumento per motivare i lavoratori. Tuttavia, sebbene la retribuzione sia fondamentale per soddisfare i bisogni primari (come indicato nella piramide di Maslow), il suo impatto sulla motivazione tende a diminuire nel tempo. Aumentare il salario o concedere bonus temporanei può produrre una spinta motivazionale iniziale, ma questa tende a svanire rapidamente, portando le persone a desiderare un ulteriore aumento. Inoltre, il denaro è efficace solo se viene percepito come equo e giusto rispetto al lavoro svolto e se è in linea con le aspettative del lavoratore.

2. *I bonus e gli incentivi*. A differenza della retribuzione fissa, gli incentivi sono premi *una tantum* legati al raggiungimento di obiettivi specifici. Possono assumere la forma di bonus monetari, premi di produttività o vantaggi non monetari (come buoni regalo, viaggi o altre gratifiche simboliche). Anche in ambito pubblico, pur con le restrizioni normative, è possibile introdurre premi di risultato e compensi incentivanti. Tuttavia, l'efficacia di queste misure dipende dalla trasparenza e chiarezza dei criteri di assegnazione. Se il sistema di incentivi è percepito come poco equo, arbitrario o non correlato agli sforzi effettivi, rischia di generare demotivazione e conflitti.

3. *Le opportunità di crescita e avanzamento di carriera*. Un'altra leva estrinseca di forte impatto è la possibilità di carriera. Le persone si sentono motivate se percepiscono di avere prospettive di avanzamento professionale. Tuttavia, nel contesto della pubblica amministrazione, le opportunità di carriera sono spesso vincolate a meccanismi rigidi di anzianità o concorso pubblico, rendendo questa leva meno efficace rispetto al settore privato. In questi contesti, la sfida per i responsabili è creare percorsi di crescita non necessariamente legati al cambiamento di ruolo, ma all'arricchimento delle competenze o all'accesso a incarichi speciali.

4. *Il riconoscimento formale*. Oltre agli incentivi economici, i premi simbolici o i riconoscimenti formali (come menzioni pubbliche, attestati o certificati) rappresentano un fattore di grande impatto sulla motivazione. Il bisogno di essere riconosciuti e apprezzati è una costante umana. Ricevere una lode pubblica da parte di un superiore o essere invitati a raccontare il proprio successo in un evento aziendale rafforza il senso di appartenenza e di autostima.

Nonostante il potenziale delle leve estrinseche, è essenziale comprenderne i limiti. Esse, infatti, non creano una motivazione duratura. Una volta ottenuto il premio, la spinta a impegnarsi tende a ridursi e a necessitare di nuovi stimoli. Per questo motivo, è fondamentale integrare queste leve con quelle intrinseche, che garantiscono una motivazione più stabile e profonda.

Le leve intrinseche si basano sulla capacità di generare soddisfazione e gratificazione interiore. Qui non è più il premio esterno a motivare la persona, ma la spinta interna che deriva dal piacere, dall'interesse o dall'impegno per un'attività. La motivazione intrinseca è più stabile e duratura di quella estrinseca, perché è legata alla percezione soggettiva di valore, crescita e realizzazione personale.

Le principali leve intrinseche attivabili in contesti organizzativi sono le seguenti.

1. *Il senso del valore personale*. Le persone desiderano sentirsi utili e apprezzate. Sapere di contribuire al raggiungimento di un obiettivo comune alimenta il senso di appartenenza e il desiderio di impegnarsi. Se un collaboratore percepisce di essere parte attiva di un progetto importante, si sente valorizzato e aumenta il suo livello di impegno. Per attivare questa leva, i responsabili devono coinvolgere i collaboratori nelle decisioni operative, chiedere il loro parere sulle scelte organizzative e valorizzare pubblicamente le loro idee e il loro contributo.

2. *L'autonomia operativa*. Le persone si sentono più motivate quando hanno la libertà di scegliere come organizzare il proprio lavoro. L'autonomia non implica assenza di regole, ma la possibilità di decidere tempi, metodi e priorità. Offrire questa possibilità ai collaboratori aumenta il loro senso di responsabilità e la loro motivazione. Lo smart working è un esempio di applicazione pratica di questa leva. La capacità di autogestirsi e organizzare il proprio tempo consente di affrontare il lavoro con maggiore coinvolgimento e determinazione.

3. *La possibilità di apprendere e crescere*. Le persone non vogliono solo svolgere un compito, ma desiderano imparare e migliorare. Avere la possibilità di partecipare a corsi di formazione, progetti sfidanti o rotazioni di ruolo alimenta il desiderio di migliorarsi continuamente. I lavoratori motivati dall'apprendimento si impegnano di più perché vedono nel lavoro una possibilità di crescita personale e professionale. Per questo motivo, le organizzazioni devono investire in percorsi formativi continui, workshop e progetti innovativi.

4. *Il piacere di fare bene il proprio lavoro*. Questa è una delle fonti di motivazione più potenti. Come ha evidenziato Primo Levi in *La chiave a stella*, il piacere di essere competenti nel proprio mestiere rappresenta la forma più autentica di libertà. La capacità di risolvere un problema complesso, costruire una soluzione efficace o completare con successo un progetto genera una gratificazione intrinseca. Quando i collaboratori percepiscono che il loro lavoro ha un impatto, sentono un senso di realizzazione e autostima.

5. *Le relazioni interpersonali*. Infine, le relazioni all'interno dell'organizzazione rappresentano un fattore chiave per la motivazione intrinseca. Un ambiente di lavoro in cui prevalgono la collaborazione e la fiducia reciproca stimola la motivazione. I manager possono favorire relazioni positive promuovendo il dialogo aperto, la gestione costruttiva dei conflitti e il supporto reciproco tra colleghi.

Le leve motivazionali, siano esse estrinseche o intrinseche, non sono strumenti da applicare in modo rigido e standardizzato. Al contrario, richiedono una personalizzazione dell'approccio in base alle caratteristiche, ai bisogni e agli obiettivi di ciascun collaboratore.

7. L'ascolto come elemento chiave per la motivazione

La motivazione dei collaboratori non si costruisce attraverso modelli rigidi o tecniche preconfezionate, ma richiede la capacità di entrare nella percezione soggettiva dell'altro. Ogni persona ha la propria mappa di esperienze, valori e aspettative, e il solo modo per comprenderla è attraverso l'*ascolto attivo*. L'ascolto, inteso come competenza comunicativa essenziale, permette di cogliere i bisogni profondi e le motivazioni autentiche di chi si ha di fronte. Non si tratta di un'abilità scontata, ma di una capacità complessa e intenzionale che richiede consapevolezza, attenzione e partecipazione attiva.

L'importanza dell'ascolto non è una scoperta recente. Già Plutarco, filosofo e scrittore greco dell'antichità, sottolineava il valore di questa competenza con la famosa massima: "*La natura ci ha dato due orecchie e una sola bocca affinché ascoltassimo il doppio di quanto parliamo*".

Questo insegnamento evidenzia come la natura stessa ci abbia "programmati" per ascoltare più di quanto parliamo, ma la realtà è ben diversa. In contesti professionali, la comunicazione è spesso dominata dal desiderio di "far valere il proprio punto di vista", di "farsi ascoltare" piuttosto che di ascoltare. Ascoltare, però, è più difficile che parlare, poiché richiede l'attivazione di una serie di competenze emotive, cognitive e comportamentali.

L'ascolto, inteso come ascolto attivo, implica un processo di comprensione profonda e di connessione con l'altro, attraverso cui si cerca di cogliere non solo le parole, ma anche il significato implicito del messaggio. Questa forma di ascolto non è automatica e richiede intenzionalità e presenza mentale, oltre alla capacità di sospendere giudizi e preconcetti.

Il valore dell'ascolto attivo è stato ripreso anche da Norbert Wiener, filosofo e padre della teoria della cibernetica, precursore delle moderne teorie sull'intelligenza artificiale. Wiener ha affermato: "*Non so mai esattamente quello che ho detto prima di ascoltare la risposta a ciò che ho detto*".

A prima vista, questa affermazione sembra paradossale, ma in realtà contiene una profonda verità. La comunicazione non è mai lineare, ma circolare e bidirezionale. Non è possibile sapere esattamente l'effetto delle proprie parole finché non si riceve il feedback dell'interlocutore. L'efficacia della comunicazione, quindi, dipende dalla capacità di accogliere il rimbalzo e la retroazione del messaggio e di verificarne il significato. In altre parole, non basta "parlare bene", ma occorre anche ascoltare bene.

Il processo comunicativo efficace prevede un continuo scambio di ruoli: chi parla diventa ascoltatore e chi ascolta diventa parlante. Questo alternarsi di ruoli e l'introduzione di feedback continui garantiscono la circolarità e la chiarezza del messaggio. Senza questa reciprocità, la comunicazione diventa unidirezionale e, in molti casi, inefficace.

Nelle organizzazioni, la mancata capacità di ascolto è uno dei principali fattori di demotivazione. Se un collaboratore percepisce che le sue opinioni non vengono ascoltate, può sviluppare un senso di frustrazione e disimpegno. Di contro, quando un responsabile si impegna ad ascoltare attivamente, crea un ambiente di fiducia e partecipazione, rafforzando la motivazione intrinseca del collaboratore.

Ascoltare attivamente non si riduce al semplice atto di "sentire". Mentre "sentire" implica una ricezione passiva di suoni e parole, ascoltare attivamente significa attribuire significato a ciò che viene detto. Ascoltare è un atto intenzionale e cosciente, che coinvolge diverse competenze cognitive, emotive e relazionali.

L'ascolto attivo si basa sulla presenza mentale, cioè la capacità di essere totalmente presenti nella relazione con l'interlocutore. Non si tratta solo di prestare attenzione con le orecchie, ma di coinvolgere anche la mente e il cuore. Essere presenti significa sospendere giudizi e preconcetti, accogliere il punto di vista dell'altro e dimostrargli, attraverso segnali verbali e non verbali, che si sta ascoltando con attenzione.

La sospensione del giudizio è uno degli aspetti più difficili. Spesso, quando ascoltiamo, siamo già intenti a formulare una risposta o a valutare il discorso dell'altro. Questo atteggiamento è contrario all'ascolto attivo, perché impedisce la piena comprensione del messaggio. Ascoltare attivamente, invece, significa rinunciare temporaneamente al controllo della comunicazione per lasciarsi guidare dall'altro.

Un altro elemento fondamentale è *il rispecchiamento*, cioè la capacità di restituire all'altro il senso del suo discorso. Il rispecchiamento avviene attraverso frasi come: "Se ho capito bene, stai dicendo che ..." oppure "Mi sembra di cogliere che il tuo punto è questo ...". Questi interventi non solo dimostrano all'interlocutore che è stato ascoltato, ma consentono anche di verificare la corretta comprensione del messaggio. Attraverso il rispecchiamento, si evita di fraintendere le intenzioni e si crea un clima di fiducia.

La motivazione, come abbiamo già detto, è un fenomeno altamente soggettivo, che dipende dalla percezione che la persona ha del proprio valore, del proprio ruolo e delle proprie prospettive di crescita. L'ascolto attivo agisce su tutte queste dimensioni, perché fa sentire il collaboratore riconosciuto, apprezzato e valorizzato. Quando una persona sente di essere ascoltata, aumenta la percezione del proprio potere personale, il che la porta a sentirsi più coinvolta e a partecipare attivamente alla realizzazione degli obiettivi.

Ascoltare significa anche dare spazio alle emozioni dell'altro. Spesso, i collaboratori non esprimono apertamente le loro insoddisfazioni o preoccupazioni, ma lo fanno in modo indiretto, attraverso segnali non verbali o comportamenti passivo-aggressivi. Il responsabile che sa ascoltare non si limita a cogliere le parole, ma cerca di comprendere il non detto, interpretando gesti, espressioni e toni di voce. Questa forma di ascolto empatico consente di prevenire conflitti e di intervenire prima che le situazioni degenerino.

L'ascolto contribuisce anche al clima organizzativo. Le organizzazioni che promuovono una cultura dell'ascolto attivo sono percepite come più inclusive e partecipative. I collaboratori si sentono parte di una comunità coesa e sviluppano un maggiore senso di appartenenza. Di contro, in un contesto in cui l'ascolto è assente o scarso, si diffondono frustrazione, demotivazione e senso di isolamento.

L'ascolto non è una dote innata, ma una competenza che si può apprendere e affinare con il tempo. Migliorare la capacità di ascolto richiede impegno, pratica e consapevolezza. Un primo passo consiste nel ridurre le distrazioni. Durante una conversazione, è essenziale spegnere il telefono, evitare di controllare notifiche o documenti e dedicare attenzione esclusiva all'interlocutore.

Un altro modo per migliorare l'ascolto è praticare la pazienza. Spesso, si tende a interrompere l'altro prima che abbia terminato il discorso, credendo di aver già capito dove vuole arrivare. Ma così facendo, si rischia di fraintendere il messaggio. La pazienza consente di ascoltare il discorso nella sua interezza, cogliendone anche le sfumature più importanti.

Infine, è utile praticare l'empatia. L'ascolto empatico consiste nel mettersi temporaneamente nei panni dell'altro, cercando di comprendere non solo il significato oggettivo delle parole, ma anche le emozioni che le accompagnano. Questo tipo di ascolto migliora la relazione e aumenta la connessione emotiva tra responsabile e collaboratore.

8. L'ascolto empatico: una leva relazionale essenziale per la motivazione

L'ascolto empatico è uno strumento cruciale per la gestione delle relazioni interpersonali, soprattutto nei contesti organizzativi. Pur essendo spesso citato e riconosciuto come importante, il concetto di empatia è soggetto a numerose interpretazioni imprecise o parziali. Come accade con altri termini di grande impatto emotivo e culturale (basti pensare a "resilienza"), il rischio è quello di abusarne o di utilizzarlo impropriamente. Per comprendere appieno la portata di questo strumento, è necessario chiarirne il significato e le modalità di applicazione.

L'empatia non è un'emozione o una semplice predisposizione naturale. Non è sufficiente "avere un buon cuore" o "essere sensibili" per poterla esercitare in modo efficace. Piuttosto, si tratta di una competenza relazionale e comunicativa che richiede uno sforzo consapevole e un'attitudine attiva all'ascolto. L'ascolto empatico, infatti, è prima di tutto un comportamento di ascolto, cioè un modo di ascoltare e di mettersi in relazione con l'altro, e non una semplice risposta emotiva.

Di norma, il modo in cui le persone più abitualmente e istintivamente ascoltano è definito *egocentrico.* Questa modalità consiste nel mantenere il proprio punto di vista come principale riferimento durante l'interazione con l'altro. Immaginiamo una situazione classica: un collaboratore (chiamiamolo K) si presenta dal proprio responsabile (Z) e gli espone un problema. Durante questa interazione, K racconta la propria difficoltà dal suo punto di vista, mentre Z risponde non cercando di capire l'esperienza vissuta da K, ma offrendo la propria interpretazione personale del problema.

Questo processo di ascolto si definisce "centratura egocentrica". K espone il problema secondo il proprio vissuto, mentre Z risponde dal proprio punto di vista. La difficoltà di questa interazione risiede nel fatto che le due prospettive raramente coincidono. Questa modalità di ascolto è la più comune in assoluto e, sebbene sia comprensibile e in parte naturale, risulta inadeguata per compiere un salto di qualità nella relazione di ascolto, anche nei contesti organizzativi, poiché spesso non permette di cogliere la reale portata dei problemi esposti.

L'ascolto empatico, invece, richiede un cambio di prospettiva. Chi ascolta deve "uscire" dal proprio punto di vista e provare a entrare nella percezione soggettiva dell'altro. Questo passaggio non è affatto automatico e, spesso, richiede un allenamento costante. L'ascolto empatico si basa sulla decentratura, ovvero la capacità di abbandonare la propria prospettiva temporaneamente e di mettersi, per quanto possibile, nella prospettiva dell'altro.

Una definizione classica e autorevole di empatia è quella proposta da Carl Rogers, psicologo clinico e padre dell'approccio umanistico alla psicologia. La definizione di Rogers è particolarmente efficace nel contesto della gestione delle risorse umane e delle relazioni interpersonali in ambito organizzativo. Secondo Rogers: "*L'empatia è la capacità di entrare nei panni degli altri, partecipando ai loro problemi come se fossero propri, ma senza mai dimenticare il 'come se'*".

Questa definizione introduce un elemento fondamentale: il "come se". Questo dettaglio distingue l'empatia da altre forme di partecipazione emotiva, come la simpatia o la compassione. Essere empatici non significa identificarsi completamente con l'altro, ma percepire la sua situazione "come se" fosse la propria. In pratica, si entra momentaneamente nel suo campo percettivo per cogliere il suo vissuto, ma si rimane consapevoli che quella realtà non è la propria.

Il rischio di confondere empatia e simpatia è frequente. Se prendiamo la parola "simpatia", notiamo che deriva dal greco "syn-pathos", che significa "provare e condividere lo stesso sentimento" dell'altro. Chi prova simpatia per un'altra persona si sente emotivamente coinvolto in ciò che l'altro vive, ma in una forma molto più "calda" e, talvolta, persino fusionale. La simpatia, a differenza dell'empatia, implica un coinvolgimento emotivo diretto, mentre l'empatia consente di rimanere lucidi e consapevoli, senza perdere la propria autonomia di pensiero.

L'ascolto si colloca su un *continuum* che va da una polarità "fredda" a una "calda". Ai due estremi di questo asse possiamo individuare:

– l'*apatia* (polo freddo): qui, chi ascolta non si interessa minimamente dell'altro, trasmettendo un messaggio implicito di disinteresse; è la situazione che si verifica quando, ad esempio, un responsabile ignora le richieste di un collaboratore o lo rimanda con frasi come "Non ho tempo ora" o "Non è un problema che mi riguarda";

– la *simpatia* (polo caldo): a questo estremo, chi ascolta si identifica completamente con il vissuto dell'altro, finendo per essere travolto dalle sue emozioni; in questa posizione, l'ascolto perde di efficacia, perché si passa dal sostegno all'identificazione totale.

L'empatia si colloca tra questi due poli, rappresentando un equilibrio tra il distacco e l'eccesso di partecipazione emotiva. L'empatia consente di ascoltare l'altro in modo profondo ma non fusionale, rispettando sia la sua individualità sia la propria.

Sviluppare l'ascolto empatico non è semplice, ma è possibile farlo attraverso alcune pratiche e accorgimenti. A differenza di quanto si potrebbe pensare, l'empatia non è un dono innato, ma una competenza che può essere allenata. Non si tratta di "essere persone empatiche", ma di adottare comportamenti empatici, e il primo passo è sospendere il giudizio. Di fronte a un collaboratore che presenta un problema, la reazione istintiva è valutare la situazione con parametri personali: "Questo problema non è così grave", "Stai esagerando", "È una questione banale". Questo atteggiamento, però, svaluta la percezione del collaboratore, il quale si sentirà ignorato e svilito.

L'empatia è strettamente collegata alla motivazione dei collaboratori. Se, come abbiamo visto, la motivazione è il risultato del senso e significato che ciascuno attribuisce al proprio lavoro, è chiaro che il primo passo per motivare le persone è capire come esse interpretano il proprio ruolo e le proprie mansioni. Ma come è possibile cogliere questa soggettività di percezione? L'unica strada percorribile è l'ascolto empatico, attraverso il quale il responsabile ha la possibilità di accedere alla percezione soggettiva del collaboratore, comprendendo le sue paure, i suoi bisogni e le sue aspettative. Questo tipo di ascolto consente di individuare i fattori motivazionali personali, che variano da persona a persona. Mentre alcuni collaboratori possono essere motivati dall'autonomia e dall'indipendenza, altri potrebbero trovare motivazione nel riconoscimento pubblico o nella possibilità di apprendere nuove competenze.

L'empatia diventa così uno strumento prezioso per agire sulle leve motivazionali intrinseche. Ascoltando attivamente, il responsabile può personalizzare il proprio approccio e attivare meccanismi motivazionali specifici per ciascun collaboratore. Questo processo non solo migliora il clima organizzativo, ma riduce il rischio di conflitti e demotivazione.

9. Comunicazione efficace: obiettivi, tipologie e strategie

Un altro tema di fondamentale importanza riguarda la *comunicazione efficace* che rappresenta un aspetto centrale nella gestione dei collaboratori e nel raggiungimento degli obiettivi organizzativi. Non è sufficiente "comunicare", occorre farlo in modo mirato e consapevole, con la finalità di ottenere una comprensione chiara e duratura del messaggio da parte del destinatario.

La comunicazione efficace si basa su quattro obiettivi fondamentali, simili a quattro bersagli che devono essere centrati contemporaneamente. Questi obiettivi rappresentano le tappe che il messaggio deve superare per produrre un impatto duraturo. Se uno solo di questi obiettivi non viene raggiunto, la comunicazione rischia di essere inefficace o fraintesa.

1. *Essere percepiti*: il primo obiettivo è il più semplice e riguarda la percezione sensoriale. Affinché il messaggio venga ricevuto, è necessario che il destinatario sia in grado di percepirlo attraverso i suoi sensi, solitamente l'udito o la vista. Nella comunicazione verbale, ciò implica che il messaggio sia udibile, chiaro e ben articolato. Se il messaggio non viene percepito (ad esempio, perché il tono di voce è troppo basso o c'è troppo rumore di fondo), non può nemmeno essere elaborato.

2. *Essere compresi:* essere percepiti non è sufficiente. Il secondo obiettivo è garantire che il messaggio sia compreso dal destinatario. Questo implica che il contenuto del messaggio sia formulato in modo chiaro e privo di ambiguità, utilizzando un linguaggio accessibile al destinatario. La comprensione è il risultato della capacità del destinatario di decodificare correttamente il messaggio. Un errore comune nei contesti lavorativi è l'uso di un linguaggio troppo tecnico o eccessivamente complesso, che rischia di generare confusione.

3. *Essere ascoltati*: ascoltare non è la stessa cosa che sentire. L'ascolto richiede attenzione e interesse, mentre il "sentire" si limita alla percezione sensoriale. Come già detto, affinché il messaggio sia ascoltato, è necessario che il destinatario sia realmente coinvolto e attento. Se il messaggio non suscita l'interesse dell'interlocutore, il rischio è che venga ignorato o dimenticato. L'ascolto è facilitato da un linguaggio chiaro, diretto e coinvolgente, ma anche dalla capacità del comunicatore di costruire una relazione empatica e di creare un clima favorevole alla comunicazione.

4. *Essere ricordati*: il quarto obiettivo è quello terminale, ma è in qualche modo conseguenza naturale del terzo: fare in modo che il messaggio venga ricordato nel tempo. La memoria è influenzata da molti fattori, tra cui l'emozione e l'esperienza personale. Un messaggio che non lascia traccia nella memoria rischia di essere inefficace, perché non produce un cambiamento reale nel comportamento. Per favorire la memorizzazione, è importante utilizzare tecniche di storytelling, riferimenti concreti e immagini evocative. Inoltre, il messaggio deve essere ripetuto e richiamato nel tempo per essere consolidato.

Un concetto fondamentale per comprendere la comunicazione efficace è quello di "temperatura del messaggio". Non tutti i messaggi hanno lo stesso grado di intensità emotiva e coinvolgimento. A seconda di come il messaggio viene costruito e trasmesso, si può parlare di comunicazione fredda o calda.

La *comunicazione fredda* è quella più comune nei contesti lavorativi e organizzativi. È una forma di comunicazione che si limita a trasmettere informazioni, ordini, istruzioni, disposizioni e prescrizioni. In questo tipo di comunicazione, la dimensione emotiva è completamente assente o molto ridotta. Il focus è sui contenuti cognitivi e razionali, senza coinvolgere il destinatario sul piano emotivo.

Le caratteristiche principali della comunicazione fredda sono:

– oggettività: il contenuto si basa su fatti e dati;
– linearità: il messaggio segue una struttura logica e sequenziale;
– basso coinvolgimento emotivo: la componente emotiva è ridotta al minimo;

– prevalenza del contenuto cognitivo: il messaggio punta solo alla comprensione razionale.

Un esempio di comunicazione fredda è una circolare interna, un ordine di servizio o un manuale operativo. Questi strumenti veicolano istruzioni precise e oggettive, ma non richiedono un coinvolgimento emotivo.

La *comunicazione calda*, al contrario, è un tipo di comunicazione che, oltre a trasmettere informazioni e contenuti razionali, veicola anche esperienze personali, emozioni e stati d'animo. Questo tipo di comunicazione è più efficace nei contesti di motivazione, coinvolgimento e cambiamento, poiché tocca la sfera emotiva del destinatario.

Le caratteristiche della comunicazione calda sono:

– presenza di emozioni: il messaggio non trasmette solo informazioni, ma anche stati d'animo e sentimenti;
– maggiore esposizione personale: chi trasmette il messaggio condivide qualcosa di sé, rivelando esperienze personali o emozioni vissute;
– alto livello di coinvolgimento: il destinatario si sente emotivamente coinvolto e partecipa attivamente;
– effetto sulla memoria: i messaggi caldi sono più facilmente ricordati, perché evocano emozioni.

Un esempio di comunicazione calda è una storia personale raccontata dal leader per ispirare il team, o una testimonianza emotiva di successo o di difficoltà. La comunicazione calda attiva sia la parte razionale (la mente) sia quella emotiva (il cuore) del destinatario.

Uno degli strumenti più potenti per attivare la comunicazione calda è la rivelazione di sé, nota anche come apertura interpersonale. Rivelare qualcosa di sé significa condividere con il destinatario del messaggio un aspetto personale, un'esperienza o un'emozione che fino a quel momento non era nota. La rivelazione di sé ha un impatto diretto sull'attenzione e sulla memoria dell'interlocutore, poiché crea una connessione emotiva e rompe la formalità della comunicazione fredda. Questo approccio è particolarmente utile per chi ricopre ruoli di responsabilità e di leadership, poiché la rivelazione di sé permette ai leader di apparire più autentici e più umani, favorendo il coinvolgimento del team.

La rivelazione di sé può avvenire attraverso:

– racconti personali: condividere esperienze personali di successo o fallimento;
– riconoscimento delle emozioni: esprimere in modo esplicito le emozioni provate in una determinata situazione;
– apertura alla vulnerabilità: ammettere incertezze, errori o difficoltà affrontate in passato.

Questi elementi di comunicazione calda non solo rafforzano la connessione emotiva, ma aumentano la fiducia e l'empatia tra le persone. Chi riceve questo tipo di messaggi si sente coinvolto e parte integrante del processo, con un conseguente aumento della motivazione e della partecipazione attiva.

Capire la differenza tra comunicazione fredda e calda non significa scegliere l'una a scapito dell'altra. Entrambi i tipi di comunicazione sono necessari. Se un messaggio ha solo una funzione informativa (come un regolamento), la comunicazione fredda sarà sufficiente. Tuttavia, se si intende motivare, coinvolgere o generare un cambiamento, la comunicazione calda diventa essenziale. Il successo della comunicazione efficace sta nell'equilibrio tra mente e cuore, tra ragione ed emozione. Mentre la comunicazione fredda raggiunge la mente, quella calda riesce a toccare anche il cuore. Questo equilibrio è ciò che consente ai messaggi di essere compresi, ricordati e trasformati in azione concreta.

10. Il *public speaking*

In determinati contesti la comunicazione calda è di fondamentale importanza. A tal proposito, la *comunicazione in pubblico, o public speaking*, rappresenta una delle sfide più complesse e affascinanti nel contesto delle relazioni professionali e sociali. Parlare di fronte a un pubblico, sia esso composto da pochi collaboratori o da una vasta platea, richiede non solo chiarezza espositiva, ma anche la capacità di creare un legame emotivo con gli ascoltatori. Questo legame viene spesso definito "feeling" o reciprocità emozionale, un momento in cui chi parla e chi ascolta si trovano sulla stessa lunghezza d'onda emotiva.

Come facilmente intuibile, l'elemento chiave per ottenere questo risultato è l'uso della comunicazione calda. Per comprendere meglio questo concetto, è utile riflettere su alcuni esempi di discorsi celebri, pronunciati da figure storiche e contemporanee.

Alcuni discorsi rimangono impressi nella memoria collettiva per decenni, non solo per il contenuto, ma per come sono stati comunicati. La differenza tra un discorso dimenticato e uno che resta nella storia risiede proprio nella capacità di attivare le emozioni di chi ascolta.

Il discorso di Martin Luther King, pronunciato il 28 agosto 1963 durante la marcia su Washington per i diritti civili, è probabilmente uno dei più citati e studiati nella storia della comunicazione pubblica. Il suo celebre incipit, "*I have a dream*" (Io ho un sogno), non era in realtà l'inizio del discorso, ma una frase introdotta nel corso della sua esposizione. La forza di questa frase sta nella sua potenza evocativa: parlare di un sogno è immediatamente intimo, personale e universale. Tutti, in ogni epoca e in ogni luogo, possono identificarsi con un sogno. Questa scelta linguistica ha permesso a King di attivare l'empatia del pubblico e di innalzare il livello di attenzione e coinvolgimento.

Immaginiamo, per un attimo, se il discorso fosse stato formulato diversamente, seguendo uno stile tipico della comunicazione fredda. Ad esempio, King avrebbe potuto iniziare con una spiegazione tecnica delle leggi sulla segregazione razziale in Alabama, Mississippi e Arkansas, elencando le modifiche legislative necessarie per garantire l'uguaglianza. Probabilmente, nessuno avrebbe ricordato quel discorso. Non perché il contenuto non fosse importante, ma perché sarebbe mancata la dimensione emotiva e la risonanza personale con gli ascoltatori. Le persone non ricordano tanto i dati, ma ricordano le emozioni che provano nel momento in cui li ricevono.

Un esempio più recente di comunicazione calda è il discorso di Steve Jobs all'Università di Stanford nel 2005, rivolto ai laureandi. Jobs (che non era mai stato laureato), si rivolse agli studenti con umiltà e autenticità, dichiarando fin dall'inizio: "*Oggi voglio raccontarvi tre storie*".

Questa scelta linguistica ha un impatto immediato. La narrazione di storie personali crea una connessione empatica con il pubblico. Le persone, infatti, sono naturalmente predisposte a seguire le storie, poiché esse coinvolgono la nostra memoria episodica, richiamano emozioni e offrono lezioni di vita applicabili a ciascuno. Jobs non si limitò a raccontare le sue esperienze, ma condivise anche i suoi errori, le sue paure e le sue incertezze. La comunicazione calda si concretizzò attraverso la rivelazione di sé, ovvero la condivisione di aspetti personali e vulnerabili, che resero il suo discorso autentico e indimenticabile.

Anche qui, proviamo a immaginare un'alternativa: se Jobs avesse deciso di basare il suo intervento solo su concetti astratti, teorie o dati tecnici, il discorso avrebbe perso gran parte della sua potenza. La forza del messaggio "*Stay hungry, stay foolish*" (siate affamati, siate folli) è stata la capacità di parlare alla sfera emotiva degli studenti, spingendoli a coltivare la curiosità e il coraggio, due leve potenti per la motivazione personale e professionale.

I due esempi citati ci permettono di isolare alcune caratteristiche fondamentali della *comunicazione calda*, che possono essere applicate anche da chi non ha la fama di Martin Luther King o Steve Jobs. Questi principi valgono in qualunque contesto, dalle riunioni operative alle presentazioni ufficiali.

– *Rivelazione di sé*. La rivelazione di sé è la capacità di condividere aspetti personali, storie o esperienze significative, anche legate a errori, fallimenti o momenti di difficoltà. Rivelarsi non significa mettere in mostra la propria intimità, ma dimostrare autenticità e umanità. Chi si presenta come "umano" diventa più vicino e credibile agli occhi del pubblico.

– *Coinvolgimento emotivo*. La comunicazione calda punta a coinvolgere le emozioni dell'interlocutore. Per farlo, si utilizzano storie, metafore e riferimenti concreti. Le emozioni attivano la memoria a lungo termine e favoriscono la ritenzione delle informazioni. Chi ascolta non solo ricorda ciò che è stato detto, ma ricorda anche come si è sentito durante l'ascolto.

– *Linguaggio semplice e diretto*. La comunicazione calda non richiede linguaggi complessi o tecnicismi. Al contrario, le parole devono essere semplici, dirette e comprensibili. Martin Luther King non ha usato una terminologia giuridica, e Steve Jobs non ha parlato di teorie informatiche, hanno entrambi scelto un linguaggio familiare e universale.

– *Utilizzo delle metafore e delle immagini evocative*. Le metafore e le immagini mentali aiutano a visualizzare concetti astratti. La frase "I have a dream" è una delle più potenti immagini simboliche mai utilizzate nella comunicazione pubblica. Le immagini creano risonanza emotiva e rendono più vividi i concetti, facilitandone la memorizzazione.

Il public speaking non è solo una questione di trasferimento di informazioni, ma soprattutto di attivazione della motivazione. Per ispirare, coinvolgere e spingere le persone all'azione, non basta fornire dati, cifre o istruzioni. Serve qualcosa di più potente: la capacità di trasmettere senso e significato attraverso storie, emozioni e riferimenti simbolici. Raccontare una storia personale (come fece Steve Jobs) o evocare un sogno (come fece Martin Luther King) non è una tecnica da riservare ai grandi eventi, ma può essere applicata anche nei contesti lavorativi. Quando un manager o un responsabile parla al proprio team, ha davanti una sfida simile a quella di un leader politico o di un grande oratore.

La capacità di comunicare in pubblico non è un talento innato, ma una competenza che si può sviluppare. Chiunque, con il giusto impegno, può imparare a padroneggiare la comunicazione calda e utilizzare le tecniche di rivelazione di sé, storytelling e coinvolgimento emotivo. Per un responsabile, un RUP o un manager, saper comunicare in pubblico non è un'opzione, ma una necessità. Parlare al cuore delle persone non è solo un atto di comunicazione, ma un atto di leadership.

11. L'intelligenza emotiva: una competenza essenziale per la leadership e la gestione dei gruppi

Un altro concetto ormai consolidato nel mondo delle organizzazioni e del lavoro, soprattutto grazie agli studi e alla divulgazione di Daniel Goleman, uno dei massimi esperti in questo campo, è quello di *intelligenza emotiva*. L'idea di fondo è che, accanto all'intelligenza cognitiva (il tradizionale "QI"), esista un'altra forma di intelligenza che riguarda la capacità di riconoscere, gestire e utilizzare le emozioni proprie e altrui in modo efficace.

Per un leader o un responsabile di progetto, questa competenza è essenziale. Non solo perché favorisce una migliore gestione delle relazioni interpersonali, ma anche perché permette di creare un ambiente di lavoro più sano, collaborativo e orientato al benessere. Un leader emotivamente intelligente è in grado di guidare le emozioni del gruppo e di facilitare il raggiungimento degli obiettivi, innescando sentimenti positivi e motivando i collaboratori.

Il concetto di intelligenza emotiva può essere suddiviso in tre competenze chiave, che rappresentano i pilastri su cui si basa questa capacità. L'analisi di queste competenze consente di comprendere quali siano gli strumenti concreti che un leader deve sviluppare e allenare nel proprio percorso di crescita professionale.

Consapevolezza emotiva: comprendere le proprie emozioni.

Il primo passo per sviluppare l'intelligenza emotiva è acquisire la capacità di riconoscere comprendere le proprie emozioni. Questo significa essere consapevoli di ciò che si prova in un determinato momento, cogliendo non solo le emozioni più evidenti (come la rabbia, la gioia o la tristezza), ma anche quelle più sottili e sfumate. Spesso, le persone si rendono conto delle proprie emozioni solo quando queste diventano intense e "tracimano", ovvero quando si manifestano con forza (ad esempio, una forte arrabbiatura, un'esplosione di gioia o una crisi di pianto). Tuttavia, la vera consapevolezza emotiva richiede di essere in grado di percepire le emozioni prima che diventino travolgenti, cogliendo anche i segnali deboli. Essere consapevoli delle proprie emozioni è fondamentale per il leader, soprattutto in situazioni delicate, come il momento in cui deve fornire un feedback critico a un collaboratore o riceverne uno. La consapevolezza permette di evitare reazioni impulsive, ma soprattutto di gestire le proprie risposte emotive con lucidità e razionalità.

Empatia: comprendere le emozioni degli altri.

La seconda competenza dell'intelligenza emotiva è l'empatia, ovvero la capacità di percepire e comprendere le emozioni degli altri. Come abbiamo già visto, non si tratta semplicemente di "mettersi nei panni degli altri", ma di percepire il punto di vista altrui e cogliere le emozioni che l'altro sta vivendo, anche quando queste non sono esplicitamente dichiarate. Il concetto di empatia è stato ben sintetizzato dal famoso passo de *Il Piccolo Principe* di Antoine de Saint-Exupéry: "*Non si vede bene che col cuore, l'essenziale è invisibile agli occhi*". Questa citazione esprime perfettamente l'essenza dell'empatia: vedere ciò che non è visibile, cogliere i segnali emotivi che non si esprimono con le parole ma attraverso i comportamenti, la postura, il tono di voce e i silenzi. L'empatia consente ai leader di leggere il contesto emotivo dei propri collaboratori, migliorando la qualità delle relazioni e facilitando la creazione di un clima di fiducia e rispetto reciproco. Questa competenza è particolarmente utile nelle situazioni di conflitto o tensione. Saper cogliere il disagio di un collaboratore e comprenderne le ragioni consente al leader di agire con tempestività e di trovare soluzioni più adeguate. Inoltre, l'empatia non implica "essere d'accordo con l'altro", ma significa cogliere il suo vissuto emotivo, anche se non si condivide il suo punto di vista.

Gestione emotiva: esprimere le emozioni in modo produttivo.

La terza competenza riguarda la gestione delle emozioni, ovvero la capacità di controllare e orientare le proprie emozioni, nonché di esprimerle nel modo più produttivo per sé e per gli altri. Questo non significa reprimere le emozioni, ma saperle canalizzare in modo consapevole e intenzionale, affinché possano essere utilizzate per costruire relazioni e raggiungere obiettivi. Un leader capace di gestire le proprie emozioni riesce a comunicare con autenticità, senza nascondere il proprio stato d'animo, ma adattando il modo in cui le emozioni vengono espresse. Ad esempio, se un leader è arrabbiato, può esprimere il suo disagio senza scatenare un conflitto. Questo è particolarmente importante quando si tratta di comunicare critiche o gestire momenti di stress. La capacità di esprimere un'emozione in modo chiaro, ma senza ferire o sopraffare l'interlocutore, rappresenta una competenza cruciale nelle relazioni di leadership. Un leader che esprime le proprie emozioni con autenticità e convinzione crea quello che Daniel Goleman chiama "risonanza emotiva". La risonanza è una forma di vibrazione sincrona tra il leader e il gruppo, in cui il leader riesce a sintonizzarsi emotivamente con i membri del gruppo, influenzandoli positivamente. In questo modo, le emozioni del leader diventano un motore per l'intero team.

Se in passato si riteneva che le emozioni dovessero essere "lasciate fuori dalla porta" delle aziende e degli uffici, oggi questa visione è superata. La cultura taylorista-fordista, che sosteneva la separazione tra il lavoro e la dimensione emotiva, è stata ampiamente smentita dalle neuroscienze e dalla psicologia del lavoro. Oggi sappiamo che le nostre emozioni, oltre ad accompagnarci in ogni momento della nostra esistenza, influenzano le nostre decisioni, le nostre relazioni e le nostre prestazioni.

Il motivo è semplice: le emozioni non si spengono con un interruttore. Non possiamo, paradossalmente "staccare l'emisfero destro del cervello" (quello che attiva i nostri processi emozionali) al mattino e riattaccarlo la sera. Le emozioni sono parte integrante dell'essere umano e, se non vengono riconosciute, finiscono per condizionare inconsciamente le nostre azioni.

Questa consapevolezza ha portato a rivedere le pratiche di gestione aziendale, introducendo concetti come intelligenza emotiva, intelligenza relazionale e benessere organizzativo. Le aziende più lungimiranti non vedono più le emozioni come un ostacolo alla produttività, ma come un fattore abilitante del cambiamento e dell'innovazione.

Un leader non è solo una figura tecnica, ma anche una guida emotiva per il gruppo. Le sue emozioni si propagano attraverso il team, generando risonanza emotiva. In positivo, un leader capace di trasmettere emozioni autentiche, ancorate a valori profondamente sentiti, crea un clima di fiducia, collaborazione e motivazione. In negativo, un leader che non sa controllare le proprie emozioni rischia di creare dissonanza, alimentando tensioni e conflitti.

In quest'ottica, la leadership emotiva richiede la capacità di far dialogare i due emisferi cerebrali, quello razionale e quello emozionale. La mente razionale pensa, ma la mente emozionale sente e vive. La creatività e l'innovazione nascono dalla fusione di questi due mondi. Solo combinando l'intelligenza cognitiva e quella emotiva si può ottenere una leadership completa e capace di affrontare la complessità.

Un'organizzazione che nega la rilevanza delle emozioni rischia di diventare emotivamente deprivata, bloccando la crescita e il potenziale delle persone. Al contrario, un'organizzazione che valorizza le emozioni riesce a costruire un contesto di benessere, fiducia e motivazione, elementi imprescindibili per il successo.

12. Il sentimento di appartenenza: un legame emotivo oltre la semplice aggregazione

La comunicazione calda, come già discusso, non è un metodo da applicare in modo costante e meccanico, ma uno strumento da utilizzare in momenti specifici, in particolare quando le dinamiche relazionali si complicano o quando è necessario rafforzare il senso di coesione e la motivazione collettiva. Il leader, infatti, ha il compito non solo di indirizzare i comportamenti ma anche di guidare le emozioni. Egli deve saper costruire un contesto di fiducia e di condivisione, un "mondo" a cui gli altri desiderano appartenere. Ed è proprio il tema dell'appartenenza che merita un'attenzione specifica.

L'*appartenenza* non può essere ridotta a una mera aggregazione numerica di persone. Non si tratta di "mettere insieme le persone" in uno stesso ufficio, su uno stesso progetto o in una stessa organizzazione. L'appartenenza vera e profonda va oltre la semplice presenza fisica o la condivisione di spazi e obiettivi. È un vincolo emotivo e simbolico che unisce le persone in modo intimo e profondo. Non si tratta di "andare d'accordo" o "volersi bene", ma di sentire gli altri come parte di sé. È il riconoscimento dell'interdipendenza che lega le persone in un gruppo. Non è un atto formale, ma una condizione psicologica, emotiva e relazionale che porta le persone a riconoscersi reciprocamente come parte di una missione comune. Come cantava Giorgio Gaber nella sua *Canzone dell'appartenenza*: "*L'appartenenza non è lo sforzo di un civile stare insieme, non è il conforto di un normale voler bene ... non è un insieme casuale di persone, non è il consenso a un'apparente aggregazione. L'appartenenza è avere gli altri dentro di sé*".

Il concetto di *interdipendenza* è centrale per comprendere il significato di appartenenza. Le persone non solo condividono obiettivi comuni, ma si riconoscono vicendevolmente interdipendenti. In altre parole, ognuno capisce che il proprio successo non può essere disgiunto da quello degli altri. Non basta raggiungere gli obiettivi individuali, perché l'obiettivo finale è collettivo.

L'interdipendenza rappresenta il superamento della logica individualista. Se in un contesto competitivo è normale pensare "prima io e poi gli altri", nell'appartenenza si afferma il contrario: "non posso farcela senza di te". In questo senso, l'appartenenza implica un coinvolgimento emotivo e una responsabilità reciproca. Il successo di uno diventa il successo di tutti, e il fallimento di uno diventa il fallimento collettivo.

Questa è la cultura del "noi", una cultura che non si crea per decreto o con direttive aziendali, ma si costruisce giorno dopo giorno attraverso la leadership e l'esempio quotidiano. È la missione collettiva che guida le azioni di ogni persona e che porta a unirsi nei momenti di crisi per affrontare insieme le difficoltà.

Il leader ha il compito di creare le condizioni affinché il senso di appartenenza si sviluppi. Non può imporre l'appartenenza, ma può facilitare la nascita di questa percezione. Per farlo, deve agire su due livelli:

1. la visione collettiva: il leader deve essere in grado di comunicare chiaramente la mission e la vision del gruppo o dell'organizzazione. Non si tratta solo di condividere obiettivi aziendali, ma di rendere comprensibili i motivi profondi per cui vale la pena lavorare insieme. Per questo, è fondamentale tradurre gli obiettivi organizzativi in scopi significativi e condivisibili, che siano sentiti da tutti;
2. il riconoscimento reciproco: il leader deve riuscire a riconoscere il contributo individuale di ciascuna persona, ma anche a favorire il riconoscimento reciproco tra i membri del gruppo. Quando una persona si sente riconosciuta, valorizzata e apprezzata, è più propensa a percepire il legame con il gruppo e a rafforzare la pro-

pria appartenenza. Questo avviene attraverso la gratificazione, i feedback positivi e la costruzione di un clima di fiducia.

Un esempio straordinario di leadership capace di generare senso di appartenenza è rappresentato da Nelson Mandela, considerato uno dei più grandi leader del XX secolo. Mandela non si limitò a guidare il suo popolo verso la fine dell'apartheid, ma riuscì a creare un contesto in cui gli oppressi e gli oppressori iniziarono a vedersi come parte di un'unica nazione. La sua capacità di comunicare e di farsi sentire parte della stessa comunità è stata la chiave per la riconciliazione nazionale. Mandela non si limitò a ottenere il consenso, ma fece in modo che i sudafricani di tutte le razze e le etnie si riconoscessero gli uni negli altri. In questo modo, l'appartenenza divenne un fattore di unificazione nazionale, e non di divisione. Questo risultato non sarebbe stato possibile senza una leadership capace di esprimere empatia, autenticità e coraggio emotivo.

Nelle organizzazioni moderne, il senso di appartenenza è un tema centrale, soprattutto in un'epoca di smart working e lavoro ibrido. Lavorare da remoto rischia di generare senso di isolamento e disconnessione. Il leader, in questo contesto, ha il compito di mantenere vivo il senso di comunità e di "noi", anche in assenza di prossimità fisica.

Il rischio di un'organizzazione "emotivamente deprivata" è altissimo. Se le emozioni e gli stati d'animo delle persone vengono ignorati o repressi, il gruppo di lavoro si trasforma in una collettività sterile e spersonalizzata. Il vecchio modello taylorista-fordista, che chiedeva di "abbandonare le emozioni fuori dai cancelli", oggi appare inadeguato. La vera leadership è quella capace di far dialogare cuore e mente, di promuovere una visione collettiva e di generare un senso di appartenenza.

Conclusioni

La motivazione e le leve motivazionali rappresentano il cuore pulsante delle organizzazioni moderne, sia nel settore pubblico che in quello privato. Nel contesto degli appalti pubblici, dove le regole e i vincoli normativi possono ridurre la flessibilità gestionale, l'importanza di una leadership motivante del RUP diventa ancora più evidente. La capacità di ispirare, coinvolgere e stimolare i collaboratori non è solo un elemento desiderabile, ma una vera e propria necessità per affrontare le sfide complesse e le incertezze operative tipiche di questo ambito.

Le leve motivazionali, suddivise in estrinseche e intrinseche, costituiscono strumenti essenziali a disposizione dei responsabili e dei RUP. Le leve estrinseche rappresentano meccanismi fondamentali ma non sufficienti per garantire una motivazione duratura; mentre le leve intrinseche rappresentano il vero motore della motivazione a lungo termine.

Il ruolo del leader in questo contesto è cruciale. Come sottolineato da autori come Peter Drucker e Daniel Goleman, il leader non è un semplice distributore di compiti, ma un facilitatore della motivazione e una guida emotiva. La leadership efficace si realizza nella capacità di creare un ambiente di lavoro basato sulla fiducia, sull'ascolto e sulla valorizzazione delle competenze individuali. L'ascolto attivo e l'empatia sono strumenti essenziali per comprendere i bisogni dei collaboratori e attivare le leve motivazionali più adatte a ciascuno di essi.

L'empatia, in particolare, emerge come un elemento centrale per il successo della leadership. Come evidenziato dalle teorie di Carl Rogers e dalle pratiche di ascolto attivo, l'empatia non è solo una dote personale, ma una competenza che può essere allenata e sviluppata. Il manager empatico è in grado di decentrarsi dal proprio punto di vista per entrare nella percezione soggettiva dei collaboratori, comprendendone le paure, i bisogni e le aspirazioni. Questa capacità relazionale consente di personalizzare l'approccio motivazionale, rendendo più efficace l'intervento del leader.

Un ulteriore aspetto da evidenziare è il ruolo delle capacità di automotivazione e resilienza. La capacità di "piegarsi senza spezzarsi" rappresenta una metafora potente per comprendere la necessità di flessibilità e adattabilità nel contesto delle organizzazioni moderne. Le persone resilienti non solo affrontano le difficoltà, ma le trasformano in opportunità di apprendimento e miglioramento. Questa capacità è particolarmente importante per i responsabili del procedimento (RUP), i quali devono gestire una molteplicità di variabili e attori in un contesto normativo rigido e in continuo cambiamento.

Le testimonianze di figure iconiche come Nelson Mandela e Primo Levi offrono spunti di riflessione preziosi sul tema della motivazione e della leadership. Mandela, con il suo concetto di appartenenza e identità collettiva, ci ricorda l'importanza di creare una "cultura del noi" all'interno delle organizzazioni. Questo concetto si traduce nella costruzione di un senso di appartenenza, che va oltre la semplice aggregazione di persone e diventa condivisione di obiettivi e valori comuni. Allo stesso modo, Primo Levi, con il suo elogio del "piacere della competenza", ci invita a riflettere sul significato profondo del lavoro ben fatto e sulla sua capacità di generare soddisfazione personale e libertà interiore.

Un ultimo elemento chiave è rappresentato dalla comunicazione, in particolare quella calda. La comunicazione efficace non si limita alla trasmissione di dati e informazioni, ma coinvolge la sfera emotiva degli interlocutori. La capacità di trasmettere messaggi capaci di attivare il cuore oltre che la mente, è un tratto distintivo del leader capace di ispirare e motivare. I discorsi memorabili di Martin Luther King o di Steve Jobs mostrano il potere trasformativo della comunicazione calda, in grado di generare un coinvolgimento emotivo e di lasciare un'impronta duratura nella memoria collettiva.

In sintesi, la motivazione non è un processo meccanico né un risultato automatico delle azioni di un leader. Al contrario, è il frutto di una relazione costante e personalizzata tra responsabile e collaboratore, alimentata da ascolto, empatia, comunicazione efficace e valorizzazione delle competenze. Un'organizzazione capace di integrare leve motivazionali estrinseche e intrinseche, di promuovere la resilienza e di adottare una leadership empatica e inclusiva, è un'organizzazione che può affrontare con successo le sfide della complessità e della competitività.

Il leader motivatore, quindi, non è un "eroe solitario" che agisce con carisma e tecniche preconfezionate, ma un facilitatore di contesti di senso e un promotore di relazioni autentiche. Il suo compito è costruire un mondo a cui le persone vogliano appartenere, un contesto in cui il lavoro non sia solo esecuzione di compiti, ma anche crescita personale, sviluppo di competenze e partecipazione a un progetto comune.

In conclusione, la motivazione e le leve motivazionali sono i cardini su cui si regge la capacità di un'organizzazione di adattarsi al cambiamento, di innovare e di raggiungere obiettivi ambiziosi. I manager, i RUP e i responsabili sono chiamati a sviluppare queste competenze e a tradurle in prassi operative quotidiane. Solo così sarà possibile creare un ambiente di lavoro capace di valorizzare il potenziale umano e di affrontare con efficacia le sfide del XXI secolo. La motivazione, come la resilienza, non è un punto di partenza, ma un processo continuo di adattamento e crescita, un viaggio che richiede impegno, consapevolezza e coraggio.

Capitolo XIII

Il raccordo della programmazione degli interventi pubblici con il bilancio degli enti locali. La gestione contabile degli incentivi tecnici

Marco Rossi

Premessa

Lo svolgimento del ciclo passivo negli enti locali implica sia la gestione degli strumenti della programmazione generale e settoriale sia la gestione della dimensione contabile, finalizzata a garantire prospetticamente il mantenimento degli equilibri di bilancio. In tale contesto, tenuto anche conto della disciplina del d.lgs. n. 36/2023, assumono particolare importanza tanto la programmazione dei lavori pubblici quanto la programmazione degli acquisti di beni e di servizi. L'impatto sul sistema contabile scaturisce, poi e principalmente, dall'esigenza di garantire il corretto procedimento di spesa, nelle fasi canoniche dell'impegno (con relativa prenotazione), della liquidazione, dell'ordinazione e del pagamento previste dal d.lgs. n. 267/2000 e dalle regole della contabilità armonizzata (in particolare, dal principio contabile applicato n. 4/2).

1. I principi generali della programmazione

La creazione di valore pubblico [1] in condizione di economicità, coniugando l'ef-

[1] Nell'ambito della disciplina del Piano integrato di attività e organizzazione il valore pubblico è "inteso come l'incremento del benessere economico, sociale, educativo, assistenziale, ambientale, a favore dei cittadini e del tessuto produttivo".

ficacia e l'efficienza della gestione, rappresenta una sfida sempre più critica ed ambiziosa, eppure ineludibile, per gli enti locali e per la generalità delle amministrazioni pubbliche [2].

A rendere sempre più complesso il razionale conseguimento della ragione d'essere degli enti locali concorre una pluralità di fattori, ivi compresi, in particolare, il progressivo incremento dei livelli di autonomia loro riconosciuti sugli interrelati piani organizzativo e gestionale, patrimoniale e finanziario, l'intensificazione dei bisogni e l'innalzamento delle aspettative dei cittadini amministrati, ma altresì l'inasprimento dei condizionamenti derivanti dai vincoli di finanza pubblica.

Per affrontare positivamente questi crescenti livelli di complessità e dinamismo si rende sempre più necessario l'esercizio responsabile ed incisivo delle funzioni di governo e di direzione, le quali richiedono (tra l'altro) lo sviluppo di appropriati sistemi di programmazione (oltre che di controllo), tanto a livello strategico quanto a livello più strettamente operativo.

La programmazione consiste in un processo di analisi e valutazione che, comparando e ordinando coerentemente tra loro le politiche e i piani per il governo del territorio, consente di organizzare, in una dimensione temporale predefinita, le attività e le risorse necessarie per la realizzazione di fini sociali e la promozione dello sviluppo economico e civile delle comunità di riferimento.

Il processo di programmazione deve svolgersi nel rispetto delle compatibilità economico-finanziarie (e dei vincoli di finanza pubblica) e tenendo conto della possibile evoluzione della gestione dell'ente, richiede il coinvolgimento dei portatori di interesse nelle forme e secondo le modalità definite da ogni ente, si conclude con la formalizzazione delle decisioni politiche e gestionali che danno contenuto a programmi e piani futuri riferibili alle missioni dell'ente.

I documenti nei quali si formalizza la programmazione devono essere predisposti in modo tale da consentire ai portatori di interesse di:

a) conoscere, relativamente a missioni e programmi di bilancio, i risultati che l'ente si propone di conseguire;

b) valutare il grado di effettivo conseguimento dei risultati al momento della rendicontazione.

Nel rispetto del principio di comprensibilità, i documenti della programmazione devono esplicitare con chiarezza il collegamento tra diversi aspetti, concernenti il quadro complessivo dei contenuti della programmazione; i portatori di interesse di riferimento; le risorse finanziarie, umane e strumentali disponibili; le correlate responsabilità di indirizzo, gestione e controllo.

I profili qualificanti della programmazione, propri dell'ordinamento finanziario e contabile delle amministrazioni pubbliche, sono tre [3]:

---

[2] Per ulteriori dettagli si rinvia a M. Rossi, *Manuale di contabilità e bilancio per gli enti locali*, Cel, Bergamo, 2021; M. Rossi, S. Usai, *Gli appalti nella contabilità armonizzata*, Maggioli, Rimini, 2019. In relazione alla gestione dei fondi PNRR si veda M. Manca, M. Rossi, S. Usai, *Guida pratica alla gestione dei fondi del PNRR*, Maggioli, Rimini, 2022.

[3] Principio contabile applicato n. 4/1.

a) la *valenza pluriennale del processo*, dal momento che il concorso al perseguimento degli obiettivi di finanza pubblica, sulla base dei principi fondamentali dell'armonizzazione dei bilanci pubblici e del coordinamento della finanza pubblica e la condivisione delle conseguenti responsabilità, rendono necessaria una consapevole attività di programmazione con un orizzonte temporale almeno triennale;

b) la *lettura non solo contabile dei documenti* nei quali le decisioni politiche e gestionali trovano concreta attuazione, con la prospettiva di assicurare che la programmazione svolga appieno le proprie funzioni: politico-amministrativa, economico-finanziaria ed informativa, occorre dare rilievo alla chiarezza e alla precisione delle finalità e degli obiettivi di gestione, alle risorse necessarie per il loro conseguimento e alla loro sostenibilità economico-finanziaria, sociale ed ambientale;

c) la *coerenza ed interdipendenza* dei vari strumenti della programmazione, le quali implicano una considerazione "complessiva e integrata" del ciclo di programmazione, sia economico che finanziario, e un raccordo stabile e duraturo tra i diversi aspetti quantitativi e descrittivi delle politiche e dei relativi obiettivi – inclusi nei documenti di programmazione.

In tale contesto di riferimento assume certamente un ruolo decisivo il DUP – Documento unico di programmazione, introdotto dal d.lgs. n. 118/2011, che ha ampiamente innovato il sistema di programmazione delle amministrazioni locali nella prospettiva di assicurare una migliore unitarietà ed integrazione (con un successivo rafforzamento delle logiche del Piano integrato di attività ed organizzazione – PIAO).

Il DUP traduce in alcune caratteristiche particolari e costituisce la naturale traduzione ed evoluzione in chiave strategico-operativa dei contenuti delle linee programmatiche relative alle azioni e ai progetti da realizzare nel corso del mandato (di cui all'art. 46, d.lgs. n. 267/2000) e rappresenta il presupposto della programmazione finanziaria (mediante il bilancio di previsione triennale) e della programmazione gestionale (nell'ambito del raccordo tra il Piano integrato di attività ed organizzazione ed il Piano esecutivo di gestione).

Il DUP, disciplinato dall'art. 170 del d.lgs. n. 267/2000, ha carattere generale e costituisce la guida strategica ed operativa dell'ente e si articola in due sezioni:

a) la Sezione strategica, che ha un orizzonte temporale di riferimento pari a quello del mandato amministrativo ed è destinata ad accogliere le scelte legate alla pianificazione strategica dell'ente locale, considerando un numero di annualità progressivamente decrescente anno dopo anno per effetto dell'avvicinamento alla conclusione della consiliatura;

b) la Sezione operativa, che ha un orizzonte temporale di riferimento triennale e costante ed è destinata ad accogliere la programmazione operativa coerente con il bilancio di previsione, supportando adeguatamente il processo di previsione per la predisposizione della manovra di bilancio.

Si tratta di un documento che guida la gestione dell'ente locale, come emerge chiaramente considerando che, sulla base delle previsioni del d.lgs. n. 267/2000, nel regolamento di contabilità devono essere disciplinati i casi di inammissibilità e di improcedibilità per le deliberazioni del Consiglio e della Giunta che non sono coerenti proprio con le previsioni del Documento unico di programmazione.

Per i richiamati principi della programmazione tra le due sezioni dovrebbe sussistere un'adeguata coerenza e correlazione, dal momento che gli obiettivi riportati nella sezione operativa dovrebbero discendere dagli obiettivi di livello più elevato contenuto nell'ambito della Sezione strategica.

Per comprendere appieno i contenuti (e l'articolazione) del documento è di fondamentale importanza esaminare le indicazioni del Principio contabile applicato 4/1 (relativo alla programmazione di bilancio), secondo cui la Sezione strategica esprime "*le principali scelte che caratterizzano il programma dell'amministrazione da realizzare nel corso del mandato amministrativo e che possono avere un impatto di medio e lungo periodo, le politiche di mandato che l'ente vuole sviluppare nel raggiungimento delle proprie finalità istituzionali e nel governo delle proprie funzioni fondamentali e gli indirizzi generali di programmazione riferiti al periodo di mandato*".

Gli obiettivi strategici, nell'ambito di ciascuna missione, sono definiti con riferimento all'ente, specificando per ogni obiettivo strategico pure il contributo che il gruppo amministrazione pubblica può e deve fornire per il suo conseguimento.

L'individuazione degli obiettivi strategici, tra l'altro, dovrebbe conseguire a un processo conoscitivo di analisi strategica delle condizioni esterne all'ente e di quelle interne, sia in termini attuali che prospettici e alla definizione di indirizzi generali di natura strategica.

Ogni anno, gli obiettivi strategici definiti sono verificati nello stato di attuazione e possono essere, a seguito di variazioni rispetto a quanto previsto nell'anno precedente e dandone adeguata motivazione, opportunamente riformulati.

Sono altresì verificati gli indirizzi generali e i contenuti della programmazione strategica con particolare riferimento alle condizioni interne dell'ente, al reperimento e impiego delle risorse finanziarie e alla sostenibilità economico-finanziaria, come sopra esplicitati.

La Sezione operativa, invece, "*individua, per ogni singola missione, i programmi che l'ente intende realizzare per conseguire gli obiettivi strategici definiti nella SeS. Per ogni programma, e per tutto il periodo di riferimento del DUP, sono individuati gli obiettivi operativi annuali da raggiungere. Per ogni programma sono individuati gli aspetti finanziari, sia in termini di competenza con riferimento all'intero periodo considerato, che di cassa con riferimento al primo esercizio, della manovra di bilancio*".

Il contenuto minimo della Sezione operativa è costituito:

1. dall'indicazione degli indirizzi e degli obiettivi degli organismi facenti parte del gruppo amministrazione pubblica;
2. dalla dimostrazione della coerenza delle previsioni di bilancio con gli strumenti urbanistici vigenti;
3. per la parte entrata, da una valutazione generale sui mezzi finanziari, individuando le fonti di finanziamento ed evidenziando l'andamento storico degli stessi ed i relativi vincoli;

4. dagli indirizzi in materia di tributi e tariffe dei servizi;

5. dagli indirizzi sul ricorso all'indebitamento per il finanziamento degli investimenti;

6. per la parte spesa, da una redazione per programmi all'interno delle missioni, con indicazione delle finalità che si intendono conseguire, della motivazione delle scelte di indirizzo effettuate e delle risorse finanziarie e strumentali ad esse destinate;

7. dall'analisi e valutazione degli impegni pluriennali di spesa già assunti;

8. dalla valutazione sulla situazione economico-finanziaria degli organismi gestionali esterni;

9. dalla programmazione dei lavori pubblici svolta in conformità al programma triennale e ai suoi aggiornamenti annuali predisposto secondo le disposizioni normative vigenti;

10. dalla programmazione degli acquisti di beni e servizi svolta in conformità al programma triennale di forniture e servizi predisposto secondo le disposizioni normative vigenti; dalla programmazione delle risorse finanziarie da destinare ai fabbisogni di personale a livello triennale e annuale entro i limiti di spesa e della capacità assunzionale dell'Ente in base alla normativa vigente;

11. dal piano delle alienazioni e valorizzazioni dei beni patrimoniali.

La Sezione operativa si struttura in due parti fondamentali:

a) la prima, nella quale sono descritte le motivazioni delle scelte programmatiche effettuate, sia con riferimento all'ente sia al gruppo amministrazione pubblica, e definiti, per tutto il periodo di riferimento del DUP, i singoli programmi da realizzare ed i relativi obiettivi annuali;

b) la seconda, contenente la programmazione settoriale, relativamente all'arco temporale di riferimento del DUP, delle opere pubbliche, del quadro assunzionale del personale e delle alienazioni e valorizzazioni del patrimonio (oltre che i restanti documenti di programmazione settoriale eventualmente introdotti).

In forza dell'elemento dell'unicità (o dell'unitarietà) che lo caratterizza nel DUP devono essere inseriti tutti quegli ulteriori strumenti di programmazione relativi all'attività istituzionale dell'ente di cui il legislatore, compreso il legislatore regionale e provinciale, prevede la redazione ed approvazione.

È il caso, per quanto qui prioritariamente interessa, del programma triennale degli acquisti di beni e servizi previsto dal d.lgs. n. 36/2023, che assicura e garantisce lo svolgimento di un ulteriore ambito di programmazione, afferente – appunto – gli acquisti di beni e di servizi.

Di particolare rilevanza è – infine – il raccordo, anche in termini formali, tra i diversi documenti, in funzione dell'iter e delle tempistiche di approvazione, tenuto conto del quadro normativo in essere alla luce dell'evoluzione intervenuta.

È così previsto che, nel caso in cui i termini di adozione o approvazione dei singoli documenti di programmazione previsti dalla normativa vigente precedano l'adozione o l'approvazione del DUP, tali documenti di programmazione devono essere adottati o approvati autonomamente dal DUP, fermo restando il successivo inserimento degli stessi nel DUP.

Nel caso in cui – invece – la legge preveda termini di adozione o approvazione dei singoli documenti di programmazione successivi a quelli previsti per l'adozione o l'approvazione del DUP, tali documenti di programmazione possono essere adottati o approvati autonomamente dal DUP, fermo restando il successivo inserimento degli stessi nella nota di aggiornamento al DUP.

Infine, per i documenti di programmazione per i quali la legge non prevede termini di adozione o approvazione devono essere inseriti nel DUP, proprio per garantire una visione unitaria delle logiche programmatorie.

2. La programmazione dei lavori pubblici

La programmazione dei lavori pubblici si presenta di notevole importanza, alla luce della rilevanza degli investimenti e delle opere pubbliche nel quadro della gestione delle amministrazioni locali, a maggior ragione per effetto dell'impiego delle risorse rivenienti dal PNRR.

Proprio in funzione di tale consapevolezza il d.lgs. n. 36/2023 (riprendendo una tradizione consolidata) stabilisce che le amministrazioni:

a) adottano il programma triennale dei lavori pubblici nel rispetto dei documenti programmatori e in coerenza con il bilancio e, per gli enti locali, secondo le norme della programmazione economico-finanziaria e i principi contabili;

b) approvano l'elenco annuale, che indica i lavori da avviare nella prima annualità e specifica per ogni opera la fonte di finanziamento, stanziata nello stato di previsione o nel bilancio o comunque disponibile.

La programmazione è richiesta per i lavori, compresi quelli complessi e da realizzare tramite concessione o partenariato pubblico-privato, il cui importo (per i lavori) si stima pari o superiore alla soglia di 150.000 euro.

Peraltro, per i lavori di importo pari o superiore alla soglia di rilevanza europea gli interventi sono inseriti:

1. nell'elenco triennale dopo l'approvazione del documento di fattibilità delle alternative progettuali (DOCFAP);
2. nell'elenco annuale dopo l'approvazione del documento di indirizzo della progettazione (DIP).

Le schede previste per la programmazione triennale sono rappresentate dalle seguenti:

a) quadro delle risorse necessarie alla realizzazione dei lavori previsti dal programma, articolate per annualità e fonte di finanziamento;

b) elenco delle opere pubbliche incompiute;

c) elenco degli immobili disponibili che possono essere oggetto di cessione, ivi compresi quelli resi disponibili per insussistenza dell'interesse pubblico al completamento di un'opera pubblica incompiuta. Sono, altresì, indicati i beni immobili nella disponibilità della stazione appaltante o dell'ente concedente concessi in diritto di godimento, a titolo di contributo, la cui utilizzazione sia strumentale e tecnicamente connessa all'opera da affidare in concessione;

d) elenco dei lavori del programma con indicazione degli elementi essenziali per la loro individuazione;

e) lavori che compongono l'elenco annuale, con indicazione degli elementi essenziali per la loro individuazione;

f) elenco dei lavori presenti nel precedente elenco annuale e non riproposti nell'aggiornamento del programma per motivi diversi rispetto all'avvio della procedura di affidamento, ovvero per i quali si è rinunciato all'attuazione.

I lavori, anche consistenti in lotti funzionali, da avviare nella prima annualità del programma, rappresentano l'elenco annuale dei lavori pubblici, nel quale sono inclusi gli interventi che soddisfano le seguenti condizioni:

a) previsione in bilancio della copertura finanziaria;

b) previsione dell'avvio della procedura di affidamento nel corso della prima annualità del programma;

c) rispetto dei livelli di progettazione minimi;

d) conformità dei lavori agli strumenti urbanistici vigenti o adottati.

Per ciascun lavoro occorre riportare l'importo complessivo stimato necessario per la realizzazione, comprensivo delle forniture e dei servizi connessi alla realizzazione dello stesso, fermo restando che – nell'elenco annuale – per ciascun lavoro è specificato l'importo complessivo del relativo quadro economico.

Rispetto all'iter di approvazione è specificato che (nel rispetto dei documenti programmatori e in coerenza con il bilancio e, per gli enti locali, secondo le norme della programmazione economico-finanziaria e i principi contabili) il programma triennale e l'elenco annuale sono adottati e successivamente pubblicati sul sito istituzionale nella Sezione Amministrazione Trasparente [4] con trasmissione alla Banca dati nazionale dei contratti pubblici).

Le stazioni appaltanti e gli enti concedenti possono, poi, consentire la presentazione di eventuali osservazioni entro trenta giorni dalla pubblicazione, fermo restando che l'approvazione definitiva del programma triennale, unitamente all'elenco annuale dei lavori, con gli eventuali aggiornamenti, avviene entro i successivi trenta giorni dalla scadenza delle consultazioni, ovvero, comunque, in assenza delle consultazioni, entro sessanta giorni dalla pubblicazione.

A seguito dell'approvazione si provvede con pubblicazione sul sito istituzionale nella sezione Amministrazione Trasparente e con comunicazione alla Banca dati nazionale dei contratti pubblici.

Come si è indicato nel caso di interventi di entità superiore alla soglia di rilevanza comunitaria, ai fini dell'iscrizione nel piano triennale, è necessario il documento di fattibilità delle alternative progettuali ("DOCFAP").

---

[4] Di cui al d.lgs. n. 33/2013.

Tale documento individua e analizza le possibili soluzioni progettuali che possono riguardare: l'ipotesi di non realizzazione dell'intervento, ove applicabile, le scelte modali e le alternative di tracciato per le infrastrutture lineari (oppure relative alla mobilità e al trasporto); per le opere puntuali, l'alternativa tra la realizzazione di una nuova costruzione o il recupero di un edificio esistente, ovvero il riutilizzo di aree dismesse o urbanizzate o degradate, limitando ulteriore consumo di suolo; sempre per le opere puntuali di nuova costruzione la localizzazione dell'intervento.

Il DOCFAP, ove pertinente e richiesto dal committente, può analizzare anche le soluzioni tecniche, economiche e finanziarie, anche in relazione agli aspetti manutentivi dell'opera da realizzare.

Il DOCFAP, ancora, ove pertinente e richiesto dal committente, prende in considerazione e analizza tutte le opzioni possibili, inclusa, ove applicabile, l'ipotesi di non realizzazione dell'intervento, al fine di consentire un effettivo confronto comparato tra le diverse alternative.

Il DOCFAP, inoltre, evidenzia le principali incidenze delle alternative analizzate sul contesto territoriale, ambientale, paesaggistico, culturale e archeologico, nonché, per gli interventi sulle opere esistenti, sulle caratteristiche storiche, architettoniche e tecniche.

L'iscrizione – invece – nell'ambito dell'elenco annuale, sempre nel caso di importi sopra soglia, implica il documento di indirizzo alla progettazione ("DIP") il quale specifica, in rapporto alla dimensione, la tipologia e la categoria dell'intervento da realizzare, le caratteristiche, i requisiti e gli elaborati progettuali necessari per la definizione di ogni livello della progettazione.

Il DIP è redatto e approvato prima dell'affidamento del progetto di fattibilità tecnica ed economica, sia in caso di progettazione interna, che di progettazione esterna alla stazione appaltante e riporta almeno le seguenti indicazioni:

a) lo stato dei luoghi con le relative indicazioni di tipo catastale, eventualmente strutturate in modelli informativi o GIS;

b) gli obiettivi da perseguire attraverso la realizzazione dell'intervento, le funzioni che dovranno essere svolte, i fabbisogni e le esigenze da soddisfare e, ove pertinenti, i livelli di servizio da conseguire e i requisiti prestazionali di progetto da raggiungere;

c) i requisiti tecnici che l'intervento deve soddisfare in relazione alla legislazione tecnica vigente e al soddisfacimento delle esigenze di cui alla lett. b);

d) i livelli della progettazione da sviluppare e i relativi tempi di svolgimento, in rapporto alla specifica tipologia e alla dimensione dell'intervento. Quando la progettazione è sviluppata tramite l'adozione dei metodi e strumenti di gestione informativa digitale delle costruzioni di cui all'art. 43 del Codice, i livelli di fabbisogno informativo sono funzionali agli obiettivi del relativo livello di progettazione e agli obiettivi ed usi dei modelli informativi identificati dalla stazione appaltante nel capitolato informativo;

e) gli elaborati grafici e descrittivi da redigere;

f) le eventuali raccomandazioni per la progettazione, anche in relazione alla pianificazione urbanistica, territoriale e paesaggistica vigente e alle valutazioni ambientali strategiche (VAS), ove pertinenti, procedure tecniche integrative o specifici standard tecnici che si intendano porre a base della progettazione dell'intervento;

g) i limiti economici da rispettare e l'eventuale indicazione delle coperture finanziarie dell'opera;

h) le indicazioni in ordine al sistema di realizzazione dell'intervento;

i) l'indicazione della procedura di scelta del contraente;

l) l'indicazione del criterio di aggiudicazione;

m) la tipologia di contratto individuata per la realizzazione dell'intervento, e in particolare se il contratto sarà stipulato a corpo o a misura, o parte a corpo e parte a misura;

n) le specifiche tecniche contenute nei criteri ambientali minimi (CAM), adottati con decreto del Ministero dell'ambiente e della sicurezza energetica, per quanto materialmente applicabili; qualora la progettazione sia supportata dall'adozione dei metodi e strumenti di gestione informativa digitale, quando possibile, i requisiti previsti dai CAM sono integrati nella gestione informativa digitale;

o) la individuazione, laddove possibile e/o necessario, di lotti funzionali e/o di lotti prestazionali, articolati in strutture analitiche di progetto;

p) gli indirizzi generali per la progettazione del monitoraggio ambientale, geotecnico e strutturale delle opere, ove ritenuto necessario;

q) le specifiche tecniche per l'utilizzo di materiali, elementi e componenti ai fini:

1. del perseguimento dei requisiti di resistenza, durabilità, robustezza e resilienza delle opere;

2. della efficienza energetica e della sicurezza e funzionalità degli impianti;

r) l'indicazione di massima dei tempi necessari per le varie fasi dell'intervento;

s) in caso di affidamenti agli operatori economici di cui all'art. 66, comma 1, del Codice, l'importo di massima stimato da porre a base di gara, calcolato nel rispetto del decreto di cui all'art. 41, comma 13, del Codice, per la prestazione da affidare;

t) la possibilità di utilizzare le economie derivanti dai ribassi d'asta anche per motivate varianti in corso d'opera;

u) nelle ipotesi in cui non sia prevista la redazione del piano di sicurezza e coordinamento la previsione dell'elaborato progettuale della sicurezza contenente l'analisi del contesto ambientale con l'individuazione delle potenziali interferenze, la descrizione dei rischi per la sicurezza e la salute dei lavoratori connessi all'area di cantiere, ad esclusione di quelli specifici propri dell'attività dell'impresa, nonché la stima dei costi della sicurezza per tutta la durata delle lavorazioni;

v) per le forniture, i criteri di approvvigionamento di materiali idonei a garantire il rispetto dei criteri ambientali minimi e i diritti dei lavoratori, secondo indirizzi finalizzati a promuovere le forniture di materiali certificati da organismi verificatori accreditati.

I programmi triennali di lavori pubblici sono modificabili nel corso dell'anno, previa apposita approvazione dell'organo competente, da individuarsi, per gli enti locali, secondo la tipologia della modifica, qualora le modifiche riguardino:

a) la cancellazione di uno o più lavori già previsti nell'elenco annuale;

b) l'aggiunta di uno o più lavori in conseguenza di atti amministrativi adottati a livello statale o regionale;

c) l'aggiunta di uno o più lavori per la sopravvenuta disponibilità di finanziamenti all'interno del bilancio non prevedibili al momento della prima approvazione del programma, ivi comprese le ulteriori risorse disponibili anche a seguito di ribassi d'asta o di economie;

d) l'anticipazione della realizzazione, nell'ambito dell'elenco annuale di lavori precedentemente previsti in annualità successive;

e) la modifica del quadro economico dei lavori già contemplati nell'elenco annuale, per la quale si rendano necessarie ulteriori risorse.

I programmi, aggiornati a seguito delle modifiche, sono pubblicati e trasmessi alla Banca dati nazionale dei contratti pubblici, secondo le modalità precedentemente indicate.

In ogni caso, un lavoro non inserito nell'elenco annuale può essere realizzato quando sia reso necessario da eventi imprevedibili o calamitosi o da sopravvenute disposizioni di legge o regolamentari.

Un lavoro non inserito nell'elenco annuale, a sua volta, può essere altresì realizzato sulla base di un autonomo piano finanziario che non utilizzi risorse già previste tra i mezzi finanziari della stazione appaltante o dell'ente concedente al momento della formazione dell'elenco, avviando le procedure di aggiornamento della programmazione.

3. La programmazione degli acquisti di beni e di servizi

Le stazioni appaltanti e gli enti concedenti – sempre sulla base di quanto disposto dal d.lgs. n. 36/2023 – devono procedere alla predisposizione ed approvazione del programma degli acquisti di beni e di servizi, sempre sulla base della previsione dell'art. 37.

Più specificamente, il programma triennale di acquisti di beni e servizi (con gli elenchi annuali), con i relativi aggiornamenti annuali, fa riferimento agli acquisti di importo stimato pari o superiore alla soglia di 140.000 euro.

Le stazioni appaltanti e gli enti concedenti, a tale scopo, consultano, ove disponibili, le pianificazioni delle attività dei soggetti aggregatori e delle centrali di committenza, anche ai fini del rispetto degli obblighi di utilizzo di strumenti di acquisto e di negoziazione previsti dalle vigenti disposizioni in materia di contenimento della spesa.

Gli schemi-tipo per la programmazione triennale degli acquisti di forniture e servizi sono costituiti dalle seguenti schede:

a) G: quadro delle risorse necessarie alle acquisizioni previste dal programma, articolate per annualità e fonte di finanziamento;

b) H: elenco degli acquisti del programma con indicazione degli elementi essenziali per la loro individuazione;

c) I: elenco degli acquisti presenti nella precedente programmazione triennale nei casi previsti ovvero presenti nella prima annualità del precedente programma e non riproposti nell'aggiornamento del programma per motivi diversi dall'avvio delle procedure, ovvero per i quali si è rinunciato all'acquisizione.

Ove risulti avviata la procedura di approvazione dell'aggiornamento annuale del programma triennale e nelle more della conclusione della medesima, le amministrazioni, secondo i loro ordinamenti, possono motivatamente autorizzare l'avvio delle procedure relative a un acquisto di forniture e servizi previsto in un programma triennale approvato.

I programmi triennali degli acquisti di forniture e servizi sono modificabili nel corso dell'anno, previa apposita approvazione dell'organo competente, qualora le modifiche riguardino:

a) la cancellazione di uno o più acquisti già previsti nell'elenco annuale delle acquisizioni di forniture e servizi;
b) l'aggiunta di uno o più acquisti in conseguenza di atti amministrativi adottati a livello statale o regionale;
c) l'aggiunta di uno o più acquisti per la sopravvenuta disponibilità di finanziamenti all'interno del bilancio non prevedibili al momento della prima approvazione del programma, ivi comprese le ulteriori risorse disponibili anche a seguito di ribassi d'asta o di economie;
d) l'anticipazione alla prima annualità dell'acquisizione di una fornitura o di un servizio ricompreso nel programma triennale degli acquisti;
e) la modifica del quadro economico degli acquisti già contemplati nell'elenco annuale, per la quale si rendano necessarie ulteriori risorse.

Peraltro, un servizio o una fornitura non inseriti nell'elenco annuale possono essere realizzati quando siano resi necessari da eventi imprevedibili o calamitosi o da sopravvenute disposizioni di legge o regolamentari.

Un servizio o una fornitura non inseriti nella prima annualità del programma possono essere altresì realizzati sulla base di un autonomo piano finanziario che non utilizzi risorse già previste tra i mezzi finanziari dell'amministrazione al momento della formazione dell'elenco, avviando le procedure di aggiornamento della programmazione.

4. La programmazione finanziaria

La programmazione finanziaria si affianca alla programmazione strategico-operativa (generale e di settore) e si traduce nel percorso che conduce alla formazione del bilancio di previsione, rappresentativo delle grandezze finanziarie che caratterizzano l'arco temporale triennale preso in considerazione [5].

Nel sistema della contabilità finanziaria dell'ente locale il bilancio di previsione costituisce il documento di maggiore importanza con contenuto programmatico fi-

---

[5] M. Rossi, M. Trudu, *Il bilancio di previsione*, Cel, Bergamo, 2025.

nalizzato ad "autorizzare" la gestione, dimostrando a livello previsionale la sussistenza di una pluralità di equilibri, tanto generali quanto parziali.

Attraverso tale strumento, in particolare, su base triennale e nel rispetto dei principi della contabilità armonizzata, sono formalizzati da parte dell'organo di indirizzo e controllo dell'ente gli stanziamenti di entrata e di spesa sulla base dell'articolazione stabilita dal d.lgs. n. 118/2011.

Una prima caratteristica rilevante è certamente rappresentata dalla triennalità, considerando che il documento prende in considerazione un arco temporale di riferimento di durata triennale, per assicurare l'adozione di una logica programmatoria di medio periodo.

Una seconda caratteristica rilevante è, poi, costituita suddivisione delle poste ivi riportate, in funzione della tassonomia accolta dal d.lgs. n. 118/2011, che prevede una progressiva suddivisione delle poste per garantire un migliore e più efficace capacità informativa del documento programmatico approvato.

Una terza caratteristica, ancora, è costituita dalla forte articolazione documentale, posto che è rappresentato un quadro informativo decisamente ampio e ricco, sia in termini di livello di approfondimento (con informazioni analitiche ed informazioni sintetiche) sia in termini di livello di diversificazione (in funzione delle dimensioni contemplate).

Una quarta caratteristica è poi rappresentata dall'ampiezza del quadro informativo emergente dalla lettura del bilancio di previsione di ciascun esercizio di riferimento, il quale contempla sia gli stanziamenti relativi alle previsioni di competenza (per l'intero triennio) sia gli stanziamenti relativi alle previsioni di cassa (esclusivamente per il primo esercizio) sia – ancora – la consistenza dei residui presunti al termine dell'esercizio in corso al momento della formazione del documento.

Una quinta caratteristica è rappresentata dal carattere dell'autorizzatorietà, in forza del quale il bilancio di previsione autorizza i soggetti incaricati della gestione al sostenimento delle spese ivi indicate entro i limiti degli stanziamenti, che operano quali vincoli quali-quantitativi sul fronte della spesa (non essendo possibile sostenere spese diverse da quelle autorizzate e per importi superiori) e quali vincoli esclusivamente qualitativi sul fronte dell'entrata (non essendo possibile iscrivere contabilmente delle tipologie di entrate non previamente autorizzate, fatte salve alcune eccezioni).

Secondo l'art. 164 del d.lgs. n. 267/2000, infatti, il bilancio di previsione finanziario ha carattere autorizzatorio, costituendo limite, per ciascuno degli esercizi considerati, in relazione:

a) agli accertamenti e agli incassi riguardanti le accensioni di prestiti;
b) agli impegni e ai pagamenti di spesa.

Costituiscono, comunque, eccezione a tale regola, non comportando limiti alla gestione, le previsioni riguardanti i rimborsi delle anticipazioni di tesoreria e le partite di giro, anche in relazione alla parte spesa, con la conseguenza che risulta possibile l'assunzione di impegni per importi superiori agli stanziamenti iscritti.

Una sesta ed ultima caratteristica che merita di essere ricordata è poi rappresentata dall'equilibrio, destinato ad operare non solo in termini complessivi (pareggio generale), per quanto riguarda la competenza, ma anche a livello parziale, in relazione a determinate tipologie di entrata e di spesa ed a tradursi in un fondo di cassa atteso finale non negativo.

L'esigenza di conseguire determinati equilibri parziali è finalizzata a garantire la sussistenza di adeguate correlazioni tra determinate entrate e determinate spese che sono ritenute particolarmente utili per garantire in prospettiva che l'ente locale sia in grado di mantenere una congrua struttura morfologica del proprio bilancio.

La logica che – negli enti locali – presidia e guida le rilevazioni contabili è il fondamentale principio della competenza finanziaria potenziata, il quale impone di scindere l'aspetto giuridico dall'aspetto contabile, in quanto la registrazione deve essere effettuata al momento della formazione dell'obbligazione giuridica con imputazione all'esercizio o agli esercizi in cui si verifica la condizione di esigibilità.

In altri termini, con il principio indicato la registrazione dei fatti amministrativi è eseguita nel momento in cui sorge l'obbligazione giuridica, con imputazione all'esercizio nel quale tale obbligazione diviene "esigibile".

Tale concetto deve essere inteso in modo convenzionale, in relazione al significato che gli è stato attribuito dal Principio contabile n. 4/2, e non nella sua accezione generale, intesa come capacità (concreta) di ottenere lo svolgimento di una determinata prestazione.

Nel caso specifico della contabilità armonizzata il concetto di esigibilità deve essere inteso:

a) in linea generale, e salvo le deroghe esplicite, come "scadenza" dell'obbligazione, relativa al termine previsto nel contratto (ovvero nel diverso provvedimento) per la regolazione monetaria delle posizioni debitorie/creditorie che scaturiscono;

b) in presenza di specifiche deroghe, la particolare e puntuale condizione puntualmente individuata dal principio contabile che, introducendo una disciplina diversa, stabilisce in relazione alla specifica tipologia di entrata quale regola di esigibilità deve essere seguita ed utilizzata.

Rispetto alla regola generale (che individua l'esigibilità in funzione della scadenza) è utile sottolineare come, attraverso l'adozione di tale logica, si utilizza – quale regola per effettuare l'imputazione delle poste a bilancio – un parametro legato alla fase dell'attuazione dell'obbligazione e non esclusivamente un riferimento legato alla fase della formazione.

In proposito, il Principio contabile applicato n. 4/2, sul punto, precisa che "*la scadenza dell'obbligazione è il momento in cui l'obbligazione diventa esigibile. La consolidata giurisprudenza della Corte di Cassazione definisce come esigibile un credito per il quale non vi siano ostacoli alla sua riscossione ed è consentito, quindi, pretendere l'adempimento. Non si dubita, quindi, della coincidenza tra esigibilità e possibilità di esercitare il diritto di credito*".

Il criterio che guida l'esigibilità è legato alla scadenza prevista sulla base degli accordi intercorsi e non all'effettiva esecuzione del pagamento o della riscossione che, se intervengono in un momento diverso rispetto a quello contrattualmente previsto, non determinano l'esigenza di operare una revisione dell'imputazione originariamente effettuata.

Dopo il d.lgs. n. 118/2011, di conseguenza, il conforme svolgimento delle registrazioni contabili implica in sequenza la considerazione dei seguenti elementi, sulla base del quadro normativo delineato:

1. formazione dell'obbligazione giuridica, indispensabile per comprendere il momento nel quale occorre procedere ad operare la registrazione contabile conseguente alle operazioni di volta in volta realizzate, trattandosi dell'aspetto che "origina" la rilevazione;
2. condizione di esigibilità in funzione della scadenza, per individuare l'esercizio o gli esercizi di imputazione delle poste contabili secondo il nuovo principio della competenza finanziaria potenziata;
3. sussistenza di eventuali deroghe, finalizzate ad individuare la maturazione della condizione di esigibilità secondo logiche e criteri diversi rispetto alla regola generale, in relazione a determinate e particolari tipologie di operazioni che fanno eccezione.

5. La gestione contabile della spesa

A seguito della programmazione finanziaria l'erogazione della spesa costituisce un'attività di fondamentale importanza per l'amministrazione pubblica locale nella prospettiva di tendere al perseguimento delle proprie finalità di fondo, mediante l'impiego delle risorse a disposizione in condizioni di economicità e nel rispetto degli equilibri di bilancio.

Le fasi della gestione della spesa in vista dell'impiego delle risorse a disposizione nella prospettiva del perseguimento delle finalità dell'amministrazione si sviluppano ordinariamente dopo la programmazione di bilancio e la loro assegnazione attraverso il piano esecutivo di gestione negli enti locali.

Rispetto all'attuazione delle previsioni sul fronte della spesa rilevano, in particolare, le fasi che sono specificamente individuate e definite dall'ordinamento finanziario e contabile, che configurano un iter di erogazione delle risorse finalizzato ad assicurare un principio fondamentale per la pubblica amministrazione.

Si mira a garantire che un qualsiasi esborso finanziario realizzato avvenga a fronte dell'acquisizione di beni o servizi (fatti salvi i casi in cui un sinallagma non sussiste come dell'ipotesi dei contributi) di valore corrispondente e senza pregiudicare gli equilibri finanziari, dal momento che – in fase di impegno – deve essere verificata ed attestata la necessaria copertura.

Le fasi puntualmente previste sono le seguenti, sulla base della disciplina recata tanto dal d.lgs. n. 267/2000 quanto dai principi contabili applicati (soprattutto il principio contabile applicato n. 4/2):

a) impegno;
b) liquidazione;

c) ordinazione;
d) pagamento.

Secondo quanto previsto dall'art. 183 del d.lgs. n. 267/2000 l'impegno costituisce la prima fase del procedimento di spesa, con la quale, a seguito di obbligazione giuridicamente perfezionata, sono determinati i seguenti elementi:

1. somma da pagare;
2. soggetto creditore;
3. ragione;
4. scadenza;

e viene costituito il vincolo sulle previsioni di bilancio, nell'ambito della disponibilità finanziaria accertata mediante l'attestazione di copertura finanziaria.

In proposito, è importante la precisazione per la quale compete al responsabile che emette l'atto di impegno di verificare la legittimità dal punto di vista della corretta applicazione delle norme dell'ordinamento finanziario e contabile.

Non si tratta, quindi, di un compito di esclusiva competenza del servizio finanziario ma che è diffuso tra tutti i responsabili in modo strettamente interdipendente con il controllo di regolarità amministrativa di cui gli stessi sono investiti.

È, poi, congiuntamente precisato che i provvedimenti dei responsabili dei servizi che comportano impegni di spesa sono trasmessi al responsabile del servizio finanziario e sono esecutivi con l'apposizione del visto di regolarità contabile attestante la copertura finanziaria.

Per dare certezza alla posizione giuridica del fornitore, poi, l'art. 191 del d.lgs. n. 267/2000 dispone che, nel caso di spese riguardanti trasferimenti e contributi ad altre amministrazioni pubbliche, somministrazioni, forniture, appalti e prestazioni professionali, il responsabile del procedimento di spesa comunica al destinatario le informazioni relative all'impegno.

La comunicazione dell'avvenuto impegno e della relativa copertura finanziaria, riguardanti le somministrazioni, le forniture e le prestazioni professionali, è effettuata contestualmente all'ordinazione della prestazione con l'avvertenza che la successiva fattura deve essere completata con gli estremi della suddetta comunicazione.

Il terzo interessato, infatti, in mancanza della comunicazione, ha facoltà di non eseguire la prestazione sino a quando i dati non gli vengano comunicati, proprio per la circostanza che – non avendo contezza dell'assunzione dell'impegno di spesa – non dispone della necessaria garanzia in termini di successiva possibilità di pagamento da parte della pubblica amministrazione.

Da questo punto di vista, è rilevante adempiere correttamente all'obbligo informativo indicato perché, pur a fronte dell'interessa del fornitore a disporre della garanzia del pagamento, sussiste l'interesse della pubblica amministrazione ad ottenere la prestazione, evitando la possibilità di opporre una causa di legittimo inadempimento.

L'assunzione dell'impegno avviene (normalmente e fatti salvi i casi di impegno automatico) attraverso un apposito provvedimento determinativo, secondo modalità stabilite dal regolamento di contabilità, adottato dal responsabile competente per materia, nel quale devono essere altresì riportati i contenuti che consentono di rispettare il principio della competenza finanziaria potenziata.

Tutte le obbligazioni passive giuridicamente perfezionate, infatti, devono essere registrate nelle scritture contabili quando l'obbligazione è perfezionata, con imputazione all'esercizio in cui l'obbligazione viene a scadenza, secondo le modalità previste dal principio applicato della contabilità finanziaria.

Non possono, tra l'altro, essere riferite ad un determinato esercizio finanziario le spese per le quali non sia venuta a scadere nello stesso esercizio finanziario la relativa obbligazione giuridica, dal momento che – in tale ipotesi – si verificherebbe una violazione del principio della competenza finanziaria potenziata.

In fase di assunzione dell'impegno, inoltre, in funzione di una specifica previsione normativa ed allo scopo di evitare ritardi nei pagamenti e la formazione di debiti pregressi, il responsabile della spesa che adotta provvedimenti che comportano impegni di spesa ha l'obbligo di accertare preventivamente che il programma dei conseguenti pagamenti sia compatibile con i relativi stanziamenti di cassa e con le regole di finanza pubblica, con la precisazione che la violazione dell'obbligo di accertamento comporta responsabilità disciplinare ed amministrativa [6].

È da sottolineare che l'impegno a cui si è fatto riferimento finora costituisce l'impegno vero e proprio che è assistito dalla sussistenza dell'obbligazione giuridica oltre che dalla necessaria copertura finanziaria.

Nondimeno, tra lo stanziamento e quest'ultima configurazione di impegno vi dovrebbe essere una fase intermedia, finalizzata a garantire il vincolo sullo stanziamento allo scopo di assicurare che le risorse siano destinate agli scopi per cui lo stesso vincolo è costituito.

Ad evidenza, si tratta di un vincolo meramente interno (o impegno contabile), che non riguarda il fornitore ma esclusivamente il rapporto intercorrente tra il responsabile procedente e l'ente di rispettiva appartenenza, determinando la destinazione di parte delle risorse assegnate ad una certa finalità.

Tale passaggio trova specifica individuazione nell'ambito del d.lgs. n. 267/2000, laddove (all'art. 191) afferma che "*gli enti locali possono effettuare spese solo se sussiste l'impegno contabile registrato sul competente programma del bilancio di previsione e l'attestazione della copertura finanziaria di cui all'articolo 153, comma 5*".

La prenotazione, infatti, corrisponde ad un vincolo sulle risorse per il quale non sussistono i requisiti che sono indispensabili per la piena formalizzazione di un im-

---

[6] Secondo il parere n. 163/2024 della Sezione regionale di controllo del Molise ha evidenziato che, nel caso di procedure ad evidenza pubblica, l'iter corretto da seguire è il seguente: 1) determina di avvio del procedimento e contestuale prenotazione d'impegno della spesa con visto di copertura; 2) determina di aggiudicazione con individuazione del contraente; 3) firma del contratto; 4) determina d'impegno della spesa. Il procedimento corretto è quello, quindi, nel quale la stipula del contratto precede la trasformazione della prenotazione delle risorse in impegno definitivo, non potendosi legittimare il completamento della procedura di spesa sino a che il titolo per l'impegno non sia completamente maturato.

pegno, che nondimeno può contribuire a favorire il mantenimento degli equilibri di bilancio.

Ciò garantisce che a fronte dello svolgimento di una procedura sia mantenuta sempre la relativa copertura finanziaria, proprio perché viene impressa tale destinazione ad una parte delle risorse effettivamente disponibili per la spesa.

Pure il principio contabile applicato n. 4/2 sottolinea l'importanza della prenotazione dell'impegno, affermando specificamente che si riferisce al "*le spese delle gare formalmente indette e del quadro economico dell'opera, in assenza della quale non è possibile procedere alla costituzione del fondo pluriennale vincolato in assenza di impegni imputati nelle scritture contabili degli esercizi successivi*".

I provvedimenti relativi per i quali entro il termine dell'esercizio non è stata assunta dall'ente l'obbligazione di spesa verso i terzi decadono e costituiscono economia della previsione di bilancio alla quale erano riferiti, concorrendo alla determinazione del risultato di amministrazione, fatte salve alcune eccezioni previste in relazione allo svolgimento dei cd. "lavori pubblici".

La prenotazione dell'impegno secondo il d.lgs. n. 267/2000 dovrebbe avvenire mediante l'adozione di un apposito "provvedimento", con la conseguenza che potrà essere formalizzata attraverso la determinazione a contrattare di cui all'art. 192 laddove adottata, fermo restando che – nelle altre ipotesi – risulta possibile procedere mediante un distinto provvedimento determinativo.

L'assunzione (legittima) degli impegni di spesa comporta il rispetto del vincolo autorizzatorio, posto che gli impegni di spesa sono assunti nei limiti dei rispettivi stanziamenti di competenza del bilancio di previsione, con imputazione agli esercizi in cui le obbligazioni passive sono esigibili.

Nondimeno, sulla base di quanto previsto dall'art. 183 del d.lgs. n. 267/2000, non possono essere assunte obbligazioni che danno luogo ad impegni di spesa corrente:

a) sugli esercizi successivi a quello in corso, a meno che non siano connesse a contratti o convenzioni pluriennali o siano necessarie per garantire la continuità dei servizi connessi con le funzioni fondamentali, fatta salva la costante verifica del mantenimento degli equilibri di bilancio, anche con riferimento agli esercizi successivi al primo;

b) sugli esercizi non considerati nel bilancio, a meno delle spese derivanti da contratti di somministrazione, di locazione, relative a prestazioni periodiche o continuative di servizi di cui all'art. 1677 c.c., delle spese correnti correlate a finanziamenti comunitari e delle rate di ammortamento dei prestiti, inclusa la quota capitale. Le obbligazioni che comportano impegni riguardanti le partite di giro e i rimborsi delle anticipazioni di tesoreria sono assunte esclusivamente in relazione alle esigenze della gestione.

La seconda fase del procedimento di spesa è costituita dalla liquidazione, disciplinata dall'art. 184 del d.lgs. n. 267/2000, con cui "*in base ai documenti ed ai titoli atti a comprovare il diritto acquisito dal creditore, si determina la somma certa e liquida da pagare nei limiti dell'ammontare dell'impegno definitivo assunto*".

Di conseguenza, con la liquidazione si perviene alla precisazione valutativa dell'obbligo assunto di erogare una determinata somma a favore di un determinato soggetto, per una determinata ragione, corrispondente ad una spesa che è stata legittimamente posta a carico del bilancio.

Dal punto di vista strettamente tecnico, la liquidazione mira a riscontrare due aspetti: da un lato la conformità "estrinseca", ossia la coerenza quali-quantitativa della fornitura o prestazione con le previsioni contrattuali; dall'altro lato, la coerenza "intrinseca", ossia la correttezza e regolarità della stessa fornitura o prestazione.

Tali elementi formano oggetto dell'atto di liquidazione adottato (generalmente con determina o attraverso apposito visto sulla fattura o nota inoltrata dal creditore, sulla base, per consuetudine, di un rinvio contenuto nell'impegno di spesa) dal responsabile del servizio che ha proceduto all'ordinazione della spesa.

A seguire, intervengono i controlli ed i riscontri amministrativi, contabili e fiscali sugli atti di liquidazione, la cui competenza è attribuita al responsabile del servizio finanziario o agli altri responsabili individuati nell'ambito dell'articolazione organizzativa del servizio finanziario.

L'insieme di tali controlli, pertanto, dovrebbe garantire la conformità alla normativa di riferimento e la correttezza esecuzione della fornitura o prestazione da parte del creditore e che, pertanto, a fronte della spesa sostenuta dell'ente vi sia stata una contropartita corrispondente, idonea al perseguimento delle ricercate finalità.

La fase successiva alla liquidazione è costituita dall'ordinazione ed è di competenza esclusivamente del servizio finanziario dell'ente locale.

In particolare, con questo passaggio l'ente ordina, mediante un apposito atto al Tesoriere, di provvedere al pagamento ad un soggetto specificato, entro i limiti della liquidazione eseguita.

L'atto che contiene l'ordinazione è detto mandato di pagamento e deve contenere tutti gli elementi informativi previsti dall'art. 185 del d.lgs. n. 267/2000 e da eventuali altre disposizioni normative.

L'ultima e conclusiva fase del complesso procedimento di spesa è rappresentata dal pagamento, mediante il quale il tesoriere dà esecuzione all'ordine contenuto nel mandato trasmesso dall'ente locale soddisfacendo le legittime aspettative del creditore.

L'iter descritto, sulla base dell'articolazione sequenziale rappresentata, può avviarsi e concludersi – con lo svolgimento della fase monetaria (pagamento) – nell'ambito del medesimo esercizio di riferimento, senza residuare alcuna posta al successivo periodo amministrativo.

Nondimeno, è possibile che la fase del pagamento non si realizzi nel medesimo esercizio di imputazione dell'impegno, così non completandosi – nel medesimo periodo amministrativo – il ciclo di erogazione della spesa e formandosi un residuo passivo, tipica posta della contabilità finanziaria pubblica.

La formazione (corretta) di un residuo passivo, sulla base di quanto stabilito dall'art. 190 del d.lgs. n. 267/2000, implica la sussistenza e la maturazione della condizione di esigibilità in relazione alla regola della scadenza ovvero della diversa e specifica regola prevista per determinate tipologie di spesa.

In assenza di esigibilità, ferme le altre condizioni (in particolare la sussistenza di un'obbligazione giuridica), la somma deve essere oggetto di reimputazione all'esercizio nel quale, presuntivamente, si manifesterà proprio la condizione di esigibilità.

In tale quadro di riferimento, quindi, l'attività di riaccertamento dei residui presenta una rilevanza cruciale nella prospettiva di determinare in modo corretto ed efficace le poste a residui passivo che concorreranno, con effetto negativo, alla quantificazione del risultato di amministrazione.

6. La gestione contabile della spesa di investimento

Di particolare interesse si presentano le spese di investimento per cui i principi contabili vigenti sono chiari nello stabilire che gli impegni in conto capitale sono imputati, in funzione della competenza finanziaria potenziata, "*agli esercizi in cui scadono le singole obbligazioni passive derivanti dal contratto o dalla convenzione avente ad oggetto la realizzazione dell'investimento, sulla base del relativo cronoprogramma*".

È pure stabilito, opportunamente, che "*anche per le spese di investimento che non richiedono la definizione di un cronoprogramma, l'imputazione agli esercizi della spesa riguardante la realizzazione dell'investimento è effettuata nel rispetto del principio generale della competenza finanziaria potenziata, ossia in considerazione dell'esigibilità della spesa*".

Di conseguenza, a fronte dell'assunzione al momento della formazione dell'obbligazione giuridica, l'imputazione delle singole quote di avanzamento lavori deve avvenire a valere dei diversi esercizi in funzione delle prospettive di maturazione dell'esigibilità e mediante costituzione (in linea generale) del fondo pluriennale vincolato, per assicurare la necessaria copertura finanziaria.

Tale logica, nondimeno, deve essere utilizzata anche per le spese di investimento che non richiedono la definizione di un cronoprogramma, tenuto conto – pertanto – dell'esigibilità della spesa, con la conseguenza che, anche per le spese che non sono soggette a gara, è necessario impegnare sulla base di una obbligazione giuridicamente perfezionata, in considerazione della scadenza dell'obbligazione stessa, preferibilmente chiedendo che siano indicate le scadenze dei singoli pagamenti.

Si tratta di un aspetto realmente cruciale nella prospettiva dell'efficace funzionamento della contabilità armonizzata, che implica un'attenta analisi delle prospettive di realizzazione dell'intervento in conto capitale previsto, indispensabile per garantirne la migliore rappresentazione contabile.

Del resto, secondo i principi contabili, occorre fornire un'adeguata informativa nella nota integrativa nel caso in cui gli stanziamenti riguardanti il fondo pluriennale vincolato comprendono anche investimenti ancora in corso di definizione, le cause che non hanno reso possibile porre in essere la programmazione necessaria alla definizione dei relativi cronoprogrammi.

Ecco perché il provvedimento da adottare, oltre a tutti i contenuti consueti che caratterizzano le determine dirigenziali di impegno, deve riportare una specifica indicazione del cronoprogramma, ossia dell'esigibilità progressiva (nell'ambito dei diversi esercizi) degli stati di avanzamento lavori in cui si concretizza.

Tale distribuzione può avvenire per un periodo ulteriore rispetto a quello "gestito" e rappresentato nell'ambito del bilancio di previsione, ad esempio comprensivo di un arco temporale quinquennale per favorire una imputazione tendenzialmente più estesa.

In funzione del tipo di finanziamento dell'intervento in conto capitale, ad evidenza, tale imputazione può comportare (e normalmente comporta) la formazione del fondo pluriennale vincolato laddove il finanziamento avvenga mediante il ricorso ad entrate esigibili in esercizi precedenti rispetto a quelli di esigibilità della spesa.

Laddove, invece, il finanziamento avvenga progressivamente in funzione della maturazione delle risorse necessarie (come avviene nell'ipotesi di contributi a rendicontazione ovvero di entrate di parte corrente) non si determina la formazione del fondo pluriennale vincolato per effetto dell'imputazione delle entrate e delle spese in modo corrispondente in ciascun esercizio.

È così rispettato il fondamentale principio della competenza finanziaria potenziata che, soprattutto in relazione agli investimenti, acquisisce particolare importanza nella prospettiva di favorire la migliore rappresentazione degli effetti della spesa in conto capitale effettuata.

Il Principio contabile applicato n. 4/2 prevede che la copertura finanziaria delle spese di investimento, comprese quelle che comportano impegni di spesa imputati a più esercizi, deve essere predisposta – fin dal momento dell'attivazione del primo impegno – con riferimento all'importo complessivo.

Per cogliere le logiche (anche contabili) di finanziamento degli investimenti degli enti locali è fondamentale distinguere, coerentemente con i principi, le modalità utilizzabili per finanziare le quote imputate all'esercizio in corso di gestione e per finanziarie le quote imputate agli esercizi successivi.

È, infatti, stabilito che la copertura degli investimenti imputati all'esercizio in corso di gestione, può essere costituita dalle seguenti risorse:

a) entrate accertate imputate al Titolo 4, 5 o 6 a seguito di un'obbligazione giuridica perfezionata;

b) saldo corrente dell'esercizio cui è imputata la spesa, risultante dal prospetto degli equilibri allegato al bilancio di previsione;

c) applicazione dell'avanzo di amministrazione secondo le modalità individuate dall'art. 187 del d.lgs. n. 267/2000.

La copertura finanziaria delle spese di investimento imputate agli esercizi successivi a quello in corso di gestione, invece, può essere costituita da una delle seguenti modalità alternative:

1. entrate accertate imputata al Titolo 4, 5 o 6 a seguito di un'obbligazione giuridica perfezionata;

2. quota del margine corrente di competenza finanziaria dell'equilibrio di parte corrente rappresentato nel prospetto degli equilibri allegato al bilancio di previsione, di importo non superiore ai limiti previsti dal principio contabile generale della contabilità finanziaria;

3. quota del margine corrente costituita da 50% delle previsioni riguardanti l'incremento di gettito derivante dall'applicazione di nuove o maggiori aliquote fiscali e derivanti dalla maggiorazione di oneri concessori e sanzioni, formalmente deliberate, stanziate nel bilancio di previsione e non accertate negli ultimi tre esercizi rendicontati, al netto dell'eventuale relativo fondo crediti di dubbia esigibilità;

4. quota del margine corrente costituita da riduzioni permanenti della spesa corrente, realizzate nell'esercizio in corso e risultanti da un titolo giuridico perfezionato, non compresa nella quota del margine corrente consolidata.

Rispetto alle entrate accertate, ancora, il principio stesso precisa opportunamente che "*non tutte le entrate già accertate ed imputate negli esercizi successivi a quello di gestione possono costituire idonea copertura alle spese di investimento impegnate in tali esercizi*".

Infatti, costituiscono idonea copertura finanziaria delle spese di investimento, impegnate negli esercizi successivi, le risorse accertate e imputate all'esercizio in corso di gestione (accantonate nel fondo pluriennale vincolato stanziato in spesa), l'avanzo di amministrazione o le entrate già accertate imputate agli esercizi successivi, la cui esigibilità è perfezionabile mediante manifestazione di volontà pienamente discrezionale dell'ente o di altra pubblica amministrazione.

In particolare, possono costituire copertura finanziaria delle spese di investimento imputate agli esercizi successivi a quello in corso di gestione le entrate già accertate:

a) imputate all'esercizio in corso di gestione;

b) derivanti da trasferimenti da altre amministrazioni pubbliche anche se imputate negli esercizi successivi a quello di gestione;

c) derivanti dai mutui tradizionali;

d) derivanti da forme di finanziamento flessibile i cui contratti consentono l'acquisizione di risorse in misura correlata alle necessità dell'investimento;

e) derivanti da altre entrate accertate tra le accensioni di prestiti, i cui contratti prevedono espressamente l'esigibilità del finanziamento secondo i tempi di realizzazione delle spese di investimento.

Può rilevare altresì l'utilizzo dell'avanzo di amministrazione accertato, a seguito dell'approvazione del conto consuntivo dell'esercizio precedente, nel rispetto dell'ordine di priorità previsto.

Non costituiscono idonee forme di copertura degli investimenti le altre entrate accertate e imputate a esercizi successivi a quello in corso di esercizio, quali i permessi da costruire, in considerazione dell'incertezza che gli accertamenti imputati a esercizi futuri possano tradursi in effettive risorse disponibili per l'ente.

Data la rilevanza della questione sottoposta è esplicitamente e specificamente stabilito che la verifica richiesta rispetto alla copertura finanziaria deve avvenire in modo qualificato o rafforzato rispetto alle ordinarie modalità di riscontro normalmente impiegate per la generalità delle spese sostenute dall'ente locale.

Infatti, secondo il principio contabile, "*l'attestazione di copertura finanziaria dei provvedimenti che danno luogo a impegni concernenti investimenti finanziati da entrate accertate al titolo 4, 5 o 6 delle entrate, è resa indicando gli estremi del provvedimento di accertamento delle entrate che costituiscono la copertura e la loro classificazione in bilancio*".

Come si può agevolmente notare, infatti, in relazione alle spese di investimento non è richiesta un'attestazione generica in ordine alla copertura finanziaria, che si tradurrebbe semplicemente nella formalizzazione della sussistenza della necessaria disponibilità, da intendersi in modo sostanziale (e non solo come capienza dello stanziamento), bensì la specifica indicazione degli estremi del provvedimento di accertamento delle entrate, proprio nella logica e prospettiva di sottolineare come le entrate debbano essere "accertate" mediante l'adozione di uno specifico provvedimento.

Avendo esaminato la regola generale relativa alla gestione delle spese è importante rimarcare come, in relazione a tali poste, si presentano di fondamentale importanza due presupposti indefettibili che devono sussistere per il loro corretto trattamento.

Da una parte, l'obbligazione giuridica che formalizza il rapporto obbligatorio con il terzo, che dovrebbe garantire l'introduzione di un vincolo sulle risorse in presenza – esclusivamente – di un obbligo giuridico; dall'altra parte l'esigibilità, criterio-guida introdotto dal d.lgs. n. 118/2011 nella prospettiva di gestire al meglio l'elemento della competenza, ossia la riconduzione delle diverse partite contabili ai diversi esercizi, anche in vista dell'efficace determinazione dei risultati finanziari.

Al termine dell'esercizio, poi, l'esito e la sorte degli atti adottati nel corso dell'esercizio (tanto di prenotazione quanto di impegno) sono diversi in funzione dell'avanzamento formale intervenuto entro la chiusura del periodo amministrativo specificamente considerato.

In tale quadro, la disciplina del fondo pluriennale in relazione alla realizzazione degli investimenti assume particolare rilevanza, considerando che – in via eccezionale – è consentita, in determinate ipotesi, la formazione di tale posta contabile anche in assenza di un vero e proprio impegno (soluzione che corrisponde alla regola generale) nel caso importo pari o superiore a quello previsto per l'affidamento diretto dei contratti sotto-soglia.

Ne consegue – *a contrariis* – che nel caso di affidamento di importo inferiore a siffatta soglia la costituzione ed il mantenimento del fondo pluriennale vincolato sono condizionati dalla sussistenza della vera e propria obbligazione giuridica, in assenza della quale tale soluzione contabile non risulta legittimamente possibile.

Nel caso di importo superiore ad 150.000 euro – ai fini della costituzione del fondo pluriennale vincolato – devono essere soddisfatte indefettibilmente le seguenti condizioni:

a) sono state interamente accertate le entrate che costituiscono la copertura dell'intera spesa di investimento;

b) l'intervento cui il fondo pluriennale si riferisce risulti inserito nell'ultimo programma triennale dei lavori pubblici.

Inoltre, deve essere soddisfatta (alternativamente) almeno una delle tre condizioni aggiuntive, anch'esse specificamente previste dal Principio contabile applicato n. 4/2.

La prima delle condizioni aggiuntive riguarda le spese previste nel quadro economico, le quali devono essere impegnate, anche parzialmente, sulla base di obbligazioni giuridicamente perfezionate, imputate secondo esigibilità per "*l'acquisizione di terreni, espropri e occupazioni di urgenza, per la bonifica aree, per l'abbattimento delle strutture preesistenti, per la viabilità riguardante l'accesso al cantiere, per l'allacciamento ai pubblici servizi e per analoghe spese indispensabili per l'assolvimento delle attività necessarie per l'esecuzione dell'intervento da parte della controparte contrattuale*".

La seconda delle condizioni previste sussiste in presenza della formale attivazione delle procedure di affidamento del progetto di fattibilità tecnica ed economica alla data del 31 dicembre [7].

In questo caso, in assenza di aggiudicazione definitiva, entro l'esercizio successivo, le risorse accertate ma non ancora impegnate, cui il fondo pluriennale si riferisce, confluiscono nel risultato di amministrazione disponibile, destinato o vincolato in relazione alla fonte di finanziamento per la riprogrammazione dell'intervento in c/capitale ed il fondo pluriennale deve essere ridotto di pari importo.

Negli esercizi successivi all'aggiudicazione, poi, la conservazione del fondo pluriennale vincolato è condizionata alla prosecuzione, senza soluzione di continuità, delle attività di progettazione riguardanti la realizzazione dell'opera.

Pertanto, dopo l'aggiudicazione delle procedure di affidamento del progetto di fattibilità tecnica ed economica, le risorse accantonate nel fondo pluriennale vincolato riguardanti l'intero stanziamento continuano ad essere interamente conservate:

– nel corso degli esercizi in cui gli impegni registrati a seguito della stipula dei contratti riguardanti il progetto di fattibilità tecnica ed economica o il progetto esecutivo sono liquidati o liquidabili nei tempi previsti contrattualmente (la conservazione è anche possibile nel caso di contenzioso);

– nell'esercizio in cui è stato verificato il progetto di fattibilità tecnica ed economica o il progetto esecutivo destinato ad essere posto a base della gara concernente l'esecuzione dell'intervento;

– nell'esercizio in cui sono state formalmente attivate le procedure di affidamento della progettazione esecutiva;

---

[7] Secondo il principio contabile per procedura formalmente attivata si intende: a) la pubblicazione del bando di gara o avviso di indizione di gara; b) la pubblicazione di un avviso di preinformazione cui ha fatto seguito la trasmissione dell'invito a confermare interesse; c) la trasmissione agli operatori economici selezionati dell'invito a presentare le offerte oggetto della negoziazione, contenente gli elementi essenziali della prestazione richiesta, nel caso di procedura negoziata senza pubblicazione di un bando di gara.

– nell’esercizio in cui la procedura di affidamento dei livelli di progettazione successivi è aggiudicata.

Nel rendiconto dell’esercizio in cui non risulta realizzata l’attività attesa nell’esercizio concluso secondo lo sviluppo procedimentale previsto, in conformità ai criteri di continuità sopra indicati, le risorse accertate ma non ancora impegnate cui il fondo pluriennale si riferisce confluiscono nel risultato di amministrazione disponibile, destinato o vincolato in relazione alla fonte di finanziamento per la riprogrammazione dell’intervento in c/capitale ed il fondo pluriennale deve essere ridotto di pari importo.

La terza (ed ultima) condizione aggiuntiva concerne lo svolgimento delle procedure inerenti alla vera e propria realizzazione dell’investimento. Infatti, si stabilisce che ulteriore possibile presupposto è costituito dalla formale attivazione delle procedure di affidamento entro l’esercizio successivo alla validazione del progetto destinato ad essere posto a base della gara.

In assenza di aggiudicazione definitiva delle procedure di cui al periodo precedente entro l’esercizio successivo, però, le risorse accertate ma non ancora impegnate, cui il fondo pluriennale si riferisce, confluiscono nell’avanzo di amministrazione disponibile, destinato o vincolato in relazione alla fonte di finanziamento per la riprogrammazione dell’intervento in c/capitale ed il fondo pluriennale deve essere ridotto di pari importo.

A seguito della stipula del contratto di appalto – successivamente – le spese contenute nel quadro economico dell’opera prenotate, ancorché non impegnate, continuano ad essere finanziate dal fondo pluriennale vincolato.

Gli eventuali ribassi di asta – invece – costituiscono economie di bilancio e confluiscono nel risultato di amministrazione disponibile, destinato o vincolato in relazione alla fonte di finanziamento, se entro il secondo esercizio successivo alla stipula del contratto non sia intervenuta formale rideterminazione del quadro economico progettuale da parte dell’organo competente che incrementa le spese del quadro economico dell’opera stessa finanziandole con le economie registrate a seguito della stipula del contratto.

7. La gestione contabile degli incentivi tecnici

Con l’avvento del nuovo d.lgs. n. 36/2023 sono state introdotte alcune novità significative in ordine alla gestione contabile dell’incentivo di cui all’art. 45 (c.d. “incentivo tecnico”), di cui è utile per completezza analizzare il trattamento da utilizzare.

Gli impegni di spesa relativi, compresi i relativi oneri contributivi ed erariali, considerando che trattasi di oneri accessori, devono essere assunti a carico degli stanziamenti di spesa riguardanti i medesimi lavori, servizi e forniture cui si riferiscono, nel titolo II della spesa ove si tratti di opere o nel titolo I, nel caso di servizi e forniture.

Il vero e proprio impegno è, poi, registrato a seguito della sottoscrizione della contrattazione integrativa dell'esercizio cui gli incentivi si riferiscono, con imputazione all'esercizio in corso di gestione, ed è tempestivamente emesso il relativo ordine di pagamento a favore del proprio bilancio, con contestuale accertamento dell'entrata di pari importo al Titolo terzo delle entrate, tipologia 500 "Rimborsi e altre entrate correnti", categoria 3059900 "Altre entrate correnti n.a.c.", voce del piano dei conti finanziario E.3.05.99.02.00 Fondi incentivanti il personale.

L'entrata indicata garantisce – altresì – la copertura della correlata spesa e determina congiuntamente la rettifica del doppio impegno, evitando un possibile effetto espansivo della spesa ed assicurando la corretta imputazione contabile nell'ambito della gestione corrente.

La medesima modalità di contabilizzazione deve essere anche per la quota del 20% destinata all'acquisto di beni, strumentazioni e tecnologie funzionali a progetti di innovazione e alle altre finalità previste a seguito della formale destinazione delle risorse stanziate in bilancio.

Siffatta quota del 20% è impegnata anche tra le spese correnti o di investimento in base alla natura economica della spesa, nel rispetto del principio contabile della competenza finanziaria ed anche in tale ipotesi la copertura di tale spesa è costituita dall'accertamento di entrata di cui al periodo precedente, che svolge anche la funzione di rettificare il doppio impegno, evitando gli effetti della duplicazione della spesa.

Conclusioni

Le considerazioni sviluppate evidenziano l'importanza della correlazione tra procedure di acquisto, attività di programmazione e ciclo del bilancio degli enti locali, che costituiscono profili di fondamentale importanza e tra di loro interdipendenti.

La programmazione deve avvenire sia in modo ampio e generale (in relazione all'intero spettro di azione dell'ente locale) sia in modo settoriale e puntuale (avuto riguardo a determinati ambiti di intervento), per garantire una gestione coordinata ed improntata a principi di razionalità, tenuto conto delle risorse disponibili.

La programmazione settoriale in ordine agli acquisti trova una declinazione nel piano triennale delle opere pubbliche e del piano triennale dei beni e servizi, che affluiscono (anche formalmente) all'interno del Documento unico di programmazione (sezione operativa – parte 2) e devono essere redatti secondo le modalità e le regole stabilite dall'art. 37 del d.lgs. n. 36/2023.

Entrambe le tipologie di programmazione (generale e settoriale) devono poi trovare riflesso e coerenza nel quadro della programmazione finanziaria, finalizzata a definire le entrate e spese del triennio di riferimento in coerenza con le esigenze di mantenimento degli equilibri di bilancio.

A valle della programmazione finanziaria rileva la "gestione del bilancio" con il corrispondente procedimento di spesa, sulla base delle fasi canoniche previste dal d.lgs. n. 267/2000 che si intrecciano con l'iter di svolgimento delle procedure di acquisto in vista dell'assunzione dell'impegno di spesa in presenza della vera e propria obbligazione giuridica.

Contabilmente, per effetto delle regole dettate dal d.lgs. n. 118/2011, una particolare attenzione deve essere riposta alla prospettiva di maturazione delle condizioni di esigibilità, che guida l'imputazione e informa la predisposizione dei provvedimenti determinativi sulla base del criterio della competenza finanziaria potenziata, di fondamentale importanza nell'ambito della contabilità armonizzata.

Tali attività possono condurre, in presenza dei presupposti di legge, al riconoscimento degli incentivi previsti dall'art. 45 del d.lgs. n. 36/2023, per cui occorre seguire rigorosamente le regole di contabilizzazione contemplate sempre dal principio contabile applicato n. 4/2.

Capitolo XIV

Profili di responsabilità amministrativa nell'attività contrattuale della PA

Piergiorgio Della Ventura

Premessa

Il presente contributo mira a offrire una visione organica e approfondita sui profili di responsabilità amministrativa, in generale e nel particolare ambito dell'attività contrattuale pubblica; analizza le principali fattispecie, le più recenti evoluzioni giurisprudenziali e le novità normative introdotte, come il cosiddetto "scudo erariale" e le specifiche disposizioni introdotte dal Codice dei contratti pubblici del 2023.

Attraverso un approccio sistematico, il testo si propone di fornire agli operatori del settore pubblico e privato uno strumento utile per comprendere e gestire i rischi connessi all'attività contrattuale, contribuendo a prevenire condotte illecite e a promuovere una cultura della legalità e della responsabilità.

Il tema trattato, come noto, è interessato da una disciplina giuridica oggetto di evoluzione normativa e giurisprudenziale, che ha progressivamente affinato l'istituto, ampliando la platea dei soggetti chiamati a risponderne e definendo con maggiore precisione gli elementi costitutivi del comportamento illecito.

L'attenzione del legislatore e della giurisprudenza, con il passare degli anni, si è focalizzata, in particolare, sull'esigenza di garantire il corretto utilizzo delle risorse pubbliche, tutelare l'integrità del bilancio pubblico e promuovere comportamenti virtuosi da parte di amministratori e dipendenti pubblici. Oggi, la responsabilità amministrativa, intesa come la possibilità di sanzionare comportamenti illeciti e dannosi per l'erario un significato fondamentale in un contesto normativo sempre più improntato nel settore dei contratti ai principi codificati dal d.lgs. n. 36/2023.

1. Gli elementi essenziali della responsabilità amministrativa: il rapporto di servizio

La responsabilità amministrativa può essere definita come quella particolare forma di responsabilità cui vanno soggetti coloro che abbiano un rapporto di servizio con una struttura pubblica e che abbiano causato un danno economico ad una PA, per effetto dell'inosservanza dolosa o gravemente colposa dei loro obblighi.

Le norme positive richiedono la necessaria compresenza di più elementi per l'azionabilità del giudizio di responsabilità innanzi alla Corte dei conti. I suddetti elementi essenziali vanno identificati nel rapporto di servizio con l'ente pubblico, nella condotta antigiuridica, nel danno (evento), nell'elemento soggettivo (dolo o colpa grave) ed infine nel nesso di causalità tra l'azione e l'evento [1].

Per quanto riguarda il primo elemento, il rapporto di servizio del soggetto agente con una pubblica amministrazione (o, detto altrimenti, la qualità di operatore pubblico di tale soggetto) – possono incorrere nella responsabilità amministrativa tutti coloro che sono legati ad una PA da un rapporto qualificato.

Al riguardo, l'art. 52 del r.d. 12.7.1934, n. 1214, T.U. delle leggi sulla Corte dei conti, parla di "*funzionari, impiegati ed agenti, civili e militari, compresi quelli dell'ordine giudiziario e quelli retribuiti da amministrazioni, aziende e gestioni statali a ordinamento autonomo (...)*", riferendo chiaramente detta forma di responsabilità a tutte le possibili posizioni e partizioni nell'àmbito dell'impiego pubblico statale. La giurisdizione della Corte dei conti, dopo l'entrata in vigore della Costituzione, rimase riservata ai soli funzionari e agenti dello Stato e alla sua competenza rimasero inizialmente estranei gli agenti degli enti locali e degli enti pubblici che, intanto, si erano formati ed affiancavano l'amministrazione dello Stato. Più volte la Corte dei

---

[1] La letteratura in materia è ovviamente vastissima. Si possono citare, tra le opere più recenti: E.F. SCHLITZER, E. LABELLA (a cura di), *L'evoluzione della contabilità e della finanza pubblica, Scritti in memoria di Luigi Giampaolino*, Discendo agitur Editore, Roma, 2023; V. TENORE (a cura di), *La nuova Corte dei conti*, V ed., Giuffrè, Milano, 2022; E.F. SCHLITZER, C. MIRABELLI (a cura di), *Trattato sulla nuova configurazione della giustizia contabile*, Editoriale scientifica, Napoli, 2018; P. DELLA VENTURA, *Formulario del processo contabile*, Giuffrè, Milano, 2012; F. GARRI, G. DAMMICCO, A. LUPI, P. DELLA VENTURA, L. VENTURINI (a cura di F. GARRI), *I giudizi innanzi alla Corte conti: responsabilità, conti, pensioni*, IV ed., Giuffrè, Milano, 2007.

conti rilevò, davanti alla Corte costituzionale, la peculiarità della situazione e denunciò la disparità di trattamento tra i vari agenti pubblici. Ma la Corte costituzionale dichiarò infondate le relative questioni, ritenendo necessaria nella materia un'apposita "*interpositio legislatoris*" e si dovette attendere la legge n. 142/1990 perché la giurisdizione della Corte fosse estesa anche agli agenti e ai dipendenti degli enti locali.

Poco più tardi, la legge 14.1.1994, n. 20 (art. 1, comma 4, nel testo modificato ad opera del d.l. 23.10.1996, n. 543, conv. con legge 20.12.1996, n. 639) con riferimento a tale profilo ha stabilito – recependo peraltro un orientamento pacifico della stessa giurisprudenza contabile – che "*La Corte dei conti giudica sulla responsabilità amministrativa degli amministratori e dipendenti pubblici anche quando il danno sia stato cagionato ad amministrazioni od enti diversi da quelli di appartenenza*", sia pure limitando l'innovazione in parola ai soli "*... fatti commessi successivamente alla data di entrata in vigore della presente legge*".

In ordine alla sussistenza del presupposto in esame, la giurisprudenza ha provveduto a precisare che il rapporto di servizio non si limita ai rapporti organici o d'impiego pubblico, essendo sufficiente che il soggetto, sia pure privato, venga investito dello svolgimento in modo continuativo di una determinata attività in favore della pubblica amministrazione, si inserisca cioè nell'organizzazione della medesima con particolari vincoli ed obblighi; restano invece indifferenti, secondo la Cassazione a Sezioni unite[2], il titolo giuridico in base al quale avviene l'inserimento nell'organizzazione della PA, gli strumenti giuridici adoperati (autoritativi oppure negoziali), o la veste giuridica formale del soggetto che intrattiene quella relazione funzionale con l'ente pubblico[3].

In tale ottica, viene ordinariamente riconosciuta l'esistenza di un rapporto di servizio nel caso del libero professionista, incaricato come direttore dei lavori di un'opera pubblica[4]. Differente è stata ritenuta invece, dalla medesima giurisprudenza, la posizione del progettista libero professionista[5], la cui attività – essendo assoggettata alle regole che disciplinano la prestazione d'opera professionale di diritto comune e non comportando l'esercizio di poteri autoritativi propri dell'ente pubblico – non instaura un rapporto di servizio con la pubblica amministrazione[6]. Anche

---

[2] Le Sezioni unite della Corte di Cassazione costituiscono come noto, nel nostro ordinamento, il giudice regolatore della giurisdizione.

[3] Cfr., *in terminis*, Cass., Sez. Un., 3.3.2010, n. 5032 e 27.4.2010, n. 9966.

[4] Corte conti, sez. I app., 31.1.2013, n. 77; sez. II app., 27.1.2011, n. 52 e 20.7.2006, n. 270. Cfr., inoltre, Cass., Sez. Un., 15.11. 2021, n. 34350, 9.2.2011, n. 3165 e 20.3.2008, n. 7446/ord.

[5] Corte conti, sez. II app., 7.2.2002, n. 39 e 21.12.2001, n. 397; sez. III app., 10.4.2001, n. 79; sez. giurisd. Toscana, 4.3.2009, n. 167.

[6] A meno che il progettista privato non sia stato anche direttore dei lavori: in tali evenienze, la cognizione della Corte conti in tema di responsabilità erariale del direttore dei lavori si estende all'attività da lui compiuta nella coesistente qualità di progettista della medesima opera pubblica: v. Corte conti, sez. II app., 23.7.2013, n. 481; sez. giurisd. Friuli-Venezia Giulia, 16.3.2017, n. 20; sez. giurisd. Abruzzo, 29.12.2010, n. 576.

in quest'ultimo caso la giurisprudenza contabile è confermata da quella delle Sezioni unite della Cassazione [7]. Sempre relativamente alla figura del progettista, ma più in generale del professionista privato che a vario titolo sia intervenuto nell'iter di realizzazione di un'opera finanziata con risorse pubbliche, è stato chiarito che anche in tali casi potrebbe sussistere il rapporto di servizio, in caso di partecipazione del soggetto allo svolgersi dell'attività amministrativa dell'ente pubblico di riferimento [8].

Nella medesima logica, è stata riconosciuta l'esistenza di un rapporto di servizio – e, conseguentemente, della giurisdizione contabile – con riferimento ai medici privati, in rapporto di convenzione con una struttura pubblica [9]. Recenti arresti della giurisprudenza contabile hanno poi affermato la giurisdizione della Corte nei confronti di albergatori e titolari di strutture ricettive, che omettano il versamento ai comuni delle somme incassate a titolo di imposta di soggiorno di cui all'art. 4. comma 1, d.lgs. 14.3.2011, n. 23 [10].

La giurisprudenza è poi pacifica sul riconoscimento della giurisdizione contabile con riferimento agli amministratori di enti e soggetti privati, destinatari di contributi vincolati, distratti irregolarmente dal loro fine pubblico [11]. A tale proposito, anche le Sezioni unite civili della Cassazione hanno chiarito che la Corte dei conti può condannare i soggetti privati che abbiano ricevuto (o utilizzato) indebitamente finanziamenti pubblici per la loro attività (pure privata), poiché in tema di riparto di giurisdizione tra giudice ordinario e giudice contabile "*... il baricentro si è spostato dalla qualità del soggetto (privato o pubblico) alla natura del danno e degli scopi perseguiti (...)*" [12]. Tale posizione del giudice regolatore della giurisdizione è stata pienamente confermata dalle successive pronunzie [13].

Anche con riferimento alla particolare fattispecie dell'indebita percezione di fondi di provenienza UE, il giudice contabile ha riconosciuto la propria giurisdizione nei confronti dei soggetti privati beneficiari finali [14]; interpretazione, anche in

---

[7] Con specifico riferimento alla tematica in questione, cfr. Cass., Sez. Un., 23.9.2016, n. 18691; 23.4.2012, n. 6335; 9.2.2011, n. 3165/ord.

[8] Si veda, *amplius*, il cap. IX.

[9] Cass., Sez. Un., 21.12.1999, n. 922.

[10] Si veda, in proposito, Corte conti, Sez. Riun., 22.9.2016, n. 22, i cui principi sono stati confermati dalla Cass., Sez. Un., 24.7.2018, n. 19654/ord.

[11] Corte conti, sez. II app., 20.2.2017, n. 105; sez. III app., 16.1.2013, n. 35 ("*Il destinatario di un contributo pubblico per la realizzazione di un programma imposto dalla pubblica amministrazione è legato ad essa, seppure non organicamente inserito nella sua organizzazione, da un rapporto funzionale di collaborazione; pertanto, sussiste la giurisdizione della Corte conti sull'azione per il danno erariale dovuto alla distrazione del contributo stesso dalle finalità programmate*"); sez. II app., 25.9.2012, n. 495; sez. I app., 21.7.2011, n. 338; sez. app. Sicilia, 3.2.2011, n. 20.

[12] Cass. civ., Sez. Un., 1.3.2006, n. 4511/ord., commentata da G. D'Auria, *Finanziamenti pubblici a privati e responsabilità amministrativa*, in *Giorn. dir. amm.*, 2006, 9, p. 969.

[13] Cass. civ., Sez. Un., 31.7.2017, n. 18991; 27.1.2016, n. 1515; 10.9.2013, n. 20701/ord.; 25.1.2013, n. 1774; 9.1.2013, n. 295.

[14] Cfr., *ex plurimis*, Corte conti, zez. I app., 17.7.2014, nn. 979 e 985; sez. III app., 10.2.2011, n. 135.

tal caso, confermata dalla Cassazione a Sezioni unite [15]. In tali casi, il danno erariale si configura in termini di responsabilità dello Stato italiano nei confronti dell'Unione europea, in conseguenza delle previsioni del Trattato sul funzionamento dell'Unione Europea (TFUE): il cui art. 325 stabilisce, infatti, che gli Stati membri sono tenuti, nella tutela delle risorse comunitarie, ad adottare le stesse misure vigenti con riferimento alle loro risorse nazionali (c.d. *principio di assimilazione*).

2. La condotta illecita

Il secondo elemento essenziale è costituito dalla condotta illecita (*antigiuridica*), vale a dire un comportamento (commissivo oppure omissivo) posto in essere in violazione degli obblighi collegati con il rapporto che lega il soggetto all'ente pubblico e che leda una situazione giuridica di quest'ultimo.

Nel caso dell'attività amministrativa, occorre tenere presente che il concetto di illiceità va ben oltre i limiti dei vizi di legittimità dell'atto amministrativo. La responsabilità amministrativa, infatti, si fonda non sull'illegittimità degli atti posti in essere dall'amministrazione, bensì su una complessiva condotta del dipendente costituente illecito nei confronti della P. e che solo eventualmente potrebbe comportare anche l'illegittimità degli atti finali. Insomma, potrebbe sussistere responsabilità anche nel caso di atti legittimi (ad es., se si scoprisse che vi è stato un illecito accordo per l'emissione di un atto, pur formalmente ineccepibile) e, viceversa, un atto illegittimo potrebbe non comportare alcuna responsabilità nel caso in cui, ad es., non abbia recato alcun danno. Ciò che la Corte dei conti deve allora accertare – oltre all'esistenza di un danno patrimoniale per la PA e del nesso di causalità tra l'evento dannoso e l'operato del dipendente – è la contrarietà del comportamento del medesimo impiegato con i propri doveri d'ufficio, e non già l'illegittimità di singoli atti, che potrebbe non ricorrere e che, comunque, costituirebbe solo uno dei possibili elementi del giudizio nei confronti del convenuto [16].

La Corte dei conti è, in altri termini, giudice dei comportamenti (illeciti) e non degli atti amministrativi (illegittimi); essa è perciò chiamata a compiere una valutazione il cui punto di riferimento si trova in modelli astratti di comportamento, ispirati ai princìpi di razionalità ed efficienza dell'azione amministrativa [17]. In particolare, nel caso di danno conseguente ad attività discrezionale, il giudice contabile deve verificare, con giudizio *ex ante* (ponendosi, cioè, dal punto di vista dell'agente prima del compiersi dell'azione), se la scelta di quel soggetto corrispondesse di per sé a criteri generali di logica e ragionevolezza [18].

---

[15] Cfr., oltre alla sent. n. 18991/2017, cit., le sent. 27.4.2010, n. 9966; 27.10.2009, n. 23332 e 3.7.2009, n. 15599 e l'ord. 10.9.2013, n. 20701.

[16] *Ex multis*, v. Corte conti, Sez. Riun., 23.3.1981, n. 269; sez. app. Sicilia, 22.9.2009, n. 281 e 30.1.2009, n. 37; sez. app. I, 24.11.2004, n. 383.

[17] Corte conti, sez. I, 16.9.1991, n. 273.

[18] Cfr. Corte conti, Sez. Riun., 30.9.1993, n. 904; sez. II app., 1.12.2000, n. 396.

Il tema della discrezionalità amministrativa merita qualche ulteriore precisazione, con riferimento alla nuova formulazione dell'art. 1 della legge 14.1.1994, n. 20 il quale – dopo la modifica apportata dall'art. 3 della legge 20.12.1996, n. 639 – prevede l'insindacabilità, nel merito, delle scelte discrezionali da parte del giudice contabile. Va chiarito, al riguardo, che tale ultima norma non ha modificato i princìpi giurisprudenziali già consolidatisi in tema di sindacato del giudice contabile sull'attività discrezionale della pubblica amministrazione (tra l'altro, lo stesso tenore letterale della norma vale ad escludere una specifica volontà innovativa da parte del Legislatore: "... ferma restando *l'insindacabilità*"): princìpi secondo i quali al Giudice della responsabilità amministrativa è precluso ogni apprezzamento che investa le valutazioni di convenienza e di opportunità compiute dall'autorità deliberante; è viceversa consentito il vaglio dell'attività discrezionale degli amministratori, relativamente alla rispondenza della stessa a criteri di razionalità e congruità rilevabili dalla comune esperienza amministrativa [19].

La nuova disposizione, in altri termini, riafferma più semplicemente la necessità di distinguere tra merito dell'azione amministrativa (in ordine al quale non è ammissibile il sindacato del giudice) e conformità di tale azione ai canoni generali su ricordati [20]. Detti principi sono stati pienamente condivisi dalla giurisprudenza della Cassazione a Sezioni unite [21].

Sulla scorta dei canoni generali innanzi esposti, la giurisprudenza ha poi ulteriormente precisato come non sussista neppure il problema dell'insindacabilità delle scelte discrezionali, laddove il comportamento contestato si ponga *contra legem* [22].

Sempre con riferimento ai profili connessi con la valutazione dell'antigiuridicità della condotta, il su citato art. 3 della legge n. 639/1996, nel modificare l'art. 1 della legge n. 20/1994 ha escluso la sussistenza di responsabilità in due ipotesi specifiche: (*i*) nel caso di deliberazioni collegiali, la responsabilità è azionabile unicamente nei confronti di coloro che espressero voto favorevole (art. 1, comma 1-*ter* dell'art. 1, legge n. 20/1994, nuovo testo), mentre in precedenza nulla era espressamente previsto, per cui la giurisprudenza aveva a volte ritenuto responsabili anche coloro che si erano astenuti; (*ii*) per gli atti che rientrino nella competenza propria di uffici tecnici o amministrativi, il medesimo comma 1-*ter* ha limitato la re-

---

[19] Corte conti, sez. I app., 20.9.2010, n. 526.

[20] Corte conti, sez. I app., 28.7.2008, n. 346; sez. III app., 7.1.2003, n. 2.

[21] Una prima pronunzia delle Sez. Un. (sent. 29.1.2001, n. 33) ha infatti evidenziato che "*... la Corte dei Conti ... può e deve verificare la compatibilità delle scelte amministrative con i fini pubblici dell'ente ma, per non travalicare i limiti esterni del suo potere giurisdizionale, una volta accertata tale compatibilità, non può estendere il suo sindacato all'articolazione concreta e minuta dell'iniziativa intrapresa dal pubblico amministratore, la quale rientra nell'ambito di quelle scelte discrezionali di cui la legge stabilisce l'insindacabilità (...)*"; in seguito, le medesime Sezioni unite hanno posto in luce la rilevanza, dopo l'entrata in vigore dell'art. 1, comma 1, legge n. 241/1990, dell'efficienza, efficacia ed economicità tra i parametri di legittimità dell'azione amministrativa, come tali conoscibili dal Giudice contabile, in quanto la verifica della legittimità dell'attività amministrativa non può prescindere dalla valutazione del rapporto tra gli obiettivi conseguiti e i costi sostenuti: cfr. la sent. 29.9.2003, n. 14448. Nel medesimo senso, si vedano anche Sez. Un., 6.5.2003, n. 6851; 17.12.2003, n. 19356 e 17.3.2010, n. 6410/ord.

[22] v. Corte conti, sez. III app., 16.12.2003, n. 569 e Cass., Sez. Un., 22.12.2003, n. 19661.

sponsabilità ai titolari degli uffici stessi, con espressa esclusione dei titolari di organi politici che detti provvedimenti abbiano sottoscritto in buona fede.

Più in generale, le cause di esclusione dell'antigiuridicità sono quelle ordinarie: esercizio del diritto, legittima difesa, stato di necessità, caso fortuito e forza maggiore. Ipotesi particolare è quella dell'obbedienza ad un ordine superiore (art. 17, d.P.R. 10.1.1957, n. 3, T.U. sugli impiegati civili dello Stato); l'agente in tal caso va esente da responsabilità solo se abbia fatto presente al superiore gerarchico l'illegittimità dell'ordine da questi impartito e l'ordine stesso sia stato rinnovato per iscritto e, comunque, non vanno eseguiti ordini implicanti violazione di norme penali. Non è poi esclusa la responsabilità dell'agente nel caso della delega, poiché essa presuppone una piena capacità valutativa del soggetto agente.

3. L'elemento soggettivo

L'elemento soggettivo della responsabilità amministrativa è costituito dalla colpevolezza, intesa come atteggiamento antidoveroso della volontà; essa presuppone l'imputabilità (capacità) del soggetto e si manifesta nelle consuete forme del dolo o della colpa.

3.1. Il dolo e la colpa grave come criteri generali

La nozione di dolo, quale criterio soggettivo di imputazione della responsabilità amministrativa non pone particolari problemi interpretativi ed applicativi. Essa, infatti, coincide sostanzialmente con la nozione penalistica delineata dall'art. 43 c.p. configurandosi, dunque, solamente a fronte di danni previsti e voluti dal soggetto agente come conseguenza della propria azione o omissione.

Pur tuttavia, va evidenziato il tentativo di parte della giurisprudenza contabile, in anni recenti, di enucleare una specifica, e più ampia, nozione di dolo, da riferire all'ambito della responsabilità erariale. Nella specie, le Sezioni riunite [23] hanno ritenuto applicabili, per qualificare l'azione dolosa dei dipendenti pubblici, i criteri elaborati dalla dottrina e dalla giurisprudenza in materia di dolo c.d. contrattuale o *in adimplendo*; è stato affermato, cioè, che per aversi dolo nell'inadempimento di preesistenti doveri di comportamento nascenti dal rapporto di servizio è sufficiente che i dipendenti tengano scientemente un comportamento che violi un obbligo di servizio e non sarebbe quindi necessaria la diretta e cosciente intenzione di nuocere, cioè di agire ingiustamente a danno di altri [24]. Nello stesso senso, sono seguite varie pronunzie dei giudici di merito [25].

[23] Sent. 18.9.1996, n. 58.

[24] In dottrina, sulla nozione di dolo contrattuale, v. A. VETRO, *Il dolo contrattuale o civilistico: applicazione nei giudizi di responsabilità amministrativa secondo la più recente giurisprudenza della Corte dei conti*, in *Vetro12.pdf (contabilita-pubblica.it)*.

[25] Tra di esse, si ricordano Corte conti, sez. giurisd. Lazio, 23.11.1998, n. 2272 e 26.11.2003, n. 2448; sez. giurisd. Marche, 5.2.2010, n. 16.

Tale posizione appare, comunque, tutt'altro che pacifica o, comunque, maggioritaria: ed infatti, altra – quasi coeva – sentenza delle stesse Sezioni riunite [26] afferma, al contrario, che il dolo deve consistere nella volontà dell'evento dannoso, che si accompagni alla volontarietà della condotta antidoverosa (illecita o illegittima che sia). Quest'ultimo indirizzo è stato anch'esso seguito da molte pronunzie di merito [27], e ci appare preferibile; e, comunque, va evidenziato che l'attuale formulazione dell'art. 1, comma 1, della legge n. 20/1994, a seguito delle ultime modifiche normative di cui al d.l. n. 76/2020 (delle quali tra poco si dirà) dispone espressamente che "*La prova del dolo richiede la dimostrazione della volontà dell'evento dannoso*".

Per quel che riguarda invece il requisito della *colpa*, una prima, fondamentale innovazione normativa è stata rappresentata dall'art. 3 del d.l. 23.10.1996, n. 543, conv. con legge 20.12.1996, n. 639, il quale ha modificato il testo dell'art. 1 della legge 14.1.1994, n. 20, stabilendo al comma 1 che, in via generalizzata, "*la responsabilità dei soggetti sottoposti alla giurisdizione della Corte dei conti in materia di contabilità pubblica è personale e limitata ai fatti e alle omissioni commessi con dolo o colpa grave, ferma restando l'insindacabilità nel merito delle scelte discrezionali*". Alla previsione originaria sono state successivamente aggiunte le seguenti precisazioni: "*In ogni caso è esclusa la gravità della colpa quando il fatto dannoso tragga origine dall'emanazione di un atto vistato e registrato in sede di controllo preventivo di legittimità, limitatamente ai profili presi in considerazione nell'esercizio del controllo. La gravità della colpa e ogni conseguente responsabilità sono in ogni caso escluse per ogni profilo se il fatto dannoso trae origine da decreti che determinano la cessazione anticipata, per qualsiasi ragione, di rapporti di concessione autostradale, allorché detti decreti siano stati vistati e registrati dalla Corte dei conti in sede di controllo preventivo di legittimità svolto su richiesta dell'amministrazione procedente*" [28].

In precedenza, l'addebito minimo per fondare l'azione di responsabilità innanzi alla Corte dei conti consisteva invece nella colpa lieve, identificata dalla giurisprudenza contabile del tempo nella mancanza di una diligenza media da parte dell'agente; solo in talune specifiche ipotesi la responsabilità era attenuata, essendo richiesta ai fini dell'azionabilità la colpa grave: si ricordano, in proposito, l'art. 1, legge 31.12.1962, n. 1833 per i dipendenti civili e militari addetti alla conduzione di autoveicoli o altri mezzi meccanici e l'art. 61, legge 7.11.1980, n. 312, per il personale direttivo della scuola, in relazione a danni causati dagli alunni.

La previsione di una generale ed indifferenziata limitazione delle ipotesi perseguibili, ai casi di colpa grave, ha inizialmente creato perplessità ed è stato sospettato di illegittimità costituzionale, per ipotizzata lesione degli artt. 3, 97 e 103 Cost.

La questione è stata risolta dal Giudice delle Leggi con la sentenza n. 371 del 20.11.1998, nella quale viene evidenziato che "*il legislatore può liberamente stabilire, non solo quali comportamenti possano costituire titolo di responsabilità, ma*

[26] Sent. 10.6.1997, n. 56.

[27] Cfr. Corte conti, sez. I app., 22.3.2010, n. 198; 14.11.2011, n. 516.

[28] Il periodo in questione è stato aggiunto dall'art. 4, comma 12-*ter*, legge n. 55/2019.

anche quale grado di colpa sia richiesto ed a quali soggetti la responsabilità sia ascrivibile, senza limiti o condizionamenti che non siano quelli della non irragionevolezza e non arbitrarietà". Nella specie, ha precisato ancora la Corte costituzionale, la norma contestata ha avuto "... *l'intento di predisporre, nei confronti degli amministratori e dei dipendenti pubblici, un assetto normativo in cui il timore delle responsabilità non esponga all'eventualità di rallentamenti ed inerzie nello svolgimento dell'attività amministrativa*".

Ciò ha reso necessaria, da parte dei giudici contabili, un'attenta opera di interpretazione, al fine di circoscrivere i comportamenti colposi gravemente censurabili, in relazione alle diverse fattispecie poste alla loro attenzione. In linea generale, si ritiene che il requisito della colpa grave risieda non tanto in una mera violazione di norme comportamentali, quanto nella *particolare* imprudenza ed imperizia del comportamento tenuto in concreto, tale che l'evento dannoso, sebbene non voluto, potesse dirsi prevedibile [29]. La gravità della colpa, in altri termini, è individuata in comportamenti contrario a regole deontologiche elementari ovvero improntati alla massima negligenza o imprudenza, con particolare noncuranza dei pubblici interessi [30]; si tratta, ovviamente, di criteri direttivi di larga massima e da adeguare, caso per caso, alla mutevole realtà operativa [31].

3.2. Le recenti innovazioni normative: il c.d. "scudo erariale"

In punto di elemento soggettivo della responsabilità amministrativo-contabile, l'art. 21 del d.l. 16.7.2020, n. 76, recante "*Misure urgenti per la semplificazione e l'innovazione digitale*" e convertito con legge 11.9.2020, n. 120 ha introdotto due novità di notevole rilievo, una a regime (quella di cui al primo comma) e l'altra, il precetto di cui al secondo comma, con valenza, per ora, temporanea, riducendo sensibilmente gli spazi di intervento della Corte dei conti per i pregiudizi economici e finanziari patiti dai pubblici bilanci. L'obiettivo delle nuove norme sarebbe, secondo la stessa documentazione parlamentare, quella di superare la c.d. "paura della firma" e la conseguente burocrazia difensiva da parte dei pubblici funzionari, che spesso paralizza l'azione amministrativa per il (presunto) timore di essere chiamati in giudizio per danno erariale [32].

L'innovazione di cui al primo comma, avente carattere permanente, riguarda la "prova del dolo": il comma in esame ha infatti novellato l'art. 1 della legge n. 20/1994 specificando che, ai fini della responsabilità amministrativa, "*la prova del dolo richiede la dimostrazione della volontà dell'evento dannoso*". L'intenzione del

---

[29] Sez. I, 18.1.1993, n. 6; sez. I, 18.11.1993, n. 136.

[30] Sez. giurisd. Veneto, 16.11.1994, n. 266; sez. giurisd. Lombardia, 5.5.1995, n. 391.

[31] Cfr., *ex plurimis*, sez. I app., 10.7.2002, n. 235 e 8.5.2009, n. 305; sez. II app., 20.3.2007, n. 65; sez. III app., 12.2.2010, n. 75 e 10.9.2010, n. 523.

[32] Sul tema della c.d. burocrazia difensiva, v. S. Battini, A. Battaglia, A. Blasini, V. Bontempi, M. Chiti, F. Decarolis, S. Mento e A. Pincini, *Burocrazia difensiva: cause, indicatori e rimedi*, in IRPA, *Il rilancio della Pubblica Amministrazione tra velleità e pragmatismo*.

legislatore sembra essere stata, pertanto, quella di escludere ipotesi di dolo (quale quella, cui prima si accennava, del c.d. dolo contrattuale) che non siano conformi al dettato dell'art. 43 c.p., secondo cui "*Il delitto è doloso, quando l'evento dannoso o pericoloso, che è il risultato dell'azione od omissione è dall'agente preveduto e voluto come conseguenza della propria azione od omissione*".

Il secondo comma dell'art. 21, in relazione ai fatti commessi dal 17 luglio 2020 (data di entrata in vigore del d.l. n. 76/2020) e fino al 30 aprile 2025[33], limita l'azione di responsabilità amministrativa ai soli casi in cui la condotta del soggetto agente sia stata caratterizzata dal dolo, per i danni cagionati dalle condotte attive (es., emanazione di un provvedimento) e non anche nel caso di danni cagionati da omissione o inerzia del soggetto agente, che continuerà pertanto a risponderne anche per colpa grave. Opera per il periodo temporale sopra indicato, in altri termini, una sorta (appunto) di "scudo erariale", in virtù del quale è abolita la responsabilità erariale per colpa grave, a meno che non si sia trattato di danni cagionati da omissione o inerzia.

Tale intervento normativo, e ancor più le successive proroghe, hanno sollevato molte critiche, non da parte della sola magistratura contabile[34].

Le maggiori perplessità hanno riguardato il secondo comma, il quale delinea un'area dell'illecito che si contrae e si espande in ragione del tempo di riferimento del comportamento tenuto, senza distinzioni per tipologie di attività e per qualifiche degli autori. Dunque, la contrazione della responsabilità, pensata per scongiurare la "paura della firma", (presunto) ostacolo alla realizzazione degli interventi pubblici necessari alla crescita economica, opera, invece, in modo generalizzato, anche se per un lasso di tempo (sinora) limitato.

Altra criticità è stata vista nella limitazione della responsabilità al dolo per le sole condotte attive, dal momento che la colpa grave continua ad essere sufficiente per le ipotesi di inerzia ed omissione, relative cioè a condotte riconducibili alla categoria degli illeciti erariali di pura omissione.

In tale quadro, la Sezione giurisdizionale per la Campania[35] ha ritenuto rilevante e non manifestamente infondata, in riferimento agli artt. 103, 97, 28, 81 e 3 Cost., la questione di legittimità costituzionale del comma 2 dell'art. 21, d.l. n. 76/2020.

---

[33] L'operatività di questa riforma, inizialmente limitata al 31 dicembre 2021, è stata successivamente prolungata, prima al 30 giugno 2023 (art. 51, comma 1, del d.l. 31.5.2021, n. 77, conv. con legge 29.7.2021, n. 108), poi al 30 giugno 2024 (art. 1, comma 12-*quinquies*, lett. a), d.l. n. 22.4.2023, n. 44, conv. con legge 21.6.2023, n. 74), al 31 dicembre 2024 (art. 8, comma 5-*bis*, d.l. 30.12.2023, n. 215, conv. con legge 23.2.2024, n. 18) e, infine, come precisato, al 30 aprile 2025 (art. 1, comma 9, d.l. 27.12.2024, n. 202, c.d. *Milleproroghe*, conv. con legge 21.2.2025, n. 15).

[34] Tra i molti commenti della norma, si possono citare: L. CARBONE, *Una responsabilità erariale transitoriamente "spuntata". Riflessioni a prima lettura dopo il D.L. 16 luglio 2020, n. 76 (c.d. "decreto semplificazioni")*, in *www.federalismi.it*, novembre 2020; R. TUZZI, *La medico-crazia difensiva: un confronto tra medicina e burocrazia difensiva alla luce dell'art. 21 del D.L. 76/2020*, in *www.federalismi.it*, dicembre 2021.

[35] Con l'ordinanza 18.12.2023, n. 228.

La Corte costituzionale si è pronunziata con la sentenza 16.7.2024, n. 132, che ha escluso l'incostituzionalità della temporanea limitazione della responsabilità amministrativa per colpa grave; contestualmente, il Giudice delle leggi ha tuttavia invitato il legislatore ad una riforma organica e strutturale della materia, "*(...) per ristabilire una coerenza tra la sua disciplina e le più volte richiamate trasformazioni dell'amministrazione e del contesto in cui essa deve operare. Il legislatore non potrà limitare, come si è avuto cura di puntualizzare, l'elemento soggettivo al dolo – limitazione che ha trovato giustificazione esclusivamente in una disciplina provvisoria radicata nelle caratteristiche peculiari del contesto ricordato – ma potrà, nell'esercizio della discrezionalità che ad esso compete (...) rendere più equa la ripartizione del rischio di danno, così alleviando la fatica dell'amministrare senza sminuire la funzione deterrente della responsabilità amministrativa*".

L'art. 21 del decreto "semplificazioni" del 2020 non è stata, peraltro, l'unica norma recente che si è occupata di responsabilità amministrativa.

L'art. 2, comma 3, del codice dei contratti pubblici, d.lgs. 31.3.2023, n. 36, nel declinare il *principio della fiducia* che caratterizza l'impostazione stessa del Codice[36], prevede che: "*Nell'ambito delle attività svolte nelle fasi di programmazione, progettazione, affidamento ed esecuzione dei contratti, ai fini della responsabilità amministrativa costituisce colpa grave la violazione di norme di diritto e degli auto-vincoli amministrativi, nonché la palese violazione di regole di prudenza, perizia e diligenza e l'omissione delle cautele, verifiche ed informazioni preventive normalmente richieste nell'attività amministrativa, in quanto esigibili nei confronti dell'agente pubblico in base alle specifiche competenze e in relazione al caso concreto. Non costituisce colpa grave la violazione o l'omissione determinata dal riferimento a indirizzi giurisprudenziali prevalenti o a pareri delle autorità competenti*". La norma in esame, recante una sorta di tipizzazione e di delimitazione del concetto di colpa grave *ex* art. 1, legge n. 20/1994, dovrebbe, nelle intenzioni del legislatore delegato, incentivare condotte attive dei funzionari pubblici, contribuendo a superare definitivamente la burocrazia difensiva e i conseguenti rischi di paralisi dell'azione amministrativa nel settore dei lavori pubblici[37].

---

[36] Il nuovo Codice dei contratti pubblici, come noto, si inserisce nel contesto di un più ampio processo di riforma dell'organizzazione e dell'azione amministrativa, occasionato dall'esigenza di garantire il raggiungimento degli obiettivi di rilancio dell'economia nazionale, posti dall'Unione europea. L'impostazione del Codice viene esplicitata nei primi 12 articoli, che enunciano i principi generali dell'intera materia dei contratti pubblici. Il legislatore non solo enuncia i principi, riconducibili a specifici interessi pubblici, ma individua anche una gerarchia tra gli stessi, che riduce il margine di discrezionalità nell'interpretazione delle varie norme. Nella specie, i primi tre articoli sono dedicati ad altrettanti principi che potrebbero dirsi di rango primario – art. 1 "*principio del risultato*", art. 2 "*principio della fiducia*", art. 3 "*principio di accesso al mercato*" – alla luce dei quali si interpretano e si applicano tutte le altre disposizioni (art. 4). In particolare, per quel che qui rileva, l'art. 2 introduce il principio della fiducia, secondo il quale l'attribuzione e l'esercizio del potere nel settore dei contratti pubblici devono fondarsi sulla fiducia nell'azione amministrativa, in tal modo favorendo e valorizzando l'iniziativa, la discrezionalità e l'autonomia decisionale dei funzionari pubblici.

[37] Per un commento di tale norma, v. S. SARACCHI, *La responsabilità per colpa grave nel nuovo codice dei contratti pubblici*, in *Azienditalia*, 7, 2023.

Le nuove previsioni sarebbero dovute entrare in vigore dal 1° luglio 2023, per sostituire, a regime, l'art. 21 del decreto semplificazioni, destinato a cessare la sua efficacia il 30 giugno 2024; tale ultimo termine, come appena osservato, è stato però medio tempore posticipato (da ultimo) al 30 aprile 2025.

Ancora più di recente, l'elemento soggettivo della responsabilità amministrativa è stato evocato anche dal d.lgs. 30.12.2023, n. 219. L'art. 1 di tale decreto ha infatti aggiunto, al testo dello Statuto dei diritti del contribuente, di cui alla legge 27.7.2000, n. 212, l'art. 10-*quater* ("*Esercizio del potere di autotutela obbligatoria*"), che al comma 3 prevede testualmente: "*Con riguardo alle valutazioni di fatto operate dall'amministrazione finanziaria ai fini del presente articolo, in caso di avvenuto esercizio dell'autotutela, la responsabilità di cui all'articolo 1, comma 1, della legge 14 gennaio 1994, n. 20, e successive modificazioni, è limitata alle ipotesi di dolo*"; il comma 2 del successivo art. 10-*quinquies* ("*Esercizio del potere di autotutela facoltativa*"), sempre aggiunto dal decreto in esame, prevede l'operatività del medesimo principio anche nel caso di autotutela facoltativa.

4. L'elemento oggettivo (il danno). Le nuove figure di danno elaborate dalla giurisprudenza

Per l'azionabilità della responsabilità amministrativa è poi necessaria, in ogni caso, una componente oggettiva, costituita da una lesione patrimoniale (cioè, economicamente valutabile) ingiusta (consistente nella lesione di una situazione meritevole di tutela) subìta dall'amministrazione. La lesione patrimoniale deve essere effettiva ed attuale (e non meramente potenziale) e può naturalmente consistere, oltre che nella perdita di beni, anche nella mancata acquisizione di utilità: es., omesso accertamento di tributi.

L'obbligazione risarcitoria ha carattere di debito di valore, poiché è volta alla reintegrazione patrimoniale del soggetto danneggiato. Vanno risarciti il danno emergente ed il lucro cessante (mancato guadagno), e dalla somma risultante andrà sottratto l'eventuale vantaggio comunque acquisito dall'amministrazione o dalla comunità amministrata (art. 1, comma 1-*bis*, legge n. 20/1994: v. di seguito): si pensi, ad es., alle opere disposte illegittimamente. Il *quantum* deve essere provato dal PM attore, secondo le ordinarie regole processuali, ma il Giudice può valutarlo equitativamente anche d'ufficio, ai sensi dell'art. 1226 c.c.

La Corte dei conti, per espressa previsione normativa, agisce anche, in via di rivalsa, nei confronti di agenti pubblici che abbiano causato un danno a terzi che poi lo Stato ha dovuto risarcire (ad es., a seguito di condanna in sede civile): c.d. responsabilità per danno indiretto, di cui all'art. 22, comma 2, d.P.R. 10.1.1957, n. 3.

In tema di danno, va poi fatto cenno all'innovazione di cui al comma 1-*bis* della legge 14.1.1994, n. 20 (introdotto dal d.l. n. 543/1996, conv. con legge n. 639/1996). Dispone tale norma che la Corte dei conti nei giudizi di responsabilità, fermo restando il potere di riduzione (di cui tra breve) – e, quindi, nel momento in cui il giudice va ad individuare in concreto il *quantum* da porre a carico del condannato – deve tenere conto dei vantaggi comunque conseguiti dall'amministrazione o dalla comunità amministrata in relazione al comportamento del convenuto. Si tratta peraltro, in questo caso, di un'operazione già da tempo esercitata dal giudice contabile, il quale ha costantemente ritenuto necessario detrarre, dal carico di condanna, la somma corrispondente all'arricchimento conseguito dall'ente pubblico in virtù dell'attività (sia pure illecita) posta in essere dal soggetto condannato [38].

Negli ultimi decenni la giurisprudenza contabile – anche sulla scorta delle nuove interpretazioni del concetto di danno, sviluppate dalla dottrina e dalla giurisprudenza civilistiche – ha ampliato il concetto di danno risarcibile nei confronti della parte pubblica, con progressivo allargamento della relativa area, dal danno inferto al patrimonio materiale della singola amministrazione, a quello arrecato, con accezione più ampia, al complessivo patrimonio della collettività.

4.1. *Segue*: il danno da tangente

Venendo allora alle ipotesi di danno erariale individuate dalla giurisprudenza contabile, va segnalato l'indirizzo, sviluppatosi a seguito della stagione c.d. di tangentopoli dei primi anni Novanta dello scorso secolo, che ha affermato la risarcibilità anche del danno da tangente.

Un danno da tangente può essere individuato, ad es., nei maggiori costi sostenuti dalla PA per aggiudicare appalti truccati, oppure nei minori introiti fiscali derivanti da omessi accertamenti tributari. In questi e in altri casi simili la giurisprudenza contabile ha ritenuto, in base alla comune esperienza, che il costo delle illecite dazioni di danaro, ad es., nelle procedure ad evidenza pubblica si traduce, pressoché automaticamente, in un aumento dei prezzi rispetto a quelli comuni di mercato. In tali casi, l'importo del danno derivante dalla percezione di tangenti veniva in un primo tempo quantificato, di regola, in via presuntiva, in base al meccanismo equitativo di cui all'art. 1226 c.c., in una somma almeno pari alla somma illecita versata al funzionario o amministratore pubblico coinvolto.

Già da diversi anni, tuttavia, la giurisprudenza della Corte dei conti ha abbandonato tali rigide posizioni. La maggior parte delle pronunzie ritiene infatti che la percezione di tangenti non sia sufficiente, di per sé, a dimostrare la sussistenza del danno erariale consistente nella maggiorazione dei prezzi di beni e servizi, qualora (ad es.) i prezzi in questione risultino comunque congrui; piuttosto, la tangente costituisce un indizio da cui muovere per verificare, mediante idonei mezzi di prova, l'effettiva sussistenza di un danno erariale, potendo soccorrere, ad esempio, gli accertamenti tecnici, la comparazione con i prezzi di mercato e così via [39].

---

[38] Cfr., ad es., sez. giurisd. Sardegna, 18.8.1994, n. 311; sez. giurisd. Lombardia, 8.2.1996, n. 357.

[39] Si veda, in particolare, Corte conti, Sez. Riun., 28.5.1999, n. 16/QM (la quale ha evidenziato l'insufficienza di "... *criteri automatici di liquidazione del danno in una entità pari all'ammontare delle dazioni, senza che il giudice dia conto dei motivi che lo hanno spinto ad individuare nella stessa misura* [delle tangenti] *il danno risarcibile dal convenuto*").

4.2. *Segue*: il danno all'immagine

Una figura tipica di danno emersa negli stessi anni Novanta e ritenuta collegata (anzi, spesso sommata) al danno da tangente è poi costituita dal danno all'*immagine* dell'ente pubblico, che la giurisprudenza è giunta a riconoscere come addebitabile ad amministratori o dipendenti pubblici che abbiano commesso illeciti gravi a caratterizzazione dolosa, suscettibili di ledere l'immagine, il prestigio e il decoro dell'amministrazione di riferimento.

Ciò in conseguenza, principalmente, dell'entrata in vigore delle disposizioni di cui alle leggi nn. 19 e 20/1994, che hanno dettato una disciplina uniforme per la responsabilità amministrativo-contabile, in virtù della quale – secondo le Sezioni unite della Cassazione – la giurisdizione della Corte dei conti in materia di responsabilità pubbliche ha assunto il carattere generalizzato di cui in precedenza si poteva dubitare[40]. Le medesime Sezioni unite hanno poi confermato la giurisdizione della Corte dei conti in materia di danno non patrimoniale all'immagine, in quanto il relativo danno "*... pur se non comporta una diminuzione patrimoniale diretta, è tuttavia suscettibile di una valutazione patrimoniale sotto il profilo della spesa necessaria al ripristino del bene giuridico leso*"[41].

La giurisprudenza contabile ha poi provveduto a chiarire e delimitare la nozione di danno all'immagine, come correlato alla lesione del bene immateriale della fiducia, del rispetto dell'autorevolezza, della legittimità, dell'imparzialità della cura dell'interesse pubblico, di cui l'ente esponenziale della collettività deve godere come attributo essenziale e giustificazione ultima della propria esistenza e dei poteri autoritativi di cui è dotato; ne consegue che l'illecito in questione si concretizza ogni qualvolta un soggetto, legato da un rapporto di servizio con la pubblica amministrazione, ponga in essere un comportamento criminoso e sfrutti la posizione ricoperta per il soddisfacimento di scopi personali utilitaristici e non per il raggiungimento di interessi pubblici generali, così minando la fiducia dei cittadini nella correttezza dell'azione amministrativa, con ricadute negative sull'organizzazione amministrativa e sulla gestione dei servizi in favore della collettività[42].

La quantificazione del danno all'immagine è stata ordinariamente effettuata, da parte del giudice contabile, in via equitativa ai sensi dell'art. 1226 c.c.; i relativi parametri sono stati individuati in vari fattori: di regola vengono valorizzati l'oggettiva gravità del fatto, le modalità di realizzazione dell'illecito, la reiterazione della condotta, l'entità dell'arricchimento, la diffusione dell'episodio nell'ambito della collettività, il ruolo e la qualifica dell'autore dell'illecito[43]; in particolare, nel caso di illeciti caratterizzati dalla percezione di tangenti da parte del condannato, nella maggior parte dei casi la quantificazione del nocumento non patrimoniale subìto

---

[40] Cass., Sez. Un., 2.4.1993, n. 3970.

[41] Cass., Sez. Un., 25.6.1997, n. 5668; v. anche, *in terminis*, Sez. Un., 25.10.1999, n. 744 e 4.4.2000, n. 98.

[42] V., in tal senso, Corte conti, Sez. Riun., 23.4.2003, n. 10/QM.

[43] Corte conti, sez. giurisd. Sicilia, n. 2189/2011, cit.; sez. giurisd. Abruzzo, 14.9.2011, n. 328.

dall'amministrazione si attestava, prudenzialmente, su una somma pari all'importo della tangente stessa. Tale aspetto, peraltro, è stato interessato da una specifica (e significativa) innovazione normativa, recata dall'art. 1, comma 62, legge 6.11.2012, n. 190 [44], il quale, in particolare, ha introdotto un comma 1-*sexies* all'art. 1 della legge n. 20/1994, secondo cui "*Nel giudizio di responsabilità, l'entità del danno all'immagine della pubblica amministrazione (...) si presume, salva prova contraria, pari al doppio della somma di denaro o del valore patrimoniale di altra utilità illecitamente percepita dal dipendente*".

Il danno all'immagine nei confronti delle pubbliche amministrazioni, dopo il suo consolidarsi ad opera della giurisprudenza contabile, è stato oggetto di diversi interventi legislativi, precedenti e successivi rispetto a quello appena esaminato.

È intervenuto infatti, in primo luogo, l'art. 17, comma 30-*ter*, del d.l. n. 78/2009, conv. con legge 3.8.2009, n. 102, come modificata dal d.l. n. 103/2009, conv. con legge 3.10.2009, n. 141. La norma – successivamente abrogata, come si vedrà – prevedeva, in particolare, che le procure della Corte dei conti potessero esercitare l'azione per il risarcimento del danno all'immagine nei soli *casi* e nei *modi* previsti dall'art. 7 della legge 27.3.2001, n. 97 (parimenti oggetto di successiva abrogazione); veniva inoltre stabilita la nullità di qualunque atto istruttorio o processuale posto in essere in violazione di dette disposizioni, salvo che fosse stata già pronunciata sentenza, anche non definitiva, alla data di entrata in vigore della legge di conversione del decreto [45].

Il successivo intervento normativo in materia è entrato in vigore solo pochi giorni dopo: l'art. 69 del d.lgs. 27.10.2009, n. 150, ha introdotto l'art. 55-*quinquies* al d.lgs. n. 165/2001, secondo il quale il lavoratore dipendente di una pubblica amministrazione che attesta falsamente la propria presenza in servizio, mediante l'alterazione dei sistemi di rilevamento della presenza o con altre modalità fraudolente, ovvero giustifica l'assenza dal servizio mediante una certificazione medica falsa o falsamente attestante uno stato di malattia, "*(...) ferme la responsabilità penale e disciplinare e le relative sanzioni, è obbligato a risarcire il danno patrimoniale, pari al compenso corrisposto a titolo di retribuzione nei periodi per i quali sia accertata la mancata prestazione, nonché il danno all'immagine subiti dall'amministrazione*" [46]. In punto di applicazione concreta della norma, la giurisprudenza ha

---

[44] Si tratta della c.d. legge Severino, recante "*Disposizioni per la prevenzione e la repressione della corruzione e dell'illegalità nella pubblica amministrazione*".

[45] La Corte costituzionale, con sentenza 15.12.2010, n. 355, ha dichiarato infondate le numerose questioni di legittimità costituzionale che erano state sollevate in proposito, affermando che la nuova disposizione deve essere interpretata "*... nel senso che, al di fuori delle ipotesi tassativamente previste di responsabilità per danni all'immagine dell'ente pubblico di appartenenza, non è configurabile siffatto tipo di tutela risarcitoria*". Le Sezioni riunite della Corte (sent. 19.3.2015, n. 8), a loro volta, precisavano che l'art. 17, comma 30-*ter* in esame va inteso nel senso che le procure della Corte dei conti possono esercitare l'azione per il risarcimento del danno all'immagine solo per i delitti di cui al capo I del titolo II del libro II del codice penale.

[46] La norma veniva successivamente modificata dall'art. 16, comma 1, lett. a), del d.lgs. 25.5.2017, n. 75; la declaratoria di incostituzionalità di detta ultima disposizione (di cui alla sentenza della Corte

chiarito che la fattispecie di cui all'art. 55-*quinquies* del d.lgs. n. 165/2001, cronologicamente successiva a quella riguardante la generale risarcibilità del danno all'immagine per i delitti previsti dall'art. 17, comma 30-*ter*, del d.l. n. 78/2009, presenta marcati tratti di specialità ed autonomia rispetto a quest'ultima e alla pregiudiziale penale ivi stabilita, con la conseguenza che la risarcibilità del danno all'immagine per assenteismo fraudolento opera indipendentemente da qualsivoglia condizione sostanziale o processuale non espressamente prevista dall'art. 55-*quinquies*[47]: in particolare, non si richiede alcun previo giudicato penale di condanna[48].

Pochi anni dopo è intervenuta la legge n. 190/2012, innanzi citata, il cui art. 1, comma 62 ha introdotto nel testo dell'art. 1, legge n. 20/1994 – oltre al comma 1-*sexies*, sopra esaminato – anche il comma 1-*septies*, ai sensi del quale il sequestro conservativo, nelle ipotesi di danno all'immagine è concesso "*in tutti i casi di fondato timore di attenuazione della garanzia del credito erariale*" prevedendo quindi, anche sotto tale profilo, una disciplina più severa nei confronti dei soggetti evocati in giudizio di responsabilità per danno all'immagine di una PA.

Da ultimo, va fatta menzione dell'art. 51 del d.lgs. n. 174/2016, Codice di giustizia contabile. Il comma 7 della norma prevede che "*La sentenza irrevocabile di condanna pronunciata nei confronti dei dipendenti delle pubbliche amministrazioni di cui all'articolo 1, comma 2, del decreto legislativo 30 marzo 2001, n. 165, nonché degli organismi e degli enti da esse controllati, per i delitti commessi a danno delle stesse, è comunicata al competente procuratore regionale della Corte dei conti affinché promuova l'eventuale procedimento di responsabilità per danno erariale nei confronti del condannato (...)*". Il medesimo c.g.c. inoltre, provvede ad abrogare, come su accennato, il primo periodo dell'art. 17, comma 30-*ter*, del d.l. n. 78/2009 e dell'art. 7, legge n. 97/2001 (art. 4, comma 1, lett. h) e g) dell'all. 3 al c.g.c.).

---

costituzionale 10.4.2020, n. 61), non ha comunque avuto rilievo per i profili qui in esame, poiché – come chiarito dalla giurisprudenza contabile – la norma originaria già prevedeva il risarcimento *tout court* del danno all'immagine subito dall'amministrazione (*ex multis*, v. sez. II app., 27.5.2020, n. 140).

[47] *Ex multis*, v. Corte conti, sez. I app., 11.9.2015, n. 476; 12.3.2021, n. 73 e 15.11.2022, n. 536; sez. II app., 4.10.2017, n. 662; 4.3.2019, n. 62; 27.5.2020, n. 140 e 29.7.2022, n. 339; sez. III app., 21.10.2016, n. 542 e 19.3.2021, n. 118.

[48] Il legislatore ha introdotto, successivamente, altre due ipotesi di possibile esercizio dell'azione di responsabilità per danno all'immagine in presenza di fatti non costituenti reato. La prima è stata introdotta dall'art. 1, comma 12, della legge n. 190/2012, cit., secondo cui il responsabile per la prevenzione della corruzione e per la trasparenza (di cui all'art. 1, comma 7, della medesima legge) che non abbia predisposto il piano triennale per la prevenzione della corruzione (PTPC), o ne abbia predisposto uno non idoneo, oppure non abbia inserito nei ruoli più a rischio di corruzione i dipendenti dotati della necessaria professionalità e privi di situazioni di conflitto di interesse e non ne abbia assicurato la rotazione, ovvero per grave inerzia non abbia attivato le attività di contrasto all'attività illecita di cui sia venuto a conoscenza, potrà essere chiamato a rispondere di danno all'immagine, a titolo di concorso colposo, "*... in caso di commissione, all'interno dell'amministrazione, di un reato di corruzione accertato con sentenza passata in giudicato*". L'altra ipotesi è quella di cui all'art. 46, comma 1, del d.lgs. 14.3.2013, n. 33, secondo cui "*l'inadempimento degli obblighi di pubblicazione previsti dalla normativa vigente e il rifiuto, il differimento e la limitazione dell'accesso civico*", nei casi previsti, possono costituire "*eventuale causa di responsabilità per danno all'immagine dell'amministrazione*".

Orbene, in presenza di un tale, mutato, quadro normativo, nel quale la perseguibilità del danno erariale all'immagine è collegato alla mera "*sentenza irrevocabile di condanna pronunciata nei confronti dei dipendenti delle pubbliche amministrazioni*", senza più alcun riferimento a specifiche figure di reato, la giurisprudenza contabile del tutto prevalente ha ritenuto una, sia pur parziale, riespansione della possibilità di perseguire il danno all'immagine [49]. Resta, comunque, il limite posto dalla legge, relativo alla necessità di una sentenza penale irrevocabile di condanna, quale condizione per l'esercizio della relativa azione di responsabilità da parte del PM contabile.

In relazione a tanto, la sezione giurisdizionale per la Liguria ha ritenuto di sollevare apposite questioni di legittimità costituzionale dell'art. 51, commi 6 e 7, del c.g.c. Con sentenza 19.7.2019, n. 191, la Corte costituzionale ha dichiarato inammissibili le questioni proposte, evidenziando che la disciplina del danno all'immagine della P., contenuta nel nuovo c.g.c., si presta a differenti interpretazioni quanto all'individuazione dei reati per i quali il PM contabile può agire; nella fattispecie, prosegue la Consulta, il Giudice rimettente non ha preso in esame le diverse interpretazioni possibili e non ha motivato adeguatamente sulla possibilità di ritenere che il titolo del reato commesso nel caso in esame avrebbe consentito una condanna al risarcimento del danno all'immagine, impedendo pertanto una verifica sulla rilevanza della questione nel giudizio principale.

4.3. *Segue*: il danno da disservizio

La figura del *danno da disservizio*, elaborata già da alcuni anni dalla giurisprudenza della Corte dei conti, consiste nell'effetto dannoso causato all'organizzazione e allo svolgimento dell'attività amministrativa dal comportamento illecito di un dipendente (o amministratore) pubblico, che abbia impedito il conseguimento della attesa legalità dell'azione pubblica e abbia causato inefficacia o inefficienza di tale azione; in altri termini, può sussistere il danno da disservizio allorché l'azione non raggiunge le utilità ordinariamente ritraibili dall'impiego di quelle determinate risorse, così da determinare uno spreco delle stesse. Tale figura dannosa si caratterizza, quindi, per l'inosservanza dei doveri del pubblico dipendente, laddove essi abbiano comportato una mancata o ridotta prestazione del servizio o, comunque, una cattiva qualità dello stesso [50]: essa non va quindi confusa né con il danno da tangente (che riguarda la modalità di acquisizione delle risorse e non lo svolgimento del servizio pubblico), né con il danno all'immagine (che è danno non patrimoniale), anche se a volte tali differenti forme di danno erariale possono coesistere con riferimento ad una medesima vicenda.

---

[49] Cfr., al riguardo, Corte conti, sez. I app., 5.3.2021, n. 53 e 2.12.2021, n. 490; sez. II app., 21.2.2020, n. 40 e 5.8.2020, n. 183; sez. III app., 6.11.2020, n. 189. *Contra*, sez. III app., 31.3.2020, n. 66.

[50] Corte conti, sez. I app., 2011, n. 316 e 3.12.2008, n. 532; sez. giurisd. Lombardia, 21.3.2008, n. 209.

La quantificazione concreta del danno da disservizio è affidata, ai sensi dell'art. 1226 c.c., al prudente apprezzamento del Giudice, il quale può comunque riferirsi a parametri e criteri di determinazione sufficientemente sicuri, quali gli strumenti e le risorse, anche umane, impiegate dall'ufficio in quell'attività poi vanificata dal negligente comportamento dell'agente, ovvero agli oneri connessi alla riorganizzazione del servizio, oppure ancora all'importo della retribuzione oraria del dipendente, moltiplicata per il numero di ore (inutilmente) impiegate, ecc.

4.4. *Segue*: il danno alla concorrenza

Una figura particolare di danno elaborata dalla giurisprudenza contabile recente, tendente a rafforzare l'obbligo del rispetto dei principi generali in materia di attività contrattuale, in particolare quelli di derivazione europea, è quella del *danno alla concorrenza*.

Negli ultimi anni, alcune pronunzie dei giudici contabili hanno infatti iniziato ad affermare l'esistenza di questa autonoma figura di danno, a carico ad es. di funzionari pubblici che, in violazione delle norme sull'evidenza pubblica, avevano rivelato notizie riservate ad uno dei concorrenti ad una gara pubblica, per favorirlo illecitamente rispetto agli altri [51], oppure nei confronti di un dirigente pubblico che aveva affidato dei lavori senza il previo esperimento della dovuta gara pubblica, in violazione delle norme nazionali e degli stessi principi dell'ordinamento europeo [52].

Le sentenze in materia tendono, quindi, a rafforzare l'obbligo del rispetto dei principi generali, in particolare quelli di derivazione europea, che devono essere attuati dalle amministrazioni con responsabilità e rispetto della legalità [53].

In tale quadro, il puntuale rispetto delle regole sull'evidenza pubblica è stato ritenuto dalla giurisprudenza contabile il *modus agendi* tipico della pubblica amministrazione, poiché tende a favorire l'economicità dell'azione amministrativa ed il confronto effettivamente concorrenziale tra aspiranti contraenti, garantendo nel contempo il perseguimento dell'efficacia ed efficienza dell'azione amministrativa, oltre che della legalità e trasparenza [54].

---

[51] Corte conti, sez. giurisd. Lombardia, 29.12.2008, n. 980.

[52] Corte conti, sez. giurisd. Lombardia, 14.7.2006, n. 447.

[53] Si veda, in proposito, l'art. 81 – già art. 85 – del Trattato UE, il quale vieta gli accordi e le pratiche concordate che abbiano "*per oggetto o per effetto di impedire, restringere o falsare il gioco della concorrenza all'interno del mercato comune*".

[54] Cfr., *ex plurimis*, tra le pronunzie recenti, Corte conti, sez. III app., 24.2.2021, n. 57 e 6.4.2021, n. 118; sez. giurisd. Umbria, 21.3.2022, n. 11; sez. giurisd. Lazio, 17.7.2023, n. 510. Fattispecie particolare è quella di cui alla sentenza della sez. giurisd. Campania, 8.8.2022, n. 639, relativa a un danno da maggiori costi dell'energia sostenuti per gli impianti d'illuminazione pubblica, rispetto a quelli sopportabili aderendo ai rapporti di fornitura di cui alle convenzioni-quadro concluse da CONSIP S.p.A. per il medesimo periodo.

4.5. *Segue*: il danno ambientale

Di notevole rilievo, anche per le sue particolari vicende storiche, è il danno ambientale, figura che proprio in anni (relativamente) recenti gli artt. 313 e 318, comma 1, lett. a), del Codice dell'ambiente, di cui al d.lgs. 3.4.2006, n. 152, hanno riportato nell'alveo della giurisdizione contabile, abrogando l'art. 18 della legge 8.7.1986, n. 349, che aveva invece attribuito la cognizione in materia al giudice ordinario. La scelta operata dal legislatore del 1986 in tema di danno ambientale era stata infatti quella di considerare responsabile il danneggiante materiale dell'ambiente, così rendendo marginali le responsabilità di amministratori e dipendenti pubblici, salvo che ricorressero estremi di reato [55].

Il nuovo codice dell'ambiente, sul punto, attua la direttiva 2004/35/CE del Parlamento europeo e del Consiglio del 21 aprile 2004 "*sulla responsabilità ambientale in materia di prevenzione e di riparazione del danno ambientale*". In particolare, l'art. 300 del codice riporta la definizione di danno ambientale, qualificato come "*qualsiasi deterioramento significativo e misurabile di una risorsa naturale o dell'utilità assicurata da quest'ultima*" (art. 300, comma 1). Il secondo comma del medesimo art. 300 riporta un elenco di ciò che costituisce danno ambientale (elencazione che sostanzialmente ripete l'art. 2 della direttiva 2004/35/CE) [56].

L'art. 313 del Codice, su ricordato, al comma 6 attribuisce la giurisdizione in materia di danno ambientale alla Corte dei conti, nel caso di danno causato da un soggetto sottoposto alla giurisdizione contabile. Le nuove norme attribuiscono inoltre uno specifico ruolo propulsivo al Ministro dell'ambiente e della tutela del territorio, quale gestore dell'interesse pubblico alla tutela e risarcimento del danno ambientale. In concreto, il Ministero ha due strade alternative per il recupero del dan-

---

[55] Sembra utile ricordare qui che un contributo importante, nella ricostruzione dell'istituto della responsabilità per danni arrecati all'ambiente, fu offerto, all'inizio degli anni Settanta dello scorso secolo, proprio dalla giurisprudenza della Corte dei conti, che si era posta il problema della tutela dell'ambiente quale bene appartenente alla collettività, affermando il diritto di quest'ultima, e quindi dello Stato, al risarcimento del relativo danno. La prima sentenza del Giudice contabile in materia ambientale fu quella relativa agli scempi edilizi nel Parco Nazionale d'Abruzzo (sez. I, 15.5.1973, n. 39), poi confermata in appello (Sez. Riun., 20.12.1975, n. 108). In tali occasioni, la Corte precisò che il bene pubblico danneggiato nell'occasione era la bellezza paesaggistica, nonché l'ambiente faunistico, floristico ed ecologico, chiarendo altresì che il *vulnus* inferto a detto bene costituiva danno patrimoniale valutabile e riferibile allo Stato, "*il quale esprime e nel quale si identifica l'interesse generale della collettività nazionale danneggiata*". Era poi precisato che la giurisdizione in materia spettava alla Corte dei conti, giudice naturale ed esclusivo per la tutela di tali interessi della collettività (artt. 25 e 103 Cost). Tale sviluppo giurisprudenziale, come su accennato, fu interrotto dall'intervento del legislatore che, con l'art. 18 della legge n. 349/1986, ritenne di ricondurre la cognizione del danno all'ambiente nell'alveo dell'ordinaria responsabilità civile.

[56] Rappresenta danno ambientale, secondo la norma, il deterioramento provocato: alle specie e agli *habitat* naturali protetti dalla normativa nazionale e europea; alle acque interne, attraverso azioni che incidono in modo significativamente negativo sullo stato ecologico, chimico e/o quantitativo oppure sul potenziale ecologico delle acque interessate (dir. 2000/60/CE); alle acque costiere e territoriali, anche attraverso azioni svolte in acque internazionali; al terreno, mediante contaminazioni che creino un rischio significativo di effetti nocivi, anche indiretti, sulla salute umana e per l'ambiente.

no ambientale, nel caso in cui i responsabili siano soggetti sottoposti alla giurisdizione contabile: può agire in via amministrativa, attraverso la procedura regolata dagli artt. 312 ss. del d.lgs. n. 152/2006, ovvero in via giudiziaria, mediante segnalazione alla Procura contabile competente per territorio.

La prima sentenza del giudice contabile successiva alle nuove norme, a quanto consta, è stata la sentenza della Sezione giurisdizionale regionale per la Sardegna 18.9.2008, n. 1830, nella quale è stato evidenziato, riprendendo l'impostazione tradizionale della giurisprudenza contabile degli anni Settanta e ss., oltre che con richiami anche alla giurisprudenza civile, che "... *il danno all'ambiente considerato in senso unitario, quale bene immateriale a sé stante, comporta un accertamento che non è quello del mero pregiudizio patrimoniale, bensì della compromissione dell'ambiente stesso, espressione di un autonomo valore collettivo, oggetto di specifica tutela da parte dell'ordinamento*". I numerosi arresti successivi hanno sostanzialmente confermato tale impostazione, precisando nel concreto i profili applicativi della nuova disciplina [57].

5. Il nesso di causalità

Ulteriore elemento necessario, per la sussistenza della responsabilità amministrativa, è costituito dal nesso di causalità tra comportamento (illecito) ed evento (dannoso), cioè il rapporto eziologico che lega la condotta illecita all'evento dannoso: il danno erariale deve, cioè, essere conseguenza immediata e diretta della condotta antigiuridica del soggetto agente.

Le affermazioni maggiormente ricorrenti della giurisprudenza contabile sono nel senso che nella materia trova applicazione il principio di equivalenza delle cause desumibile dagli artt. 40 e 41 c.p. In pronunzie più recenti si leggono, invece, considerazioni meno nette, secondo cui, ad esempio, il nesso eziologico "... *può ritenersi sussistente non solo quando il danno rappresenti la conseguenza inevitabile e assolutamente certa della condotta (come richiesto per il sottosistema penalistico), ma anche quando ne sia conseguenza altamente probabile e verosimile ('più probabile che non'), sulla base di un giudizio di ragionevole probabilità, a meno che a recidere il nesso eziologico non intervenga un fatto nuovo rispetto al quale non si abbia la possibilità di agire*" [58]. Tale ultima posizione risulta essere quella più seguita dai giudici contabili [59].

---

[57] Un'ampia rassegna di tale giurisprudenza recente, unitamente ad una ricostruzione della complessiva disciplina in materia, si trova in D. RISO, *Danno ambientale e profili di responsabilità erariale*, in *www.lexitalia.it*, 10, 2020.

[58] Così Corte conti, sez. giurisd. Emilia-Romagna, 5.10.2009, n. 771. Si vedano inoltre, nello stesso senso, Corte conti, sez. app. Sicilia, 16.12.2007, n. 303 e sez. giurisd. Trentino-Alto Adige, Trento, 14.3.2008.

[59] In alcune pronunzie si parla, al riguardo, di "regolarità", ritenuto come una posizione mediana tra i criteri estremi della "*condicio sine qua non*" e della "causalità adeguata": cfr., ad es., sez. III

Pertanto, nell'ipotesi di concorso di cause (pluralità di condotte, imputabili a più persone e succedutesi nel tempo), si riconosce efficienza causale nei confronti di tutti coloro che abbiano determinato una situazione tale che, senza il loro apporto, l'evento non si sarebbe verificato. Se poi una delle cause sopravvenute è stata, da sola, sufficiente a provocare l'evento, assurgerà a causa esclusiva, avendo interrotto ogni legame tra le cause remote e l'accadimento finale [60].

Da tenere presente ancora, con riferimento all'applicazione dei principi in tema di rapporto causale, la norma dell'art. 82 del tuttora vigente r.d. 18.11.1923, n. 2440 (legge di contabilità generale dello Stato), la quale prevede che, qualora l'azione o l'omissione sia dovuta al fatto di più impiegati, ciascuno risponde "*... per la parte che vi ha preso*": principio c.d. della divisibilità del danno erariale, ulteriormente precisato dall'art. 3 della legge n. 639/1996, che ha riformulato l'art. 1, legge n. 20/1994, inserendo il comma 1-*quinquies*, secondo cui "*i soli concorrenti che abbiano conseguito un illecito arricchimento o abbiano agìto con dolo sono responsabili solidalmente*" [61]. Pertanto, nel giudizio di responsabilità amministrativa il giudice deve ripartire l'addebito fra gli eventuali coobbligati secondo le rispettive responsabilità, a differenza di quanto avviene in sede civile, dove invece il principio solidale costituisce la regola.

6. Ulteriori profili caratteristici della responsabilità amministrativa: la prescrizione dell'azione e l'intrasmissibilità agli eredi. La natura giuridica della responsabilità amministrativa

L'art. 1, comma 2, della legge 14.1.1994, n. 20, come novellato dall'art. 3, legge n. 639/1996, di conversione del d.l. n. 543/1996, ha stabilito che "*Il diritto al risarcimento del danno si prescrive in ogni caso in cinque anni, decorrenti dalla data in cui si è verificato il fatto dannoso, ovvero, in caso di occultamento doloso del danno, dalla data della sua scoperta*".

Tale regolamentazione della prescrizione è apparsa coerente con le finalità ultime di un'azione di natura pubblica che, in quanto tendente al perseguimento di una corretta gestione amministrativa, deve svolgersi in tempi rapidi.

Per i profili processuali, una fondamentale innovazione normativa è stata introdotta dall'art. 66, comma 2, del Codice di giustizia contabile, ai sensi del quale, se il termine viene interrotto, "*al tempo residuo per raggiungere l'ordinario termine di prescrizione quinquennale si aggiunge un periodo massimo di due anni; il ter-*"

---

app., 14.2.2011, n. 132; sez. giurisd. Toscana, 15.1.2001, n. 54 e 26.8.1999, n. 1004. In dottrina, vedasi P. DELLA VENTURA, in AA.VV., *Trattato sulla nuova configurazione della giustizia contabile*, a cura di E.F. SCHLITZER e C. MIRABELLI, Napoli, 2018, p. 153 ss.

[60] Corte conti, sez. giurisd. Abruzzo, 5.4.2004, n. 310; sez. giurisd. Calabria, 29.9.2003, n. 776 e 12.2.2003, n. 89; sez. giurisd. Puglia, 21.3.2003, n. 244; sez. giurisd. Sicilia, 5.1.1999, n. 2.

[61] Tale norma, per espressa previsione normativa, si applica(va) anche ai fatti già accertati con sentenze passate in giudicato dalla data di entrata in vigore del d.l. 28.6.1995, n. 248, con possibilità di esperire, da parte degli interessati, apposito ricorso per revocazione.

mine complessivo di prescrizione non può comunque eccedere i sette anni dall'esordio dello stesso".

Circa la decorrenza del termine, occorre distinguere le varie fattispecie. In genere, nel caso di danno diretto il *dies a quo* per il computo del decorso della prescrizione viene individuato nel momento in cui diviene perfetta la fattispecie dannosa, costituita dall'azione illecita dell'agente e dall'effetto lesivo di questo: dunque, nell'ipotesi in cui il danno si fosse verificato a distanza di tempo dalla condotta illecita, rileva tale secondo momento, in quanto prima di esso il Procuratore regionale non sarebbe legittimato ad agire, non essendosi appunto ancora verificato il danno di cui si chiede il risarcimento [62].

Per quanto riguarda i casi di doloso occultamento del danno, collegato con fatti di rilevanza anche penale, il termine viene comunemente fissato nella data di rinvio a giudizio in sede penale, momento nel quale vi è stata la valutazione da parte dell'organo pubblico competente degli elementi di dolo e, dunque, può parlarsi di obiettiva conoscibilità dei fatti dannosi da parte dell'amministrazione, ai sensi dell'art. 2935 c.c. (secondo il quale la prescrizione decorre da quando il diritto può essere fatto valere dall'interessato) [63].

Nell'ipotesi di danno indiretto (conseguente, cioè, alla condanna della PA in sede civile: v. art. 22, comma 3, d.P.R. n. 3/1957, cit.), la giurisprudenza ritiene che il *dies a quo* debba essere individuato non già nella data del passaggio in giudicato della sentenza di condanna dell'amministrazione – come pure, in passato, ritenevano molte pronunzie – bensì nel momento in cui quest'ultima abbia disposto il pagamento a favore del terzo danneggiato, come chiarito dalle Sezioni riunite della Corte, in sede di soluzione della relativa questione di massima [64]. Nella particolare ipotesi di provvedimenti illeciti che abbiano comportato l'indebita, periodica erogazione di somme di danaro – a seguito, ad es., di illegittimi inquadramenti di personale – il termine iniziale della prescrizione decorre dalla data di pagamento dei singoli ratei (con prescrizione, quindi, di quelli anteriori al quinquennio) [65]. Nel caso di vizi occulti di un'opera pubblica, la prescrizione decorre dal momento della loro scoperta [66]. Per i danni da mancare entrate, il *dies a quo* della prescrizione viene individuato nella data di scadenza del termine ultimo per il possibile recupero di quell'entrata [67].

Ancora in tema di prescrizione, un cenno va fatto alla disposizione di cui al ter-

---

[62] Giurisprudenza pacifica: cfr., *ex plurimis*, Corte conti, Sez. Riun., 25.10.1996, n. 62; 3.6.1998, n. 25.

[63] v. Corte conti, Sez. Riun., 25.10.1996, n. 63 e 15.2.1999, n. 3; sez. I app., 9.6.2021, n. 211 e 24.2.2015, n. 189; sez. II app., 23.3.2018, n. 189 e 24.11.2010, n. 487; sez. III app., 4.5.2017, n. 213.

[64] Corte conti Sez. Riun., sent. 5.9.2011, n. 14/QM.

[65] *In terminis*, v. Corte conti, Sez. Riun., 24.5.2000, n. 7/QM e 19.7.2007, n. 5/QM; sez. II app., 12.9.2019, n. 316; sez. I app., 17.5.2017, n. 175; sez. III app., 24.5.2014, n. 176.

[66] Corte conti, sez. II app., 30.7.2001, n. 259 e 7.8.2002, n. 285.

[67] Corte conti, sez. I app., 8.10.2013, n. 796; sez. II app., 27.10.1999, n. 282; sez. giurisd. Calabria, 25.6.2021, n. 200; sez. giurisd. Sicilia, 7.8.2020, n. 426.

zo comma del ripetuto art. 1, legge n. 20/1994, il quale prevede, proprio in considerazione del più breve termine di prescrizione, la diretta responsabilità dei soggetti che, per avere omesso o ritardato la denuncia cui erano tenuti, abbiano appunto concorso a determinare la prescrizione della relativa azione. In tali casi, l'azione sarà proponibile entro cinque anni dalla data nella quale la prescrizione è maturata.

Riguardo invece alla posizione degli eredi, l'art. 1, legge n. 20/1994, come modificato dalla legge n. 639/1996, nel ribadire la natura personale della responsabilità amministrativa, stabilisce la sua intrasmissibilità agli eredi, esclusi i casi di "... *illecito arricchimento del dante causa e di conseguente indebito arricchimento degli eredi stessi*" [68]. Circa la natura – sostanziale o processuale – della norma relativa alla personalità della responsabilità amministrativa, e quindi sulla sua immediata applicabilità, o meno, ai giudizi in corso, la giurisprudenza della Corte dei conti ha chiarito che il predetto principio dell'intrasmissibilità ereditaria deve applicarsi ai giudizi in corso, anche quando la morte dell'autore dell'illecito si fosse verificata prima della sua entrata in vigore [69].

Con riferimento, da ultimo, alla natura giuridica della responsabilità amministrativa, l'impostazione dottrinaria tradizionale vedeva tale istituto, pur regolato da una disciplina di natura pubblicistica, come riconducibile ai princìpi generali dell'ordinaria responsabilità civilistica di tipo contrattuale, con conseguente natura essenzialmente risarcitoria di tale forma di responsabilità.

La suddetta impostazione, largamente accettata dalla giurisprudenza più risalente, è stata tuttavia rivista e messa in discussione, negli ultimi anni, alla luce delle riforme degli anni 1994-1996, in precedenza citate, le quali hanno contribuito ad un ripensamento circa la natura e delle finalità ultime della responsabilità amministrativa: è stata, cioè, posta sempre più in evidenza, più che la funzione meramente risarcitoria della responsabilità amministrativa (pure innegabile), il suo – ben più importante – carattere di sanzione pubblica a tutela degli interessi collettivi.

In altri termini, la responsabilità cui sono soggetti gli amministratori ed i dipendenti pubblici nei confronti dell'Erario non è finalizzata – come quella civilistica – al mero ripristino degli elementi patrimoniali del soggetto danneggiato, in funzione del mantenimento di un corretto svolgimento dei rapporti economici; essa risponde invece, principalmente, ad una diversa esigenza, vale a dire la prevenzione e la repressione dei fenomeni di cattiva amministrazione. Tale specifica forma di responsabilità è quindi collegata con il migliore svolgimento dell'attività della PA, in vista del soddisfacimento dei superiori interessi dell'intera collettività.

A dimostrazione di ciò, basterà tenere presente la regolamentazione positiva della responsabilità amministrativa, che risulta, a ben vedere, incompatibile con una sua pretesa funzione essenzialmente risarcitoria.

In proposito, la disposizione normativa che dimostra in maniera forse più evidente l'intenzione del legislatore di considerare il risarcimento economico un aspetto

---

[68] Su tale tematica, v. A. VETRO, *Danno erariale e trasmissibilità agli eredi*, in *dirittoeconti.it/danno-erariale-e-trasmissibilita-agli-eredi/?print-posts=pdf.*

[69] Corte conti, Sez. Riun., 1.3.1996, n. 26; 4.3.1996, n. 9 e 18.4.1996, n. 22.

non certo fondamentale, è l'art. 52 del r.d. n. 1214/1934, T.U. delle leggi sulla Corte dei conti (norma peraltro ripetuta letteralmente nell'art. 19 del T.U. 10.1.1957, n. 3 sugli impiegati civili dello Stato), laddove viene previsto che la Corte dei conti, una volta valutate le singole responsabilità, può porre a carico dei responsabili "... *tutto o parte del danno accertato o del valore perduto*", senza alcun limite. Tale prerogativa (c.d. *potere riduttivo*) è attribuita in via generalizzata, nel nostro ordinamento, al solo giudice contabile: essa deve allora ritenersi giustificata proprio dalla peculiare natura (prevalentemente) dissuasiva e sanzionatoria della responsabilità amministrativa, laddove invece nel caso di una responsabilità con funzione risarcitoria sarebbe fuori luogo una diminuzione del carico del condannato, che tutt'al più potrebbe costituire un evento eccezionale (come infatti avviene nel campo dei rapporti tra privati: v. l'art. 2740, comma 2, c.c.).

Anche le disposizioni, prima esaminate, che escludono per la responsabilità amministrativa l'applicazione del principio di solidarietà passiva tra coobbligati (art. 82, legge cont.; art. 1, legge n. 20/1994) risulterebbero scarsamente coerenti con una sua funzione risarcitoria, la quale postulerebbe al contrario il principio di solidarietà, a maggiore garanzia dell'effettività del risarcimento.

Lo stesso è a dirsi per le norme che stabiliscono il principio della personalità e della tendenziale intrasmissibilità agli eredi della responsabilità in questione; anche esse, come sopra chiarito, appaiono coerenti con la peculiare natura della responsabilità amministrativa, mentre ben difficilmente si potrebbero conciliare con una sua natura (puramente) risarcitoria. Ugualmente, la riduzione del termine di prescrizione dell'azione da dieci a cinque anni – ancor più alla luce della sua disciplina processuale, di cui all'art. 66 c.g.c., su specificata – appare coerente con le finalità ultime di un'azione di natura pubblica che, in quanto tendente al perseguimento di una corretta gestione amministrativa più che al mero reintegro patrimoniale della PA, deve necessariamente svolgersi in tempi rapidi ed il più possibile vicini ai fatti di cattiva amministrazione che intende sanzionare. Per non parlare, infine, delle stesse innovazioni normative che hanno innalzato, invero notevolmente, il limite dell'elemento soggettivo richiesto (e al netto delle ulteriori, temporanee limitazioni al solo dolo, delle quali non è dato conoscere, al momento, i successivi sviluppi), le quali, si ritiene, hanno forse definitivamente eliminato ogni possibile riconducibilità della responsabilità erariale al tipico schema contrattuale civilistico.

La responsabilità amministrativa rappresenta, pertanto, una distinta tipologia di responsabilità, di natura pubblicistica e la cui finalità primaria è, al di là della reintegrazione del danno subìto dal pubblico erario, il perseguimento della correttezza e dell'efficienza dell'azione degli organi della pubblica amministrazione: e ciò, in attuazione del precetto di cui all'art. 97 della Carta costituzionale e in piena armonia, peraltro, con le altre normative, contemporanee a quelle di riforma della responsabilità amministrativa degli anni 1993/1996, che – proprio in applicazione dei princìpi costituzionali sopra richiamati – hanno provveduto a riorganizzare l'attività degli organi pubblici in termini di efficacia, efficienza e correttezza gestionale [70].

---

[70] Tale ricostruzione sistematica ha avuto l'immediato ed autorevole avallo da parte dello stesso

7. Le ipotesi tipiche di responsabilità in materia di attività contrattualistica pubblica

La possibilità di incorrere in ipotesi di responsabilità per danno erariale costituisce un'eventualità e una delle grandi preoccupazioni per i diversi operatori della contrattualistica nella pubblica amministrazione. Bisogna infatti considerare che quello degli appalti è un settore interessato da frequenti e importanti riforme normative, che rendono spesso arduo anche agli esperti del settore orientarsi con sicurezza; non è raro quindi che sorgano incertezze sull'esatto confine fra lecito e illecito.

È poi da considerare che in fase di esecuzione di un appalto pubblico (o altra attività contrattuale) intervengono varie figure tecniche: progettista, direttore lavori, coordinatore per la sicurezza, direttore operativo, ispettore di cantiere, collaudatore, nonché il Responsabile Unico di Progetto (RUP): cfr., in particolare, la Parte VI del Codice dei contratti (artt. 113-126).

Orbene, il Codice del 2023, come noto (e come già osservato innanzi [71]), ha voluto contrastare il fenomeno della c.d. "burocrazia difensiva", ovvero la "paura della firma" da parte degli operatori della PA affiancando, al principio del risultato, il principio della fiducia (art. 2, Codice), con il quale si intende valorizzare lo spirito di iniziativa e la discrezionalità degli amministratori pubblici, anche mediante la tipizzazione e delimitazione del concetto di colpa grave (art. 2, cit., comma 3).

Di seguito, saranno illustrate le principali fonti di responsabilità in cui possono incorrere i soggetti partecipanti a vario titolo nello svolgimento dell'attività contrattuale pubblica.

7.1. La responsabilità amministrativa del direttore lavori e del progettista

Il direttore dei lavori e il progettista sono due figure chiave nell'esecuzione del contratto in cui sono coinvolti, con il compito di coadiuvare l'appaltatore ed il committente in tale fase, svolgendo le attività di cui all'all. II.14 del Codice: il direttore lavori, responsabile del coordinamento e della supervisione, opera in autonomia e nel rispetto delle disposizioni di servizio impartite dal RUP, valutando e curando i profili tecnici, contabili e amministrativi, vigilando sulla regolare realizzazione dell'opera; il progettista è il professionista chiamato per la redazione del progetto, articolato secondo le disposizioni del nuovo Codice su due livelli, di fattibilità tecnico-economica ed esecutivo.

Giudice delle leggi: v. Corte cost., n. 371/1998, cit., secondo cui la responsabilità amministrativo-contabile ha natura mista, conseguente ad una "*combinazione di elementi restitutori e di deterrenza*"; v., inoltre, la successiva sentenza 30.12.1998, n. 453, nella quale, ancor più chiaramente, il Giudice delle leggi afferma, a proposito delle su ricordate norme di riforma dell'istituto, che occorre prendere atto di una "*nuova conformazione dell'istituto della responsabilità amministrativa e contabile, secondo linee volte, tra l'altro, ad accentuarne i profili sanzionatori rispetto a quelli risarcitori*". In dottrina, per una ricostruzione delle diverse posizioni, P. SANTORO, "*Trattato di contabilità e finanza pubblica*", Torino 2024, p. 1508 ss.; C. PINOTTI, "*La responsabilità amministrativa: problematiche attuali e prospettive future*", in *Riv. Corte conti*, n. 2, 2022, p. 95 ss.

[71] Cfr. il par. .2.

Il direttore dei lavori. – Con riferimento alla figura del direttore dei lavori, possono sorgere innanzi tutto questioni relative al riparto di giurisdizione [72].

Per stabilire quale sia il Giudice, si utilizza generalmente il criterio c.d. dell'appartenenza: vi è giurisdizione contabile ogni qualvolta il professionista debba ritenersi inserito in modo continuativo – ancorché temporaneo – nell'apparato organizzativo della PA, assumendo particolari vincoli ed obblighi funzionali ad assicurare il perseguimento delle esigenze generali, cioè tutte le volte in cui la relazione tra l'autore dell'illecito e l'ente pubblico danneggiato integri un rapporto di servizio in senso lato [73]. Sussiste invece la giurisdizione del giudice ordinario quando, nella prospettazione della domanda, la parte ne abbia dedotto la responsabilità non nella qualità di direttore dei lavori ma in quella di progettista per gli errori e le carenze progettuali allo stesso imputabili, visto che tale fase mantiene i suoi connotati privatistici [74].

In particolare, sussiste la giurisdizione contabile nei confronti del direttore dei lavori in ragione delle attività, sia autoritative che amministrative, che egli è chiamato a svolgere in esecuzione del suo incarico: ordini alle maestranze, certificazioni, atti di urgenza, proposte di variante, tenuta della contabilità, ecc. [75]. Nelle controversie risarcitorie proposte dall'amministrazione appaltante contro il professionista che abbia svolto l'incarico di progettista e di direttore dei lavori, sussiste inoltre la giurisdizione del Giudice civile quando, nella prospettazione della domanda, la parte ne abbia dedotto la responsabilità non nella qualità di direttore dei lavori ma in quella di progettista per gli errori e le carenze progettuali allo stesso imputabili, dato che tale fase mantiene i suoi connotati privatistici [76].

Da ultimo, nella particolare ipotesi in cui la nomina del direttore dei lavori sia avvenuta mediante affidamento al contraente generale *ex* art. 194 del d.lgs. 18.4.2016, n. 50, laddove si assuma che il danno derivi dall'inadempimento delle obbligazioni poste a carico del contraente generale come controparte contrattuale dell'amministrazione pubblica, la cognizione dell'azione di responsabilità o risarcitoria spetta alla giurisdizione dell'autorità giudiziaria ordinaria, poiché in tal caso il direttore dei lavori "*non esercita alcun potere autoritativo e non può, quindi, ritenersi fun-*

[72] Come già posto in rilievo nel par. 2.2.

[73] Cass., Sez. Un., 22.9.2014, n. 19891 (secondo cui sussiste la giurisdizione della Corte dei conti "*tutte le volte in cui il professionista debba ritenersi inserito in modo continuativo, ancorché temporaneo, nell'apparato organizzativo della P.A., assumendo particolari vincoli ed obblighi funzionali ad assicurare il perseguimento delle esigenze generali e, cioè, tutte le volte in cui la relazione tra l'autore dell'illecito e l'ente pubblico danneggiato integri un rapporto di servizio in senso lato*"); 25.1.2006, n. 1377 e 15.11.2021, n. 34350/ord. ("*il direttore lavori per la realizzazione di un'opera pubblica (...), in considerazione dei compiti e delle funzioni che gli sono devoluti, che comportano l'esercizio di poteri autoritativi nei confronti dell'appaltatore e l'assunzione della veste di "agente", deve ritenersi funzionalmente e temporaneamente inserito nell'apparato organizzativo della pubblica amministrazione che gli ha conferito l'incarico*").

[74] Cass., Sez. Un., 28.12.2016, n. 27071.

[75] Cfr. Cass., Sez. Un., 26.3.1999, n. 188; 24.7.2000, n. 515; 13.1.2003, n. 340; n. 1377/2006, cit.

[76] Cass., Sez. Un., n. 27071/2016, cit.

zionalmente inserito nell'apparato amministrativo della stazione appaltante, sicché, ove si assuma che dall'esercizio del relativo incarico sia derivato un danno all'ente pubblico, deve escludersi, in ragione dell'insussistenza di un rapporto di servizio, ancorché temporaneo, con quest'ultimo, che la cognizione della conseguente azione risarcitoria spetti alla giurisdizione contabile"[77].

Secondo la giurisprudenza contabile, il direttore dei lavori è il responsabile dell'esecuzione delle opere edilizie che vengono affidate alla sua direzione: lo stesso, in quanto professionista abilitato, incaricato dal committente o dall'appaltatore, sovrintende alle opere assumendo la responsabilità tecnica della loro esecuzione e, conseguentemente ha compiti di controllo della conformità della costruzione al capitolato speciale d'appalto ed alle modalità esecutive stabilite nel contratto; in particolare, egli deve verificare, attraverso l'uso di autonomi poteri valutativi, la fattibilità e la conformità del progetto da realizzare alle regole della buona tecnica, la completezza e la bontà degli elaborati progettuali, proponendo, se del caso, alla stazione appaltante i rimedi necessari.

Pertanto, sussiste la responsabilità del direttore dei lavori che in fase esecutiva abbia mostrato una carenza di autonomia decisoria, di superficialità nell'attuare soluzioni, nell'inerzia sia di vigilanza che di applicazione di usuali strumenti tecnici alla necessità – segnalata *ab origine* – di controllo del livello idrico sotterraneo. È stata poi affermata la responsabilità per colpa grave del direttore dei lavori di un'opera pubblica, il quale, in sede di avanzamento dei lavori, abbia omesso la verifica delle lavorazioni e somministrazioni eseguite dall'impresa, per il danno cagionato all'amministrazione dal versamento del corrispettivo alla ditta esecutrice per lavori non effettuati.

In particolare, ai fini del riconoscimento della colpa grave del direttore dei lavori, rileva la condotta antigiuridica consistente "*nell'emissione di certificati (...) che ha determinato l'erogazione di pagamenti indebiti a favore dell'impresa appaltatrice, in violazione dei principi e delle disposizioni in materia di accertamento e registrazione dei lavori pubblici*"; in tali casi, non vi è corresponsabilità del RUP, poiché "*il responsabile del procedimento nella emissione del certificato deve procedere ad una verifica soltanto formale dello stato di avanzamento e allo stato dei documenti presenti nel fascicolo processuale non sussistono elementi idonei a sostanziare in capo a quest'ultimo l'elemento soggettivo della colpa grave*". È stata inoltre affermata la responsabilità amministrativa del direttore dei lavori per la realizzazione di un'opera pubblica, il quale abbia ordinato la sospensione di lavori (protrattasi per 145 giorni) in assenza dei presupposti di legge e in mancanza di validi motivi, determinando la condanna dell'amministrazione appaltante al risarcimento dei danni in favore dell'impresa esecutrice.

Il danno erariale è stato inoltre ritenuto addebitabile al direttore lavori per insufficienza nei controlli e mancata compilazione della contabilità[78], o errori nella re-

---

[77] Cass., Sez. Un., 26.4.2017, n. 10231/ord.

[78] Corte conti, sez. II app., 20.7.2006, n. 270.

dazione della contabilità dei lavori appaltati [79]. Allo stesso modo, è stata affermata la responsabilità del direttore dei lavori per la liquidazione, ad un'impresa, di somme di lavori parzialmente non eseguiti ed in parte difformi dal progetto [80].

Il progettista. – Per quel che riguarda il progettista, la giurisprudenza ha individuato i criteri di ripartizione tra giurisdizione ordinaria e contabile.

Nella specie, nessun rapporto di servizio è ritenuto configurabile tra la stazione appaltante ed il progettista dell'opera, il cui elaborato deve essere fatto proprio dall'amministrazione mediante specifica approvazione; in altri termini, non vi è inserimento del soggetto nell'organizzazione dell'amministrazione, ma un semplice contratto d'opera professionale [81].

È stato evidenziato, infatti, che l'incarico per la progettazione di opera pubblica affidato a libero professionista non determina l'instaurazione di un rapporto di servizio con l'ente pubblico committente, in quanto non implica l'inserimento del professionista privato nell'apparato organizzativo o nell'iter procedimentale della PA né l'esercizio, da parte di costui, di poteri propri della PA (e ciò diversamente da quanto avviene nell'attività del direttore dei lavori, ove viene in rilievo anche l'imputabilità in via diretta ed immediata alla PA dell'attività con rilevanza esterna del soggetto, il quale assume la rappresentanza del committente), l'attività del progettista assumendo rilevanza pubblica solo in forza dell'approvazione del progetto da parte dell'ente pubblico committente: ne deriva che, con riferimento alla responsabilità per danni cagionati all'amministrazione dal progettista nell'esecuzione dell'incarico affidatogli, sussiste la giurisdizione del giudice ordinario, e non quella della Corte dei conti [82].

È invece stata affermata la giurisdizione della Corte dei conti per l'azione di responsabilità per danno erariale proposta nei confronti del professionista incaricato da una società per azioni partecipata da ente locale, di redigere delle stime di congruità (delle quali si contestava l'eccessiva discordanza tra loro) del prezzo di acquisto delle quote sociali di una compagine societaria titolare di area edificabile, giacché il professionista, tramite l'evidenziata attività, si era inserito nel procedimento deliberativo ed esecutivo dell'acquisto di dette quote da parte della società partecipata, risultando così integrati gli estremi del rapporto di servizio con l'Amministrazione, il quale ricorre ogni qual volta un soggetto, altrimenti estraneo all'Amministrazione stessa, venga investito del compimento in sua vece di un'atti-

---

[79] Corte conti, sez. giurisd. Molise, 31.5.2000, n. 45, secondo cui "*va affermata la responsabilità, per colpa grave, del direttore dei lavori (già progettista) che per estrema superficialità nello svolgimento delle sue funzioni abbia proceduto alla erronea contabilizzazione dei lavori eseguiti, con ciò determinando un aggravio di spesa per la stazione pubblica appaltante*".

[80] Corte conti, sez. II app., 27.1.2011, n. 52 ("*la discordanza fra i lavori effettuati e quelli indicati nel progetto e le relative contabilizzazioni era particolarmente vistosa e non potevano sfuggire ad un direttore dei lavori che avesse usato la benché minima diligenza, tanto più che era stato anche il progettista dell'opera*").

[81] Cass., Sez. Un., 20.9.2016, n. 18691/ord.

[82] Cass., Sez. Un., 23.3.2004, n. 5781/ord.; 13.1.2003, n. 340/2003, cit.

vità, senza che a tal fine rilevi la natura pubblica o privata del soggetto medesimo o la fonte dell'investitura, che può scaturire da un provvedimento, da un contratto o anche da un mero fatto [83].

Si rinvia al cap. I, par. 2.9, lett. b) che affronta il tema delle cautele dirette a rafforzare la responsabilità dei progettisti esterni e a garantire una maggiore tutela per la committenza pubblica, anche nella fase dell'esecuzione, ai sensi dell'art. 41 del Codice, come novellato dall'art. 14 del decreto correttivo.

Direttore dei lavori e progettista. – In tema di responsabilità per danni cagionati all'amministrazione appaltante dal direttore dei lavori che abbia svolto anche l'incarico di progettista, va considerato che il direttore dei lavori è temporaneamente inserito nell'apparato organizzativo della PA quale organo tecnico e straordinario della stessa, con conseguente giurisdizione del giudice contabile, mentre per il progettista la giurisdizione spetterebbe al giudice ordinario, in difetto del rapporto di servizio e considerata la necessaria approvazione del progetto da parte dell'amministrazione. Ove però il danno erariale sia prospettato come derivante dal complesso di tali attività, va affermata la giurisdizione del giudice contabile sorgendo, dal cumulo di incarichi, una complessiva attività professionale nella quale la progettazione è prodromica alla successiva attività di direzione e non potendo giungersi alla scissione delle giurisdizioni in presenza di un rapporto unitario [84].

Medesimo orientamento è stato assunto nell'ordinanza 20.3.2008, n. 7446 delle medesime Sezioni unite della Cassazione, secondo cui "*i doveri di verifica del progetto, propri del direttore dei lavori, sussistono già durante la progettazione (...), allorché si tratti dello stesso soggetto che cumula i due incarichi e la domanda risarcitoria dell'Amministrazione investa la complessiva attività posta in essere dall'unico professionista incaricato*".

Anche la giurisprudenza contabile ritiene sindacabile la condotta del soggetto che abbia svolto, contemporaneamente le funzioni di progettista e di direttore dei lavori: in tali casi, infatti, la progettazione costituisce un elemento prodromico alla successiva attività di direzione dei lavori, allorché il danno lamentato è prospettato come derivante dal complesso di tale attività: "*l'errata valutazione dello stato di fatto (...), l'inadeguata progettazione dell'abbattimento delle barriere architettoniche (...) e la mancanza dei calcoli di alcuni muri di sostegno, hanno fatto sì che la progettazione strutturale fosse inadeguata e dovesse essere rielaborata quasi completamente, anche in relazione alle previsioni del computo di progetto, dimostratesi errate e carenti*" [85].

Sono poi stati ritenuti responsabili per danno erariale indiretto sia il progettista (se cumulativamente direttore dei lavori), che il responsabile unico del procedimento, che abbiano ritardato l'approvazione di una variante necessaria alla corre-

---

[83] Cass., Sez. Un., 24.11.2009, n. 24671/ord.; v., nello stesso senso, Corte conti, sez. giurisd. Piemonte, 19.10.2021, n. 248.

[84] Cass., Sez. Un., 2.12.2008, n. 28537/ord.

[85] Corte conti, sez. giurisd. Friuli-Venezia Giulia, 16.3.2017, n. 20.

zione di carenze progettuali determinanti un anomalo andamento dell'appalto, laddove (come nel caso di specie) un lodo arbitrale ne abbia accertato la responsabilità, dichiarando la risoluzione per inadempimento del relativo contratto [86]. È stato poi ritenuto fonte di responsabilità amministrativa, l'avere predisposto un progetto ammesso a finanziamento eccessivo rispetto alla realtà dei luoghi, nonché l'aver sottoscritto gli atti tecnici necessari per il contributo (nella specie è stata accertata la responsabilità del professionista incaricato dalla società beneficiaria di redigere e seguire la realizzazione del progetto indebitamente finanziato) [87].

Più nello specifico, sono stati ritenuti responsabili per danno erariale indiretto sia il progettista (se cumulativamente direttore dei lavori), che il responsabile unico del procedimento, che abbiano ritardato l'approvazione di una variante necessaria alla correzione di carenze progettuali determinanti un anomalo andamento dell'appalto, laddove (come nel caso di specie) un lodo arbitrale ne abbia accertato la responsabilità, dichiarando la risoluzione per inadempimento del relativo contratto [88]. È stato poi ritenuto illecito erariale, fonte di responsabilità amministrativa, l'avere predisposto un progetto ammesso a finanziamento eccessivo rispetto alla realtà dei luoghi, nonché l'aver sottoscritto gli atti tecnici necessari per il contributo (nella specie è stata accertata la responsabilità del professionista incaricato dalla società beneficiaria di redigere e seguire la realizzazione del progetto indebitamente finanziato) [89].

In un caso di appalto di lavori per la realizzazione di opera pubblica priva di qualsiasi funzionalità per gravi difetti (progettuali e di esecuzione) tali da impedire la collaudabilità dell'opera, peraltro, destinata ad ospitare disabili gravi, è stata affermata la colpa grave dei professionisti incaricati della redazione del progetto esecutivo, della direzione dei lavori e della redazione della contabilità finale lavori, poiché dette inadempienze (cui si aggiunge l'errata tenuta della contabilità), erano state commesse con grave negligenza e dispregio dei doveri di servizio ed avevano cagionato all'ente appaltante un danno ingiusto, quantificato nel costo di ripristino della struttura [90].

Al contrario, non sono stati ritenuti responsabili di danno erariale il progettista, il consulente alla direzione dei lavori e il responsabile unico del procedimento per i maggiori costi – rispetto a quelli preventivati – di un'opera, derivanti da varianti al progetto iniziale e da perizie suppletive, in quanto i costi aggiuntivi non erano riconducibili a errori e carenze progettuali, ma a circostanze non prevedibili e a finalità migliorative dell'opera stessa [91].

---

[86] Corte conti, sez. giurisd. Liguria, 13.12.2021, n. 218.

[87] Corte conti, sez. giurisd. Calabria, 24.11.2021, n. 279. Si veda, inoltre, Corte conti, sez. giurisd. Valle d'Aosta, 28.1.2013, n. 1.

[88] Corte conti, sez. giurisd. Liguria, 13.12.2021, n. 218.

[89] Corte conti, sez. giurisd. Calabria, 24.11.2021, n. 279. Si veda, inoltre, Corte conti, sez. giurisd. Valle d'Aosta, 28.1.2013, n. 1.

[90] Corte conti, sez. giurisd. Marche, 20.4.2007, n. 244. V. inoltre, nello stesso senso, per analoga fattispecie, sez. giurisd. Sicilia, 29.7.2008, n. 2122.

[91] Corte conti, sez. giurisd. Veneto, 17.3.2015, n. 34.

Da ultimo, è stato affermato che non sussiste rapporto causale tra il danno a carico dell'ente (statuito in sede arbitrale) e la condotta del direttore dei lavori quando, da un lato, il medesimo aveva tempestivamente informato l'amministrazione delle gravi carenze della ditta appaltatrice e, dall'altro, erano individuabili precise responsabilità della stazione appaltante che aveva omesso di opporre in compensazione le proprie inadempienze con quelle imputabili all'impresa, aveva assunto obblighi senza attendere l'esito della procedura di collaudo e, infine, non aveva apprestato un'adeguata difesa dell'ente nel giudizio arbitrale [92].

Direttore dei lavori e RUP. – È stata esclusa, invece, la responsabilità del direttore dei lavori, che non aveva comunicato al responsabile unico del procedimento presunte anomalie nell'esecuzione dell'opera, poiché, successivamente al rilascio da parte del direttore medesimo del certificato di ultimazione dei lavori, un organo imparziale dotato di poteri certificativi (i Vigili del fuoco), sulla base delle risultanze di un sopralluogo all'uopo effettuato, non avevano riscontrato malfunzionamenti dell'opera [93]. È stata poi esclusa la responsabilità del direttore lavori, i quanto il medesimo non era in possesso della necessaria professionalità e della specifica competenza, nel campo elettromeccanico, richiesta nella circostanza, essendo, tra l'altro, egli preposto solo "alla direzione e al controllo tecnico, amministrativo e contabile dell'intervento" [94].

Vi è invece corresponsabilità tra direttore lavori e RUP, quest'ultimo gravemente colpevole per aver proceduto all'approvazione degli atti tecnici predisposti dal direttore dei lavori, tra cui gli stati di avanzamento dei lavori, con specifiche determinazioni assunte con piena consapevolezza del suo ruolo di responsabile dell'ufficio tecnico-contabile [95].

È stata affermata la responsabilità amministrativa del RUP e del progettista/direttore dei lavori di un appalto, per il danno erariale cagionato all'ente dal mancato completamento dell'opera; nella specie, per la mancata ultimazione dei lavori di completamento e messa in sicurezza di una strada il Rup, a causa di condotte e omissioni *contra legem*, è stato condannato per il danno erariale conseguente all'inutilizzabilità dell'opera e al conseguente spreco del denaro pubblico impiegato per finanziarla e il progettista/direttore dei lavori per avere posto in essere condotte e omissioni gravemente irregolari e illecite, non solo per i vizi e le carenze strutturali del progetto in relazione alle caratteristiche dell'opera ma soprattutto per la negligente vigilanza nella fase dell'esecuzione dei lavori [96]. In una vicenda analoga è stato condannato il professionista che aveva progettato e diretto i lavori per la realizzazione di un'opera (nella specie, la rampa di accesso delle autoambulanze al pronto soccorso di un ospedale) senza tener conto delle specifiche esigenze che es-

---

[92] Corte conti, sez. giurisd. Lombardia, 31.1.2008, n. 71.

[93] Corte conti, sez. giurisd. Lazio, 23.1.2018, n. 34.

[94] Corte conti, sez. giurisd. Trentino-Alto Adige, Trento, 15.9.2008, n. 43.

[95] Corte conti, sez. giurisd. Lazio, 4.12.2014, n. 852.

[96] Corte conti, sez. II app., 16.9.2020, n. 204.

sa avrebbe dovuto soddisfare; ciò aveva poi reso necessario il rifacimento dell'opera stessa per la sua inadeguatezza (nella specie, in assenza di una normativa specifica sulle caratteristiche dell'opera, il professionista, pur essendosi attenuto alla normativa tecnica concernente la realizzazione delle rampe di accesso a garage privati per autovetture, aveva calcolato le dimensioni della rampa in misura inidonea al transito dei mezzi adibiti ad autoambulanze)[97].

7.2. La responsabilità amministrativa del collaudatore

Il collaudo costituisce una fase necessaria del complesso procedimento avente ad oggetto l'appalto pubblico, essendo preordinato a tutelare gli interessi pubblici attraverso la verifica tecnica della corrispondenza tra l'opera realizzata e quanto previsto dal contratto, nel rispetto del principio dell'esecuzione a regola d'arte.

Il collaudatore libero professionista è, alla stregua del direttore dei lavori, soggetto a responsabilità amministrativa per effetto della formale investitura da parte dell'amministrazione attraverso un apposito atto di delega, dal momento che le operazioni di collaudo si concludono con un provvedimento di approvazione dei lavori avente rilevanza esterna: "*L'esistenza di una relazione funzionale tra l'autore dell'illecito causativo di danno patrimoniale e l'ente pubblico che il danno subisce, quale presupposto per la formulazione di un addebito di responsabilità amministrativa (...) è individuabile non solo quando tra i due soggetti intercorra un rapporto di impiego in senso proprio e ristretto, ma anche quando sia comunque individuabile un rapporto di servizio in senso lato, tale cioè da collocare il soggetto preposto in posizione di compartecipe fattivo dell'attività amministrativa dell'ente pubblico preponente. Pertanto, qualora la P.A. abbia affidato in appalto l'esecuzione di un'opera pubblica ed il contratto sia regolato dal capitolato generale approvato con d.P.R. 16 luglio 1962, n. 1063 e dal relativo regolamento, il suindicato rapporto di servizio sussiste nei confronti tanto del direttore dei lavori quanto del collaudatore, senza che rilevi in contrario la circostanza che le relative funzioni siano state affidate a privati estranei agli uffici tecnici dell'ente stesso*"[98].

L'esistenza del rapporto di servizio tra il collaudatore esterno all'amministrazione e la stazione appaltante è comprovata dalla natura dell'incarico di collaudo di un'opera pubblica, costituente in un atto amministrativo di nomina e non un contratto di prestazione d'opera professionale: ed infatti, ha precisato il Giudice regolatore della giurisdizione, "*In tema di appalto pubblico per opere stradali, circa i danni subiti da ANAS s.p.a. a causa dell'indebito riconoscimento di riserve nella procedura di accordo bonario (...), sussiste la giurisdizione di responsabilità della Corte dei conti (...) verso i componenti della commissione di collaudo, attesa la relazione funzionale che li lega all'ente pubblico appaltante*"[99].

---

[97] Corte conti, sez. II app., 16.11.2016, n. 1161. Cfr. inoltre, in tema, sez. II app., 23.7.2013, n. 481.

[98] Cass., Sez. Un., 5.4.1993, n. 4060.

[99] Cass., Sez. Un., 8.3.2016, n. 6022: V. inoltre, Cass., Sez. Un., 16.7.2014, n. 16240.

Va riconosciuta – è stato affermato – la giurisdizione della Corte dei conti in fattispecie di danno che si assume cagionato all'amministrazione pubblica appaltante dal collaudatore, atteso che questi, non importa se incaricato nell'ambito di un rapporto libero-professionale, esercita funzioni certificative in nome dell'amministrazione, della quale deve considerarsi, quindi, organo straordinario [100]. Ciò in quanto l'esistenza di una relazione funzionale tra l'autore dell'illecito causativo del danno patrimoniale e l'ente pubblico che subisce il danno, deve essere individuata quando sia comunque ravvisabile un rapporto di servizio in senso lato, in base al quale cioè il soggetto preposto sia collocato in posizione di compartecipe fattivo dell'attività amministrativa dell'ente pubblico preponente; con la conseguenza che è stata ravvisata la sussistenza di un rapporto di servizio nei confronti del collaudatore di un'opera pubblica eseguita in appalto, pur se il relativo incarico era stato affidato a soggetti esterni agli uffici tecnici dell'ente stesso [101].

Il principio generale ricorrente, nella giurisprudenza contabile, è quello secondo cui concorrono, nella responsabilità per danno erariale i membri della commissione di collaudo delle opere realizzate mediante un contributo pubblico, che non abbiano rilevato difformità e manchevolezze essenziali nelle opere stesse [102]; ciò in quanto – è pacifico in giurisprudenza – le operazioni di collaudo devono essere condotte con la perizia richiesta da un collaudatore di esperienza; in difetto, la condotta del collaudatore è caratterizzata da colpa grave [103].

Ancor più esattamente, è stato chiarito come debba ritenersi illecito e connotato da colpa grave un collaudo di pubbliche forniture che, oltre ad essere stato arbitrariamente eseguito a campione, non abbia rilevato vizi evidenti dei beni forniti [104]: "*A maggior ragione se espressamente previsto nell'incarico conferito dall'amministrazione, il collaudatore ha l'obbligo di valutare la congruità dei prezzi delle forniture, incorrendo, nel caso di arbitraria omissione, in colpa grave e nel conseguente obbligo di risarcire il danno ingiusto ragguagliato al maggior prezzo versato*" [105]. In diversa fattispecie, è stata affermata la responsabilità dei membri di una commissione di collaudo che – nel rilasciare certificato positivo di collaudo di un impianto di depurazione con la previsione di una clausola di garanzia in virtù della quale l'appaltatore rimaneva vincolato a garantire il corretto funzionamento dell'impianto al momento della rimozione delle cause di perturbazione riscontrate – avevano omesso di assistere tale clausola con la prestazione a carico dell'appaltatore di adeguate garanzie finanziarie, peraltro espressamente previste dall'art. 105 del r.d. n. 350/1895 (all'epoca vigente), configurando in tal modo una scelta gravemente arbitraria e contraria ai doveri professionali di diligenza [106].

---

[100] Corte conti, sez. I app, 31.8.2023, n. 339; sez. III app., 26.10.2015, n. 542.

[101] Corte conti, sez. giurisd. Toscana, 19.12.2005, n. 792.

[102] Corte conti, sez. I app, 16.11.2001, n. 351.

[103] Corte conti, sez. giurisd. Toscana, 16.6.2009, n. 353; cfr., inoltre, sez. app. Sicilia, 20.2.2003, n. 23.

[104] Corte conti, sez. app. Sicilia, 20.2.2003, n. 23.

[105] Corte conti, sez. II app., 31.3.2005, n. 109; v. anche, *in terminis*, sez. I app., 30.9.2003, n. 324.

[106] Corte conti, sez. giurisd. Toscana, n. 792/2005, cit.

La giurisprudenza contabile ha anche provveduto a precisare che vi è responsabilità, a titolo di colpa grave, dei collaudatori che, senza nessun accertamento, certifichino lavori inesistenti o comunque diversi per qualità e quantità da quelli aggiudicati e regolarmente pattuiti, con conseguenti danni corrispondenti ai pagamenti di somme non dovute alla ditta appaltatrice [107].

A volte, la responsabilità amministrativa dei collaudatori è stata rilevata a titolo doloso. Ciò è avvenuto, principalmente, in evenienze relative a percezione di tangenti, da parte di ufficiali collaudatori, in attuazione di patti corruttivi per collaudare forniture diverse per qualità e quantità da quelle aggiudicate e pattuite, con conseguente rilievo di danni all'immagine e alla reputazione dell'ente pubblico appaltante [108]. Sempre a titolo doloso è intervenuta una condanna in sede contabile, per una vicenda relativa alla realizzazione di un carcere di massima sicurezza con gravi difetti di costruzione, ove i componenti della commissione di collaudo avevano falsamente attestato la conformità delle opere eseguite e la congruità dei prezzi applicati, con conseguente danno al prestigio dell'amministrazione di appartenenza per il *clamor fori* suscitato dall'evasione di alcuni detenuti [109].

Varie sono, naturalmente, anche le ipotesi di esclusione della responsabilità amministrativa dei collaudatori.

Nello specifico, è stata esclusa la colpa grave dei collaudatori di un acquedotto che non accertarono l'irregolare esecuzione dello stesso, essendosi avvalsi della facoltà prevista dall'art. 98 del r.d. n. 350/1895 (all'epoca vigente) di non compiere sopralluoghi diretti per l'oggettiva loro difficoltà (si trattava, infatti, di un acquedotto con tracciato su parete a strapiombo, particolarmente impervia) [110]. Allo stesso modo, sono stati assolti i collaudatori che, nell'intento di prevenire contestazioni giudiziali ritenute di dubbio esito per motivi di equità, riconobbero compensi aggiuntivi risultanti dal computo di lavori pubblici a prezzi unitari anziché forfettariamente, come disposto al momento dell'aggiudicazione [111].

È stato inoltre escluso il danno erariale a seguito della contabilizzazione di opere non eseguite, quando non erano state contabilizzate altre quantità che pure erano state eseguite [112]. Altra pronunzia ha ugualmente escluso la sussistenza del danno erariale, in una fattispecie di sistema operativo informatizzato per la gestione del servizio di emergenza sanitaria collaudato con ritardo, poiché i ritardi manifestatisi risultavano riconducibili all'attività di finanziamento e di organizzazione dell'ente finanziante e non ai soggetti collaudatori [113].

In ultimo, è stato ritenuto non sussistente il nesso di causalità tra il mancato col-

---

[107] Corte conti, sez. I app., 30.9.2003, n. 324.

[108] Corte conti, sez. I app, 10.4.2003, n. 122 e 22.4.2003, n. 128.

[109] Corte conti, sez. I app, 13.3.2008, n. 137.

[110] Corte conti, sez. giurisd. Umbria, 11.12.2003, n. 399.

[111] Corte conti, sez. I app, n. 3512001, cit.

[112] Corte conti, sez. giurisd. Lazio, 19.12.2000, n. 2509.

[113] Corte conti, sez. app. Sicilia, 6.7.2001, n. 137.

laudo di un'opera pubblica e le spese sostenute dall'amministrazione per acquisire la relazione di una commissione tecnico-amministrativa istituita per gli accertamenti sulla realizzazione dell'opera, trattandosi di una scelta discrezionale non sindacabile dell'ente pubblico [114].

8. La responsabilità amministrativa del RUP

La giurisprudenza contabile ha provveduto anzi tutto a delineare la figura del responsabile unico del procedimento: nel sistema delineato dalla legge generale sul procedimento amministrativo – è stato chiarito – l'individuazione del responsabile del procedimento, di cui quello previsto come responsabile unico delle procedure di appalto rappresenta un'applicazione, risponde ad esigenze di trasparenza, efficienza ed efficacia assicurando, nel contempo, l'attuazione del principio di responsabilità previsto dall'art. 28 Cost. ed il più celere corso dell'iter procedimentale. Il responsabile del procedimento è figura ricollegabile al principio dell'efficacia; nell'attività procedimentale medesima, l'amministrazione è pertanto tenuta, impiegando le risorse umane e finanziarie a disposizione, a conformare atti intraprocedimentali e provvedimenti finali congrui allo scopo cui sono preordinati dalle disposizioni normative e dagli strumenti a contenuto generale [115].

Alla luce di tali principi, la giurisprudenza contabile ha individuato diversi profili di responsabilità amministrativa a carico del RUP, sia nella fase di affidamento sia nella fase di esecuzione del contratto.

8.1. La responsabilità nella fase di affidamento

Per ciò che riguarda la fase di affidamento, è stato anzi tutto affermato che l'omesso impiego di un finanziamento per le finalità cui è preordinato ed il contestuale utilizzo dello stesso per finalità estranee a quelle a cui lo stesso è destinato, anche se dirette a vantaggio dell'amministrazione, determina un danno erariale in ragione del mancato conseguimento delle utilità di interesse generale che, attraverso la spendita delle risorse pubbliche, l'amministrazione programma di conseguire per la cura e realizzazione dell'interesse pubblico intestatole; risulta, quindi, abnorme, immotivata ed illogica la scelta dei convenuti, nelle loro rispettive qualità di responsabile dei servizi alla persona e di responsabile unico del procedimento, di destinare la quasi totalità di finanziamento, accordato ad ente locale per ragioni connesse all'emergenza pandemica e finalizzato al contrasto della povertà educativa in favore dei minori, all'acquisto di quattro autovetture [116]. Ancora, è stata esclusa la condizione di ignoranza scusabile, laddove vengano in questione norme che il

[114] Corte conti, sez. giurisd. Toscana, 20.7.1999, n. 806.

[115] Corte conti, sez. giurisd. Toscana, 2.7.2009, n. 415.

[116] Corte conti, sez. giurisd. Sicilia, 22.3.2003, n. 147.

pubblico funzionario – soprattutto se appartenente alla qualifica dirigenziale – è tenuto a conoscere, in quanto strumentali allo svolgimento della propria attività; e, pertanto, nell'ipotesi di procedura di gara svolta mediante l'istituto della finanza di progetto, nessuna scriminante, in termini di errore scusabile, può configurarsi in favore del dirigente del settore tecnico del comune, nonché RUP, per la violazione delle norme che disciplinano la pubblicità degli avvisi di gara [117].

Sempre in fase di affidamento, è stata ritenuta la responsabilità del RUP (tra gli altri) per avere individuato il contraente privato al termine di una trattativa privata, caratterizzata dall'assoluta carenza di cognizione del costo della fornitura che si voleva acquisire, né si sono seguite particolari cautele affinché l'elemento prezzo fosse determinato a seguito di una gara cosiddetta "a procedura aperta", consentendo in tal modo al privato contraente di determinare in maniera del tutto autonoma [118] i prezzi dei beni oggetto del contratto stipulando, ponendosi al di fuori delle normali logiche di mercato.

È stata anche affermata la corresponsabilità del RUP, unitamente ad altri, per il danno indiretto derivante dalla cattiva gestione della procedura di affidamento, con conseguente pagamento, a titolo transattivo, per il rimborso delle spese sostenute da una società per la partecipazione ad una gara poi annullata in autotutela [119]. Analoga vicenda ha portato alla condanna del RUP, che nel corso della fase di affidamento aveva violato la normativa di settore in materia di verifica di anomalia delle offerte, provocando in tal modo la condanna dell'amministrazione da parte del Giudice amministrativo [120].

8.2. La responsabilità nella fase di esecuzione del contratto

Una sentenza recente del Giudice contabile ha statuito che costituisce danno erariale l'esborso dovuto a seguito di esecuzione di decreto ingiuntivo da parte della ditta appaltatrice incaricata dell'esecuzione dei lavori non tempestivamente pagati, come da contratto, all'esito dei relativi stati di avanzamento; nella specie, la coincidenza nella medesima persona fisica della qualità di responsabile del servizio finanziario incaricato dei pagamenti e di RUP rendeva implausibile la circostanza relativa all'omessa certificazione della regolare esecuzione dei lavori [121].

Altra pronunzia recente della Corte dei conti in sede d'appello ha affermato la sussistenza di un doloso occultamento del danno, in un caso di condotte omissive e inerti serbate – tra gli altri – dal RUP, che non aveva contestato alla ditta esecutrice l'omesso utilizzo di materiali contabilizzati e pagati dalla stazione appaltante, con conseguente ammaloramento precoce dell'opera, attestando la regolare esecuzione

[117] Corte conti, sez. giurisd. Campania, 6.7.2009, n. 750.

[118] Corte conti, sez. giurisd. Sardegna, 14.3.2007, n. 275.

[119] Corte conti, sez. giurisd. Sicilia, 9.3.2022, n. 239.

[120] Corte conti, sez. giurisd. Trentino-Alto Adige, Trento, 18.7.2006, n. 58.

[121] Corte conti, sez. giurisd. Marche, 26.2.2024, n. 21.

dei lavori non eseguiti e con materiali difformi per quantità e qualità da quelli previsti dal progetto [122]. Sempre di recente, è stata riconosciuta la responsabilità amministrativa del responsabile unico del procedimento e del direttore di un aeroporto, a titolo rispettivamente di dolo e colpa grave, per il danno erariale cagionato per le somme liquidate per la realizzazione di opere appaltate a varie ditte aggiudicatarie, ma non eseguite o effettuate in modo difforme dalle pattuizioni contrattuali [123].

Una vicenda particolare è quella che ha riguardato l'affermazione della responsabilità erariale del RUP per la perdita definitiva di un finanziamento a seguito della mancata realizzazione dell'opera: il contratto prevedeva la decorrenza dei tempi di pagamento dalla sua realizzazione, circostanza conosciuta dal RUP, a nulla rilevando l'eventuale ribasso del prezzo dell'appalto (nella specie, il RUP aveva autorizzato la consegna parziale dei lavori, con conseguente pagamento degli acconti, prima ancora dell'individuazione del sito di installazione dell'opera, a sua volta subordinata al rilascio dei pareri di compatibilità paesaggistica e ambientale) [124].

Varie pronunzie hanno affermato la responsabilità erariale del RUP per l'inutilità della prestazione resa, in considerazione del mancato controllo sull'esecuzione del contratto stesso [125]; per la revisione prezzi non dovuta [126]; per la mancata applicazione della penale contrattuale per il ritardo nell'adempimento della prestazione [127]; per l'indebita erogazione del premio di accelerazione dei lavori [128]; per l'omessa adozione di adeguate misure organizzative [129]. Una pronunzia in sede d'appello, in particolare, ha affermato la responsabilità del RUP per il danno erariale cagionato all'ente dal mancato completamento dell'opera [130].

In fase di esecuzione, il RUP potrebbe condividere la responsabilità erariale con altre figure coinvolte nella fase medesima, tra cui il direttore lavori e il progettista.

A tale ultimo riguardo – oltre a molte delle pronunzie già innanzi ricordate – possono citarsi varie fattispecie tipiche di tale evenienza: la mancata realizzazione,

---

[122] Sez. I app., 31.8.2023, n. 339.

[123] Corte conti, sez. giurisd. Lazio, 13.3.2023, n. 152; v. inoltre, per una vicenda analoga, la medesima sez. Lazio, 9.3.2023, n. 149.

[124] Corte conti, sez. II app., 27.10.2022, n. 467.

[125] Cfr., sul tema, Corte conti, sez. giurisd. Lazio, 3.10.2006, n. 1857; v., inoltre, sez. giurisd. Lombardia, 17.3.2009, n. 156; sez. giurisd. Liguria, 13.12.2021, n. 218 e sez. giurisd. Sicilia, 12.9.2022, n. 642.

[126] Corte conti, sez. I app., 27.1.2003, n. 32.

[127] Corte conti, sez. I app., 27.7.2015, n. 441.

[128] Corte conti, sez. giurisd. Lazio, 4.2.2020, n. 67.

[129] Corte conti, sez. giurisd. Emilia-Romagna, 29.5.2007, n. 439.

[130] Sez. II app., 7.9.2020, n. 204. Nella specie, si trattava della mancata ultimazione dei lavori di completamento e messa in sicurezza di una strada; in motivazione, si precisa che il RUP, in caso di condotte e omissioni *contra legem*, risponde del danno erariale conseguente all'inutilizzabilità dell'opera e al conseguente spreco del denaro pubblico impiegato per finanziarla, avendo posto in essere condotte e omissioni gravemente irregolari e illecite, non solo per i vizi e le carenze strutturali del progetto in relazione alle caratteristiche dell'opera ma soprattutto per la negligente vigilanza nella fase dell'esecuzione dei lavori.

con conseguente perdita dei relativi finanziamenti, di una stazione radar della Protezione civile, finanziata da fondi europei [131]; il danneggiamento di un'opera pubblica [132]; la revoca del finanziamento pubblico di un progetto, dovuta all'inerzia nella mancata attestazione di utilizzo delle somme e nell'omesso riscontro ai susseguenti solleciti dell'amministrazione erogatrice [133]; l'esecuzione parziale o scorretta dei lavori, con conseguente restituzione del finanziamento pubblico ottenuto, oltre al risarcimento del danno provocato (sez. I app., n. 100/2018) [134]; il ritardo nella conclusione del procedimento, riconducibile alla condotta omissiva del RUP, caratterizzata da colpa grave [135].

8.3. Fattispecie di esclusione della responsabilità erariale

Tra le ipotesi in cui è stata esclusa la responsabilità erariale del RUP, si può ricordare, in primo luogo, una pronunzia che ha assolto il dirigente e il responsabile unico del procedimento, che avevano concorso nel conferimento di un incarico specialistico per la progettazione esecutiva di opere architettoniche a soggetto esterno alla pubblica amministrazione; è stato infatti accertato che il personale interno dell'ente pubblico non era in grado di provvedere nei tempi dettati dalla necessità di rispettare un programma di finanziamento o, comunque, non fosse in possesso dei requisiti professionali inderogabilmente imposti dalla legge [136].

È stato inoltre affermato che non rispondono di danno erariale il progettista, il consulente alla direzione dei lavori e il responsabile unico del procedimento per i maggiori costi – rispetto a quelli preventivati – di un'opera pubblica, derivanti da varianti al progetto iniziale e da perizie suppletive, essendo risultato che i costi aggiuntivi non erano riconducibili a errori e carenze progettuali, ma a circostanze non prevedibili e a finalità migliorative dell'opera stessa [137].

È stato evidenziato, infine, che il principio di necessaria precostituzione di un titolo giuridico finalizzato a edificare un suolo – necessario a consentire il versamen-

---

[131] Corte conti, sez. II app., 27.10.2022, n. 467. Nella specie, vi è stata condanna sia del RUP, per l'accettazione in sede di negoziazione, di condizioni del tutto sfavorevoli per la PA (regione), sia del Direttore Lavori per aver proceduto alla consegna dei lavori, nonostante la consapevolezza della errata localizzazione del sito (gravato da vincolo ambientale) e autorizzato il pagamento del II° SAL.

[132] Nella fattispecie, il RUP è stato chiamato a rispondere del danno cagionato alla stazione appaltante "*per avere scientemente violato i precetti posti alla base della propria attività professionale*", tenuto conto che tale figura professionale non può limitarsi a sottoscrivere, recependo passivamente ed acriticamente la documentazione preparata dal direttore lavori (Corte conti, sez. giurisd. Toscana, 23.9.2021, n. 329).

[133] Corte conti, sez. app. Sicilia, 25.7.2023, n. 45. Il Collegio, in quest'ultima pronuncia, ha ribadito che le fasi di progettazione ed esecuzione di ogni singolo intervento sono svolte sotto la diretta responsabilità e vigilanza del RUP.

[134] Corte conti, sez. I app., 7.3.2018, n. 100.

[135] Corte conti, sez. giurisd. Molise, 29.3.2017, n. 22.

[136] Corte conti, sez. giurisd. Liguria, 18.3.2021, n. 24.

[137] Corte conti, sez. giurisd. Veneto, 17.3.2015, n. 34.

to di un contributo da parte dei proprietari – è applicabile alle operazioni di lottizzazione e non alle varianti di riqualificazione di insediamenti abusivi, in quanto queste ultime sono dirette ad attuare il riequilibrio urbanistico di aree degradate o colpite da fenomeni di edilizia incontrollata (e non già a consentire un'ulteriore urbanizzazione); di conseguenza, nel caso di omessa corresponsione di tale versamento da parte dei proprietari di immobili originariamente abusivi, non è configurabile alcun danno erariale. Nel caso di specie, erano stati evocati in giudizio il responsabile unico del procedimento e i dirigenti che avevano partecipato al perfezionamento di una convenzione edilizia che prevedeva il versamento di contributi di urbanizzazione solo all'atto del rilascio del titolo abitativo, in effetti non richiesto dai titolari di immobili abusivamente edificati e già sanati in precedenza [138].

Conclusioni

Da quanto precede, emerge con chiarezza che la responsabilità amministrativa, intesa come strumento di tutela degli interessi pubblici, rappresenta uno degli strumenti fondamentali per assicurare il rispetto delle norme e la corretta esecuzione dei contratti pubblici.

L'evoluzione normativa e giurisprudenziale ha portato all'introduzione di importanti novità, come lo "scudo erariale" e le nuove disposizioni del codice dei contratti pubblici. Questi interventi normativi sono finalizzati a bilanciare la necessità di promuovere una maggiore operatività della pubblica amministrazione, anche con la riduzione della cosiddetta "paura della firma", e l'esigenza di garantire il rispetto delle regole di contabilità e di responsabilità amministrativa.

In questo contesto, il ruolo della Corte dei conti e della giurisprudenza appare cruciale nel delineare i confini della responsabilità e nel garantire che i comportamenti lesivi dell'erario siano sanzionati in modo equo ed efficace. L'approfondimento di queste tematiche consente agli operatori pubblici di acquisire una maggiore consapevolezza dei rischi connessi alla gestione dei contratti pubblici, incentivando l'adozione di condotte virtuose e promuovendo una cultura della responsabilità amministrativa.

È del tutto evidente che la formazione anche su questi temi serve a fare crescere la consapevolezza degli operatori pubblici e privati, e, di conseguenza, a garantire una gestione dei contratti pubblici, non solo trasparente, efficace ed efficiente, ma anche conforme ai principi di legalità e buon andamento, contribuendo così a rafforzare la fiducia degli operatori economici, e, più in generale, dei cittadini nell'operato delle stazioni appaltanti ed enti concedenti.

---

[138] Corte conti, sez. giurisd. Toscana, 29.9.2022, n. 298.

Finito di stampare nel mese di aprile 2025
nella Stampatre s.r.l. di Torino
Via Bologna, 220